编 辑 委 员 会

国际农业研究

2017

农业农村部农产品贸易办公室

中国农业出版社
北 京

图书在版编目（CIP）数据

国际农业研究.2017 / 农业农村部农产品贸易办公
室编.—北京：中国农业出版社，2018.11
ISBN 978-7-109-24523-5

Ⅰ.①国… Ⅱ.①农… Ⅲ.①农业经济－研究报告－
世界－2017 Ⅳ.①F31

中国版本图书馆 CIP 数据核字（2018）第 197811 号

中国农业出版社出版
（北京市朝阳区麦子店街 18 号楼）
（邮政编码 100125）
责任编辑 杜 婧

北京中兴印刷有限公司印刷 新华书店北京发行所发行
2018 年 11 月第 1 版 2018 年 11 月北京第 1 次印刷

开本：720mm×960mm 1/16 印张：35.25
字数：650 千字
定价：90.00 元
（凡本版图书出现印刷、装订错误，请向出版社发行部调换）

前　言

　　2016年，全球农业生产继续保持良好发展态势，大宗农产品产量和库存增加，供应充裕，价格低位波动。我国农产品贸易总额较上年略有下降，谷物、棉花、食糖在高库存背景下进口量大幅下降，油籽和畜产品进口增长强劲，水产品、果蔬等优势产品出口继续保持增长。

　　为了科学统筹利用国际、国内两个市场、两种资源，农业部国际农业监测体系组织专家对国际农产品市场和主要国家农业政策开展了持续系统的跟踪监测。本书收录了2016年国际农业监测体系课题报告及相关研究成果，主要内容包括粮棉油糖等重点产品市场与贸易情况监测分析，美国、日本、东盟、澳大利亚、新西兰、俄罗斯、印度等重点国家和地区农业政策跟踪研究，以及农民收入、产业损害等热点问题。希望本书能够对研究探讨开放条件下中国农业发展问题有所启示。

编　者

2017 年 12 月

目　　录

前言

综合篇 ………………………………………………………………… 1

2016 年全球经济与农产品贸易发展形势分析 ……………………… 3

2016 年中国农产品贸易形势及展望 ……………………………… 19

农产品贸易对农民就业和收入的影响 …………………………… 26

人口政策调整与粮食消费需求 …………………………………… 48

OECD 非成员国农业支持政策动态跟踪 ………………………… 64

美国棉花保险政策动态跟踪 ……………………………………… 93

中国食糖产业损害的主要指标分析 ……………………………… 115

主要跨国农资企业发展历程及其竞争优势 ……………………… 127

产业篇 ……………………………………………………………… 147

全球谷物供需及贸易政策跟踪研究 ……………………………… 149

马铃薯产业发展现状、问题及趋势 ……………………………… 167

欧盟马铃薯需求变化及原因分析 ………………………………… 190

木薯生产与贸易形势分析 ………………………………………… 202

2016 年中国棉花市场形势分析及展望 …………………………… 214

全球及中国油料和植物油供需贸易分析 ………………………… 223

国际糖料市场、贸易与政策 ……………………………………… 254

2016 年蔬菜市场、贸易及产业政策跟踪 ………………………… 275

"一带一路"倡议与中国蔬菜出口贸易 …………………………… 293

贸易视角下中国水果产业发展的利弊因素分析 ………………… 319

2016 年全球及中国肉类产业发展形势分析 ……………………… 336

国际奶业发展及中国奶业竞争力监测 …………………………… 350

中国饲草生产贸易研究 …………………………………………… 389

技术性壁垒对中国禽肉贸易的影响 ·· 410

技术性壁垒对中国中药贸易的影响 ·· 419

国别篇 ·· 431

中国-东盟自贸区农产品贸易效应及测度研究 ······································ 433

中国-东盟自贸区升级版对中国农业影响跟踪研究 ······························ 447

日本农业发展及农业支持政策 ··· 463

中俄农产品贸易发展及影响因素分析 ··· 472

中澳自贸区对中国农业影响监测与运行效果评价 ································· 482

中新自贸区对中国农业影响监测与运行效果评价 ································· 505

WTO规则下印度粮食安全政策跟踪及评价 ··· 522

综 合 篇

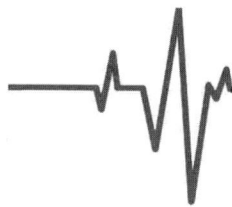

2017

2016 年全球经济与农产品贸易发展形势分析

一、2016 年国内外经贸环境变化

（一）全球经济形势

2016 年，全球经济仍处于深度调整期。部分发达国家政治局势紧张，冲突频发，英国脱欧、土耳其威胁退出北约、德法移民致使民族矛盾升级、美国总统大选、意大利公投失败，使得国际组织和全球的经济发展面临着更多的不确定性。全球贸易保护主义的持续升温，使得 2016 年全球贸易量走低，全球经济和国际贸易相互拖累，全球经济仍未找到新的增长点，复苏动力不足，依靠高债务水平和宽松的货币政策拉动经济增长的程度有限。整体来看，2016 年，在全球经济总体弱势复苏的大背景下，国家间经济状况的差异扩大。发达国家经济增速从低谷缓慢爬升，对全球经济的贡献增强；新兴经济体经济发展两极分化，整体经济表现不如预期。

年内主要发达国家宏观经济政策取向也不尽相同。随着美国经济的回暖，2014 年底，美国联邦储备银行决定退出为应对全球金融危机而采取的"量化宽松政策"，2015 年开始收紧货币政策，2015 年 12 月，美国进行了金融危机以来的首次加息，并于 2016 年 12 月再度加息，全年释放的加息信号强化了美元升值的预期，带动了全球资金向美国的回流，给全球货币和国际资本流动带来了较大影响。但整体上来看，加息后美国的利率仍处于历史较低水平，低利率对实体经济的刺激效果非常有限。而日本和欧洲联盟（以下简称"欧盟"）则进一步放宽货币政策，日本在 2016 年实行进一步宽松的货币政策和财政政策提振经济，但政策效果不明显，无法使日本摆脱经济低迷、劳动生产率低和通货紧缩的压力，货币宽松的政策空间和对经济的刺激效果已十分有限。欧盟继续实施量化宽松的货币政策，2016 年 3 月欧洲央行宣布扩大量化宽松的货币政策的规模和范围，全线降息刺激欧盟经济增长。从全年的经济表现来看，政策对市场和经济的刺激效果和有效时间都在减少，未来的货币政策空间已经不足。

根据国际货币基金组织（IMF）发布的数据，2016 年全球经济增长

3.1%，和上年持平（表1）。分类型看，发达经济体明显减速，从1.9%降到1.7%；新兴市场和发展中经济体增长也不如预期，预计增长4.1%，比上年提高0.1%。主要发达经济体中，美国的经济缓慢复苏，下半年除通胀外，各项数据均有所走弱，使得其加息延后到12月份，全年增速1.6%；欧元区经济景气度下降，政策上延续上年的量化宽松，下半年的经济表现强于预期，同比增长1.7%；日本经济仍然低迷，启用新的货币政策框架后收效甚微，2016年经济增速1.0%。新兴市场和发展中经济体经济整体情况有所改善，但经济增速仍低于预期，债务风险提高。

表1　2015—2016年全球经济增长情况

单位：%

	2015年	2016年
全球经济	3.1	3.1
发达经济体	1.9	1.7
美国	2.4	1.6
欧元区国家	1.7	1.7
日本	0.5	1.0
新兴市场和发展中经济体	4.0	4.1
新兴和发展中亚洲	6.6	6.4
新兴和发展中欧洲	3.6	3.0
独联体	−2.8	0.3
拉丁美洲和加勒比	0.1	−1.0
中东、北非、阿富汗和巴基斯坦	2.3	3.9
撒哈拉以南非洲	3.3	1.4

数据来源：IMF《世界经济展望》，2017年。

2016年，在全球经济复苏缓慢、国际金融动荡、投资不振、贸易保护主义升温、贸易成本增加等多种因素的作用下，全球贸易增速继续下滑。根据IMF发布的数据，2016年，全球货物和服务贸易量增长2.2%，低于GDP的增长速度，为2008年金融危机以来的最低增速。发达经济体和发展中经济体的进出口规模均在萎缩，世界货物进口指数和出口指数都呈下降态势，贸易萎缩和全球经济不景气相互影响，预计贸易增速下滑的趋势会在2017年延续。

值得关注的是，2016年国际大宗商品市场价格止跌企稳。整体上来说，大宗商品价格先上升后回落，国际市场初级产品价格虽继续下降，但下降幅度明显变小，根据IMF数据，年内原油价格下降15.7%，非燃料初级产品价格下降 1.9%。发达经济体消费者价格增幅为 0.8%，比上年提高 0.5 个百分点；新兴市场和发展中经济体为 4.4%，比上年下降 0.3 个百分点。

（二）国际农产品市场

受技术进步和布局优化的推动，尽管国际市场农产品价格连续数年低迷，全球农产品生产尚未出现下滑态势，2016 年全球农产品生产稳定增长，库存充裕，保障了农产品的供给；而全球经济不景气抑制了农产品需求，全年农产品需求虽有增长，但全球农产品市场仍然呈现出供大于求的格局，期末粮食库存消费比仍维持在 26% 以上的较高水平。受这两方面因素影响，部分农产品价格上半年上升，下半年又回落到年初水平，和 2015 年相比，全年农产品价格略有回升，但价格水平仍维持在较低价格区间。

整体来看，2016 年国际市场大宗商品价格走势不一，根据世界银行（WB）发布的数据，与 2015 年相比，农产品和食物价格均经历了先上升后下降的态势，年内整体略有上涨，涨幅分别为 3% 和 1.9%。能源价格在上半年下降，下半年上涨，2016 年年底至 2017 年 2 月能源价格持续上涨。农产品原料价格继续下降，年内下降 5.8%（图 1）。2016 年第四季度，所有类别的产品价格水平均呈上涨态势，并维持到 2017 年 2 月，但价格水平仍显著低于历史上的高位。

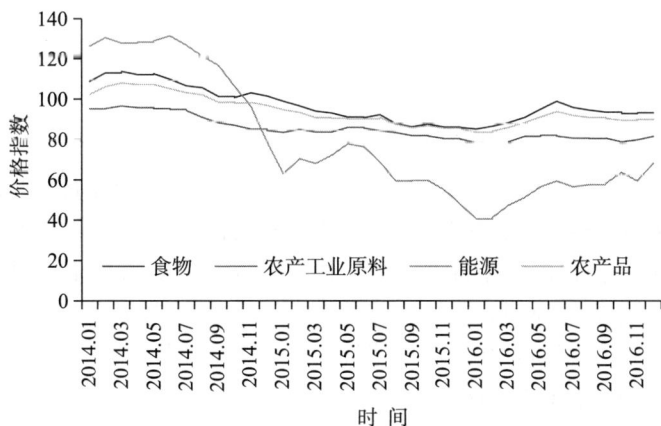

图 1　2014—2016 年国际市场初级产品价格变化

数据来源：世界银行（WB）。价格指数以 2005 年为 100。

2016 年，由于全球经济形势欠佳，农产品的需求增长受到抑制，需求增长缓慢。而农产品单产水平的提高和生产成本的下降使得农产品供给在国际农产品价格连续 4 年下跌的背景下仍然持续增长，年内农产品市场仍呈现出供过于求的局面。

根据联合国粮食及农业组织（FAO）发布的数据，2016/2017 年度，全球谷物产量 25.78 亿吨，比上年增长 1.72%。其中，由于俄罗斯和哈萨克斯坦的产量增长，全球小麦产量增加到 7.49 亿吨，同比增长 1.90%；得益于有利的气候条件，美国、阿根廷等国玉米产量有所增长，全球玉米产量增长 2.19%。全球谷物使用量 25.66 亿吨，增长 1.91%。谷物出口量 3.88 亿吨，下降 2.09%。谷物期末库存量 6.70 亿吨，增长 1.33%，库存消费比 25.99%，较上年略有上升，仍维持在较高的水平（表2）。

表2 近年来全球谷物生产、使用、库存和贸易

单位：百万吨、%

		2014/2015 年度	2015/2016 年度	2016/2017 年度	2016/2017 年度比上年度增长			2014/2015 年度	2015/2016 年度	2016/2017 年度	2016/2017 年度比上年度增长
生产	谷物	2 565.4	2 534.6	2 578.1	1.72	出口	谷物	379.9	396.3	388.0	−2.09
	小麦	730.1	735.0	749.0	1.90		小麦	157.4	168.0	168.0	0.00
	大米	494.7	491.4	499.0	1.55		大米	45.1	43.0	43.0	0.00
	玉米	1 035.0	1 006.0	1 028.0	2.19		玉米	130.0	139.0	137.0	−1.44
使用	谷物	2 499.2	2 518.0	2 566.0	1.91	期末库存	谷物	656.5	661.2	670.0	1.33
	小麦	704.1	715.6	735.0	2.71		小麦	212.0	227.0	239.0	5.29
	大米	492.8	495.3	501.0	1.15		大米	175.0	171.0	171.0	0.00
	玉米	999.0	1 008.0	1 030.0	2.18		玉米	223.0	217.0	212.0	−2.30

数据来源：FAO《Cereal Supply and Demand Brief》，2017 年 3 月。

由图2可得，2016 年，主要农产品价格变化不一，糖的价格变化幅度最大。受厄尔尼诺恶劣天气影响，泰国、印度和巴西的食糖产量下降，国际食糖市场供应偏紧，使得国际糖价在上半年快速上涨，食糖价格由 1 月的每吨 309 美元上涨到 9 月的每吨 505 美元，其后有所回落，11 月回落到每吨 415 美元，估计食糖减产在中短期对国际市场糖价依旧有部分支撑。棉花考特鲁克（Cotlook）A 远东指数价格年内稳步上涨，1 月每吨 1 601 美元，到 7 月上升到每吨 1 697.5 美元，下半年国际棉花价格稳中略强，至 12 月每吨 1 753 美元，同比上涨 13%。全年均价每吨 1 631.4 美元，同比上涨 6%。年内牛肉价格先升后降，平均价格较 2015 年有所下降。美国进口到岸价由 1 月的每吨 3 500 美元上升到 7 月的每吨 4 138 美元，之后价格持续回落，至 12 月为每吨 3 834 美元。鸡肉价格较为稳定，年内变化较小，平均价格较上年略有降低。格鲁吉亚离岸价 1 月每吨 2 481 美元，12 月底年度最高每吨 2 491 美元。

2016 年谷物价格整体呈现前半年上升后半年下降的态势，全年同比价格变化不大。美国 1 号硬粒红小麦价格年度内持续走低，由 1 月的每吨 164.6 美元下滑到 12 月的每吨 122.8 美元。美国 2 号黄玉米海湾离岸价由 1 月的每吨 161 美元上升到 6 月的每吨 180 美元，之后 9 月份回落到每吨 148 美元，12 月小幅反弹至每吨 152 美元。泰国 5% 碎米率大米由 1 月的每吨 360 美元上升到 7 月的每吨 456 美元，之后持续走低，至 12 月下跌到每吨 367 美元。美国大豆芝加哥期货价格由 1 月较低的每吨 323.2 美元上升到 6 月年度最高的每吨 421.2 美元，之后持续走低，至 9 月的每吨 356 美元，之后小幅反弹至 12 月的每吨 375 美元。

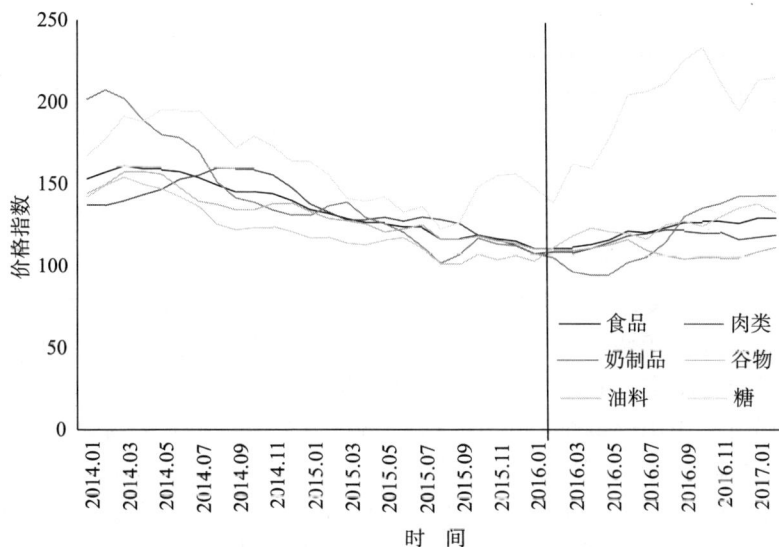

图 2　2014—2016 年国际市场主要农产品价格指数变化

数据来源：世界银行。各商品的价格指数均以 2002—2004 年平均价格为 100。

（三）中国宏观经济

近年来，中国经济内在结构发生了深刻而积极的变化，质量效益明显提高，中国经济的稳定增长对稳定全球经济增长预期起到了重要作用。2016 年，国内生产总值 74.4 万亿元，比上年增长 6.7%。其中，第一产业增加值 6.4 万亿元，增长 3.3%；第二产业增加值 29.6 万亿元，增长 6.1%；第三产业增加值 38.4 万亿元，增长 7.8%，第三产业增加值占国内生产总值的比重继续上升，为 51.6%。全年居民消费价格比上年上涨 2%，其中食品价格上涨速度较快，涨幅为 3.8%。全国居民人均可支配收入稳定增长，人均可支配收入 23 821 元，同比增长 8.4%。全年货物出口额 138 455 亿元，同比下降 1.9%；进口额 104 932 亿元，同比增长 0.6%；贸易盈余 33 523 亿元，比上年增加

3 308亿元。

根据中国人民银行发布的数据，年内人民币出现三轮较为明显的贬值，并贯穿全年。年内人民币对美元汇率先上升后下降，年平均汇率人民币相对美元同比贬值6.25%，美元相对人民币同比升值6.67%；2015年12月至2016年11月，人民币兑美元、欧元与日元的月度汇率分别贬值6.0%、5.1%与19.4%，同期内国际清算银行计算的人民币名义有效汇率与实际有效汇率均贬值6.6%。截至2016年12月16日，中国人民银行公布的人民币兑中国外汇交易中心（CFETS）、国际清算银行（BIS）与特别提款权（SDR）货币篮的汇率指数与2015年12月31日相比各自贬值5.9%、5.3%与3.1%。

（四）中国农业和农村经济

2016年，中国政府继续推进农业供给侧结构性改革，稳步推进玉米、棉花等农产品"去库存"的政策措施，中国粮食播种面积减少；受到厄尔尼诺气候以及种植结构调整等因素的影响，中国粮食单产下降，全年粮食产量同比下降。中国政府针对粮食品种的供需矛盾，主动优化农业产业结构和区域布局，适当调减非优势产区玉米的种植面积，采取"粮改豆""粮改饲"和"粮改油"等多项措施调整农业种植结构，使得玉米等粮食作物的种植面积减少。另外，2016年受到超强等级厄尔尼诺事件的影响，全国农业气象灾害较上年严重，部分地区受灾较重，导致一些粮食作物因灾减产。

2016年，中国全年粮食种植面积11 303万公顷，比上年减少31万公顷。其中，玉米、稻谷的种植面积均有所下降，玉米种植面积减少最多，较上年减少136万公顷；小麦种植面积2 419万公顷，同比增加5万公顷。经济作物中，油料的种植面积增加8万公顷，棉花的种植面积减少42万公顷，糖料的种植面积减少6万公顷。

全年粮食产量61 624万吨，比上年减少520万吨，减产0.8%。其中，全年谷物产量56 517万吨，比上年减产1.2%。稻谷、玉米和小麦产量均有所减少，稻谷产量20 693万吨，减产0.6%；玉米产量21 955万吨，减产2.3%；小麦产量12 885万吨，减产1%。经济作物中，棉花产量534万吨，比上年减产4.6%。油料产量3 613万吨，增产2.2%。糖料产量12 299万吨，减产1.6%。茶叶产量241万吨，增产7.4%。全年肉类总产量8 540万吨，比上年下降1.0%。其中，猪肉产量5 299万吨，下降3.4%；牛肉产量717万吨，增长2.4%；羊肉产量459万吨，增长4.2%；禽肉产量1 888万吨，增长3.4%。禽蛋产量3 095万吨，增长3.2%。牛奶产量3 602万吨，下降4.1%。年末生猪存栏43 504万头，下降3.6%；生猪出栏68 502万头，下降3.3%。全年水产品产量6 900万吨，比上年增长3.0%。其中，养殖水产品产量5 156

万吨，增长 4.4%；捕捞水产品产量 1 744 万吨，下降 1.0%。

农村劳动力非农就业继续增加，全国农民工总量 28 171 万人，比上年增长 1.5%。其中，外出农民工 16 934 万人，增长 0.3%；本地农民工 11 237 万人，增长 3.4%。本地农民工的增速上升，外出农民工的增速下降，全国农民工人均月收入 3 275 元，比上年增长 6.6%。

受益于农产品价格提高、非农业就业增加，农村居民收入继续较快提高，生活水平持续改善。农村居民人均可支配收入 12 363 元，扣除价格因素实际增长 6.2%。农村居民人均消费支出 10 130 元，扣除价格因素实际增长 7.8%。按照每人每年 2 300 元（2010 年不变价）的农村贫困标准计算，2016 年农村贫困人口 4 335 万人，比上年减少 1 240 万人。

（五）中国农业贸易政策环境

1. 深入推进农业供给侧改革

根据 2016 年中央 1 号文件"改革完善粮食等重要农产品价格形成机制和收储制度"的要求，中国政府继续将农业供给侧改革作为工作重点，完善农产品价格形成机制，提高农产品竞争力。2016 年 4 月，农业部公布《全国种植业结构调整规划（2016—2020）》，提出未来 5 年中国种植业结构调整的目标和任务。

具体来看，中国政府一方面对玉米、棉花等农产品继续采取去库存措施，调整农产品供给结构；另一方面，通过土地产权制度变革、农产品价格有序市场化等政策改革提高农产品竞争力。2016 年 9 月，国家发展和改革委员会、国家粮食局和财政部联合发布玉米收购工作通知，内蒙古和东北三省按照"市场定价、价补分离"的原则，将玉米临时收储政策调整为"市场化收购"加"补贴"的新机制，玉米价格由市场形成，供求关系靠市场调节，中央财政直接对玉米种植者给予补贴，生产者随行就市出售玉米，通过商业银行信贷倾斜政策支持符合贷款条件的购销贸易和加工企业自主入市收购。

2. 改革完善农业支持政策体系

2016 年，中国政府制定的农业支持政策多以绿色环保为导向，坚持生态优先，突出重点，保护资源永续利用和农业的可持续发展，从根本上提高中国农业和农产品的国际竞争力。由中央财政安排专项资金开展粮食绿色高产高效创建和模式公关；继续安排测土配方施肥专项资金，依托新型经营主体和专业化服务组织，促进化肥减量增效；农业部拟定《耕地轮作休耕制度试点方案》，坚持生态优先的原则，加快构建用地养地结合的耕作制度体系。

为了进一步提高农业补贴效率，提升中国农业竞争力，2016 年，中国政府对农业补贴、支持政策的改革在全国范围推开。启动农业"三项补贴"，将政策目标调整为支持耕地地力保护和粮食适度规模经营，将种粮直补、农资综合补贴和良种补贴合并为"农业支持保护补贴"。将合并后补贴资金的80%用于耕地地力保护，补贴给当年种粮的农户；另外20%的资金用于支持发展多种形式的适度规模经营，向新型经营主体倾斜。同时，中央财政还安排专项资金用于实施农产品产地初加工补助政策，重点向优势产区和新型农业经营主体倾斜。另外，国家还安排专项资金用于新型职业农民培育，以专业大户、家庭农场主和农民合作社骨干为重点对象，继续实施现代青年农场主培养计划，为农业适度规模经营打好基础。

二、2016年中国农产品贸易发展

（一）进出口规模

2016年，中国农业贸易面临的国内外环境压力加大。国际层面，全球经济复苏缓慢，国际市场需求持续低迷，贸易保护主义愈演愈烈，全球农产品贸易也走入低谷。国内层面，生产成本继续提高，结构性改革深入推进，面对复杂严峻的国际国内形势，中国政府出台了进一步支持外贸稳增长调结构的政策措施，2016年中国农产品贸易总额基本稳定，贸易结构逐步优化，部分农产品国际竞争力有所提升，出口额同比增加，进口额同比减少，贸易逆差大幅降低。全年出口额729.9亿美元，同比增长3.3%；进口额1 115.7亿美元，同比下降4.5%，农产品贸易逆差385.8亿美元，同比下降16.5%。

年内农产品出口额波动中小幅上升，2月出口额降幅较大，11月和12月出口额有较大增长；农产品进口额在2～3月波动较大，4～9月间很平稳，10～12月稳步增长（图3）。

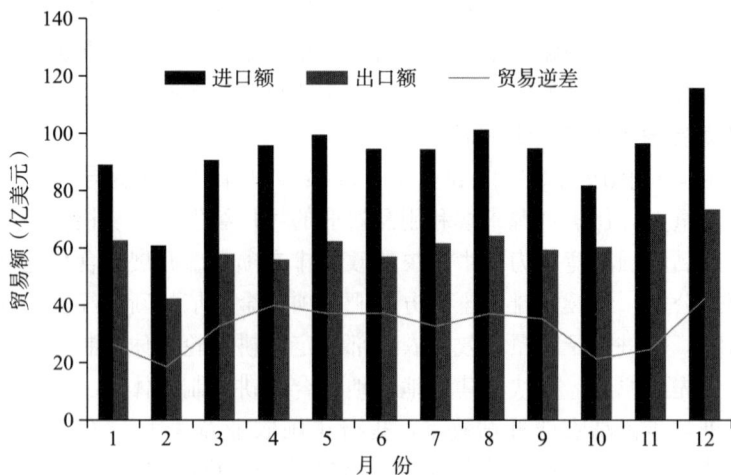

图3　2016年中国农产品对外贸易发展变化情况

（二）产品结构

分大类看，出口额增加的农产品主要是具有传统优势的农产品，其中，蔬菜、水果、水产品的出口额增长幅度最大，分别同比增长 11%、3.6% 和 2%。进口减少的农产品主要有谷物、棉麻丝、糖料及糖和植物油，进口额分别同比减少 32.8%、34.7%、34% 和 15.6%。在进口农产品中，畜产品的进口全面大幅增加。全年畜产品进口 234 亿美元，同比增长 14.5%，其中，猪肉、牛肉、奶粉等畜产品进口均有较大幅度增长（图 4）。

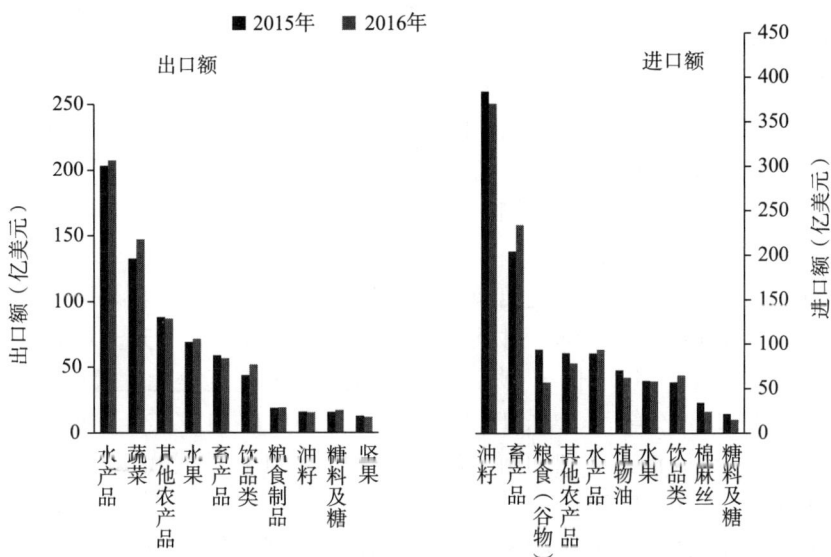

图 4　2015—2016 年中国农产品进出口结构

2016 年，中国向非洲国家出口大米的数量增加，拉高了全年的谷物出口量，年内谷物出口总量增加，进口量减少，全年出口 63.6 万吨，同比增长 19.5%；进口 2 199.7 万吨，同比减少 32.8%。贸易赤字 52.1 亿美元，同比下降 42%。其中，大米出口增幅较大，年内出口 39.5 万吨，同比增长 37.5%，其他谷物产品的出口均较上年减少，玉米的出口降幅最大，同比减少 63.4%。进口方面，由于国际小麦和大米价格持续走低，小麦和大米的进口增加，其他谷物产品的进口均有不同程度的下降；另外，谷物替代品玉米酒糟（DDGS）和木薯的进口量也大幅度减少，分别进口 306.7 万吨和 770.4 万吨，同比减少达 55% 和 17.8%。

棉油糖农产品进口同比减少。棉花进口 124 万吨，同比减少 29.5%；进口额 17.8 亿美元，同比减少 34.7%。食糖进口 306.2 万吨，同比减少

36.8％；进口额 11.7 亿美元，同比减少 34.0％。大豆进口 8 391.3 万吨，同比增长 2.7％，较上年回落 11.7 个百分点；油菜籽进口 356.6 万吨，同比减少 20.2％。食用植物油进口 688.4 万吨，同比减少 18.0％，进口额 50.5 亿美元，同比减少 15.6％。

畜产品进口全面增加。畜产品进口 234.0 亿美元，同比增长 14.5％；贸易逆差 177.6 亿美元，同比增长 22.0％。其中，猪肉进口 162.0 万吨，同比增长 110％；猪杂碎进口 149.1 万吨，同比增长 82.5％；牛肉进口 58.0 万吨，同比增长 22.4％；羊肉进口 22.0 万吨，同比减少 1.3％；奶粉进口 84.6 万吨，同比增长 15.2％。

传统优势农产品出口形势向好。蔬菜出口 147.2 亿美元，同比增长 11.0％；贸易顺差 141.9 亿美元，同比增长 11.5％。水果出口 71.4 亿美元，同比增长 3.6％；贸易顺差 13.3 亿美元，同比增长 30.5％。水产品出口 207.4 亿美元，同比增长 2.0％；贸易顺差 113.6 亿美元，同比增长 0.1％。

（三）进出口市场结构

2016 年，中国的农产品进出口市场结构有较大变化，由表 3 可知，对南美洲和非洲出口农产品下降，对其他大洲农产品出口额均上升。对亚洲出口 471.8 亿美元，比上年增长 3.6％。对欧洲出口 104.7 亿美元，增长 1％。对北美洲出口 96.3 亿美元，增长 14.2％。对大洋洲出口 24 亿美元，增长 83％。出口下降的两个大洲是非洲和南美洲，出口额为 24 亿美元和 13.42 亿美元，分别下降 13.4％和 39.8％。

除欧洲和大洋洲，从各大洲进口农产品额均下降。从亚洲进口 205.6 亿美元，下降 8.2％。从北美洲进口 298.5 亿美元，下降 0.7％。从非洲进口 28 亿美元，下降 7％。从南美洲进口 284.2 亿美元，下降 9.4％。从欧洲进口 181.8 亿美元，增长 3.8％。从大洋洲进口 143.3 亿美元，增长 14.2％。

中国农产品贸易对亚洲继续保持盈余，对其他地区仍为赤字。对非洲和南美洲的贸易赤字缩小，对其他大洲的贸易赤字变大。

表3　2016 年中国农产品贸易区域分布

区域	贸易额（亿美元）				比上年增长（％）		所占比重（％）	
	进出口	出口额	进口额	差额	出口	进口	出口	进口
合计	1 875.62	734.22	1 141.4	−407.18	3.9	−2.3	100.0	100.0
亚洲	677.4	471.8	205.6	266.2	3.6	−8.2	64.3	18.0
欧洲	286.5	104.7	181.8	−77.1	1.0	3.8	14.3	15.9
北美洲	394.8	96.3	298.5	−202.2	14.2	−0.7	20.4	26.2

（续）

区域	贸易额（亿美元）				比上年增长（%）		所占比重（%）	
	进出口	出口额	进口额	差额	出口	进口	出口	进口
非洲	52	24	28	−4	−13.4	−7.0	5.1	2.5
南美洲	297.62	13.42	284.2	−270.78	−39.8	−9.4	2.8	24.9
大洋洲	167.3	24	143.3	−119.3	83.2	14.2	5.1	12.6

从国别（地区）贸易看，前五大出口市场依序为日本、中国香港、美国、韩国和越南，合计占出口总额的 49.4%。前五大进口来源地依序为美国、巴西、澳大利亚、加拿大和新西兰，合计占进口总额的 53.4%。对中国香港、日本、韩国、中国台湾和菲律宾的贸易盈余排前 5 位，分别为 96.7 亿美元、92.7 亿美元、36.6 亿美元、15.5 亿美元和 13.1 亿美元。对巴西、美国、澳大利亚、新西兰和加拿大的贸易赤字排前 5 位，分别为 184 亿美元、164.6 亿美元、57.1 亿美元、43.2 亿美元和 42.8 亿美元（图 5）。

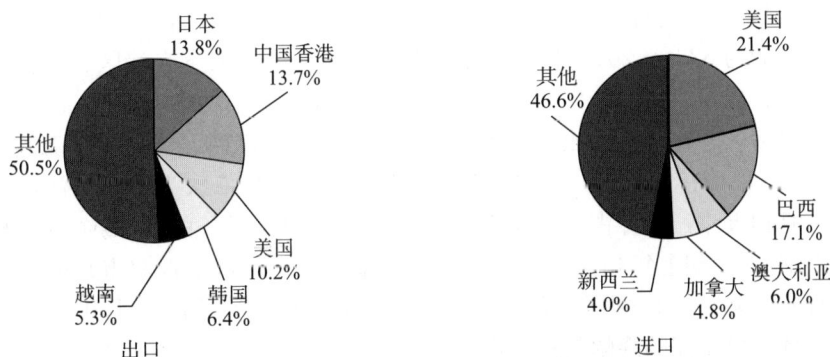

图 5　2016 年中国农产品出口市场和进口来源地结构

对东盟出口 153.9 亿美元，增长 4.18%；从东盟进口 150 亿美元，下降 12.2%。对中国香港和中国台湾出口增长，出口额分别为 99.6 亿美元和 23 亿美元，增长 11.6% 和 5.37%；对中国澳门出口下降 4.8%。其他自贸区中，从出口来看，除新加坡以外，对其他自贸区国家出口额都有所增加，对巴基斯坦出口额增长 4.27%，对智利出口额增长 2.45%，对新西兰出口额增长 2.84%，对秘鲁出口额增长 7.96%，对瑞士出口额增长 1.38%，对澳大利亚出口额增长 1.38%，对新加坡出口 9 亿美元，同比减少 6.3%。从进口方面来看，从澳大利亚进口大幅下降，2016 年全年进口 67 亿美元，减少 17%（图 6）。

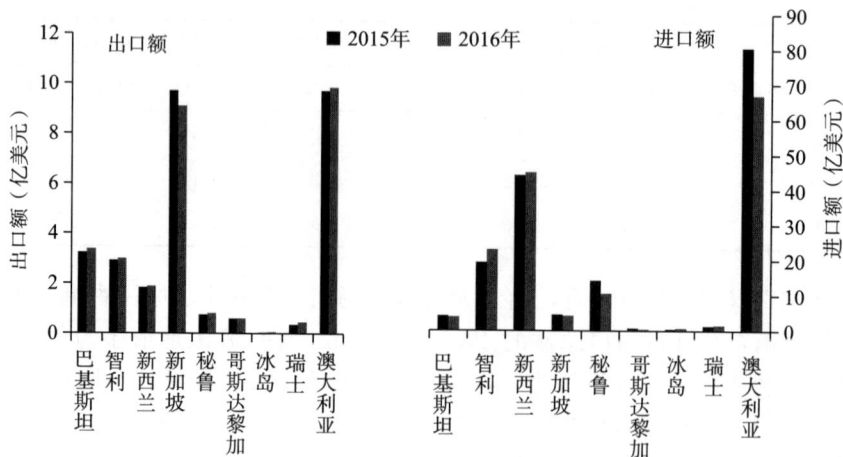

图 6　2015—2016 年中国其他自贸区贸易情况

（四）国内进出口地区结构变化

农产品出口额排前 5 位的省依次为山东、广东、福建、浙江和辽宁，合计占出口总额的 62%。2016 年实现出口额增长的有 16 个省（自治区、直辖市），其中西藏、贵州、山西、广西和江苏的增幅较大，增幅均在 15% 以上；有 15 个省（自治区、直辖市）出口额下降，青海、重庆、江西、新疆和甘肃的降幅都超过 10%。农产品进口额排前 5 位的省（直辖市）依次为广东、江苏、山东、上海和天津，合计占进口总额的 66.3%。进口额增长的有 12 个省（自治区、直辖市），和上年相比，除宁夏外，其他省（自治区、直辖市）的进口增幅均有所下降；进口额下降的有 19 个省（自治区、直辖市），其中青海、甘肃、西藏和黑龙江的降幅超过 20%（图 7）。

31 个省（自治区、直辖市）中，有 21 个省（自治区、直辖市）农产品实现贸易盈余。顺差居前 5 位的省及顺差额为：福建 37.4 亿美元，云南 37.3 亿美元，山东 24.3 亿美元，湖北 8.5 亿美元，黑龙江 7.4 亿美元，顺差额均比上年增加。逆差居前 5 位的省（直辖市）及逆差额为：广东 141 亿美元，江苏 115.8 亿美元，上海 102.8 亿美元，天津 71.8 亿美元，北京 35.3 亿美元。

（五）农产品贸易的地位

2016 年，农产品出口额和进口额占全国货物贸易出口额和进口额的比例分别为 3.5% 和 7%，前者较上年上升 0.4 个百分点，后者上升 0.1 个百分点。农产品出口额和进口额与第一产业增加值的比值分别为 7.6% 和 11.6%，与上年相比前者上升 0.4 个百分点，后者下降 0.3 个百分点。

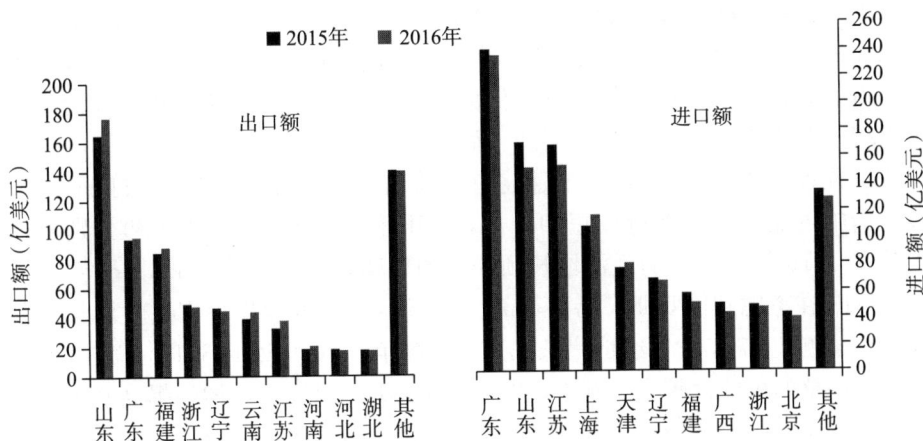

图7　2015—2016年中国各省（自治区、直辖市）农产品进出口额

三、2017年农产品贸易发展前景展望

（一）2017年农产品贸易发展环境

1. 国际环境

2017年，国际政治局势将更复杂，全球经济发展面临的冲击因素较多。美国新政府将采取何种的施政方针，欧盟是否会走向分裂，英国脱欧后，大多欧盟成员国的执政党都受到前所未有的反建制党派的挑战，直接冲击欧盟区经济发展，欧元稳定性锐减，意大利、法国和德国政府更迭；美国大选后，民主党支持者反特朗普运动愈演愈烈，部分地方政府与联邦政府的分歧加大、对抗频发；奥巴马政府力推的跨太平洋伙伴关系协定（TPP）胎死腹中，全球一体化受到前所未有的挑战。而发展中国家和新兴经济体面临外部需求依然疲软，通过出口拉动增长与就业的空间非常有限，同时还要面临美元汇率强势，本国资本外流，本币贬值的压力。

2017年，欧盟继续实施量化宽松的货币政策，从最近两年欧盟的经济表现可以看出，宽松的货币政策所带来的边际效力递减，欧盟的经济增长依然乏力，通胀处于低水平，存量资产价格虚高，投资者的投资意愿低迷。另外，英国与欧盟将开启为期两年的脱欧谈判。这场谈判不仅决定今后英国与欧盟之间的关系，其过程和结果也直接影响欧洲各国执政党和反建制派的力量对比，增加欧洲不稳定因素。同样，日本频繁的刺激政策难以改变其经济基本面长期萎靡的趋势，安倍经济学的效力将进一步弱化，日本经济的内生矛盾难以化解。新兴经济体的经济增速将得到改善，但受到的外部冲击压力可能加大，不排除部分中小新兴市场国家出现资金加速外流引发金融风险。在国际大宗商品价格和原油价格回升的背景下，俄罗斯、南非和巴西等资源依赖型国家国际收支状况会得到改善，但巴西的政治危机仍会持续，而俄罗斯面临的外部政治压力难以缓解，未来经济表现尚不明朗。而受益于国内需求的增强和宽松的财政政策，预计 2017 年印度经济增速将继续维持较高水平，但印度政府的"换钞"措施可能会对经济造成短期冲击，IMF 和 WB 在 2017 年年初分别调低了其在 2016 年对印度的经济增长预期，预计印度经济增速在 6.6％～7％。

IMF 在考虑到俄罗斯、巴西等部分新兴经济体可能出现恢复性增长的前提下，预测 2017 年世界经济增长 3.4％，略好于 2016 年的 3.1％，但其预测值向下调整的可能性较大。其中，发达经济体增长 1.9％，增幅提高 0.3 个百分点；发展中国家和新兴经济体增长 4.5％，提高 0.4 个百分点。全球经济低迷和分化导致贸易保护主义、孤立主义和民粹主义盛行。世界贸易组织（WTO）在 2017 年的报告中预测，2017 年的世界贸易量将增长 1.8％～3.1％，世界贸易形势略有改善，但难以从根本上扭转低迷的态势。国际经济环境稳重偏差，中国外贸发展不容乐观。石油价格止跌回升，价格增幅 19.9％，非能源初级产品价格上涨 2.1％。消费价格指数发达经济体提高 1.7％，高于上年 0.7％的增幅；新兴市场和发展中经济体增长 4.5％，和上年增幅持平。

2016 年年底，全球农产品价格处于两年来的较高水平，IMF 预计 2017 年的农产品价格指数将有小幅（1％）增长，低于 2016 年 2％的增幅。其中，谷物、肉类和饮料等产品的价格预计下降，而植物油和糖的价格指数可能会提高。

2. 国内环境

2017 年，国际经济环境面临较大的不确定性，大大增加了中国政策抉择的难度。特朗普任期内美国经济贸易投资政策变化，英国"脱欧"进程、欧洲相关国家大选，各国经济走势和宏观政策不同等，都会影响国际资本流动，也会对中国对外贸易产生重要影响。国内层面，结构性失衡仍是中国当前经济运行面临的突出矛盾和问题，因此，必须从供给侧结构性改革着手，以满足需求为最终目的，以坚持创新驱动发展为手段，实现经济增长方式的转变以及经济结构的提升。

中国政府确定的 2017 年主要预期目标有：国内生产总值增长 6.5％左右，居民消费价格涨幅 3％左右，城镇新增就业预期目标为 110 万人以上，城镇失业率控制在 4.5％以内；进出口回稳向好，粮食总产量 5.5 亿吨。政府将继续实施稳健的货币政策，以及更加积极有效的财政政策，坚持汇率市场化改革方向，保持人民币在全球货币体系中的稳定地位。"一带一路"倡议的加快落实，对外投资的大幅增长有望带动部分商品出口，人民币汇率贬值有助于提高出口竞争力。

2017 年，中国政府深入推进农业供给侧结构性改革，在确保粮食安全的基础上，围绕市场需求变化，以提高农业供给质量为主攻方向，以体制改革和机制创新为根本途径，优化产业产品结构，在主要满足农产品需求量的同时，向追求提高供给质量转变；同时，政府将改革财政支农投入的使用机制，财政支农投入总量继续增加，持续加大对农业农村公共领域和公共产品的财政投入。还要把发展农业适度规模经营和农民扶贫工作结合起来，使强农惠农政策照顾到大多数普通农户，协同发挥政府和市场的作用，更好引导农业生产、优化结构供给。以 2016 年实施的玉米价格改革为突破口，更好地发挥市场在资源配置中的决定性作用，继续深化稻谷、小麦等主要农产品价格形成机制和收储制度的改革。

2017 年，总体来看，世界农产品供给大于需求的状况没有改变，农产品价格缺乏大幅上涨的基础。从国内居民的消费价格来看，粮食价格大涨的可能性不大，连续 12 年的增产使得中国粮食库存创新高，国内小麦和大米等主粮品种国内市场价高于国际价格，蔬菜、蔬果等食品价格受天气等因素影响有较大的不确定性。

（二）中国农产品贸易发展形势展望

1. 主要影响因素

国际经济环境改善程度，尤其是"一带一路"沿线国家的经济表现是影响 2017 年中国农产品贸易发展的主导因素。2016 年中国拓展了农产品出口市场，对"一带一路"沿线国家的农产品出口规模有所增长，2017 年这一态势能否延续，主要取决于出口市场的经济走势。另一个重要影响因素是主要贸易伙伴国的贸易政策。2017 年，特朗普的贸易政策仍然存在很大的不确定性。从目前的情况来看，特朗普对外经济政策以贸易保护主义为核心，退出 TPP，提升贸易壁垒以及通过税收政策使得企业回流美国等都会对其主要的贸易伙伴带来影响。另外，国内外农产品价格走势也是影响中国农产品贸易的重要因素。而中国农产品价格竞争力的提升程度决定了国内外农产品价差的变化以及中国农产品的贸易流向和规模。最后，反全球化、贸易保护带来的贸易摩擦将会在 2017 年更加明显，会对中国的农产品贸易产生一定的负面影响。

主要的有利因素有：中国政府推动下的外贸稳增长调结构的效果将会越来越明显，预计优质谷物品种的种植面积将继续扩大，与此同时，质优米面的消费数量将稳步增长；中国多双边经贸合作取得新进展，为中国外贸发展营造了良好的制度环境，提出的"一带一路"倡议已取得初步成效。

2. 贸易形势展望

2017 年，全球大部分农产品仍处于供需宽松格局，大宗农产品价格上行的压力较大，而国内主要农产品的价格水平仍然高于国际市场，国内农产品进口数量预计仍然增长。随着中国食糖、棉花、大豆、油菜籽和玉米临时收储政策的取消，国内农产品价格与国际市场价格变化的同步性日益增强，进口农产品对国内相关产业的冲击日益明显。2017 年，中国供给侧改革将以满足消费者需求为核心继续深入，农产品质量稳步提升，在农产品国内外价差缩小的背景下，农产品进口增幅不会提高。

2017 年，农产品出口数量增长前景主要取决于以下几个主要出口市场的经济表现。美国经济复苏和美元升值是中国扩大对美国出口的有利因素，但特朗普的对外贸易政策很有可能会对中美农产品贸易产生一定的负面影响。在英国脱欧和地缘政治等因素影响下，欧盟的经济回升可能会受阻，会在一定程度上抑制中国对欧盟出口农产品。日本的经济增速回升的动力依然不足，中国农产品对日出口增幅受限。新兴市场和发展中国家经济增长仍然面临许多困难，资本外流风险依然存在，结构性改革有待进一步深化，经济增长前景不容乐观。从目前情况来看，中国与"一带一路"沿线国家在农产品种植和食品加工业方面互补性较强，2017 年，中国会更加积极地寻求与这些国家间的贸易合作和往来，而这些国家的经济发展前景和贸易政策将会对中国的农产品贸易产生较大影响。

2016年中国农产品贸易形势及展望

2016年，全球主要农产品供需继续保持较宽松格局，价格总体呈下行走势；国内农产品需求持续增长，粮食、油料等农产品价格在成本推动和政策支撑下呈上涨趋势。受国内农业政策调整，主要农产品进口出现下滑。发达国家经济缓慢复苏，人民币贬值，对中国蔬菜、水果和水产品出口形成有力支撑，农产品出口额仍保持较高增速。综合考虑宏观经济走势、农产品供求状况、价格竞争力等因素，预计未来粮、棉、油、糖等大宗农产品全面净进口格局仍将持续，农产品出口形势或将有所好转。

一、中国农产品贸易总体变化特征

总的来看，2016年中国农产品贸易主要呈现以下特点：

第一，贸易总额同比下降，出口额增长，进口额下降。2016年，农产品贸易总额为1 845.6亿美元，同比下降1.6%。其中，出口729.9亿美元，同比增长3.3%，进口1 115.7亿美元，同比下降4.5%（图1）。贸易逆差385.8亿美元，同比下降16.5%。

第二，粮棉油糖进口下降，食用油籽进口量小幅上涨。谷物产品继续保持净进口，净进口为2 136.1万吨，同比降低33.6%。棉花进口量额齐降，进口量和进口额分别下降29.5%和34.7%。食用油籽进口量增额减，进口量同比增长2.2%，进口额同比下降3.5%。食用植物油进口量额均下降，进口量同比下降18.0%，进口额同比下降15.6%。食糖进口量额均下降，进口量同比下降36.8%，进口额同比下降34.0%。

第三，蔬菜、水果出口增长进口下降，水产品进出口均有增长。蔬菜出口额为147.2亿美元，同比增长11.0%；进口额为5.3亿美元，同比下降2.0%。水果出口额为71.4亿美元，同比增长3.6%；进口额为58.1亿美元，同比下降1.0%。水产品出口额为207.4亿美元，同比增长2.0%；进口额为93.7亿美元，同比增长4.4%，贸易顺差为113.6亿美元。

第四，进口来源地相对稳定，与周边国家和地区贸易持续走强。从进口来源地看，美国、巴西、澳大利亚、加拿大和新西兰位居前5位。加拿大和新西

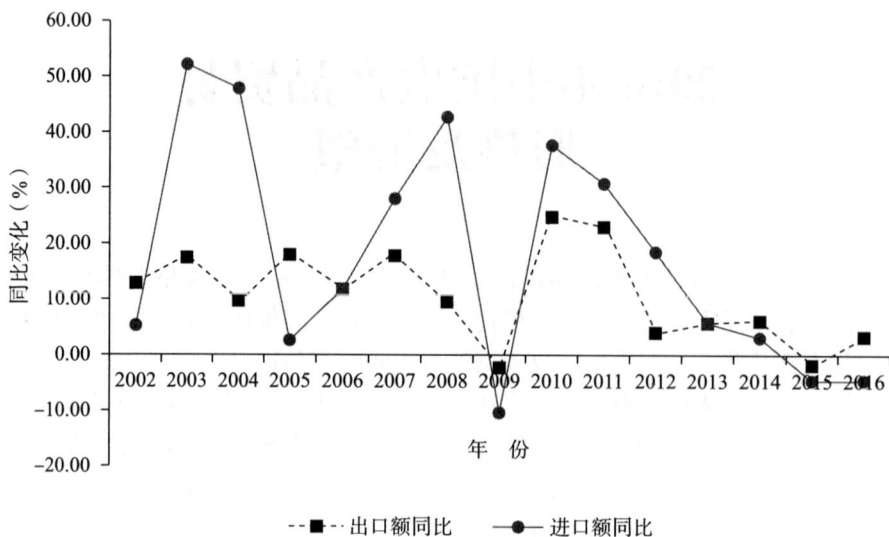

图 1　2002 年以来中国农产品进出口额同比变化情况

数据来源：中国海关数据库。

兰取代泰国和阿根廷，重回前 5 位，美国是中国农产品最大的进口国，进口额约占当期农产品进口总额的 21.4%。除加拿大和新西兰外，从其他 3 个进口来源地的进口金额均呈现不同程度下滑，从澳大利亚进口额同比下降 16.9%，从美国进口额同比下降 4.5%，从巴西进口额同比下降 4.1%。从出口市场看，日本、中国香港、美国、韩国、越南位居前 5 位。日本是中国农产品最大的出口国，占农产品出口总额的 13.8%。2016 年，对日本和美国出口额均呈现小幅下降，分别同比下降 1.5% 和 0.3%。对中国香港、韩国及越南出口额分别同比增长 11.6%、7.4% 及 12.8%。

二、主要农产品贸易变化及原因分析

（一）国内供给侧结构改革发力，谷物进口下降

2016 年，谷物进口 2 199.7 万吨，同比下降 32.8%；出口 63.6 万吨，同比增长 19.5%。其中，小麦产品进口 341.2 万吨，同比增长 13.5%；玉米产品进口 316.8 万吨，同比下降 33.0%；稻谷产品进口 356.2 万吨，同比增长 5.5%；大麦产品进口 500.5 万吨，同比下降 53.4%。高粱产品进口 664.8 万吨，同比下降 37.9%。国内外价差高企致使小麦、稻谷进口增加。小麦进口以澳大利亚、美国和加拿大为主，分别占进口量的 40.3%、

25.3％和25.2％。稻谷进口以越南为主，占进口量的45.4％；其次是泰国和巴基斯坦，分别占26.9％和19.8％。谷物进口价格优势明显。受到国内玉米调结构、去库存等政策影响，玉米进口需求锐减。2016年，墨西哥湾2号黄玉米到岸税后价格仍持续低于国内玉米销区价（图2），但国内外价差不断缩小，到2016年12月仅为260元，进口玉米价格优势不断降低，另外国内取消玉米临时收储政策，导致玉米价格下降，从而高粱、大麦等替代品进口也同步下降。

图2　2002年以来国际玉米到岸税后价与国内销区价格对比

数据来源：国家粮油信息中心、国际谷物协会。

（二）国内库存充足及价差收窄等原因导致棉花进口下降

2016年，棉花进口124.0万吨，同比下降29.5％；进口额17.8亿美元，同比下降34.7％。

棉花进口下降的主要原因：一是国内外价差收窄降低国内企业采购兴趣。国内调整储备棉投放政策，竞卖底价降低，加之实行目标价格补贴并取消临时收储的政策调整，国内棉价由稳转跌，而国际棉花价格相对稳定，国内外价差不断收窄，从2014年1月的3 484元/吨降至12月的60元/吨，并在2015年1月起国内棉花销售价格低于进口棉到岸税后价，到2016年9月国内棉花销售价格较进口棉到岸税后价低668元/吨，2016年第四季度，国内棉花销售价格有所上涨，与进口棉的价差为297～755元/吨（图3）。二是棉花库存充足抑制外棉需求。受前期国储棉大量抛储和2013年12月棉花大量进口的影响，库存原料较为充足，在一定程度上抑制了棉花进口。

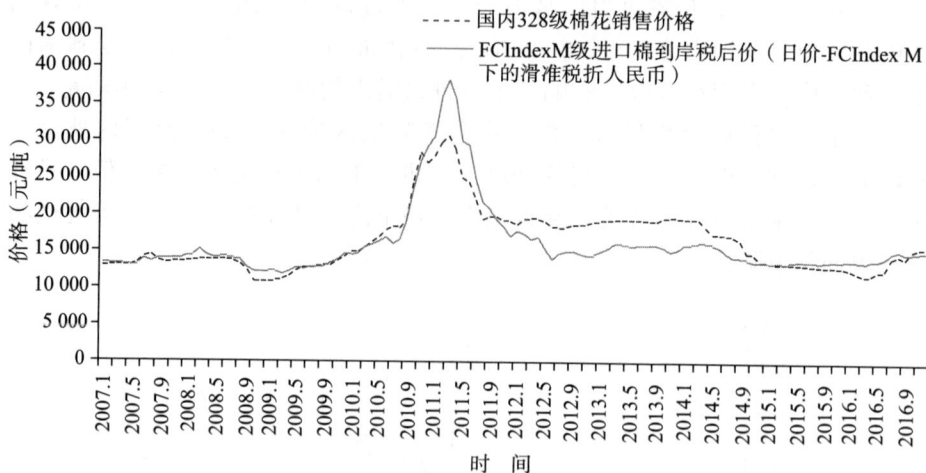

图 3　2007 年以来国际棉花到岸税后价与国内价格对比

数据来源：中国棉花信息网。

（三）受供给等因素影响食用植物油进出口同比下滑

2016 年，食用油籽进出口呈量增额减态势。进口 8 952.9 万吨，同比增长 2.2％，进口额 370.4 亿美元，同比下降 3.5％；出口 87.4 万吨，同比增长 3.8％，出口额 14.2 亿美元，同比下降 3.0％；贸易逆差 356.2 亿美元，同比下降 3.5％。其中，大豆进口 8 391.3 万吨，同比增长 2.7％；油菜籽进口 356.6 万吨，同比下降 20.2％。大豆进口增加主要受国际大宗商品价格普遍下跌及国内需求影响。油菜籽进口下降主要是由于 2015 年中国取消了油菜籽临时收储政策，致使国内油菜籽价格一路下跌，与进口油菜籽成本价差有所缩小。

食用植物油进出口呈量额同降趋势，进口 688.4 万吨，同比下降 18.0％，进口额 50.5 亿美元，同比下降 15.6％；出口 11.5 万吨，同比下降 16.0％，出口额 1.6 亿美元，同比下降 16.9％；贸易逆差 48.9 亿美元，同比下降 15.5％。其中，棕榈油进口 447.8 万吨，同比下降 24.2％；菜籽油进口 70.0 万吨，同比下降 14.1％；葵花油和红花油进口 95.7 万吨，同比增长 47.0％；豆油进口 56.0 万吨，同比下降 31.5％。

（四）主产国减产导致糖价止跌回升，国内库存积压严重，进口减少

2016 年食糖进口呈量额齐降态势。其中进口量 306.2 万吨，同比下降 36.8％；进口额 11.7 亿美元，同比下降 34.0％。主要原因是受到全球糖市步入减产周期影响，几大主产国减产导致食糖进口均价止跌回升。2016 年，泰

国白糖到珠江三角洲的到岸税后价从 1 月的 3 912 元/吨一度涨至 10 月的 5 544 元/吨，11 月之后有所回降，全年均价为 4 649 元/吨。国内甘蔗价格在种植面积减少及减产的影响下也稳步上涨，但涨幅较国际糖价小。因此，2016 年前 10 个月，国内外价差不断缩小。但 2016 年 11 月后，因国际糖价下跌，国内糖价继续上涨，国内外糖价价差再次拉大（图 4）。

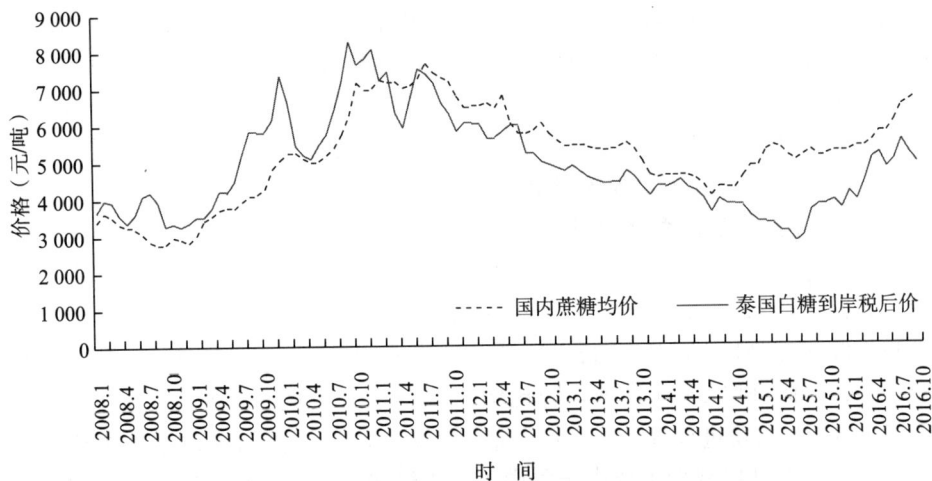

图 4 2008 年以来国际食糖到岸税后价与国内销区价格对比

数据来源：中国食糖网。

（五）水产品出口量额齐增，进口量减额增

2016 年，水产品出口量额齐增，出口 207.4 亿美元，同比增长 2.0%，出口量 423.8 万吨，同比增长 4.4%；水产品进口量减额增，进口 93.7 亿美元，同比增长 4.4%，进口量 404.1 万吨，同比下降 1.0%；贸易顺差 113.6 亿美元，同比增长 0.1%，净出口量为 19.7 万吨。受人民币贬值、国际外贸环境优化等因素影响，水产品进口结束了上年同比均降的态势。主要出口市场格局继续调整。日本仍是第一大出口市场，出口额为 37.0 亿美元，同比增长 1.8%；美国是第二大出口市场，出口额为 30.4 亿美元，同比下降 4.8%；中国香港为第三大出口市场，出口额为 20.1 亿美元，同比下降 4.58%；中国台湾为第四大出口市场，出口额为 16.7 亿美元，同比增长 5.2%；韩国是第五大出口市场，出口额为 16.5 亿美元，同比增长 5.5%。从进口市场来看，俄罗斯、美国、秘鲁、加拿大和智利分别为中国的前五大进口来源国，进口额占进口总额的 50.2%。

（六）蔬菜出口额增量减，水果出口量额齐增

2016 年，蔬菜出口 147.2 亿美元，同比增长 11.0%，出口量 1 009.8 万吨，同比下降 0.8%；进口 5.3 亿美元，同比下降 2.0%，进口量 24.9 万吨，同比增长 2.0%；贸易顺差 141.9 亿美元，同比增长 11.5%。蔬菜出口额增量减的主要原因是，随着国际经济回暖，发达经济体乐观度和消费信心得到提升，对蔬菜等生活必需品的消费投入需求增加，拉动蔬菜出口需求增长及价格提高。2016 年，水果出口 71.4 亿美元，同比增长 3.6%，出口量 512.4 万吨，同比增长 13.8%；进口 58.1 亿美元，同比下降 1.0%，进口量 417.9 万吨，同比下降 6.8%；贸易顺差 13.3 亿美元，同比增长 30.5%。出口目的地有所变化，对越南、菲律宾及马来西亚等周边国家和地区的出口实现较快增长，弥补了美国、日本及加拿大等传统市场的出口下降。

（七）畜产品进口有所上升

2016 年，畜产品进口 234.0 亿美元，同比增长 14.5%；出口 56.4 亿美元，同比下降 4.2%；贸易逆差 177.6 亿美元，同比增长 22.0%。其中，猪肉进口 162.0 万吨，同比增长 110%；猪杂碎进口 149.1 万吨，同比增长 82.5%；牛肉进口 58.0 万吨，同比增长 22.4%；羊肉进口 22.0 万吨，同比下降 1.3%；奶粉进口 84.6 万吨，同比增长 15.2%。猪肉进口增加主要受价差影响。羊肉进口减少主要由于国内羊肉价格居高不下导致供给逐渐增加，一定程度上抑制了羊肉进口，此外前几年进口量的持续增加也补充了国内的供需缺口。牛肉进口增加一方面是因为国内产能不足，满足不了日益增长的消费需求；另一方面是国内牛肉价格持续上涨，进口产品的价格优势明显。在国内食品安全备受关注的形势下，进口肉类在质量安全方面的优势也成为重要因素。

三、中国农产品贸易发展趋势展望

未来中国农产品贸易发展趋势主要受以下因素影响：

（一）全球经济增长仍面临下行风险，农产品贸易环境将受到不利影响

IMF 2017 年 1 月发布的《世界经济展望》报告预计 2016 年全球经济增速为 3.1%，将低于预期水平，2017 年有望恢复，达到 3.4%。全球经济增长仍疲弱，发达经济体增速放缓，预计 2017 年增长 1.9%，2018 年增长 2.8%。而新兴市场和发展中经济体增长预期加快，是 2017—2018 年全球前景增强的主要支撑因素，2016 年增长 4.1%达 6 年来最高速度，预计 2017 年增至 4.5%。2016 年，受英国脱欧、美国新政府政策态势变化等因素影响，全球经济发展面临着极大不确定性，尤其是贸易保护势力抬头，对农产品贸易环境将产生不利影响。

（二）全球主要农产品供求形势向好，国际市场价格面临下行压力

FAO 对 2016 年全球谷物产量的估计数进一步上调至 25.92 亿吨，比 2015 年 12 月份增加 1 500 万吨（0.6%），确认了创纪录的收成前景。其他主要农产品供给普遍增加，农产品需求相对稳定且增长速度较慢，大豆、棉花和食糖等主要农产品供求形势较好，库存水平有所提升。国际棉花咨询委员会（ICAC）发布的 2017 年 1 月份全球产需预测报告认为，2016/2017 年度全球棉花产量预计增长 8%，达到 2 280 万吨，将给年度后半段的棉花价格带来压力。由于南美大豆主产国播种面积增长，且未受到极端天气影响，未来国际大豆供给宽松。国际食糖供需存在缺口，未来增产有望，Kingsman 预计 2016/2017 榨季全球食糖供需缺口为 587.8 万吨，国际标准化组织（ISO）预计的供需缺口为 704.8 万吨。在此背景下，2017 年国际市场农产品价格仍面临较大下跌压力。

（三）中国主要农产品国内价格将呈稳中有升态势

2016 年受气候条件、农业产业结构调整、农产品价格政策改革等因素影响，国内粮食产量出现"十二连增"后的首次下降，全国粮食总产量 61 623.9 万吨，比 2015 年减少 520.1 万吨，下降 0.8%。随着成本推动、需求拉动以及最低收购价、临时收储等因素的共同作用，预计国内主要农产品价格将继续保持稳中有升态势。

（四）传统优势农产品竞争力下降，未来中国农产品贸易仍将"易进难出"

在中国传统优势农产品出口品种中，除蔬菜仍保持较大的净出口外，水产品和水果的净出口增长缓慢，水产品在 2015 年甚至出现了净进口。中国农产品市场高度开放的同时，国外农产品仍保持高关税、高补贴，并且卫生与植物卫生措施（SPS）和技术性贸易壁垒（TBT）呈现数量不断增加、标准不断提高、程序越来越复杂的趋势。一些国家还将贸易壁垒延伸到低碳、汇率、知识产权等领域。这些因素都将给中国传统优势农产品出口带来很大障碍。

综合来看，虽然目前农产品进口出现下降，但考虑到国内外价差依然明显，预计未来的进口压力仍然存在，进口额可能继续增长。随着各级政府相关出口促进政策的实施以及企业竞争能力的提高，人民币贬值等因素的影响，出口形势有望好转，但增速相对缓慢。预计中国农产品贸易逆差将长期保持不断扩大的趋势。

农产品贸易对农民就业和
收入的影响

中国对外经济开放 30 多年来，人们始终担心中国贸易开放会对处于弱势地位的农民产生重大冲击，或是对农业生产、农民就业和收入产生不利影响。这种担心不无原因，加入 WTO 10 多年来，贸易开放对中国农民农业就业和农业收入产生了巨大的影响，农业就业量下降超过 1.3 亿人，农民收入结构中经营性收入的主导地位已经被工资性收入替代，种植业收入的比重已降低到 1/4，这些都表明贸易开放后中国农业就业和收入发生了深刻变革。研究贸易开放对农民就业和收入的影响在理论上和政策层面上都具有很强的实践意义。

为准确衡量农产品贸易开放对中国农民农业就业和收入影响的方向和程度，通过构建贸易开放对农业就业和收入影响的分析框架和实证模型，利用相关历史数据，实证检验和测度农产品贸易开放的就业效应和收入效应显得十分迫切且必要。通过逐年测度和监控贸易开放对中国农业的冲击，及时分析这种冲击变化的动因，进而为中国农业贸易谈判、农业生产结构调整、农民就业与增收等政策制定提供及时的参考。

一、农产品贸易开放引致的农业就业效应

农业贸易开放对国内农业及相关产业就业影响深刻。其中，对于农业就业的主体——农业劳动力而言，贸易引致的国内农产品产量的增减对其就业机会及收入的增减有着最为直接和显著的关联。其中，出口增长为农业部门带来扩张性调整压力下的"就业创造效应"；而农产品的进口增加也对农业就业产生着不可低估的收缩性调整压力下的"就业替代效应"的冲击。将主要土地密集型农产品引致的"就业替代效应"和主要劳动密集型农产品引致的"就业创造效应"进行加总，即可得到主要农产品贸易开放引致的农业就业总效应。

（一）主要劳动密集型农产品引致的"就业创造效应"

中国具有生产劳动密集型农产品的比较优势，劳动密集型农产品出口大于进口，从而对农业就业产生了"就业创造效应"。

1. 蔬菜贸易引致的就业效应

中国不仅是蔬菜生产和消费大国，而且是蔬菜出口大国，蔬菜出口额占农产品总出口额的比重基本在逐年增加，从 2001 年的 15% 上升到 2016 年的 19%。2012 年蔬菜净出口额出现下滑，随后又呈回升态势，2016 年上升至 141.9 亿美元。蔬菜是劳动密集型农产品，蔬菜大量出口符合中国的比较优势。由图 1 可以看出，2000—2006 年蔬菜贸易引致的农业"就业创造效应"逐年升高，2006 年达到了 266.3 万人的高峰，年均增长 21.9%。2006—2012 年蔬菜贸易引致的农业"就业创造效应"波动的幅度不是特别大，多数年份都在 200 万～250 万人之间进行波动。2012 年以后，蔬菜贸易引致的农业"就业创造效应"呈现下降趋势，从 2012 年的 193.4 万人下降到 2016 年的 117.8 万人，2016 年蔬菜贸易引致的农业"就业创造效应"基本上回到了 2000 年的水平。

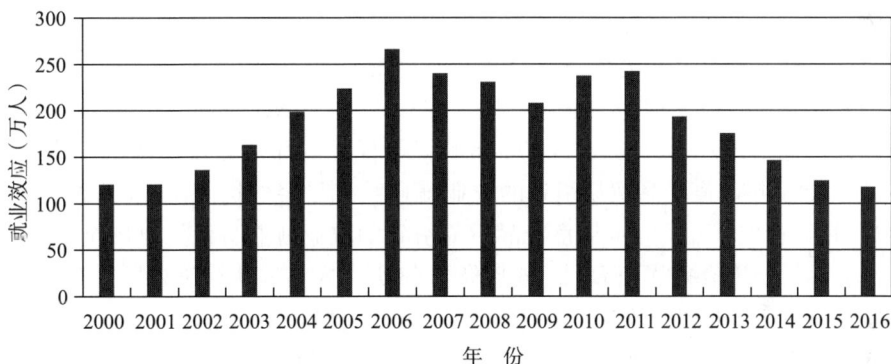

图 1　蔬菜贸易的就业效应（2000—2016 年）
数据来源：根据 UN Comtrade 和《全国农产品成本收益资料汇编》计算而得。

2. 水果贸易引致的就业效应

水果是中国具有显著竞争优势的出口创汇产品，中国的苹果、梨、柑橘在国际市场占有较大的份额，而且具有很强的价格优势。10 多年来，中国水果贸易一直处于净出口状态，比较优势明显，相应的水果贸易引致的农业就业效应表现为创造效应。由图 2 可以看出，2000—2008 年，水果贸易引致的农业就业创造量表现为波动中上升的趋势，2008 年后开始逐年下降。2009 年以来，水果贸易引致的农业就业创造量逐年下降，2015 年已经下降为 7.8 万人，是 21 世纪以来的最低水平。2016 年，随着水果净出口额的增加，水果贸易引致的就业效应略有回升，"就业创造效应"达到了 11.7 万人。

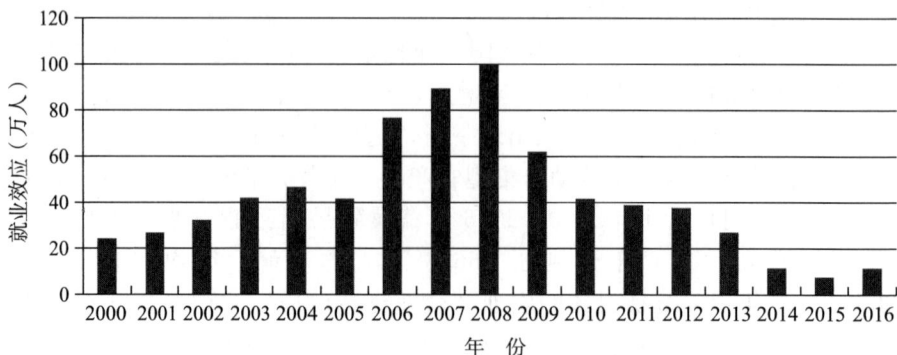

图 2　水果贸易的就业效应（2000—2016 年）

数据来源：根据 UN Comtrade 和《全国农产品成本收益资料汇编》计算而得。

3. 畜产品贸易引致的就业效应

一般定义上将畜产品作为劳动密集型农产品，但是我国畜产品的比较优势不足，畜产品贸易常年处于净进口状态。由图 3 可以看出，我国畜产品贸易引致的农业就业效应表现为"就业替代效应"。2000 年畜产品贸易引致的农业就业替代量为 1.8 万人，2002—2006 年的就业替代量都是在较小的范围内进行波动。2007 年，畜产品贸易引致的农业就业替代量突然增至 47.5 万人，2008 年达到了 56.2 万人，2011 年畜产品贸易引致的农业就业替代量更增至 87.3 万人。随后几年开始缓慢下降，2016 年降至 53 万人左右。从绝对数量上看，畜产品贸易引致"就业替代效应"最高不到 90 万人，相对来说是比较低的，对农业就业总效应的影响比较小。从趋势上看，畜产品净进口的趋势将会继续扩大，而

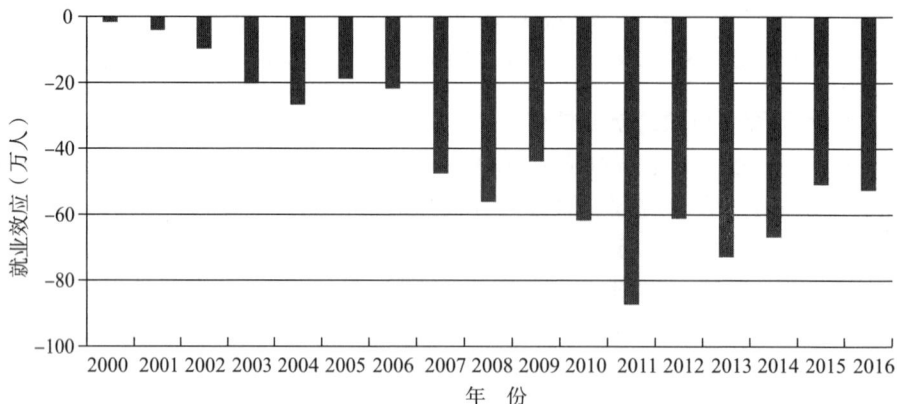

图 3　畜产品贸易的就业效应（2000—2016 年）

数据来源：根据 UN Comtrade 和《全国农产品成本收益资料汇编》计算而得。

单位畜产品投入的劳动工日数量将会逐年降低，因此，未来畜产品贸易引致的农业"就业替代效应"的变化趋势具有不确定性，但绝对量并不会很大。

4. 水产品贸易引致的就业效应

中国是水产品出口大国，2002 年起中国就已成为国际市场水产品出口最多的国家，水产品出口也是在中国农产品出口额占比较大的种类。中国水产品生产的比较优势明显，水产品贸易长期处于净出口状态，因而其贸易引致的农业就业效应表现为"就业创造效应"。由图 4 可知，2000 年水产品贸易引致的农业就业创造量为 30.9 万人，到 2006 年持续增加至 79.7 万人。从 2007 年起开始下降，2008 年达到谷底，2008 年水产品贸易引致的农业就业创造量为 58 万人。2009 年以后，水产品贸易引致的农业就业创造量迅猛增加，至 2012 年，水产品贸易引致的农业就业创造量已经达到 121.9 万人，相比 2008 年增长了 110.2%，增幅巨大。但 2013—2016 年，水产品贸易引致的农业就业创造量稳中有降，基本维持在 97 万~120 万人/年变化。2015 年和 2016 年的就业创造量都接近 100 万人。

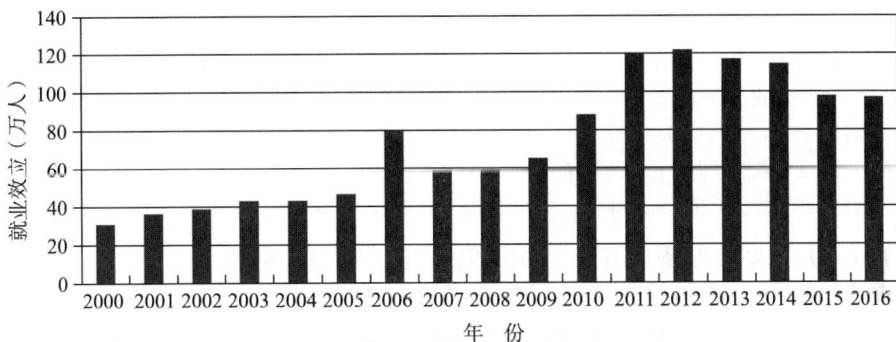

图 4　水产品贸易的就业效应（2000—2016 年）
数据来源：根据 UN Comtrade 和《全国农产品成本收益资料汇编》计算而得。

5. 主要劳动密集型农产品引致的"就业创造效应"加总

2000—2011 年，主要劳动密集型农产品引致的就业创造量从 180.3 万人上升至 313.9 万人，而 2014 年的就业创造总量下降为 174 万人。2016 年就业创造总量为 179.4 万人，相比 2011 年，降幅达到 42%。这表明近几年劳动密集型农产品贸易引致的就业创造量已经越过最高点，开始下降。此外，相对于土地密集型农产品，劳动密集型农产品的就业效应无论从数量上还是从增长速度上都是比较低的。虽然中国劳动密集型农产品的出口额在逐年增长，但劳动密集型农产品引致的"就业创造效应"增长乏力，趋于平稳。究其原因，主要是中国农业生产的劳动力成本在逐年上升，尤其是近几年，劳动力成本的上升幅度超过 10%，这使得农户在生产劳动密集型农产品时配置劳动力的数量有所下降，中国劳动密集型农产品的比较优势有所下降。可以预见，未来劳动密集型农产品贸易引致的就业创造量将呈现下降趋势，期待通过劳动密集型农产品出口来保持农业就业和增加农民收入的方式可能会收效甚微。

表 1　劳动密集型农产品贸易引致的就业效应

单位：万人、%

劳动密集型农产品	年份对比				变化率	
	2001	2011	2014	2016	2001—2011 年	2011—2016 年
蔬菜	120.9	242.5	117.8	124.7	101	−51
水果	26.8	38.8	11.7	7.8	45	−70
畜产品	−4.1	−87.3	−52.6	−50.9	2 015	−40
水产品	36.4	119.9	97.1	97.8	229	−19
总计	180.0	313.9	174.0	179.4	74	−45

注：（1）本研究对象是主要劳动密集型农产品，主要产品包括蔬菜、水果、畜产品、水产品等四类；（2）表中所涉及的就业效应中劳动力及劳动力数量的概念，均为文中所定义的"标准人"概念；（3）此处变化率的符号体现了就业效应的变动方向，正号表示就业创造增加，负号表示就业创造减少；（4）本表中的变化是指就业效应的增减，对于就业创造效应，如果变化比例为正号，则代表就业创造量的增长，负号代表就业创造量的下降，对于就业替代效应，如果变化比例为负号，则代表就业替代量的增长，正号代表就业替代量的下降。

数据来源：根据 UN Comtrade 和《全国农产品成本收益资料汇编》计算而得。

（二）主要土地密集型农产品引致的"就业替代"效应

相对于丰富的劳动力资源，中国土地资源十分稀缺，生产土地密集型农产品处于比较劣势，土地密集型农产品贸易处于净进口状态，由此导致农业的"就业替代效应"。从 2000 年起，中国主要土地密集型农产品贸易引致的农业就业效应都是负值，表现为"就业替代效应"。值得特别关注的是 2014 年，政策因素导致的棉花进口锐减使得当年的就业替代量有所下降，但从绝对数量上看依然很大。随着经济的持续高速发展，农产品的需求大幅度增加，大量的进口成为必然趋势，由此造成的农业"就业替代效应"也很大。可以预测，假如中国经济未来继续保持高增长态势，土地密集型农产品贸易引致的农业就业替代量仍会进一步增加，这显然会对中国农业就业和农民收入产生比较强烈的冲击。

1. 谷物贸易引致的就业效应

虽然中国整体上不具有谷物（小麦、稻谷和玉米）生产的比较优势，但是由于中国谷物进出口政策、品种调剂余缺等因素，中国加入 WTO 前后的几年仍然维持着谷物贸易净出口的状态，这种状态持续到 2008 年。由于谷物贸易处于净出口的状态，谷物贸易引致的就业效应表现为"就业创造效应"，2000年的就业创造量为 105 万人，2001 年由于中国加入 WTO，谷物市场突然开放，致使谷物进口大量增加，谷物贸易净出口量减小，从而使得谷物贸易引致的就业替代量变小。

2004 年中国谷物贸易从价值上转变为净进口状态，主要原因是小麦、玉米进口大幅度增加，导致谷物进口量增加了 4.6 倍，进口额增加了 4.9 倍；同时稻谷出口大幅度下降，导致谷物出口量下降了 80%，出口额下降了 70%。净进口使得谷物贸易引致的就业效应从创造转变为替代，就业替代量为 87 万人。2008 年中国谷物贸易净进口几乎为零，达到了贸易平稳，由于进口的大量增加（主要是玉米和小麦），2009 年谷物贸易转变为净进口，近几年这种净进口状态得以持续扩大。进而谷物贸易引致的就业替代量从 2009 年的 6.2 万人增加到 2016 年的 114.5 万人（图 5）。

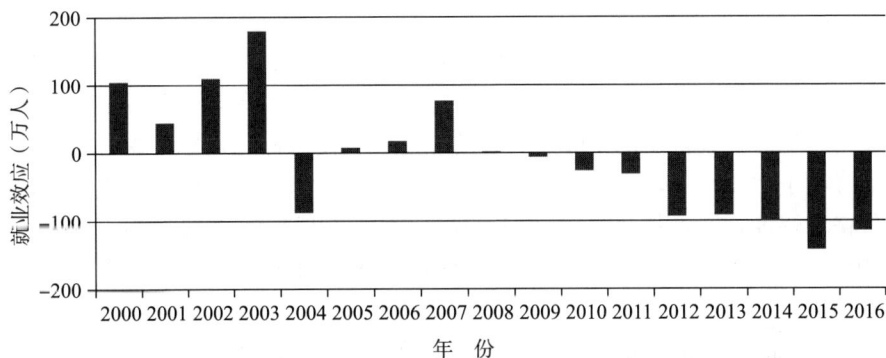

图 5　谷物贸易引致的就业效应（2000—2016 年）

数据来源：根据 UN Comtrade 和《全国农产品成本收益资料汇编》计算而得。

2. 棉花贸易引致的就业效应

棉花在中国加入 WTO 前后的几年贸易量相对较小，由此引致的就业效应也比较小。到 2003 年，由于国内纺织业的快速发展，对棉花的需求量大幅度增加，导致棉花贸易数量上转变为净进口状态，同时棉花进口的价格大幅度上升，导致棉花净进口额大幅度提高，进而引致当年的就业替代量增加至 130 万人，这种增长趋势持续到 2004 年（图 6）。2005 年棉花进口价格从 2003 年的 1 534 美元/吨下降到 1 183 美元/吨，下降 23%，棉花进口价格的大幅度下降导致了棉花贸易引致的就业替代量下降。2006 年棉花的净进口量达到峰值 49.5 亿美元，由此引致的就业替代量进一步提高至 449 万人。2007—2009 年的 3 年中，棉花的净进口量和净进口额都有所下降，因而引致的就业替代量有所下降。

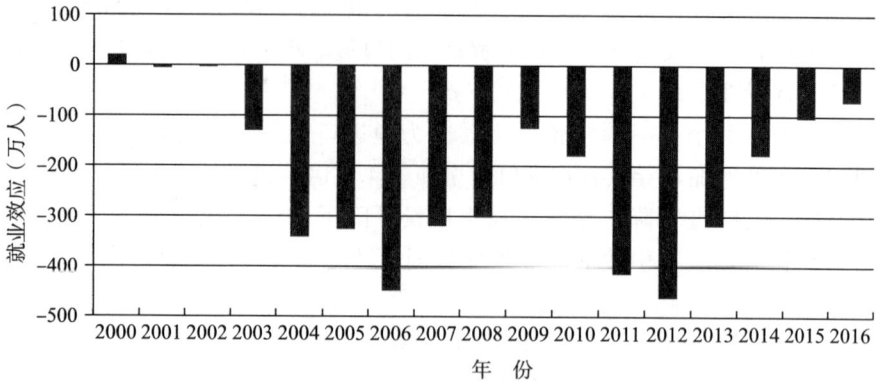

图 6　棉花贸易的就业效应（2000—2016 年）
数据来源：根据 UN Comtrade 和《全国农产品成本收益资料汇编》计算而得。

2009 年棉花的净进口数量和进口价格都有所下降，进而棉花的净进口额相比 2008 年下降了 37.7%，下降比例大，同时，当年单位价值棉花所投入的劳动工日也有较大幅度的下降，两者的加总效应使得棉花贸易引致的就业替代量下降到了 125 万人，相比 2006 年的峰值下降了 72.1%。从 2010 年开始，棉花价格大幅度上涨，从 2009 年的 1 257.1 美元/吨增加到 2011 年的 2 714.1 美元/吨，增加了 1.2 倍。同时，近几年棉花的净进口量也在大幅度增加，2009 年的净进口量为 174.9 万吨，到 2012 年增加至 541.6 万吨，增长 307.9%。进口数量和进口价格的大幅度上涨导致棉花净进口额的大幅度上涨，从 2009 年的 21.9 亿美元增加到 120 亿美元，增加了 4.4 倍，虽然单位价值棉花所投入的劳动工日在下降，但其下降幅度不足以抵消棉花净进口额的快速增长。2009—2012 年，棉花贸易引致的就业替代量增加幅度非常大，从 2009 年的 125 万人，增加到 2012 年的 464 万人，增加了 2.7 倍。然而，受国家棉花调控政策的影响，2013 年中国棉花进口量大幅度萎缩，比 2012 年降低了 20%，进口额下降了 27.4%，因此当年的棉花进口引致的就业替代量下降到 318.6 万人。2016 年中国棉花净进口量进一步下降，棉花进口引致的就业替代量下降至 71.4 万人。

3. 大豆贸易引致的就业效应

从图 7 可以看出，大豆贸易引致的就业替代效应的特点是高位上升，替代量特别大，而且总体保持上升趋势。2000 年，仅大豆贸易引致的就业替代量就超过了当年所有主要劳动密集型农产品的就业创造量，可见大豆贸易对中国农业就业的影响十分巨大。2002 年的就业替代量是加入 WTO 以来的最低点，为 179 万人，主要原因是当年的大豆净进口额和单位价值大豆投入的劳动工日都较低。2003 年以后，大豆贸易引致的就业替代量都基本维持在 300 万人以上，具有波动中稳步增长的趋势，2008 年至今，维持在 400 万人左右。

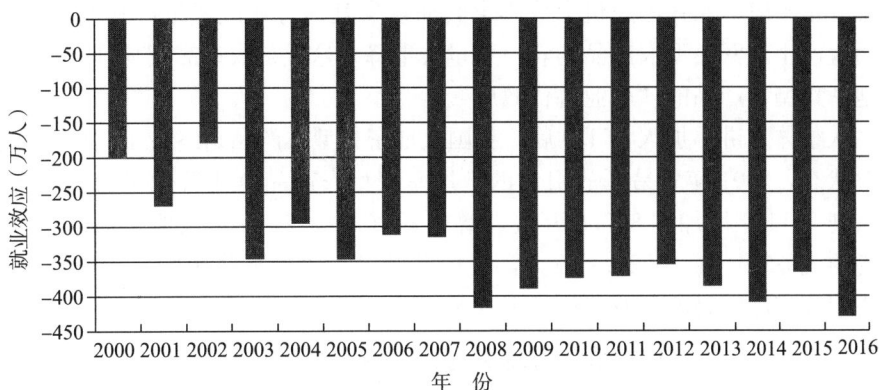

图 7　大豆贸易的就业效应（2000—2016 年）

数据来源：根据 UN Comtrade 和《全国农产品成本收益资料汇编》计算而得。

大豆贸易主要是油用大豆的贸易，中国生产的大豆不仅产量低而且出油率低，因此油用大豆贸易一直处于比较劣势地位。2000 年大豆的净进口额为 22 亿美元，但是到了 2016 年增至 374 亿美元，年均增长 23.0%，大豆贸易引致的"就业替代效应"较为显著。虽然大豆净进口额在快速增长，但是由于大豆劳动生产率的提高，单位价值大豆所需劳动投入工日是逐年降低的。大豆贸易净进口额的增长和单位价值大豆投入的劳动工日的降低，两者相反的作用方向导致 2003—2016 年大豆贸易引致的就业替代量具有较大的波动性，波动区间基本在 300 万～400 万人。2009 年大豆贸易引致的农业就业替代量为 390 万人，2010 年降低为 374 万人，到 2016 年又增至 429.7 万人。可以预见，未来大豆净进口的趋势将会得到维持和加强，而单位价值大豆投入的劳动工日则受制于大豆市场价格的上涨幅度，而基于中国日益扩大的国内油脂需求和农业综合生产成本的上涨，单位价值大豆投入的劳动工日会下降。这两种因素的相互作用会使得大豆贸易引致的农业就业替代量在未来具有不确定性和波动性，但是大豆贸易引致的农业就业替代量维持在高位是必然的，大豆贸易对中国农业就业的重要影响程度将继续维持。

4. 主要土地密集型农产品引致的"就业替代效应"加总

由于中国不具有生产土地密集型农产品的比较优势，因此，贸易开放后中国土地密集型农产品的进口大幅度增加，占中国农产品进出口贸易的比重最大，进而导致中国农产品贸易的逆差情况。土地密集型农产品的大量进口，必然会对国内生产土地密集型农产品的农民造成影响，这种影响首先通过价格传导，使得国内土地密集型农产品的价格下降，随之农户的收入下降，当这种下降幅度很大时，农户考虑机会成本会转而从事其他行业或者生产其他农产品，进而生产土地密集型农产品的农户数量会下降，这就是农产品贸易开放引致的土地密集型农产品的"就业替代效应"。

从整体来讲，加入 WTO 后，我国土地密集型农产品始终处于"就业净替代"状态，2001 年贸易开放引致的土地密集型农产品就业替代量为 231.2 万人，到 2011 年增加到 847.8 万人，增长了 267%。2014 年土地密集型农产品贸易的就业替代量为 825.2 万人，受棉花进口大幅度下降影响，2016 年土地密集型农产品贸易的就业替代量下降至 708.8 万人（表 2）。

表 2　土地密集型农产品贸易引致的就业替代效应

单位：万人、%

土地密集型农产品	就业替代量				变化*	
	2001 年	2011 年	2014 年	2016 年	2001—2011 年	2011—2016 年
谷物	44.4	−31.2	−100.8	−114.5	−170	266.99
大豆	−269.5	−371.9	−386.2	−409.4	38	15.51
棉花	−5.6	−415.4	−318.7	−178.4	7 318	−82.81
糖料	−0.5	−29.3	−28.7	−20.2	5 760	−50.17
总计	−231.2	−847.8	−825.2	−708.8	267	−25.68

注：（1）本研究对象是主要土地密集型农产品，主要产品包括主要谷物（小麦、玉米和稻谷）、大豆、棉花和糖料；（2）表中所涉及的就业效应中劳动力及劳动力数量的概念，均为文中所定义的"标准人"概念，下同；（3）此处变化率的符号体现了就业效应的变动方向，正号表示就业创造增加或就业替代减少，反之亦然，下同；（4）本表中的变化是指就业效应的增减，对于"就业创造效应"，如果变化比例为正号，则代表就业创造量的增长，负号代表就业创造量的下降，对于"就业替代效应"，如果变化比例为负号，则代表就业替代量的增长，正号代表就业替代量的下降。

数据来源：根据 UN Comtrade 和《全国农产品成本收益资料汇编》计算而得。

从细分类别来看，主要土地密集型农产品贸易的就业效应都是负值，说明主要土地密集型农产品贸易引致的都是"就业替代效应"。谷物（包括小麦、稻谷和玉米）在 2001 年时是净出口状态，因而产生了"就业创造效应"，就业创造量为 44.4 万人，但是近几年中国谷物贸易转为净进口状态，因而引致"就业替代效应"。2014 年为 100.8 万人，2016 年增至 114.5 万人，谷物贸易引致的就业替代量从数量上已经超过 100 万，需要引起重视。大豆贸易始终处于净进口状态，而且进口数量和金额都非常巨大，是所有土地密集型农产品中

"就业替代效应"最大的品种，2001 年大豆贸易引致的就业替代量为 269 万人，到 2014 年增加至 386.2 万人，增长比较平稳，到 2016 年就业替代量小幅增至 409.4 万人。棉花贸易在 2001 年引致的就业替代量非常小，但是到了 2011 年，其就业替代量已经达到 415.3 万人，变化幅度特别大，而 2014—2016 年就业替代量增长的幅度相对下降。糖料贸易的"就业替代效应"比较小，其波动性也比较小。

（三）农产品贸易开放引致的农业就业总效应

2000—2016 年，除个别年份外，主要农产品贸易开放引致的农业就业总效应都是负值，即是净替代的，说明贸易开放对中国农业就业的影响是负向的，见图 8。由于劳动密集型农产品贸易引致的"就业创造效应"比较小且变化幅度不大，主要农产品贸易开放引致的农业就业总效应的变动趋势与土地密集型农产品贸易引致的农业就业替代量变动趋势是完全一致的。

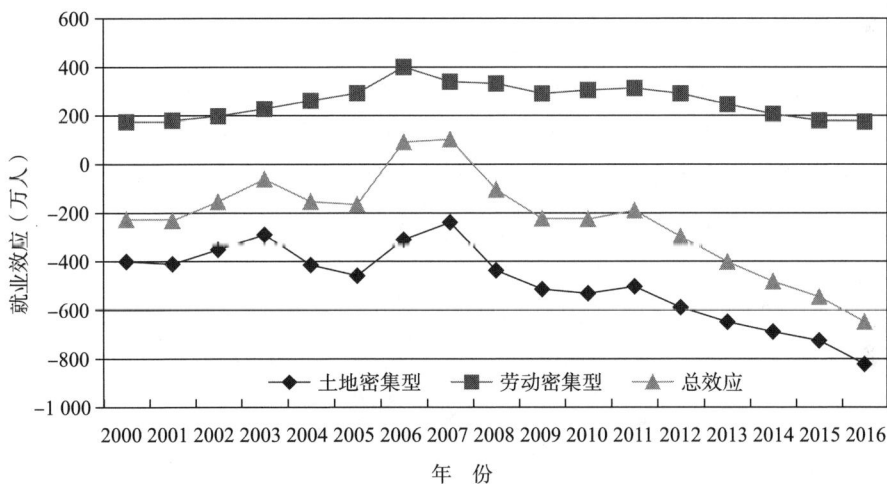

图 8　主要农产品贸易开放引致的农业就业总效应（2000—2016 年）

数据来源：根据 UN Comtrade 和《全国农产品成本收益资料汇编》计算而得。

尤其是 2012 年以后，由于土地密集型农产品贸易引致的农业就业替代量的绝对数值在劳动密集型农产品贸易引致的就业创造量绝对数值的 2 倍以上，导致主要农产品贸易开放引致的农业就业总效应完全根据土地密集型农产品贸易引致的农业就业替代量进行变化。从绝对数量上看，2006 年和 2007 年主要农产品贸易开放引致的农业就业总效应为正值，即表现为农业就业的净创造效应，分别为 91.1 万人和 101.7 万人。同主要土地密集型农产品引致的"就业替代效应"一样，2008 年开始主要农产品贸易开放引致的农业就业总效应开始上升，2016 年增至 648 万人左右。可以预期，由于未来农产品进口需求会持续扩大，未来主要农产品贸易开放引致的农业就业总效应（净替代效应）的变化趋势仍是扩大的。因此，从整体上来说，主要农产品贸易开放对农业就业影响的程度会进一步增加，农业就业受此负面影响，进而会对农民的农业收入产生重大的冲击。

实际上，土地密集型农产品进口贸易除了会对国内土地密集型农产品生产产生竞争从而使得国内土地密集型农产品生产量下降外，还满足了国内日益增长的土地密集型农产品需求，因而利用净进口额计算出的土地密集型农产品的就业替代效应可能会偏大。因此，本文采取了另外一种计算方法来弥补这一缺陷，将土地密集型农产品贸易中的对其生产产生影响的部分剥离出来，更加精确地计算出土地密集型农产品贸易引致国内生产减少进而引致土地密集型农产品就业人数减少的量。利用调整后的土地密集型农产品就业替代量与劳动密集型农产品的就业创造量进行加总，结果见图 9。相比未进行调整的土地密集型农产品的就业替代量，调整后的土地密集型农产品的就业替代量大幅度下降，因而导致加总的农业就业总效应与未进行调整时的结果有较大的差异。观察2009—2014 年，相比未调整情况下的农业就业总效应，调整后的农业就业总效应呈现相同的上升趋势，2016 年达到 167.6 万人。无论调整前后，两种结果都表明，近年来，贸易开放对中国农业就业的负面影响在加强。

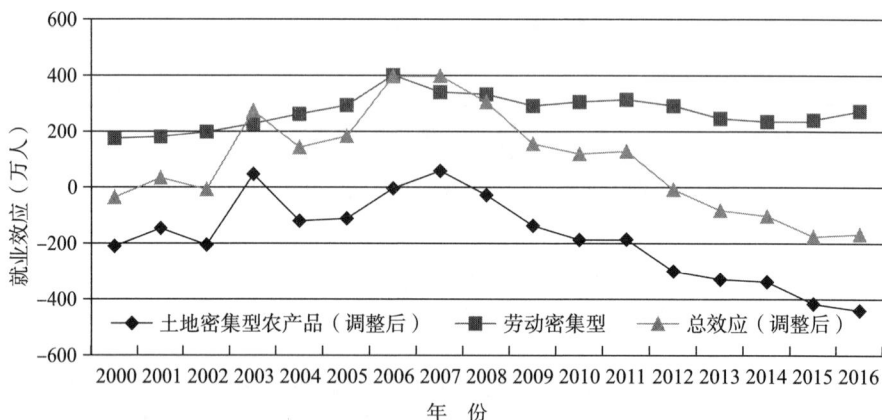

图 9　主要农产品贸易开放引致的农业就业总效应（调整大豆后）（2000—2016 年）
数据来源：根据 UN Comtrade 和《全国农产品成本收益资料汇编》计算而得。

就业部分的研究表明，土地密集型农产品引致的"就业替代效应"远大于劳动密集型农产品引致的"就业创造效应"，从而使得贸易开放的农业就业总效应表现为净替代效应。从趋势上看，未来土地密集型农产品净进口所产生的农业就业替代量将在较大程度上超过劳动密集型农产品净出口创造的就业机会，中国农业就业整体净替代的趋势可能长期持续。从分品种大类来看，2016年中国棉花净进口量进一步下降，棉花进口引致的就业替代量下降至71.4万人；大豆贸易引致的"就业替代效应"保持高位平稳的态势；谷物贸易引致的"就业替代效应"开始凸显；蔬菜贸易、水果贸易及水产品贸易引致的就业创造效应都出现了不同程度的下降；畜产品贸易引致的农业就业效应表现为"就业替代效应"。调整后的计算结果显示，调整后的就业变化量远小于利用初始方法计算的就业替代量。进一步分解就业替代量变化的贡献率发现，竞争性贸易引致的国内播种面积下降是造成就业替代的最主要因素。

二、基于价格传导视角下贸易开放对农户实际收入的影响

理论上讲，贸易自由化会增进一国整体的福利水平，但同时也存在着福利分配效应，即有些群体可能会从中获益，而另外一些群体则有可能受损。在开放的条件下，贸易通过价格传导机制影响国内市场价格水平，一方面会影响农户作为消费者的消费支出，另一方面也会影响农户作为生产者的农业收入和作为劳动要素的工资性收入。因此，全面地衡量贸易自由化对农户实际收入的影响及其实际收入分配效应，需要综合考虑贸易通过价格传导对农户收入与消费的影响。

贸易自由化是一个是全方位的开放过程，既包括以关税减让为代表的贸易开放，也包含以汇率市场化为代表的金融开放，完整的实际收入分析不应忽视后者的重要作用。对于实行汇率管制的国家，汇率政策扭曲了货币的市场价格，影响了贸易品的价格形成及国际价格与国内价格间的传导，进而也会影响农户的收入、消费支出及总体的实际收入水平。

从中国对外经济开放的历程来看，关税减让与人民币汇率市场化的进程是逐次推进的。中国首先进行的是贸易开放，主要表现为以加入WTO为核心的关税减让过程，这一过程到2005年已基本完成，中国已成为世界上关税水平最低的国家之一。1996—2005年中国工农产品的简单平均关税分别由33.8%和22.1%下降到8.5%和15.1%，降幅分别达到61.5%和55.3%，其后维持在这一关税水平（图10）。自2005年7月起，中国开始调整汇率政策，从盯住美元的固定汇率制度转向有管理的浮动汇率制度，逐步推进汇率市场化，人民币汇率步入快速升值通道。截至2014年年末，人民币兑美元官方汇率已从1∶8.3下降至1∶6.1，累计升值36%。然而，2015年和2016年人民币兑美元的名义汇率开始持续回升，2016年人民币兑美元平均汇率为6.64。两种政

策之间清晰的界限划分为更加全面而准确地分析入世之后对外经济开放政策对农户实际收入的影响，综合考察关税减让、汇率调整等措施在其中所发挥作用的异同，提供了很好的现实素材与数据积累。

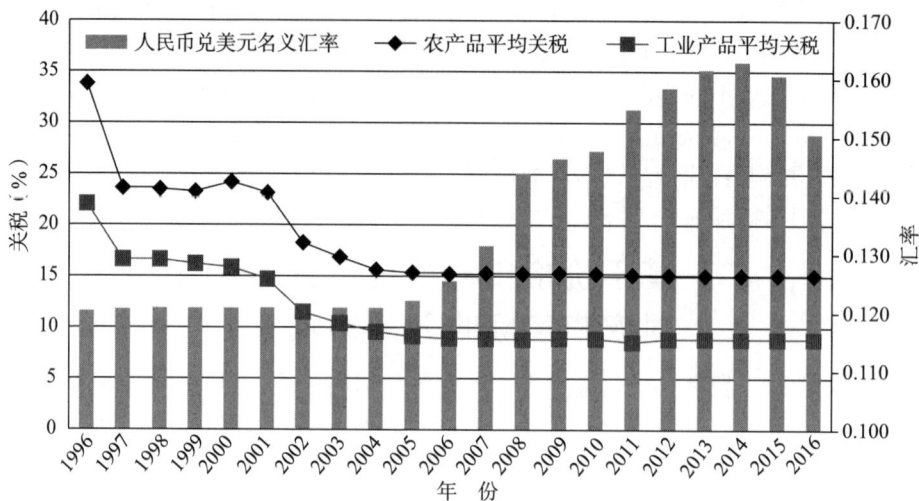

图 10　中国关税减让和人民币汇率升值过程（1996—2016 年）

数据来源：WTO关税分析网站、IMF《国际金融统计》。

（一）关税减让引致的农户整体实际收入效应

为了衡量中国关税减让整体对农户实际收入的影响，我们计算了 1997—2005 年总的关税减让对农户实际收入的影响。这一期间的关税减让使得农户总实际收入提高了 3.53%，其中农户的总消费支出下降 7.17%，农户的总收入下降 3.63%，其中农业收入下降 2.30%。农户从工业产品关税减让中获益 4.03%，从农产品关税减让中受损 0.49%。总的来说，中国的关税减让过程虽然降低了农户的收入，但使得农户的消费支出下降得更多，因此提高了农户的实际收入水平（表 3）。

表 3　1997—2005 年关税减让引致的农户实际收入效应

单位：%

年份	农产品关税	工业产品关税	农产品消费	工业产品消费	农业收入	工资性收入	总实际收入	农产品净实际收入	工业产品净实际收入	总消费	总收入
1997	−7.60	−4.45	−1.11	−1.99	−1.42	−0.83	0.85	−0.31	1.16	−3.10	−2.25
1998	−0.09	−0.01	−0.01	0.00	−0.02	−0.01	−0.01	0.00	−0.01	−0.02	−0.03
1999	−0.19	−0.35	−0.03	−0.16	−0.03	−0.02	0.14	−0.01	0.14	−0.19	−0.05

（续）

年份	农产品关税	工业产品关税	农产品消费	工业产品消费	农业收入	工资性收入	总实际收入	农产品净实际收入	工业产品净实际收入	总消费	总收入
2000	0.74	−0.31	0.10	−0.16	0.12	0.07	0.26	0.03	0.23	−0.06	0.20
2001	−0.84	−1.00	−0.11	−0.52	−0.14	−0.08	0.41	−0.03	0.44	−0.63	−0.22
2002	−3.99	−2.81	−0.49	−1.50	−0.64	−0.37	0.99	−0.15	1.13	−1.99	−1.01
2003	−1.18	−0.96	−0.14	−0.52	−0.19	−0.11	0.37	−0.04	0.41	−0.66	−0.29
2004	−1.06	−0.75	−0.13	−0.39	−0.17	−0.10	0.20	−0.03	0.30	−0.53	−0.27
2005	−0.23	−0.42	−0.03	−0.23	−0.04	−0.02	0.20	−0.01	0.21	−0.26	−0.06
1997—2005 年	−13.80	−10.60	−1.80	−5.36	−2.30	−1.33	3.53	−0.49	4.03	−7.17	−3.63

数据来源：根据模型估计结果和相关数据测算。

（二）汇率升值引致的农户整体实际收入效应

1. 汇率升值引致的农户整体实际收入效应

表 4 列出了 2005—2016 年汇率升值引致的全国层面的农户实际收入效应。现以 2008 年为例进行分析。基于价格传导视角，整体看，2008 年汇率下降 8.66%，使得农户实际收入提高了 0.21%。展开来看，农户的总消费支出下降 1.83%，由于汇率对农产品和工业产品的价格传导系数相差不大，因此农产品消费支出和工业产品消费支出下降的幅度也相差不大。农户的总收入下降 1.61%，其中农业收入下降幅度较大，下降了 1.02%，这说明 2008 年汇率升值对农业造成了比较严重的负面影响。农户从农产品中获得的实际收入下降 0.15%，从工业产品中获得的实际收入提高 0.36%。

为了衡量汇率制度改革以来引致的农户总实际收入效应，我们计算了 2005—2016 年汇率下降对农户实际收入的影响。2005—2016 年，汇率下降了 23.3%，使得农户的实际收入水平提高 0.06%。因此，基于价格传导视角，中国关税减让对农户实际收入的提升作用要远高于人民币升值对农户实际收入的提升作用。

表 4　2005—2016 年汇率升值的价格传导效应引致的农户实际收入变化

单位：%

年份	汇率	农产品消费	工业产品消费	农业收入	工资性收入	总实际收入	农产品净实际收入	工业产品净实际收入	总消费	总收入
2005	−1.00	−0.10	−0.11	−0.13	−0.08	0.01	−0.03	0.03	−0.21	−0.21
2006	−2.70	−0.27	−0.30	−0.33	−0.19	0.04	−0.07	0.11	−0.57	−0.53

（续）

年份	汇率	农产品消费	工业产品消费	农业收入	工资性收入	总实际收入	农产品净实际收入	工业产品净实际收入	总消费	总收入
2007	−4.59	−0.45	−0.51	−0.56	−0.32	0.08	−0.10	0.19	−0.97	−0.88
2008	−8.66	−0.87	−0.96	−1.02	−0.59	0.21	−0.15	0.36	−1.83	−1.61
2009	−1.69	−0.16	−0.20	−0.19	−0.11	0.05	−0.03	0.08	−0.35	−0.30
2010	−0.90	−0.08	−0.10	−0.10	−0.06	0.03	−0.01	0.05	−0.19	−0.16
2011	−4.56	−0.42	−0.53	−0.48	−0.28	0.19	−0.06	0.25	−0.96	−0.77
2012	−2.31	−0.21	−0.27	−0.24	−0.14	0.11	−0.03	0.14	−0.48	−0.37
2013	−1.94	−0.17	−0.24	−0.19	−0.11	0.10	−0.02	0.13	−0.41	−0.30
2014	−0.81	−0.06	−0.10	−0.07	−0.04	0.05	−0.01	0.06	−0.17	−0.12
2015	1.40	0.11	0.18	0.13	0.07	−0.09	0.02	−0.11	0.29	0.20
2016	6.65	0.49	0.88	0.59	0.34	−0.45	0.09	−0.54	1.38	0.93
2005—2016 年	−2.91	−0.16	−0.19	−0.18	−0.11	0.06	−0.03	0.08	−0.35	−0.29

数据来源：根据模型估计结果和《中国农村统计年鉴》相关数据测算。

2. 汇率升值引致的农户实际收入分配效应——分收入组

上小节的结果说明关税减让和汇率升值从价格传导的角度来看都提高了农户整体的实际收入水平，但是不同收入水平的农户可能获益不同，即存在对应的实际收入分配效应。本节将农户进行五等分组，来测算关税减让和汇率升值引致的分收入组农户实际收入分配效应。

表5　2008 年汇率升值的价格传导效应引致的分收入组农户实际收入分配效应

单位:%

	农产品消费	工业产品消费	农业收入	工资性收入	总实际收入	农产品净实际收入	工业产品净实际收入	总消费	总收入	农产品净出售
全国平均	−0.87	−0.96	−1.02	−0.59	0.21	−0.15	0.36	−1.83	−1.61	7.50
低收入	−1.01	−0.84	−1.04	−0.60	0.21	−0.03	0.23	−1.85	−1.64	1.35
中低收入	−0.97	−0.87	−1.07	−0.62	0.15	−0.10	0.25	−1.84	−1.69	5.07
中等收入	−0.93	−0.91	−1.03	−0.60	0.21	−0.10	0.31	−1.83	−1.62	5.14
中高收入	−0.86	−0.96	−0.99	−0.57	0.26	−0.13	0.39	−1.83	−1.56	6.36
高收入	−0.73	−1.07	−0.97	−0.56	0.27	−0.24	0.51	−1.81	−1.54	12.04

数据来源：根据模型估计结果和《中国农村统计年鉴》相关数据测算。

以汇率升值比较大的 2008 年和 2011 年为例来考察关税减让的分收入组农户实际收入分配效应。由表 5 可以看出，基于价格传导视角，2008 年关税减让引致的农户实际收入效应中，中低收入组农户的实际收入增长最低，仅有0.15%，而高收入组农户的实际收入增长了 0.27%，因此，整体来看，2008年汇率升值的实际收入分配效应是偏向于高收入农户的。与之相反，由表 6 可以看出，基于价格传导视角，2011 年汇率升值的实际收入分配效应却是偏向于低收入组农户的，低收入组农户的实际收入增长幅度最大，达到 0.28%。对比 2008 年和 2011 年的结果可知，汇率升值的分收入组农户实际收入分配效应并不明确，而是存在着年份间差异，其原因在于农户的收入结构和消费结构的逐年变化。

表 6　2011 年汇率升值的价格传导效应引致的分收入组农户实际收入分配效应

单位:%

	农产品消费	工业产品消费	农业收入	工资性收入	总实际收入	农产品净实际收入	工业产品净实际收入	总消费	总收入	农产品净出售
全国平均	−0.42	−0.53	−0.48	−0.28	0.19	−0.06	0.25	−0.96	−0.77	5.78
低收入	−0.47	−0.49	−0.43	−0.25	0.28	0.04	0.24	−0.96	−0.68	−3.61
中低收入	−0.46	−0.50	−0.50	−0.29	0.21	−0.04	0.22	−0.96	−0.79	3.77
中等收入	−0.44	−0.52	−0.48	−0.28	0.20	−0.04	0.24	−0.96	−0.76	4.29
中高收入	−0.42	−0.54	−0.47	−0.27	0.22	−0.05	0.27	−0.96	−0.74	4.48
高收入	−0.37	−0.58	−0.49	−0.28	0.18	−0.11	0.29	−0.95	−0.77	10.70

数据来源：根据模型估计结果和《中国农村统计年鉴》相关数据测算。

3. 汇率变动引致的农户实际收入分配效应——分地区

基于价格传导视角，2008 年汇率升值引致了较大的省份间农户实际收入效应差异，广东、江苏、浙江等发达地区的实际收入提高最多，而同时却有 7个省份的实际收入是降低的，这些省份的实际收入下降的主要原因是其农户收入严重依赖农业。而 2016 年人民币对美元贬值引致的农户实际收入分配效应表现为除吉林以外的各省份农户总福利受损，特别是江苏、浙江等发达地区的农户实际收入降低幅度更为显著。总体而言，汇率升值引致的农户实际收入分配效应在东中西部的分布不太明确，大致表现为一些省份农户受益较多，而另一些省份的农户实际收入却是受损的。

研究结果表明：基于价格传导视角，2005—2016 年的汇率变动过程仅使得农户总实际收入提高了 0.04%。这表明中国关税减让对农户实际收入的提升作用较大，而汇率升值对中国农户实际收入产生的影响比较微弱。汇率升值引致的农户实际收入分配效应在东中西部的分布不太明确，大致表现为一些省份农户受益较多，而另一些省份的农户实际收入却是受损的。此外，关税减让与汇率升值引致的实际收入分配效应也不尽相同，1997—2005年的关税减让引致了偏向富农和东部地区的实际收入分配效应，从而加剧了农村内部和地区间不平等状况。而汇率升值的实际收入分配效应却并不明确，其主要取决于不同年份各收入组和各地区农户的消费结构及收入结构，因此今后相应的收入分配、产业支持和区域发展等政策的制定应充分考虑到这种差异性。

三、农业支持政策调整对玉米
生产者就业和收入的影响

自实施临时收储政策以来，粮食产量攀升的同时出现日益严重的高库存、进口激增等问题凸显了改革临时收储等粮价政策的紧迫性。临时收储政策的改革压力在玉米上的表现更为突出。一方面，面临巨大的库存释放压力，玉米临时收储政策处于不得不改的境地。另一方面，玉米消费将因为玉米深加工和饲用的刚性需求而迅速增长，未来需求量巨大。政策调整造成产需缺口过大，大量进口玉米将会对世界玉米市场产生很大影响，影响中国粮食市场的稳定和粮食安全。2016年8月财政部下发《关于建立玉米生产者补贴制度的实施意见》，宣布将在东北三省和内蒙古自治区推行玉米生产者补贴以替代临时收储政策。和原先政策设定价格的临时收储政策相比，玉米生产者的补贴实质上是通过抬高玉米价格促进玉米种植，这项政策依旧会扭曲玉米市场价格的形成机制。

本研究通过预测"临时收储政策"改革对中国玉米市场未来供求形势的影响，以此判断生产者补贴政策能否实现其政策目标。建立一个综合考虑玉米供给、需求和价格三部分的玉米市场局部均衡模型，预测玉米的长期供求关系。在已建立的供求模型的基础上，模拟不同的政策方案，测算在各政策方案下玉米的供求关系以及相应的产需缺口、去库存情况、财政支出以及黄箱支持水平的变化。根据各政策方案的模拟效果，为具体实施方案的选择提供政策建议。

（一）玉米长期供求关系预测

针对玉米的长期供求关系，现有的绝大多数预测认为玉米消费将因为深加工和饲料业的刚需而快速增长，未来玉米供求存在缺口，产需缺口将由进口替代，诸多研究的预测结论差别很大。根据现有研究总结，存在多个会造成玉米供求预测偏差的因素。一是原始数据的偏差，比如需求法高估畜产品产量数据，同时饲料转化率存在差异，导致高估玉米的需求。二是历史数据的遗漏或者不同数据来源的误差,比如中国玉米进口量相对较小,现有模型难以准确模拟国内外玉米价格差对国外玉米市场以及玉米替代品进口量的影响;现有调查中往往没有区分食用、种用和饲用 3 种玉米需求量。

总体而言,各种研究对粮食需求的预测差距,取决于各自对人口变化的预测;粮食供给的预测差异源于产量预测的差异,源于估计影响未来粮食面积和单产的因素的差异。因此本研究将主要利用"中国知网"和"中华粮网"的数据,将玉米需求分为食用、种用、加工用和饲料用 4 种需求分别预测,减少上述因素造成的预测偏差。

(二)模拟方案的基本设定

本研究模拟了 3 种不同的改革政策,分别预测在不同政策影响下未来玉米供求、总库存和财政支出的变化,从而评价其政策效果,具体政策设定如下:

1. 恒定生产者补贴方案

假定政府通过拍卖出售库存,不存在流拍,并且通过置换确保库存玉米均为 3 年内的新粮;进口存在 720 万吨的配额限制,出口数量忽略不计,如果当年总库存量低于总需求量的 14%~18%(FAO 标准),则不再对配额外玉米征收高额关税,以解决供给不足的问题,也不考虑国际市场是否可以提供足量的玉米;本文选取国家粮油中心的数据,在东北等玉米优势产区补贴标准将保持126 元/亩*不变,加上 10 元/亩的玉米良种补贴,合计为 136 元/亩。

2. 递减生产者补贴方案

在政策改革文件中提到,生产者补贴标准是根据各地上一年的种粮收益和种植面积不断进行微调。此方案假设 2016 年发放的亩均补贴标准依旧包括126 元/亩的玉米生产补贴和 10 元/亩的玉米良种补贴,之后生产者补贴标准逐年减少 10 元。其他假设与上一方案相同。

3. 直接收入补贴方案

尽管临时收储政策的改革细则已经出台,但是生产者补贴并非完全价补分离,因此该方案假设实行彻底价补分离的直接收入补贴。本方案假定 2017 年开始实施直接收入补贴政策,保持每年投入 300 亿元不变,种植收益将不再和玉米挂钩;其他假设与第一个方案相同。

(三)模拟方案测算结果的比较

1. 总财政支出差别

如表 7 所示,施行恒定生产者补贴政策,和补贴标准每年递减 10 元/亩的递减生产者补贴政策相比,总财政支出多 2 075.6 亿元,总补贴支出多

---

* 亩为非法定计量单位,1 亩等于 1/15 公顷。

1 617.42 亿元，总仓储成本多 614.1 亿元，陈粮处理总支出少 155.9 亿元。在玉米价格稳步回升的背景下，每年轮换、销售陈粮的盈利额取决于库存量。但是这些盈利不足以弥补仓储成本、补贴支出的增加。所以两种方案里，恒定生产者补贴方案的财政负担更重。

实施直接收入补贴政策，和递减生产者补贴方案相比，每年要恒定支出300 亿元与玉米种植无关的收入补贴，总财政支出比变动方案少支出 681.8 亿元，其中总补贴支出多花费 1 160.27 亿元，总仓储成本比变动方案少 2 446 亿元，陈粮处理总损失多 604 亿元。所以这 3 种方案里，直接收入补贴方案是财政负担最低的方案。

表 7　不同方案 10 年间总财政支出对比（2016—2027 年）

单位：10 亿元

方案	总财政支出	总补贴支出	总仓储成本	陈粮处理总支出
恒定生产者补贴	1 150.219	423.850	671.801	54.567
递减生产者补贴	942.658	262.108	610.391	70.159
直接收入补贴	874.475	378.136	365.779	130.561

注：以上数据已经换算到 2016 年的价格水平；陈粮处理总损失为负，说明存在盈利。

2. 黄箱支持水平对比

2013 年中国玉米产值为 5 559 亿元，按照 WTO 规定，中国对玉米的黄箱支持水平不能超过玉米产值的 8.5%，即 2013 年中国对玉米的黄箱支持水平上限为 472.52 亿元，其中良种等补贴支出占用 78.63 亿元，价格支持政策占用 76.54 亿元，与上限相比仍存在 317.35 亿元的额度。

一旦实施玉米收储改革，最低收购价使用的黄箱额度将扣除，可替换为生产者补贴。而按照预测，恒定生产者补贴方案年均支持水平维持在 400 亿元左右；递减生产者补贴方案年均支持水平从 2017 年的 400 亿元，骤降至 2027 年的 90 亿元；直接收入补贴方案年均支持水平维持在 50 亿元左右，3 个方案占用的黄箱支持水平都在 WTO 允许范围之内。

3. 供需差距对比

如图 11、图 12 所示。无论施行生产者补贴不变方案和变化方案，均是在2020 年开始出现产需缺口，之前玉米总库存量持续升高，玉米的物流、仓储压力仍在增加，2020 年之后产需缺口逐年扩大，总库存量开始缩小，到 2027年年末玉米总库存量分别降为 1.6 亿吨和 0.6 亿吨，分别占当年总需求量的68% 和 48%，并且库存量都将继续缩小，理论上"去库存"的目标已经实现，并且没有采取太过于激进的改革。

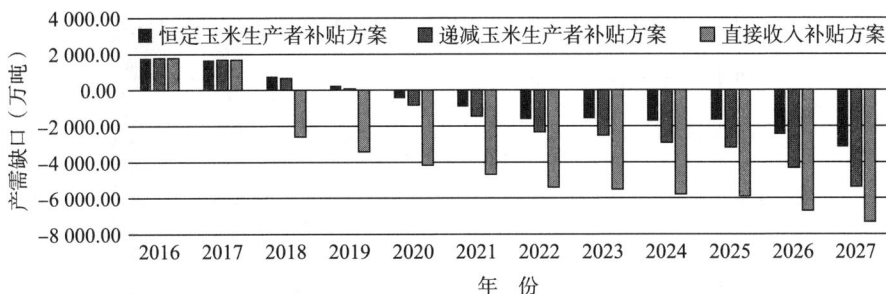

图 11　不同政策的产需缺口对比（2016—2027 年）

一旦施行直接收入补贴政策，将收益与玉米种植完全剥离，在预计的市场价格影响下，中国会在 2018 年就开始出现产需缺口，到 2023 年年末库存量将不足当年玉米需求量的 18%，2024 年及之后的时间，为了弥补产需缺口需要从国际市场进口大量玉米，必然会对中国粮食安全和粮食市场稳定造成严重冲击，对国际玉米市场的严重依赖将成为新问题。

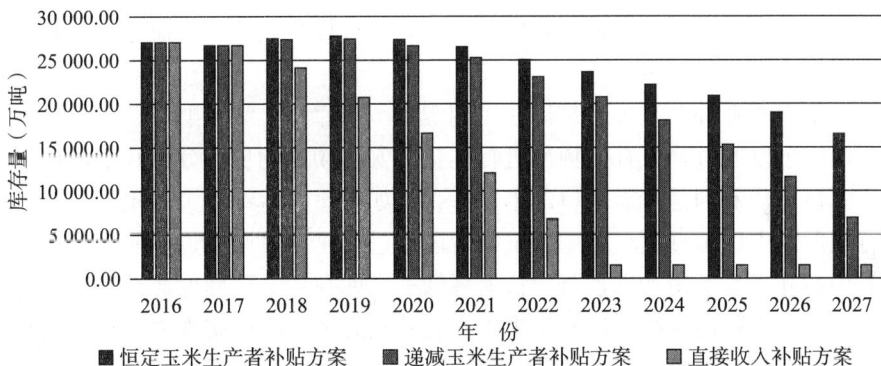

图 12　不同政策的年末总库存量对比（2016—2027 年）

4. 就业效应分析

恒定生产者补贴方案下，2017 年已基本实现"去库存"目标，仓储和粮食物流压力将得到缓解。但是在玉米深加工和饲用产业不断发展的前提下，2027 年之后的中国玉米市场将维持供小于求的局面，产需缺口将开始扩大。随着产需缺口的扩大和价格的提升，就业替代效应也开始上升，由 2023 年的 0.65 万人提高到 2027 年的 27 万人。直接收入补贴方案也完成了"去库存"的目标，2024 年玉米进口量可能达到 5 775.6 万吨，2027 年玉米进口量甚至可能达到 7 323.68 万吨。由于进口量的大幅增加，就业替代效应将迅速提高，由 2023 年的 0.65 万人上升到 2027 年的 273 万人（图 13）。

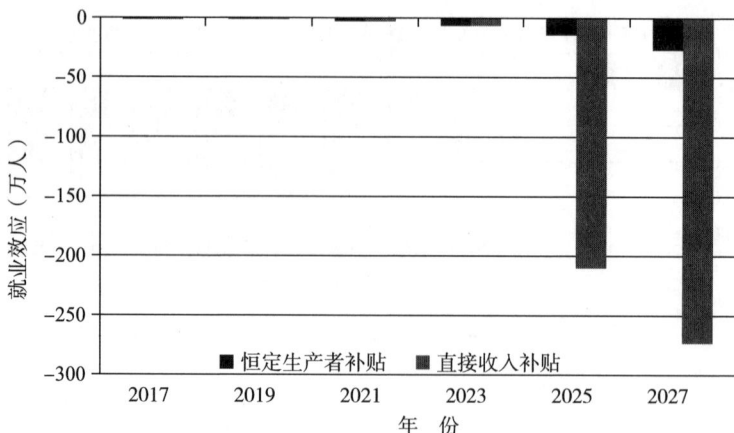

图 13　不同政策的就业效应对比

临时收储价格和玉米生产者补贴政策对维持种植面积的作用较为显著，可以在合理的范围内确保种植面积。玉米单产的提高取决于生产要素投入量和地块质量，在不增加玉米播种面积的前提下，只有提高收储、物流等技术减少损耗，才能有效增加总供给。

实施生产者补贴政策，难以在短期实现"去库存、缓解财政负担"的政策目标，但可以通过降低补贴标准进行调整；实施彻底的价补分离政策，可以有效去库存，代价则是产需缺口的迅速扩大，如果没有后续政策的跟进调整，极有可能危害中国粮食安全。中国玉米阶段性过剩是政策激励过度所致，中长期供需仍然处于紧平衡状态，既要快速降低玉米库存，又要确保产需缺口不会迅速扩大。综上所述，国家选择玉米生产者补贴方案，既可实现去库存、缓解财政压力的目标，也可防止玉米产需缺口迅速扩大，给后续政策留下改革余地。

（四）政策建议

针对上述对中国玉米供需变化及发展趋势的判断，本研究提出相关政策建议。

首先，需要从重视面积转为重视单产，从而维持总供给。国家调控政策应坚持市场化改革方向，不走价格干预的回头路，改革过程中根据市场供需形势不断调整补贴标准，提前公布政策。使农民、市场中介、饲料和加工企业等市场主体有一个明确的政策预期，保护玉米生产者收入和积极性，引导农户的种植行为，维持玉米优势产区的种植面积，同时加大农业科技创新和推广投入、完善农业基础设施提高玉米单产，推进玉米生产的全程机械化，用机械替代成本日益提升的劳动力，同时努力降低机械化成本，推广种子加工和单粒播种等新型技术，减少在收获、运输、仓储、加工过程中的综合损耗，优化玉米全国市场，加速玉米的流通速率。

其次，从重视主食产业转向重视主食加工品产业，适应随着城镇化发展带来的家庭食物消费结构的改变，适应未来玉米加工和饲料产业大发展的趋势。通过建立玉米市场化收购制度，培育多元化的收购主体，让市场在农产品价格形成中更多地发挥作用，调整玉米种植产区，调整玉米加工和饲料产业的布局。

最后，从维持粮食安全转向提高玉米产业竞争力，未来玉米产业发展的关键是降低生产成本。一方面可以积极利用国际资源，适当进口畜禽产品，鼓励和支持种粮企业在东南亚和非洲等地区发展海外农业增加粮食来源，同时鼓励和支持有条件的玉米深加工和饲料企业走出国门，开发境外农业资源，提高本国玉米加工和饲料产业的综合竞争力；另一方面积极参与国际合作，积极参加和推动建立全球和区域粮食储备体系，建立和完善与玉米主要生产国的贸易伙伴关系，在平等互惠的基础上签订长期粮食贸易协议。

人口政策调整与粮食消费需求

随着中国人口老龄化程度逐步加深，中国加快调整人口控制政策，2014年单独二孩政策实施后，2016年开始实施全面二孩政策。人口政策调整究竟能够在多大程度上提高生育率、人口出生率，是否能够有效缓解老龄化，目前仍然存在较大争论。但可以确定的是，人口政策调整不同于一般经济社会领域的改革，将带来中长期的影响。那么，中国正式全面放开二孩之后，究竟会释放出来多少新增人口，将会增加多少粮食消费需求？粮食消费需求变化是否会影响中国未来粮食消费供需平衡？

本研究将利用最新的全国人口抽样调查数据，预测全面二孩政策背景下中国未来（2016—2050年）人口总量和增量变化，以此为基础利用热量摄入与粮食消费量关系预测未来中国粮食消费需求变化，评估人口政策调整对于中国粮食消费需求和粮食安全的影响。研究认为，全面二孩政策对新增人口的影响主要堆积在"十三五"时期，但新增粮食需求到2030年之前不会超过每年1 000万吨，短期内中国粮食安全战略不必对于人口政策调整做出过度反应。中长期需要审慎看待人口政策调整带来的挑战，到2050年，全面二孩政策带来新增粮食需求接近3 300万吨，粮食需求增幅接近5.8%，足以对中国粮食安全形势产生显著影响。6.0亿吨粮食总供给水平、5.5亿吨粮食综合生产能力应该作为中国粮食安全底线，且在2045年之前都不宜轻易调整。在此期间，2025—2030年既是中国人口峰值阶段，也是粮食需求和供需缺口峰值阶段，粮食安全形势将迎来最敏感时期，应该未雨绸缪、充分准备，利用国内国际两个市场平稳过渡。

一、全面二孩政策带来多少新增人口？

全面二孩政策下中国人口总量将在2025—2030年达到高峰。根据课题组最新预测显示，人口总量最早在2025年达到高峰，最迟也在2030年达到高峰，人口总量峰值在14.15亿～14.53亿人之间，即便在最乐观的高方案下，中国未来人口总量的极限值也不会明显超过14.5亿人。

全面二孩政策只能将人口总量高峰延迟3年左右。根据两种人口政策情景预测显示，高、中、低3个方案下，相对于单独二孩政策，全面二孩政策

仅仅能够将中国人口总量高峰延缓 3 年，长期来看人口政策调整在一定程度
上有助于提高生育水平，增加人口总量，但对于延缓人口老龄化进程的作用
有限。

全面二孩政策到 2030 年将使人口累计增加约 3 000 万人。人口政策存在
长期的累积效应，政策调整之后生育率提高带来的新增人口，将会长期累积在
未来各个年份。相对于单独二孩政策情景，全面二孩政策导致的未来人口总量
增加将随着时间推移逐步扩大。根据单独二孩政策与全面二孩政策两种情景模
拟预测显示，到"十三五"期末人口总量变动将控制在 1 000 万人之内，即
2020 年全面二孩政策将使中国总人口比单独二孩政策多出 1 000 万人，到
2030 年左右人口总量变动达到 3 000 万人，2050 年进一步增加到约 8 000 万
人。其中，低方案和中方案情景下由于人口政策调整带来的人口总量变动基本
一致，高方案下人口总量变动幅度更大（图1，图2）。这意味着人口政策调整
对于人口总量和结构的变化影响将是一个长期过程，对于经济社会发展和粮食
消费需求的影响也是一个渐进的过程。

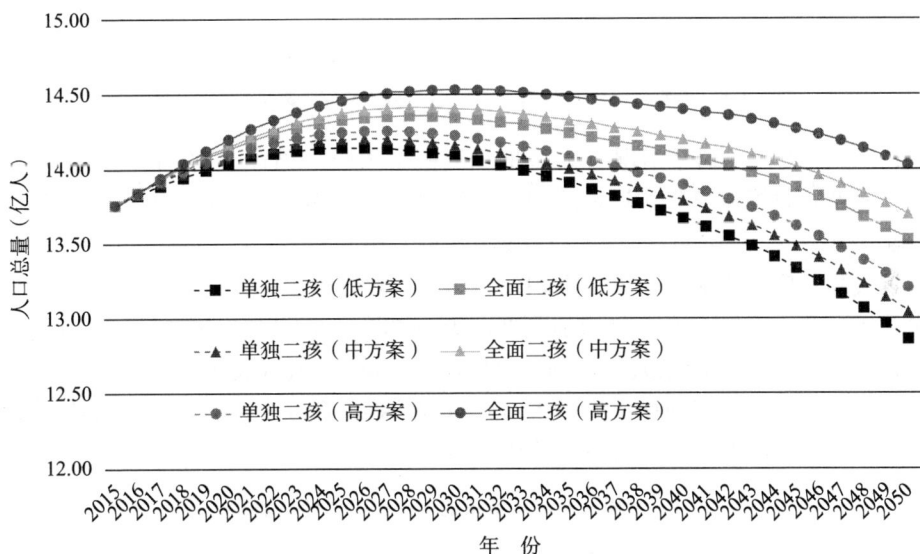

图1　人口政策调整与中国未来人口总量预测

数据来源：根据中国社会科学院人口与劳动经济研究所课题组最新预测。

"十三五"时期是全面二孩政策的人口堆积期，但每年净增人口基本控制
在 350 万人以内。全面放开二孩政策调整将会在未来几年内出现人口堆积现
象，根据预测显示，2018 年是人口堆积出生高峰期，不同方案下相对于单独
二孩政策当年净增人口达到 250 万～350 万人，"十三五"时期累计净增人口

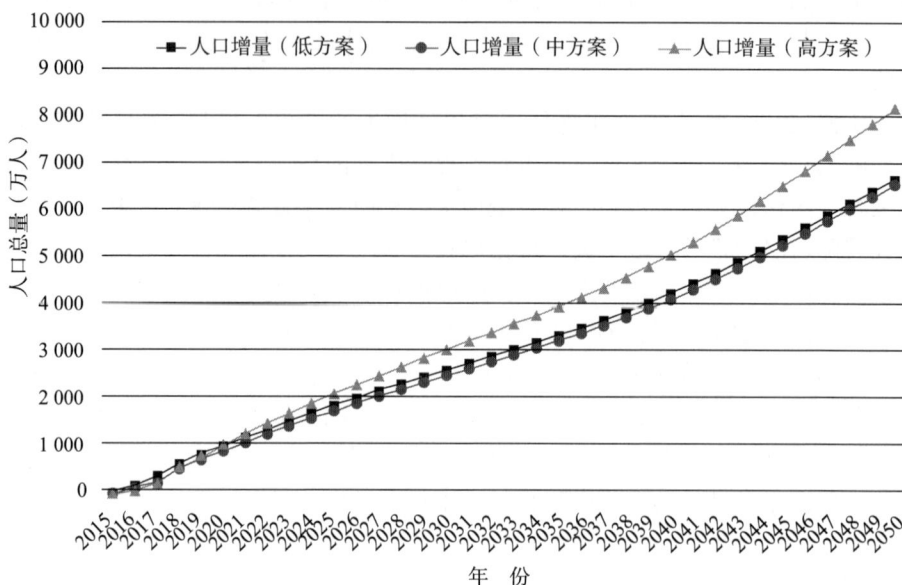

图 2　全面二孩政策带来的未来各年份人口总量变动

数据来源：根据中国社会科学院人口与劳动经济研究所课题组最新预测。

大约 1 000 万人。通常情况下人口堆积期不会太长，预计 2020 年之后进入平稳释放期，政策调整影响逐渐减弱，每年净增人口逐步减少到 150 万～180 万人，2016—2030 年累计净增人口达到 2 500 万～3 000 万人。但是，到 2035 年之后代际效应逐步显现，人口堆积期新增人口陆续进入到生育期，净增人口再次开始上升，每年净增人口增加到 250 万～330 万人，2050 年之后逐步平稳，2016—2050 年累计净增人口达到 6 500 万～8 200 万人（表 1，图 3）。从长期来看，人口生育发展规律决定了人口政策调整将出现 3 个阶段，观察政策调整对于经济社会影响也需要考虑到阶段性特征。

表 1　全面二孩政策带来的未来人口累计净增量

单位：万人

	低方案	中方案	高方案
2016—2030 年	2 609	2 504	3 052
2016—2040 年	4 245	4 125	5 074
2016—2050 年	6 664	6 558	8 184

数据来源：根据中国社会科学院人口与劳动经济研究所课题组最新预测。

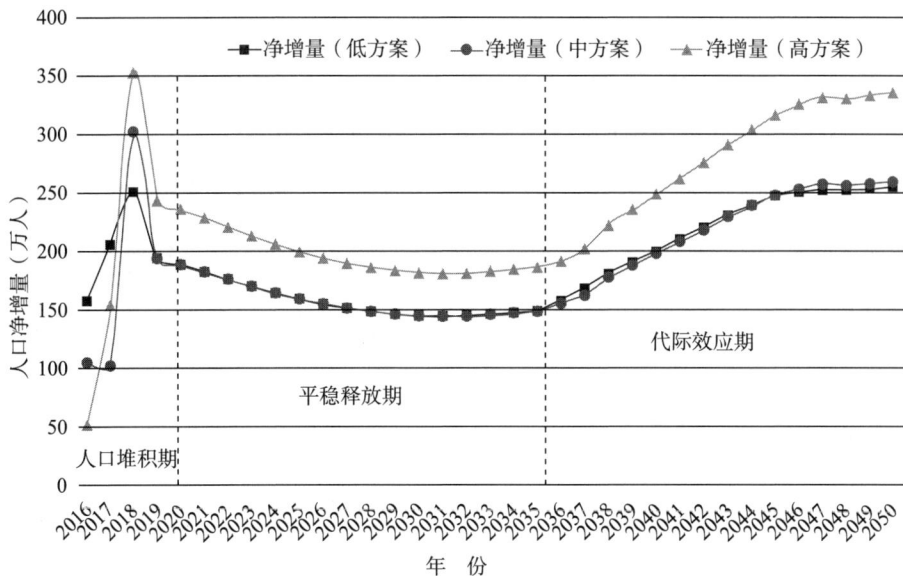

图3 全面二孩政策带来的未来各年份人口净增量

数据来源：根据中国社会科学院人口与劳动经济研究所课题组最新预测。

二、全面二孩政策带来多少新增粮食需求？

全面二孩政策下中国粮食消费需求将在2029—2030年达到高峰，粮食消费需求峰值在6.3亿吨左右。根据课题组预测估算显示，全面二孩政策下中国人口总量将在2025—2030年达到顶峰，粮食消费需求总量将在2029—2030年达到顶峰，不同方案下粮食消费需求总量为6.29亿～6.34亿吨，其中，中方案下粮食消费需求峰值为6.3亿吨。2030年之后随着人口总量减少和人口老龄化加深，粮食消费需求开始逐渐减少，预计2044年之后下降到6亿吨以下。

全面二孩政策只能将粮食消费需求高峰延迟2～3年，粮食消费需求峰值提高幅度不超过850万吨。根据两种人口政策情景预测显示，单独二孩政策下中国粮食消费需求峰值将出现在2026—2028年，不同方案下粮食消费需求总量为6.22亿～6.26亿吨，全面二孩政策仅仅能够将中国粮食消费需求高峰延缓不超过3年，人口政策调整仅仅使粮食消费需求峰值提高650万～850万吨。但是，人口政策调整将带来持久的影响，长期来看将会缓冲由于人口总量减少和人口老龄化带来的粮食消费需求下降速度，在单独二孩政策情境下，粮食消费需求最早将在2038年跌破6亿吨，而全面二孩政策下要延迟到2044年才能下降到6亿吨（图4）。

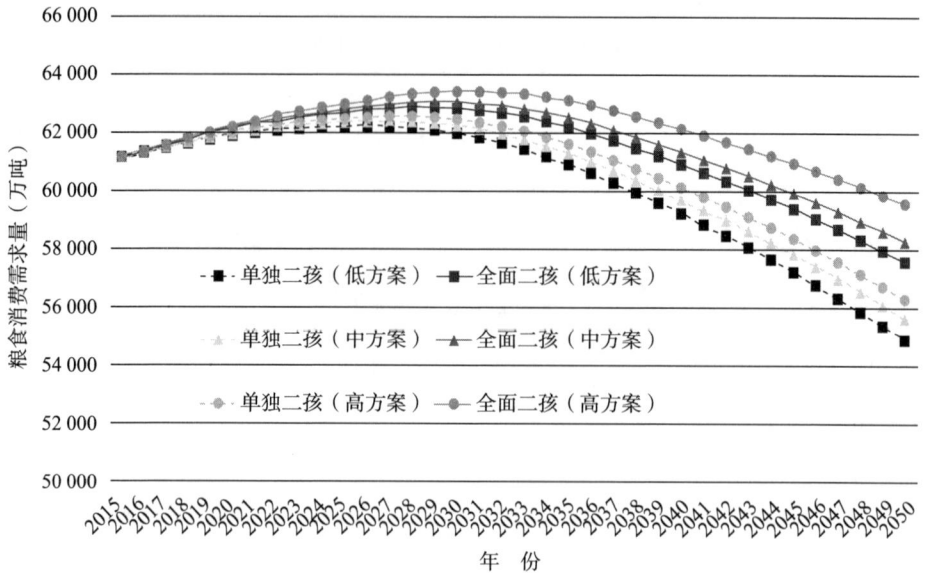

图 4　人口政策调整与中国未来粮食消费需求总量预测

数据来源：根据中国社会科学院人口与劳动经济研究所课题组预测。

全面二孩政策短期内不会对粮食消费需求产生显著影响，2030 年之前每年新增粮食消费需求总量不超过 1 000 万吨。尽管人口政策调整短期内会出现人口堆积现象，但新出生人口尚处于少儿阶段，热量和食物需求相对于成年人较低，短期内对于粮食消费总需求不会造成太大冲击，2020 年之前每年新增粮食消费需求不超过 200 万吨，相对于单独二孩政策下粮食消费需求增幅仅为 0.3%，到 2030 年新增粮食消费需求也不超过 1 000 万吨，需求增幅基本上控制在 1.5% 以内，总体上粮食消费需求变化对于人口政策调整短期内并不敏感。

人口政策调整对于粮食消费需求影响将随着时间推移逐步增强，到 2050 年每年新增粮食消费需求总量将达到 2 600 万~3 300 万吨。粮食消费需求变化之所以中长期才能体现，主要由于两个方面因素：一是人口政策调整带来的影响具有累积性，每年新增人口在之后若干年份都需要消费粮食；二是新增人口尤其是人口堆积期新出生人口，短期内粮食消费需求较少，随着年龄增长需求量逐步增长，在若干年之后进入成年阶段达到粮食消费需求高峰。根据预测估算显示，到 2040 年，全面二孩政策将带来每年新增粮食消费需求总量达到 1 600 万~2 000 万吨，粮食消费需求增幅为 2.7%~3.3%；到 2050 年，新增粮食消费需求最高将接近 3 300 万吨，粮食消费需求增幅接近 5.8%（图 5，图 6），从中长期来看，需要重视人口政策调整对粮食消费需求的影响。

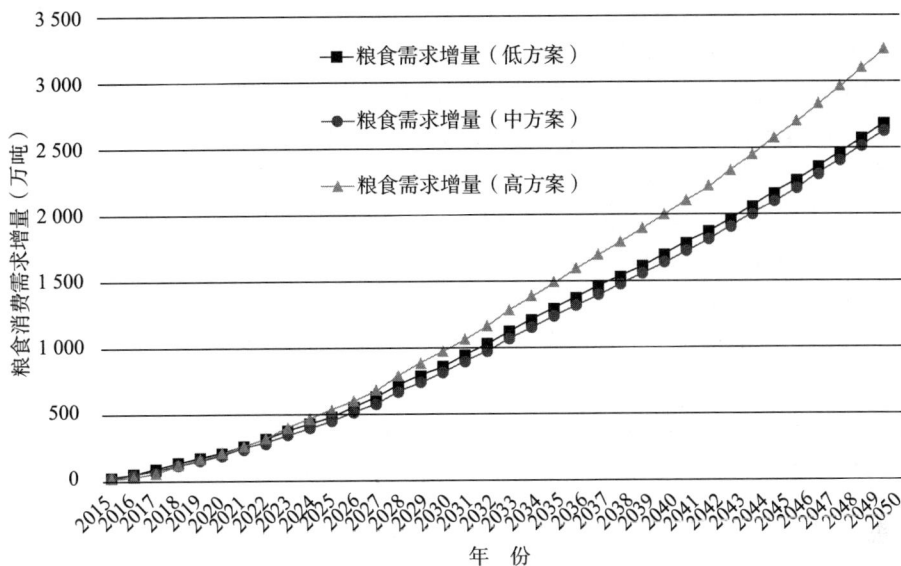

图 5　全面二孩政策带来的未来各年份粮食消费需求增量
数据来源：根据中国社会科学院人口与劳动经济研究所课题组最新预测。

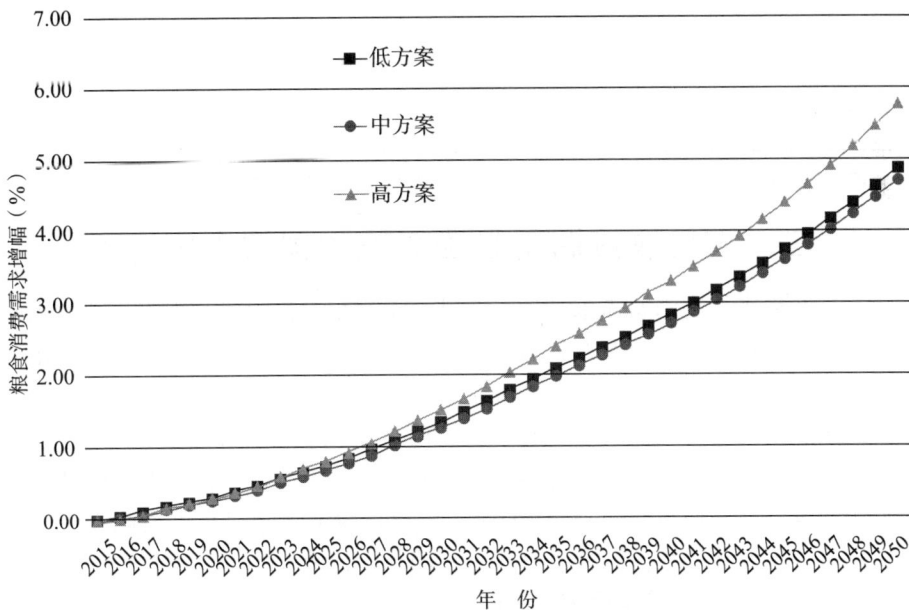

图 6　全面二孩政策带来的未来各年份粮食消费需求增幅
数据来源：根据中国社会科学院人口与劳动经济研究所课题组最新预测。

全面二孩政策到 2030 年累计粮食消费需求增量达到 5 200 万～6 200 万吨，相当于当前年度粮食总产量的 8.5%～10%。短期来看，人口政策调整对于中国粮食消费需求影响有限，即便在高方案下，2016—2030 年累计新增粮食消费需求也只有 6 200 万吨，仅相当于当前年度粮食总产量的 10%。中长期来看，人口政策的影响逐渐增强，到 2040 年，全面二孩政策带来的累计新增粮食消费需求将达到 1.8 亿～2.2 亿吨，相当于当前年度粮食总产量的 30% 左右，到 2050 年政策调整带来的累计新增粮食消费需求将增加到 4.0 亿～4.8 亿吨，相当于当前年度粮食总产量的 2/3～3/4（表 2）。

人口政策调整对于粮食消费需求在中长期会产生显著影响，但与此同时，2030 年之后中国人口总量不可逆转地也开始下降，人口老龄化显著加深，粮食消费需求也将开始减少。人口政策调整究竟是否会影响中国未来粮食安全，我们有必要从供需两个角度综合观察全面二孩政策带来的深远影响。

表 2　全面二孩政策带来的未来粮食消费需求累计增量

单位：万吨、%

时间		低方案	中方案	高方案
需求增量	2016—2030 年	5 743	5 255	6 216
	2016—2040 年	18 879	17 831	21 525
	2016—2050 年	41 003	39 374	48 105
占粮食总产量的比重	2016—2030 年	9.3	8.5	10.0
	2016—2040 年	30.5	28.8	34.7
	2016—2050 年	66.1	63.5	77.6

数据来源：根据中国社会科学院人口与劳动经济研究所课题组最新预测。

三、人口政策调整是否影响中国粮食安全？

在预测未来粮食消费需求基础上，结合未来粮食供给状况观察粮食供需平衡变化，据此评估人口政策调整对于中国未来粮食安全产生的影响。未来粮食供给状况考虑 3 种不同情景：第一种是乐观情景，假定未来粮食供给能力能够达到刚刚过去的历史最高产量（即 2015 年的 6.2 亿吨）；第二种是平稳情景，也可以视为中间方案，假定未来粮食供给能力能够维持在"十二五"时期以来的平均产量（即 6 亿吨）；第三种是保守情景，假定未来粮食供给能力只能维持在目前规划设计的粮食综合生产能力（即 5.5 亿吨）。

（一）乐观情景：参照历史最高产量

全面二孩政策将一定程度加重未来粮食紧平衡状况，2025—2030 年进入供需缺口最大阶段，供需缺口规模为 900 万～1 500 万吨。根据预测分析显示，在单独二孩政策下，6.2亿吨的历史最高产量基本可以满足未来粮食需求，即便高方案下最大供需缺口也不会超过600万吨。但是，全面二孩政策将提高粮食消费需求，未来粮食紧平衡形势将会阶段性显现，2020—2040年是一个紧平衡阶段，尤其2025—2030年是相对供需缺口最大阶段，缺口峰值出现在2029—2030年人口峰值阶段。供需缺口规模在900万～1500万吨，缺口率（缺口量相当于需求量的比重）为1.4%～2.4%，总体处在可控范围内，但仍然需要谨慎对待。2030年之后随着人口高峰过去，粮食消费需求逐渐减少，供需缺口逐渐消失并开始出现粮食结余，粮食安全的目标区间可以相应调整。

全面二孩政策下到2030年粮食供需缺口累计将达到5000万～8000万吨，到2040年供需缺口累计最高将可能接近1.8亿吨。单独二孩政策下未来粮食供需平衡状况良好，6.2亿吨的粮食供给能力完全能够确保粮食安全，即便高方案下2016—2030年供需缺口累计也仅有2200万吨。但是，全面二孩政策将延长供需缺口周期，加大供需缺口规模，到2030年最大供需缺口累计可能超过8000万吨，相当于历史最高产量的13.6%，到2040年最大供需缺口累计可能接近1.8亿吨，相当于历史最高产量的28.8%（图7，图8，表3）。当然，这种缺口规模并不足以对粮食安全构成严重威胁，供需缺口分摊到各年份也只有几百万吨，仍然在可控范围内。

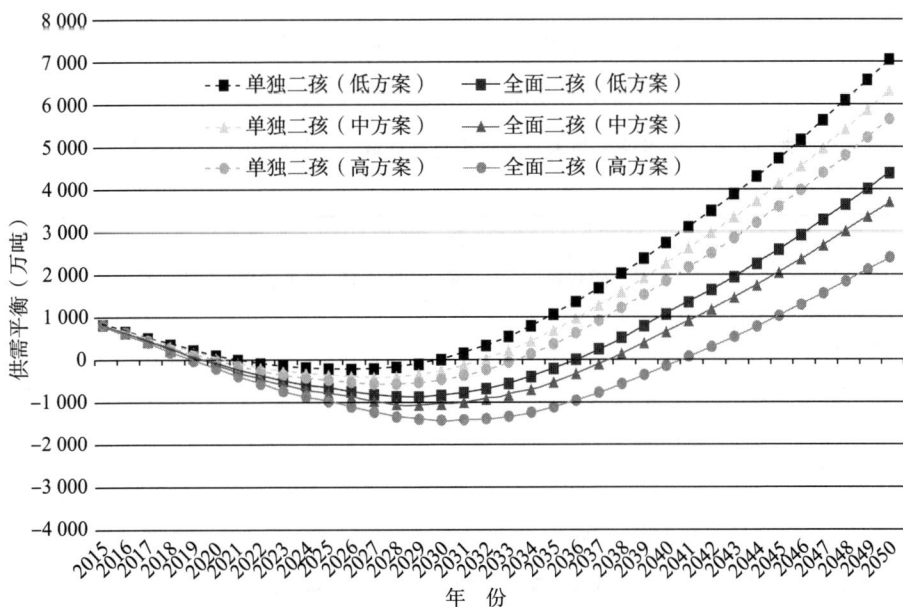

图7　人口政策调整与未来粮食供需平衡（参照历史最高产量）

数据来源：根据中国社会科学院人口与劳动经济研究所课题组最新预测。

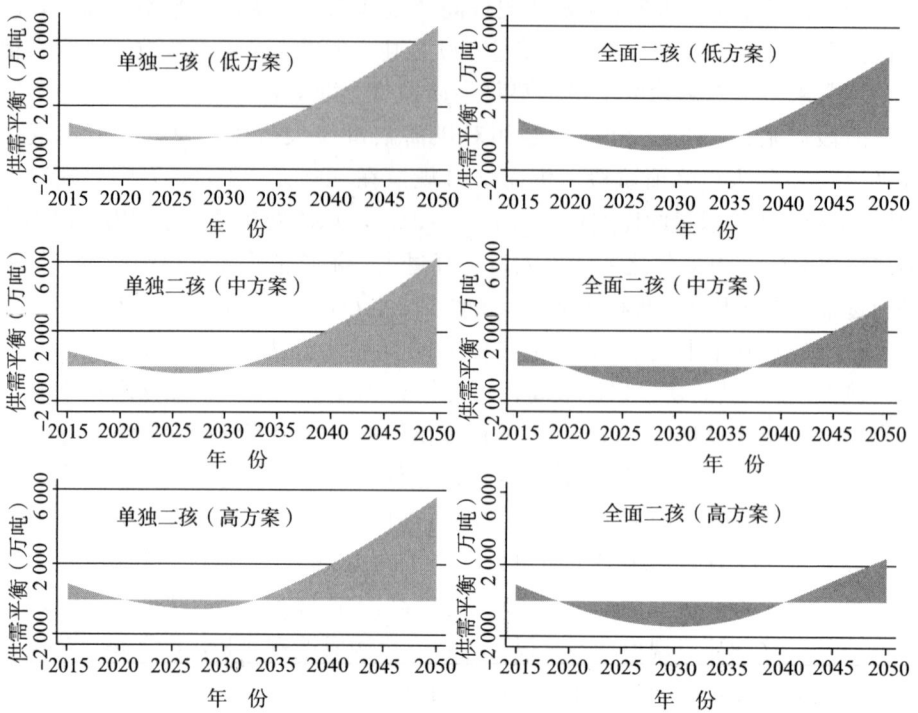

图 8　未来粮食供需平衡状况（参照历史最高产量）

数据来源：根据中国社会科学院人口与劳动经济研究所课题组最新预测。

表 3　人口政策调整与未来粮食供需累计缺口（参照历史最高产量）

单位：万吨、%

		单独二孩			全面二孩		
		低方案	中方案	高方案	低方案	中方案	高方案
粮食供需累计缺口	2016—2030 年	1 109	−773	−2 223	−4 634	−6 028	−8 439
	2016—2040 年	14 104	8 391	3 651	−4 776	−9 440	−17 874
	2016—2050 年	64 193	52 333	42 062	23 189	12 958	−6 043
占粮食总产量比重	2016—2030 年	1.8	−1.2	−3.6	−7.5	−9.7	−13.6
	2016—2040 年	22.7	13.5	5.9	−7.7	−15.2	−28.8
	2016—2050 年	103.5	84.4	67.8	37.4	20.9	−9.7

数据来源：根据中国社会科学院人口与劳动经济研究所课题组最新预测。

（二）平稳情景：参照"十二五"时期平均产量

全面二孩政策将加剧未来粮食供需失衡，2029—2030 年供需缺口最高峰将达到 2 900 万～3 400 万吨，缺口率为 4.6％～5.4％。实际上 2016 年粮食总产量已经出现下降（6.16 亿吨），未来一定时期内保持 6 亿吨水平是符合现实趋势和稳定预期的。根据这一方案预测分析显示，即便在单独二孩政策下，未来较长时期内将出现粮食供需缺口，缺口规模最高可能达到 2 500 万吨。在全面二孩政策下，未来粮食供需失衡状况将进一步加重，缺口周期将延长到 2045—2050 年，2030 年左右最严峻时期（即缺口峰值阶段）当年缺口规模将达到 2 900 万～3 400 万吨，缺口率为 4.6％～5.4％，相对于单独二孩政策，峰值阶段缺口规模将扩大 800 万～1 000 万吨。因此，全面二孩政策下维持 6 亿吨的粮食供给水平需要高度谨慎，未来几十年粮食供需处在紧平衡状态，部分年份将冲击 95％的粮食自给率，尽管通过国际市场调节可以基本实现调控目标，但潜在风险将明显加剧，6 亿吨的粮食总产量应该视为粮食供需平衡和粮食安全的警戒线。

全面二孩政策下到 2030 年粮食供需缺口累计将达到 3.6 亿～4 亿吨，到 2040 年缺口累计最高可能接近 7 亿吨，2050 年缺口累计最高可能达到 7.8 亿吨。单独二孩政策下 6 亿吨的粮食供给能力也无法保障粮食供需平衡，2016—2030 年供需缺口累计也将达到 3 亿～3.4 亿吨，相当于 2015 年历史最高产量的 50％左右。全面二孩政策将明显加剧供需失衡状况，到 2030 年最大供需缺口累计超过 4 亿吨，相当于历史最高产量的 2/3 左右，到 2040 年最大供需缺

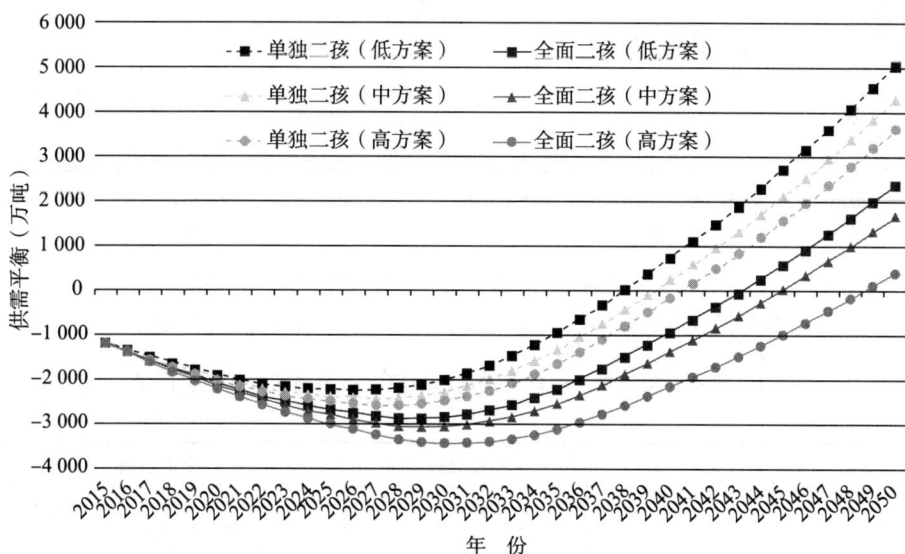

图 9　人口政策调整与未来粮食供需平衡（参照预期稳定粮食产量）
数据来源：根据中国社会科学院人口与劳动经济研究所课题组最新预测。

口累计可能接近 7 亿吨，相当于历史最高产量的 112.7%，2045 年之后才有可能出现供需平衡，累计缺口开始减少，但高方案下累计缺口将继续增加到 7.8 亿吨（图 9，图 10，表 4）。这种缺口规模已经足以威胁粮食安全，即便分摊到各年份平均缺口规模也将达到 2 500 万吨左右，需要引起足够重视以确保粮食需求得以满足，消除粮食安全隐患。

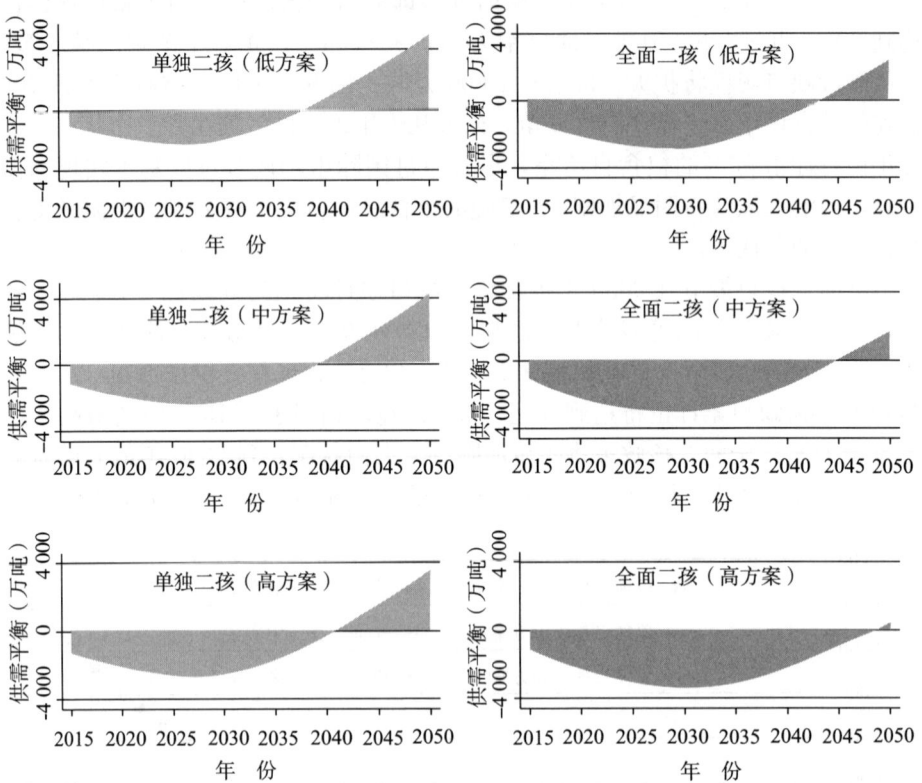

图 10　未来粮食供需平衡状况（参照预期稳定粮食产量）

数据来源：根据中国社会科学院人口与劳动经济研究所课题组最新预测。

表 4　政策调整与未来粮食供需累计缺口（参照预期稳定粮食产量）

单位：万吨、%

时间		单独二孩			全面二孩		
		低方案	中方案	高方案	低方案	中方案	高方案
粮食供需 累计缺口	2016—2030 年	−30 891	−32 773	−34 223	−36 634	−38 028	−40 439
	2016—2040 年	−37 896	−43 609	−48 349	−56 776	−61 440	−69 874
	2016—2050 年	−7 807	−19 667	−29 938	−48 811	−59 042	−78 043

（续）

时间		单独二孩			全面二孩		
		低方案	中方案	高方案	低方案	中方案	高方案
占粮食总产量比重	2016—2030 年	−49.8	−52.9	−55.2	−59.1	−61.3	−65.2
	2016—2040 年	−61.1	−70.3	−78.0	−91.6	−99.1	−112.7
	2016—2050 年	−12.6	−31.7	−48.3	−78.7	−95.2	−125.9

数据来源：根据中国社会科学院人口与劳动经济研究所课题组最新预测。

（三）保守情景：参照规划粮食综合生产能力

全面二孩政策下将出现严峻的粮食供需缺口，预计 2029—2030 年供需缺口最高峰将达到 7 800 万～8 500 万吨，缺口率为 12.5%～13.3%。在保守情景下，若未来粮食总产量只能维持在当前规划粮食综合生产能力（即 5.5 亿吨），未来粮食需求将难以实现基本自给，不管人口政策如何调整，在未来几十年内都将出现较大程度的供需缺口，2029—2030 年供需平衡最紧张的时期缺口规模达到 7 800～8 500 万吨，缺口率（缺口量相当于需求量的比重）为 12.5%～13.3%，缺口量相当于粮食综合生产能力的 14.3%～15.3%。在单独二孩政策低方案情况下，到 2050 年才能基本实现供求平衡，而在全面二孩政策下，到 2050 年仍然还有 2 600 万～4 600 万吨的缺口（图11，图12）。因此，若没有豆类、薯类补充，仅仅依靠规划的 5.5 亿吨粮食综合生产能力将难以确保供求平衡，按照目前豆类、薯类占粮食总产量比重约 8% 为参考，5.5 亿吨粮食综合生产能力意味着 6 亿吨的粮食总产量，未来粮食供需缺口尚在基本控制范围内，但完全依靠规划的粮食综合生产能力，中国未来粮食安全恐将无法保障。

在保守情景下，全面二孩政策下到 2030 年粮食供需缺口累计将高达约 12 亿吨，到 2040 年缺口累计将接近 20 亿吨，2050 年缺口累计最高可能达到 25 亿吨。若未来粮食产量仅仅能够维持目前规划的粮食综合生产能力水平，即便单独二孩政策下未来粮食供需缺口也将大规模持续存在，2016—2030 年供需缺口累计也将高达 11 亿吨。全面二孩政策将进一步加剧供需失衡状况，在可预期的未来（2050 年前）几乎都难以实现供需平衡，到 2030 年供需缺口累计达到 12 亿吨，相当于历史最高产量的 2 倍，到 2040 年、2050 年供需缺口累计分别高达 20 亿吨和 25 亿吨（表5），相当于历史最高产量的约 3 倍和 4 倍。因此，当前规划的 5.5 亿吨粮食综合生产能力基本可以视为未来较长时期内粮食供给的"红线"，突破这一底线中国粮食安全将遭受严重冲击，而即便保持规划生产能力，也需要借助豆类、薯类和国际市场调节才能保持供求平衡格局。

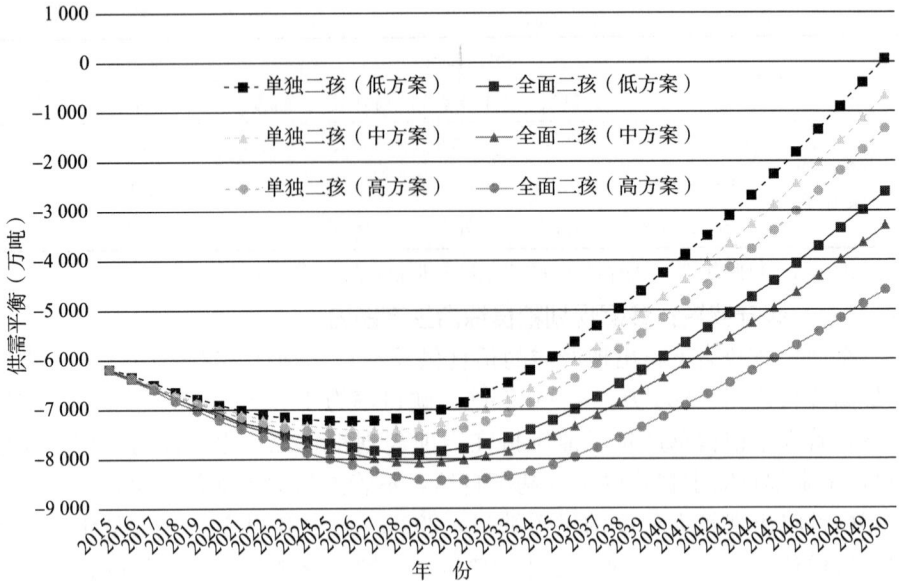

图 11　人口政策调整与未来粮食供需平衡（参照规划粮食综合生产能力）

数据来源：根据中国社会科学院人口与劳动经济研究所课题组最新预测。

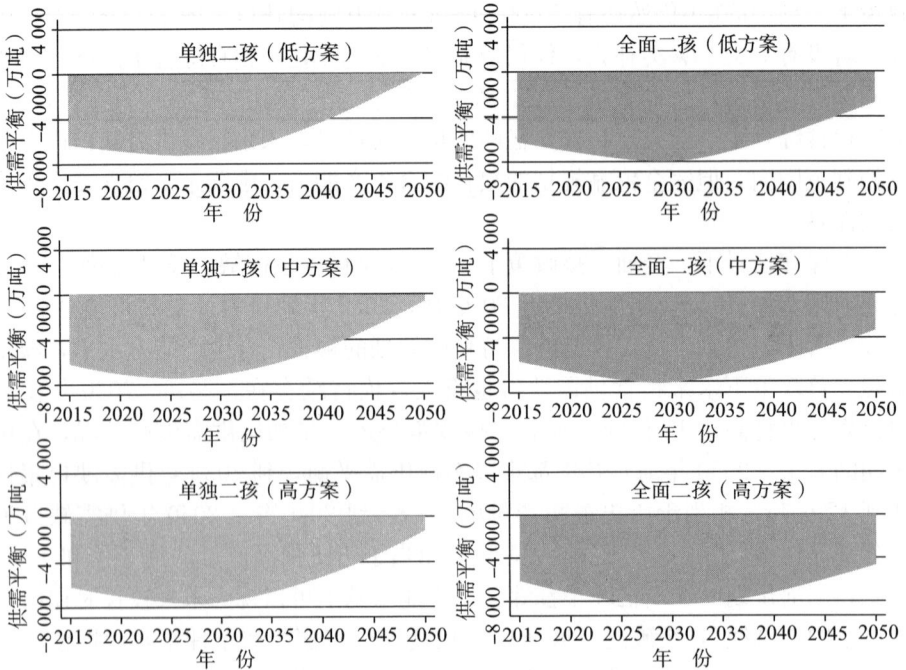

图 12　未来粮食供需平衡状况（参照规划粮食综合生产能力）

数据来源：根据中国社会科学院人口与劳动经济研究所课题组最新预测。

表5　人口政策调整与未来粮食供需累计缺口（参照规划粮食综合生产能力）

单位：万吨、%

		单独二孩			全面二孩		
		低方案	中方案	高方案	低方案	中方案	高方案
粮食供需 累计缺口	2016—2030年	−110 891	−112 773	−114 223	−116 634	−118 028	−120 439
	2016—2040年	−167 896	−173 609	−178 349	−186 776	−191 440	−199 874
	2016—2050年	−187 807	−199 667	−209 938	−228 811	−239 042	−258 043
相当于2015年 粮食总产量 比重	2016—2030年	−178.9	−181.9	−184.2	−188.1	−190.4	−194.3
	2016—2040年	−270.8	−280.0	−287.7	−301.3	−308.8	−322.4
	2016—2050年	−302.9	−322.0	−338.6	−369.0	−385.6	−416.2

数据来源：根据中国社会科学院人口与劳动经济研究所课题组最新预测。

四、结论与启示

最近几年中国人口政策加快调整，全面二孩政策对于中国未来经济社会发展将带来深远影响。本研究预测了全面二孩政策背景下中国未来（2016—2050年）人口总量与结构变化，利用热量与粮食消费量关系估算了未来中国粮食消费需求变动，并据此评估了人口政策调整对于中国未来粮食供需平衡的影响。

全面二孩政策下中国人口总量将在2025—2030年达到高峰，人口总量峰值在14.15亿~14.53亿人。全面二孩政策仅能够将中国人口总量高峰延缓3年，对于延缓人口老龄化进程作用有限。人口政策存在长期累积效应，全面二孩政策下到"十三五"期末人口总量变动将控制在1 000万人之内，到2030年人口总量变动达到3 000万人，2050年增加到约8 000万人。"十三五"时期是全面二孩政策的人口堆积期，但每年净增人口基本控制在350万人以内，2020年之后进入平稳释放期，每年净增人口逐步减少到150万~180万人，2035年之后代际效应逐步显现，人口堆积期新增人口陆续进入生育期，每年净增人口增加到250万~330万人。

全面二孩政策下中国粮食消费需求将在2029—2030年达到高峰，粮食消费需求峰值在6.3亿吨左右。2030年之后随着人口总量减少和人口老龄化加深，粮食消费需求开始逐渐减少，预计2044年之后下降到6亿吨以下。全面二孩政策只能将粮食消费需求高峰延迟2~3年，粮食消费需求峰值提高幅度不超过850万吨。人口政策调整将带来持久影响，将会缓冲由于人口总量减少和人口老龄化带来的粮食消费需求下降速度。

全面二孩政策短期内不会对中国粮食消费需求产生显著影响，但中长期影响值得高度关注。全面二孩政策在2030年之前每年新增粮食消费需求总量不超过 1 000 万吨，需求增幅基本上控制在 1.5% 以内。人口政策调整对于粮食消费需求影响将随着时间推移逐步增强，预计到 2040 年全面二孩政策将带来每年新增粮食消费需求总量 1 600 万～2 000 万吨，粮食消费需求增幅为 2.7%～3.3%，到 2050 年新增粮食消费需求最高将接近 3 300 万吨，粮食消费需求增幅接近 5.8%。全面二孩政策到 2030 年累计粮食消费需求增量达到 5 200 万～6 200 万吨，相当于当前年度粮食总产量的 8.5%～10%，到 2040 年累计新增粮食消费需求将达到 1.8 亿～2.2 亿吨，到 2050 年累计新增粮食消费需求将增加到 4.0 亿～4.8 亿吨。

全面二孩政策中长期将显著地增加中国粮食消费需求，一定程度上考验未来粮食供给保障能力。中国未来粮食安全是否对于人口政策调整产生敏感反应，主要取决于未来粮食供给能力变化，敏感区间或者临界值基本上可以通过以下 3 种情景刻画出来：

（1）在乐观情景下，假定未来粮食供给能力能够达到刚刚过去的历史最高产量（即 2015 年的 6.2 亿吨），全面二孩政策将一定程度加重未来粮食紧平衡状况，2025—2030 年进入供需缺口最大阶段，供需缺口规模在 900 万～1 500 万吨，缺口率为 1.4%～2.4%，总体上处在可控范围内，不会对未来粮食安全造成太大冲击。

（2）在平稳情景下，假定未来粮食供给能力能够维持在"十二五"时期以来的平均产量（即 6 亿吨），全面二孩政策将加剧未来粮食供需失衡，2029—2030 年供需缺口最高峰将达到 2 900 万～3 400 万吨，缺口率为 4.6%～5.4%，缺口周期将延长到 2045—2050 年，部分年份将冲击 95% 的粮食安全自给率，粮食安全的潜在风险明显加大。

（3）在保守情景下，假定未来粮食供给能力只能维持在目前规划设计的粮食综合生产能力（即 5.5 亿吨），全面二孩政策下将出现严峻的粮食供需缺口，预计 2029—2030 年供需缺口最高峰将达到 7 800 万～8 500 万吨，缺口率为 12.5%～13.3%，到 2050 年仍然还有 2 600 万～4 600 万吨的缺口，若没有豆类、薯类补充和必要的国际市场调节，未来粮食安全将无法保障。

全面二孩政策中长期将显著地增加中国粮食需求，一定程度上考验未来粮食供给保障能力，中国粮食安全战略有必要未雨绸缪且慎重地做出反应。

第一，"十三五"时期是人口政策调整带来的人口堆积期，但并不会明显造成粮食需求变动，粮食安全也不会对此产生敏感反应，短期内粮食安全战略和农业政策不宜做出过度反应，目前粮食供给保障战略也不需要进行调整。

第二，人口政策调整对于粮食需求影响具有明显的累积效应，中长期来看需要审慎对待粮食供给能力，6 亿吨粮食总供给水平、5.5 亿吨粮食综合生产

能力应该视为一个底线，《全国农业现代化规划（2016—2020 年）》规划的
2020 年 5.5 亿吨粮食（谷物）综合生产能力目标不仅要努力如期实现，而且
这一目标在 2045 年之前都不宜轻易调整。

第三，2025—2030 年是中国人口总量高峰时期，也是粮食需求和供需缺
口的峰值阶段，全面二孩政策下即便是 6 亿吨的粮食总供给水平也不能完全消
除粮食安全的潜在风险，应该提前做好充分准备，从国内供给保障和国际市场
调节两个方面做好应对预案，确保平稳渡过最具挑战的阶段。

OECD 非成员国农业支持
政策动态跟踪

——以金砖国家为例

近年来，世界经济合作与发展组织（OECD）非成员国及金砖国家农业国际地位不断提升。2010—2016 年，金砖国家农业生产总值从 1.4 万亿美元增至 2.3 万亿美元，占世界农业生产总值的比重从 47% 增至 57%，占世界农业总产值的一半以上。从农产品的生产来看，金砖国家粮食产量占全世界比重超过 40%，以不足 30% 的土地面积养活世界 43% 的人口，成为世界粮食安全最重要的保障力量。从农产品贸易的角度来看，金砖国家之间农产品贸易快速增长，2010 年至今，中国对其他金砖国家的农产品进出口额分别增长了 50% 和 23%，远高于同期世界农产品贸易 14% 的增长率。本研究运用 OECD 农业政策评估工具，以 OECD 公布的金砖国家巴西、南非、俄罗斯和中国为例，对农业支持水平和结构进行比较研究，总结其农业政策演变规律，并为中国农业政策的调整提供现实依据和对策建议。

一、研究对象国农业总支持水平及政策比较分析

总支持水平（Total Support Estimate，TSE）是衡量通过执行农业支持政策，每年从纳税人和农产品消费者转移到农业部门的总价值。农业总支持水平由三部分组成，分别为生产者支持估计值（PSE）、一般服务支持估计值（GSSE）、纳税人对消费者的转移支付。

（一）成员国总支持水平

总体而言巴西和南非均属于农业支持水平较低的国家，而俄罗斯因为总体宏观经济情况的原因，近年来总支持水平也处于较低水平，中国则在综合国力的提升下，总支持水平一直呈现上升趋势，2016 年有所下降（表1）。

具体来看，由于巴西农业具有较强的竞争力，总支持水平一直较低，且呈现波动趋势，支持水平从 1995 年—52.29 亿美元提高到 2011 年的 179.79 亿美元，此后逐渐下降，2015 年降至 68.33 亿美元，相比 2011 年降幅达 61.99%，但 2016 年又增至 106.55 亿美元，比 2015 年增长 55.93%。20 世纪

90 年代以来，南非通过改革逐渐减少了市场价格支持和对商业性农业的预算支持，农业总支持大量缩减，价格扭曲水平下降，支持总量一直维持在 10 亿美元左右的较低水平，特别是 2016 年总支持水平降至 6.79 亿美元，比 2015 年下降 41.57%。俄罗斯的总支持量波动性较大，2008 年为 253.71 亿美元，但随着俄罗斯宏观经济形势的恶化，总支持量有所下降，2015 年降至 110 亿美元，但 2016 年又稍有上升，达 138.39 亿美元。中国总支持量连年提高，2015 年总支持水平达 2 748.76 亿美元，2016 年稍有降低，为 2 469.33 亿美元（表 1）。

表 1　1995—2016 各国农业总支持水平（TSE）

单位：百万美元

年份	巴西	俄罗斯	南非	中国	OECD
1995	−5 229.55	6 881.08	1 926.99	17 351.79	338 471.08
2000	4 121.86	917.22	716.45	21 759.97	302 170.88
2005	7 291.64	7 575.94	1 299.03	46 550.95	341 237.68
2010	15 775.99	19 372.61	646.94	130 697.81	338 976.25
2011	17 978.94	16 646.24	887.82	124 819.32	358 745.92
2012	11 894.27	16 510.07	1 057.41	202 323.05	366 051.37
2013	12 213.02	18 133.56	930.82	232 846.40	355 390.55
2014	12 823.44	15 432.97	898.82	243 594.91	346 497.26
2015	6 833.48	11 041.73	1 161.59	274 876.22	294 245.70
2016	10 654.91	13 838.99	678.67	246 933.72	317 405.34

资料来源：OECD 数据库，2017。

（二）总支持水平相对值

农业总支持率（%TSE）表示一国对农业的总体支持水平（TSE）占该国当年 GDP 的比重，%TSE 值越高表示该国的国内收入用于农业支持的比重越大。

单从 %TSE 这一指标来看，巴西和南非投入到农业支持的支出较少，与 OECD 平均水平持平或低于 OECD 平均水平；俄罗斯该指标近年来略高于 OECD 平均水平，而中国近年来 %TSE 不仅远远高于 OECD 水平，还有提高的趋势，这表明近年来中国对农业的支持力度在不断加强（表 2）。当然农业支持水平应结合农业增加值、农业人口数量以及耕地数量等因素综合进行考虑。从农业增加值占 GDP 比重这一指标（%TSE）看，中国 9% 左右的农业增加值，对应 2.5 左右的 %TSE，巴西 5% 左右的农业增加值，对应 0.3 左右的％TSE；俄罗斯 4％左右的农业增加值，对应 1 左右的％TSE；南非 2.5％左右的农业增加值，对应 0.3 左右的％TSE。由于中国农业在国民经济中占的比重仍然较大，因此农业支持总水平较高，但由于中国人口总数中近一半为农业人口，使得人均支持量大幅下降。

表2　1995—2016 各国农业总支持率（％TSE）

单位：％

年份	巴西	俄罗斯	南非	中国	OECD
1995	−0.66	2.08	1.24	2.37	1.74
2000	0.63	0.33	0.53	1.80	1.08
2005	0.82	0.93	0.50	2.04	0.95
2010	0.71	1.19	0.17	2.14	0.78
2011	0.69	0.82	0.21	1.65	0.80
2012	0.48	0.77	0.27	2.36	0.79
2013	0.50	0.81	0.25	2.40	0.75
2014	0.53	0.76	0.26	2.33	0.70
2015	0.39	0.84	0.37	2.52	0.58
2016	0.60	1.09	0.23	2.22	0.60

数据来源：OECD 数据库、世界银行数据库。

（三）农业总支持水平结构

TSE 由三项组成：S. 农产品消费者转移给农业生产者的价值，扣除生产者对财政的贡献（包括在市场价格支持 MPS 和 CSE 中）；T. 纳税人转移给农业生产者的总价值（包括在 PSE 中）和纳税人为农业的一般服务提供的转移支付（GSSE）；U. 纳税人转移给农产品消费者的总价值（包括在 CSE 中）。为了避免重复计算，用公式表示的 TSE 组成为：

$$TSE=PSE+GSSE+TCT$$

即农业总支持数值由对生产者的支持、一般服务的支持以及从纳税人向消费者的转移支付三部分组成。

表3表示 1995—2016 年各国农业支持结构。各国支持结构的主要特征：第一，均以生产者支持作为主要的支持方式。生产者支持（PSE）占 TSE 比重多在 50％以上，中国和俄罗斯多数年份甚至超过 80％。第二，南非与巴西一般服务支持上花费较多，所占比重均在 20％以上，而中国与俄罗斯该比重相对较低，均在 15％以下（2016 年）。南非 2012—2016 年 GSSE 占比 5 年平均为 37.02％，这与南非正在进行的土地改革有密切关系，大部分预算支出与

贯彻土地改革以及对整个部门的一般服务支持有关。中国 2016 年 85.93% 的 PSE 占比和 14.07% 的一般服务支持比例，表明中国在一般服务支持的调整上存在较大空间（表 3）。

表 3　1995—2016 年各国农业总支持结构

单位：%

年份	巴西		俄罗斯		南非		中国	
	PSE 占比	%GSSE	PSE 占比	%GSSE	PSE 占比	%GSSE	PSE 占比	%GSSE
1995	146.80	−58.58	88.52	11.35	66.23	33.77	73.68	26.56
2000	72.34	33.07	30.00	59.63	58.47	41.52	37.61	54.34
2005	70.44	26.69	84.91	13.32	58.10	41.77	69.78	29.91
2010	60.58	24.63	85.78	10.85	49.39	50.61	83.42	16.58
2011	65.81	23.09	74.96	21.09	59.28	40.72	81.14	18.86
2012	53.31	31.65	83.67	12.37	65.29	34.71	85.87	14.13
2013	54.35	32.18	74.97	20.17	60.62	39.38	85.83	14.17
2014	58.81	28.92	82.50	13.13	58.95	41.05	84.48	15.52
2015	54.99	28.48	82.64	14.12	71.03	28.97	82.89	17.11
2016	69.10	21.66	86.19	12.50	59.03	40.97	85.93	14.07

数据来源：OECD 数据库，2017 年。

（四）各国主要农业支持政策热点

1. 巴西

巴西主要的农业支持政策为生产者支持与一般服务支持。生产者支持政策工具主要涉及市场价格干预、农业信贷和农业保险补贴。近年来，巴西支持资金由市场价格干预向保险项目转移的趋势明显。尽管有不少地区实施价格支持项目，但生产者所接受的价格基本与国际水平持平，而 2015—2016 年农业计划中分配给所有农业保险项目的金额达到 7 亿雷亚尔（2.1 亿美元），2014 年这一数额为 6.9 亿雷亚尔（2.07 亿美元），在 2016—2017 年计划中，农业保险补贴资金将增加 4 亿雷亚尔（1.2 亿美元）达到 11 亿雷亚尔（3.3 亿美元）。同时，加大对信息分析技术发展以及标准合同制定的投入，用于改进作物保险项目的效率。近年来农业优惠信贷也在增加，并不断简化规则和程序，目前，农业信贷支持主要涉及技术创新支持、先进农场管理以及环境改善等。

此外，近年来巴西农业支持政策对环境改善和基础设施的发展更为关注。例如，保险和信贷支持要求环保标准，信贷的可获性要求生产体系的现代化和自然资源的可持续利用，并通过农业分区来关联对农场活动环境可持续性的支持，分区规则作为获得优惠信贷和优惠保险项目的生产者资质的标准。

2. 俄罗斯

俄罗斯的农业支持政策通过国家主要的农业政策框架——"农业发展多年国家计划"实施。该计划以联邦和地区两级政府共同融资为原则，由于地区之间融资利率存在差异，除了国家项目支持，各地也实施地区支持措施。以2013—2020 年农业发展国家计划为主导的农产品政策主旨在于促进农业生产和农产品的进口替代。主要的政策工具为扭曲市场的补贴与进口保护政策。

3. 南非

目前南非的农业政策是 1994 年进行的土地改革的延续，土地改革的主要目标是纠正不公平，促进和谐与稳定，支持经济发展，提高福利水平以及消除农村地区的贫困。主要内容涉及恢复农地、土地重新分配和土地所有制改革。通过一系列的融资项目支持土地改革的进程，为原来占劣势地位的农户创建更适宜的环境。主要政策实施主体包括农、林、渔业部（DAFF）和农村发展和土地改革部（DRDLR）以及国家农业市场委员会（NAMC）。2015 年 3 月DAFF 通过 2015—2019 年农业政策五年计划，该计划主要关注如何促进农业部门的发展，并通过引导出口和减少进口的战略创造更多的就业，以及更好地整合中小规模农场主及农村农户进入市场领域及食品加工领域。

4. 中国

近年来随着国内外市场价差的拉大，中国进行了一系列价格支持政策改革，主要政策措施涉及最低收购价格、目标价格、国家收购以及各种补贴机制。由于国内外市场联动越来越密切，政府宏观调控方式单一，目前正积极探索更为有效的政策措施改革。

一方面，支持总量的调整。调低小麦的最低收购价，取消油菜籽的收购价，降低甘蔗的收购价；农机购置补贴 2016 年最大补贴水平减少 10%，并修订适用机械的类别；中西部地区保险补贴中央政府补贴份额从原来的 40% 增加到 47.5%，东部地区的比例从 35% 增加到 42.5%。

另一方面，对现行政策进行改革。2015 年在安徽、湖南、山东、四川和浙江 5 省试点，将试点地区的粮食生产者直接补贴、良种补贴和农业生产资料综合补贴合并为"农业支持保护补贴"。该补贴由两部分组成："三项补贴"总额的 4/5 直接支付给拥有耕地承包权的种地农民，该部分旨在保护耕地土地肥力和保持粮食生产能力；其余 1/5 的预算拨款加上种粮大户补贴试点资金和农业"三项补贴"的增量资金用于统筹支持粮食适度规模经营。继续推进棉花和大豆价格支持的改革。

此外，推出各种解决现实问题的新举措。为了在农业发展中更多关注环境和食品安全问题，2015 年实施了减少化肥农药使用的"化肥农药 2020 年零增长行动计划"以及《中华人民共和国环境保护法》。针对农业用水和节水问题，2016 年 1 月，国务院宣布中国计划在 10 年内建立新的农业水价机制，还将实施有针对性的补贴和节水奖励制度，推进先进的节水技术。督促有水利工程设施的区域在 3～5 年内实施新制度。

二、研究对象国生产者支持水平及政策比较分析

生产者支持（PSE）估计值作为 OECD 农业支持水平的核心指标，测定的是所有影响农业生产者收益的综合支持水平。本部分基于 OECD 最新数据，从绝对量、比重、结构方面比较了研究对象国 PSE 分布趋势和变动规律，以期探寻各国农业生产者政策的偏好。

（一）农业生产者支持水平比较分析

1. 生产者支持估计值比较

从生产者支持（PSE）总量来看，南非的 PSE 总量最低，2016 年仅为 4 亿美元，其次是巴西，俄罗斯第三，而中国为 2 121.8 亿美元，是南非 PSE 总量的 500 多倍。从 PSE 总量的发展演进来看，南非对生产者的支持一直较为稳定，保持较低的支持水平；巴西从 2000 年转为正保护，并在 2011 年达到最高值，近年来开始逐渐降低对生产者的支持力度；俄罗斯 2010 年以后支持水平波动下降；只有中国呈现支持量不断提高的趋势（表 4）。

表 4　1995—2016 年各国 PSE 总量比较

单位：百万美元

年份	巴西	俄罗斯	南非	中国	OECD
1995	−8 368.75	6 091.30	1 276.20	13 712.27	269 518.92
2000	2 788.26	234.84	418.94	7 296.98	245 182.69
2005	5 225.46	6 568.76	766.20	32 172.63	266 916.42
2010	9 557.69	16 618.58	319.49	109 030.71	338 976.25
2011	11 831.87	12 478.23	526.27	101 281.14	358 745.92
2012	6 340.57	13 813.51	690.39	173 740.01	366 051.37
2013	6 638.33	13 594.97	564.23	199 857.08	355 390.55
2014	7 541.51	12 732.92	529.88	205 792.37	346 497.26
2015	3 757.79	9 125.04	825.07	227 837.41	294 245.70
2016	7 362.29	11 927.50	400.64	212 182.44	317 405.34

数据来源：OECD 数据库。

2. 生产者支持率比较

生产者支持率（%PSE）表示的是 PSE 占农业总产值的百分比，是通过农业支持政策对农业生产者提供的转移支付占农业总收入的份额。巴西和南非

该指标一直保持较低水平，并呈现下降的趋势，表明两国的农业生产市场化程度较高；俄罗斯对生产者的支持不固定，2012—2015 年呈现缓慢下降趋势，但 2016 年较 2015 年却增长了将近 4 个百分点。中国的％PSE 持续增长，2016 年略有下降（表 5）。

表 5　1995—2016 年各国％PSE 比较

单位:％

年份	巴西	俄罗斯	南非	中国	OECD
1995	−17.90	15.36	14.70	5.58	31.86
2000	7.11	1.53	5.85	3.67	32.92
2005	7.67	14.70	6.26	7.75	27.61
2010	6.37	22.40	1.73	12.27	19.86
2011	6.10	12.59	2.55	9.28	18.55
2012	3.48	14.75	3.45	14.17	19.07
2013	3.47	13.24	2.91	14.74	17.92
2014	3.90	13.21	2.75	14.53	17.88
2015	2.56	12.21	4.67	15.67	17.89
2016	4.86	16.06	2.33	14.51	18.77

数据来源：根据 OECD 数据库整理。

3. 市场保护程度比较

生产者名义支持系数（NACp）是衡量市场保护程度的指标，该指标以 1 为临界点，生产者 NACp 越接近于 1，表明政府对农业市场干预越小，农业市场化程度越高；生产者 NACp 越大，表明农业总收入从市场获取的份额越低，市场保护程度越高。南非和巴西生产者 NACp 一直较接近 1 的水平；从研究期间来看，巴西波动幅度在 0.8～1.07 之间，南非近年来一直维持在 1.02～1.05 的波动范围，表明两国的农业市场化程度较高，政策实施对市场的干预较低；俄罗斯和中国该系数则维持了相对较高水平。从 2000—2016 年来看，研究对象国市场保护程度均低于 OECD 平均水平（表 6）。

表 6　1995—2015 年各国生产者 NACp 比较

年份	巴西	俄罗斯	南非	中国	OECD
1995	0.87	1.18	1.17	1.06	1.07
2000	1.06	1.00	1.06	1.02	1.24
2005	1.07	1.17	1.06	1.08	1.38
2010	1.07	1.29	1.02	1.14	1.25

（续）

年份	巴西	俄罗斯	南非	中国	OECD
2011	1.06	1.14	1.03	1.10	1.23
2012	1.04	1.17	1.04	1.17	1.24
2013	1.04	1.15	1.03	1.17	1.22
2014	1.04	1.15	1.03	1.17	1.22
2015	1.03	1.14	1.05	1.19	1.22
2016	1.05	1.19	1.02	1.17	1.23

数据来源：根据 OECD 数据库整理。

（二）农业生产者支持结构比较分析

按照 2007 年 OECD 最新的农业政策分类框架体系，PSE 分为 7 个部分。表 7 列示了 OECD 成员与研究对象国 PSE 7 个类别占 PSE 总量的比重。不同的支持政策与支持方法措施对农户最终的生产选择和决定很重要，直接影响了农产品的品种和产量，潜在地影响农户的生产、贸易和收入等。

从各国 PSE 结构比较中可以看出：第一，各国对生产者的支持主要通过基于商品产出和投入使用的支持来实现，2016 年俄罗斯 PSE 超 95％以上为基于商品产出和投入使用的支持；第二，除巴西外各国主要的支持类别均为基于商品产出的支持，占比在 50％以上，中国这一数据 2015 年甚至达到了 81％，且近年来呈现逐渐增加的趋势，这表明与 OECD 国家农业支持政策已逐渐采取支持与产出脱钩的政策措施相比，研究对象国多数仍然主要采取基于商品产出的支持，调整并不明显。需要注意的是巴西在 PSE 结构上从 2010 年开始逐步减少基于商品产出的支付，而转向以基于投入使用的支付为主，2015 年该比重达到 76％，手段主要是信贷和农作物保险补贴。

表 7　1995—2016 年各国 PSE 结构比较

单位:％

国家	类别	1995 年	2000 年	2005 年	2010 年	2012 年	2013 年	2014 年	2015 年	2016 年
	A	115.27	25.05	36.84	66.17	46.18	27.68	21.57	16.08	57.18
	B	−15.27	74.94	62.84	31.86	49.13	64.97	73.08	76.64	47.10
	C	0	0	0.30	1.95	4.67	7.33	5.43	7.27	1.72
巴西	D	0	0	0	0	0	0	0	0	0
	E	0	0	0	0	0	0	0	0	0
	F	0	0	0	0	0	0	0	0	0
	G	0	0	0	0	0	0	0	0	0

（续）

国家	类别	1995 年	2000 年	2005 年	2010 年	2012 年	2013 年	2014 年	2015 年	2016 年
俄罗斯	A	−5.31	−258.83	71.74	71.93	50.35	55.84	70.38	60.21	78.85
	B	94.85	291.58	25.75	26.00	48.18	35.42	24.02	31.17	17.45
	C			0.25	2.05	1.46	8.72	5.58	7.03	4
	D	0	0	0	0	0	0	0	0	0
	E	0	0	0	0	0	0	0	0	0
	F	0	0	0	0	0	0	0	0	0
	G	10.46	62.74	2.25	0	0	0	0	0	0
南非	A	93.72	97.47	65.48	31.51	60.23	49.72	50.04	66.46	52.68
	B	1.64	2.52	23.64	68.48	34.57	41.29	40.84	29.96	42.42
	C	4.63		10.86		5.18	8.98	9.11	3.57	4.90
	D	0	0	0	0	0	0	0	0	0
	E	0	0	0	0	0	0	0	0	0
	F	0	0	0	0	0	0	0	0	0
	G	0	0	0	0	0	0	0	0	0
中国	A	87.71	13.70	40.42	74.03	76.56	79.03	79.21	81.75	72.26
	B	9.10	74.38	41.07	9.49	9.01	7.96	8.09	6.11	9.64
	C	2.76	6.68	9.76	12.79	12.13	10.87	10.57	10.21	15.49
	D	0	0	0	0	0	0	0	0	0
	E	0.42	4.99	2.03	1.10	1.13	1.22	1.20	1.06	1.51
	F		0.21	6.70	2.57	1.14	0.90	0.91	0.85	1.10
	G	0	0	0	0	0				0

数据来源：根据 OECD 数据库整理。

注：A 基于商品产出的支持；B 基于投入使用的支付；C 基于当前耕地面积、牲畜数量、收入、收益的，以生产为基础的支付；D 基于非当前耕地面积、牲畜数量、收入、收益的，以生产为基础的支付；E 基于非当前耕地面积、牲畜数量、收入、收益的，不以生产为基础的支付；F 基于非商品标准的支付；G 其他支付。PSE 等于 A~G 的总和。

1. 基于产出的支持

基于商品产出支持项中，最主要的政策工具为市场价格支持（MPS），如果支持的金额为正值，则说明实行市场价格支持政策；如果支持的金额为负值，说明向农产品征税。

从表 8 中对比可以看出，巴西和南非市场价格支持水平较低，中国和俄罗斯则属于市场价格支持水平较高的国家。

表8　1995—2016年各国市场价格支持情况

单位：百万美元

年份	巴西	俄罗斯	南非	中国
1995	−8 999	−5 759	4 338	100 681
2000	1 206	−21 916	2 833	8 279
2005	4 521	127 717	3 194	106 558
2010	6 227.34	11 724.40	106.67	73 712.44
2011	6 089.15	6 745.60	248.21	58 176.29
2012	2 477.41	6 479.48	430.26	122 380.84
2013	1 177.25	5 257.01	301.22	144 543.48
2014	847.56	7 208.33	310.91	148 514.04
2015	306.73	5 145.82	601.46	165 145.72
2016	3 881.39	9 003.58	211.06	153 325.76

数据来源：根据OECD数据库整理。

2. 基于投入使用的支持

根据OECD最新的农业政策分类框架体系，B类（基于投入使用的支付）又细分为3个子类，分别为：B_1基于农业生产可变投入，B_2基于固定资本构成，B_3基于农业服务。

从基于投入使用的支付总量来看（图1），中国较为突出，但从其占PSE的比例来看（表7），中国却是所占比例最小的。以2015年数据为例，巴西基于投入的支付所占比例最高为76%，随后是俄罗斯、南非、中国，分别为

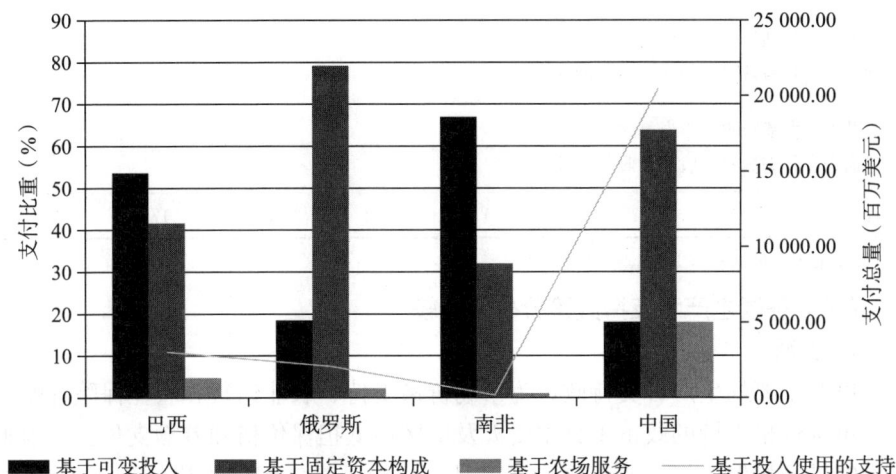

图1　2016年各国基于投入使用的支付结构比较

数据来源：根据OECD数据库整理。

31％、30％、6％。从各国基于投入使用的支付结构来看，各有特点：巴西和南非的支付主要以农业生产可变投入为主，2016 年该支出占基于投入使用的支付比重均超过 50％；俄罗斯和中国主要是基于固定资本构成的支出，2016年占基于投入使用的支付均超过 60％。

3. 基于耕地面积、牲畜数量、收入、收益的支持

在 OECD 的 PSE 分类中，关于耕地面积、牲畜数量、收入、收益的支持分为 3 个类别，分别是：C 以生产为基础的基于当前耕地面积、牲畜数量、收入、收益的补贴；D 以生产为基础的基于非当前耕地面积、牲畜数量、收入、收益的补贴；E 不以生产为基础的基于非当前耕地面积、牲畜数量、收入、收益的补贴。从各国 2016 年数值比较来看，研究对象国普遍采取 C 类以生产为基础的、基于当前耕地面积、牲畜数量、收入、收益的补贴形式，PSE 结构中D 类基本为 0，表明各国在基于当前耕地面积、牲畜数量、收入、收益的补贴中，倾向于有条件限制的生产（C）；从占 PSE 比重来看，各研究对象国基于耕地面积、牲畜数量、收入、收益的支持在总支出中均占有较少的比重（表 9）。

表 9　2016 年各国基于耕地面积、牲畜数量、收入、收益支持占 PSE 比重

单位：％

	巴西	俄罗斯	南非	中国	OECD
C 以生产为基础的、当前的 耕地面积、牲畜数量、收入、收益的补贴	1.72	4	4.90	15.49	17.59
D 以生产为基础的、非当前的 耕地面积、牲畜数量、收入、收益的补贴	0	0	0	0	0.95
E 不以生产为基础的、非当前的 耕地面积、牲畜数量、收入、收益的补贴	0	0	0	1.51	21.5
合计	1.72	4	4.90	17	40.04

数据来源：根据 OECD 数据库整理。

（三）各国生产者支持政策分析及比较

1. 巴西

巴西主要的生产者支持政策为市场价格支持、农业信贷和农业保险补贴。

市场价格支持的政策工具主要涉及地区最低担保价格和差额支付。政府通过设定最低担保价格，或直接购买产品，或给予最低担保价格的购买者津贴。最低担保价格通过国家食品供应署（CONAB）运营的两个项目实施，一个是由农业、畜牧和食品供应部（MAPA）设定的政府购买计划，该计划主要涉及

商业和小型农场；一个是由农业发展部（MDA）为家庭农场制定的政府收购计划（PAA）和最低价格计划（PGPAF）。按照 PAA 计划，CONAB 以市场价格直接收购家庭农场产品，收购的产品或进入储备或作为食品计划的一部分进行分配。小型农户的担保价格是以家庭农场的平均地区产品成本为基础的。最低担保价格支持涉及作物包括大米、小麦、玉米、棉花、大豆等大类农产品及区域作物如木薯、蚕豆、巴西莓、瓜拉纳、剑麻以及一些畜牧产品如牛羊奶和蜂蜜。除此之外，一些项目可提供按市场价格和最低价格（参考价格）差额计算的差额支付。

农业信贷是提供给商业和小型家庭农场的另一种政策工具。一是由国家农村信贷体系（SNCR）以优惠利率商业贷款给农户，主要提供营销、运营资本和投资贷款。家庭农场信贷则由 MDA 的促进家庭农业计划（PRONAF）提供信贷支持，仅提供运营资本和投资贷款。

农业保险是生产者支持的重要组成部分。通过提供保费补贴补偿农户自然灾害的生产损失。主要包括 4 个项目，其中农村保费项目（PSR）及一般农业保险项目（PROAGRO）两个是由 MAPA 管理、以商业农户为目标。PSR 向与政府指定保险公司投保的商业农户提供保费补贴，该保费补贴覆盖所有农业和畜牧活动，包括林业和水产养殖；PROAGRO 提供给符合要求的农户受损作物生产中运营资本的银行贷款部分补偿以及生产中自有投资损失的补偿，在此项目下分配的资源主要是南部地区以及大豆等粮食作物。家庭小型农户主要是农业活动保障计划（PROAGRO-Mais）和家庭保险（SEAF）以及作物担保项目（GS）。GS 用于在 PRONAF 登记的位于东北干旱地区家庭农场的非灌溉作物的生产（表 10）。

表 10　1995—2016 年巴西生产者支持政策变动

单位：百万美元

政策分类	1995 年	2005 年	2010 年	2014 年	2015 年	2016 年
PSE 总值	−8 369	5 225	9 284	7 280	4 092	7 362
A 基于农产品产出的支持	−9 647	1 925	6 144	1 570	658	4 210
A₁ 市场价格支持	−9 817	1 857	5 814	845	330	3 881
对大米的市场价格支持	625	910	473	691	251	611
B 基于投入使用的支付	1 278	3 284	2 958	5 321	3 136	3 026
B₁ 可变投入	1 227	1 048	1 384	2 386	1 550	1 623
有投入限制的运营资本贷款优惠利率补贴（牛奶、牛肉、猪肉、禽肉、玉米、甘蔗、大豆、棉花、咖啡）	0	0	896	1 931	1 365	1 263

（续）

政策分类	1995 年	2005 年	2010 年	2014 年	2015 年	2016 年
有投入限制的农村保险费（畜牧、大豆、棉花、小麦等自 2006 年开始）	0	0	113	292	85	154
有投入限制的 PROAGRO 保险支付（自 2006 年开始）	0	0	143	163	102	206
B₂ 固定资本形成	27	2 080	1 295	2 619	1 345	1 259
有投入限制的投资贷款优惠利率补贴（一般用途限额和 PRONAF）	0	0	437	1 754	857	762
有投入限制的农村债务证券化债务重组和 PESA 计划	0	0	817	614	383	374
有投入限制的特殊土地改革信贷项目（PROCERA）和 PRONAF 贷款债务重组	0	0	34	245	100	124
B₃ 农场服务	24	155	279	316	241	143
农业推广	24	155	279	316	241	143
C 基于当前的耕地面积、牲畜数量、收入、收益，以生产为基础的支持	0	16	182	389	298	127
保险支出（具有投入限制的）	0	0	182	389	298	127
D 基于非当前的耕地面积、牲畜数量、收入、收益，以生产为基础的支持	0	0	0	0	0	0

数据来源：根据 OECD 数据库整理。

2. 南非

1994 年发起的土地改革一直是农业政策的核心。其主要目标是纠正过去的不公平，促进和谐与稳定，支持经济发展，提高福利水平以及消除农村地区的贫困。主要的土地改革内容包括恢复农地、土地重新分配和土地所有制改革。南非通过大量改革减少了政府对农业市场的干预，使农业部门高度市场化。在目前体制下，主要的政策工具是市场价格支持和基于投入使用的支付。

南非对精制糖一直实行市场价格支持，《2000 年糖类协议》只允许制糖工业出口，而国内市场的糖类市场供应主要通过配额的方式分配给单个生产者。2015 年南非对牛奶的市场价格支持为对总市场支持的 1/3。

南非的农产品进口保护主要通过征收从价税和关税配额，并基于 WTO 的最低市场准入承诺，采取 20％的约束性税率。近年来，南非提高了一些农产品（糖类、猪肉和土豆）的边境保护。2015 年 3 月，南非提高了小麦的进口关税，从每吨 157 兰特（13 美元）增至 461 兰特（38 美元）。南非与欧盟签订的贸易、发展和共同合作协议（TDCA），给予欧盟优惠关税。其他可用的政策工具为投入补贴，主要形式为柴油退税。

南非现阶段大部分的政策措施继续关注小农户。农林渔业部（DAFF）及农村发展和土地改革部（DRDLR）为新兴农户提供扶持生产贷款，并通过项目扶持农户以帮助他们开展商业性经营活动（表 11）。

表 11　1995—2016 年南非生产者支持政策变动

单位：百万美元

政策分类	1995 年	2005 年	2010 年	2014 年	2015 年	2016 年
PSE 总值	1 276	766	338	500	698	401
A 基于农产品产出的支持	1 196	502	107	250	464	211
A$_1$ 市场价格支持	1 196	502	107	250	464	211
B 基于投入使用的支付	21	181	232	204	209	170
B$_1$ 可变投入	18	109	125	125	119	114
燃料补贴	0	85	124	124	118	113
B$_2$ 固定资本形成	3	69	104	78	88	54
土地补助金	0	29	38	20	24	20
农场投资	0	41	64	58	64	35
B$_3$ 农场服务	0	3	3	2	2	2
项目服务	0	3	3	2	2	2
C 基于当前的耕地面积、牲畜数量、收入、收益，以生产为基础的支持	59	83	0	46	25	20
洪涝灾害补贴	59	83	0	46	25	20

数据来源：根据 OECD 数据库整理。

3. 俄罗斯

市场价格支持（MPS）是俄罗斯主要的生产者支持方式，包括关税配额等边境保护及价格管制等国内市场干预。目前大部分商品均存在市场价格干预，对牛肉、牛奶、猪肉等肉类产品进行支持，而在大麦、向日葵和小麦上采取负支持。谷物干涉机制自 2008—2009 年开始实施。当市场价格波动超出最高价格和最低价格的边界时，政府可以回收或购买市场上的谷物产品。从 2014 年 9 月到 2015 年 6 月，政府总共购买 53 万吨的谷物，2014 年下半年暂停了谷物的出口。2015—2016 年政府购买达 170 万吨。

可变投入补贴较为繁杂，优惠贷款是重要的支持工具之一。补贴设定为中央银行再融资率的一部分，补贴标准依据受益人和贷款类型的不同有差异。目前执行的主要有自 2013 年开始的短期贷款利率补贴，覆盖农作物生产、畜牧生产和超出国家计划的地区补贴；除了利息补贴，还提供各种投入补贴，也可以通过优惠条件租赁机器设备和牲畜，作为取代原有全国范围投入补贴的一种新措施。农业生产者在联邦税款和社会缴费上也可享受一系列的税收优惠和欠款偿还优惠。2015 年，优惠性贷款占国家计划联邦总资金的近 50%。来自联邦和地区的基金提供给所有类型借款人，对所有信贷的利息补贴从 2005 年的120 亿卢布（1 美元＝29 卢布，2005 年 12 月）提高到 2014 年的 1 060 亿卢布（1 美元＝55 卢布，2014 年 12 月），2015 年的联邦预算为 870 亿卢布（14 亿美元），其中 91% 直接用于补贴农业贷款和市场基础设施发展，9% 用于补贴食品加工短期贷款。利息补贴缓解了经济衰退期贷款的高成本（表 12）。

表 12　1995—2016 年俄罗斯生产者支持政策变动

单位：百万美元

政策分类	1995 年	2005 年	2010 年	2014 年	2015 年	2016 年
PSE 总值	6 091	6 569	16 193	15 248	9 125	11 928
A 基于农产品产出的支持	−324	4 712	11 648	10 732	5 494	9 370
A$_1$ 市场价格支持	−1 253	4 522	11 299	10 209	5 146	9 007
B 基于投入使用的支付	5 778	1 691	4 211	3 664	2 844	2 081
B$_1$ 可变投入	3 768	980	1 823	976	1 068	385
生产短期贷款利率补贴	0	0	0	300	566	176
作物保险补贴	22	130	141	157	70	37
B$_2$ 固定资本形成	1 987	699	2 266	2 617	1 711	1 648
2013 年开始的投资贷款利率补贴	0	0	0	1 880	894	717
基于国家计划 2013—2020 年的农业灌溉和排水系统更新与重建	0	0	0	68	40	56
机械设备租赁成本—减少租赁支付率的隐形补贴	1 572	10	97	121	103	89
过期债务重组	14	275	147	111	70	79
B$_3$ 农场服务	22	13	122	71	65	47
防治动物流行病服务支出	13	4	110	41	28	35
C 基于当前、生产的 A/An/R/I 支持	0	16	333	852	641	477
自然灾害的补偿支付	0	9	329	2	55	2
始于 2013 年的作物生产者的地区支付	0	0	0	829	562	438
F 杂项	637	148	0	266	146	0

数据来源：根据 OECD 数据库整理。

4. 中国

中国对生产者的支持主要包括市场价格支持和基于投入使用的支付。市场价格支持包括粮食最低收购价制度和针对棉花、大豆的目标价格制度；基于投入使用的支付政策涉及保费补贴、农场机械化、农田水利建设以及农业推广与咨询服务；2015 年开始实施农业支持支付并且该政策支出占了基于当前耕地面积、牲畜数量、收入、收益以生产为基础的支付的较大比重（表 13）。

表 13　1995—2016 年中国生产者支持政策变动

单位：百万美元

政策分类	1995 年	2005 年	2010 年	2014 年	2015 年	2016 年
PSE 总值	13 712	32 173	135 997	275 581	307 395	212 182
A 基于农产品产出的支持	12 027	13 004	100 679	218 303	251 301	153 326
A$_1$ 市场价格支持	12 027	13 004	100 679	218 303	251 301	153 326
B 基于投入使用的支付	1 248	13 215	12 911	22 304	18 800	20 452
B$_1$ 可变投入	31	5 536	1 653	3 973	3 610	3 703
农作物与畜牧产品保险费补贴	0	0	1 644	3 973	3 610	3 703
投入补贴计划（化学肥料与其他投入的价格补贴）	31	5 064	0	0	0	0
B$_2$ 固定资本形成	730	5 410	8 560	14 242	12 113	13 058
农场机械化		171	2 289	3 694	3 621	3 433
土地整理	0	0	1 837	3 070	3 019	2 949
农业产业化生产基地建设补贴	0	0	789	1 148	1 087	1 068
农田水利建设	0	0	2 270	4 264	2 994	3 751
水土保持	0	0	1 041	2 065	1 393	1 190
B$_3$ 农场服务	487	2 269	2 699	4 090	3 076	3 691
农业推广和咨询服务	361	1 721	1 862	2 920	1 998	2 622
害虫和疾病控制支出	125	548	836	1 170	1 078	1 069
C 基于当前耕地面积、牲畜数量、收入、收益，以生产为基础的支持	379	3 143	17 399	29 134	31 391	32 865
草地生态保护支付		0	0	2 560	2 649	2 534
目标价格支付（大豆）		0	0	0	469	444
目标价格支付（棉花）	0	0	0	1 140	5 381	6 476
稳定农民收入	0	0	185	1 594	1 102	942
农业结构调整支付	0	0	417	563	494	521
自然灾害支付	379	1 530	700	604	573	626

（续）

政策分类	1995 年	2005 年	2010 年	2014 年	2015 年	2016 年
农业支持支付	0	0	0	0	22 835	21 143
E 基于非当前耕地面积、牲畜数量、收入、收益，不以生产为基础的支持	58	654	1 508	3 332	3 747	3 205
贫困地区农业生产专项资金	58	654	1 456	3 281	3 228	3 146
西部地区农业建设专项津贴	0	0	52	51	52	59
F 基于非商品标准的支付	0	2 156	3 501	2 508	2 623	2 335
退耕还林支出	0	2 019	3 189	2 435	2 566	2 271

数据来源：根据 OECD 数据库整理。

（四）生产者支持演变规律

第一，政策共性方面，研究对象国主要的政策支持均涉及市场价格支持。2015 年中国该比例达到 81.75%，而南非为 66.47%，俄罗斯为 60.2%，巴西 2010—2015 年的平均值为 30.87%，表明各国仍没有放弃通过市场价格支持政策进行生产者支持。作为较容易操作且效果更直接的市场价格干预措施，无论是农业较为发达的国家还是竞争力欠缺的国家都不曾放弃该政策手段。

第二，随着国内外宏观经济形势的变化以及国内农业改革的推进，研究对象国的政策调整倾向明显。巴西近年来一直在进行生产者支持结构的调整，对生产者的支持从基于产出转向基于投入的支付，从最低保证价格向保险和信贷补贴项目支持转移。市场价格支持占总生产者支持比例 2010 年高达 66.18%，而 2013—2015 年该比例分别为 27.69%、21.57%、8.05%，下降趋势明显，相应的保费和信贷支持占总生产者支持比例从 2010 年的 28.86% 到 2013 年的 55.19%，再到 2015 年的 70.75%。此外，巴西在基于投入的支付类型上也不断进行调整，2006 年以后的投入支付均调整为与投入限制挂钩，并且对生产者的支持与环境标准挂钩的趋势明显，表明了巴西政府对农业可持续发展的重视。俄罗斯一直致力于基于进口替代的国内发展。除了高度的市场价格支持外，信贷支持也成为其主要支持政策，近年来为了提高信贷补贴资金的效率，2015 年将补贴长期贷款部分转为投资补助金。基于项目类型，投资者可获得投资总额 20%～30% 的投资补助金，对远东地区这一比例达到 25% 或 35%。南非的支持政策调整主要围绕土地改革进行，DAFF 和 DRDLR 为新兴农户（主要在土地的重新分配和安置）提供事后解决扶持生产贷款。由于土地改革中的大多数项目经济上不可行，为了土地分配程序更加合理，DRDLR 进行了土地改革规章的修订。修订后的规章，所有新获得的土地均在农业土地持有账户中登记为国有，并与筛选的受益者签订租赁合同。为了扩大土地增长，资产评估法案在 DRDLR 中引入总估价师的职能，目的是在土地赔偿中公正地予以评估，并强化土地购买和征用中出价的评估。随着国际市场商品价格在 2011 年之后开始下跌，中国国内和国际价格之间的价格差距扩大，各种商品（特别是谷物和棉花）的库存上升，农产品进口增加。在此背景下，中国目前的改革主要集中于市场价格支持的调整，同时在农业支持中更多兼顾了环境保护的问题，如近年来的"粮食绿色项目""化肥和农药 2020 年零增长行动计划"以及 2015 年 1 月出台的《中国环境保护法》等。

三、研究对象国一般服务支持水平及政策比较分析

（一）农业一般服务支持水平比较分析

1. 一般服务支持估计值比较

除了对生产者、消费者或单一农产品提供支持外，各个国家还通过财政转移对农业服务提供支持。表 14 列示了 1986—2016 年各国一般服务支持（GSSE）总量的变动情况。比较 OECD 成员与中国的 GSSE 总量，随着经济水平的提高，中国开始逐步完善农业服务体系。1995 年中国的 GSSE 总量仅为 46.1 亿美元，2015 年增长至 470.4 亿美元，2016 年有所回落，达到 347.5 亿美元，但一般服务占总支持水平的比重仍较少。

与中国趋势相反，巴西、俄罗斯和南非 GSSE 支出保持较低水平，与 OECD 国家有较大差距。近年来巴西在 GSSE 支出水平上有下降的趋势；南非保持了稳定，但总支出较小，2015 年支出仅为 3.37 亿美元；俄罗斯由于近年来宏观经济形势的恶化，2014 年 GSSE 支出下降，2016 年该水平为 17.3 亿美元，与 2013 年相比下降幅度达 52.69%。

表 14　1995—2016 年各国一般服务支持（GSSE）总量比较

单位：百万美元

年份	巴西	俄罗斯	南非	中国	OECD
1995	3 063	781	651	4 609	47 418
2000	1 363	547	298	11 824	36 378
2005	1 921	1 009	543	13 923	41 361
2010	3 885	2 102	327	21 667	44 406
2013	3 931	3 657	367	32 989	48 196
2014	3 708	2 027	369	37 803	44 278
2015	1 946	1 559	337	47 039	40 063
2016	2 308	1 730	278	34 751	39 838

数据来源：根据 OECD 数据库整理。

2. 一般服务支持率比较

一般服务支持率用‰GSSE表示，说明一国对农业一般性服务所提供的支持占该国对农业投入总量的比重。‰GSSE越高，对国内农产品生产以及消费的个体支持水平越低，对其决策的影响程度越小，对农产品生产及贸易的扭曲程度就越小。表15列示了各国‰GSSE的水平及变化。

OECD成员‰GSSE呈平稳波动状态，OECD国家‰GSSE一直保持在13%左右波动。中国该指标呈现逐年下降的趋势，其原因在于虽然GSSE总量一直增加，但由于支持总量上升幅度更大，因此，‰GSSE有所下降，近年来维持在15%左右的水平。南非该指标一直处于较高水平，约为40%左右，表明虽然南非GSSE总量较少，但‰GSSE较高。巴西在该指标上有所波动，但波动幅度不大，巴西脆弱的基础设施仍是其农业发展的瓶颈，近年来该指标维持在30%左右，且有下降的趋势。俄罗斯由于宏观经济恶化的影响，‰GSSE在2014年大幅下降，从2013年的20%降至2016年的12%，表明在一般服务支持项目上俄罗斯有些力不从心，财政预算的收缩，使支持力度大幅减弱。

表15 1995—2016年各国一般服务支持占总支持量的比重（‰GSSE）

单位：%

年份	巴西	俄罗斯	南非	中国	OECD
1995	−59	11	34	27	14
2000	33	60	42	54	12
2005	27	13	42	30	12
2010	25	11	51	17	13
2011	23	21	41	19	13
2012	32	12	35	14	12
2013	32	20	39	14	14
2014	29	13	41	16	13
2015	28	14	29	17	14
2016	22	12	41	14	13

数据来源：根据OECD数据库整理。

（二）一般服务支持结构与政策分析

2014年最新修订的一般服务支持，将GSSE分为6类：H农业知识和创新体系，I检验和控制，J基础设施的发展和维护，K营销与促销，L公共储备，M其他。表16列示了各国分阶段的GSSE构成情况。

表16 1995—2016年各国GSSE结构

单位：百万美元

国家	类别	1995年	2005年	2010年	2013年	2014年	2015年	2016年
巴西	H	981	880	2 232	2 730	2 461	1 746	1 879
	I	76	57	168	124	73	16	35
	J	1 555	857	1 079	737	773	62	218
	K	0	35	113	23	29	3	3
	L	452	93	292	317	372	120	173
	M	—	—	—	—	—	—	—
俄罗斯	H	149	460	837	1 055	658	556	309
	I	145	350	596	619	272	374	762
	J	228	101	168	384	220	162	269
	K	26	2	1	17	9	13	22
	L	0	1	166	14	51	64	102
	M	232	41	335	1 199	206	390	264
南非	H	596	216	149	167	161	119	106
	I	22	104	57	63	64	67	44
	J	32	232	123	129	146	138	107
	K	1	1	18	30	31	31	24
	L	—	—	—	—	—	—	—
	M	—	—	—	—	—	—	—
中国	H	422	2 249	6 297	9 450	10 095	8 738	9 138
	I	256	867	1 552	2 105	2 315	2 200	2 102
	J	1 059	4 247	6 430	11 676	12 405	10 576	11 130
	K	0	0	496	776	618	342	648
	L	2 872	6 559	6 891	8 982	12 369	10 457	11 732
	M	—	—	—	—	—	—	—
OECD	H	8 520	10 923	13 300	14 296	14 451	13 053	12 582
	I	1 394	3 234	3 919	4 016	4 082	3 620	3 662
	J	27 490	16 311	18 794	22 397	19 028	16 362	17 717
	K	5 178	5 878	5 474	4 993	4 127	4 528	3 895
	L	3 373	1 959	699	694	418	520	543
	M	1 829	2 421	1 564	1 494	1 484	1 473	1 438

注：GSSE等于H～M的总和。

1. 巴西 GSSE 结构

从巴西的 GSSE 结构来看，巴西主要的支出集中在农业知识与创新体系及基础设施的发展与维护两项支持上，在检验和控制、营销与促销支出较少。近年来公共储备支出相应增加，基础设施的发展与维护支出有所下降，而农业知识和创新体系支出较为稳定。在农业知识的研发与转化支出上，更注重技术研发与创新，对农业知识的转化投入比例较少，2015 年研发与转化的比例大致为 11：1。检验和控制方面支出有所增加，旨在通过检验检疫系统的改进来恢复本土和国际市场对食品安全（尤其动物产品）的信心。

从政策选择来看，巴西的 GSSE 支出主要通过技术研发和基础设施的发展支出。一方面是鼓励技术的研发，另一方面鼓励环境改善和基础设施发展。如扩展灌溉区域的计划，着眼于水资源更有效的利用以及土地改革，包括购买土地安置居民、居住区基础设施的投资和社区服务的改善。近年来一些项目如保险和信贷支持都要求环保标准，信贷的可获性要求生产体系的现代化和自然资源的可持续利用。

2. 俄罗斯 GSSE 结构

俄罗斯 GSSE 的大部分支出用于农业知识和创新体系，其比例占到总GSSE 的 40％左右。其次是检验和控制、基础设施的发展和维护的支出。此外俄罗斯 GSSE 结构中一个很重要的特点是近年来其他支出占较大比重，2013年这一比例为 36.45％，甚至超过了农业知识与创新体系支出所占 32.07％的比重。从各部分内部结构来看，农业知识与创新体系支出中，俄罗斯更注重知识的教育与转化，从技术转化与研发投入的比例关系来看，2013 年这一比例为2.6：1，2014 年这一比例达到 13：1；检验和控制支出中，大部分的支出为病虫害防治支出；基础设施的发展和维护支出中则以提高土壤肥力的项目投资为主。

3. 南非 GSSE 结构

南非 GSSE 的主要构成是农业知识和创新体系、基础设施的发展和维护，各自所占比例约为 40％左右，其次是检验和控制支出占 15％左右，各部分占比情况较为稳定。但近年来用于营销与促销的支持费用有所增加，主要用于农村企业的产业化发展，2015 年这一比例达到将近 9％。从内部结构来看，农业知识和创新体系中更注重新技术的研发，研发与转化的比例大致为 3：1；检验和控制支出则在重视病虫害防治的同时兼顾了农产品安全与质量控制；基础设施的发展和维护支出则与土地改革有关，主要支出为土地测绘与农场重建中的基础设施建设支出。

4. 中国 GSSE 结构

一直以来在中国的 GSSE 支出中，公共储备支出占据了较大比例，1995

年这一比例超过总 GSSE 支出的 60%，近年来，随着中国粮食收储政策的不断调整，这一比例不断下降，2015 年还不足 30%，说明中国有意识地降低公共储备支持比重，以改变粮食库存过量的现象。近年来中国在基础设施的发展和维护、农业知识和创新体系的投入上不断提高，2015 年分别占到 30% 左右。目前来看，在 GSSE 支持结构中，基础设施的发展和维护、公共储备、农业知识和创新体系 3 项比重接近，总量较大。排名第 4 位的是对检验和控制的支出，因为近些年食品安全问题突出，在未来政策选择上，会加重对检验和控制的支持力度。

（三）一般服务支持演变规律

第一，从政策共性来看，各国的一般服务支持均在农业知识和创新体系、基础设施的发展和维护上有较大投入，通过基础设施的完善、农业技术的创新与转化来提高农业的生产力水平和农业竞争力；从内部结构来看，各国在检验和控制支出上更注重病虫害的防治，而对农产品质量安全重视程度有待提高。

第二，从政策差异来看，中国除在基础设施的发展和维护和农业知识和创新体系上有较大投入外，公共储备支出占了较大份额，这一点，与巴西情况类似；而在内部结构上，巴西和南非更注重农业技术的创新与研发，俄罗斯更注重如何将现有技术进行推广，而中国则在技术的研发和推广上力图做到兼顾。从政策趋向来看，由于巴西基础设施的发展严重不足，近年来倾向于发展与基础设施和环境改善有关的政策措施；俄罗斯主要贯彻 2013—2020 年农业发展国家计划的农产品政策，旨在促进农业生产和农产品的进口替代，近年来的政策内容集中于通过进口替代导向保证农产品领域的长期自足，因此政策侧重于提高土壤的肥力、防治病虫害以及农业知识的转化，从而提高农业生产水平，实现农产品的进口替代；南非实施以综合农业计划 CASP 和农村综合发展计划为核心的政策支持，预算支出的大部分与土地改革的实施和新型农民的扶持有关，政策措施也紧紧围绕土地改革和提高农民收入展开；而随着农村改革的不断深入，中国政策选择上更倾向于农村的土地改革以及农业资源的有效利用和保护。

四、粮食类农产品生产者支持水平
及政策比较分析

本部分研究的是各国对粮食作物的支持政策，以 OECD 农业评估工具中总转移支付为基础，分析和比较各国对粮食作物的支持水平。

（一）各国单项产品生产者支持率

单项产品生产者支持率（%SCT）是指一国给予某种农产品生产者的总转移支付（SCT）占该种农产品生产者所得收入的比重；一国某种农产品%SCT

值越高，意味着该国对该种商品的支持程度越高；反之，%SCT 值越小，则表示该国对该种农产品的支持水平越低。这个指标属于生产者支持范畴，表示农民收入对政策支持的依赖程度。

对比表17 各国1995—2015 年%SCT，巴西和中国相似，21 世纪以来，两国改变了对生产者负支持的状态，但对特定农产品的生产支持一直维持在较低的水平。南非在 20 世纪 90 年代中后期进行市场化改革后，%SCT 呈现快速下降的趋势，目前维持在 1.5% 的水平；俄罗斯该指标 2009 年到达峰值，之后有缓慢下降的趋势，表明俄罗斯对特定农产品生产的直接干预较多，生产者收入较大比例来自于直接支付；中国进入 21 世纪后由原来的负值转为正值，且近年来有增加的趋势。在发达国家如美国和欧盟%SCT 呈下降趋势的情况下，如何让生产者支持更为合理是我们需要借鉴的经验。

表 17　1995—2015 年各国%SCT 比较

单位：%

年份	巴西	俄罗斯	南非	中国
1995	−14.97	−0.97	13.91	5.43
2000	3.56	−2.60	5.72	0.39
2005	3.58	11.28	4.24	3.24
2010	4.66	17.11	0.58	11.80
2011	4.09	10.54	1.22	6.66
2012	2.29	8.61	2.17	14.28
2013	1.58	8.54	1.48	16.04
2014	1.96	11.52	1.33	16.13
2015	1.34		2.53	18.37

数据来源：根据 OECD 数据库整理。

（二）各国粮食类农产品支持政策分析

1. 巴西

巴西农业市场化程度较高，对粮食类农产品最主要的支持品种为大米，2016 年%SCT 为 22.73%，而大豆的%SCT 只有 1.29%。从粮食类产品支持的变动趋势来看，大豆一直都维持在较低的水平，这与巴西大豆产业的国际竞争力较强有密切关系（表18）。

在支持结构上，主要是对大米的基于产出的支持，其中又以市场价格支持为主要支持措施。2015 年，基于产出的支持占到大米总支持的近 90%；其次是基于可变投入使用的支持。玉米主要采用基于投入使用的支持，2015

年占到总支持的 84.5%，其主要形式以基于可变投入的支持为主；小麦与其相似，基于可变投入的支持占到总支持的 91.9%，大豆为 87.9%。同时，在三者基于产出的支持中，市场价格支持为 0，表明对价格的干预维持在较低水平。

具体支持政策上，粮食类农产品主要通过市场价格干预、农业保险和信贷支持。市场价格干预的政策工具包括最低担保价格、差额支付、政府购买。粮食类作物最低担保价格覆盖小麦、玉米、大豆及大米等，由于 2015 年巴西通胀率达到 8%，2015 年部分产品的最低担保价格有所提高，大豆提高 5%，大米类提高 7%~8%，面包和高筋小麦提高 4.5%，冬季作物提高 4.5%（燕麦、菜籽油、大麦、葵花籽、黑小麦）。巴西政府逐步减少并取消粮食的差额支付，2013 年通过农产品私人溢价期权出售（PEPRO）项目给予玉米农户的差额支付为 2.11 亿美元，2014 年 PEPRO 给予小麦农户的差额支付为 3 500 万美元，给予玉米农户的差额支付为 1.1 亿美元，2015 年，则取消了粮食类作物的差额支付。同时，国家储备在一定程度上起到了市场干预的作用。2015 年巴西国家储备出库 19 万吨大米，1 200 万吨豆类。为应对食品和营养不足，巴西政府 2015 年从公共储备中拿出 4 500 万吨豆类。

近年来，随着扩大粮食储藏能力、促进技术创新以及提高农业机械使用效率目标的实施，农业信贷在粮食类农产品支持中的地位不断提高。与 2013 年相比，2014 年农业信贷增长了 13%，达 760 亿美元。其中，总量的 13%（100 亿美元）分配给家庭农场，其余的 87% 支持商业农场。

农业保险在生产者支持中的作用也在不断加强。2014 年农业保险补贴为 6.9 亿雷亚尔（2.07 亿美元），小麦生产者获得全部补贴的 31%，覆盖 1 000 万公顷。2015 年分配给所有农业保险项目的金额达到 7 亿雷亚尔（2.1 亿美元）。在 2016—2017 年的计划中，农业保险补贴资金将增加 4 亿雷亚尔（1.2 亿美元）达到 11 亿雷亚尔（3.3 亿美元），覆盖面积达 3 100 万公顷。

表 18　1995—2016 年巴西粮食类农产品%SCT 变动

单位：%

年份	小麦	玉米	大米	大豆
1995	6.76	6.35	32.81	4.21
2000	13.13	25.48	13.09	3.32
2005	19.25	20.51	34.56	1.52
2010	4.97	1.87	13.79	0.94
2011	6.38	1.77	27.17	1.48

（续）

年份	小麦	玉米	大米	大豆
2012	4.43	1.00	15.13	0.78
2013	15.55	2.42	16.54	0.90
2014	8.30	2.38	17.69	1.54
2015	5.93	1.33	10.07	1.22
2016	13.97	10.3	22.73	1.29

数据来源：OECD 数据库整理。

2. 俄罗斯

俄罗斯农业政策导向是通过进口替代保障农产品的长期自足，主要支持的产品为畜牧产品。近年来对单个粮食作物的支持主要是小麦和黑麦，以 2016 年水平来看，除小麦和黑麦外的其他粮食均为负支持或零支持；从纵向趋势来看，对多数粮食作物支持趋势不明显，多数年份存在负支持，支持水平较低（表 19）。

粮食类作物的支持措施主要为市场价格干预。谷物干涉机制自 2008—2009 年开始实施。如市场价格超出设定的波动边界，政府可以回收或购买市场上的谷物产品，干预期间可以配合采用进出口限制措施。2014 年 9 月到 2015 年 6 月，政府购买为 53 万吨；同期，2014 年下半年谷物出口暂停。到 2015—2016 年，政府购买达到 170 万吨。

表 19   1995—2016 年俄罗斯粮食类农产品%SCT 变动

单位：%

年份	小麦	大麦	玉米	燕麦	黑麦
1995	−37.64	−93.23	17.26	−45.84	2.26
2000	−16.92	−11.26	−20.34	−4.78	6.75
2005	−2.97	−15.89	−43.06	11.15	−3.06
2010	−3.09	−14.21	7.40	1.39	0.19
2011	−17.21	−31.42	−19.56	−28.03	−17.89
2012	−12.23	−22.38	−6.85	−20.08	−6.84
2013	−0.40	−14.44	4.90	24.77	−24.11
2014	−16.15	−21.62	−8.45	−3.22	−5.30
2015	−9.46	−20.29	−13.74	−32.53	1.10
2016	0.29	−1.75	−21.56	−33.60	5.95

数据来源：OECD 数据库整理。

3. 南非

南非对粮食类作物的支持涉及范围较小，仅包括小麦和玉米两种作物，近年来主要是小麦（表20）。长期以来，南非支持率保持较低水平，价格扭曲较小，几乎与世界价格水平一致。

南非粮食类作物的支持政策主要涉及市场价格干预和项目融资。2015年3月，南非将小麦的进口关税从每吨157兰特（ZAR）（13美元）提高到每吨461兰特（ZAR）（38美元）。2014—2015年由厄尔尼诺现象引起的严重干旱，使得作物生产量和牲畜量大幅减少，也包括南非的主粮——白玉米。因此，2015—2016年南非继续执行自2007年开始实施的玉米进口零关税政策，2016年需要进口500多万吨玉米。

2008—2009年实施的Letsema项目主要用来增加食品生产尤其是小型农业生产部门的食品生产。项目资金通过省级农业部门对符合条件的谷物进行融资发放，主要针对特定生产项目，如灌溉设施升级计划和其他基础设施升级以及其他提高生产能力的农业投资。近年来，预算资金有所增加，2014财年为4.61亿兰特（4 250万美元）。

表20　1995—2016年南非粮食类%SCT变动

单位:%

年份	小麦	玉米
1995	—	19.24
2000	8.44	—
2005	24.91	—
2010	—	—
2011	—	—
2012	—	—
2013	3.42	—
2014	6.77	—
2015	10.28	—
2016	7.24	

数据来源：OECD数据库整理。

4. 中国

中国对粮食类作物的支持水平较高，主要粮食产品涉及小麦、玉米、大米和大豆（表21）。从变动趋势来看，近年来小麦、玉米和大米支持率呈缓慢上升趋势，而大豆支持率波动较大，这与大豆支持政策改革有密切关系。从支持的结构来看，均以市场价格支持为主。

表 21 1995—2016 年中国粮食类农产品%SCT 变动

单位:%

年份	小麦	玉米	大米	大豆
1995	18.81	25.61	0.95	−1.73
2000	−14.10	20.53	−4.73	4.29
2005	−11.46	22.46	1.13	7.16
2010	28.23	15.90	−0.49	18.00
2011	12.27	1.61	−9.38	12.67
2012	27.99	13.77	29.68	23.84
2013	26.66	23.34	31.70	23.30
2014	31.88	26.47	31.88	21.96
2015	36.01	31.80	35.62	37.71
2016	43.83	28.22	28.98	35.31

数据来源：OECD 数据库整理。

五、对策建议

（一）完善生产者支持项目体系，加大保险和信贷支持力度

近年来在 WTO 农业协议的推动下，发达国家和地区积极探索和推动农业政策改革，以期减少对市场的扭曲，逐渐降低价格支持，并向收入支持转变。巴西在生产者支持上也由市场价格干预向保险项目转移，逐渐缩小市场价格支持的范围和干预力度。由于价格支持对市场的干预和影响较为直接，会影响市场机制的正常运行，而间接的保险支持，不但不会对现期市场产生扭曲，还会提高农业生产者的积极性，增强本国农业生产竞争力。

中国目前生产者支持严重依赖市场价格干预措施，虽然近年来一直在进行市场价格改革，从最低收购价和临时收储政策向目标价格政策转变，但仍严重依赖市场价格干预措施，主要粮食作物支持中多以市场价格支持实现，造成近年来公共储备开支压力较大，国内国际价格严重倒挂，在 WTO 机制下争议频发。如 2016 年 9 月美国对中国三大主粮国内支持过量问题向 WTO 提起诉讼。因此，加大保险和信贷的支持力度，减少对市场的扭曲作用，完善生产者支持结构是我们下一步的调整方向。

（二）调整农业支持结构，提高一般服务支持比重

研究对象国中，中国一般服务支持比例保持了较低水平，表明中国在一般

服务支持的调整上存在较大空间。南非一般服务支持占了较大比例，2012—2015年这一比例平均为38.55%，这与南非正在进行的土地改革有密切关系，大部分预算支出与贯彻土地改革以及对整个部门的一般服务支持有关。中国目前与南非具有同样的发展背景，农村土地改革正在全面展开。如何通过一般服务支持保障农村土地改革是我们需要考虑的问题。一方面，可加大对农业现代化基础设施的支持力度。2016年12月11日，国家发展和改革委员会联合农业部发布了《关于推进农业领域政府和社会资本合作的指导意见》，提出重点支持社会资本开展高标准农田、种子工程、现代渔港等农业基础设施建设和公共服务。另一方面，在生产者保险支持的基础上，可以完善农业保险配套体系，通过一般服务支持政策，提高农业、农村和农民的灾害应变能力和气候适应能力。此外，可以借鉴南非近年来加大营销促销支持的措施（南非农村企业与工业发展分项目REID)，针对中国农村企业发展问题，在一般服务支持中加大对营销与促销的支持，为农村企业产业化发展提供相应帮助。

（三）促进粮食类产品的支持政策改革，推动政策工具的多样化

俄罗斯为了保障农产品的长期自足，采取了对市场有严重扭曲作用的市场干预措施，尤其突出的特点是采取进口限制的关税措施，这些措施引起了贸易伙伴国的广泛关注。目前中国在主要粮食作物上同样面临着粮食安全的问题。而中国边境政策的运用也同样面临着中国入世承诺的约束，2016年美国提出中国关税配额管理不透明的问题，是我们需要引起注意的。近年来，中国粮食总产量和进口规模连续创历史新高，扭曲市场的支持政策导致国际国内粮食差价扩大，国货入库，洋货入市，国库粮食只增不减，部分粮食品种阶段性过剩呈现加剧态势。边境保护措施的保护力度在我们的入世承诺面前所能发挥的作用越来越小，因此，化解粮食危机、保障粮食安全应更多地从国内支持政策调整角度着手。

目前我们进行的农业供给侧结构改革，启动新一轮退耕还林还草工程，推进镰刀弯地区玉米结构调整，开展粮改饲、轮作休耕，全国范围内将粮食直补、良种补贴和农资综合补贴合并成农业支持保护补贴，放弃临时收储政策的同时实行价补分离等，均属于改革创新的新举措。这些措施对缓解中国粮食供求矛盾和保障粮食安全将起到重要作用。支持政策的改革应不断弱化市场干预机制，采取信贷、保险等综合支持方式，推动政策工具的多样化和针对性。

（四）注重政策措施的环境标准，加强农业可持续发展政策支持

各国对农业的支持都开始注重对环境的保护，巴西很多的支持项目以环境标准作为获得贷款和补贴的标准，还通过一些特定项目促进可持续农业的发展。包括对贫瘠及退化土地的种植贷款、森林种植贷款、现代化生产体系贷款以及自然资源保护等。中国农业在市场开放和改革过程中，由于农业支持和保护政策不完善，农业生产者在追求生产经营利益的同时，并没有采取主动而有效的农业环境保护措施，致使中国农业生产环境受到很大挑战，导致化肥、农药等化学物质大量使用、耕地面积减少、土壤质量下降、土地沙化、地下水开采过度等，所以中国应继续加强退耕还林还草的补贴，逐步完善保护性耕作的政策效率，并借鉴巴西的模式，将农业生产者支持与农业生态环境改善有机结合起来，可考虑以环境保护为前提并作为获得支持的制约条件，促进中国农业的可持续发展。

美国棉花保险政策动态跟踪

一、问题的提出

美国是世界上最早实施农业保险的国家之一，1938 年《农业调整法案》授权并正式开始实施联邦农作物保险政策，目前已经形成了较为完善的农业保险制度，成为世界农业保险的重要典型。2014 年美国《食物、农场及就业法案》中，农业保险的地位和作用得到进一步强化，取消了农业直接补贴，扩大了农作物保险的补贴额度和覆盖范围，新增了补充保险方案（SCO）和堆叠收入保护计划（STAX）。美国的农业发展由直接补贴时代向农民根据自身需求和风险承受能力购买不同农业保险的时代转变，值得关注。

棉花是重要的民生和军事战略物资，是 WTO 多哈回合关注的焦点问题之一。美国是世界上最大的棉花生产国和贸易国，其棉花政策支持体系的调整对世界棉花市场及产业发展具有重要影响。考虑到国内财政预算约束和美巴棉花补贴争端，美国 2014 年农业法案对棉花支持保护政策做出重大调整，取消了直接补贴（DP）、反周期支付（CCPS）和平均作物收入选择支付（ACRE），棉花不再列入商品计划目录，政策支持转向美国农业风险管理局实施的损失保障保险项目（STAX），棉花补贴由与当期生产高度相关的传统农业补贴转向更为隐蔽的农业保险，其政策影响需要进行深入跟踪研究。

中国自 2007 年开始实施中央财政农业保险保费政策补贴以来，农业保险取得了积极进展，已成为全球仅次于美国的第二大农业保险市场。2016 年中央 1 号文件明确提出要把农业保险作为支持农业的重要手段，探索重要农产品目标价格保险和收入保险试点。中国 2014 年启动的棉花目标价格补贴试点取得积极成效，棉花价格的市场化形成机制基本形成，提高了参与者市场意识，提升了产业活力，但存在的问题也随着市场的变化而显现，财政支出负担重、WTO 黄箱约束等一系列问题亟待破解。美国的农业保险体系完整，能够为世界各国提供很好的经验借鉴，基于此，本研究跟踪分析美国棉花保险政策的实施方式和政策效果，形成经验借鉴和政策启示，为中国棉花支持政策的改革和完善提供决策参考。

二、美国棉花产业发展情况

美国是世界上第三大棉花生产国和第一大棉花出口国。1982 年以前，美国的棉花产量一直居于世界首位，此后中国和印度棉花产业快速发展，美国退居世界第三大棉花生产国，仅次于印度和中国。2000—2016 年，美国棉花年均产量为 378 万吨，占世界产量的 15.7%。美国是世界第一大棉花出口国，70% 以上的棉花用于出口，出口规模占世界同期出口量的 1/3 左右。因此，从产量和贸易量来看，美国棉花在世界棉花产业中占有重要地位（表 1，表 2）。

表 1　世界主要棉花生产国产量

单位：万吨

国别	2012 年	2013 年	2014 年	2015 年	2016 年
印度	620.5	675.0	642.3	574.8	587.9
中国	762.0	713.1	653.2	479.0	489.9
美国	377.0	281.1	355.3	280.6	351.9
巴基斯坦	202.5	206.8	230.8	152.4	167.6
巴西	130.6	174.2	152.4	128.5	141.5
澳大利亚	100.2	89.3	50.1	62.1	98.0
乌兹别克斯坦	100.2	89.3	84.9	82.7	77.3
其他	404.7	392.0	426.0	345.9	363.9
世界合计	2 697.6	2 620.7	2 595.0	2 105.9	2 295.3

数据来源：美国农业部。

表 2　美国棉花生产和贸易状况

单位：万公顷、万吨、%

年份	收获面积	产量	进口量	出口量	出口量占产量比重
1996	521.6	412.4	8.8	149.5	36.2
2002	502.5	374.7	1.5	259.1	69.2
2003	485.8	397.5	1.0	299.6	75.4
2004	528.4	506.2	0.6	314.3	62.1
2005	558.6	520.1	0.6	384.8	74.0
2006	515.2	470.0	0.4	282.2	60.0
2007	424.5	418.2	0.3	296.9	71.0

（续）

年份	收获面积	产量	进口量	出口量	出口量占产量比重
2008	306.3	279.2	0.0	288.7	103.4
2009	304.9	265.3	0.0	262.1	98.8
2010	433.0	394.1	0.2	313.0	79.4
2011	382.9	339.1	0.4	255.0	75.2
2012	377.2	377.0	0.2	283.6	75.2
2013	305.3	281.1	0.3	229.3	81.6
2014	378.3	355.3	0.3	244.9	68.9
2015	326.8	280.6	0.7	199.3	71.0
2016	390.7	351.9	0.2	261.3	74.3

数据来源：美国农业部。

美国棉花种植一半以上集中在得克萨斯州。美国棉花生产 90％ 集中在棉花带，分四大棉区共 17 个州，棉花带位于北纬 35 度以南，从太平洋沿岸的弗吉尼亚州到大西洋沿岸的加利福尼亚州，分为东南部棉区、中南部棉区、西南部棉区和西部棉区。近年来，棉田土壤退化严重，老棉区收缩西移，绝大部分集中在得克萨斯州和佐治亚州，其中得克萨斯州棉田面积最大，2016 年棉花种植面积为 231 万公顷，占全美棉花面积的 56.4％，佐治亚州棉花种植面积为 48 万公顷，占全美种植面积的 11.7％。

美国棉花生产集约化和规模化程度高。美国棉花生产的主体是农场主，平均规模在 280 公顷左右，规模化程度高，已全面实行机械化。在棉花生产过程中，品种布局由国家统一确定，实行严格的区域种植，种子供应一般由指定的种子公司进行，并且严格检验，统一发放，确保了棉花的高产量和高品质。

美国政府给予棉农高额财政补贴，棉农收入保障制度较为完善。美国棉花单位面积的生产成本较为稳定，年均增长率仅为 1.8％，考虑全部生产成本，美国棉花的净收益基本为负（2010 年棉花市场价格较高，棉花产值较高，收益为正），2015 年成本利润率为－31.9％（表 3）。自 2002 年农业法案实施以来，美国政府为其棉花产业提供高额财政补贴，棉花种植面积稳定在较高水平，棉农收入的主要来源是政府补贴。2014 年农业法案实施以来，美国棉花的种植面积保持稳定，产量与面积的波动趋势一致，2016 年美国棉花种植面积为 390.7 万公顷，产量为 352 万吨（图 1）。

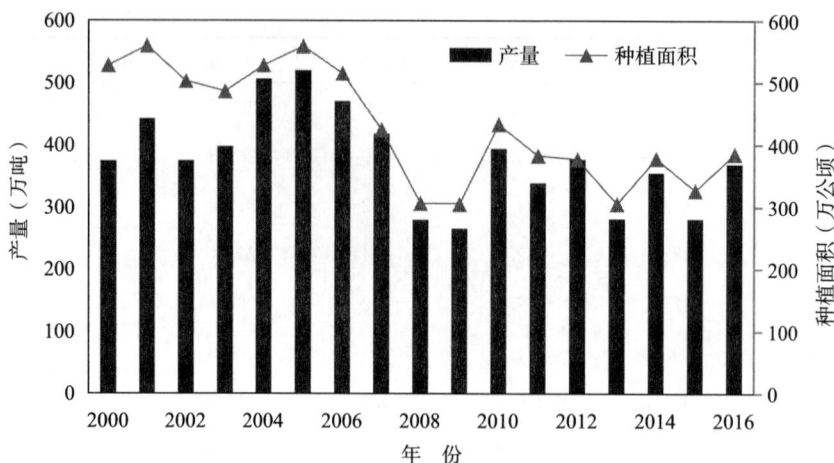

图 1　美国棉花生产情况（2000—2016 年）

数据来源：美国农业部。

表 3　美国棉花每公顷生产成本与收益

单位：美元、%

	2008 年	2009 年	2010 年	2011 年	2012 年	2013 年	2014 年	2015 年
产值合计	1 215.1	1 098.5	1 830.6	1 453.0	1 516.8	1 525.7	1 397.4	1 380.5
总成本	1 694.4	1 700.2	1 805.6	1 845.4	1 991.4	1 986.3	2 060.0	2 028.4
净利润	−479.3	−601.7	25.0	−392.4	−474.6	−460.6	−662.6	−648.0
成本利润率	−28.3	−35.4	1.4	−21.3	−23.8	−23.2	−32.2	−31.9

数据来源：美国农业部。

三、美国的农业保险政策及其变化

（一）美国农业保险的实施机制

美国的农业保险管理体制和实施机制也经历了重大调整过程，经过 70 多年的探索后才最终形成了现行架构。一是联邦农作物保险管理机构。美国农业部风险管理局（RMA）和联邦农作物保险公司（FCIC）两块牌子、一套人马，目前员工为 450 人，总部设在华盛顿，还有 10 个分支机构分布在全国各地。RMA 负责制定农业保险政策、提供农业再保险、对经营农业保险的私营保险公司进行补偿以及开发新的农业保险品种等，过去 FCIC 曾直接经营农业保险，但目前已经不再承担原保险业务。二是直接经营农作物保险的商业保险公司。目前全国有 20 家经 RMA 批准的商业保险公司承担农业保险业务，共有 1.25 万保险代理人和约 5 000 名理赔人员提供相关服务，保险公司承担了农业保险的销售、理赔全程服务，并负责质量管理、承担风险和向风险管理局提供相关数据和统计资料等。三是为农户提供相关服务的组织。一类是代表农民利益的合作组织，诸如美国农场局联合会等（AFBF），主要作用是反映农户的利益和诉求，通过影响立法机构、社会舆论等途径争取包括农业保险在内的有利于农场利益的政策措施；另一类是包括政府支持下的公共农业推广服务系统和各种盈利或非盈利农业服务组织，主要是提供专业化的服务，帮助农场选择适当的作物保险品种。

（二）美国农业保险的实施情况

《1994 年作物保险改革法》中，保费补贴显著增加，并规定只有参保才可获得政府的其他支持，联邦农作物保险的参保率骤增，从 1994 年的不到 1 亿英亩*增至 1995 年的 2.2 亿英亩，增长 1 倍以上。1996 年《联邦农业提高与改革法案》取消了强制参保规定，部分参保面积被灾害援助计划代替，1996—1998 年参保面积下降 4 000 万英亩，此后参保面积开始回升。《2000 年农业风险保障法》实施后，1998—1999 年实施的临时保费优惠规定写入法律，保费优惠 25%（集中在高保障水平保单），促使作物保险参保率进一步提升，特别是高保障水平的保单。到 2002 年，总参保面积达到 2.15 亿英亩，其中 85% 由附加保障保险构成，即完全免费的巨灾保障保险其覆盖面积所占比重不足 15%。2000 年以来，引入了新的保费费率和附加费用补贴标准，保险险种和覆盖的品种范围日益增多，联邦农作物保险不断发展。2016 年总参保面积达 2.91 亿英亩，附加保障保险覆盖 2.79 亿英亩，占总覆盖面积的 96%（图 2）。2016 年美国农作物保险覆盖 2.91 亿英亩，保费 93.13 亿美元，规模世界第一，多数作物的主产区均已覆盖，4 种主要保险作物为玉米、棉花、大豆和小麦。针对小宗农作物，保险仅覆盖主产区，如干豌豆、蓝莓、柑橘、南瓜和核桃等。区域性特产作物是否可以享受农作物保险由美国农业部的行政命令决定，该决定是分作物和分县区进行，主要衡量农民需求和该区域特定作物的风险水平。在作物保险尚未覆盖的地区，农民可以要求 RMA 将作物保险拓展到该区域。RMA 还定期响应农产品组织或行业代表的要求提高保障水平。总体上看，农作物保险目前覆盖的作物超过 150 种，可选险种 300 多个，一些符合保险条件的区域性特产作物也纳入农业保险范畴，且农业保险是他们唯一可获得的安全网。

---

　　* 英亩为非法定计量单位，1 英亩等于 4 046.86 平方米。

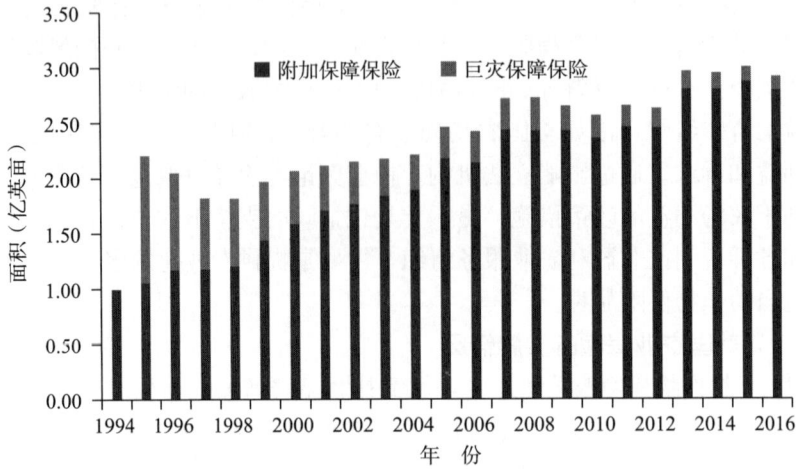

图 2　美国农业保险的承保面积（1994—2016 年）

数据来源：RMA。

（三）美国农业保险与其他政策的关系

美国农业保险与其他农业支持政策之间既相互替代又互为补充，旨在保障农业稳定发展，帮助农民抵御自然和市场双重风险。

农业保险与价格支持、直接支付等农业支持政策之间存在一定的交叉和替代。一方面，通过增加农业保险的支付，美国 20 世纪 90 年代以来的农业自然灾害救济项目大幅减少，强化对农业保险的政策支持也与减少直接补贴项目有一定关系。另一方面，农业保险与其他农产品支持计划部分交叉，其支付与农业保险并不冲突，存在过度支付问题。农业保险与其他政府支持计划之间的交叉因产品而不同，对于小麦、玉米和大豆等大宗作物，生产者可获得多个计划的支持，包括直接支付和反周期支付、平均作物收入选择计划以及营销贷款援助（与价格相关），除直接支付外，其他各项均有降低风险的作用，并增加参保农民的收入。与其他全国性农业支持计划相比，作物保险能够管理价格和为农民提供更精确的利益保障。对于其他农业支持计划（直接支付/反周期支付和营销援助贷款），支付与作物保险赔付无关，但在某些情况下相同市场因素同样能触发赔付，农民因此获得双重保障，产生过度支付。

未纳入商品计划的产品，农业保险是唯一的风险管理工具。对于无法获得联邦农产品计划支持的农产品而言，作物保险是其主要的风险管理工具，特别是针对产量损失。作物保险和其他政府支持计划还与灾害援助计划联系在一起。补充灾害援助计划（SURE）将购买农业保险作为其资格条件。

对于农业保险未覆盖的产品，政府提供非保险作物灾害援助（NAP）为农民提供巨灾保障保险，一旦由于自然灾害原因导致农作物损失超过50%或者播种面积减少超过35%，参加该项目的农场主将获得灾害补偿。为获得NAP的保障，生产者必须在申请截止日前递交申请。不同作物的日期不同，通常在最后播种期前的30天。像巨灾保障保险一样，NAP的参与者需要支付管理费（目前为250美元/作物）。

（四）美国农业保险政策的最新进展

面对居高不下的财政赤字和WTO规则对美国农业法案的约束，美国2014年农业法案做出重大调整，一是削减农业法预算，农业保险的作用得到加强。美国国会预算办公室测算了2014—2018年美国农业法案的各项支出情况（表4），与2008年农业法案相比，农业总的预算支出将减少53亿美元，农业保险的作用得到加强，营养、商品和环保计划支出均大幅下降，2014—2018年分别下降40亿美元、16亿美元和4亿美元，农业保险支出达到414.2亿美元，增加18.28亿美元，占支出总额的8.48%。二是改革收入补贴政策，2014年农业法案取消了直接支付、反周期支付和平均作物收入选择支付，新增了价格损失保障（Price Loss Coverage，简称PLC）、农业风险保障（Agriculture Risk Coverage，简称ARC）、棉花堆叠收入保护计划（STAX）和补充保障方案（SCO），其中PLC是针对反周期支付的调整，ARC是针对ACRE的调整，与SCO不能同时参加，STAX与SCO类似，只针对棉花，SCO覆盖个人保险不覆盖的部分。在2014年农业法案中，收入补贴和农业保险共同构成了美国农民收入的安全网。

表4　2014美国农业法案支出（2014—2018年）

单位：亿美元、%

年份	总支出	商品支出	占比	环保支出	占比	营养支出	占比	农险支出	占比
2014	996	64	6.41	54	5.45	799	80.28	64	6.41
2015	961	25	2.64	56	5.82	788	81.98	84	8.74
2016	987	48	4.86	57	5.73	787	79.67	87	8.85
2017	978	50	5.12	57	5.81	774	79.14	88	9.04
2018	965	48	5.01	58	6.03	759	78.68	91	9.40
2014—2018年	4 886	236	4.82	282	5.76	3 907	79.95	414	8.48

数据来源：美国国会预算办公室。

美国国会预算办公室（CBO）2015年3月公布的测算结果，基于2014年农业法案，2014—2025年，美国农作物的承保面积基本稳定在2.81亿英亩左右，保费收入逐年增加，2025年超过100亿美元，从保险的分类情况看，巨灾保障保险和附加保障保险的支出仍然是保险支出的大项，新增的 SCO 和棉花 STAX 约占保险支出总额的 5%～7%（表5）。

表5　美国农业保险支出情况（2014—2025 年）

单位：百万英亩、百万美元、%

年份	承保面积	总保费支出	保费补贴支出	一般保险支出	SCO支出	STAX支出	保险支出合计	SCO+STAX支出占比
2014	289	9 863	6 191	8 244	0	0	8 244	0.00
2015	293	8 674	5 441	7 576	9	14	7 599	0.30
2016	281	8 377	5 259	8 995	94	141	9 230	2.55
2017	281	8 556	5 369	7 789	136	204	8 129	4.18
2018	281	8 959	5 622	7 866	174	262	8 302	5.25
2019	281	9 341	5 858	8 132	197	293	8 622	5.68
2020	281	9 523	5 972	8 408	268	330	9 006	6.64
2021	281	9 612	6 029	8 572	278	320	9 170	6.52
2022	281	9 753	6 116	8 651	293	329	9 273	6.71
2023	281	9 854	6 180	8 572	293	331	9 196	6.79
2024	282	9 956	6 224	8 835	299	342	9 476	6.76
2025	281	10 025	6 287	8 913	314	354	9 581	6.97

数据来源：CBO。

四、美国 2014 年农业法案中的棉花保险政策及影响分析

（一）美国 2002 年和 2008 年农业法案框架下的棉花补贴政策

美国长期对植棉农户提供补贴，根据 2002 年和 2008 年美国农业法案，对棉花的支持政策包括直接支付、营销贷款补贴和反周期支付，同时也包括作物保险政策。营销贷款补贴的初衷是为棉花生产者提供现金支持，避免农户在收获期因缺少现金而不得不出售棉花，在政策执行中，营销贷款补贴发挥了最低支持价格的作用，对全体棉花种植者均适用，对世界棉花市场产生了明显的价格打压效果。美国农业部根据市场价格高低来确定是否启动营销贷款补贴和反周期补贴，农户还可获得基于历时产量 85% 的直接支付，该项补贴折算后约为 0.066 7 美元/磅*，市场价格加直接支付构成有效价格，当有效价格低于政府设定的目标价格时，启动反周期支付，2002 年以来，大部分年份均发生了

———————

　　* 磅为非法定计量单位，1 磅等于 454 克。

反周期支付，近年来，随着棉花价格的提高，反周期支付较少启动，从政策执行效果来看，直接支付和反周期支付政策也产生了明显的价格抑制作用，美国还对国内棉花生产者提供基于产量的保险，并对购买美国棉花的出口商和国内使用者给予补贴，即 Step 2 补贴，使得其可以购买到价格较低的棉花，上述政策均对世界棉花市场产生了一定的价格抑制效果，受到主要棉花生产国，特别是巴西的质疑。

针对不同农场的风险管理需求，美国不断加大对农业保险的支持力度，提供多类型和多层级的棉花保险，美国棉花收入保险贡献 85％以上的保费收入。棉农可以基于棉花单产投保，或者投保棉花收入保险，可供选择的保障水平在 50％～85％之间。单产和收入的确定方式主要有两种：一是基于个体农场的历史产量和收入；二是基于全县农场的预期单产和收入。多数棉农选择基于农场水平的保单，且保障水平为 70％或 75％。到 2013 年，联邦农业保险拓展到全美几乎所有的棉花主产县，覆盖棉花播种面积 4 010 万公顷，占美国棉花总播种面积的 95.2％。

（二）美国棉花补贴政策的改革背景

（1）基于保险的补贴是更有效的政策工具。棉花价格高位运行，直接支付和反周期支付的作用不断下降；保险工具能够规避 WTO 规则约束；棉花单产和价格波动增加，保险政策能够应对自然和市场双重风险；农民认为超过 75％的农作物保险的成本较高。2014 年美国农作物保险保费补贴率为 61.7％，棉花 STAX 可看作其他棉花农业保险的补充。

（2）美国结束与巴西棉花补贴争端。按照 WTO 仲裁结果，2010—2012 年美国向巴西支付 4.5 亿美元，2014 年美国一次性向巴西棉花产业支付 3 亿美元，并为国内棉花出口商的出口信贷和担保设置上限，结束历时 12 年的棉花争端，条件是巴西不再就美国棉花补贴问题提起新诉讼，放弃对美国采取贸易制裁的权利。

（三）美国 2014 年农业法案对棉花的支持政策

棉花是 WTO 多哈回合关注的焦点问题之一，考虑到美国国内财政预算的约束和美巴棉花补贴争端，2014 年农业法案中美国对棉花支持保护政策做出重大调整，取消了直接补贴、反周期支付和平均作物收入选择支付，并新增堆叠收入保护计划（Stacked Income Protection Plan，简称 STAX），用于扩大农业保险的覆盖范围。根据 2014 年农业法案，适用于棉花的专用条款、对棉花和其他作物通用的条款主要包括三项。

1. 堆叠收入保护计划（STAX）

现行棉花项目由 2014 年 2 月 7 日签署的《2014 农业法案》所授权，由于棉花未被列入商品项目，也不适用于 ARC 和 PLC，政策支持转向美国农业风险管理局实施的损失保障保险项目，即 STAX。STAX 专门针对陆地棉制定，是可以与传统农业保险项目共同实施的农业保障项目。

新农业法案继续提供对植棉农户的一般保险险种，并提供保费补贴，棉农可以选择在现有农业保险计划的基础上购买 STAX，也可以直接单独购买 STAX。按照 2014 年农业法案的规定，美国棉农在 2014 年不再享受直接支付、反周期支付等补贴，也不能获得 STAX 补贴（该补贴于 2015 年生效）。针对棉花补贴过渡期存在的补贴问题，美国 2014 年农业法案制定了棉花过渡辅助计划（CTAP）。那些在 2013 年拥有棉花基础面积的生产者，只要获得农业部的批准，均可以获得一笔过渡辅助补贴，具体计算方法如表 6 所示。棉农获准参加 STAX 计划后，将不再享受棉花过渡辅助计划的直接补贴。

表 6　2014/2015 年度棉农过渡辅助计划计算方法

指标	指标说明
①单位面积补贴额	美国农业部发布的农产品供需报告中 2013 年 6 月 12 日对 2014 年全国棉花生产者价格的中间估计值，减去 2013 年 12 月 10 日对 2014 年全国棉花生产者价格的中间估计值，得到的差额乘以 2008 年法案规定的全国棉花平均单产（670 千克/公顷）
②支付面积	2014 作物年的支付面积为农场棉花基础面积的 60% 2015 作物年的支付面积为农场棉花基础面积的 36.5%
③农场生产效率指数	2008 年农业法案构建的农场平均支付单产与全国棉花平均单产之比
补贴额	补贴额＝①×②×③
补贴上限	每个棉农获得的年度棉花过渡辅助补贴不得超过 4 万美元

资料来源：根据《2014 农业法案》1119 章整理。

美国 2014 年农业法案新增堆叠收入保护计划（STAX），用于取代原有的棉花直接支付、反周期支付等价格相关的支持政策，保费补贴率为 80%。具体计算方法如图 3 所示。

新增堆叠收入保护计划（STAX）20% 或 90% 减去个人其他保险覆盖率中的较小值，即如果农户同时购买普通保险和 STAX，普通保险的覆盖率是 80%，则 STAX 可保险（90～80）% 的部分，如果普通保险的覆盖率是 60%，则 STAX 仅可保险最高 20% 的部分，如图 4 所示。

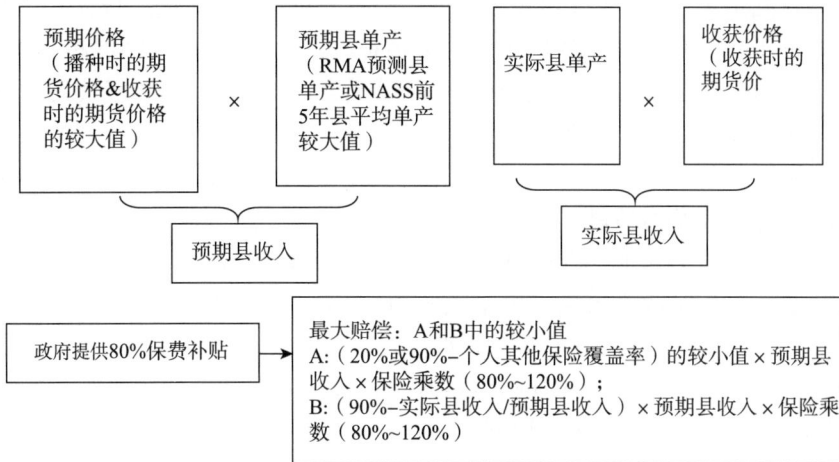

图 3　STAX 的操作方法

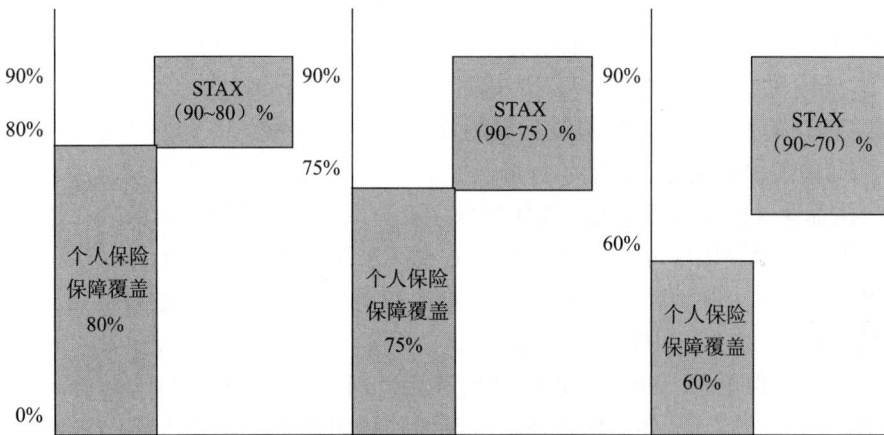

图 4　STAX 的覆盖范围

2. 对棉花和其他作物通用的政策

陆地棉生产者有权接受营销援助贷款，2014 年农业法案基本延续了 2008 年法案中的棉花营销贷款政策，只是对贷款率进行微调，营销贷款率基于过去 2 年的世界平均棉花价格决定，并根据美国棉花品质和产地调整（AWP）不断调整，在 0.45～0.52 美元/磅之间，继续发挥最低支持价格的作用。参与该计划的棉农的全部棉花都能享受该贷款，贷款期为 9 个月（自贷款形成的首个完整月份开始算起）。该项贷款是无追索权的，商品信贷公司（CCC）罚没作为抵押物的棉花则是对其全部赔付，而不管当时棉花的市场价值是多少。如果

CCC确认陆地棉 AWP 低于该贷款额度，则棉农可按 AWP 偿还贷款，从而获得了等价于贷款额度与 AWP 之差的市场补贴。放弃 CCC 补贴的授信棉农，其全部棉花都会得到贷款差额补贴，该补贴额度等于 AWP 与市场援助贷款额度之间的差价。营销援助贷款、贷款差额补贴、ARC 和 PLC 等计划的综合收益限额为每人 12.5 万美元。

3. Step 3 竞争力项目

Step 3 竞争力项目（3-step competitiveness program）由《2002 农业法案》制定，旨在保持美国棉花价格竞争力。Step 1（最近一次使用是在 1992 年 4 月）中强制性的 AWP 调整规则被修改为所有市场贷款通用的、较灵活的规则。适用于 Step 1 调整的规则包括减少罚没、降低政府库存累加、确保美棉在国内外市场上市、保障新旧交替的过渡期间棉花报价不扰乱市场。Step 2 由《2005 赤字削减行动法案》决定于 2006 年 8 月 1 日撤销。WTO 规定 Step 2 是禁止性的出口补贴和国内工厂使用补贴。Step 3 是一项进口配额补贴，当美国远东价格连续 4 周超过指定区域棉花价格时提供额外的进口额度（相当于由美国国内纺织厂最近 3 个月数据确定的 1 周用量，大约是 14.8 万吨）。进口商在 90 天内采购并在之后 90 天内完成进口。

（四）美国棉花保险政策及其影响分析

1. 美国棉花保险政策的执行情况

从棉花保险的类型来看，美国棉农主要购买收益保险和单产保险，特别是收入保障保险（RP）的购买率更高。根据 RMA 统计的保单数量，2015 年棉花保险保单 97 682 份，其中 STAX 保单 12 021 份，占保单数量的 12.3%，RP 保单 61 030 份，占保单总量的 62.5%，2016 年棉花保险保单 97 261 份，其中 STAX 保单 12 190 份，占保单数量的 24.1%，RP 保单 61 536 份，占保单总量的 63.3%。从各类棉花保险涉及的种植面积来看，2015 年购买 STAX 的面积为 18 593 英亩，2016 年购买 STAX 的面积为 16 029 英亩。从棉花获得的农业保险保费补贴来看，2015 年美国支付棉花农业保险保费补贴共计 4.6 亿美元，其中 STAX 支付 7 634.8 万美元，2016 年支付棉花农业保险保费补贴共计 4.56 亿美元，其中 STAX 支付 7 377 万美元（表7，表8，表9）。

表 7　美国棉花保险销售数量

单位：份

保险项目		2014 年	2015 年	2016 年
RP	收入保障保险	57 618	61 030	61 536
SCO	补偿保障方案	0	124	126

（续）

保险项目		2014 年	2015 年	2016 年
STAX	堆叠收入保护计划	0	12 021	12 190
YP	产量保障保险	26 817	24 507	23 409
总计		84 435	97 682	97 261

数据来源：RMA。

表 8　美国棉花保险面积

单位：英亩

保险类型		2014 年	2015 年	2016 年
RP	收入保障保险	8 357 229	7 059 639	7 624 001
SCO	补偿保障方案	0	9 130	3 972
STAX	堆叠收入保护计划	0	18 593	16 029
YP	产量保障保险	2 014 922	1 505 843	1 790 762
总计		10 372 151	8 593 205	9 434 764

表 9　美国棉花保险保费补贴

单位：万美元

保险类型		2014 年	2015 年	2016 年
RP	收入保障保险	42 447.4	35 358.5	35 054.7
SCO	补偿保障方案	0.0	22.8	20.9
STAX	堆叠收入保护计划	0.0	7 634.8	7 377.0
YP	产量保障保险	4 889.5	2 987.9	3 132.3
总计		47 336.9	46 004.0	45 584.8

RP 和 YP 通常有比 SCO 和 STAX 更高的免赔额，能够保障深层次的损失风险，RP 和 YP 能够与 SCO 和 STAX 共同购买，联邦政府提供保费补贴。

2. 美国新棉花保险政策的影响分析

美国新的棉花支持保护政策更加强化保险的作用，有效地降低了棉花生产者面临的自然和市场双重风险，对于美国棉花生产、棉花出口以及世界棉花市场均会产生较大影响。

（1）为植棉农户提供稳定收益预期。棉花收益受到种植成本、单产和价格等因素的影响，近年来，美国棉农的植棉成本快速上涨，由 1999 年的 488 美元/英亩上涨到 813 美元/英亩，上涨超过 60%，而棉花的单产和价格在近年也处于波动动态，棉花保险的重要性受到关注，营销贷款补贴能够为农户提供最低支持价格，棉花保险，特别是 STAX 能够保障农户 90% 的预期收益，为植棉农户提供稳定收益预期，农民种植棉花的积极性得到保护，能够有效地刺激生产。据计算，如果美国棉花支持政策，按照 2015 年市场价格 0.6 美元/磅计算，美国棉花种植面积将减少 240 万英亩，下降 21.9%。值得注意的是，STAX 保障预期收入的 70%～90%，较易触发，与直接支付（DP）和反周期支付（CCP）不同，高价格下棉化保险补贴也可以触发（图 5）。

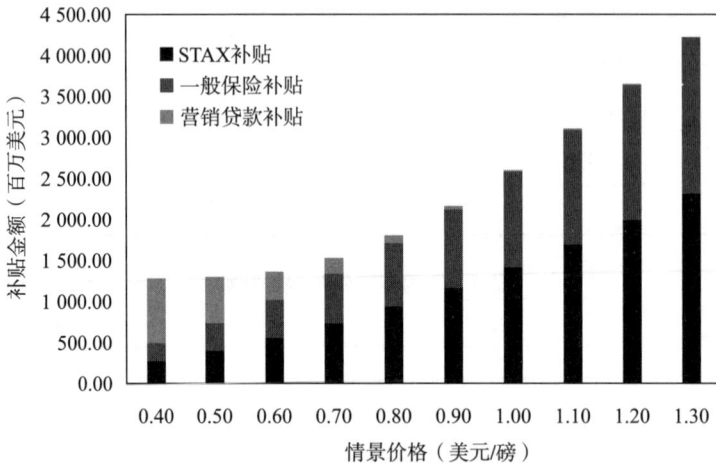

图 5 棉花 STAX 的政策效果

Ashley 和 Erik 模拟分析了美国棉农单独购买 RP、单独购买 STAX 以及叠加购买 RP 和 STAX 的净收益和风险保障情况。表 10 中保费支出是总支出减去棉农保费支出，收益风险变化指购买保险的收益变异性减去不购买保险的收益变异性，收益风险变化率指的是上述两者的变化百分比，其中变异性的计算方法为收益标准差除以平均收益。

从表中数据可以看出，70% 保障水平的 RP 的平均支付为 23.45 美元/英亩，相应的风险减少 19.3%；单独购买 STAX，在风险保障水平 75%～90%之间，相应的平均支付为 4.28～22.78 美元/英亩，对风险的减少为 2.3%～9.8%；如果叠加购买 RP（70%）和 STAX，相应的平均支付为 27.73～46.23 美元/英亩，对风险的减少为 21%～28%。相比于单独购买 STAX，最高的触发标准下，收益风险减少从 9.8% 提高到 28%。

表 10　棉花保险的收益变化情况

单位：美元/英亩、%

触发标准	RP（70%保障水平）			STAX			RP（70%）+STAX		
	保费支出	收益风险变化	收益风险变化率	保费支出	收益风险变化	收益风险变化率	保费支出	收益风险变化	收益风险变化率
75%	23.45	−0.12	−19.3	4.28	−0.01	−2.3	27.73	−0.13	−21
80%	23.45	−0.12	−19.3	9.44	−0.03	−4.7	32.88	−0.14	−23
85%	23.45	−0.12	−19.3	15.58	−0.04	−7.2	39.03	−0.15	−25
90%	23.45	−0.12	−19.3	22.78	−0.06	−9.8	46.23	−0.16	−28

（2）刺激美国棉花出口，抑制世界棉花市场价格。美国作为棉花生产和贸易大国，其支持政策变动将会深刻影响世界棉花市场，据 Lau 等计算，营销贷款和 CCP 对世界价格的影响是 5%～9%，新的棉花补贴政策对世界价格的影响是 6.3%～11.7%，具有更大的扭曲作用，在不同的情景价格下，世界棉花市场受到的影响程度不同，以 0.6 美元/磅为例，受美国棉花补贴政策影响，世界价格下降 7.8%，对世界其他国家造成的损失约为 30 亿美元。

总体来看，美国 2014 年农业法案对棉花安全网进行调整优化，虽然取消了直接支付、反周期支付等计划，对棉花的支持和保护水平并没有削弱，只是支持保护的形式更加隐蔽，更多地运用农业保险工具来保障棉农利益。

五、中美棉花产业发展及政策比较分析

中国是世界主要棉花生产国、消费国和进口国，也是主要的纺织品服装出口国。加入 WTO 以来，中国棉花产业获得了长足发展，产业规模迅速扩大，在国民经济中的地位更加重要。但近年来中国棉花产业面临前所未有的困境，一方面生产成本急剧上升，棉花价格低位徘徊，库存高企；另一方面国产棉质量难以满足企业需求，进口棉规模保持高位，整个棉花市场结构性矛盾突出。2014 年以来中国启动棉花目标价格补贴改革试点，棉花市场价格形成机制基本建立，保障了农民收益，但按照 WTO 规则，目标价格补贴属于"黄箱补贴"，其补贴额度受到中国入世承诺的 8.5% 的微量允许上限约束，面对较大的财政支出，未来如果不采取措施规避将有可能引发其他成员国质疑，研究美国棉花保险政策，能够为未来中国棉花支持政策改革提供有益的政策储备。

（一）中国棉花产业发展情况

1. 中国是世界棉花生产、消费和进口大国

2015/2016 年度中国棉花总产量、消费量和进口量分别达到 521.16 万吨、715.62 万吨和 128.40 万吨，分别占世界的 23.61%、29.99% 和 16.81%。随

着市场化、全球化的不断推进，中国棉花进口量占全国总产量的比例有所增加，对外棉的依赖性加大，2012 年高达 75.1%（图 6，图 7）。

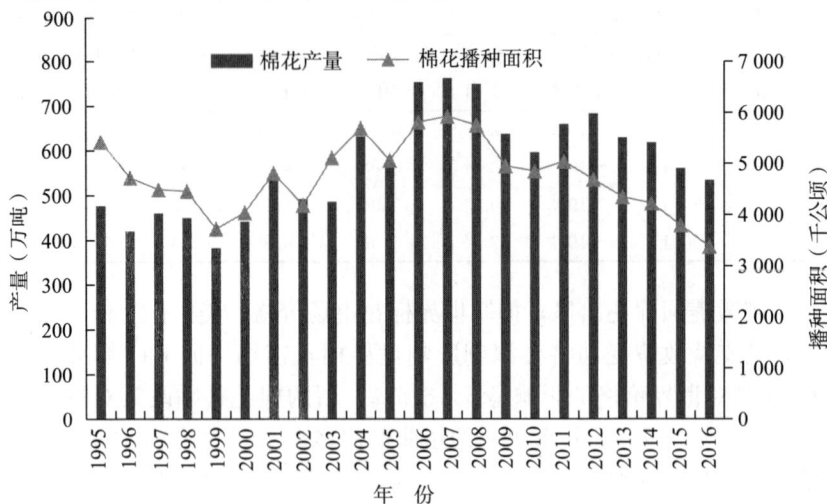

图 6　中国棉花种植变化情况（1995—2016）

数据来源：《中国农业统计资料》。

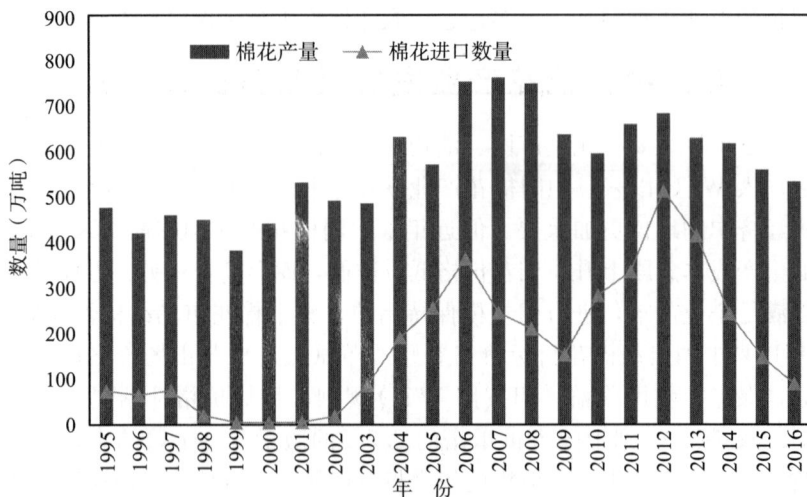

图 7　中国棉花产量及进口量

数据来源：中国海关数据库。

2. 中国棉花生产成本快速增长

2004—2015 年，美国棉花亩均生产成本较为平稳，从 549.6 元增长到

713.3 元，增长 29.8%，年均仅增长 2.4%。中国棉花亩均生产成本在 2009 年以前较为平稳，2009 年以后，由于中国劳动力和土地成本的快速上涨，中国棉花生产成本呈大幅增长态势。2015 年，中国棉花亩均生产成本是美国的 2.2 倍、印度的 3.2 倍（图 8）。

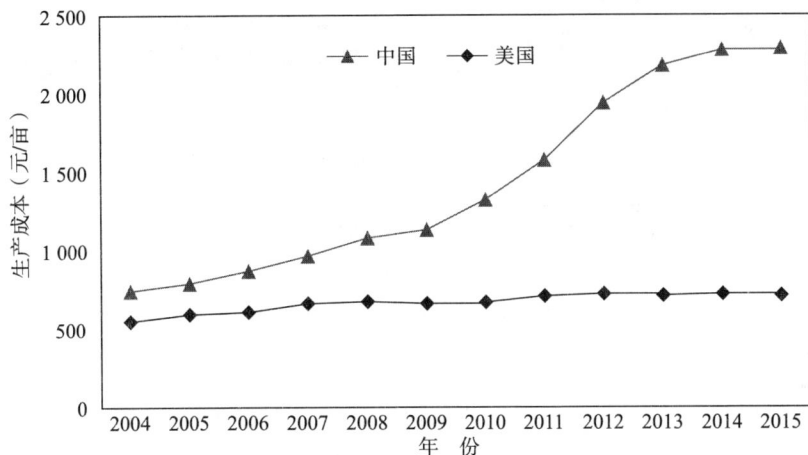

图 8　中美棉花亩均生产成本对比

数据来源：中国数据来自《全国农产品成本收益资料汇编》，美国数据来自美国农业部。

3. 新疆棉花支柱地位日益凸显

黄河流域、长江流域和西北内陆是中国三大主要棉区，近几年来随着劳动力等要素价格的大幅上升，植棉格局发生重大变化，西北内陆棉区尤其是新疆棉区所占比重不断增加，黄河流域、长江流域棉区则持续减少。2015 年，新疆棉花播种面积为全国棉花播种面积的 50.1%，产量为全国总产量的 62.5%（图 9）。

（二）中国棉花保险发展及创新性实践

中国农业保险主要是以政府为主导的政策性农业保险，2004 年黑龙江、吉林、上海、新疆、内蒙古、湖南、安徽、四川、浙江 9 个省、自治区、直辖市首次试点农业保险。2007 年，中央财政拿出 10 亿元对吉林、内蒙古、新疆、江苏、四川、湖南 6 个省份进行政策性农业保险保费补贴试点，补贴对象有玉米、水稻、大豆、棉花、小麦 5 种农作物及能繁母猪。

现行棉花保险为政策性物化成本保险，参照棉花生长期内所发生的直接物化成本（包括种子成本、化肥成本、农药成本、灌溉成本等）确定保险金额。虽然近几年来棉花保险保额不断提高，但棉花种植实际成本，除物化成本外还包括人工成本和土地成本。以新疆为例，2016 年《全国农产品成本收益资料

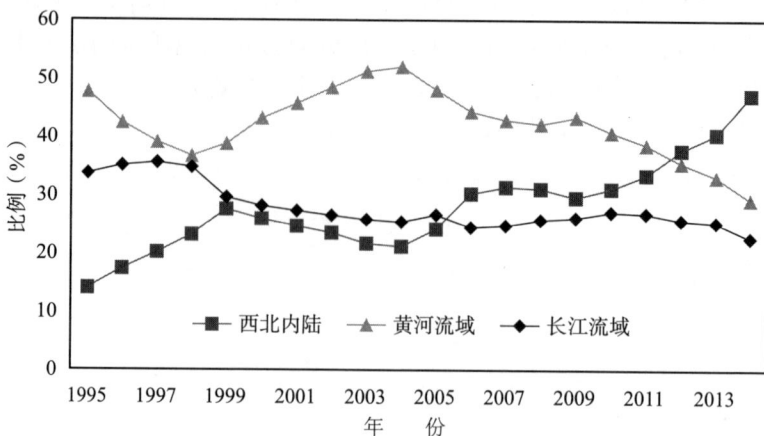

图 9　1995—2015 年三大棉区种植面积占全国总面积比例变动情况

数据来源:《中国农业统计资料》。

汇编》数据显示,2015 年新疆棉花每亩总成本 2 140.09 元,其中物质与服务费用为 887.26 元、人工成本为 892.68 元、土地成本为 360.15 元。新疆现行棉花成本保险保额在 1 000 元左右,仅可覆盖棉花总成本的 46.72%。现行以物化成本确定保额的成本保险与棉花种植成本间存在结构性矛盾。此外,现行棉花成本保险的保险责任仅覆盖暴雨、洪水等自然风险,各地依自然条件不同有所差异,难以满足农户管理市场风险的需求。

棉花是高商品率的农产品,近年来,市场价格频繁波动,对棉花生产及棉农增收产生了重大影响。鉴于现行棉花成本保险保障水平低、保险产品单一等问题,多地展开了不同形式的棉花保险产品创新试点。

1. 商业性保险

2015 年 6 月,中国人民财产保险股份有限公司山东省分公司寿光支公司在双王城卧铺村进行商业性棉花保险试点,保额 450 元/亩,保费 18 元/亩。寿光市棉花政策性保险保额 450 元/亩,保费 18 元/亩,其中,中央、省级财政补贴 50%,潍坊市级财政补贴 10%,寿光市财政补贴 20%,农户自交 20%。商业性棉花保险为棉农在政策性棉花保险的基础上进一步加大了保障水平和保险责任,解决了部分种棉大户的保险需求。

2. 保险+期货

2016 年 10 月 20 日,中华联合财产保险股份有限公司湖南分公司与永安期货全资子公司永安资本签订湖南棉花"保险+期货"创新试点合作协议。农户或合作社向保险公司购买棉花价格保险,当市场价格下跌时,保险公司向农户赔偿差额部分，确保其获得保底收益。同时，保险公司向期货公司购买场外看跌期权，而期货公司则在郑州商品交易所进行套期保值。"保险＋期货"模式将种植户遭受的价格下跌风险转移到资本市场，实现了风险对冲。这不仅为种植户提供了避险工具，还有助于稳定棉花的生产经营。

2016 年 11 月 2 日，新疆首个"保险＋期货"创新试点签约仪式在新疆喀什地区莎车县举行，中国人民财产保险股份有限公司与南华期货全资子公司南华资本签订棉花"保险＋期货"创新试点合作协议。11 月 3 日，南疆产棉大县巴楚县 9 户棉农也签订了"保险＋期货"试点保险合同。

3. 收入保险

棉花收入保险在 2016 年 8 月由中华联合财产保险股份有限公司石河子分公司在新疆生产建设兵团进行试点，为种植面积 100 亩以上的棉花提供收入保障；在约定时期内，由于产量或价格变化造成保险棉花实际收入低于约定收入时，保险公司进行赔偿。试点预期产量为前 3 年平均产量，预期价格参考棉花种植成本、棉花预期收益及棉花播种期约定棉花期货合约价格，由投保人与被保险人协商确定。保险金额为 2 100 元/亩，费率 10%。由于试点初行，保费由团场全额支付，无财政补贴，因此费率有意设低。

4. 价格保险

棉花价格保险在 2016 年 8 月由中华联合财产保险股份有限公司石河子分公司在新疆生产建设兵团进行试点，为种植面积 100 亩以上的棉花提供价格保障；在棉花收获期间，棉花实际价格低于目标价格时，保险公司进行赔偿。试点目标价格参考棉花种植成本、棉花预期收益以及棉花播种期约定棉花期货合约盘面价格，由投保人与被保险人协商确定。约定每亩产量参照近 5 年历史平均产量确定。试点保险期间为 2016 年 9 月 22 日至 2016 年 12 月 31 日，约定亩产为皮棉 1 401 千克，目标价格为 15 000 元/吨，保险金额为 2 100 元/亩，费率 8%。

5. 温度指数保险

棉花温度指数保险由中华联合财产保险股份有限公司针对新疆开发，保险标的为整地块连片种植、可清晰确定地块界限、符合当地普遍采用的技术管理要求、种植地区具备完善的气象站点分布及良好的气象数据基础、生长和管理正常的棉花。在保险期间内，因低温灾害、高温灾害造成的棉花产量损失，保险人按保险合同约定进行赔偿。温度指数保险保额为 600 元/亩，保费 30 元/亩。

（三）中美棉花保险产品比较研究及对中国的政策启示

保险责任、保障水平、保费补贴和保险单元是种植业保险产品开发过程中需要重点关注的 4 个方面，而数据是测算保险费率的基础。因此，主要从数据基础、保险责任、保障水平和保费补贴 4 个方面对中美棉花保险进行比较分析。

1. 数据基础方面

在生产数据方面，美国关于农场主及县域的历史生产数据较为详尽，同时美国的期货市场比较发达，有丰富的价格数据。美国农业部是农业统计工作的权威部门，美国农业部下设风险管理局和联邦农作物保险公司。1996 年，美国农业风险管理局成立，建立了较为详尽的农作物风险数据库，目前，风险管理局已在全国设立了 10 多个分支机构，为实施农业保险提供了丰富的数据资源。美国农业部下属国家农业统计服务中心（NASS）是重要的农业原始数据采集部门，主要负责收集、总结、分析和发布农产品生产及市场销售的基础数据，其所发布的投保作物的县域产量是区域作物保险的重要数据来源。此外，美国国内税务局（IRS）的生产者历年的税收申报表以及农场年度报告是确定农场保险保障收入的基础。可见，无论是农场层面还是区域层面、单作物保险或农场整体保险，美国完善的农业统计体系为其多样化的作物保险产品提供了强大的数据支持。

中国对于农业生产数据虽有统计，但统计部门较多，各部门统计数据略有差异，同时中国缺乏精细化数据的采集与发布，在研究过程中，县级单产数据及价格数据难以获取，更不用说更加细化的乡、村、户层次的数据。由于数据的缺失，中国农业保险费率的厘定主要是基于省级农作物损失的历史经验数据来测算，数据问题成为精确测算不同地区费率的主要制约因素。

2. 保险责任方面

目前美国主要经营的棉花保险产品包括产量保险和收入保险。产量保险主要承保保险期间，由于不利的天气因素、火灾、虫害、病害等造成保险棉花实际产量低于约定产量时，视为保险事故发生，由保险公司按照保险合同的约定负责赔偿，侧重于对产量损失风险的保障；收入保险保障在由于产量损失、价格损失或二者组合造成的实际收入低于约定收入时生效，同时覆盖自然风险和市场风险；棉花生产者可以在产量保险和收入保险中进行选择，同时棉花生产者还可以选择补充保险和累积收入保险，为棉花提供多方位的风险保障。此外，棉花生产者不仅可以选择承保农场的风险，也可以选择县域保险。

中国棉花保险仅保障自然风险，保证农户再生产过程的进行，无法满足棉农分散市场风险的需求。

3. 保障水平方面

美国作物保险产品丰富，不同保险产品保障水平有所差异。美国棉花产量保险、收入保险的保障水平为核准产量/收入的 50%～85%，不同保障水平所对应的费率有所不同，农户可以自行选择。巨灾保障保险（CAT）的保障水平固定，为核准产量的 50％，预测价格的 55％。叠堆收入保险生产者可选择的预期区域收入的比例为 75％～90％，低于该保障程度时将获得赔付；同时，农户可以选择不同的防护系数，从 80％到 120％。补充保险选择保障预期区域收入/产量的 86％。中国种植业保险遵循"低保障、广覆盖"原则，现行保险为物化成本保险，以作物生产的直接物化成本来确定保险保额，与美国相比，既不属于产量保险也不属于收入保险，保险产品比较单一，保障水平缺乏弹性，无法满足不同农户多层次的风险保障需求。

4. 保费补贴方面

美国对基本的巨灾保障保险保费实行政府全额补贴。联邦政府对叠堆收入保险提供 80％的保费补贴，对补充保险选择提供 65％的保费补贴。对于常见的作物保险实施差异化的保费补贴政策，补贴力度取决于生产者所选择的保障水平和投保的保险单元。美国棉花生产者选择的保险保障水平不同，补贴力度不同；主要表现为保障水平越低，保费补贴力度越大。该政策考虑到了生产者的收入异质性，较为富有的生产者更倾向于购买高保障水平的保险产品，基于其收入水平较高，国家可以提供较少补贴，而将财政更多地补贴给贫困生产者，提高财政资金的利用效率。

六、政策建议

美国棉花保险政策经历了从单一风险保障到多重风险保障的过程，保险责任也从产量损失过渡到收入保障。美国 2014 年农业法案对棉花安全网进行调整优化，虽然取消了直接支付、反周期支付等计划，对棉花的支持和保护水平并没有削弱，只是支持保护的形式更加隐蔽，更多地运用农业保险工具来保障棉农利益。美国棉花保险政策主要表现出以下特点：一是棉花支持政策不断向农业保险倾斜，且以收入保险为主；二是差异化的农业保险补贴政策，补贴比例与保障水平、保险单元相匹配；三是多样化的农业保险品种，适用于不同地区不同作物。虽然，近几年中国农业保险产品创新步伐不断加快，但新型农业保险产品尚处于试点阶段，广泛实行的政策性农业保险发展仍然比较落后。应充分借鉴美国棉花保险方面的经验，不断健全完善中国棉花保险制度。中国自2007 年开始实施中央财政农业保险保费补贴政策以来，农业保险取得了积极进展，目前中国农业保险政策正由初步建立向健全完善阶段发展，在充分认识中美发展阶段、国情农情区别的基础上，应充分借鉴美国几十年实践积累的农业保险制度建设与产品开发方面的经验，推动健全中国的政策性农业保险制度。

（1）明确农业保险的政策地位和功能。农业保险特别是政策性农业保险，是一种发展农业的政策工具，美国的农业保险是政府监管下由私人保险公司经营的，政府对农业保险的政策支持依然涵盖了保费补贴、经营管理费用补贴、税收优惠等多个方面。中国的农业保险也是政策性农业保险，基本借鉴了美国的发展经验，但在实际中存在政府和市场的边界不清晰、财政补贴结构不合理等问题，美国法律对政府和市场的关系界定得非常清晰，政府只做决策、出规则、出钱和进行监管，不参与经营的任何活动，更不会分配市场资源。中国政府不仅要制定政策、出钱、监管，还要帮忙宣传、组织农户投保，协助展业、定损、理赔等，甚至与中介联手亲自分配农村保险市场资源。中国目前对农业保险的支持政策主要是保费补贴，目前的补贴比例在75%~80%，但是中央补贴"力度"和"范围"需要进一步拓展，基层政府及相关部门是中国农业保险服务的重要提供主体，不仅要承担部分农业保险保费资金投入，而且还直接参与到提供农业保险服务的具体过程，负担较重，为鼓励基层政府特别是粮食主产区基层政府提供农业保险服务，中央财政应支持加强基层农业保险服务体系建设，对基层政府参与提供农业保险相关服务给予利益补偿，调动基层政府参与提供农业保险相关服务的积极性。建议由中央政府全额承担农业保险保费补贴投入，不应再由主产区地方政府承担保费补贴责任。

（2）充分认识中国与美国农业经营主体的差异。美国农业资源丰富，单个农场的经营规模非常大。美国拥有耕地 24.4 亿亩，按照目前 220 万个农场计算，每个农场平均经营耕地面积为 1 108 亩。中国目前有耕地 18.25 亿亩，农户数量超过 2.66 亿户，户均经营耕地面积不到 7 亩，仅约相当于美国的1/160。经营规模超小导致保险公司向农户直接提供保险服务的交易成本高。美国农业保险从保险产品销售到勘察理赔全过程均由保险公司在商业可持续的前提下自行完成，而中国经营农业保险的公司难以承担如此高的交易成本，建议完善中国农业保险的机制架构，健全政府支持下的基层农业保险服务体系。

（3）设计多层次的保险产品，满足不同主体需求。美国提供了一个极富弹性的农业保险政策框架，基础保障部分是巨灾保险，在巨灾保险之外则设计了各种风险保障水平的产品供农场自行选择。中国农业保险实行"低保障、广覆盖"的原则，农业保险所提供的风险保障水平甚至低于直接物化成本，随着各类新型农业经营主体的发育，无法适应多层次的农户需求。建议借鉴美国建立多层次农业保险产品的做法，在国家给予适当支持和实现商业可持续原则的前提下，按照经营主体组织属性设计能够满足更高需求、提供更多风险保证的保险产品供各类不同的经营主体自由选择。

中国食糖产业损害的主要指标分析

近年来食糖进口量维持高位，对国内食糖产业造成严重损害已是无可争议的事实。全国制糖工业企业连续多个制糖期亏损，且面临继续亏损的风险。全国糖料种植面积大幅下降，蔗农收入持续减少，制糖企业财务状况恶化，关停破产企业及失业工人增加，糖料主产省份财政税收大幅减少，制糖行业生存发展深陷危机。现行调控手段已达不到平衡供求、稳定糖价、保障农民收益和制糖企业正常生产经营的目的。可以看到，当前和未来时期中国糖业发展仍将面临十分严峻的市场环境，维护产业安全任务更加艰巨。针对中国糖业特征和面临的突出问题，根据产业受到严重损害的事实，2016年7月广西糖业协会代表国内食糖产业正式向商务部提交《食糖产业保障措施调查申请书》，请求对进口食糖进行保障措施调查。启动糖业产业损害调查，适时采取贸易救济保障等一系列综合措施，为中国糖业发展赢得接续转换的机会、提供必要的生存空间和奠定健康发展的基础。在对产业所遭受损害的分析过程中，进口数量、进口市场份额和价格影响等是最关键的指标，用这些指标来反映国内蔗糖产业遭受进口冲击前后状况的变化。

一、近年来中国食糖进口情况

（一）中国食糖进口的发展历程

加入 WTO 以来，中国食糖贸易呈现出口量不断下降、进口量激增态势，这一特征在 2009 年以后日趋显著。从食糖出口贸易来看，2002—2010 年食糖出口量基本保持在 15.13 万吨的平均水平（2005 年最高为 35.83 万吨），2011—2014 年食糖出口量基本保持在 4 万～6 万吨的水平。从食糖进口贸易来看，根据进口动机不同，可划分为 2002—2010 年和 2011—2016 年两个阶段。

1. 2002—2010 年食糖进口稳定发展阶段

2002—2010 年，食糖进口量年均为 117.73 万吨，一直稳定在关税配额以内，主要是为了弥补国内供给不足，作为调节国内食糖市场余缺的一种方式，尽管每年发放 194.5 万吨的食糖进口配额，但除 40 万吨签订长期战略合作协议的古巴糖外，其他进口的食糖并不多，配额没有被完全使用。从产品来看，食糖进口以原糖为主，约占食糖进口总量的 90% 以上，白砂糖为辅。

2. 2011—2016 年食糖进口激增阶段

2011 年后食糖进口规模开始发力，当年进口量接近 300 万吨，尤其 2013 年进口量突破了 450 万吨大关。此阶段进口形势发生重大变化，配额外进口成为常态，进口不再主要弥补国内供给不足，而是供求平衡乃至过剩下的"价差驱动"进口。直接原因就是国内食糖价格大大高于食糖到岸后完税价（缴纳完配额外关税和其他杂费的价格）；再加之国际油价连续下跌导致的国际运费大幅下降和人民币汇率升值等一系列原因，进口食糖价格普遍、持续低于国内市场价格。按制糖期来看，2011/2012 制糖期至 2015/2016 制糖期，中国食糖进口量占当年消费量的 25％以上。此阶段进口形势发生重大变化：进口量急剧攀升，配额外进口成为常态，中国成为仅次于印度尼西亚的全球第二大食糖进口国，个别年份甚至成为全球第一大食糖进口国（如 2011/2012 榨季和 2013/2014 榨季）。

2016 年中国累计进口食糖 306 万吨，同比减少 179 万吨，降幅 36.9％，为 2011 年以来最低水平。总体来看，从 2016 年 10 月初开始国际糖价飙升，以及在国家严控进口的情况下，抑制了进口热情，食糖进口数量明显减少，有利于减轻市场供应压力，对国内糖价回升起到一定的支撑作用。

（二）对当前中国食糖贸易状况的判断

1. 中国食糖进口贸易规模主要取决于国内外食糖价差，国内外价差将长期存在

2011 年之后，国内外价差驱动是中国食糖进口激增的主要动力，即进口食糖加上运费、关税和保险等费用运到国内后仍低于国内价格，价格优势刺激了进口。实际上，即使竞争力不足也不一定转化为进口，如欧盟、美国食糖竞争力低于中国，但通过关税配额保护了国内糖业，中国食糖关税水平远低于国际水平（全球平均食糖关税水平为 97％，美国为 185％的关税，欧盟为 218％的关税，中国实行配额内关税 15％、配额外关税 50％），当配额外进口有利可图时，关税配额政策失效，中国成为全球食糖流入的价格高地；在中国食糖关税水平远低于国际平均水平的情况下，国内的支持保护还非常有限，这样竞争力不足就转化为现实上的食糖进口，国内食糖市场处于失控状态。

2. 中国食糖关税配额外进口将成为常态

2001—2010 年，食糖进口量一直没有超过 194.5 万吨的配额量。2011 年后进口量就一直超出配额量。2016 年进口规模同比有所下降，主要是配额外的进口需要申领实行进口许可证，对于此证的发放基本是按照中国糖业协会提出的有序、按需的原则。据 OECD 与 FAO 联合预测，到 2020 年中国食糖真实价格将达到 828.8 美元/吨，较 2013 年上涨 5.1％，国内外价差比例将长期维持在 68%～92%，即使考虑运费、保险等费用，国内价格也将长期高于配额外税后价格。从未来发展来看，中国食糖配额外进口将成为常态。

3. 中国食糖进口贸易将持续保持较高水平

国内外食糖价差长期存在、配额外进口将成为常态，除非中国能够通过贸易救济措施实行一般的关税配额外的附加关税政策，否则食糖进口贸易将持续保持较高水平。2016 年配额外进口利润为 220 元/吨左右（纽约 11 号原糖 5 月合约对郑糖 1705 合约），食糖进口量略有下降，但随着 2017/2018 榨季增产预期的情况下，国际糖价牛转熊的趋势难以改变，国内糖价仍维持在高位振荡，内强外弱导致国际糖价对国内糖价贴水呈现扩大之势；截至 2016 年年底，配额外加工糖加工利润接近 600 元/吨。进口压力将逐步增大，走私利润也将继续扩大，食糖走私将越发猖獗。

表 1 近年来中国食糖进口变化

年份	进口量（万吨）	进口额（万美元）	进口价（美元/吨）	国内产量（万吨）
2001	120.0	31 328.0	261.1	684.9
2002	118.0	23 846.0	202.1	830.5
2003	78.0	17 410.6	223.2	1138
2004	121.0	27 560.0	227.8	1 073.4
2005	139.0	38 327.0	275.7	982.6
2006	137.0	54 867.0	400.5	944.6
2007	119.0	37 960.0	319.0	1 285.5
2008	78.0	31 850.1	408.3	1 589.8
2009	106.0	37 839.9	357.0	1 331.7
2010	177.0	90 578.3	511.7	1 142.9
2011	292.0	194 340.0	665.5	1 119.9
2012	375.0	224 374.4	598.3	1 234.1
2013	455.0	206 866.6	454.7	1 400.1
2014	348.6	149 424.1	428.7	1 426.3
2015	484.59	177 406.8	366.1	1 100.0
2016	306.19	117 052.6	382.3	883.0

数据来源：进口量、进口额来自于海关总署；进口价格根据进口量、进口额和汇率换算；国内产量来源于农业部市场司《农产品供需形势分析月报》。

受进口数量增长的影响，一方面进口食糖所占中国市场份额由 2009 年的 7.83%大幅度提高到 2016 年的 34.7%（其中 2015 年更是高至 44.1%），进口食糖占据国内食糖总产量的比重已超过 1/3。高进口量的同时，国内产量大幅萎缩，2015、2016 年累计减产 543.3 万吨（表 1）。据不完全统计，2012—2014 年，全国制糖厂已经关停 49 个，黑龙江、陕西已经退出，云南有 12 个制糖厂相继关闭，15 个制糖厂经营陷入困境无法自拔；广西有 13 家企业宣布破产或关停，造成近 4 000 名员工失业。因此，国外进口量位居高位，国内产量持续下降，食糖产业遭受损害特征明显。

二、食糖进口价格及国内价格走势

进口价格的急剧下滑改变了进口食糖与国产食糖的竞争条件，相比国产食糖，无论是配额内进口，还是配额外进口，价格优势均逐渐凸显，极大地刺激了进口数量的增长。

（一）进口食糖价格优势越来越明显

表 2 配额内国内外食糖价格比较

年份	进口食糖				国产食糖	国内外价差（元/吨）
	CIF 进口价格（美元/吨）	美元对人民币汇率	配额内税率（%）	调整后进口价（元/吨）	国内市场价格（元/吨）	
2011	665.5	6.461 4	15	4 945	7 184	2 239
2012	598.3	6.312 4	15	4 343	6 173	1 830
2013	454.7	6.195 6	15	3 239	5 370	2 130
2014	428.7	6.143 1	15	3 028	4 450	1 421
2015	366.1	6.227 2	15	2 621	5 102	2 480
2016	382.3	6.642 3	15	2 920	5 815	2 895

数据来源：国内市场价格来源于农业部市场司《农产品供需形势分析月报》。

从表 2 数据可以看出，自 2011 年以来，国内食糖价格始终高于配额内进口食糖价格，并且价差不断拉大，由 2011 年的 2 239 元/吨拉大至 2016 年的 2 895元/吨。数据显示，配额内进口食糖的价格优势明显高于国产食糖，配额内进口食糖对国内食糖产业造成了明显的价格削减。

表 3 配额外国内外食糖价格比较

年限	进口食糖				国产食糖	国内外价差（元/吨）
	CIF 进口价格（美元/吨）	美元对人民币汇率	配额外税率（%）	调整后进口价（元/吨）	国内市场价格（元/吨）	
2011	665.5	6.461 4	50	6 450	7 184	734
2012	598.3	6.312 4	50	5 665	6 173	508

（续）

年限	进口食糖				国产食糖	国内外价差 （元/吨）
	CIF进口价格 （美元/吨）	美元对人 民币汇率	配额外税率 （%）	调整后进口价 （元/吨）	国内市场价格 （元/吨）	
2013	454.7	6.195 6	50	4 226	5 370	1 144
2014	428.7	6.143 1	50	3 950	4 450	500
2015	366.1	6.227 2	50	3 420	5 102	1 682
2016	382.3	6.642 3	50	3 809	5 815	2 006

数据来源：国内市场价格来源于农业部市场司《农产品供需形势分析月报》。

从表 3 数据可以看出，自 2011 年以来，配额外进口食糖价格与国内食糖的价格差距也在逐步转变，越拉越大。2011 年价差为 734 元/吨，而 2016 年价差超过 2 000 元/吨。数据显示，配额外进口食糖竞争优势在不断提高，配额外进口食糖自 2015 年以来已经对国内食糖产业造成了明显的价格削减。

基于对进口食糖在配额内和配额外的价格初步测算和分析，由于进口价格急剧下滑的原因，进口食糖的价格优势开始显现，无论是配额内的进口食糖，还是配额外的进口食糖，其价格均低于国产食糖的销售价格。另外，人民币大幅升值发生在入世谈判之后，没有证据表明该种程度的汇率升值是入世谈判时可以合理预见到的。由于进口产品以美元为单位结算，人民币升值超过 20%，相当于进口产品的人民币价格降价超过 20%。这一情形的发生导致进口产品和国内产品相互之间的竞争条件发生了扭曲，不符合中国入世谈判作出关税减让的目的。因此，人民币大幅升值属于不可合理预见的发展情形，提高了进口食糖的价格优势，扭曲了进口食糖与国产食糖的竞争条件，刺激了进口食糖数量增加。

（二）国外食糖的低成本优势是其价低的关键所在

我们要在全面剖析中国食糖国际竞争力变动情况下，了解制约糖业竞争力的因素，尤应注意的是，国外食糖价格优势的关键是因为其低成本。成本是糖业竞争的核心，从中国制糖企业与食糖主产国的吨糖成本比较可以看出，国内吨糖成本明显高于三大食糖主产国，约是巴西、泰国和澳大利亚的 2 倍。2011/2012 制糖期，巴西、泰国、澳大利亚、中国吨糖生产成本分别约为 1 963~2 244 元、2 080~2 310 元、1 900~2 100 元和 4 380~4 690 元，中国吨糖成本约是巴西、泰国、澳大利亚的 2.16、2.07、2.27 倍（表 4）。造成这种差异的主要原因是原料成本。吨糖成本主要由原料和加工成本构成：原料成本约占 78.78%，加工成本约占 21.22%（其中财务成本、管理成本、折旧摊销、人工成本分别约占 10.85%、5.63%、3.65%、3.51%）。由此可见，原料成本成为吨糖成本的硬约束，显著影响着中国糖业国际竞争力。在中国吨糖成本中，原料成本高达 3 920~4 160 元，普遍高出巴西、泰国和澳大利亚成本的 0.8~1 倍，是吨糖成本远高于国际的最主要原因；加工环节来看，中国吨糖耗蔗量分别是巴西和澳大利亚的 1.32 倍和 1.24 倍，导致中国出糖率比巴西和澳大利亚分别低 2.56 个百分点和 3.42 个百分点；加工环节也成为吨糖成本的重要影响因素。如果原料成本降至与泰国持平，吨糖耗蔗量不变，进一步提高副产品蔗渣等的循环利用效率，中国吨糖成本会降至 2 300 元/吨以下，与国际市场的差距明显降低，然后适当提升制糖企业加工效率，再借助关税配额的保护，就可以与国际市场的成本大致持平。

表4　2012年中国蔗糖行业成本与主要出口大国比较

单位：元/吨

分项	巴西	泰国	澳大利亚	中国
生产成本	1 963~2 244	2 080~2 310	1 900~2 100	4 380~4 690
原料成本	1 513~1 894	1 680~1 810	1 600~1 700	3 920~4160
加工成本	350~450	400~500	300~400	400~550

数据来源：布瑞克咨询 2012。

从原料成本来看，中国甘蔗主产省份一般实行 1 年新植、2 年宿根的耕作制度。与其他大田作物相比，甘蔗生产投入大、耗工多、劳动强度大，新植蔗从犁耙、整地开始到播种、施肥、除草、杀虫、防病，一直到最后的收获、装运过程，包括地租、种苗、肥料、人工等投入，其中，人工成本投入约占 51.6%，物质与服务费用约占 38.7%（肥料和农药约占总投入的 30% 左右），土地成本约占 9.7%。因此，人工成本和农资成本构成甘蔗糖料成本的 81.6%，直接决定着糖料总成本的高低。

与中国相比较，巴西、澳大利亚和泰国的甘蔗生产成本要低，如澳大利亚是世界上较早实行甘蔗生产机耕、机种、机管、机收的国家，由于结合采用了先进的测土配方精确施肥技术，大大降低了肥料投入成本（生产上一般不施用钾肥，氮肥及磷肥的施用量也仅是中国的 1/10~1/5），同时推广了宿根力强的甘蔗品种，一般都有 3~4 年的宿根。同时，中国糖料单产仅是澳大利亚的 81.0%，泰国的 86.5%，因此，长期以来澳大利亚甘蔗生产成本都能控制在 20 美元/吨左右，大概有 10 美元/吨左右的利润。基于 FAO. White Sugar

2009 数据，估计澳大利亚的甘蔗生产成本为 23.53 美元/吨、巴西为 32.01 美元/吨、泰国为 32.19 美元/吨，中国糖料每吨生产成本大约是澳大利亚的 2.15 倍，巴西的 1.66 倍，泰国的 1.65 倍。中国糖料成本高于其他食糖出口大国，主要原因在于种植规模小、机械化程度低、优良种苗普及率不高等因素。

因此，国外食糖的价格优势，最终是其高效率、低成本，并非其主要实施了不合理的补贴政策和对中国的倾销政策，我们不适宜对食糖出口大国实施反倾销、反补贴的贸易救济措施，要结合其他经济指标来认定产业遭受的损害程度，采取保障措施。

三、对国内食糖产业相关经济指标的评估

食糖进口数量的急剧增长对国内产业造成冲击，在分析申请调查产品造成的损害时，应当分析影响国内产业状况的相关客观和可量化的因素或指标，包括库存规模、主营业务收入、制成品存货、利润总额、销售利润率等。

（一）库存规模

食糖总供给量基本上处于稳中有降的局面，主要是因为国内产量锐减。但依然远高于总消费量（国内消费量＋出口量）增加幅度。因此，从 2011 年起库存量便处于不断增加中。当进口食糖充斥于国内市场时，国产食糖则大量进入仓库，转化为库存。2011 年库存量为 448.3 万吨，而到 2014 年时，库存规模就超过 1 000 万吨，相比 2011 年增加了 1 倍多，在这种背景下整个食糖行业面临巨大的去库存压力。

另一反映库存压力的指标——库存消费比，也基本呈现同样走势。从表 5 可以看出，库存消费比自 2011 年以来就不断上涨，从低谷时期的 34.8％飙升到 2013 年的 69.9％，尽管 2016 年有所下降，但仍然高达 31.7％。如果参照粮食储备规模，以库存消费比 17％～18％作为合理库存比，可大致估算出非必须食糖进口数量[①]，2011—2016 年累计非必须进口为 844.8 万吨。2012 年之后，食糖进口量就已经超出了国内正常需求缺口，因此这一部分进口属于非必须进口，会对国内市场形成干扰和冲击，尤其是会形成较大的价格下行压力，削减了产业发展后劲。

---

① 2011 年正常需要的食糖数量为 1 518.74 万吨（1283＋1283×0.18＋4.8），而当年总供给量为 1 736.1 万吨，考虑上年度结余库存，则当年非必须进口量为 212.64 万吨（430－217.36）。2012—2014 年，每年供需结余数量（都大于进口数量）与进口量之差为非必须进口，即 212.6＋94.4＋24.7＋243.4＋70－100.5＝844.8。

表5　近年来中国食糖供需平衡表

单位：万吨、%

年份	总供给量	产量	进口量	期末库存量	总消费量	国内消费量	出口量	期末库存比
2011	1 736.1	1 118	430.0	448.3	1 287.8	1 283.0	4.8	34.8
2012	2 026.4	1 212	366.1	698.7	1 327.7	1 323.1	4.6	52.6
2013	2 376.1	1 275	402.4	977.9	1 398.2	1 393.2	5.0	69.9
2014	2 539.4	1 080	481.2	1 000.5	1 538.9	1 533.0	5.9	65.0
2015	2 243.3	870	372.8	715.1	1 528.2	1 512.8	15.4	46.8
2016	1 985.1	960	310.0	478.1	1 507.0	1 492.0	15.0	31.7

数据来源：WIND 数据库。

（二）制糖行业情况

因临时收储政策的托市作用，甘蔗种植面积和产量在面临食糖进口激增时没有发生较大的变动，但甘蔗加工环节要比生产种植环节对进口冲击更加敏感。一定程度上是由于在面临市场变化时工业资本能更快地掉头转向，如一些甘蔗加工企业可能会转向收益相对较高的酒精生产行业，加大酒精生产，减少蔗糖生产。酒精和蔗糖之间转换节奏的快慢，往往是根据其市场效益比来调节转换的。因此在低价食糖进口冲击下，甘蔗用途结构发生了变化，从而蔗糖产量没有随甘蔗产量的增加而增加。要更为详尽地了解蔗糖加工环节方面的情况，就需要跟踪制糖业收入利润、存货等主要指标变化。

表6　全国制糖行业主要指标

单位：%

年-月	主营业务收入 （累计同比）	制成品存货 （同比）	利润总额 （累计同比）	销售 利润率
2013-2	5.57	−10.70	−158.67	−2.57
2013-3	−2.20	−2.81	−144.61	−2.53
2013-4	−0.55	−0.02	−134.8	−2.01
2013-5	2.69	−3.10	−128.58	−1.55
2013-6	3.13	−6.66	−131.16	−1.67
2013-7	4.44	−7.05	−132.45	−1.58
2013-8	6.85	−16.64	−140.74	−1.67
2013-9	5.36	−17.53	−143.70	−1.62

（续）

年-月	主营业务收入 （累计同比）	制成品存货 （同比）	利润总额 （累计同比）	销售 利润率
2013-10	5.12	−16.76	−134.58	−1.26
2013-11	4.60	−9.70	−117.80	−0.67
2013-12	7.72	−12.76	−24.510	4.46
2014-2	−11.84	4.02	−29.99	−3.79
2014-3	−7.03	2.91	50.46	−1.34
2014-4	−11.65	11.83	−18.56	−2.74
2014-5	−13.79	20.80	−88.23	−3.46
2014-6	−10.81	26.71	−92.99	−3.80
2014-7	−12.65	36.3	−121.34	−4.10
2014-8	−14.03	62.86	−127.88	−4.42
2014-9	−10.57	72.13	−168.77	−4.85
2014-10	−8.77	83.6	−256.73	−4.92
2014-11	−5.66	52.49	−495.33	−4.26
2014-12	−6.00	10.58	−65.25	1.64
2015-2	20.14	−17.56	70.55	−0.94
2015-3	9.53	−20.86	−13.56	−1.42
2015-4	13.50	−26.10	84.62	−0.38
2015-5	14.58	−28.62	134.06	1.05
2015-6	8.27	−26.21	141.87	1.50
2015-7	7.49	−15.71	142.95	1.63
2015-8	6.81	−17.56	146.83	1.95
2015-9	5.72	−17.86	150.44	2.30
2015-10	5.14	−15.21	160.89	2.83

数据来源：国家统计局（国家统计局更新数据只到 2015 年 10 月）。

　　从表 6 可以看出，2013 年以来制糖行业主营业务收入增长情况、利润总额增长幅度、销售利润率基本都是负数，佐证整个行业的不景气；2014 年制成品存货也大大高于前些年。进一步证实了，在低价进口糖冲击下，整个制糖行业艰难运行。2014 年中国最大的蔗糖生产基地广西遭遇低糖价的内外夹击，行业风险加剧，如广西最大制糖企业因遭遇行业周期性困难和结构性困难的双重叠加，食糖市场持续低迷，流动资金短缺，兑付蔗款出现困难，形势比较严峻。

（三）制糖企业从业人数

2011—2015 年，广西产区、新疆产区多家生产企业被迫停产（破产），停产期间，一些员工被迫下岗。广西制糖企业平均从业人员数量从 70 468 人减至 59 284 人，新疆制糖企业平均从业人员数量从 6 667 人减至 5 804 人。除制糖企业大面积亏损之外，由于食糖价格大幅下滑而造成的损害也已经部分转嫁给农民。据中国糖业协会数据统计，2012/2013 年度，全国糖料种植面积为 2 782 万亩，而 2013/2014 年度和 2014/2015 年度分别缩减至 2 671 万亩和 2 369 万亩，2014/2015 年度比 2012/2013 年度减少了 14.85%。2015/2016 年度，糖料种植面积进一步减少，广西减少 15%，云南减少 10%，广东减少 20%，海南减少 25%。当进口产品冲击国内市场时，损害不仅仅体现在行业自身，还体现在广大糖料种植者的身上，其损害的范围和程度甚至超过对制糖企业的损害。广西有蔗农约 2 000 万人，占全省总人口的比重为 40%，约占农业人口数量的一半。

四、未来应对食糖进口的主要策略

应根据我国"两反一保"条例启动相关程序，及时开展贸易救济。对于世界食糖主要出口大国，由于其很强的比较优势和竞争力，如对国内食糖产业保护，很难采取反倾销、反补贴的措施，一般保障措施是较为可行的手段。

（一）促进制糖业结构升级，提升市场竞争力

1. 强化基础建设和生产条件

大力改善甘蔗生产基础条件，夯实种植基地，提升糖料产业发展竞争力，核心是在规模经营和发展机械化的前提下，依靠强化科技支撑和产业升级来提高甘蔗单产和含糖率、降低糖料成本、提升制糖加工效率，关键是构建促进糖料生产稳定发展的长效机制。建议夯实打牢农业发展基础，大幅增加资金投入和建设项目，以土地整理为重点加快蔗田改造步伐，以发展节水灌溉为重点加强蔗田基础设施建设。

2. 扶持甘蔗农机化发展

地方政府和蔗农反映最迫切也最强烈的是解决甘蔗机收问题，但国内还没有成熟和定型的收获机具，甘蔗收获机具研发与生产明显滞后。建议国家财政

及有关省财政安排专项资金予以扶持，采取专项投入或适当奖补的办法，引导和鼓励有关农机科研机构和农机企业联合建立研发平台，加快技术引进和项目攻关，尽早实现甘蔗收获机具的成龙配套和投产，实现甘蔗生产的全程机械化。要大力推进良种化、机械化与水利化，促进糖料生产由数量型向质量型转变，提高糖料生产效率。

3. 鼓励支持制糖企业供给侧改革

与其他几个蔗糖出口大国相比，中国制糖企业的规模总体偏小，未达到最佳生产规模，规模经济效应也无法显现，应鼓励以大型制糖企业为骨干、以资产为纽带组建大型企业集团。支持多种所有制形式的企业共同发展、平等竞争，鼓励吸引外资以租赁、承包、参股乃至兼并等形式参与糖业生产，促进企业投资主体多元化，增强企业活力和竞争力。发达国家在改造并扩大生产规模的同时，广泛采用信息化系统进行生产过程的控制和管理，生产自动化程度很高。中国糖企要充分利用国外高新技术设备，淘汰落后传统装备，对加工设备与技术工艺进行大力改造，通过引进先进的企业加工设备、建设有利于精制糖生产的创新产业基地，提高制糖产业技术水平，这样才可能更有效、更高水平发展，进一步提升甘蔗制糖业在国际市场的竞争力。此外，中国糖业体系的生产渠道也应进行调整，以适应国际标准和要求，不断改善原糖质量和规格，为增强市场竞争力做准备。

（二）加大政策支持力度，多方面扶持产业发展

应用好用足 WTO 允许的支持措施，用足"黄箱"、用好"绿箱"。在"黄箱"方面，以成本加合理利润为基础提高糖料保护价，按照划分蔗区及入榨原料蔗数量实施主产区蔗农收入直补，加大主产区良种、小型砍收机械补贴力度。在"绿箱"方面，加强机耕路、水利等方面基础设施建设，持续加大糖料新品种、砍收机械等方面研发投入。对榨糖企业在税收、信贷、综合利用等方面提供优惠政策。

（三）继续保持食糖走私打击治理，保障国内市场供给平衡

在国家严重控制进口许可证发放的情况下，2015/2016 榨季走私糖依然猖獗，估计为 150 万吨左右。走私糖仍影响着市场，走私消费隐藏了部分表观消费量，国家加大了走私打击力度，有利于食糖市场的健康持续发展。但随着 2017/2018 榨季增产预期的情况下，国际糖价牛转熊的趋势难以改变，在 20 美分附近振荡运行，国内糖价仍维持在高位振荡，内强外弱导致国际糖价对国内糖价贴水呈现扩大之势，配额外加工糖加工成本利润接近 600 元/吨，随着国际糖价的回落，进口压力将逐步增大，走私利润也将继续扩大，食糖走私将越发猖獗。

（四）以现有制度政策为基础，推进食糖产业立法

不断加强和健全法律体系是中国糖业持续健康发展过程中的重要一环，逐步在产业发展、政府管理、价格形成、利益分配、市场调控等方面建立长期稳定机制和模式。目前，中国在糖料储备、行业自律、自动进口许可等方面都有符合食糖产业实际情况的宏观调控政策，把这些政策通过不断摸索和调整逐步完善并固定下来，使之条例化、机制化，并以此为依据和基础，加以组合和丰富，形成糖业调控管理体系的重要内容。

主要跨国农资企业发展历程及其竞争优势

　　20世纪90年代，随着经济全球化、贸易自由化进程加快，农业跨国企业进入快速发展阶段，通过并购、合作等方式壮大自身规模，逐步呈现出产业链不断延伸、农业投资规模持续增长、垄断程度日益增强的特征。跨国农业巨头凭借对农业高新技术的垄断，以及对政府政策的影响力，强化了对发展中国家农业生产的控制。随着农业跨国企业对农业产业链控制的不断增强，从种子渗透到农业生产、加工和销售的每一个环节，使得部分发展中国家农产品进口增加，农业在国民经济中所占比重下降，农业对外依赖程度增强，对发展中国家的农业产业安全造成严重威胁。本研究重点梳理了跨国农资公司的发展历程、业务情况以及竞争优势，以期为国内农资企业发展及相关政策的制定提供借鉴。

一、杜邦先锋发展历程

　　先锋公司成立于1926年，1999年被杜邦全资收购，是世界上第二大种子公司，第一大玉米种子生产商，其业务已遍及全球90多个国家和地区。2014年，杜邦先锋公司种子收入高达76亿美元，占杜邦总收入的22%。其发展历程可概括为三个阶段：

（一）第一阶段：杂交玉米种子起家（1926—1969年）

　　20世纪20年代，随着一些小型家庭种子公司的成立，美国种子行业开始进入商业化阶段，改变了以往农户通过自产作物挑选种子的局面。但截止到20世纪70年代，大部分种子公司仍然规模较小，研发资金有限，且由于相关专利保护法律不完善，美国种子行业仍处于初始发展阶段。1926年，亨利·阿加德·华莱士成立了世界上第一家杂交玉米种子生产公司——先锋良种玉米公司。虽然，在此阶段经历了美国经济大萧条、大旱灾害和第二次世界大战，但是这些调整也为先锋的发展提供了机遇。总结先锋在第一阶段快速发展的原因，主要有以下几点：

　　一是创始人亨利的背景优势和努力。亨利的家庭背景为其创建种子公司提供了非常有利的环境。其祖父不仅是爱荷华州的大农场主，同时参与创建了"农民保护协会""农业编辑联盟"等协会，其父亲曾担任报纸编辑、大学教授并出版多本书籍。1921 年，由于亨利的父亲出任美国农业部部长，亨利接管家族经营的"Wallace's Farmer"（当时的主要农业报纸）。亨利凭借有利的资源优势，利用报纸大力宣传其研究和种子产品，邮售玉米种子。另外，亨利自身对种子研究具有极大兴趣，不仅对传统种子提出了挑战，同时亲自进行田地试验，成为早期倡导杂交玉米种子的研究者之一。

二是研发杂交玉米种子，具有前瞻性。20 世纪初，人们普遍认为最好看的农作物能够产出最好的种子，并据此挑选下季种子。虽然大量实验结果证明了传统观点的错误，但是由于种子挑选主要由一些大学赞助的"最美"种子竞赛控制，这些研究结果并未广为传播。先锋不仅早于其他竞争对手研究和生产杂交玉米种子，且其产品逐渐称霸爱荷华州各类玉米产量竞赛。1934—1936年，美国发生了连续的大旱灾害，受恶劣天气的影响，传统农作物产量急剧下降，而杂交种子的抗旱能力逐渐凸显，也为先锋良种的发展带来了机遇。

在种子的研究和开发上，先锋起步也早于同行业其他竞争对手。20 世纪50 年代，先锋开始采用电子系统进行研究和销售数据分析，并先后在佛罗里达州和南美洲建立了研究基地。1964 年，先锋在牙买加建立了研究所，并将实验基地拓展到北美洲以外的地区。

三是美国农业部大力推广杂交种子。杂交玉米种子在美国的普遍采用，离不开美国农业部的支持和大力推广。1933 年，美国采用新型杂交玉米种子的面积覆盖率仅为 0.1%。20 世纪 30 年代末，杂交种子覆盖了美国中部玉米带大约一半的土地。截至 1960 年，全国杂交玉米种子覆盖率则高达 96.3%。1933 年，先锋创始人亨利当选美国农业部部长，在其任职期间，全力宣传和推广杂交种子，而杂交玉米作为先锋的良种，得到了极大的推广。

四是"真实广告＋高价格"和"农户＋销售员"营销模式。随着种子市场的发展，商业种子公司开始向潜在购买者开展激进的营销活动。先锋在成立初期采取"真实广告＋高价格"的营销策略，亨利认为较高的定价更能够使农户相信先锋产品的特别，而高利润为先锋带来了充足的资金用于研发和拓展产品线。同时，先锋开创了"农户＋销售员"的营销模式，该方法也成为了 20 世纪种业行业的典范。农户兼职种子推销员，不仅更加了解周围客户的需求，同时能够掌握产品第一手信息，通过口口相传也更利于种子的推广。

（二）第二阶段：重视研发，加速并购（1971—1998 年）

20 世纪 70 年代以后，随着种子产权保护法律的颁布，私人企业开始取代公共部门成为种子研发的主导力量，与此同时行业兴起并购浪潮，种业进入了现代化发展阶段，并呈现出新的竞争格局。在此阶段，先锋也进行了一系列的整合，并逐渐发展成为种子行业的领头企业。先锋在第二阶段获得迅速发展的主要原因在于：

一是通过收购抢占市场份额，获取种质资源。随着各国对转基因植物的种植在政策上加强管制，以转基因植物研发和销售为核心业务的公司受到一定冲击，巨大的研发投入也促使种子公司寻求新的资金渠道。传统化学行业利润的降低也促使一些跨国化学或者制药巨头开始通过收购或兼并的方式进入种子市场，小型种子公司大多倒闭或被收购，种子市场集中度开始逐渐提高。20世纪70年代中期，瑞士汽巴化学、山德士、荷兰皇家壳牌等跨国化学或制药公司先后通过收购进入种子行业。战略重组后的跨国公司，除在研发上拥有规模经济优势外，可利用其他业务的收入和资源支持种子的研发。1973年，前八大玉米种子公司的市场总额高达72.5％。在此阶段，为抢占市场和增强市场竞争力，先锋对一些中小种子公司展开了收购，以扩大市场份额。1973—1994年，先锋在美国玉米种子的市场份额由24％增长至45％，并稳居行业第一。

二是成为种子行业研发风向标。20世纪70年代前，除少数杂交种子公司在植物品种拥有优先权利外，大部分私人种子公司主要在公共部门的管理下进行种子的清洗、储存和销售。1930年，美国颁布《植物专利法》，但是该法律认为种子是自然产物，并将其排除在专利权外。1970年，美国出台了《植物品种保护法》（PVPA），规定企业可在18年内独家销售和处理新种子品种的权利。该法律的颁布，极大地激发了私人种子公司投资研发的积极性，美国种子的研发模式则由以往的国家和大学为主向私人企业研发为主转变。

自成立以来，先锋十分重视新产品和新技术的研发。由于先锋种子的研发一直领先于行业竞争对手，20世纪80年代早期，一些玉米种子公司对先锋的畅销产品进行模仿，并以更低的价格抢夺市场。针对竞争对手的侵权行为，先锋展开了一系列的维权诉讼行动，来保护公司的知识产权。随着生物技术的兴起，1989年先锋创立了自己的生物科技团队，并于1996年成为第一个开展玉米基因研究的公司。先锋在技术上的绝对领先，不仅成为行业的风向标，也具有了竞争对手无法模仿和匹敌的优势。

（三）第三阶段：稳居行业龙头地位（1999年至今）

20世纪90年代以来，种子行业进行了更大规模的整合，经过企业间的不断收购和合并，种子行业的资源和技术越来越集中到少数实力雄厚的跨国农业集团或种子公司，并以垄断领先地位形成了较高的行业壁垒。先锋能够在这一阶段稳居行业龙头地位并不断开拓市场的原因主要有以下几点：

一是借力杜邦。1981—1985年，农业生物科技公司中兼并或合并的数量为167起。1991—1996年，数目迅速增长至801起，其中90％的战略联盟为行业龙头企业对新成立科技公司的收购。行业内的加速整合，尤其是孟山都对一系列种子公司的收购，使先锋认识到只有科技和资金雄厚的公司才能赢得竞争，也促使了杜邦对先锋的成功收购（在此之前先锋曾对杜邦拥有的股权实行限制条约以防止被收购）。杜邦经营范围涉及军工、农业、化工、石油、粮食等 20 多个行业，通过收购，先锋成为公司重要的战略分支，不仅能增强其生物科技研发实力，使其在未来至关重要的农业生物科学技术中占据一席之地。同时，杜邦对先锋的收购能够实现优势互补，并获得科研、销售等方面的规模经济效益。

二是 PROaccess 分销策略。2008 年，杜邦先锋提出了"PROaccess"（专业的分销渠道）概念，不仅将其注册为服务商标，并确立为公司重要的分销策略。在 PROaccess 战略下，杜邦先锋通过合资、兼并、投资等方式，与第三方种子公司合作，开发本土化的"合作品牌"或"第二品牌"，并利用合作方的销售渠道，达到打破地域壁垒、迅速进入新市场的目的。新品牌产品通常与原产品在定价或特性方面具有一定的差别，并独立于杜邦先锋原有的品牌和销售渠道，不使用"先锋"品牌，但从本质上延续了杜邦先锋的先进技术和种子的优良品质。目前，杜邦先锋已经在美国、巴西、墨西哥、南非和中国等地建立了 PROaccess 商业合作，并计划继续通过该模式实现扩张。在美国地区，杜邦先锋先后收购了 7 家种子公司并与 2 家独立种子公司合作，覆盖范围达 20 个州，迅速提高了其在美国的市场占有率。2009 年，杜邦先锋收购了印度 Nandi 种子公司，借此打入印度棉花种子市场。2013 年，收购了南非 Pannar 种子公司，利用其已有分支进入南非市场。

三是开拓发展中国家和地区市场。21 世纪初，杜邦先锋在北美地区的玉米种子市场份额达到 35%～40%，然而随着美国农业市场的饱和，公司面临着更加激烈的市场竞争。与此同时，拉丁美洲、非洲等发展中国家地区仍然采用传统种植方式，农作物产量非常低，亟须现代种业技术带来的变革，未来市场潜力巨大。因此，杜邦先锋将发展中国家地区列为未来市场重点开拓区域，并通过直接投资、合资等方式进入目标市场。2004 年，杜邦先锋提出了"PS-AD"（pioneer's sustainable agriculture and development）计划，即杜邦先锋可持续农业和发展计划，来促进国际业务的发展。在进入初期，杜邦先锋主要在商业发展滞后地区进行基础设施建设，虽然进入成本高且利润少，但是有利于提高当地对杜邦先锋农业技术的接受度，进而提升品牌忠诚度，创造未来发展机遇。由于预算限制，杜邦先锋通过与当地企业建立联盟，或者引入政府资金支持等方式，来达到资金效用最大化的目的。中国作为农业大国，也是杜邦先锋未来的重要发展区域，而其在中国推出的"先玉 335"获得巨大成功，也证明了其在发展中国家市场所拥有的优势和竞争力。

二、孟山都发展历程

孟山都在美国起家，通过并购扩张，打开欧洲、非洲、南美洲、亚太地区等 60 多个国家的市场。经过百年发展，公司业务从最初的化工领域扩展至农业生物技术领域，逐渐成长为全球转基因种子市场的领军者。总体上，可将孟山都的发展历程概括为以下三个阶段：

（一）第一阶段：发展化工，探索农药（1962 年之前）

1901 年，孟山都成立于美国，起初是一家以食品、药品生产为主的化学公司。在前 60 年的初始发展阶段，孟山都通过并购扩张，在化工领域崭露头角，同时销售农用化学品，向农业转型。1960 年，孟山都成立单独农业部门，开启农业发展新篇章。该阶段驱动孟山都发展的因素如下：

一是销量需求同步上升，化工产品水平多元化。孟山都成立之初，首先从事糖精的生产和销售业务，1903 年和 1905 年，有幸得到可口可乐公司的眷顾，全部库存销售一空。而后，孟山都乘胜追击，生产咖啡因和香草，进行水平多元化扩张。数 10 年间，其销售额快速增长，至 1915 年，达到 100 万美元。第一次世界大战期间，主要欧洲国家受战争影响，农业发展受阻，孟山都借机摆脱对欧洲进口生产原料的依赖，自己生产一部分，产业链向上游延伸。战争结束后，孟山都成为美国最大的阿斯匹林生产商。1918 年和 1930 年，孟山都进行多次并购，同时挖掘第二次世界大战商机，新设工厂、研发产品，扩大经营范围。20 世纪 50～60 年代，孟山都的多款产品获得市场青睐，销售额大幅提升，终于在 1962 年销售额突破 10 亿美元，竞争优势凸显。

二是"产品需求萎缩＋环保农业新政"——倒逼转型。1947 年，化肥轮船的爆炸祸及得克萨斯城和孟山都的工厂，公司生产的苯乙烯等化学产品加剧火势，伤亡惨重。化学品的危险性和对环境的破坏性给孟山都敲响警钟，转型压力逐渐逼近。20 世纪 60 年代，美国社会环保情绪高涨，环境运动如雨后春笋般出现，安全和环保意识深入人心。在外部压力下，孟山都重新审视其发展战略，为谋求长远发展，转移业务重心，涉足农业领域。不仅如此，自 20 世纪 30 年代以来，美国加大对农业的支持力度，出台相关政策法规鼓励农业发展。孟山都抓住机遇从农药入手，拉开转型序幕。

（二）第二阶段：并购种业资产，壮大农药业务（1962—1982 年）

在这 20 年内，孟山都以农药商品化销售打开市场，涉足农业领域；同时着力转型，向生物技术领域进发。该阶段驱动孟山都发展转型的因素如下：

一是夯实农业部门，并购种业资产。成立单独农业部门后，孟山都的销售额持续增加，同时公司为扩大市场份额，继续开展并购活动，布局全球战略。

20 世纪 60 年代，孟山都成立欧洲总部，在布鲁塞尔建设生产设施；南美洲方面，在巴西新设办事处，为 20 世纪 70 年代的大规模投资和生产设施建设奠定基础。受益于各国市场扩张，孟山都的利润总额不断攀升。这一阶段，孟山都也开始在种子生产行业占据市场份额。1969 年，孟山都收购 Farmers Hybrid 公司，开始种业布局。1982 年，第一次改变植物细胞的基因，在收购 DeKalb's 小麦研究计划的基础上，成立孟山都 Hybritech 种子国际公司，寻求建立种业帝国。

二是研发成功现象级的甘膦除草剂——"农达"。20 世纪 70 年代开始，美国政府陆续颁布一系列法案，设立管理机构，加大对企业生产过程中安全环保问题的重视。基于此，孟山都的转型需求尤为迫切。新任副总裁从长远出发，做出战略转型决策，将公司发展重心转移到生物技术领域，在高价值专利化工产品的生产与新产品研发方面加大投入。内有战略转型压力，外有农药需求增加，在两股力量的共同作用下，1968 年孟山都推进 Lasso 除草剂商品化，引导美国农业的少耕或免耕趋势。1974 年，孟山都发明甘膦除草剂——"农达"（Roundup），并于 1976 年在美国实现商品化销售。此后，"农达"除草剂始终占据市场领头羊的位置，带领孟山都在转型的道路上大步前进。

三是抓住转基因作物推广机遇，转型种业。孟山都针对农药业务进行战略收缩，将更多精力投资于种业发展主要基于内外两方面考量。公司内部，1981 年分子生物学小组成立后，生物技术成为未来发展的战略核心，客观上要求将更多资金投入到研发领域，无暇扩大农药业务规模。公司外部，一方面，除草剂的强大药力使其推广受阻，公司为长远发展考虑需另谋出路；另一方面，社会公众对环保和食品安全的要求逐渐提高，促使政府出台规范农药发展的政策，市场环境恶化。同时，转基因大潮推动种业崛起，挤压农药市场空间。

（三）第三阶段：开启转基因种子新篇章（1982 年至今）

20 世纪 80 年代后，孟山都在转基因技术研究优势突出，随着 1996 年美国大规模放开转基因作物种植，加之公司与政府关系深厚，孟山都在玉米、大豆、棉花等多种重要作物的转基因种子市场上牢牢掌握话语权，成为全球最大的种业公司。孟山都在这一阶段的发展主要得益于两点：

一是与其他种业公司建立横向战略联盟。整合管理技术资源，减少同业竞争，巩固垄断地位，以牟取高额利润。（表 1、表 2）

表 1　孟山都纵向合作并购大事记

年份	事件	影响
1982	收购 DeKalb's 小麦研究计划	从产业链的最上游环节开始切入，利用 DeKalb's 的生物技术资源，成立孟山都 Hybritech 种子国际公司

（续）

年份	事件	影响
1995	收购 Calgene 和 Agracetus 公司	利用这两家公司在植物生物技术领域的强大竞争力，增强科研实力
1996	收购 Asgrow 和 Mosoy	Asgrow 是美国大豆和玉米种子龙头企业，孟山都借此提高生产能力；Mosoy 主要市场在巴西，孟山都借势打开巴西市场
1997	斥资 10.2 亿美元入股 DeKalb's 基因研发公司	该公司为全美第二大种子公司，利用其研发实力，推进自身发展
	收购 Holden's 基础种子公司	提高种子生产能力
1999	与嘉吉合作成立合资公司	将孟山都种子和农药生产的上游优势与嘉吉食品和饲料加工的下游优势相结合，开展技术合作，对上下游多个环节实施控制
2004	设立子公司 ASI 并收购 Channel Bio 公司	获得更多种子品牌，提高竞争力

资料来源：公开信息。

表 2　孟山都横向合作大事记

年份	事件	影响
1999	与印度著名杀虫剂生产商 Rallis 合作	孟山都为 Rallis 提供技术和生产管理培训，获得印度更广阔的农药市场相更接近基层的分销机构
2002	与杜邦先锋良种分享一部分生物技术	合作后，两家公司共持有 40% 的农业生物技术专利权，占美国玉米种子市场 73% 的份额，合作逃脱垄断审查
2008	与先正达成互相交换使用专利产品的协议	公司获得先正达有关抵抗麦草畏除草剂的技术，与先正达分享其在欧洲玉米市场的利润，停止双方无休止的法律诉讼

资料来源：公开信息。

　　二是建立深厚的政府关系。孟山都清楚地知道，要扩大转基因种子的销路，仅靠自身宣传推广尤显不足，产品的生产经营需要政府许可，市场需求的挖掘离不开政策支持。因此，孟山都与政界人士保持良好关系，为其发展寻得政治庇护。一方面，孟山都花费大量资金资助选举，用政府权力为其转基因产品正名，以更好地利用技术优势垄断市场。公司曾为美国众议院农业委员会乳制品分会提供 70 余万美元竞选资金，求得该会对其转基因产品的支持。此外，在总统大选期间，孟山都也资助两党候选人，保障公司利益。另一方面，孟山都积极网罗政界人士为公司服务，卸任公职人员携其人脉资源加入公司，更好地搭建孟山都与政府沟通的桥梁。（表 3）

表 3　政府人员在孟山都任职情况

人员	在美国政府任职	在孟山都任职
Rufus Yerxa	世界贸易组织谈判代表	公司首席律师
Michael Kantor	贸易谈判首席代表	公司董事，负责管理公司商业部
Anne Veneman	农业部部长	子公司 Calgene 董事
Michael A. Friedman	食品药品监督管理局代理局长	下属公司 Searle 高级副总裁
Margaret Miller	食品药品监督管理局人类食品安全司副司长	公司首席科学家
Linda J. Fisher	国家环境保护局污染预防、杀虫剂和有毒物质办公室主任	政府与公共事务副总裁
Marcia Hale	政府间事务助理	公司国际政府事务主管
George H. Poste	国土安全部生物反恐处处长	公司动物学专家
Clarence Thomas	最高法院大法官	法律顾问

资料来源：公开信息。

三、先正达发展历程

先正达虽成立仅 15 年，但其历史可追溯到 1876 年成立的 Sandoz 公司和 1884 年成立的 Ciba 公司。总体上，先正达的发展历程分为三个阶段。

（一）第一阶段：从工业化学品到农业化学品（1758—1973 年）

先正达前身由最初的纺织、造纸用化学品、油漆、胶粘剂、药品等领域向农业化学品（以下简称"农化"）领域拓展，生产杀虫剂和除草剂；西玛津、莠去津、敌草快、百草枯等明星除草剂产品的问世为先正达（前身）奠定了植保巨头地位。在这阶段的发展可以概括为：

一是开展农化业务。拓展原有经营范围，先后逐渐涉入农化领域，生产销售杀虫剂和除草剂。先正达前身 Geigy、Ciba、Sandoz、ICI 初始经营范围为纺织、造纸用化学品、油漆、胶粘剂、药品等。随着精细化工的发展成熟及农民对新型农药需求的快速增长，三家公司于 1935—1955 年进入农化领域，生产杀虫剂和除草剂。

二是明星除草剂产品相继问世奠定公司植保地位。注重产品研发，明星产品先后问世，开启农化新时代。Geigy 公司的 P. H. 米勒博士于 1942 年发明 DDT，这是首次投产的有机氯杀虫剂，ICI 公司于 1945 年开始生产六六六，DDT、六六六和氨基甲酸酯类杀虫剂一起成为当时的三大杀虫剂。1940—1960 年 ICI 公司发明生产的 2，4-D 除草剂、敌草快、百草枯和 Geigy 公司发明生产的西玛津、莠去津直至 21 世纪初仍是世界畅销除草剂品种。

（二）第二阶段："农化＋种子＋园艺"协同发展（1974—2010 年）

该阶段公司通过并购进入种子、园艺行业，开启"农化＋种子＋园艺"协同发展新模式；并调整农化产品结构，减少除草剂投入，加大对杀菌剂、种衣剂、生物农药研发投入。在这阶段的发展可以概括为：

一是进军种子、园艺行业。先正达以农化业务打开市场后，迅速跟进种子、园艺业务，开启"农化＋种子＋园艺"协同发展新模式。先正达前身分别于1974 年、1975 年、1983 年进军种业，并通过不断兼并重组迅速壮大，目前先正达已成为全球第三大种子公司，是农化公司进军种业并协同发展的典范（表 4）。

表 4　1974—2010 年先正达在种子、园艺行业的并购和研发活动

年份	并购和研发活动
1974	Ciba 收购美国种子公司 Funk Seeds International
1975	Sandoz 收购种子公司 Rogers Seed Company
1980	Sandoz 收购荷兰 Zaadunie group，后者旗下 S&G 成为先正达三大种子品牌之一
1996	Zeneca 推出全球首个转基因番茄品种 Zeneca 种业和 Cosun/Royal Group 合并成立 Advanta
1998	诺华成立农业研究机构，致力于农业基因研发
2001	先正达合作完成大米基因地图绘制工作
2003	在英国推出了全球首个大麦品种"巨人"
2004	与 Fox Paine 共同收购世界最大的种子公司 Advanta BV 收购 Dia-Engei，日本花卉及蔬菜生产营销领导者 捐出黄金大米
2005	与 COMPO 就园艺产品达成战略联盟
2006	与杜邦签订许可协议，研究玉米和大豆的遗传性及生物技术 收购 Fischer，欧洲主要花卉公司
2007	入股中国三北种子公司
2008	在北京建立全球生物技术研究中心 获得阿根廷 SPS 种子公司 从美国花卉生产者 Yoder Brothers 获得菊花及紫苑业务
2009	与安徽省农业科学院水稻研究所合作，研究玉米和大豆基因 收购孟山都混合葵花籽业务
2010	在印度尼西亚建立 2 600 万美元的玉米种子加工厂

资料来源：长江证券研究部。

二是调整农化业务结构。顺应市场变化，调整农化产品结构，减少除草剂研发投入，加大对杀菌剂、种衣剂、生物农药研发投入。随着市场对环保农化需求的增加及转基因作物的兴起，全球农化市场格局发生了巨大变化。先正达瞄准市场变化，加大对生物农药投入，于 2012 年收购了 Pasteuria 生物科学公司，并加大对种衣剂、杀菌剂的研发和销售投入。

（三）第三阶段：作物整合解决方案起航（2011 年至今）

该阶段公司以种植者需求为导向，提供从土壤、种子、种植、植物营养到病虫害防治的一体化综合解决方案；并打破原植保与种子垂直管理格局，将其业务重组为八大作物单元。这阶段的发展可以概括为：

一是推广作物综合解决方案。先正达整合作物从种子、种植、田间管理到收割的全过程，为种植者提供轻松、高产的作物综合解决方案。在全球种植者面临挑战不断增加的背景下，基于自身在农化、种子领域的领先地位以及先进的农业技术，先正达为种植者提供因地制宜的作物方案，目前先正达已发展成熟的作物整合解决方案有印度 TEGRATM 水稻综合解决方案和巴西 PLE-NETM 甘蔗综合解决方案。

二是调整公司内部业务模式和组织结构。在先正达确定作物整合解决方案战略后，对公司内部业务模式和组织结构进行调整。在整合植保业务和种子业务的过程中，先正达将业务模式由以产品线为导向重组为以作物单元为导向，全球形成八大作物单元，分别是麦类作物、非麦类大田作物、甘蔗、大豆、水稻、玉米、蔬菜以及特种作物。职能部门总体上分为商务单元和商务支持单元。

四、跨国农资企业的主要竞争优势

（一）杜邦先锋主要竞争优势

在近百年的发展历史中，杜邦先锋并未进行大规模的产业链整合和延伸，而是专注于种子研发和生产，在以玉米种子业务为核心业务的同时稳步推进种子产品多元化经营。基于种子产业链，杜邦先锋将育种研发、价值服务体系等环节组成一个有机整体，并发展成为实力雄厚的种业平台型公司。

1. 专注育种研发

杜邦先锋坚持"以科研支持商业活动、以产品支持销售"的经营方针，每年投入大量的人力和物力用于研发育种。目前，杜邦先锋已建立品种丰富和种类繁多的种质资源库，拥有全球 60％以上的玉米种质资源，并在全球 100 多个试验站之间进行资源共享，这也成为杜邦先锋的核心优势。

2. 玉米种子为主体，巩固行业第一地位

2013 年，玉米种子收入占杜邦先锋总收入的 68％，玉米种子不仅是其起家业务，在后期发展中仍是最重要的业务单元。此外，杜邦先锋长居世界上最大玉米种子生产商的地位，约占 20％的世界市场份额，是第一个进行玉米基因研究的公司，并在转基因玉米研究上居行业领先地位。随着转基因玉米的推广，杜邦先锋在转基因育种上的优势也为其带来了巨大的商业价值。凭借强大的研发优势，杜邦先锋在不同市场均建立了完善的玉米种子产品体系。

在北美洲地区，杜邦先锋主打抗虫系列和抗旱系列玉米种子品牌，其中抗虫系列涵盖 5 个主要子品牌（不含合资品牌），涉及单抗、多抗以及耐除草剂等性能，不同品种的优势特性鲜明，在品牌覆盖的广度和深度上远远领先于竞争对手。同时，先锋通过参加高产比赛的方式扩大知名度。在美国玉米协会举办的玉米高产大赛中，各个区域冠军选择杜邦先锋品种占比近 70%。另外，杜邦先锋在北美洲各个玉米种植区域与当地农民合作建立大范围的品牌对比试验田，实地试验产品在当地的适应性和高产特性并加以宣传，提高了知名度。

3. 种子业务多元化，注入持续发展动力

玉米是美国最主要的农业作物，对玉米种子市场的巨大需求为杜邦先锋的起步创造了巨大发展空间。但是，不同种子类别在研发技术上的相通性和玉米种子带来的丰厚利润，为杜邦先锋拓展产品线提供了可能性，尤其是随着种子市场需求的不断变化和种子研发的经济规模效益凸显，杜邦先锋的种子产品也逐渐向多元化发展。杜邦先锋的种子产品已经涵盖大豆、高粱、水稻、小麦、油菜籽、向日葵等多个类别，并随着市场发展的变化不断调整。2015 年，为集中发展利润更高的优势种子品种，杜邦先锋以 4 200 万美元将苜蓿种子业务出售给 S&W 种子公司。同时，随着全球对新能源需求的增加，杜邦先锋逐渐加大生物燃料种子的投入和研究。种子业务的多元化经营和产品线的不断整合也为杜邦先锋注入了持续发展的动力。

杜邦先锋同样非常重视其他种子类别的研发育种，并在一些领域居于行业领先地位，代表之一就是 Plenish 高油酸大豆。2010 年，杜邦先锋获准在美国销售 Plenish 高油酸大豆。2014 年 12 月，中国政府批准进口其 Plenish 转基因大豆。杜邦先锋利用先进的遗传学和尖端技术研发出高油酸大豆，相对于传统大豆具有明显优势，是杜邦先锋将产品创新引入食品工业的重要里程碑事件，具有较大的未来发展空间。

4. 构建专属杜邦先锋的价值服务体系

经过激烈的市场竞争和汹涌的并购浪潮，种业中最终留存下来的公司大多是实力雄厚的跨国公司。杜邦先锋基于种子产业链建立价值服务体系。杜邦先锋的价值服务体系可以理解为：

（1）"Long Look"经营理念。1952 年，先锋公司首次提出"Long Look"（放眼未来）的经营理念，并成为先锋近百年来管理文化的精髓。在该理念下，杜邦先锋把客户和产品质量放在第一位，在寻求企业发展的同时注重履行社会

责任，并成立杜邦先锋社区投资和农业发展部门，为农户和社区提供持续的服务，帮助其提高生活水平和粮食安全。"为可持续的粮食生产提供广泛的解决方案"也是杜邦先锋一直以来的公司承诺，通过包容性创新，达到社会、经济和生态效益的统一，在数量和质量上保障全球的粮食安全。强烈的社会责任意识也有助于提升杜邦先锋的企业形象和品牌影响力，改善公司的发展环境，为公司长远发展奠定坚实的基础。

（2）以市场为导向的科技创新。杜邦先锋在全球设有 110 个研发中心，覆盖 25 个国家和地区，并拥有 4 000 多名研究人员，每年投入的研发费用占销售收入的比重均超 10%。爱荷华州的约翰斯顿研究中心是杜邦先锋的种子业务总部所在地，也是杜邦先锋最大的高级作物遗传学研究中心，拥有 500 亩试验田和 1 000 名研究人员，并计划在未来几年里建立超过 20 万平方英里*的温室和 20 万平方英尺**的实验室。杜邦先锋的育种人员每年筛选约 300 种新的自交系种子，测试 800 余种新的试验性杂交种子，并利用最先进的计算机网络在最短的时间内培育出具有市场前景的种子（表 5）。

表 5　杜邦先锋育种技术概况

技术类别	技术概要	技术作用
博里斯移动风机技术	测试玉米杂交种由于恶劣天气造成的产量损失	精度测试品种抗倒伏能力
单倍体加倍育种技术	利用人工等方法诱导产生单倍体，并使其单一的染色体各自加倍成对，成为有活力、能正常结实的纯合体，从而选育出新品种的方法	加速玉米自交系培养
DNA 测序技术	确定基因组中性状改良的重要基因或区域的核苷酸序列	发现新优良基因特征
SPT 技术（先锋独创）	该体系综合利用了转基因技术、花粉败育技术和荧光蛋白色选技术。主要程序为将玉米花粉性败育基因、雄性恢复基因和红色荧光蛋白标记基因组合在一起，构建遗传转化载体，并导入到玉米隐性核雄性不育系中，从而恢复不育系的育性并能有效繁殖。该转基因株系自交后，产生 50% 的不育系种子（不含荧光的种子）和 50% 的保持系种子（含有荧光的种子），然后通过荧光色选技术，分离这两种具有恢复基因和没有恢复基因的后代，从而实现一系两用的目的：不含荧光的种子可以作为不育系，用于玉米杂交育种和杂交制种；含荧光的种子用于自交产生后代和杂交生产正常不育系种子	这一技术体系有效地解决了玉米雄性不育系的保持和繁殖题，从而将玉米的隐性核不育系材料应用到杂交育种实践中，大大提高玉米杂交优势利用效率和杂交制种水平

---

* 平方英里为非法定计量单位，1 平方英里＝2.590×10⁶平方米。

** 平方英尺为非法定计量单位，1 平方英尺＝9.290×10⁻²平方米。

（续）

技术类别	技术概要	技术作用
分子标记辅助选择系统	寻找特定基因的抗性功能（抗虫、抗旱、抗倒伏等）	增加作物适应性
耳测光技术	即数字图像分析系统，用于迅速测量单穗产量	提高开发测试产品的精度和速度
快速玉米系统（先锋独创）	即玉米特性功能分析系统，包括可见光成像分析（分析植物成长量和光合作用）、荧光成像分析（分析植物水分和氮肥吸收及利用）、广谱成像分析（分析植物中各种微量元素的吸收和利用）	精确定量分析植物的各种特性
转基因技术	外源基因导入受体生物体基因组内增加作物各方面的抗性功能	增加作物抗性功能

资料来源：杜邦先锋网站。

（3）本土化营销理念。尽管科学技术具有普遍适用性，但是由于自然、人文和经济环境的差异，杜邦先锋始终坚持普世科学下的本土化解决方案。"Right Product for the Right Acre"，即为所有田地提供最适合的产品是杜邦先锋最基本的研发策略。杜邦先锋将世界区域划分为北美洲、欧洲及其他地区三个研究区域，并将研究站点设于具有代表性气候的主要作物生长区，每个站点均配有育种专家，在了解和预测客户需求的基础之上进行田地测试，尽可能缩短育种周期，为客户提供高价值产品。

先玉 335 的成功推广是杜邦先锋成熟的市场运作的缩影，除了借鉴杜邦先锋在国际上成熟的种子一体化、精细化服务之外，单粒播种技术的推广成为杜邦先锋在中国本土化价值营销的经典模式。中国传统的玉米种植方法是每窝播种 2～3 粒，但是只留一株生长，种植效率较低且成本高。

杜邦先锋进入中国后，针对中国的种植情况，确立目标为通过提供高质量的种子来提高种植效率和作物产量。同时，杜邦先锋与本土企业合作开发了中国第一台真空播种机，帮助农民实现智能化种植，通过真空种植能够减少33％的作物浪费，单粒种植逐渐在中国成为趋势。由于中国单个农户的农田规模通常小于 1 公顷，先锋将产品包装成只有 5 毫升的小袋，以满足农户小规模种植的需求。

（4）农业信息化下的精细化服务。杜邦先锋完善的产业链还体现在无微不至的精细化服务上。杜邦先锋的精细化服务可谓是贯穿种子的一生，涵盖种子销售—播种指导—田间管理指导—收获指导—作物销售等。总体上来讲，杜邦先锋在种子的配套服务领域真正做到了精细化和精准化，更贴近农民。其各个环节的具体指导系统包括：先锋优质种子购销系统（Pioneer Premium Seed Treatment）；农户种植计划支持系统（Pioneer FIT ® Services）；ENCLASS ® 系统，营销人员根据每个地区的土壤和气候状况帮助农户选择合适的种植品种以及田间管理计划；除草剂、杀虫剂、配套服务支持；技术跟踪服务，通过杜邦先锋大数据为农户提供施肥、除草剂、农药、灌溉等跟踪建议；农户网上交易服务平台（Market Point ® resource），为农户提供作物销售渠道；PSI 金融服务公司，杜邦先锋旗下全资子公司，为客户制订灵活、方便的支付计划和其他财务服务。

在农业信息化领域，杜邦先锋的发展亦走在前列，其主要的服务模式为：一是利用公司的农田决策方案系统（Encirca SM View）和杜邦先锋农场 360 度服务平台向农户推广和提供相关产业信息服务，提高农户保有率及客户对于公司产品的粘性，同时利用客户的反馈数据提升公司种业管理能力和服务能力；二是构建以"先锋—信息系统网络—经销商及零售商—普通农户"工作网络为核心的"农户管理信息化服务平台"，及时了解农户需求并进行大数据分析，从而更有针对性地进行渠道扩张，提高物流效率。将种业销售以产品为导向的模式转变为以农户需求为导向的模式。

（二）孟山都主要竞争优势

孟山都成长为全球农业巨头的关键在于搭建以"种业＋农药"为核心，集农资一体化、农业信息化于一体的农业综合服务平台，该平台以"种子＋农药"为双核，辅之以农业增值服务和农业信息服务，形成全方位的产业平台。具体为：

1. 农资一体化——构建"种子＋农药"双核

孟山都转型农业以来，专注农资发展，以点带面，增强业务实力。1976 年，"农达"除草剂实现商品化销售，因其良好的除草效果迅速获得市场青睐。然其巨大药力也使农作物深受其害，销售推广遇到瓶颈。为摆脱困境，孟山都研发农达种子，将其与农药一起打包销售，同时为两种产品赢得市场。

（1）种业：兼并重组＋转基因育种研发，打造种业龙头。孟山都从 20 世纪 80 年代开始实施战略转型，涉足种业。对外积极推进合作，加大兼并扩张力度；对内提升研发实力，加强专利保护。20 年间，公司把握转基因作物商业化推广的大潮，成为全球种业龙头。

第一，并购扩张，种业为王。1982 年，孟山都收购了 Jacob Hartz 大豆种子公司，开始向种业进发。从 20 世纪 90 年代开始，公司大举扩张，收购了 350 多家种子和农业公司，摇身一变成为跨国种业巨头。此外，公司具备雄厚的资金实力，组成了超过 2 万人的科研团队，依靠自己的生产基地和营销网络开展种子的生产和销售活动。孟山都凭借对市场的敏锐嗅觉和上中下游的全产业链控制，促进科研成果向商品转化，牢牢掌握全球种业市场发展的命脉。

第二，加大投入，研发制胜。转型农业以来，孟山都迅速占领种业市场。目前全球 25 个国家和地区的 1 400 余万农民使用孟山都的产品，包括玉米、油菜、大豆、棉花等种子。公司垄断地位的巩固，得益于其构建的技术壁垒。孟山都在全球建有 106 个种子研发机构，研发人员达到 2 300 人，近 70% 人员拥有博士学位，其中从事育种研究的有 830 多人，占比超过 1/3。自 2009 年以来，公司的研发投入超过 10 亿美元，占其销售收入的 10%，每天用于科研的费用更是高达 200 万美元，其中的 95% 用于种子和生物技术研究。除了大规模资金投入，孟山都还在世界各地成立研发中心，开发不同产品，以求覆盖多个细分市场。每项新产品的开发耗时 5～10 年，花费达上亿美元。孟山都的种子研发重点是大豆、玉米、棉花这些大面积种植的作物，对小面积种植的蔬菜种子也有涉及。其研发包括从种质胚胎到生物技术的整个链条，其中，基因技术的突破极大地增强了公司的研发竞争力。孟山都不仅依靠自身研发人员，还与各地科研院所、大学、公司等机构建立合作关系，利用外部专业人才弥补自身缺陷，并节省人员培训费用，一举两得，以此加大研究创新力度，分散技术风险，发挥协同效应。

第三，开拓市场，专利先行。孟山都能垄断全球多个国家和地区的转基因作物种子市场，固然基于其雄厚的资金实力和强大的研发能力，但严格的专利保护制度能有效构筑市场壁垒，保证独占实施权，以巩固其对市场的控制力。1986 年，孟山都申请第一个大豆种子专利，拉开专利保护序幕，借助世界知识产权制度，其申请的专利数量大幅提升。如今，公司拥有 1 700 多项专利，掌握着全球 90% 转基因种子的专利权，形成种业发展良性循环。配合基因研发和专利申请，孟山都在中游实现产品转化，以大豆和玉米种子为主，同时生产棉花、蓖麻、甜菜等蔬菜和水果种子，在各细分市场都占有一席之地。孟山都将转基因技术嵌入到产品中，显著提高了作物的产量，但三代过后，产量会显著下降，这促使农民每年向孟山都购买种子。如此，公司通过"技术保护系统"完成下游产品营销，锁定市场利润。

(2) 农药：草甘膦制胜，成就农药巨头。孟山都在转型农业以前，已经开始涉足农药业务。早在 1945 年，公司就着手生产和销售包括 2,4D 除草剂在内的农用化学品，继 1964 年推出毒草安除草剂、1974 年推出"农达"除草剂后，1976 年其农药产品实现商品化销售，市场表现良好。孟山都借机加大营销力度，促进农药业务快速发展。如今，公司农药产品以草甘膦除草剂为主，与市场需求结构高度吻合，同时配合种子销售，作为农资业务的有力补充，成为第二大利润来源。

第一，草甘膦成就农药巨头。受益于转基因作物种植面积增加，草甘膦除草剂的市场需求扩大。1996 年，转基因作物大面积推广种植，公司抓住机遇，使抗草甘膦作物成为最主要品种。为配合农业生产，草甘膦除草剂自然成为受益者，需求量稳步上升。公司作为主要草甘膦除草剂生产商，在农药业务方面优势明显。受益于草甘膦除草剂的需求增加，孟山都保持在农药业务上的研发投入，以改良产品。同时，作为除草剂商品化销售的先驱，公司依托历史发展经验以及既有的客户群体和良好信誉形象，成为世界农药巨头之一。如今，孟山都在全球草甘膦除草剂市场占比近 20%，始终维持较高水平。

第二，麦草畏，冲破发展桎梏。近几年，由于抗草甘膦杂草问题愈演愈烈，作物生长受到影响，孟山都开始反思，寻求解决之道，以保住市场份额。经测试发现，草甘膦与麦草畏结合后能有效缓解杂草问题，改善除草效果。因此，孟山都与巴斯夫合作，共同研发一种以麦草畏为基础的除草剂——巴斯夫向孟山都提供麦草畏制剂，两家公司均可利用麦草畏开发新的除草剂混剂产品，并进行销售。如此，双剑合璧，助孟山都突破草甘膦瓶颈，在农药业务发展道路上走得更远。

2. 农业信息化——孟山都式精准农业服务

20 世纪 90 年代起，精准农业概念的普及推动行业变革，孟山都紧跟时代步伐，将信息化应用于农业领域。公司推出害虫识别在线手册和风险评估软件，移动终端杂草识别程序；收购 Climate 公司，推出 Climate Basic/Pro 工具和 Roundup Ready Plus 系统，帮助农民实时监控作物信息，为其提供最佳农资选择，实现提高作物产量和保护农业生态的双重目标。

2013 年 10 月初，孟山都以 9.3 亿美元收购意外天气保险公司 Climate Corporation，并利用其 250 个天气数据采集点，综合 1 500 亿个土壤观测记录，生成 10 万亿个天气模拟数据，判断出现意外气象灾害的概率，为农民提供定制的灾害保险。

此外，孟山都凭借 Climate Corporation 强大的数据处理能力，支持精准农业发展。收集农业生产所需的各项数据，然后结合作物生长条件和土壤状况制定科学的管理制度，确定最优农资投入和最佳耕作时间，最后依据环境变化对种植方案进行调整，提高生产效率。

2014 年，随着智能手机普及程度提高，孟山都在加拿大推出基于移动端的新型杂草识别程序。该程序储存超过 48 种杂草信息，以高分辨率图片介绍杂草性状，用户可按形状、颜色、生长阶段对其进行检索，获取最新信息，制订杂草处理方案。

如今，孟山都将线上线下业务相结合，系统平台和移动终端同时发力，在农业信息化的道路上走在世界前列。

（三）先正达主要竞争优势

在全球种植者面临挑战不断增加的背景下，基于自身在农化、种子领域的领先地位以及先进的农业技术，2011 年起先正达对植保和种子业务进行完全整合，在农药、种子和园艺花卉这三种主要产品的基础上，辅助提供农业技术服务，推广集合了生物解决方案和化学解决方案的作物整合解决方案。先正达成长为全球领先的农业科技巨头的关键在于：

1. 丰富的农资产品——植保＋种子＋草坪和园艺

先正达有包括植保产品、种子、草坪和园艺产品在内的丰富产品线，其中植保产品占绝对优势。2014 年其植保产品销售额为 113.81 亿美元，全球排名第一，种子销售额为 31.55 亿美元，全球排名第三，草坪与园艺产品销售额为 6.93 亿美元。

（1）植保——除草剂贡献过半，杀菌剂、杀虫剂发展迅猛。先正达在 2008 年以 26.7％的增长率超越拜耳公司，成为世界第一大植保公司。2014 年植保收入为 113.8 亿美元，占公司收入比重 75％。先正达植保业务的特点可以概括为：

第一，除草剂挑大梁，杀菌剂、杀虫剂快速增长。除草剂占据绝对市场份额，随着转基因作物种植面积的不断扩大，杀菌剂和杀虫剂发展迅猛。

第二，三大明星产品担当主力。三大明星产品除草剂甲基磺草酮（Callisto）、杀虫剂及杀虫种子处理剂噻虫嗪（Actara 和 Cruiser）和杀菌剂嘧菌酯（Amistar）并驾齐驱，担当绝对主力。

第三，新兴市场崛起。随着拉丁美洲、亚太地区农业投入的增加、农业现代化进程加快以及转基因作物种植面积的扩大，先正达在新兴地区市场份额迅速上升，快速缩小与北美地区差距。

（2）种子——玉米、大豆种子领头，蔬菜种子跟进。先正达种子主要包括玉米、大豆、大田作物（麦类、甜菜、油籽等）和蔬菜，其中玉米和大豆种子销售收入占比近 50％，是最主要的种子品种。

第一，先正达玉米和大豆种子主要品牌为 NK Ⓡ（全球）和 Golden harvest Ⓡ（美国）。先正达拥有丰富的基因池和领先的转基因技术，目前拥有 50 多个大豆品种。北美和拉丁美洲是主要的玉米和大豆种子消费国，AGRISURE VIPTERA Ⓡ玉米种子占全美玉米种子 30％左右的份额，约占巴西产品组合 50％的份额。

第二，先正达大田作物主要品牌为 NK Ⓡ、Hilleshög Ⓡ 和 SYNGENTA

Ⓡ，SPS Ⓡ，MARIBO Ⓡ。向日葵、油籽和甜菜是先正达最主要的大田作物品种。

第三，先正达蔬菜品牌为 Rogers Ⓡ、S&G Ⓡ 和 Daehnfeldt。先正达是全球第二大蔬菜种子公司，产品主要为番茄、辣椒、黄瓜、甜玉米、西瓜、甜瓜、十字花科及沙拉蔬菜。

（3）草坪和园艺——草坪与花卉平分秋色。相对于植保和种子业务而言，先正达草坪和园艺业务起步较晚、体量较小，近 5 年来该部门销售业绩保持在 6.9 亿~8.5 亿美元，占比不足 7%。先正达草坪和园艺产品可分为草坪养护产品、花卉和景观产品三个部分，主要为前两个部分。具体而言：

第一，在草坪养护方面，高尔夫球场作为消费主体是先正达的重点客户。先正达草坪养护旗舰产品为杀虫剂 HERITAGE Ⓡ 和杀菌剂 DACONIL Ⓡ。2012 年先正达对 DACONIL Ⓡ 进行改良，在扩大其杀菌范围同时增加草皮抗旱性，这一改良使 DACONIL Ⓡ 当年销售份额上升至 40%。

第二，在花卉方面，先正达主要通过 2007 年对 Fischer 和 2008 年对 GoldsmithSeeds Inc. 及 Yoder 园艺产品线的收购完成了对该部门的组建。目前先正达的花卉品种多达数百种，覆盖大多数流行盆栽和花坛品种。其中最为畅销的品种为天竺葵、堇型花、非洲凤仙花、菊花，此外一品红、凤仙、海棠、仙客来、天竺葵、矮牵牛等品种也颇受欢迎。

2. 作物综合解决方案

2011 年先正达进行重大战略调整，在全球范围内对其原有植保和种子两大业务进行整合，为种植者提供作物整合解决方案。即将原先产品线重组为八大作物单元，分别是麦类作物、玉米、多种大田作物、水稻、大豆、特种作物、甘蔗和蔬菜，从种植者角度出发，制定客制化的从育种到成熟采收全程所需种子、植保产品、农业机械供应、农业技术指导的一体化解决方案，实现提效增产。先正达计划通过实施新战略实现 2015 年年底费用减少 5.5 亿美元、2019 年年底 8 种主要作物销售额达 250 亿美元的效益。

尽管目前先正达作物整合解决方案仍处于发展初期，表现为成熟方案少、推广面积小、拉动销售和减少费用效果不明显，但从长期来看，该方案具有较好前景，原因如下：

（1）种植者对高效规范生产方案需求迫切。随着全球人均耕地面积的减少和规模化农场增加，种植者对高效、规范的农业生产方案需求迫切。

第一，随着全球人口继续增长，人均耕地面积不断减少，从 1961 年的人均 0.37 公顷下降到 2009 年的 0.2 公顷，单位面积耕地所需供养人口接近翻番，种植者急需能有效提高单产的种植方案。

第二，规模化农场是农业现代化的必然结果，美国、日本已于20世纪80年代完成了分散的小型农场向规模化农场转变，而其他国家也已经完成或正在进行这一转型。相对于小型农场而言，规模化农场对农业生产效率和生产规范性要求更高，高效规范的整合生产方案对规模化种植者具有巨大吸引力。

（2）作物整合解决方案是高效规范的生产方案。作物整合解决方案能有效满足种植者高效规范的需求，从而拉动相关作物植保产品和种子的销售，并减少费用。

第一，作物综合解决方案可提高生产效率。先正达自2014年起与独立机构 Market Probe 合作对全球2 738家参照农场和860家采用先正达产品或技术的农场就作物单产、农药施用、化肥施用、工作时间和强度等系列数据进行统计，以测度先正达产品和技术提高作物生产效率的效果。由于该合作项目目前仅执行一年，尚无全面系统的数据支持先正达作物综合解决方案在提高生产效率方面的效果，但可从若干作物品种的表现来进行说明。

先正达在德国推行 HYVIDO ® 杂交大麦方案，90家试验农场2013年单产比参照农场高出0.8吨/公顷，2014年继续增产0.6吨/公顷，比参照农场高产24.9%。2014年采用先正达巴西 PLENETM 甘蔗整合解决方案的农场平均效率提高10%，大豆整合解决方案使主产国增产9%左右。

第二，作物综合解决方案满足种植者对规范性的需求。先正达作物综合解决方案为种植者提供一体化农资产品和良好农业操作规范，能够实现种植者的食品安全、农业链全程可追溯、符合国际操作标准等规范性需求。

一是先正达拥有丰富的植保和种子产品以及领先的相关技术，能根据种植者需要定做符合国际市场需求的最高农药残留限量标准的作物解决方案，针对作物在不同生长期可能出现的病害和生长需求制订标准化的农药施用方案；

二是先正达能为自有基地或合同种植农场提供符合良好农业操作规范（GAP）、Hazard Analysis and Critical Control Point 标准的农场管理支持，实现农场规范化操作和管理；

三是先正达为种植者引进先进农业生产技术与管理模式，包括可追溯性技术平台，真正实现农业企业公司→生产基地→包装加工→经销商→超市零售→消费者的全程可追溯，满足消费者和后端食品公司对食品安全的要求。

3. 作物整合解决方案促进相关作物业绩增长

作物整合解决方案能够有效促进相关作物业绩增长，理由如下：一是通过捆绑销售可以明显加强植保和种子业务的协同作用，实现1+1>2；二是农业技术服务辅助农资产品，帮助种植者实现增产增收，实现2+1>3；三是作物整合解决方案通过满足种植者高效规范需求能够建立良好的客户关系，增加客户粘性。

先正达在 2011 年开始推行作物整合解决方案，实施战略转型后，当年实现 132.68 亿美元的销售收入，同比增长 14%，明显高于前几年增长水平。此外，公司整体的费用也得到有效控制，费用率明显降低。尽管近 3 年先正达业绩增速放缓，但这与全球经济增长放缓、汇率波动等因素有关，作物整合解决方案是农资公司的发展方向，而先正达正是其中的先行者和佼佼者。

就先正达发展最为成熟的作物整合解决方案 TEGRATM 水稻综合解决方案和 PLENETM 甘蔗综合解决方案来看，在实施后的 2012 年和 2013 年水稻产品和甘蔗产品的销售增长率达到 16%、11% 和 52%、12%，明显高于同期公司整体销售收入增长率 7%、3%。

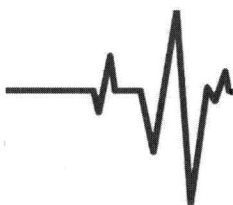

产 业 篇

2017

全球谷物供需及
贸易政策跟踪研究

随着经济一体化、贸易全球化进程的逐步深化，在新的形势下，中国政府明确提出了"以我为主、立足国内、确保产能、适度进口、科技支撑"的粮食安全新战略。要坚持"引进来"和"走出去"相结合，全面提升统筹利用国内国际两种资源、两个市场的能力，建立基于全球视野的粮食安全保障机制。放眼世界谷物市场，影响国际谷物进出口贸易的不确定性因素日益增多，一是全球气候变化将直接影响主要生产国，世界谷物产量波动较大；二是农业"能源化"趋势将进一步推动生物质能源快速发展，大幅增加对玉米的需求；三是近年来主要国家谷物进出口政策不断变化，加剧了国际谷物市场价格的波动。在此背景之下，中国的谷物进口将面临较大的不确定性，一方面能否适时进口到所需的谷物品种，另一方面如何提高中国粮食贸易在国际粮食市场上的话语权。基于这两个目标，本研究着重对世界主要国家谷物生产、市场与贸易及政策进行跟踪研究，及时掌握并分析主要进出口国家玉米、小麦和大米的生产、市场与贸易及政策的变化动态，对及时调整中国粮食宏观调控政策，加强粮食进出口有效调控，建立全球农业战略体系，充分利用好国内国际两种资源、两个市场，提高中国农业国际竞争能力，确保国家粮食安全目标具有十分重要的理论意义。

一、世界谷物生产变化

（一）世界谷物生产

美国农业部预计，2016/2017 年度世界谷物产量为 25.48 亿吨，比上年度增长 3.75%（9 212 万吨）。其中小麦产量为 74 472 万吨，比上年度增加 924 万吨，为历史最高纪录；粗粮产量为 131 965 万吨，较上年度增加 7 118 万吨；大米产量为 48 380 万吨，较上年度增加 1 169 万吨，为历史最高水平，大米产量变化相对较为稳定。2016 年世界小麦和大麦生产前景进一步向好，俄罗斯和哈萨克斯坦的小麦产量增长，俄罗斯和乌克兰的大麦产量上调（图 1）。

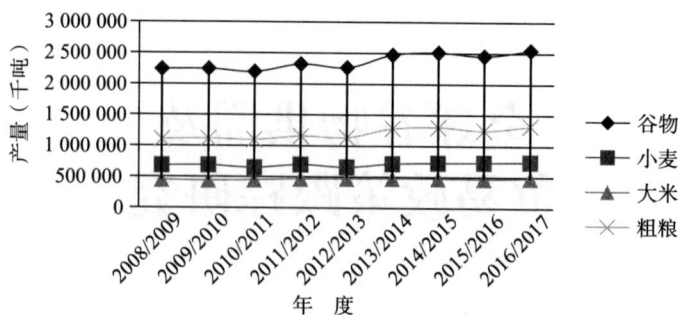

图 1 世界谷物生产量变化

数据来源：美国农业部。

（二）主要国家小麦产量变化

2016/2017 年度俄罗斯小麦产量增加 1 095 万吨，比上年度增长 18%，为世界小麦产量增加做出主要贡献；哈萨克斯坦小麦产量增加 275 万吨，比上年度增长 20%；美国小麦产量增加 674 万吨，比上年度增长 12%；欧盟小麦产量减少 1 679 万吨，比上年度减少 10%；中国小麦产量减少 219 万吨，比上年度减少 1.68%（图 2）。

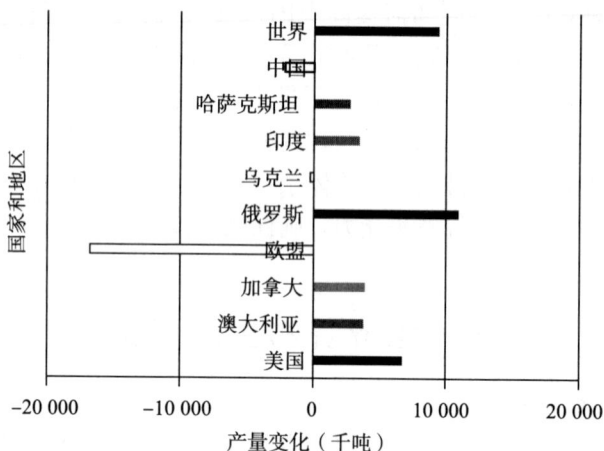

图 2 2016/2017 年度世界主要国家小麦产量变化

数据来源：美国农业部。

（三）主要国家大米产量变化

2016/2017 年度泰国大米产量增加 280 万吨，比上年度增长 17.7%；印度大米产量增加 218 万吨，比上年度增长 2.1%；美国大米产量增加 139 万吨，比上年度增长 22.7%；越南大米产量增加 34 万吨，比上年度增长 1.25%；印度尼西亚大米产量增加 40 万吨，比上年度增长 1.1%（图 3）。

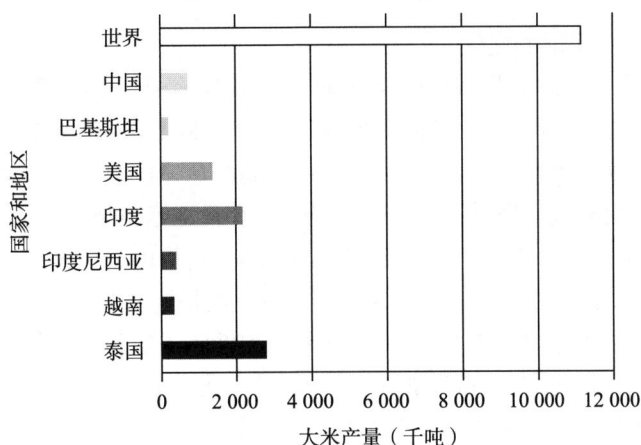

图 3　2016/2017 年度世界主要国家大米产量变化

数据来源：美国农业部。

（四）主要国家玉米产量变化

2016/2017 年度美国玉米产量增加 3 699 万吨，比上年度增长 10.7%，美国仍为玉米产量第一大国；巴西玉米产量增加 1 650 万吨，比上年度增长 24.6%；阿根廷玉米产量增加 850 万吨，比上年度增长 30.4%；乌克兰玉米产量增加 267 万吨，比上年度增长 11.4%；中国玉米产量减少 858 万吨，比上年度下降 3.8%；墨西哥玉米产量减少 130 万吨，比上年度下降 5%（图 4）。

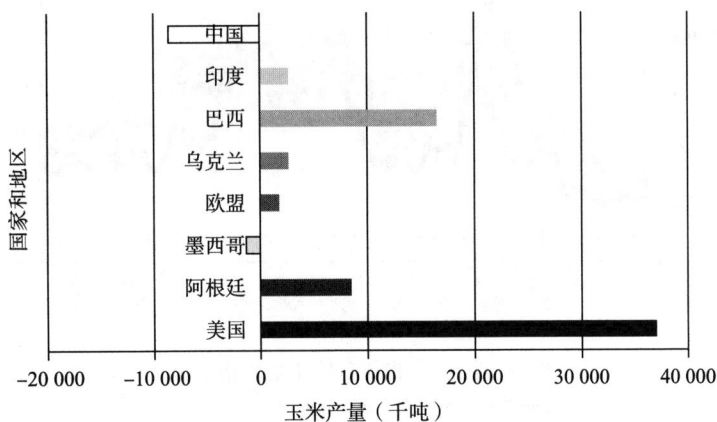

图 4　2016/2017 年度世界主要国家玉米产量变化

数据来源：美国农业部。

二、世界谷物市场变化

（一）近 10 年来的变化

近 10 年来，国际谷物市场价格波动较为剧烈，经历了几个峰值：2007 年 10 月至 2008 年，2011 年 5～7 月和 2012 年 7～9 月。2007—2008 年，小麦、大米和玉米价格均出现了大幅上涨，在 2008 年达到高峰后又明显下跌，经历了一个短期回落后，又出现大幅攀升，其中 2011 年 1～3 月玉米价格已经超过 2008 年的"世界粮食危机"的峰值。2007 年以来，国际粮食价格的大幅上涨引起了国际社会的高度关注，加重了国际社会对世界粮食安全的担忧，尤其是广大高度依赖粮食进口以保障本国粮食安全的粮食进口国家和低收入缺粮的发展中国家。2012 年以来，一方面由于世界经济发展处于低迷状态，另一方面世界粮食产量的增加使得粮食供给较为宽松，因此国际谷物价格下降较为明显。2016 年国际谷物价格继续维持跌势，与年初相比，小麦全年下降 12.7％、玉米 3.8％、稻米 2.7％。

国际谷物价格下跌的原因：2008 年金融危机发生之后，各国政府采取了扩张性的财政政策和货币政策，但该举措并未起到带动经济复苏的作用，反而出现需求下降。2012 年年底以来，世界各类大宗商品价格都迅速下降，其中就包括谷物价格，世界粮食产量的增加使得粮食供给较为宽松，因此国际谷物价格下降较为明显。2015 年年底至 2016 年年初国际市场的谷物价格与 2012 年年底相比，以美元计价的小麦和大米的价格约下降 30％，玉米价格下降 45％（图 5）。

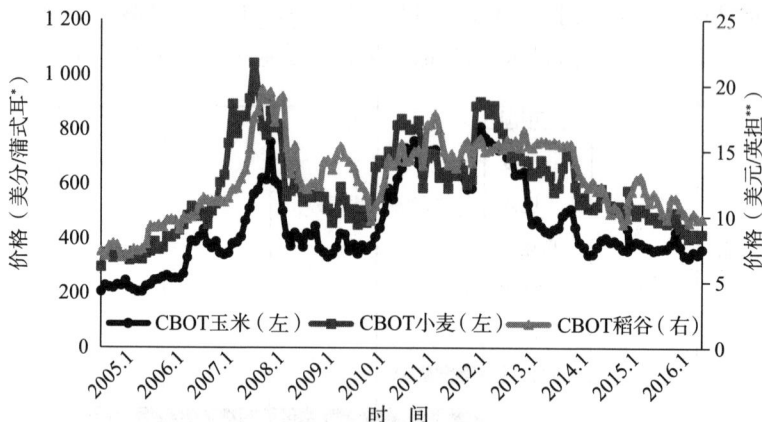

图 5　近 10 年世界谷物市场价格变化

数据来源：美国农业部，截至 2016 年 12 月。

　　＊　蒲式耳为非法定容量计量单位，若换算为法定计量单位的升，则英制与美制有差异；若用其计量谷物并换算为法定计量单位的千克时，不同品种的谷物之间有差异。

　　＊＊　英担为非法定计量单位，1 英担等于 50.802 千克。

(二) 2016 年市场价格变化

1. 小麦

2016 年国际小麦市场价格在全球供应宽松的基本面形势下，继续维持 2015 年的跌势，全年下跌较为明显，全年价格均低于 2015 年同期，2016 年国际小麦年平均价为 194.5 美元/吨（美国 2 号硬红冬小麦美湾 FOB 价），比 2015 年年平均价格（232.6 美元/吨）下降 16.4%。分月走势看，2016 年 1 月为 213.75 美元/吨，为全年最高，7 月为 187.75 美元/吨，为全年最低，8~10 月价格略涨，10 月为 192.75 美元/吨，比年初下跌 9.8%（图 6）。截至 2016 年 11 月 4 日，美国硬红冬小麦到广东口岸完税价 1 830 元人民币/吨，中国国产小麦广东到港价 2 820 元人民币/吨，价差 1 000 元人民币/吨左右。

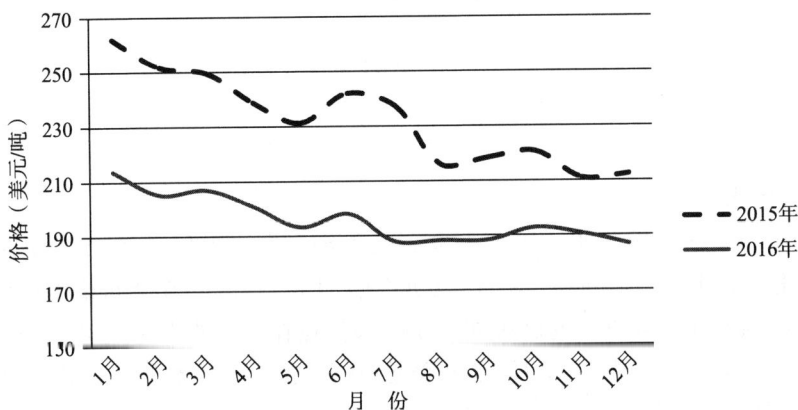

图 6　2016 年国际小麦价格变化

（美国 2 号硬红冬小麦美湾 FOB 价）

数据来源：美国农业部，截至 2016 年 12 月。

2. 玉米

2016 年国际玉米年平均价为 160.5 美元/吨（美国 2 号黄玉米美湾出口价格），比 2015 年年平均价格（170.1 美元/吨）下降 5.6%。分月走势看，5 月、6 月高于 2015 年同期，其余各月均低于 2015 年同期，3~6 月受美国农业部发布的供需报告关于"美国玉米播种面积可能低于预期"以及南美不利天气影响产量的影响，对玉米期货价格构成支撑，7~9 月，由于美国中西部产区天气良好，提振了玉米产量前景，玉米价格一度下跌，10 月有所回涨，6 月价格为全年最高（180.63 美元/吨），9 月为全年最低（147.81 美元/吨），10 月为 151.99 美元/吨，比年初下跌 5.6%（图 7）。截至 2016 年 11 月 4 日，美国玉米到广东口岸完税价 1 520 元人民币/吨，中国国产玉米广东到港价 1 950 元人民币/吨，价差 430 元人民币/吨左右，价差较 2015 年有所减小。

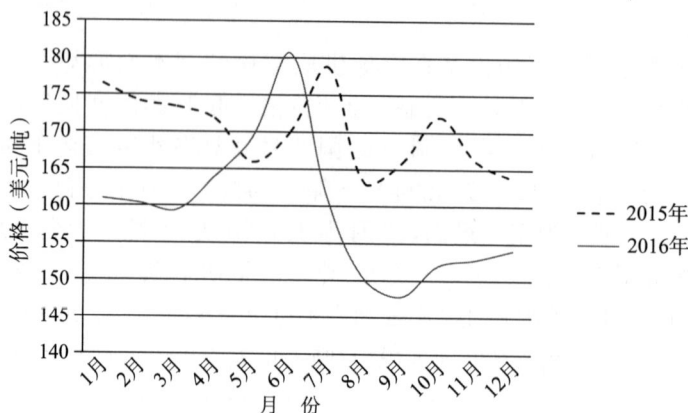

图 7　2016 年国际玉米价格变化
（美国 2 号黄玉米美湾出口价格）
数据来源：美国农业部，截至 2016 年 12 月。

3. 大米

2016 年国际大米年平均价为 413.5 美元/吨（泰国 100％B 级大米曼谷 FOB 价），比 2015 年年平均价格（395.5 美元/吨）上涨 4.6％。全年价格走势表现为上半年上涨、下半年下跌的倒 V 型走势，最低点在年初的 1 月和 12 月（370 美元/吨左右），最高点在 5～7 月（450 美元/吨左右）。上半年泰国 100％B 级大米曼谷 FOB 价一路走高，下半年受到美元走强、新稻米上市的影响而下跌（图 8）。截至 2016 年 11 月 4 日，泰国大米口岸完税价 2 800 元人民币/吨，中国国产大米广东到港价 4 120 元人民币/吨，价差 1 300 元人民币/吨左右。

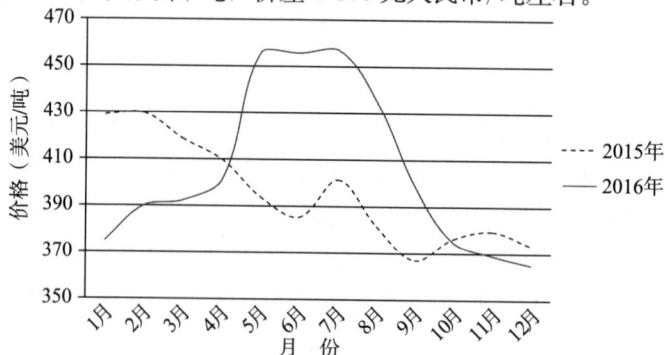

图 8　2016 年国际大米价格变化
（泰国 100％B 级大米曼谷 FOB 价）
数据来源：美国农业部，截至 2016 年 12 月。

三、世界谷物贸易变化

（一）总体情况

1. 总量规模

世界谷物贸易总量总体上一直保持增长趋势，2002/2003 年度以来已经突破 2.5 亿吨大关，2013/2014 年度达到峰值 3.72 亿吨，为 2001/2002 年度的 1.6 倍，2014/2015 年以来有所减少，美国农业部预计 2015/2016 年度世界谷物贸易总量为 3.62 亿吨。世界谷物贸易的增长，为广大谷物进口国的粮食安全提供了重要支撑。世界谷物贸易总量的明显增长，源于世界谷物总供给量的显著递增，从图 9 可见，贸易量与产量的变化趋势具有高度的一致性。世界谷物产量从 1980 年的 14.18 亿吨，增长到 2015 年的 24.57 亿吨，实现了年均增速 2.2% 的显著增长，为世界粮食安全提供了根本性保障。

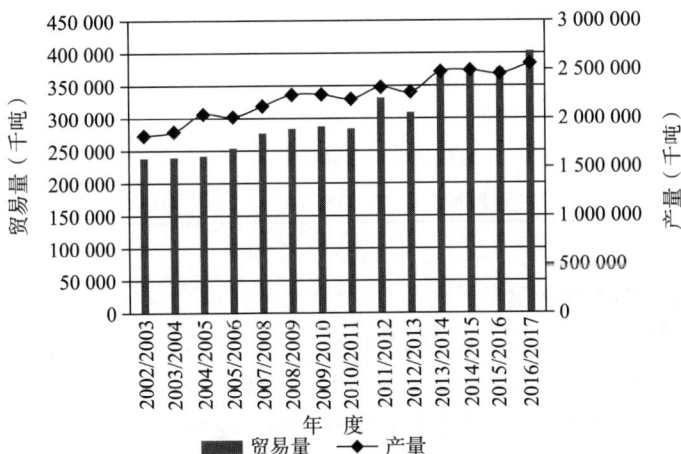

图 9　世界谷物生产量与贸易总量
数据来源：美国农业部。

2. 品种结构

谷物品种（小麦、大米和玉米）的出口量之和占世界粮食出口总量的比重一直维持在 80% 以上。其中，2001—2016 年，小麦占世界谷物贸易总量的比重，经历了先升后降的变化过程，目前维持在 44% 左右；玉米占谷物贸易总量的比重，则经历了先降后升的变化，目前维持在 34% 左右；大米占谷物贸易总量的比重保持平稳，基本维持在 11%～12%。

美国农业部 2016 年 12 月预计，2016/2017 年度世界小麦贸易量为 17 683 万吨，较上年度增加 434 万吨；粗粮贸易量为 18 520 万吨，较上年度增加

2 043万吨；大米贸易量为 4 071 万吨，较上年度增加 109 万吨（表1）。相比美国农业部，FAO 对世界谷物贸易量的数据估计要悲观一些，FAO 预计，2016/2017 年度世界谷物贸易量为 3.88 亿吨，较 2015/2016 年度下降 2%（780 万吨）。主要原因是受中国减少进口玉米、大麦和高粱影响，2016/2017 年度世界粗粮贸易量（7 月/6 月）预期下降 4.7%，跌破 2015/2016 年度的历史高点低至 1.77 亿吨。世界大米贸易量预期同样减弱，由于远东买方需求下降，2017 年全年增幅进一步下调 0.6% 至 4 290 万吨。2016/2017 年度（7 月/6 月）世界小麦贸易量预计较上年度的高点继续增加 0.4%（66 万吨），创下 1.685 亿吨的历史新高。出口供应充足和价格低廉有助于促进当年度小麦贸易；就出口国而言，澳大利亚、俄罗斯和美国成为主要受益者。

表 1　世界谷物贸易量

单位：千吨

	2012/2013 年度	2013/2014 年度	2014/2015 年度	2015/2016 年度	2016/2017 年度
谷物	299 995	373 886	394 144	376 881	402 745
小麦	137 560	165 980	164 421	172 491	176 832
大米	39 361	43 017	43 582	39 623	40 711
粗粮	123 074	164 889	186 141	164 767	185 202

数据来源：美国农业部。

3. 进出口国家和地区

谷物进出口国家和地区分布的特征：出口国家和地区较为集中，小麦主要集中在美国、阿根廷、澳大利亚、加拿大、欧盟，玉米主要集中在美国、阿根廷、南非等国家和地区，大米主要集中在泰国、越南等东南亚国家和地区；进口国家和地区较为分散，小麦主要分布在北非、中东和东南亚地区的国家，玉米主要分布在中国、日本、韩国、埃及、东南亚国家，大米主要分布在中东国家、菲律宾、尼日利亚及欧盟国家（表2）。

表 2　世界谷物主要进出口国家和地区

	小麦	玉米	大米
主要出口国家和地区	美国、阿根廷、澳大利亚、加拿大、欧盟，约占全球出口总量的 60%	美国、阿根廷、南非，约占全球出口总量的 70%	泰国、越南、巴基斯坦、印度、美国，约占全球出口总量的 80%
主要进口国家和地区	北非国家、中东国家、东南亚国家、巴西、巴基斯坦	中国、日本、韩国、东南亚国家、埃及、欧盟、墨西哥	中东国家、菲律宾、尼日利亚及欧盟国家

资料来源：根据美国农业部历年数据整理。

（二）影响世界谷物贸易的因素分析

1. 生产条件变化

一方面，国际石油价格的上涨带动农药、化肥等农资价格的上涨以及运输成本的增加，导致谷物种植成本及流通成本增加，从而推高谷物市场价格。另一方面，近年来频发的极端气候也是影响国际谷物市场的主要因素，极端旱灾、洪涝等气候直接恶化谷物生产条件，导致减产或减产预期，致使一些国家实施限制谷物出口的政策，从而造成世界谷物贸易量和市场价格的剧烈波动。比如 2010—2012 年发生在美国、俄罗斯和澳大利亚等谷物出口大国的干旱天气，导致国际谷物价格的大幅上涨，引发国际社会对粮食安全的极度担忧。

2. 食物消费结构变化

随着经济社会的发展和人们生活水平的提高，尤其是发展中国家在国际粮食市场上的购买力增强，人们食物消费结构的改变增加了对肉类的消费，从而导致增加了对饲料粮的需求，20 世纪 90 年代以来，世界谷物消费持续增长，其中玉米进出口贸易总量增长最为明显。

3. 燃料乙醇发展

尽管以玉米等粮食作物为原料的燃料乙醇发展受到国际社会的质疑，但是在能源需求不断增加和全球石油储量日趋减少的背景下，美国和巴西等国家继续推动燃料乙醇发展的大趋势不会改变。2011—2014 年美国燃料乙醇的产量都在 140 亿加仑* 左右，消耗玉米 1.3 亿吨左右，约占世界玉米产量的 14%，相当于世界玉米贸易量的 1.2 倍。2001—2014 年世界玉米产量从 6 亿吨增至 10 亿吨，增长 67%，其中美国增产 1.2 亿吨，占世界增量的 30%，但是从世界玉米贸易量来看，仅增加了 5 000 万吨左右。从美国玉米消费结构的变化即可得到解释，2001—2014 年用于饲用消费的比重从 2001 年的 74% 降至 2014年的 45%，而用于燃料乙醇生产的玉米比重则从同期的 15% 增至 43%，成为玉米主要的消费部分。为了保障国内玉米消费需求，美国减少了玉米出口量，2001 年出口量为 4 838 万吨，2012 年出口量降至最低的 1 854 万吨。美国燃料乙醇的发展成为影响世界玉米贸易的重要因素，同时世界玉米贸易格局也因此发生变化，一些南美和东欧国家，如阿根廷、巴西、乌克兰等国家玉米出口量明显增长。

4. 主要国家进出口政策变化

出口国和进口国贸易政策的变化具有较大不确定性，给世界谷物贸易的

---

* 加仑为非法定计量单位，1 加仑 ［美］ 等于 3.785 升。

变化带来许多变数。对于出口国而言，垄断集中导致谷物贸易的定价权掌握在少数发达国家手里，当国际市场出现紧张预期或者出口国减产时，往往出台限制出口的政策，当出口国粮食过剩时则以较低价格向发展中国家实施"粮食倾销"，给发展中国家的农业生产带来长期或短期的影响。对于进口国而言，由于分散且各自为政，处于被动、弱势地位，当发生粮食危机时，发展中国家由于担忧本国粮食安全，出现抢购和囤积行为，从而加剧国际市场的波动。

5. 美元指数走势变化

由于国际商品多以美元结算，因此谷物贸易量受美元指数波动影响更大。对于出口国美国而言，美元贬值，有利于扩大出口量；对于进口国而言，美元贬值，谷物价格相对于本国价格就更便宜，因此促进进口商扩大进口量。

四、世界谷物贸易发展趋势

（一）世界谷物贸易趋势

1. 玉米

据美国农业部发布的长期预测报告，相比 2013/2014 年度，世界粗粮贸易预计到 2022/2023 年度将增长 27%，玉米将占到粗粮贸易的 80%。对于出口市场而言，到 2022/2023 年度美国仍然是世界最大的玉米出口国，但是由于其他国家玉米出口量的增加，美国玉米出口占世界的比重在 2022/2023 年度为 46%，将低于 20 年前 65% 的水平；以乌克兰为主的苏联地区到 2022/2033 年度将增加 660 万吨的玉米出口量，增幅约 43%，将超过阿根廷成为全球第二大玉米出口地区；阿根廷的玉米出口量将相对保持稳定；而巴西玉米出口量经过一段时期的小幅回落后，随着出口设施的完善以及国际玉米价格的波动，将恢复上涨趋势。对于进口市场而言，将继续呈现分散格局。中国到 2022/2023 年度玉米进口量将达到 1 960 万吨，成为世界最大的玉米进口国家；墨西哥由于肉类消费的增加也将扩大玉米进口，进口量将超过日本成为第二大玉米进口国；东亚地区的日本、韩国，预计玉米进口量增幅不大，尤其是日本的肉蛋奶消费市场已经是较成熟的市场，因此未来日本的玉米进口量将维持相对稳定的趋势；东南亚地区的玉米进口量到 2022/2023 年度将增加 360 万吨，增幅达 49%，以满足畜禽产品需求增加的需要；非洲和中东地区由于人口和收入的增加，对畜禽产品的需求增大，到 2022/2023 年度玉米进口量预计为 3 120 万吨，较 2013/2014 年度增加 480 万吨。

2. 小麦

美国农业部预计未来全球小麦贸易量仍将增长，到 2030 年将达 2 亿吨。主要出口国之间的竞争将更加剧烈，从近几年的贸易情况看，美国、加拿大、澳大利亚的小麦出口具有很强的国际竞争力，尤其是加拿大和澳大利亚具有不断扩大趋势，另外黑海地区主要小麦出口国俄罗斯、乌克兰、哈萨克斯坦在出口市场的竞争力也在不断增强，据 OECD 预测，到 2022 年，黑海地区国家出口将占世界谷物出口增长的 51%。

3. 大米

随着全球人口的增长和大米产量的增加，世界大米贸易量将出现缓慢增长态势。中长期来看，发展中国家尤其是非洲等国家日益增长的需求将会刺激世界大米贸易。据 FAO 预测，到 2022 年世界大米贸易量将增至 4.5 亿吨左右，其中发展中国家将达到 3.88 亿吨，占总量的 86% 以上。东南亚地区主要大米出口国之间的竞争将更加剧烈。泰国和越南大米出口量占本国产量的比重一直高于其他国家，是主要的大米出口国，而印度曾在 2011 年超过泰国和越南成为全球第一大大米出口国，印度作为大米生产大国出口潜力强劲，各大米出口国通过实施各种促进贸易、增强竞争力的策略来增强本国的大米出口竞争力。

（二）主要国家和地区的出口潜力分析

1. 北美、南美玉米主产区

北美、南美玉米主产区主要国家包括美国、阿根廷、巴西等国。美国的粮食增产潜力较大，以休耕地为例，美国的耕地休耕制度，相当于耕地储备制度，2008 年农业法中规定的全国休耕地 3 200 万英亩，折合耕地 1.94 亿亩，如果逐步释放出来将增加全球供给。阿根廷的玉米主产区主要在潘帕斯草原，适合高效率的机械化生产，阿根廷政府十分重视农业科技的研究推广。巴西玉米种植每年播种两季，目前待开发的可利用耕地达 1 亿多公顷，现有牧场 2.2 亿公顷，耕地面积每年递增 1.84%。阿根廷、巴西有大量土地用作牧场，因此阿根廷、巴西将牧场转变为耕地的潜力远远大于美国。未来的阿根廷、巴西将成为"世界的粮仓"。

2. 黑海地区小麦、玉米主产区

近年来黑海三国俄罗斯、乌克兰和哈萨克斯坦的小麦和玉米出口在全球粮食市场上越来越占据重要位置。黑海地区土地储备充足，黑海地区提高可耕地面积的能力超过了欧洲、北美和澳大利亚，单产提高还有很大的空间，而且种植成本比南美更有竞争力。如俄罗斯 2011 年可耕地面积为 18.558 亿亩，实际播种面积仅为 6.615 亿亩，仅占 35.6%，可见种植面积提升的潜力还很大；

在同样的气候条件下，2007—2009 年加拿大的小麦单产为 2.65 吨/公顷，而俄罗斯是 2.29 吨/公顷，二者相差 16%。乌克兰国土面积约 60 万平方千米，其中近 70% 为可耕地，由于乌克兰目前实行轮作和休耕制度，平均复种指数不到 0.6；同样气候条件下，与欧盟 15 国相比，乌克兰的小麦单产是 3.03 吨/公顷，欧盟是 6.13 吨/公顷，二者相差 103%。同样气候条件下，与澳大利亚相比，哈萨克斯坦小麦单产 1.15 吨/公顷，而澳大利亚是 1.42 吨/公顷，二者相差 23%。因此，未来耕地面积的增加和单产的提高，将是黑海三国粮食增产的主要因素。

在粮食产量不断增加的同时，由于俄罗斯、乌克兰和哈萨克斯坦 3 国国内粮食消费量基本保持稳定，必然使得产需盈余不断扩大。从 FAO 数据库统计的数据来看，3 国的粮食自给率均保持在较高水平。以小麦为例，据美国农业部的数据，2014 年俄罗斯的小麦自给率为 166%，哈萨克斯坦为 191%，乌克兰为 206%。较高的自给率和不断扩大的产需盈余，使这 3 个国家表现出谷物出口潜力不断增加。据 OECD-FAO 的估计，2022 年黑海三国在全球小麦出口市场将占据 35% 的份额，成为全球最大的小麦出口地区，俄罗斯将超越美国成为全球小麦第一大出口国。

3. 东南亚大米主产区

东南亚地区的泰国、越南、缅甸、老挝、柬埔寨等国家是大米主产国，是世界主要大米出口国，但就其目前的情况看，上述 5 国的大米总产量不足全球总产量的 15%。相关研究表明，越南、老挝、柬埔寨和缅甸等东南亚国家，目前农业生产尚处于"靠天吃饭"的粗放式经营状态，良种、化肥、农药与农业机械使用水平较低，农田水利等基础设施薄弱，单产水平较低。从耕地面积看，仅老挝、柬埔寨和缅甸 3 国就有 2.7 亿亩未开垦的耕地面积。因此未来东南亚地区在农业生产方面增产潜力很大。据中国储备粮管理总公司在老挝的科技示范项目试验研究测算，若增加复种指数、改良品种和使用先进技术，老挝、柬埔寨、缅甸 3 国的大米出口潜力可以增加到 800 万～1 000 万吨。

越南大米生产潜力也较大。越南 620 万公顷可耕地有 2/3 以上种植大米，由于复种指数的提高，未来大米收获面积还有不断增长的潜力。目前越南作物总体复种指数为 180%，而湄公河三角洲地区的复种指数普遍为 210%，因此若按照复种指数 210% 估算，收获面积还有 30% 的上升空间。从单产看，2014 年越南大米单产已达到 5.21 吨/公顷，与美国 8.54 吨/公顷、中国 6.69 吨/公顷相比还有很大的提升空间。据本课题的前期相关研究，越南大米产量增加的空间粗略估算为 53%，按目前产量 3 985 万吨，可以估算未来的产量约在 6 000 万吨左右，还有 2 000 万吨的增长空间。

五、主要国家谷物调控政策的最新变化及启示

（一）美国

1. 新农业法案

2014 年 2 月美国《2014 农业法案》通过，其中最主要的变化是减少了以补贴为主的农业支持，强化了农业风险保障。取消直接支付、反周期补贴、平均农作物收入选择补贴，保留营销援助贷款项目；新增了选择性补充保险，作为现有保险的补充保险。如已选择了单产险，选择性补充保险提供额外的单产保险；如选择了收入险，选择性补充保险提供额外的收入保险；如选择了价格险，选择性补充保险提供额外的价格保险。在保留营销援助贷款项目的同时，新设立了价格损失保障（Price Loss Coverage，PLC）和农业风险保障（Agriculture Risk Coverage，ARC）。PLC 能够在一定程度上补贴价格下跌造成的损失，而 ARC 主要对农业收入的损失进行补贴，生产者可以在两个项目中选择一个。

新农业法案另一个值得关注的方面，是加大了资源保护的力度，特别是将基本资源保护项目和作物保险保费补贴相结合，并鼓励农业生产者设计资源保护项目。形成了一系列环境与资源保护体系，如休耕储备项目（CRP）、环境质量激励项目（EQIP）、资源保护鼓励项目（CSP）、农业资源保护地役权项目（ACEP）和区域资源保护合作项目，目的在于提高农业的可持续发展能力。

新农业法案对谷物市场与贸易带来的影响：一是玉米种植面积可能增加、小麦种植面积可能减少。虽然削减了农业补贴，但生物质能源等鼓励措施的扩大会使得玉米种植面积增加，小麦种植面积受补贴减少的影响可能会减少。二是世界谷物市场价格将会降低。美国谷物市场价格直接影响世界谷物市场，由于《2014 农业法案》增加了农民的风险保障，来自农作物保险的收入增加，使得整个农场收入增加，从而农民能够接受略低的市场价格。因此美国谷物市场价格乃至世界谷物市场价格将会降低。三是美国谷物产品出口竞争力增强、出口增加。由于价格的下降，美国玉米和小麦的出口竞争力更强、出口量将增加。四是对于中国而言，玉米等大量从美国进口的大宗农产品的国内外价差将进一步拉大，在部分农产品关税较低的条件下，中国大宗农产品的大规模进口将无法避免。

2. 企图通过贸易争端解决机制打开更多农产品市场

2016 年美国两次针对中国提起 WTO 争端解决机制下的磋商请求：2016 年 9 月 16 日美国就农业补贴向 WTO 投诉中国的大米、小麦和玉米价格支持政策扭曲了中国的价格，损害了美国农户利益，明显违背了中国加入 WTO 时所做承诺；2016 年 12 月 15 日，美国就中国对小麦、大米（长粒米和中短粒

米）、玉米等 3 种农产品实施的关税配额管理措施提起 WTO 争端解决机制下的磋商请求，称中国政府对上述农产品的关税配额管理措施不符合中国加入 WTO 承诺及《1994 年关税与贸易总协定》的有关规定。

美国企图通过贸易争端解决机制为自己打开更多农产品市场。美国认为农业补贴行为导致中国生产过剩，影响了美国农民在国际市场与中国竞争的能力，中国应当结束非法补贴，取消对美国出口设置的巨大障碍，为美国大米、小麦和玉米种植户以及他们的家庭提供公平的竞争环境。美国认为，2015 年美国对华出口的小麦、大米和玉米总额从 2013 年的 23 亿美元降至 3.81 亿美元，并称若非中国使用了关税配额管理措施，中国本应当在 2015 年多进口 35 亿美元左右的美国玉米。

（二）阿根廷

近几年来，阿根廷政府曾多次调整谷物进出口政策。2013 年以前，阿根廷政府为了稳定国内物价而对玉米、小麦等农产品出口实施限制，包括征收出口关税和制定数量限制，对农产品生产和出口具有不利影响。2012 年由于国内面粉价格飙升，阿根廷政府提高玉米和小麦的出口税率（分别为 20％和 23％），并设置出口配额限制。2012 年 12 月曾暂停小麦出口，使得阿根廷小麦的最大买家——巴西转向进口美国小麦。2013 年阿根廷政府开始改革农作物出口关税政策，减少对玉米、小麦出口限制，增加玉米出口配额、采取退还 23％的小麦出口关税，以刺激农户提高玉米、小麦播种面积。2015 年阿根廷政府向玉米种植者提供贷款补贴，以应对玉米可能减产 20％的预期，利息补贴最高达到 600 基点（相当于 6 个百分点）。2015 年阿根廷新一届政府取消玉米和小麦出口关税并取消谷物出口配额制度，这将刺激玉米、小麦的播种面积以及出口量的增加，将进一步提高阿根廷谷物出口竞争力与出口潜力，在世界谷物供需宽松的形势下，将加剧出口国之间的竞争。

（三）俄罗斯

作为黑海地区的代表国家，俄罗斯的谷物贸易政策变化是影响世界谷物市场波动的重要因素。2008 年以来俄罗斯曾经 3 次实施谷物出口限制，前 2 次分别在 2008 年和 2010 年，引起世界谷物市场剧烈波动。2012 年俄罗斯加入 WTO 后，其进出口政策的调整受到 WTO 规则的约束。2013 年由于干旱谷物减产，俄罗斯政府 20 多年来首次考虑取消谷物进口关税，通过进口谷物以补充国内供应。2014 年由于俄罗斯入主乌克兰克里米亚问题，西方国家对俄罗斯采取经济制裁，西方银行希望降低在俄罗斯和乌克兰的风险，对俄罗斯粮食贸易严控支付，但这种政治紧张局势基本上并未影响到谷物出口。2015 年由于原油价格暴跌，加上西方实施经济制裁，导致俄罗斯陷入金融危机，食品价格暴涨，俄罗斯实施了严格的谷物出口质检措施及谷物出口关税，其中小麦出口关税将从 2015 年 2 月 1 日起到 6 月 30 日期间实施。这对俄罗斯的最大买家土耳其、伊朗和埃及影响最大，优质小麦出口量一度下滑。2015 年 10 月 1 日俄罗斯政府决定调低小麦出口关税，预计小麦出口占世界的份额有望创历史最高水平。2016 年俄罗斯谷物产量创历史最高纪录，俄罗斯将小麦出口关税降为零，俄罗斯向世界谷物贸易商承诺稳定的税收体系，以便在未来几年里提高谷物出口。俄罗斯有望取代欧盟首次成为全球头号小麦出口国。俄罗斯政府计划到 2030 年时将谷物产量提高到 1.5 亿吨，高于 2016 年的 1.17 亿吨，届时可供出口的谷物供应将达到 5 000 万吨，远高于 2016/2017 年度的 3 500 万～4 000 万吨。

（四）乌克兰

由于乌克兰国土面积 70％为可耕地，乌克兰谷物生产能力及出口潜力巨大。2012 年乌克兰计划进一步扩大谷物出口市场份额，欧盟成为乌克兰谷物最大进口市场，埃及和沙特阿拉伯也是乌克兰谷物的主要进口国，2012 年分别从乌克兰进口谷物 550 万吨和 190 万吨。2013—2014 年由于乌克兰政治及经济局势动荡，乌克兰小麦和玉米产量减少，出口量减少。2015 年上半年乌克兰成为中国最大的玉米供应国，2015 年 1～11 月，中国从乌克兰进口玉米385 万吨，占总进口量的 84％，乌克兰力争与中国中粮集团有限公司等企业达成投资和出口协议，中乌已制订了庞大的农田租赁计划。未来乌克兰将新建36 个港口设施，大力提高海港的谷物出口能力，将从目前的 5 850 万吨大幅提高到 1.57 亿吨。乌克兰是全球三大谷物出口国之一，政府预计 2016/2017年度谷物出口量将达到 4 100 万吨，高于上年度的 3 900 万吨。

（五）澳大利亚

2014 年 11 月 17 日中国国家主席习近平与澳大利亚总理阿伯特在澳大利亚首都堪培拉举行会谈，双方共同确认实质性结束中澳自由贸易协定谈判，中国商务部部长高虎城和澳大利亚贸易与投资部部长安德鲁分别代表两国政府签署了实质性结束中澳自由贸易协定谈判的意向声明。2015 年 6 月 17 日，澳大利亚与中国正式签署自由贸易协定（CAFTA），澳大利亚 99.4％的农产品关税将在协定生效后降为零，涉及中国进口农产品总额的 99％。澳大利亚在1995 年是中国大麦第三大进口来源国，从 1996 年起一直是中国大麦最大进口来源国。中国对澳大利亚大麦进口量自 2010 年以来一直保持在 125 万吨以上，2012 年、2013 年、2014 年分别达到 207.84 万吨、175.93 万吨、387.76 万吨，2015 年大幅提高到 436.14 万吨。根据中澳自由贸易协定谈判的结果，在开放水平方面，澳大利亚对中国所有产品关税最终降为零，而中国对澳大利亚绝大多数产品关税最终降为零，其中中国从澳大利亚进口大麦的 3% 关税将立即取消，相对于加拿大、法国、阿根廷、乌克兰等其他进口来源国，澳大利亚在运费方面已具有一定优势，中澳自由贸易协定正式签署后，澳大利亚对中国大麦出口的竞争优势将进一步增强。对于这种局面虽然有利于满足近年来中国啤酒行业和畜牧业快速发展对大麦的需求，但也势必提高中国对澳大利亚大麦的进口依存度，进一步增加大麦进口风险。

（六）日本

日本人多地少，耕地规模较小，粮食自给率较低，除大米之外，其他农产品几乎都需要通过进口才能满足需求，因而水稻是日本最重要的农作物，日本的粮食政策大多是围绕水稻进行的。日本在不同的阶段实施了不同的粮食政策，总体经历了过去粮食短缺时期的全面管控、过剩时期的限产及品种平衡促进以及后来的从政府管理主导向市场引导转变等阶段。日本由于人地关系紧张，部分品种供给不得不依赖进口，在实际操作中，采取的是"有保有放"即"力保国产大米，稳定小麦、玉米、大豆和其他食物进口"。对于本国主要生产的、关系到国家粮食安全的大米，要求确保自给，并采取各种手段限制大米进口；而对于其他粮食产品则基本放开进口。日本政府通过与粮食出口国建立良好的合作关系，以稳定粮食进口，并采取官民一体的海外投资模式、实施海外农业战略，鼓励企业进行海外投资，渗入主要产粮国和全球主要粮食贸易网络。

日本在谷物调控政策方面的最新变化：2015 年 4 月，日美两国政府就有关跨太平洋经济合作协定（TPP）进行谈判，日本方面提出扩大进口美国大米的妥协，考虑面向 11 个 TPP 谈判对象国设定总量接近 10 万吨的大米进口特别配额，打破过去 5 万吨的实际上限，从美国进口更多的大米；美国方面放弃希望日本大幅放宽对进口汽车安全标准的要求。由于考虑到 TPP 生效后日本将取消部分农产品关税，这可能导致日本国内农产品价格下跌，2015 年 11 月日本政府通过了用于补偿日本农户收入减少的"TPP 收入保险"计划，将在农户实际出现年收入减少时，通过保险金加以补偿，以使收入达到过去 5 年平均年收入的 80%～90%，日本政府计划承担一半左右的保险费。此项政策将惠及从事大米、小麦和牛肉等生产的日本农户。除此之外，由于顾及到农户的担忧，采取了保护措施，如政府收购相当于进口量增加的国产大米作为储备米。

（七）对中国谷物调控政策的借鉴与启示

1. 对农业的支持政策应由"黄箱"转"绿箱"

按照中国加入 WTO 时的承诺，对农业补贴不能超过农业产值的 8.5%，而随着农业生产成本的逐渐推高，现行农业补贴政策正在逼近"黄箱"顶部。随着国内粮食生产成本"地板"抬升的挤压作用越来越明显，现在必须要把部分"黄箱"补贴转为"绿箱"。目前欧美日韩等国出现了减少农业补贴支持力度的趋势，虽然对农产品的保护力度不减，但更加注重提升本国的农业产业竞争力。中国要着重从提高农业可持续发展能力的角度，进行"农业转方式、调结构"，走出一条农业产业高效、产品安全、资源节约、环境友好的集约式现代农业发展道路。

2. 坚持市场化改革方向，完善农产品价格形成机制与农业保险机制

当前国家对玉米临时收储政策进行了调整，降低了临时收购价格，将对农民利益带来一定程度损害。美国新农业法案给予中国的启示是：一是在粮食市场调控方面必须坚持市场化改革方向，完善农产品价格形成机制。目前，中国粮食、棉花等大宗农产品市场价格形成机制中仍然有一定程度的政府干预。美国农产品流通体制与价格形成机制市场化程度颇高，美国的市场调控政策更倚重于目标价格和目标收入补贴等对市场扭曲较小的手段。二是要健全农业保险制度。美国《2014农业法案》在农业风险管理方面加大了投入，尤其是农业保险制度的调整对中国制定相关政策有非常重要的借鉴意义。农业保险制度的健全可以管理农民遭遇农业灾害造成的风险，可以弥补目前目标价格补贴制度只关注农产品价格降低的补贴机制缺陷。农业部门要制定针对谷物的农业保险条例，基于农业生产经营风险、成本、价格、农民合理收入等指标，制定保险条款、赔付标准等，扩大农业保险补贴规模，增加品种，提高标准，健全管理制度。建议建立"农民收益最低保障风险"，弥补因自然灾害造成的损失；同时科学核定种植成本、农产品价格、农民合理收益等指标，在农民出售农产品的实际收益下降时给予赔付。

3. 合理利用"两个市场、两种资源"，建立"有保有放、可进可出、可多可少"的谷物进出口调控机制

中国土地和水资源紧缺，人均耕地占有面积只占世界平均水平的40%，人均水资源占有量仅为世界平均水平的1/4。根据边际成本递减的规律，在已有较高粮食自给率的基础上，自给率每提高一个百分点，将会使粮食成本提高几个百分点。中国制定粮食调控政策的关键是要确保贸易政策与国内产业发展和市场调控政策相协调，把握好进口的时机、规模和节奏，建立"有保有放、可进可出、可多可少"的谷物进出口调控机制。

4. 借鉴国际经验，建立中国谷物贸易产业损害补偿机制

近年来高粱、大麦、DDGS等进口不受配额限制，并且进口价格也大幅低于国内价格，导致大量饲料粮替代品进口到中国，长期以来将会对国内高粱、大麦产业造成冲击，损害国内农民的种植积极性。中澳自由贸易协定正式签署后，将提高中国对澳大利亚大麦的进口依存度，进一步增加大麦进口风险。因此在放开饲料粮进口的同时，必须建立国内谷物产业损害补偿机制，可以借鉴农业产业损害补偿机制的国际经验。日本为进口量的增加可能给国内产业带来的损害做出预判并采取及时的应对措施，实施"TPP"收入保险以及其他的保护措施，值得中国在建立进口贸易产业损害补偿机制时予以借鉴。中国在建立谷物进口贸易产业损害补偿机制时，应针对不同的品种，重点支持产业的发展，辅以对生产者的直接支付和补贴。根据进口价格和数量的变动并参考国内生产利润率，制定触发标准。援助方式可以包括直接补贴、收入保险补贴、技术支持以及信息服务等多种方式。以农业主管部门和对外贸易主管部门为主要实施机构，建立合理可行的产业损害补偿流程。

5. 发展与阿根廷、俄罗斯、乌克兰、澳大利亚等国的多边贸易关系

俄罗斯、乌克兰、澳大利亚、阿根廷等国在谷物生产能力和出口潜力方面较强，从平衡贸易和进口市场多元化角度考虑，应抓住时机发展多边贸易关系，一方面推动贸易发展，另一方面"走出去"，立足全球视野，通过提高全球农业生产力来改善粮食安全状况。阿根廷未来谷物出口潜力很大，阿根廷的出口关税下降无疑对中国是一个利好，中阿农产品贸易或将进一步增长，中国应考虑加强与阿根廷在农产品贸易上的合作，一方面增加对阿根廷玉米的进口，以扩宽中国玉米进口途径；另一方面扩大在阿根廷的农业投资，"走出去"。俄罗斯、乌克兰是通往西欧"丝绸之路"的大门，中俄、中乌在谷物贸易方面加强合作，有助于保障中国的谷物进口，同时满足中国谷物贸易多元化的需求。

6. 在多边贸易中要加强对贸易争端解决机制的研究，避免国内产业的损失

2016年美国针对中国小麦、大米、玉米3种农产品实施的价格支持和关税配额管理措施提起WTO争端解决机制下的磋商请求，企图通过贸易争端解决机制为自己打开更多农产品市场。关税配额制度是中国加入WTO时明确保留的贸易管理方式，小麦、大米、玉米关税配额管理符合中国加入WTO承诺和相关规则。与关税配额制相比，农业补贴的问题一直是欧美等发达经济体向中国等发展中国家发难的借口。美国在自身农业补贴居高不下的情况下，还指责包括中国在内的其他发展中国家。农产品贸易在多边贸易规则中比较特殊。以农业补贴为例，WTO除禁止直接出口补贴外，并没有强行禁止其他农产品补贴。事实上，各国对农产品都有各种补贴，这使得各国在农产品贸易问题上的博弈日益激烈。因此在多边贸易中，中国要加强对贸易规则的研究，充分利用贸易争端解决机制，避免由于贸易摩擦给国内产业带来的损失，不能掉以轻心，必须全力应对，维护中国的产业利益和贸易利益。

马铃薯产业发展现状、问题及趋势

中国是世界第一大马铃薯生产国，马铃薯产业在中国农业中占有重要地位。马铃薯不仅是粮食，还是一种蔬菜，其在中国居民饮食生活中扮演着重要角色，监测马铃薯产业生产、加工、消费、贸易、价格变动情况对于提升马铃薯产业发展、增加农民收入、保障人民生活乃至维护社会安定具有重要意义。

一、马铃薯生产、消费和贸易现状

（一）世界马铃薯生产、消费和贸易状况

1. 世界马铃薯生产状况

（1）马铃薯产量稳中有增。2000 年世界马铃薯产量为 3.28 亿吨，之后以 1.10％的年均速度增长，至 2014 年，世界马铃薯产量为 3.82 亿吨，而在 2000—2014 年，有 6 个年份同比负增长，尽管有波动，但世界马铃薯产量仍呈增长态势（图 1）。

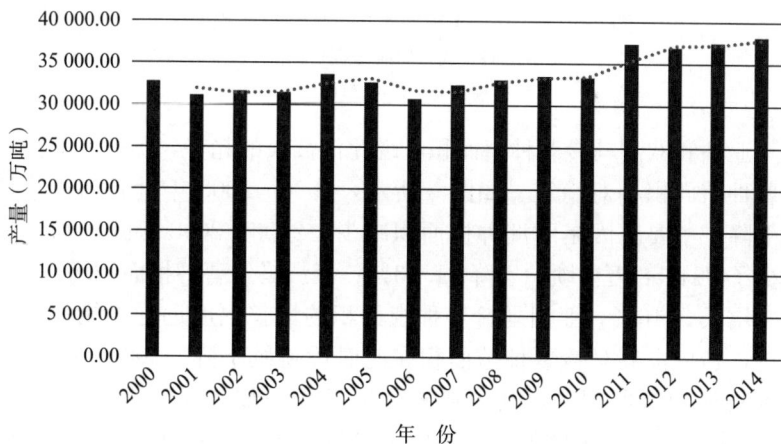

图 1　2000—2014 年世界马铃薯产量变化
注：虚线为 2 周期移动平均线。
数据来源：FAO 数据库。

（2）马铃薯种植面积呈阶段性下降。2000 年，世界马铃薯种植面积为 2 008.65万公顷，而到 2014 年，世界马铃薯种植面积下降至 1 909.83 万公顷。

2000—2014 年，世界马铃薯种植面积呈现阶段性下滑，第一个下降阶段为2000—2003 年，其中，2003 年马铃薯种植面积为 1 911.71 万公顷，2004 年种植面积上升至 1 923.95 万公顷；第二个阶段为 2005—2010 年，该阶段波动较为剧烈，从 2 周期移动平均线来看（图2），其下降趋势较为明显，2008 年马铃薯种植面积一度下降至 1 819.41 万公顷，2011 年马铃薯种植面积上升至 1 924.53 万公顷；第三阶段为 2012—2014 年。就发展趋势来看，未来几年马铃薯种植面积会继续下降。

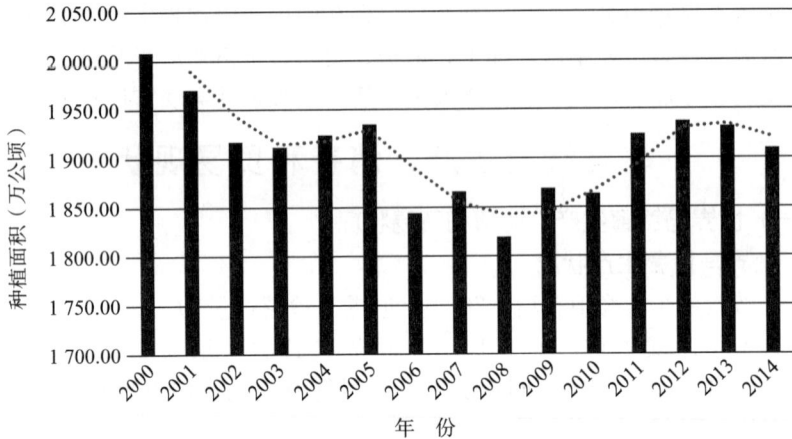

图 2   2000—2014 年世界马铃薯种植面积变化

注：虚线为 2 周期移动平均线。

数据来源：FAO 数据库。

（3）亚洲和欧洲马铃薯种植面积呈现此消彼长的趋势，美洲、非洲和大洋洲马铃薯种植面积相对稳定。如图 3 所示，2000—2008 年世界马铃薯种植面积大幅下降，主要原因是欧洲种植面积减少。2000—2008 年欧洲马铃薯种植面积减少了 284.58 万公顷，下降 31.23%；亚洲马铃薯种植面积增加了 67.49 万公顷，增长 8.46%，亚洲马铃薯种植面积的增长幅度远远不能弥补欧洲减少的幅度，造成世界马铃薯种植面积在此时段持续下降。2008—2014 年世界马铃薯种植面积有所回升，其中亚洲种植面积增加了 128.23 万公顷，增长 14.82%；非洲种植面积增加了 27.24 万公顷，增长 16.41%；欧洲种植面积减少 65.11 万公顷，下降 10.39%。由此可见，世界马铃薯种植面积减少主要是因为欧洲种植面积的下降引起的，近年来亚洲和非洲种植面积的增加缓解了欧洲种植面积下降给全球马铃薯生产带来的负面影响，但是从目前来看，世界马铃薯种植面积仍未恢复到 2000 年的水平。此外，马铃薯种植面积的减少并未带来产量的大幅下降，这与马铃薯单产水平的提高密不可分。

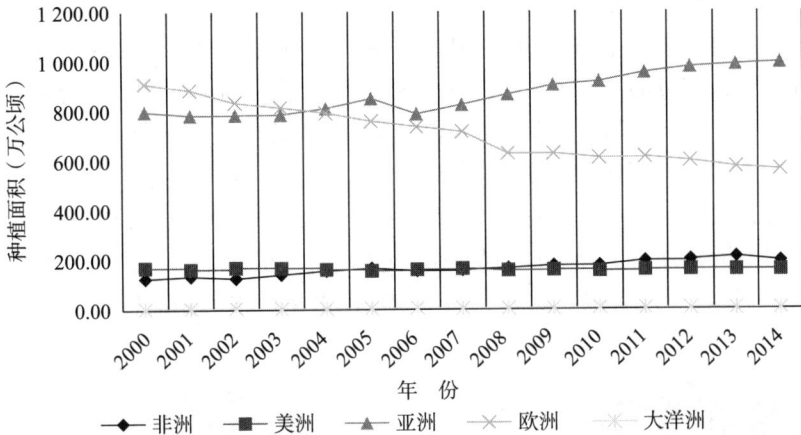

图 3　2000—2014 年各大洲马铃薯种植面积变化

数据来源：FAO 数据库。

（4）世界马铃薯单产水平稳定增长，但洲际间马铃薯单产水平差距较大。从图 4 可以看到，2014 年，世界马铃薯单产为 199 851 千克/公顷，较上年增长 3.02%。马铃薯单产的持续稳定增长弥补了因种植面积下降给产量带来的负面影响，但是在世界范围内马铃薯单产水平存在较大差异。发达地区大洋洲、美洲、欧洲单产较上年有不同程度增长，发展中地区亚洲、非洲在单产水平低于世界平均水平的情况下，2014 年单产有小幅下降，这进一步加剧了洲际间马铃薯单产的差距。

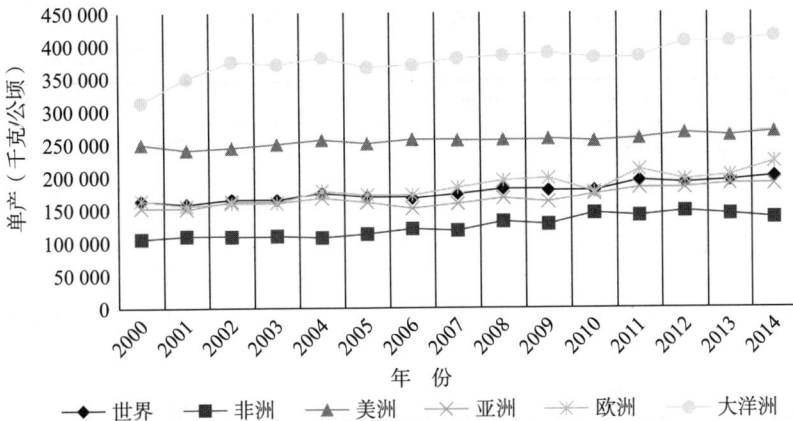

图 4　2000—2014 年世界及各大洲马铃薯单产变化

数据来源：根据 FAO 数据库整理。

（5）亚洲和欧洲是马铃薯主要生产区域。亚洲是世界上最大的马铃薯生产区域，2014 年亚洲马铃薯种植面积占世界总种植面积的 52.01％（图 5），其产量占世界总产量的 48.96％（图 6）；欧洲马铃薯种植面积和产量分别占世界的 29.41％和 32.63％；非洲、美洲和大洋洲马铃薯种植面积合计占世界种植面积的 18.58％，产量占世界总产量的 18.41％。从主要生产国家来看（表 1），中国、印度、俄罗斯、乌克兰作为世界上马铃薯四大生产国的地位没有改变，四大主产国产量合计占世界总产量的 51.66％，而种植面积却占到世界总种植面积的 58.20％，可以看出，马铃薯四大主产国的单产水平相对较低。

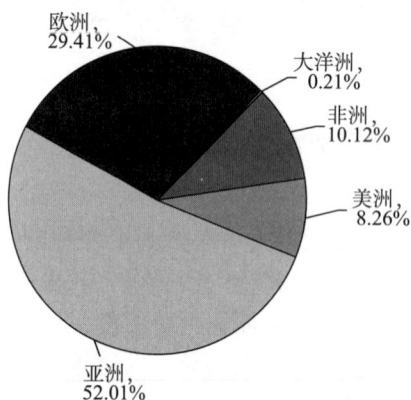

图 5　2014 年各大洲种植面积占比
数据来源：根据 FAO 数据库整理。

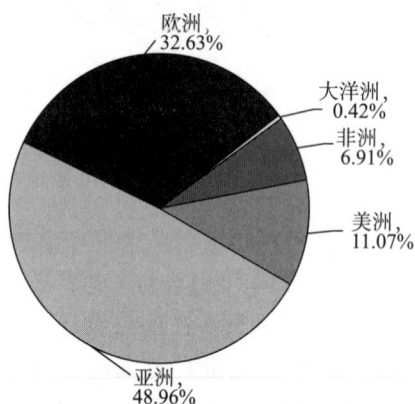

图 6　2014 年各大洲马铃薯产量占比
数据来源：根据 FAO 数据库整理。

表 1　2014 年马铃薯主产国种植面积及产量

单位：万公顷、万吨

序号	国家	种植面积	序号	国家	产量
1	中国①	564.50	1	中国	9 551.50
2	俄罗斯	210.15	2	印度	4 639.50
3	印度	202.40	3	俄罗斯	3 150.14
4	乌克兰	134.28	4	乌克兰	2 369.34
5	孟加拉国	46.17	5	美国	2 005.65
6	美国	42.54	6	德国	1 160.73
7	尼日利亚	34.93	7	孟加拉国	895.00

①　此处指中国大陆种植面积，不包含中国香港、澳门特别行政区和台湾地区；表 1 中的产量亦指中国大陆产量。

序号	国家	种植面积	序号	国家	产量
8	秘鲁	31.84	8	法国	808.52
9	白俄罗斯	30.79	9	波兰	768.92
10	波兰	26.97	10	荷兰	710.03

数据来源：根据 FAO 数据库整理。

2. 世界马铃薯消费①状况

（1）2006 年以来世界马铃薯消费快速增加。从消费总量来看，2000 年全球消费量约为 3.25 亿吨，在随后的 6 年中呈波动下降态势，2006 年下降到 3.12 亿吨，年均下降约 0.68 个百分点；之后消费量逐步上升，2013 年达到 3.78 亿吨，7 年间增长了 21.12％，年均增长 2.78 个百分点（图 7）。

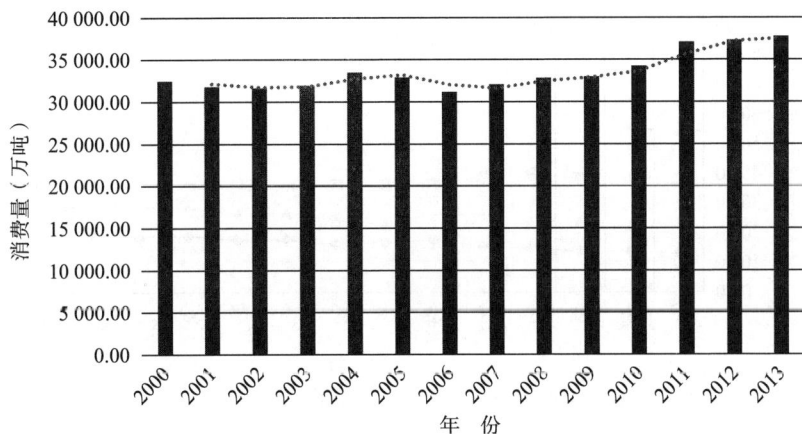

图 7　世界马铃薯消费量变化

注：虚线为 2 周期移动平均线。

数据来源：根据 FAO 数据库整理。

（2）亚洲和欧洲是马铃薯主要消费地。从消费总量来看，马铃薯消费主要集中在亚洲，约占世界总消费量的 50.08％；其次是欧洲，占世界总消费量的 30.64％，亚洲和欧洲的消费量合计占世界总消费量的 80.72％；其他洲的马铃薯消费量相对较小，其中美洲为 11.28％，非洲为 7.47％，大洋洲为 0.54％。

（3）各大洲之间马铃薯消费存在较大差异，欧洲人均年消费量最高。从人

---

① 消费＝产量＋进口量＋库存变动量－出口量。

均消费量来看，欧洲人均马铃薯消费量最高，2000 年为 92.08 千克，但之后消费量呈下降趋势，2013 年下滑至 82.59 千克，但在世界各大洲人均消费量排名中仍稳居第一，其马铃薯消费量是世界人均消费量的 2.41 倍；大洋洲也高于世界平均水平，2013 年其人均马铃薯消费量为 51.75 千克，仅比 2000 年减少 0.06 千克；2000 年美洲人均马铃薯消费量为 38.06 千克，比同期世界人均马铃薯消费量高 5.54 千克，2013 年美洲和世界人均马铃薯消费量分别为 34.76 千克和 34.17 千克，美洲人均马铃薯消费水平逐渐与世界人均马铃薯消费量持平；亚洲由于人口众多，同期人均马铃薯消费量低于同期世界平均水平，2000 年其人均消费量为 23.27 千克，2013 年增长至 29.00 千克；非洲人均马铃薯消费量偏低，2000 年为 13.02 千克，2013 年为 19.09 千克，可以看出非洲人均马铃薯消费量呈现明显增长态势（图 8）。

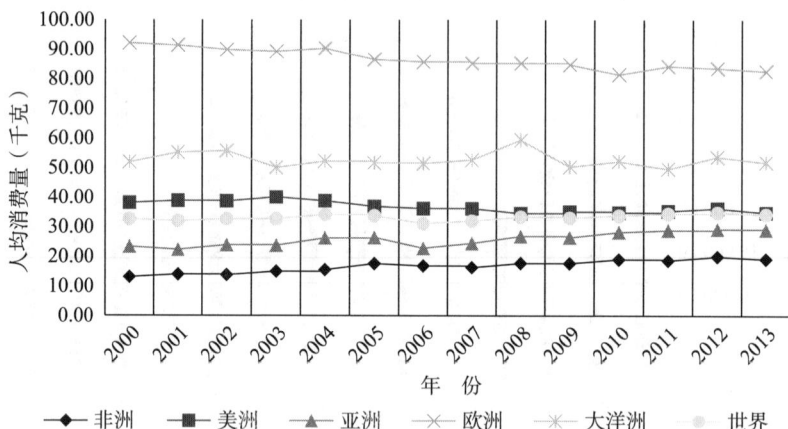

图 8　2000—2013 年世界各大洲人均马铃薯消费量变动
数据来源：根据 FAO 数据库整理。

（4）马铃薯以食用消费为主，加工消费增长迅速。马铃薯消费用途主要包括食用、饲用、加工、其他非食用、种用和损耗。2013 年马铃薯食用消费约占消费总量的 63.32%，其次是饲用消费占 12.52%，种用消费占 8.53%，损耗约占 9.39%，加工消费约占 3.43%，其他非食用消费占 2.82%（图 9）。但马铃薯食用消费正在从鲜薯转向加工食品，包括冷冻马铃薯、薯片、脱水马铃薯粉片等。据 FAO 统计，全世界生产的马铃薯可能有不到 50% 用于鲜食，其余部分则被加工成马铃薯食品和食品配料。在加工统计中，加工比例仅包含不能还原成马铃薯的加工产品，不是实际加工比例，这样的统计结果使发达国家与发展中国家加工用途比例均为 4%。尽管如此，马铃薯加工消费呈现出明显的增长趋势。

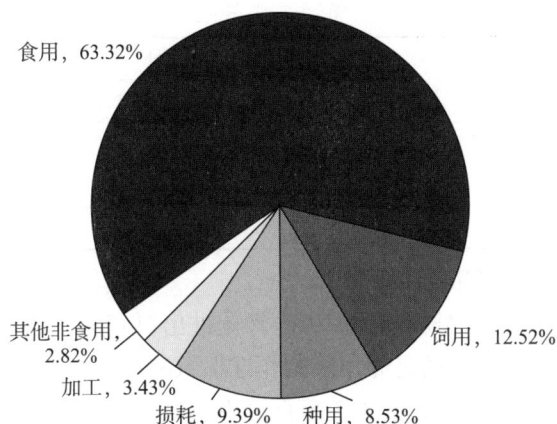

图 9　2013 年世界马铃薯消费结构
数据来源：根据 FAO 数据库整理。

3. 世界马铃薯贸易状况

（1）世界马铃薯出口量略有上升，出口额稍有下降。2016 年世界马铃薯出口总量为 2 143.50 万吨，较 2015 年增长 3.99 个百分点；出口额为 135.19 亿美元，较 2015 年增长 8.01 个百分点。非种用鲜/冷藏马铃薯和非用醋制作或保藏的冷冻马铃薯出口量的上升是全球马铃薯出口量上升的主要原因，两者出口量较 2015 年分别增长 5.92 个百分点和 6.91 个百分点，对 2016 年出口数量的增长贡献度分别为 69.77％和 57.14％。总的来看，2016 年马铃薯全球贸易依然保持了稳定的发展态势，种用马铃薯、马铃薯细粉末或粗粉末、马铃薯粉片及其团粒颗粒和马铃薯淀粉出口数量虽有下降，但在马铃薯总体出口中占比较小，对马铃薯整体出口走势影响不大。

表 2　2015—2016 年世界马铃薯出口状况

单位：万吨、亿美元

	出口数量		出口金额	
	2015 年	2016 年	2015 年	2016 年
种用马铃薯	166.42	165.13	8.08	8.27
非种用鲜或冷藏马铃薯	968.13	1025.47	26.20	30.23
冷冻马铃薯	17.44	19.85	1.28	1.62
马铃薯细粉末或粗粉末	9.52	8.14	1.04	0.85
马铃薯粉片及其团粒颗粒	42.58	41.86	5.01	4.83
马铃薯淀粉	77.82	52.38	4.93	3.52

（续）

	出口数量		出口金额	
	2015 年	2016 年	2015 年	2016 年
非用醋制作或保藏的冷冻马铃薯	679.50	726.46	58.58	64.94
非用醋制作或保藏的非冷冻马铃薯	99.90	104.23	19.92	20.93
合计	2 061.31	2 143.50	125.06	135.19

数据来源：根据 WITS 数据整理。

（2）非用醋制作或保藏的冷冻马铃薯在进出口贸易中占比最大。2016 年马铃薯产品中进口额最大的是非用醋制作或保藏的冷冻马铃薯，其进口金额为 60.11 亿美元，较 2015 年增长 3.9 个百分点，其在整个马铃薯产品贸易额中的占比为 45.03%；非种用鲜或冷藏马铃薯贸易额位居第二，2016 年进口金额为 30.76 亿美元，占整个马铃薯产品贸易额的 23.04%，与 2015 年相比增长 13.19 个百分点；非用醋制作或保藏的非冷冻马铃薯以 19.40 亿美元的贸易额位居第三，占整个马铃薯产品贸易额的 14.53%，与上一年相比减少 0.12 亿美元（图 10）。在出口方面，非用醋制作的冷冻和非种用鲜或冷藏马铃薯合计占出口总额的 70.40%，其中非用醋制作或保藏的冷冻马铃薯比重为 48.04%，种用鲜或冷藏马铃薯非用鲜或冷藏马铃薯比重为 22.36%（图 11）。多年以来，马铃薯及其制成品的结构保持基本稳定，以鲜薯和冷冻薯这些初级产品为主，马铃薯加工品由于关税壁垒高，在进出口贸易方面受到很大的限制，贸易量较小。

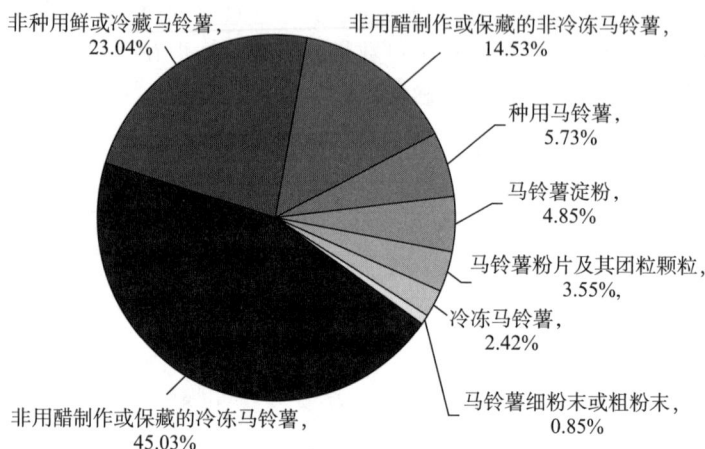

图 10　2016 年世界马铃薯进口结构

数据来源：根据 WITS 数据整理。

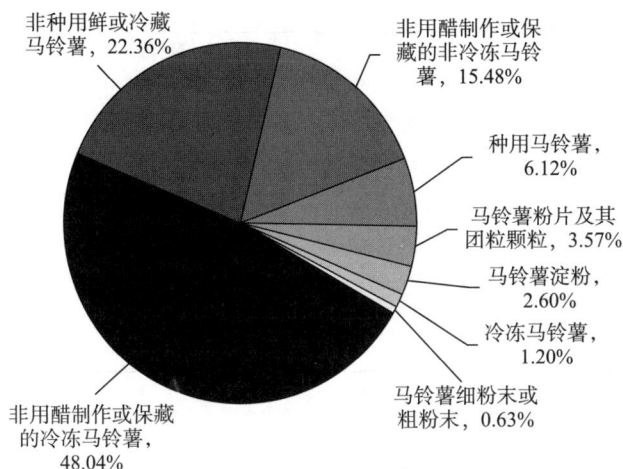

图 11 2016 年世界马铃薯出口结构

数据来源：根据 WITS 数据整理。

（3）欧美发达国家是马铃薯主要出口国，前十大马铃薯出口国马铃薯出口份额较高。全球马铃薯进出口贸易主要以欧美发达国家为主，并且前十大贸易国在近几年基本没有变化（按贸易金额排名）。从出口贸易来看，2016 年前十大出口国马铃薯出口量为 1 757.68 万吨，占全部出口量的 82.00%，出口额为 114.81 亿美元，占全球出口总额的 84.93%。与 2015 年相比，前十大马铃薯出口国马铃薯出口数量占比下降 1.39 个百分点，贸易额占比较上年增长 0.25 个百分点。荷兰马铃薯出口地位稳定，无论是贸易数量还是贸易金额均位居首位，其后依次是比利时、美国、加拿大和德国（表 3）。

（4）欧美发达国家亦是马铃薯主要进口国，但前十大马铃薯进口国进口额世界占比相对较小。2016 年前十大马铃薯进口国进口数量为 1 237.28 万吨，占全球进口总量的 59.44%，进口额为 73.42 亿美元，占全球进口额的 55.00%。具体而言，前十大马铃薯进口国中，美国和法国分别以 13.01 亿美元和 9.28 亿美元的进口额位居前两位，两国马铃薯产品进口数量和进口金额均呈增长态势（表 4）。

表 3 2016 前十大马铃薯出口国马铃薯出口情况

单位：万吨、亿美元

序号	国家	出口量	出口额
1	荷兰	440.10	30.40
2	比利时	335.10	21.49

（续）

序号	国家	出口量	出口额
3	美国	169.52	17.41
4	加拿大	158.95	12.44
5	德国	259.94	11.23
6	法国	221.96	9.87
7	英国	39.24	3.91
8	波兰	35.20	3.07
9	中国	43.84	2.69
10	埃及	53.82	2.30

注：前十大马铃薯出口国是按照出口额排序。

数据来源：UN Comtrade。

表 4　2016 前 10 大马铃薯进口国马铃薯进口情况

单位：万吨、亿美元

序号	国家	进口量	进口额
1	美国	154.14	13.01
2	法国	124.91	9.28
3	英国	102.97	8.41
4	德国	106.89	7.79
5	荷兰	228.46	7.74
6	比利时	226.16	6.85
7	意大利	104.02	6.12
8	西班牙	107.05	5.53
9	日本	41.41	4.98
10	巴西	41.27	3.70

注：前十大马铃薯进口国是按照进口额排序。

数据来源：UN Comtrade。

（5）荷兰是最大的马铃薯出口国。2016 年，荷兰出口的马铃薯产品主要是非用醋制作或保藏的冷冻马铃薯、种用马铃薯、非用醋制作或保藏的非冷冻马铃薯和非种用鲜或冷藏马铃薯，分别占该国马铃薯产品出口总金额的56.31％、16.66％、12.25％和 9.84％。在进口方面，非种用鲜或冷藏马铃薯和非用醋制作或保藏的冷冻马铃薯进口金额合计占马铃薯产品进口总金额的74.01％。荷兰在马铃薯的种薯培育上领先世界，成为世界上最大的种用马铃薯出口国，与世界其他国家相比具有明显的优势。近两年来美国马铃薯贸易迅速发展，成为仅次于荷兰和比利时的第三大马铃薯贸易国，但是在总量上与荷兰、比利时相比还有很大的差距。

（二）中国马铃薯生产、消费和贸易状况

1. 中国马铃薯生产状况

（1）中国马铃薯生产总量特征。2015 年中国马铃薯产量为 1 897.20 万吨，与 2014 年的 1 910.30 万吨相比略有下降，马铃薯产量下降主要是因为种植面积减少：2015 年马铃薯种植面积为 551.82 万公顷，较上年减少了 5.51 万公顷。2015 年中国马铃薯的单产为每公顷 3 438.10 千克，较上年增长了 0.31 个百分点，单产的提高得益于马铃薯良种补贴政策。整体而言，2000—2015 年中国马铃薯产量呈稳定发展的态势（图 12，图 13，图 14）。

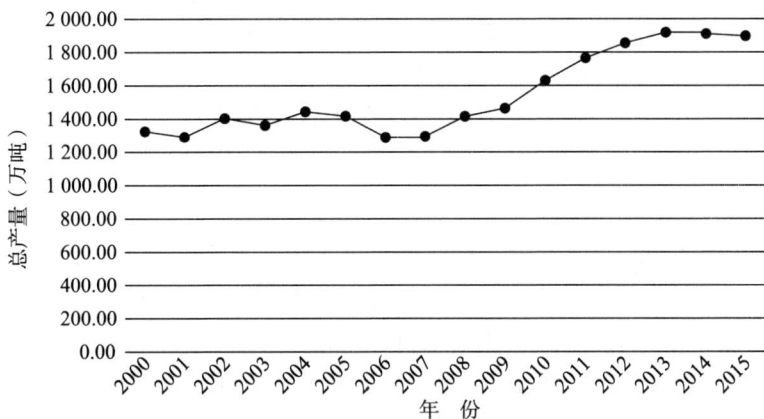

图 12　2000—2015 年中国马铃薯总产量

数据来源：根据《中国农业统计资料》整理。

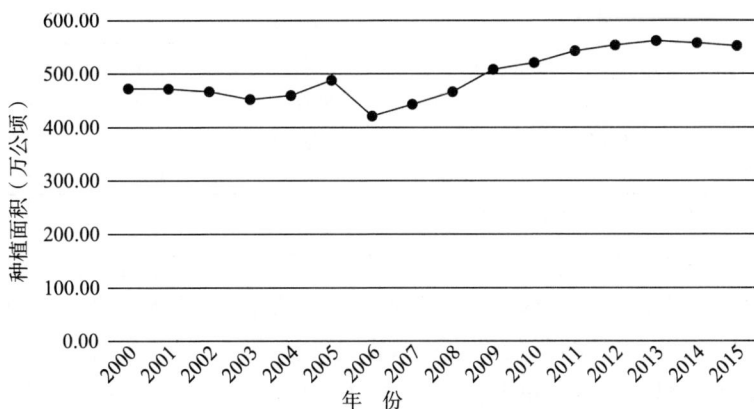

图 13　2000—2015 年中国马铃薯种植面积

数据来源：根据《中国农业统计资料》整理。

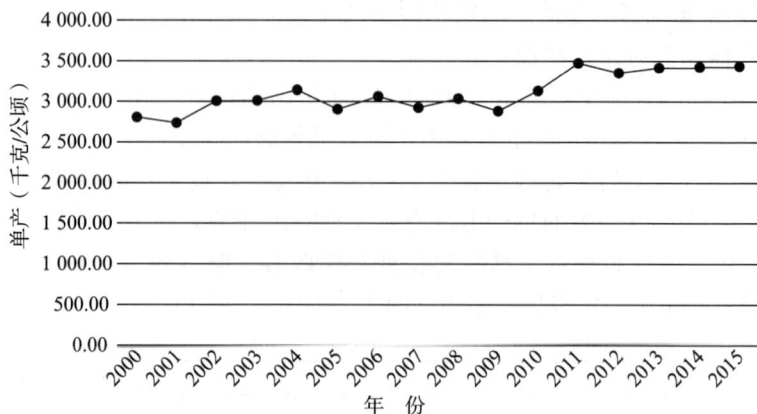

图 14　2000—2015 年中国马铃薯单产变化

数据来源：根据《中国农业统计资料》整理。

（2）马铃薯生产区域特征。

①西南混作区成为中国最大的马铃薯生产区域。近 10 年来，西南地区马铃薯发展一直保持着强劲的势头，2015 年西南混作区马铃薯种植面积为 278.71 万公顷，较上年增长 3%，占全国总播种面积的 50.51%。总产量为 962.2 万吨，增幅为 4.5%，占全国总产量的 50.71%。无论是从种植面积还是从产量来看，西南混作区都超过北方一作区成为中国最大的马铃薯生产区域（表 5）。

表 5　2015 年四大区域马铃薯生产基本情况

	种植面积 （万公顷）	比重 （%）	产量 （万吨）	比重 （%）	平均单产 （千克/公顷）
北方一作区	244.67	44.34	813.80	42.89	3 326.11
西南混作区	278.71	50.51	962.20	50.71	3 452.33
中原二作区	20.21	3.66	86.90	4.58	4 299.85
南方冬作区	8.24	1.49	34.40	1.81	4 174.76

数据来源：根据《中国农业统计资料》整理。

②马铃薯生产集中趋势依然明显并且趋于稳定。马铃薯生产集中在北方一作区和西南混作区，两个区域的播种面积和产量占到了全国的 90% 以上。观察 10 个主要马铃薯种植省份的生产数据，2015 年，这 10 个省份的马铃薯总产量和种植面积占全国总量的 80% 以上（表 6）。比较 2015 年和 2014 年生产情况可以发现，这两年中前五大马铃薯生产省份分布基本没有变化，前十大马铃薯生产省份分布变化很小，由此我们判断马铃薯的生产集中趋势明显，并且这种趋势趋于稳定。

表 6　主要省份马铃薯生产情况

单位：万公顷、万吨

省份	种植面积		产量	
	2014 年	2015 年	2014 年	2015 年
四川	76.80	79.72	281.00	307.60
甘肃	69.87	70.92	244.60	225.30
贵州	68.95	55.81	211.40	237.60
内蒙古	61.08	66.49	200.40	146.30
云南	53.01	51.22	194.50	170.50
重庆	35.63	36.37	121.70	128.10
陕西	23.75	29.68	108.00	73.80
黑龙江	28.16	25.33	74.10	99.90
湖北	26.77	21.40	69.10	77.20
河北	16.95	—	61.80	58.30
宁夏	—	17.83	—	—
合计	460.97	454.77	1 566.60	1 524.60
占全国百分比	84.38%	82.41%	83.15%	80.36%

数据来源：根据《中国农业统计资料》整理。

③地区间马铃薯单产存在差异。从单产①来看（图 15），各区域存在着明

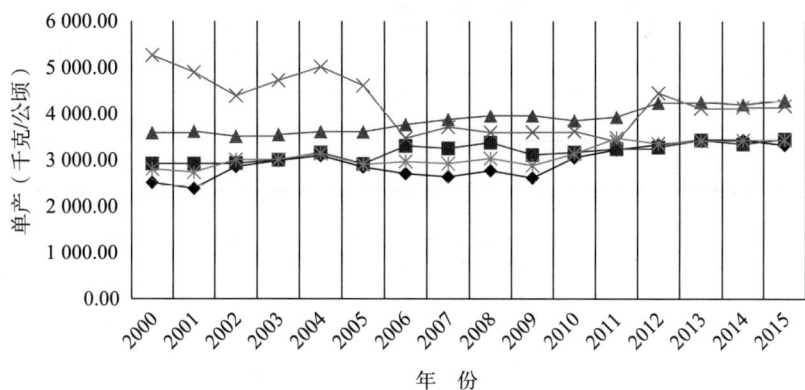

图 15　2000—2015 年不同区域马铃薯单产走势

数据来源：根据《中国农业统计资料》整理。

---

①　在各区域平均单产水平的计算上，采用的是算术平均法，并没有考虑极端值对平均水平的影响。

显差异，主产区的单产普遍不高，其中，北方一作区单产水平最低，但是近年来马铃薯单产提高很快，逐渐追上全国马铃薯平均单产水平。西南混作区马铃薯单产长期与全国平均水平持平。单产水平最高的是南方冬作区，远远高于全国平均水平，并保持稳定的增长态势。

2. 中国马铃薯价格走势

（1）全国马铃薯市场价格走势。2016 年马铃薯零售价格较往年呈现出巨大的波动，具体表现为前期价格持续拉升，中期价格迅速回落，后期价格稳中有升（图 16）。

2016 年 1~4 月，马铃薯价格连续上涨，零售价格从 1 月的 2.05 元/斤*上涨到 4 月的 2.94 元/斤，涨幅为 43.41%；5 月价格虽然较 4 月有所回落，但依然维持在高位的 2.89 元/斤，较 2015 年 5 月上涨 33%；6 月中后期至 7 月马铃薯价格迅速回落至 1.92 元/斤，与 4 月相比降幅为 35%；8~9 月，马铃薯价格逐渐稳定，基本维持在 1.87 元/斤左右，较 2015 年同期有一定程度的下降，平均降幅为 5% 左右。10 月，马铃薯价格回升至 1.88 元/斤。根据对几个主要市场的观察，2016 年 10 月下旬以来，多个产区马铃薯价格经历了一轮快速的上涨，各产区价格普遍高于上年同期。

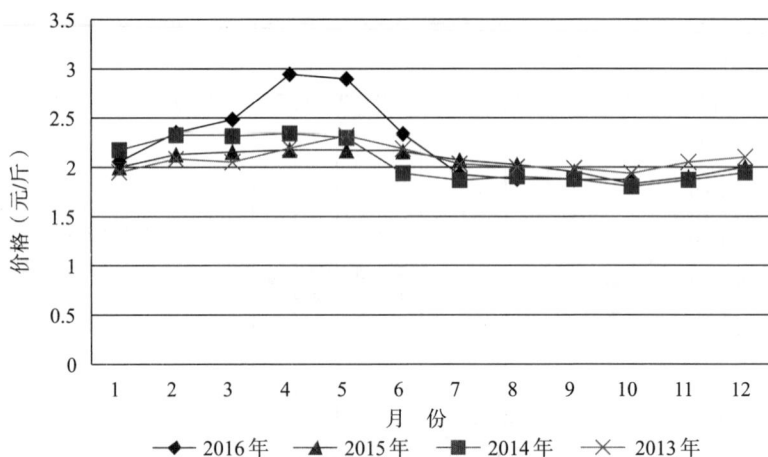

图 16　2013—2016 年 50 个大中城市马铃薯零售价格

数据来源：中华人民共和国统计局。

（2）马铃薯主要产区价格走势。

山东：山东是中国重要的蔬菜供应地，其中，滕州市号称"中国马铃薯之

---

* 斤为非法定计量单位，1 斤等于 0.5 千克。

乡"，在马铃薯市场上占有重要的地位。由于采用荷兰优质种薯以及拥有先进的贮藏运输手段，滕州市生产的马铃薯在质量以及上市时间上都具有很强的市场竞争优势，最近几年已经在市场上形成一定的知名度，并且在一定程度上转化成价格优势。2016年滕州市马铃薯价格走势整体上与全国马铃薯价格走势保持一致。1～4月马铃薯销售主要以冷库贮藏的马铃薯为主，价格从0.95元/斤上升至2.79元/斤，累计涨幅193.68%；进入5月，新薯陆续上市，市场供应量增加，价格出现急剧下滑，在价格快速下滑的过程中，批发商亏损率及亏损幅度逐步加大，产区走货速度大幅放缓，促使价格继续下滑，市场进入恶性循环。5月中旬山东迎来大规模降雨，马铃薯价格有所回升。5月马铃薯价格虽然下降至1.95元/斤，但与2015年同期相比上升了30%左右；6～9月，山东新薯大量收获上市，据产地不完全统计，山东产区2016年面积较上年增加11万亩左右。随着供应量不断增加，以及温度逐渐升高，贮藏难度增大，马铃薯价格一路下跌至9月的1.12元/斤，较5月下降了42.36%；10月后，山东新薯基本上市完毕，批发商和贸易商开始进行收货入库，对高质量马铃薯的需求较高，山东马铃薯再次体现出优势，价格有所回升（图17）。

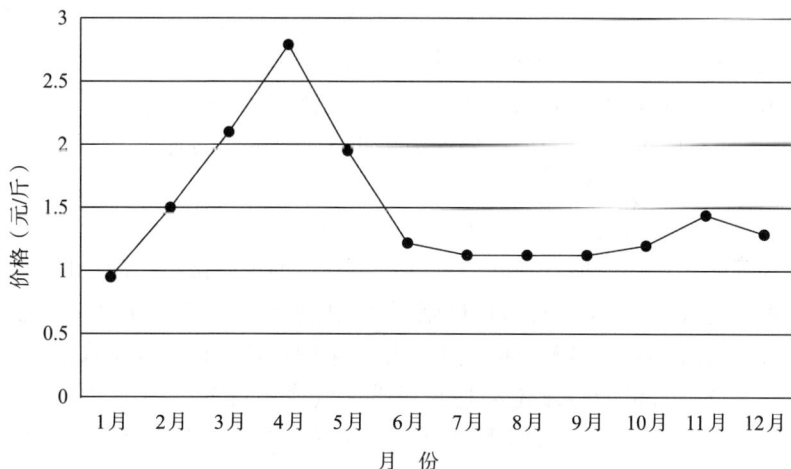

图17　2016年山东滕州马铃薯价格
数据来源：根据中国马铃薯网统计数据整理。

河北、内蒙古：河北、内蒙古是马铃薯华北产区主要的生产省份，属于马铃薯春播区，一般4月下旬开始播种，5月中旬结束。与山东省马铃薯种植条件相比，河北、内蒙古大部分地区生产条件较差，土层浅薄，水土流失严重，尽管该区马铃薯种植面积大、产量高，但质量较低。1～4月，河北、内蒙古以销售库存马铃薯为主，受市场行情影响，2016年1～4月，马铃薯供应量偏紧，市场惜售情绪高涨，促使马铃薯价格一路走高，其中，内蒙古武川 4 月马铃薯价格为 1.30 元/斤，较上年同期上涨了 225%。5 月华北地区进入马铃薯播种季节，受前期价格走高影响，河北、内蒙古马铃薯种植面积增加，有很大一部分农户改变种植结构，调减玉米、谷子改种马铃薯。

甘肃、陕西：甘肃、陕西所在的西北一季区是中国马铃薯主产区之一，种植模式为一年一熟，一般于 4 月底至 5 月中旬播种，9 月中旬至 10 月中下旬收获。2016 年 1~5 月甘肃定西马铃薯均价为 0.88 元/斤左右，2015 年同期均价为 0.5 元/斤，上涨了 76.00%。8 月开始，西北地区马铃薯陆续进入收获季节，但由于受到前期干旱天气影响，西北地区多地出现马铃薯减产。甘肃靖远县产量与上年相当，但薯形及颜色整体偏差；甘肃定西、陇西、临洮、会宁等地旱地受灾严重，预计亩产为 1 500 斤左右。由于新上市马铃薯整体规格较低，市场青睐度低，客商采购意向偏低，仅存少量货源发往批发市场，市场交易价格高挺，高品质马铃薯农户惜售心理也在一定程度上加剧了优质马铃薯有价无市市场的形成。

广东、云南：广东以及云南以南属于中国马铃薯冬作区，马铃薯一般在晚稻收获后 10 月下旬至 11 月中旬播种，翌年 2~3 月收获，对于中国冬季马铃薯的供应有着重要影响。2016 年年初由于受到南方低温和冬雨的影响，冬作区马铃薯产量锐减，市场需求量无法满足，云南德宏马铃薯价格从 1 月的 0.9 元/斤上涨至 4 月的 2.1 元/斤，累计涨幅 133%。后期随着北方马铃薯供应量逐步增加，价格逐渐稳定。

（3）马铃薯价格波动成因分析。2016 年马铃薯价格波动频繁，期间经历了年初的强势增长到中期逐渐回归理性，再到后期价格虚高，起伏巨大。通过分析发现，造成 2016 年马铃薯价格剧烈波动的原因主要有以下几个方面：

①极端天气导致马铃薯供应减少。年初全国马铃薯价格的全线飙升和年末华北地区马铃薯价格的持续走高均与极端天气密不可分。2016 年年初南方产区的广东、福建地区受降雨偏多以及寒潮影响，马铃薯减产幅度达到四成左右，冬作马铃薯是全国冬季新薯的主要供应地，马铃薯大幅减产推动全国 1~4 月马铃薯价格持续高涨。年末，西北产区因为 7~8 月大旱原因，造成甘肃，宁夏产区大幅度减产，收成三成左右，很多经营户自 9 月开始便从周边各地购进不同品种的马铃薯以填补本地的库存，本地马铃薯上市后呈现只收不出的状态，价格虚高。山东秋薯受干旱、气温偏低等因素影响，减产较为明显，平均亩产 2 000~3 000 斤，较正常年份减产 1 000~1 500 斤。总而言之，极端天气导致优质马铃薯货源供应紧张，供不应求的市场行情抬升了马铃薯市场价格。

②惜售心理抬升马铃薯市场价格。2015 年马铃薯储存普遍处于亏损状态，

而 2016 年马铃薯价格走高，使很多人始料未及。2 月价格的突然升高，使得很多储户捂货待售，进一步加剧了前期市场的供应危机，到了 10 月后期，由于年初价格大涨，储存户预期利润丰厚，储户倾向观望市场，捂货惜售，造成产区货源紧张，促使价格上行。

③蔬菜价格助推马铃薯价格上涨。2016 年蔬菜价格普遍较高，年初受寒潮影响，蔬菜产量下降，价格上升；7 月南方洪涝灾害影响南方蔬菜产量，蔬菜价格普遍上涨；10 月下旬以来，山东产区白菜、萝卜、甘蓝等大路菜减产，白菜、萝卜价格达 0.3～0.4 元/斤，远高于上年同期的 0.1 元/斤左右，替代品价格上升对马铃薯价格上涨有一定的积极作用。

3. 中国马铃薯贸易状况

与 2015 年相比，2016 年中国马铃薯进出口贸易无论是在贸易总量还是成交金额都呈现下降趋势，出口量为 43.92 万吨，比上年减少 1.07 万吨，出口总额为 2.69 亿美元，较上年下降 3.6%；进口量为 20.10 万吨，较上年减少 2.80 万吨，进口额为 2.24 亿美元，较上年下降 7.4%，贸易逆差为 0.45 亿美元。综合分析 2009—2016 年中国马铃薯及其制品国际贸易数据，中国马铃薯贸易呈现出以下特点：

（1）出口贸易波动较大，进口贸易稳步上升。近年来中国马铃薯及其制品出口额快速增长，从 2009 年的 1.53 亿美元增长到 2014 年的 3.24 亿美元，2015 年有所回落，至 2016 年出口额下降至 2.70 亿美元。相对于出口额的较大幅度波动，进口贸易呈现快速稳步上升，从 2009 年的 0.63 亿美元增长至 2015 年的 2.43 亿美元，受国际贸易环境的影响，2016 年进口额回落至 2.25 亿美元。

（2）贸易顺差呈下降趋势。国际贸易理论表明，一个国家或地区某种商品的国际贸易差额在很大程度上表明了该国该产品的国际竞争力情况。从中国马铃薯及其制品国际贸易差额来看，近 6 年来中国马铃薯制品国际竞争力总体呈现下滑趋势。2009—2013 年，中国马铃薯及其制品国际贸易顺差不断缩小，2012 年和 2013 年连续 2 年贸易逆差，尽管逆差金额较小，但足以说明近年来中国马铃薯及其制品的国际竞争力呈现衰弱的迹象。2014 年贸易差额创近 6 年的新高，但在 2015 年又有所回落，并且在 2016 年又出现了贸易逆差，总之，马铃薯贸易呈现出不稳定的状态。

（3）2016 年中国马铃薯贸易品种结构基本稳定。如表 7 所示，中国进口仍然以冷冻马铃薯为主，出口产品主要是除种用外鲜或冷藏马铃薯。进口额最大的是非醋方法制作或保藏的冷冻马铃薯，占进口总额的 68%；马铃薯淀粉进口额为 3 137.79 万美元，占进口总额的 14%；马铃薯细粉末或粗粉末进口额为1 008.93万美元,占比5%;其他产品进口额都较小。从出口产品看,2016年出口额位于前三的马铃薯及制品是除种用外鲜或冷藏马铃薯、非醋方法制作或保藏的冷冻马铃薯、非醋方法制作或保藏的未冷冻马铃薯,三者占出口总额的95%以上。

表7 2016年中国马铃薯进出口情况

单位:万吨、万美元

	出口量	出口额	进口量	进口额
种用马铃薯	0.00	93.59	0.00	1.92
除种用外鲜或冷藏的马铃薯	41.06	22 639.86	0.00	0.00
冷冻马铃薯	1.19	1 216.00	0.01	13.59
马铃薯细粉末或粗粉末	0.04	50.94	0.81	1 008.93
马铃薯粉片、颗粒及团粒	0.03	67.64	0.61	744.78
马铃薯淀粉	0.06	65.57	4.21	3 137.79
非醋方法制作或保藏的冷冻马铃薯	1.09	1 625.46	14.29	16 479.23
非醋方法制作或保藏的未冷冻马铃薯	0.46	1 197.82	0.16	1 096.51
总量	43.92	26 956.87	20.10	22 482.75

数据来源:根据中国海关数据整理。

(4)进口贸易以欧美市场为主,出口贸易主要集中在亚洲市场。在进出口市场结构上,近两年没有显著变化,进口来源国仍然以美国、德国、荷兰、加拿大、比利时等欧美国家为主,出口国家(地区)主要是越南、中国香港、马来西亚、俄罗斯、巴基斯坦等国家(地区)。

二、中国马铃薯加工业发展状况

马铃薯主粮化战略实施以来,农业部扎实推进马铃薯主食加工产业开发工作,组建马铃薯主食加工产业联盟(以下简称"联盟"),加快技术装备研发和科技成果转化,加大推介力度,马铃薯主食加工产业呈现良好的发展势头。

1. 生产研发和技术装备不断提高

针对马铃薯中不含面筋蛋白,马铃薯主食加工存在成型难、易断条等问题,成功研发真空和面、恒温恒湿熟化、绫织复合压延、单/双螺杆挤压成型技术等关键加工技术;优化产品配方,马铃薯粉配比由30%提高到50%以上;试制家庭用马铃薯面条机,开展大型马铃薯挤压面条生产线、马铃薯馒头生产线设计研发工作。目前仅农业部一个研发团队就已经形成核心专利120余项,部分马铃薯主食已实现连续化生产。

2. 产品开发种类不断丰富

随着《关于推进马铃薯产业开发的指导意见》的发布，全国马铃薯主食加工相关科研单位、企业和社会组织，对马铃薯主食产品开发的热情与日俱增，马铃薯食品层出不穷、马铃薯添加的比例也逐渐提高。目前已经形成包含马铃薯主食、马铃薯休闲食品、地方特色马铃薯食品等六大系列 240 余种产品，为马铃薯主食消费提供了更为丰富的选择。

3. 群众消费认知不断增强

在河北、湖北、宁夏、黑龙江等地开展展示推介、国际马铃薯博览会等大型展览、马铃薯主食校园行等活动数 10 次，编印马铃薯主食系列丛书，大力进行主食消费引导和市场培育，激发了群众消费新型马铃薯主食的热情。

4. 工商资本热情不断高涨

在农业部大力推动和联盟带领下，马铃薯主食产品潜在需求不断被挖掘，加之当前主食加工产品巨大的需求空间，工商资本投资热情高涨。1 年来，相关专利技术转让达 20 余项；在项目带动下，仅北京、河北、内蒙古、上海等 9 个试点省份和哈尔滨、杭州、西安等 7 个试点市，就有 200 多家企业参与了马铃薯主食产业开发。同时，在河北、内蒙古、甘肃等马铃薯重点产销区，马铃薯加工逐渐向主食加工转型。

三、中国马铃薯产业政策概况

为进一步推动马铃薯主粮化战略的实施，2016 年农业部发布《关于推进马铃薯产业开发的指导意见》，意见明确提出到 2020 年，马铃薯种植面积扩大到 1 亿亩以上，平均亩产提高到 1 300 千克，总产达到 1.3 亿吨左右；优质脱毒种薯普及率达到 45%，适宜主食加工的品种种植比例达到 30%，主食消费占马铃薯总消费量的 30%。随着指导意见的逐渐明确，各级政府也逐渐出台一些适合本地情况的马铃薯发展战略。

1. 提高优质种薯补贴力度

优质种薯覆盖率低一直是困扰中国马铃薯单产水平较低的重要因素。从 2009 年开始，国家启动马铃薯原种扩繁补贴，2010 年，中央 1 号文件又将马铃薯列入良种补贴范围，国家的良种补贴政策对马铃薯主产区开展试点，经过近几年发展，马铃薯良种补贴已经基本覆盖马铃薯主产区并显著提高了马铃薯单产水平。随着马铃薯主粮化的进一步开展，一些产区进一步提高对优质种薯的补贴力度，如 2016 年甘肃天水预计实现脱毒马铃薯全覆盖，中央和省级财政补贴资金投入 6 230 万元，并加强脱毒种薯培育，建立脱毒一级种薯核心示范区，扶持脱毒一级种薯核心示范区建设，探索脱毒一级种薯推广机制。2016

年贵州省下达黔西南布依族苗族自治州马铃薯发展资金 110 万元用于马铃薯脱毒种薯扩繁、商品薯生产基地建设、脱毒种薯质量监督检验、马铃薯疫病监测预警系统，支持推进马铃薯产业发展，促进农业增效和农民增收致富。

2. 提高马铃薯抗风险能力

自然灾害多发，市场情况多变，抗风险能力低使得农户很难从种植中获取收益，这无疑挫伤了农户的生产积极性。2016 年山东省在滕州、肥城、胶州、泰安等多个马铃薯主产区开展了马铃薯目标价格保险工作，各地根据实际情况，与商业保险公司积极合作，保费由省财政、市财政、农户共同承担，与农户签订保险合同，兜底马铃薯价格，保证农户收益。

3. 逐步展开加工业补贴

目前，中国马铃薯仍然以鲜食为主，要实现马铃薯主粮化战略，势必要提高马铃薯加工比例，然而目前中国马铃薯的加工成本比较高，马铃薯加工企业的开工率低，生产积极性不高。对此，2016 年河北省出台了《石家庄市 2016 年马铃薯主食产品及产业开发试点实施细则》，针对生产马铃薯面点和面条类企业，按照加工产品中马铃薯粉所占比例对加工企业给予每斤 0.7～1.5 元不等的补贴，以此提高马铃薯加工企业的积极性。

四、中国马铃薯产业发展面临问题

1. 马铃薯生产成本逐年增加

从表 8 可以看到，自 2010 年以来，马铃薯生产总成本整体呈上涨趋势，从 2010 年的 935.64 元/亩上涨到 2016 年的 1 474.87 元/亩，年均增长 7.88 个百分点，总成本包括土地成本和生产成本，土地成本的年均增长率为 2.09%，而生产成本的年均增长速度达到 9.29%。生产成本又包括人工成本和物质与服务费用（直接费用和间接费用），2010—2016 年，人工成本和物质服务费用分别上涨了 97.89% 和 50.26%。马铃薯生产成本的上涨势必会影响农户的收益，对马铃薯生产带来不利影响。

表 8　2010—2016 年露地马铃薯亩均生产成本

单位：元

	2010 年	2011 年	2012 年	2013 年	2014 年	2015 年	2016 年
总成本	935.64	1 092.90	1 299.21	1 440.09	1 390.33	1 392.26	1474.87
土地成本	208.41	153.93	184.77	210.46	210.19	227.44	235.91
生产成本	727.23	938.97	1 114.44	1 229.63	1 180.14	1 164.82	1 238.96
人工成本	306.98	371.04	516.99	511.50	574.88	572.40	607.49

（续）

	2010 年	2011 年	2012 年	2013 年	2014 年	2015 年	2016 年
直接费用①	405.14	533.81	561.02	600.44	576.20	564.34	595.06
种子费	156.02	243.07	217.71	219.43	227.13	215.75	225.04
肥料费	171.13	182.27	223.43	226.51	194.26	185.70	192.68
农药费	5.33	10.32	11.54	17.37	13.72	14.10	21.10
农膜费	3.05	5.87	5.62	5.88	4.44	6.12	6.15
其他	69.61	92.28	102.72	131.25	136.65	142.67	150.09
间接费用②	15.11	34.12	36.43	44.57	29.06	28.08	36.41

数据来源：《全国农产品成本收益资料汇编》。

2. 优质种薯的推广率低

目前，中国马铃薯脱毒种薯的种植面积占总种植面积的 30％，而发达国家这一比例可以达到 70％以上。马铃薯种植与生产过程中，如果种薯带毒，病害发生概率大大增加，严重影响马铃薯单产水平的提高和马铃薯产量的增加。

3. 专用薯比例较低，马铃薯品种结构型矛盾突出

与国外相比，中国马铃薯的专用品种，特别是加工型品种严重短缺。如荷兰马铃薯加工品种有 200 余种，加工专用化程度高，分为鲜食专用型、淀粉专用型、油炸专用型、全粉专用型等，而中国马铃薯生产和推广应用的品种多以菜用品种为主，用于加工薯片、薯条和全粉的品种较少。据统计，目前中国专用薯比例仅为 6.5％左右，而发达国家专用薯比例多在 50％以上，专用薯比例过低难以适应马铃薯加工业的进一步发展。

4. 马铃薯生产统计标准不一致

在国内的统计资料中，为了与其他零食作物进行比较，将马铃薯产量按 1∶5 的比例进行了拆分，一些省份将马铃薯产量按蔬菜进行统计。马铃薯生产统计标准的不统一使得马铃薯的生产安排受到了严重制约，以山东滕州为例，滕州是中国重要的马铃薯产地，同时也是重要的粮食产区，近年来该地区马铃薯生产发展迅速，并成为该地区的优势产业，但在对马铃薯统计时将其归为蔬菜，迫使政府在蔬菜和粮食之间进行抉择。此外，不同省份的统计

---

① 直接费用包括种子费、肥料费（化肥和农家肥）、农药费、农膜费、租赁作业费、燃料作业费、技术服务费、工具材料费、修理维护费和其他直接费用。

② 间接费用包括固定资产折旧、保险费、管理费、财务费和销售费。

标准使得目前马铃薯生产资料的获取十分困难，对马铃薯产业研究造成较大制约。

五、中国马铃薯发展趋势预测

1. 产量上升空间仍然较大

近年来，中国马铃薯产量稳步上升，但 2013 年之前产量的增加更多地依赖于种植面积的增加，单产的贡献相对较低。造成马铃薯单产低的原因是多方面的，中国马铃薯产业起步较晚，种薯相应的行业标准和法规建立严重滞后，或者即使有标准，执行相应标准的法定质量监督和控制主体缺位，质量控制体系不健全，以致马铃薯种薯市场秩序混乱，特别是监管缺失，优质种薯的推广受到严重制约。随着马铃薯主粮化战略的提出，一些马铃薯主要生产省份如内蒙古、甘肃、山西等先后推出了马铃薯良种补贴政策以推动马铃薯良种普及，这必将提高马铃薯的单产水平。此外，随着农业供给侧改革的不断深入，"镰刀弯"地区农业结构调整将进一步提高马铃薯的种植面积和生产能力。

2. 马铃薯市场进一步发展

马铃薯主粮化战略必将会促进马铃薯的消费，并且这种消费将会更多地表现为加工产品的消费，中国食品工业协会马铃薯食品专业委员会在《马铃薯加工业"十三五"发展规划建议（征求意见稿）》中提到要全面推动马铃薯加工业的发展，预计 2020 年马铃薯淀粉年产量将达到 130 万吨，马铃薯方便菜肴食品、马铃薯泥等高附加值产品总产量将达到 15 万吨，比 2015 年增长 50%，至 2020 年，马铃薯加工业总产值将达 500 亿元，同比增长 42.9%，年消耗马铃薯达 2 000 余万吨。马铃薯加工业的发展必将会促进马铃薯消费的快速增长。

3. 马铃薯价格风险仍然存在

随着 2016 年马铃薯库存的逐步消化，2017 年马铃薯价格短期内仍将保持高位运行，随着 5~6 月马铃薯的陆续上市，价格可能快速回落，而秋季马铃薯将大量上市，市场供给将大幅增加，价格下行压力将继续加大。

4. 马铃薯贸易稳定发展

随着马铃薯加工业的发展，势必会改变当前的马铃薯产品结构，对中国马铃薯贸易也会产生积极影响，推动马铃薯贸易结构升级，提高马铃薯贸易产品附加值，推动马铃薯贸易总额增长。中国不断推进与周边国家自贸区的建设，这也就意味着未来中国与周边国家将会在食品领域具有更为广阔的合作空间，对中国农产品贸易会有进一步的促进作用。

六、推动马铃薯产业发展的建议

1. 尽快推出符合实际的马铃薯生产支持政策和规范化的行业标准

马铃薯主粮化战略，从形式上明确了马铃薯具有粮食作物的特性，但是现行的政策若不做相应调整和优化，将会阻碍马铃薯主粮化的进程。目前农业部发布了《马铃薯优势区域布局规划（2008—2015 年）》《马铃薯机械化生产技术指导意见》《马铃薯加工业"十二五"发展规划》等产业政策或规划，并颁布了《马铃薯雪花全粉》《马铃薯种薯》《加工用马铃薯流通规范》等行业标准，但这些政策并没有对马铃薯生产给予切实的优惠。目前，马铃薯的良种补贴也仅在主产区进行试点，并未大面积推广，这显然不利于马铃薯主粮化战略的推进。

2. 加强马铃薯种植区域布局

在马铃薯的种植上，要关注目标市场多样化和特色需求，优化马铃薯的品种结构，增加适销对路品种的研发与种植。在马铃薯加工能力充足的地区鼓励发展专用薯种植，解决制约加工产业发展的专用薯原料供应短缺问题。

3. 培育优质马铃薯，打造马铃薯品牌优势

2016 年马铃薯价格疯涨折射出中国马铃薯品种单一、品质不高等问题。滕州马铃薯产业和陕西富晒马铃薯产业发展的成功案例启示我们，培育品牌马铃薯不仅可以提高马铃薯品质、提高马铃薯市场价格，还能增加农户收入。

欧盟马铃薯需求变化及原因分析

一、世界马铃薯需求概况

1961—2013 年的 50 多年间，世界马铃薯需求在总体上呈现小幅度波动上升的趋势，但各大洲马铃薯需求变化存在较大差异：欧洲马铃薯需求从一个较高的水平大幅波动减少；亚洲马铃薯需求快速增长，进入 21 世纪后，亚洲对马铃薯需求量超越欧洲；美洲和非洲马铃薯需求在较低水平上缓慢增长；大洋洲则在较低水平维稳。

（一）马铃薯需求地区格局变化

世界马铃薯需求稳定增长，亚洲成为世界马铃薯需求中心。从图 1 可以看到，1961—2013 年，世界马铃薯总需求整体上呈现增长态势，各大洲需求占比也发生了剧烈变化。1961 年，世界马铃薯总需求中欧洲占 81.60%，亚洲只占其中 9.01%，美洲、非洲、大洋洲共占到 9.39%；2004 年，亚洲和欧洲占比基本持平，分别为 40.95% 和 40.99%，其他 3 个大洲占比合计为 18.06%；2013 年，亚洲马铃薯需求占比达到 50.08%，欧洲占比减少至 30.64%，其他 3 个洲合计占比 19.28%。

通过各大洲马铃薯需求占比变迁可以发现，世界马铃薯需求中心正从欧洲逐渐迁移至亚洲，欧洲依然是马铃薯重要需求区；美洲马铃薯需求位居第三，其需求变化相对稳定；非洲马铃薯需求增长态势明显，有望超越美洲；大洋洲马铃薯需求量最小，其需求变动最稳定。从马铃薯需求格局变迁还可以发现，亚洲马铃薯需求快速增长是世界马铃薯需求增长的主要因素。在 2000 年以前，亚洲马铃薯需求增加部分大致与欧洲需求减少的部分相当，其他大洲马铃薯需求基本不变，世界马铃薯需求变动相对平稳，需求总量维持在 2.5 亿～3 亿吨；2000 年以后，由于亚洲马铃薯需求快速增长与欧洲马铃薯需求减少速度放缓，世界马铃薯需求呈增长态势，需求总量接近 4 亿吨。

（二）马铃薯需求结构变化

马铃薯食用需求稳步增长，饲用需求大幅下降。1961—2013 年，世界马铃薯需求结构发生较大变动。1961 年，世界马铃薯食用需求为 1.08 亿吨，占马铃薯总需求的 41.57%；饲用需求为 0.71 亿吨，占马铃薯总需求的 27.29%；种用和损耗量分别为 0.45 亿吨和 0.24 亿吨，分别占马铃薯总需求的 17.31% 和 9.29%；加工和其他用途需求合计为 0.26 亿吨，占马铃薯总需

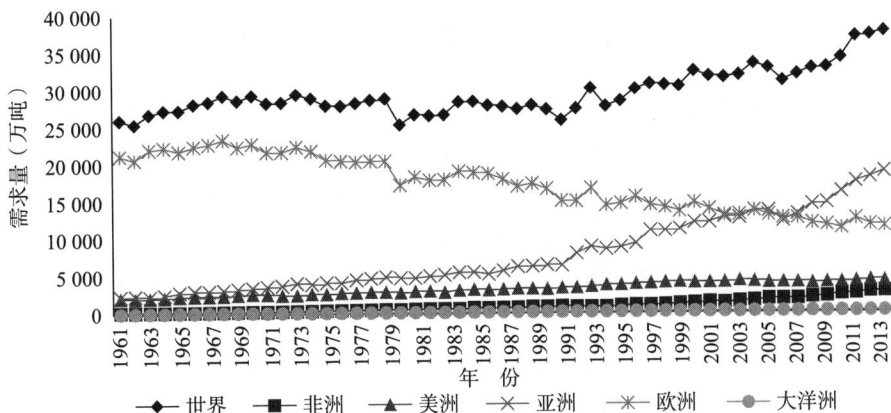

图1 1961—2013年世界及各大洲马铃薯需求变化

数据来源：根据FAOSTAT数据整理。

求的4.53%。至2001年，马铃薯食用需求为1.94亿吨，占比达到61.15%；饲用需求减少至0.45亿吨，占比下降至14.05%；种用和损耗量为0.35亿吨和0.22亿吨，占比分别为11.12%和7.07%；加工和其他用途需求合计为0.12亿吨，占比合计为6.61%。2013年，马铃薯食用需求达到2.39亿吨，其在马铃薯总需求中的比重增加至63.32%；饲用需求为0.47亿吨，占比12.52%；种用和损耗分别为0.32亿吨和0.35亿吨，占比分别为8.53%和9.39%；加工和其他用途合计为0.23亿吨，占比6.25%。通过以上数据可以发现，马铃薯食用需求呈明显增长态势，未来其比重有望进一步升高，饲用马铃薯需求呈现波动下滑趋势，加工、损耗和种用马铃薯需求变动相对稳定（图2）。

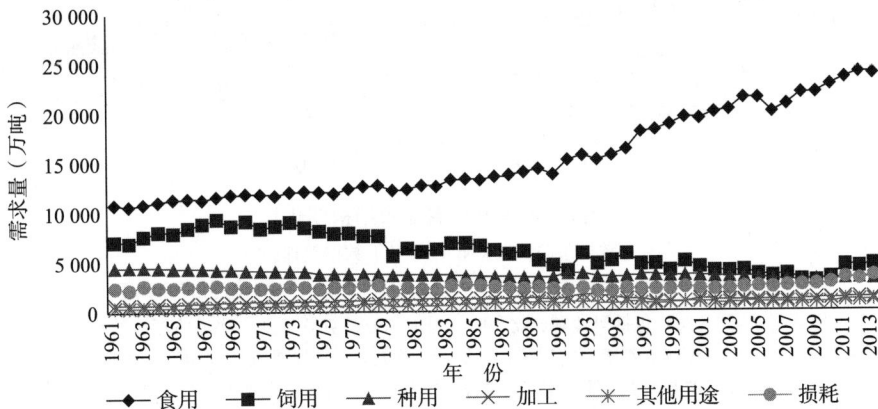

图2 世界马铃薯分用途需求变化

数据来源：根据FAOSTAT数据整理。

二、欧盟①马铃薯需求总体变化

过去 50 多年间,欧盟马铃薯需求总量和需求结构发生较大变动。从马铃薯需求总量变化来看,欧盟马铃薯需求总量由 1961 年的 1.30 亿吨减少至 2013 年的 0.53 亿吨,减少幅度达到 59.23%。欧盟马铃薯需求结构也发生了剧烈变化,选取其中 3 个主要时点来看:1961 年,欧盟马铃薯需求结构中饲用占比最大,为 39.85%;食用需求次之,占比 33.45%;种用和损耗分别占到 13.11% 和 9.76%,其他用途和加工共占 3.83%。2001 年,食用需求以 53.03% 的占比稳居第一;饲用需求第二,但需求占比已下降至 19.47%;种用和损耗分别占 9.10% 和 8.17%;其他用途和加工共占 10.23%。2013 年,食用需求占比增长到 66.51%;饲用需求占比为 7.53%;损耗和种用分别占 7.47% 和 7.40%;加工和其他用途合计占比 11.14%。从图 3 可以发现,欧盟马铃薯食用需求变动相对稳定,但随着马铃薯总需求的减少,其在总需求中的份额呈现上升趋势;饲用马铃薯需求减少速度显著快于马铃薯总需求减少速度,其在总需求中的占比迅速下降;损耗和其他用途的马铃薯需求绝对量较小,在总需求中的占比亦呈现小幅度下滑迹象;加工用马铃薯需求则在一个较低的水平维稳。

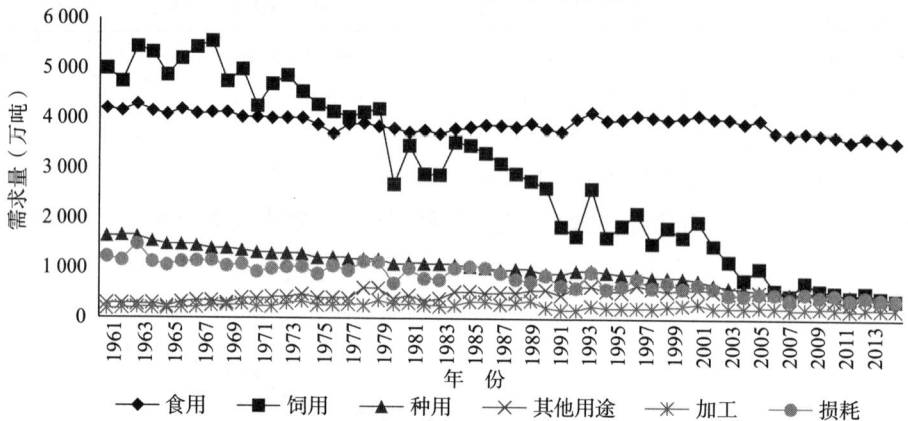

图 3　欧盟马铃薯需求结构变化

数据来源:根据 FAOSTAT 数据整理。

---

① 欧盟指欧盟 28 国,包括奥地利、比利时、保加利亚、克罗地亚、塞浦路斯、捷克、丹麦、爱沙尼亚、芬兰、法国、德国、希腊、匈牙利、爱尔兰、意大利、拉脱维亚、立陶宛、卢森堡、马耳他、荷兰、波兰、葡萄牙、罗马尼亚、斯洛伐克、斯洛文尼亚、西班牙、瑞典和英国,如未有特殊说明欧盟指欧盟 28 国;欧盟 15 国为奥地利、比利时、丹麦、芬兰、法国、德国、希腊、爱尔兰、意大利、卢森堡、荷兰、葡萄牙、西班牙、瑞典和英国;欧盟新成员国指塞浦路斯、捷克、爱沙尼亚、匈牙利、拉脱维亚、立陶宛、马耳他、波兰、斯洛伐克和斯洛文尼亚。

三、欧盟马铃薯需求结构变化

（一）饲用需求

1. 饲用需求减少是欧盟马铃薯需求总量下降的主要原因

20 世纪 60～70 年代，马铃薯以饲用需求为主，1961 年欧盟饲用马铃薯需求量为 4 999.30 万吨，1979 年饲用马铃薯需求量下降至 4 196.70 万吨，但饲用需求在马铃薯需求中仍占据最大比重。进入 80 年代后，随着马铃薯饲用需求的急剧减少，其在总需求中的占比退居第二位。2001 年，马铃薯饲用需求量已经下降至 1 473.60 万吨，2013 年，欧盟马铃薯饲用需求量进一步降至 402.20 万吨。相对于饲用需求而言，欧盟马铃薯食用、种用、加工、损耗和其他用途需求变动较小。

2. 波兰饲用需求减少引致欧盟饲用马铃薯需求大幅下滑

图 4 揭示了欧盟区域内不同国家年均饲用马铃薯需求变化情况，从图中可以看到，马铃薯饲用需求减少幅度最大的国家是波兰（－793.03 万吨[①]），其后依次是荷兰（－92.53 万吨）、德国（－67.63 万吨）、罗马尼亚（－54.17 万吨）、英国（－49.63 万吨）、立陶宛（－47.53 万吨）和捷克（－31.07 万吨）。波兰、立陶宛、捷克等欧盟新成员国马铃薯饲用需求下降的主要原因是

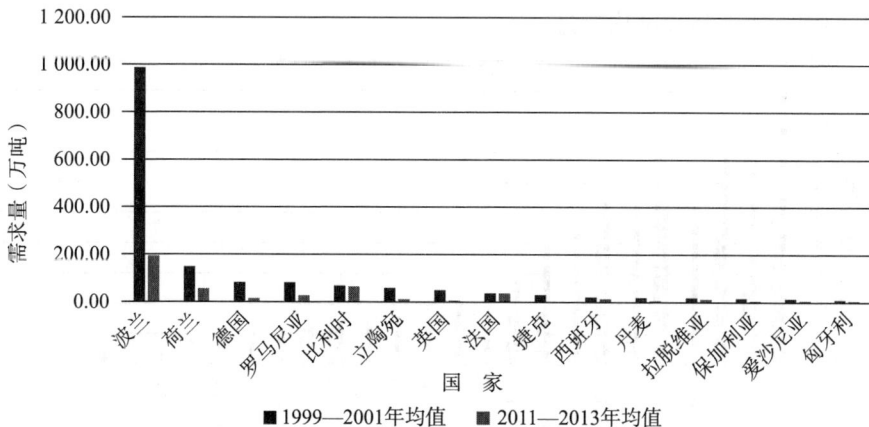

图 4　基期[②]和当期[③]欧盟马铃薯饲用需求变化

数据来源：根据 FAOSTAT 数据整理。

---

① "－"代表减少，－793.03 万吨代表与 1999—2001 年均值相比，2011—2013 年均值减少 793.03 万吨；下同。

② 以 1999—2001 年均值为基期，下同。

③ 以 2011—2013 年均值为当期，下同。

该区域国家进行了产业重组，此外，牛存栏量大幅下降以及其他农作物对马铃薯的替代作用助推了马铃薯饲用需求的大幅下滑。瑞典和奥地利马铃薯饲用需求呈现增长趋势，但增加量极小，仅为 0.87 万吨和 0.17 万吨，对欧盟马铃薯饲用需求下降趋势的扭转微不足道。

3. 欧盟各国马铃薯饲用需求占比存在较大差异，多数国家饲用需求占比下降

从马铃薯饲用需求占比排位而言，以 2011—2013 年占比均值为依据，比利时饲用占比最高，为 34.84%，其当期饲用占比较基期增长了 6.08 个百分点；拉脱维亚、波兰和立陶宛饲用需求占比均超过 20%，但部分国家诸如保加利亚、匈牙利、丹麦、德国等国马铃薯饲用需求不及 5%，可以看出，欧盟国家间马铃薯饲用需求占比存在较大差异。就马铃薯饲用需求占比走势来看（图5、图6），欧盟 28 国马铃薯饲用需求占比由基期的 21.19% 下降至当期的 8.41%，欧盟 25 国饲用需求占比由基期的 21.27% 下降至当期的 8.47%，欧盟新成员国则由基期的 41.44% 下滑至当期的 19.73%，可以发现，欧盟地区马铃薯饲用需求占比下降趋势较为明显。由图5可得，欧盟 27 个[①]国家中有 23 个国家的马铃薯饲用占比呈下降趋势，其中，保加利亚马铃薯饲用需求占比下降幅度最大，由期初的 28.90% 下降至当期的 2.75%，波兰、捷克、爱沙尼亚饲用占比下降幅度均超过 20%。

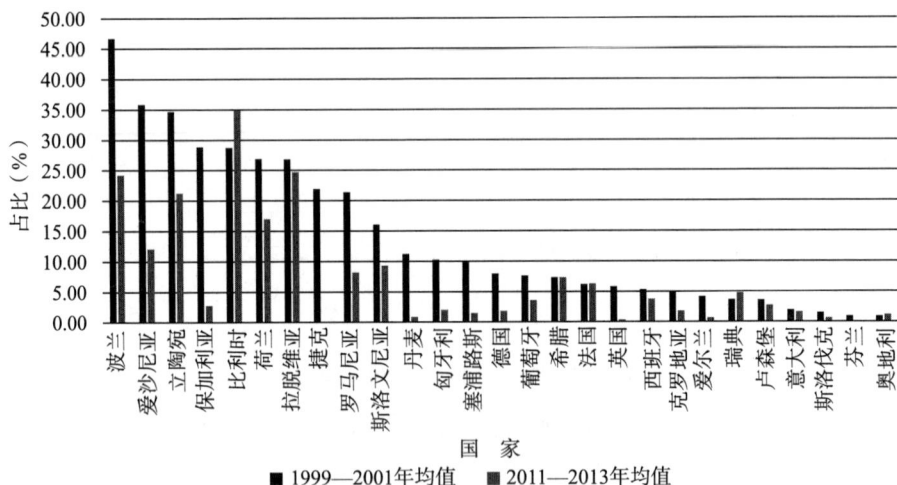

图 5　欧盟国家马铃薯饲用需求占比变化
数据来源：根据 FAOSTAT 数据整理。

①　欧盟 28 国中马耳他数据暂缺，故此处为 27 国。

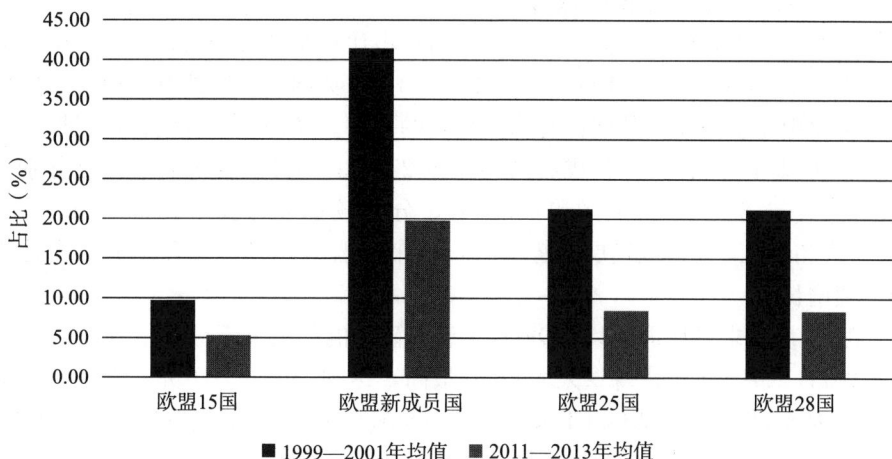

图 6　欧盟地区马铃薯饲用需求占比变化

数据来源：根据 FAOSTAT 数据整理。

（二）食用需求

在马铃薯需求结构中，食用需求历来在欧盟马铃薯需求中占据主导地位，近年来，欧盟马铃薯食用需求正在发生微妙的变化：食用加工需求在增加，而直接食用需求在减少，引起这种变化的因素大致有以下几个方面：

①方便食品（速食食品）的需求增加。方便食品需求的增加主要是由于生活节奏加快和女性就业率水平提高所致。

②马铃薯替代食品竞争力增强。马铃薯的替代食品较多，意大利面、米饭等食品都会对其需求构成一定的威胁，这就倒逼马铃薯行业不断推陈出新。

③消费者食品健康意识增强（低热量、低脂肪等）。

④特殊产品的发展。涉及特定生产方法或要求特定产地的产品的发展。

1. 食用需求数量呈下降趋势

欧盟马铃薯食用需求占比较高（前文已经论述），但年际间存在微妙变化，以下着重对比 2001—2013 年的变化。基期时，欧盟 25 国、欧盟 15 国和欧盟新成员国马铃薯食用需求量分别为 3 733.50 万吨、2 930.80 万吨和802.70 万吨，而到当期时，以上地区的马铃薯食用需求量分别下降至3 294.90 万吨、2 661.40 万吨和 633.50 万吨，可以看出，欧盟不同区域间马铃薯食用需求呈现下降趋势。英国、德国、波兰、法国和西班牙等马铃薯食用需求大国马铃薯食用需求量呈现明显减少的趋势。

2. 食用需求占比呈上升趋势

当期，捷克和斯洛伐克马铃薯食用需求占比较基期分别增长 32.81 个百分点和 1.84 个百分点，达到 90.78% 和 90.33%；英国、克罗地亚、卢森堡等国马铃薯食用需求占比较基期也有明显增长的态势。从地区角度而言，当期欧盟 28 国、欧盟 15 国、欧盟新成员国和欧盟 25 国的马铃薯食用需求占比分别为 65.13%、66.86%、58.63% 和 65.04%，分别较基期增长 14.46%、4.73%、28.54% 和 14.59%，从发展趋势来看，未来欧盟地区马铃薯食用需求占比还会继续增长。

3. 食用需求占比同人均 GDP 水平没有确定的趋势关系

2011—2013 年，卢森堡人均 GDP 最高，达到 10.16 万美元，其马铃薯食用占比为 84.68%；人均 GDP 排在欧盟 28 国中第 23 位的克罗地亚人均 GDP 仅为 1.33 万美元，其马铃薯食用占比与卢森堡相当，再如，德国和罗马尼亚两国食用占比相似，但人均 GDP 存在较大差距。由图 7 也可以发现，欧盟地区经济发展水平与其马铃薯食用需求占比没有确定的趋势关系。

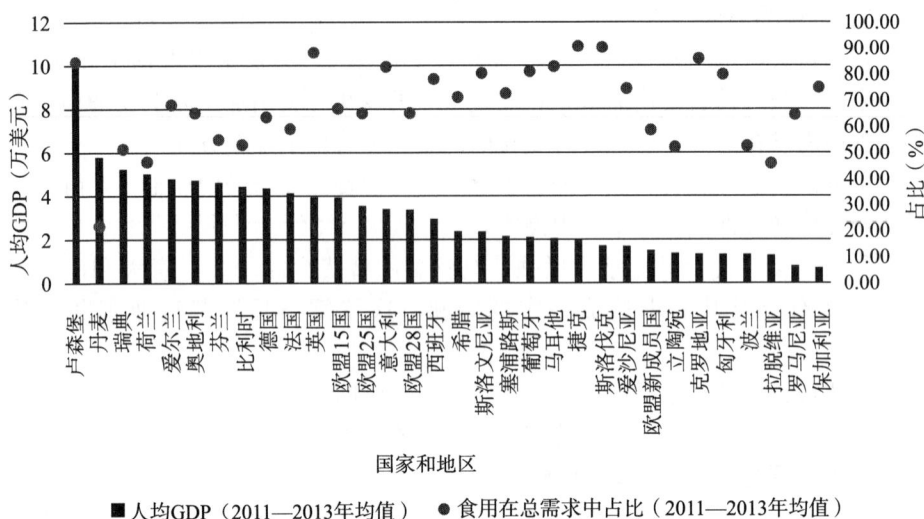

■人均GDP（2011—2013年均值）　●食用在总需求中占比（2011—2013年均值）

图 7　欧盟当期马铃薯食用需求占比与人均 GDP

数据来源：根据 FAOSTAT、世界银行数据计算整理。

4. 欧盟成员国间人均马铃薯摄入量存在较大差异

欧盟区域面积虽小，但区域成员饮食（马铃薯摄入量）存在较大差异。如图 8 所示，拉脱维亚、波兰、英国和爱沙尼亚马铃薯人均摄入量排名靠前，以上地区年人均马铃薯摄入量均超过了 100 千克，而保加利亚、塞浦路斯、意大利、克罗地亚年人均马铃薯摄入量仅为 27.39 千克、30.13 千克、38.27 千克和 41.20 千克，远远低于欧盟 28 国年人均摄入量 70.67 千克水平。

5. 人均马铃薯摄入量和人均 GDP 没有显著相关关系

从图 8 可以看到，欧盟成员国间人均 GDP 存在较大差距，卢森堡人均GDP 高达 10.16 万美元，而保加利亚人均 GDP 仅为 0.60 万美元。马铃薯人均摄入量与人均 GDP 之间没有显著的关系表现在人均 GDP 相当的国家其马铃薯人均摄入量可能存在较大差距，例如，法国和英国、匈牙利和拉脱维亚、罗马尼亚和保加利亚、斯洛伐克和爱沙尼亚，以上四组国家间的人均 GDP 水平相当，但两国间马铃薯人均摄入量存在较大差异。

6. 欧盟新成员国人均马铃薯摄入量提升了欧盟 28 国的马铃薯消费水平

拉脱维亚、波兰、爱沙尼亚、立陶宛等国均属于欧盟新成员国，而以上国家人口数量庞大、马铃薯人均摄入量高，整体上提升了欧盟 28 国的马铃薯人均消费水平。

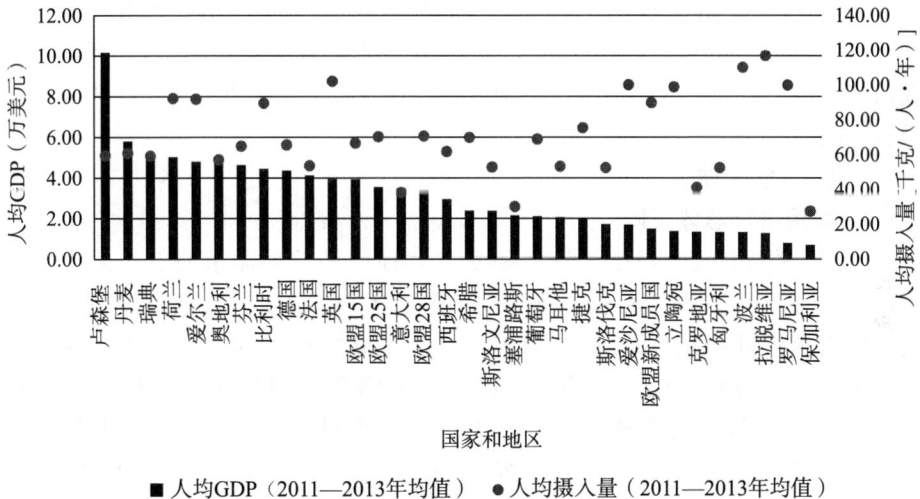

■ 人均GDP（2011—2013年均值）　● 人均摄入量（2011—2013年均值）

图 8　欧盟当期人均马铃薯摄入与人均 GDP

数据来源：根据 FAOSTAT、世界银行数据计算整理。

（三）加工需求

1. 马铃薯加工需求呈下降趋势

具体来说，在基期时，欧盟新成员国马铃薯加工需求量为 64.00 万吨，欧盟 15 国为 198.90 万吨，欧盟 28 国为 262.90 万吨，而至当期，欧盟新成员国马铃薯加工需求量下降至 18.73 万吨，欧盟 15 国和欧盟 28 国分别下降至

184.87 万吨、203.60 万吨。就分国别马铃薯加工需求变化来看，波兰马铃薯加工需求变动最大，其当期加工需求量较基期减少 42.10 万吨，其次是德国，减少 8.17 万吨，瑞典和捷克减少量相同，均为 3.87 万吨，其他国家马铃薯加工需求变动相对较小。

2. 欧盟马铃薯加工需求存在显著的地域性

欧洲西北部马铃薯加工需求发展态势较好，部分国家的加工用马铃薯几乎占到马铃薯需求总量的一半以上；地中海地区的马铃薯加工需求虽然占比较低（占总需求的 10%），但是呈现明显的增长趋势；欧盟新成员国地区的马铃薯加工需求在马铃薯总需求中占比最低，但同地中海地区需求走势一致，呈现增长趋势。

3. 马铃薯加工企业数量呈减少态势

从加工企业递减数目顺序来看，这些加工企业主要位于荷兰、比利时、英国、德国、法国、意大利和瑞典，从加工企业布局变迁情况来看，马铃薯加工企业逐渐向荷兰、比利时、德国等地区集中，但这并非意味着传统加工地区"去区域化"的开始。为了出售，农户需要向市场提供符合农产品检疫和质量控制的马铃薯，而事实上欧盟新成员国大量的马铃薯因品质不符合市场交易要求而被拒市场之外，欧盟新成员国地区想要在马铃薯加工方面有所作为还要走很长的路。

（四）其他用途

1. 种用需求总体下降

欧盟 28 国中除卢森堡、丹麦和爱尔兰种用马铃薯需求略有上升外，其他国家均呈下降趋势，其中，种用马铃薯需求下降幅度最大的是波兰，其当期种用需求较基期减少 163.13 万吨，其次是立陶宛，其当期种用需求较基期减少 43.43 万吨，荷兰、德国、捷克、英国和罗马尼亚减少幅度也均在 10 万吨以上。从区域情况来看，欧盟 28 国当期种用马铃薯需求较基期减少 329.43 万吨，欧盟新成员国和欧盟 15 国分别减少 242.40 万吨和 62.50 万吨，可以看出（图9），欧盟新成员国马铃薯种用需求下降对欧盟 28 国马铃薯种用需求下降的贡献较为突出。

2. 多数国家马铃薯损耗量减少

欧盟 28 国马铃薯损耗总量由基期的 639.47 万吨减少到当期的 421.70 万吨，其中，损耗变动最大的是波兰，其损耗量由基期的 293.33 万吨减少至 63.40 万吨；其次是比利时，其马铃薯损耗由基期的 27.80 万吨减少至当期的 15.80 万吨；卢森堡、奥地利、德国和丹麦马铃薯损耗略有上升，但对欧盟整体损耗变动影响不大（图10）。

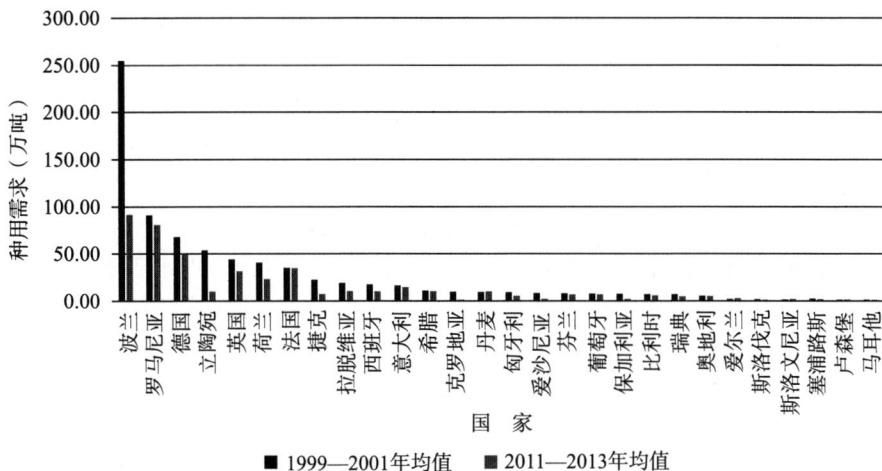

图 9　基期与当期欧盟马铃薯种用需求变化

数据来源：根据 FAOSTAT 数据整理。

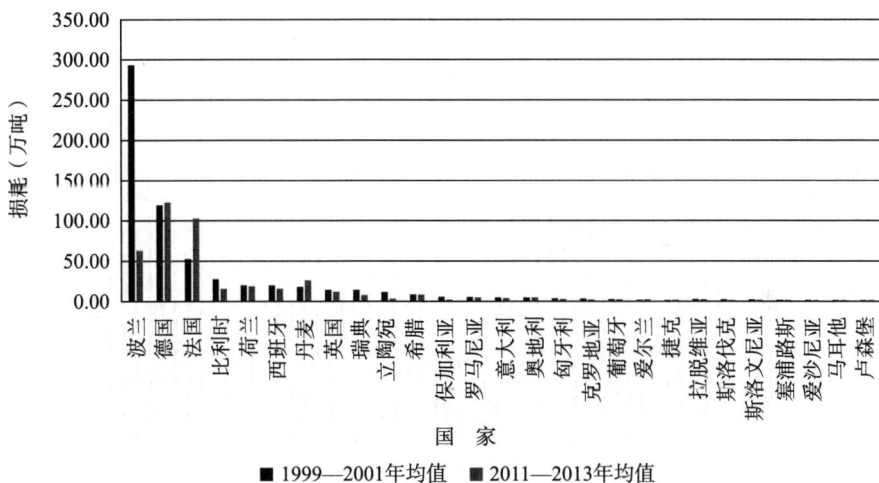

图 10　基期与当期欧盟马铃薯损耗变化

数据来源：根据 FAOSTAT 数据整理。

四、欧盟马铃薯需求前景分析

1. 马铃薯加工企业具有广阔的发展空间

近 10 年来，欧盟马铃薯加工企业的发展与市场对薯条的强劲需求密切相关，为了迎合市场需求，马铃薯加工企业也在不断创新加工流程（如采用特别的油或者微波加工）、开辟新的消费热点（特殊产地产品、特殊成分产品、冷冻产品）。此外，马铃薯加工企业还存在一些有待改进的地方，如马铃薯加工企业对消费者消费反馈的具体分析，马铃薯加工企业与零售中心、饭店或者餐饮连锁店等的连接问题等。如果马铃薯加工企业能够正视以上问题并不断革新，欧盟将会迎来更为广阔的市场空间。

2. 食品安全问题引起市场对食用马铃薯的担忧

尽管没有直接证据能够证明直接食用马铃薯有害健康，但出于对健康因素的考虑，市场对直接食用马铃薯预期需求很不乐观。为此，德国 ZMP 部门实施了一项旨在避免直接食用马铃薯市场消亡的紧急计划；荷兰和比利时分别采取了减价策略和广告策略以提高市场份额，但以上策略并未充分展现最初的政策设计效果。

五、从欧盟马铃薯需求看中国马铃薯需求

世界马铃薯总需求的增长主要由食用需求增长引致，而对食用需求增长贡献最大的地区是亚洲。就亚洲马铃薯需求而言，从图 11 中可以看到，中国马铃薯需求量[1]约占亚洲马铃薯需求量的 50%，中国马铃薯需求变动对亚洲马铃薯需求变动具有重要影响。

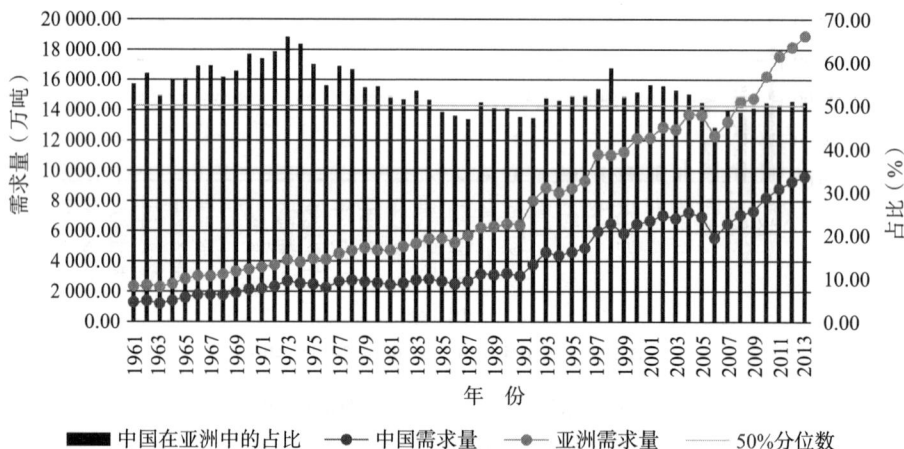

图 11　中国及亚洲马铃薯需求变动

数据来源：根据 FAOSTAT 数据整理。

---

[1]　本报告中的中国马铃薯需求量为中国大陆马铃薯需求量，并未包含中国香港、澳门和台湾地区。

1. 中国马铃薯需求总量在增加，加工、损耗和种用需求占比相对稳定，饲用和食用需求存在此消彼长的关系

具体而言（图 12），基期马铃薯需求量为 6 314.17 万吨，当期马铃薯需求量为 9 236.10 万吨，12 年间增长了 46.28%。从马铃薯需求结构来看，马铃薯食用需求占比由基期的 64.12% 下降至当期的 62.06%，而饲用需求占比由基期的 17.84% 增长至当期的 20.36%，可以看出，马铃薯饲用需求和食用需求之间存在此消彼长的关系；当期加工、损耗和种用马铃薯占比与基期相比没有太大变化，2001—2013 年三者的占比分别维持在 9%、5% 和 4% 左右，其他用途的马铃薯占比不到 1%。

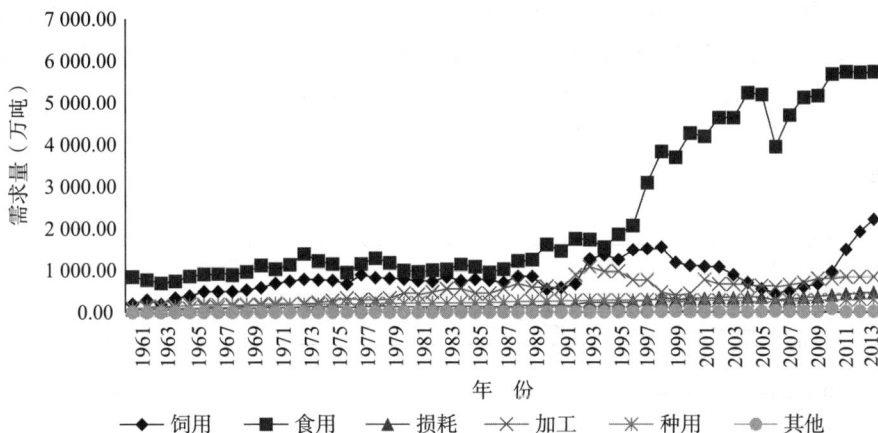

图 12 中国马铃薯需求趋势

数据来源：根据 FAOSTAT 数据整理。

2. 中国的人均马铃薯摄入量快速增长，与欧盟国家相比仍处于较低水平

自 1994 年开始中国人均马铃薯摄入量迅速增长，至 2013 年人均马铃薯摄入量超过 40 千克，较 1961 年增加了 2.07 倍，但相对于欧盟年人均马铃薯摄入量（70 千克）而言，仍处于较低水平。

木薯生产与贸易形势分析

一、世界木薯生产情况

(一) 世界木薯产量持续增长

作为一些经济发展落后国家尤其是非洲地区的重要淀粉来源,并且随着淀粉加工技术的升级与改进,过去 20 年,世界木薯产量持续增长。据 FAOSTAT 统计,1993 年世界木薯产量为 16 331.5 万吨,到 2014 年已经达到 26 828.82 万吨,增长 64.3% (图 1)。

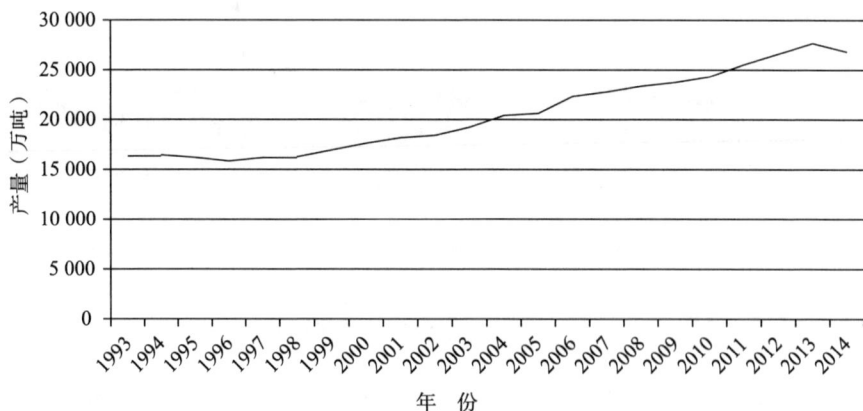

图 1 世界木薯产量变化趋势

数据来源:FAO Statistic 整理。

(二) 主要分布在非洲、东南亚和拉丁美洲

据 FAOSTAT 统计,全球有 100 余个国家生产木薯,分布很不均匀,非洲木薯产量占世界木薯产量的 50% 以上,亚洲木薯产量占世界木薯产量的 30% 以上。尼日利亚、巴西、泰国、印度尼西亚、刚果(金) 这 5 个国家木薯的产量占世界总产量的 50% 以上 (图 2)。

(三) 尼日利亚是世界上最大的木薯生产国

尼日利亚种植木薯的历史悠久,2014 年种植面积为 710 万公顷,总产量为 5 483 万吨,均为世界第一位,单产水平为 7.7 吨/公顷,种植水平不高,

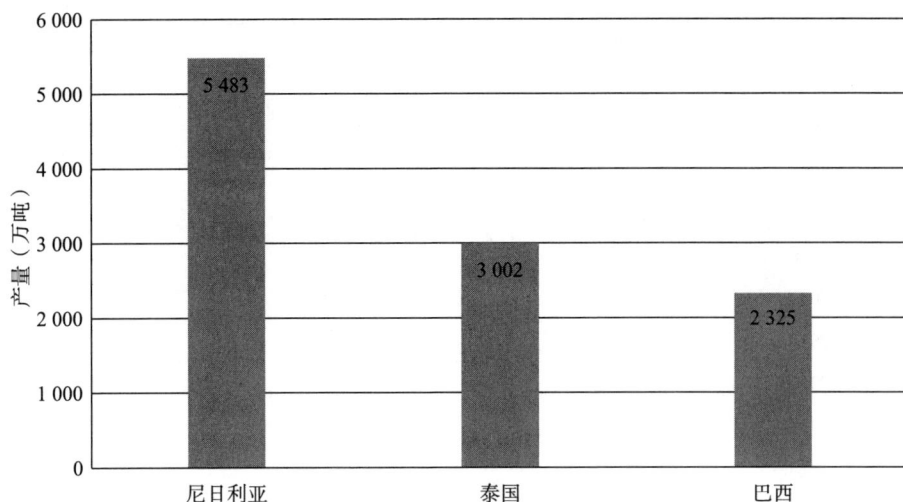

图 2　2014 年世界木薯主产国产量情况

数据来源：FAO Statistic 整理。

单产有大幅提升空间（表 1）。尼日利亚木薯种植区主要集中在雨热资源相对丰富的南部地区，除少数地区有机械化种植外，一般以自然方式小规模种植，不施用化肥和杀虫剂，80% 的人口与木薯产业相关，尼日利亚 95% 的土地都能够种植木薯，但是日前木薯种植面积仅占尼日利亚可用耕地的 5% 左右，主要用作国内粮食消费，出口量相对较少。

表 1　尼日利亚木薯产量、单产及种植面积

年份	产量（万吨）	单产（吨/公顷）	面积（万公顷）
1993	3 013	10.6	284.4
1994	3 101	10.6	292.7
1995	3 140	10.7	294.4
1996	3 142	10.7	294.6
1997	3 205	11.9	269.7
1998	3 270	10.7	304.3
1999	3 270	9.6	340.6
2000	3 201	9.7	330.0
2001	3 207	9.6	334.0
2002	3 412	9.9	344.6
2003	3 630	10.4	349.0

（续）

年份	产量（万吨）	单产（吨/公顷）	面积（万公顷）
2004	3 885	11.0	353.1
2005	4 157	11.0	378.2
2006	4 572	12.0	381.0
2007	4 341	11.2	387.5
2008	4 458	11.8	377.8
2009	3 682	11.8	312.9
2010	4 253	12.2	348.2
2011	4 619	11.2	412.0
2012	5 095	8.0	640.2
2013	5 300	7.0	380.0
2014	5 483	7.7	710.0

数据来源：FAO Statistic 整理。

（四）泰国是亚洲最大的木薯生产国

泰国种植木薯仅 20 多年，2014 年种植面积为 135 万公顷，总产量 3 002 万吨，单产达到 22.3 吨/公顷，在世界木薯主产国中遥遥领先（表 2）。泰国木薯种植区主要集中在东北部、中部和北部地区，以自然方式种植，既不施肥也不使用杀虫剂，60%的人口与木薯产业相关。泰国是世界上最重要的木薯产品出口国，主要出口产品有木薯粒、木薯片、木薯淀粉等，其木薯淀粉出口量占世界木薯淀粉出口量的 90%以上，主要出口市场有欧盟、中国、日本和中国台湾等国家和地区，其中木薯粒 85%以上出口到欧盟。

表 2　泰国木薯产量、单产及种植面积

年份	产量（万吨）	单产（吨/公顷）	面积（万公顷）
1993	2 020	14.0	143.8
1994	1 909	13.8	138.3
1995	1 622	13.0	124.5
1996	1 739	14.2	122.8
1997	1 808	14.7	123.0
1998	1 559	14.9	104.4
1999	1 651	15.5	106.5
2000	1 906	16.9	113.1
2001	1 840	17.5	104.9

年份	产量（万吨）	单产（吨/公顷）	面积（万公顷）
2002	1 687	17.1	98.8
2003	1 972	19.3	102.2
2004	2 144	20.3	105.7
2005	1 694	17.2	98.6
2006	2 258	21.1	107.1
2007	2 692	22.9	117.4
2008	2 516	21.3	118.4
2009	3 009	22.7	132.7
2010	2 201	18.8	116.8
2011	2 191	19.3	113.5
2012	2 985	21.9	136.2
2013	3 023	21.8	138.5
2014	3 002	22.3	134.9

数据来源：FAO Statistic 整理。

（五）巴西是美洲最大的木薯生产国

巴西木薯的产量占拉丁美洲总产量的 70% 左右，2014 年种植面积为 156.8 万公顷，总产量为 2 325 万吨，均居世界第三位，单产为 14.8 吨/公顷（表 3），在美洲属于较高的生产水平，也高于世界平均水平。巴西木薯的种植遍布全国，全年都能够生产，但是主要还是集中在东北部、北部和南部地区。巴西木薯主要向美国、日本、加拿大、法国、葡萄牙和乌拉圭出口。

表 3 巴西木薯产量、单产及种植面积变化

年份	产量（万吨）	单产（吨/公顷）	面积（万公顷）
1993	2 186	12.1	181.2
1994	2 446	13.2	185.1
1995	2 542	13.1	194.6
1996	1 774	11.8	150.9
1997	1 990	12.8	155.2
1998	1 950	12.4	157.9
1999	2 086	13.3	157.1
2000	2 334	13.6	172.2
2001	2 258	13.5	166.7

（续）

年份	产量（万吨）	单产（吨/公顷）	面积（万公顷）
2002	2 307	13.8	167.5
2003	2 196	13.4	163.4
2004	2 393	13.6	175.5
2005	2 587	13.6	190.2
2006	2 664	14.0	189.7
2007	2 654	14.0	189.4
2008	2 670	14.1	188.9
2009	2 440	13.9	176.1
2010	2 497	13.9	179.0
2011	2 535	14.6	173.4
2012	2 304	13.6	169.3
2013	2 148	14.1	152.6
2014	2 325	14.8	156.8

数据来源：FAO Statistic 整理。

二、木薯的国内生产情况

据 FAO 统计，中国木薯种植面积从 1961 年的 8 万公顷增加到 2014 年的 28.6 万公顷，增加了 2.6 倍，年平均增长 2.5%。木薯产量也在逐步上升，木薯产量从 1961 年的 94 万吨增加到 2014 年的 466 万吨，增加了约 4.0 倍，年平均增长 3.1%。木薯单产在波动中增加，从 1961 年的 11.8 吨/公顷提高到 2014 年的 16.3 吨/公顷，增长了 38.1%，年均增长 0.6%。总体来看，中国木薯的收获面积和鲜薯总产量增长的趋势是同步的，但是由于受到气象、生态、地质等自然灾害及其他不确定因素的影响，木薯单产存在波动。近年来，中国木薯总产量的增加趋势放缓，单产波动也明显缩小（表 4）。

表 4　中国木薯产量、单产及种植面积

年份	产量（万吨）	单产（吨/公顷）	面积（万公顷）
1993	340	14.5	23.5
1994	350	15.0	23.4
1995	377	15.7	24.0
1996	360	14.6	24.7
1997	365	14.8	24.7

（续）

年份	产量（万吨）	单产（吨/公顷）	面积（万公顷）
1998	370	14.7	25.2
1999	375	16.0	23.5
2000	380	16.0	23.8
2001	385	16.0	24.0
2002	390	16.8	23.2
2003	400	16.0	25.0
2004	380	15.5	24.5
2005	400	15.4	26.0
2006	430	16.2	26.5
2007	435	16.2	26.8
2008	440	16.3	27.0
2009	450	16.4	27.5
2010	455	16.4	27.8
2011	450	16.4	27.5
2012	456	16.3	28.0
2013	459	16.1	28.5
2014	466	16.3	28.6

数据来源：FAO Statistic 整理。

据《中国统计年鉴》数据，中国木薯主要种植在广西，其次为广东、海南、云南、福建等地，其中广西产量占全国的 60% 左右（表 5）。

表 5　中国主要木薯产区种植面积及产量

单位：万公顷、万吨

省份	2014 年种植面积	2014 年鲜薯产量	2015 年种植面积	2015 年鲜薯产量
广西	14.00	223	13.13	261
广东	2.47	48	2.07	40
海南	2.33	44	1.93	39
云南	2.07	43	1.67	35
福建	1.40	27	1.13	22
江西	1.07	21	0.87	17
贵州	0.33	6	0.27	5
合计	23.67	412	21.07	419

数据来源：根据《中国统计年鉴》数据整理。

三、木薯的国际贸易情况

（一）世界木薯贸易情况

参与贸易的木薯类产品主要有鲜木薯、木薯粉、木薯干片和木薯淀粉等，但鲜木薯价格低，运输成本高，木薯粉不易于保存，因此鲜木薯和木薯粉的进出口贸易量相对较少，木薯干片和木薯淀粉是木薯国际贸易的主要产品。

根据 UN Comtrade 数据，2015 年，世界木薯干片（含鲜木薯，量较少）贸易量为 1 179 万吨，木薯淀粉为 350 万吨。2000 年以来，木薯干片的贸易量震荡幅度较大，木薯淀粉的贸易量则持续快速增长。

2015 年，中国是世界最大的木薯干片（含鲜木薯）进口国，进口量为937.6 万吨，占世界贸易量的 79.5%。此外，泰国、朝鲜、越南也是木薯干片（含鲜木薯）的主要进口国，2015 年的进口量分别为 170.4 万吨、31.0 万吨和23.2 万吨，其他国家的木薯干片进口规模相对较小。2015 年，泰国是世界最大的木薯干片（含鲜木薯）出口国，出口量为 729.9 万吨。

2015 年，中国也是世界最大的木薯淀粉进口国，进口量为 182 万吨，占世界木薯淀粉贸易量的 52.0%。印度尼西亚进口 59.6 万吨，也是重要的木薯淀粉进口国。泰国和越南是主要的木薯淀粉出口国，出口量分别为 288.7 万吨和 199.1 万吨。

泰国是世界上最大的木薯类产品出口国。泰国年产木薯的一半以上供出口，木薯类产品是泰国出口创汇的重要来源，出口到世界 90 多个国家和地区。木薯类产品中木薯干片的出口规模最大，占木薯类产品出口量的 70% 以上，木薯干片的出口价格相对于木薯粉、木薯淀粉均较低，出口价格仅为木薯粉、木薯淀粉出口价格的一半左右，且运输成本高，销售季节性强。2000 年以来泰国木薯干片的出口量波动性比较大，总体在 300 万～700 万吨的区间内震荡。初加工可为国内解决更多的就业问题并带来更高的利润，泰国木薯淀粉的出口量近年来呈现明显上升的趋势，泰国木薯淀粉出口量持续快速增长。

（二）中国木薯贸易情况

1. 中国木薯类产品进口量呈上升趋势

中国进口木薯产品主要是木薯干片和木薯淀粉，此外还有部分鲜木薯，其中木薯干片的进口规模最大，占木薯类产品进口量的 70% 以上。1995 年以来，木薯干片、木薯淀粉的进口量如图 3 所示。从图中可以看出，中国木薯干片和木薯淀粉的进口量上升趋势明显，除 2008 年受金融危机的影响进口量明显缩小以外，基本保持着增长态势。中国木薯产品出口量极少，仅有少量木薯淀粉出口，木薯干片和鲜木薯出口量基本上可以忽略不计。

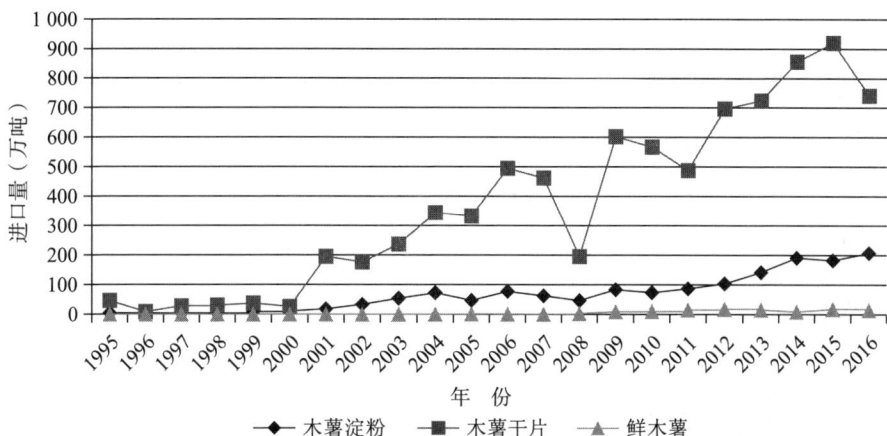

图 3　中国木薯干片、木薯淀粉和鲜木薯进口量变化趋势

数据来源：UN Comtrade 数据库整理。

2. 中国木薯干片进口有很强的周期性

中国木薯干片的进口主要集中在每年 11 月至次年 6 月，其他月份正是鲜木薯上市期，干片的进口量处于较低水平（图 4）。国内的鲜木薯以及缅甸、越南的鲜木薯为 7～10 月的木薯加工提供了原料。

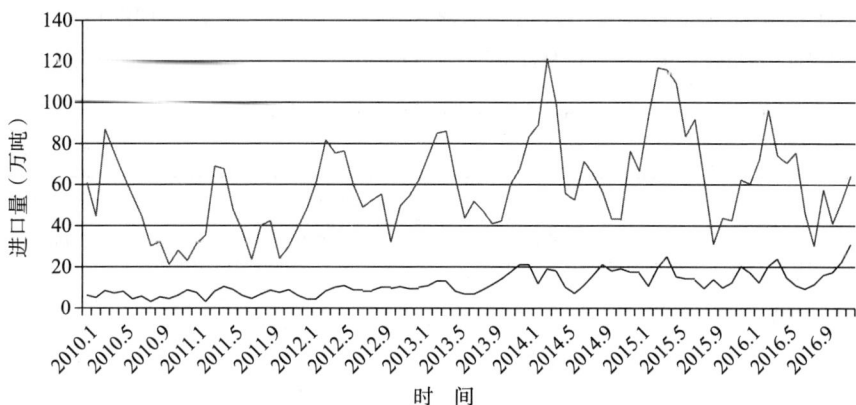

图 4　2010 年以来中国木薯干片月度进口量变化

数据来源：根据中国海关数据整理。

3. 中国木薯淀粉进口持续增长

中国木薯淀粉的进口也呈现出震荡增加的趋势（图 5）。随着国内淀粉精深加工产业的发展，木薯淀粉的进口可以节省一些生产加工环节以及木薯干片的运费，对精深加工企业而言直接进口木薯淀粉变得更加经济。

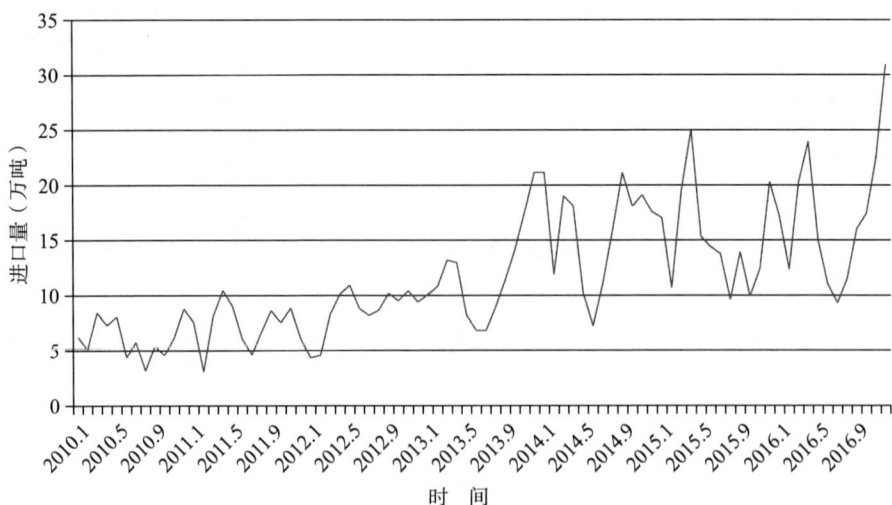

图 5　2010 年以来中国木薯淀粉月度进口量变化

数据来源：根据中国海关数据整理

4. 中国木薯进口主要依赖东南亚国家

从近几年的木薯干片进口国别结构来看，虽然各国进口量频繁发生变动，但进口来源国一直是东南亚的几个木薯主产国。其中，木薯干片的进口主要来源于泰国，越南、柬埔寨作为补充（表 6）。

表 6　中国木薯干片进口国别情况

单位：万吨

年份	进口数量		
	泰国	越南	柬埔寨
2010	459.69	94.46	—
2011	340.22	137.34	—
2012	486.19	204.66	2.14
2013	575.22	133.04	5.13
2014	698.92	136.71	10.13
2015	742.06	165.52	9.41
2016	603.80	126.08	8.15

数据来源：中国海关数据整理。

木薯淀粉进口国较为集中，主要来源于泰国和越南，其他国家的进口数量非常少（表 7）。

表7 中国木薯淀粉进口国别情况

单位：万吨

年份	进口数量		
	泰国	越南	柬埔寨
2010	59.37	13.56	—
2011	54.58	28.79	—
2012	59.42	42.83	0.47
2013	112.32	27.80	0.08
2014	158.41	29.78	0.99
2015	134.79	44.77	2.10
2016	150.32	53.48	3.13

数据来源：根据中国海关数据整理。

鲜木薯的进口则全部来源于越南，但进口数量远不及木薯干片和木薯淀粉的进口量（表8）。

表8 中国进口越南鲜木薯情况

单位：万吨

年份	进口数量
2010	9.18
2011	13.57
2012	16.28
2013	13.43
2014	8.64
2015	17.76
2016	14.70

数据来源：根据中国海关数据整理。

5. 中国木薯进口主要集中在东部沿海省份

从近几年的木薯产品进口海关结构来看，青岛海关和南京海关的木薯干片进口量较大（表9），青岛海关和黄埔海关的木薯淀粉进口量较大（表10），大量木薯加工企业布局在东部沿海省份。而主产区广西、广东的木薯干片进口较少，鲜木薯的进口基本全部集中在昆明海关，表明两广的木薯加工企业主要是利用当地的木薯产品，以及利用云南的中缅边境进口越南、缅甸鲜木薯。

表9　中国木薯干片进口海关情况

单位：吨

年份	青岛海关	南京海关	黄埔海关	南宁海关	郑州海关	石家庄海关
2010	570 006	3 583 747	59 181	160 545	197 836	—
2011	579 848	366.5	—	50 021	134 604	—
2012	15 146	3 339 814	108 044	64 189	99 242	61 872
2013	315 042	3 300 629	37 327	323 440	5 135	23 973
2014	6 924	426 839	177 455	338 652	470 506	62 249
2015	1 624 705	74 615	125 891	497 799	11 352	23 487
2016	1 704 807	4307 801	292 451	421 713	80 292	47 320

数据来源：中国海关数据整理。

表10　中国木薯淀粉进口海关情况

单位：吨

年份	青岛海关	南京海关	黄埔海关	南宁海关	郑州海关	石家庄海关
2010	570 006	3 583 747	59 181	160 545	197 836	—
2011	579 848	366.5	—	50 021	134 604	—
2012	15 146	3 339 814	108 044	64 189	99 242	61 872
2013	315 042	3 300 629	37 327	323 440	5 135	23 973
2014	6 924	426 839	177 455	338 652	470 506	62 249
2015	1 624 705	74 615	125 891	497 799	11 352	23 487
2016	711 919	100 759	172 535	119 481	1 720	12 198

数据来源：中国海关数据整理。

四、木薯产业发展对策建议

（一）重视产业化配套设施建设，推广木薯良种良法与机械种植收获技术

重点培育领先标准研发加工企业、产业优势企业，联合农业科学院、大学等研发机构重点投入提高木薯淀粉含量、木薯变性淀粉、木薯单产、燃料乙醇的产出率和低成本三废循环利用的创新性实用研发项目，摸索"科研信息＋合作社＋农户"模式，联合科研单位参与合作社，为农户、企业、科研单位提供市场需求互通平台，促进产业化信息联动。加强区域种植技术科研成果的推广和转化，建立农民生产技术支持反馈机制，将获得反馈信息及时有效反馈至研发机构，同时借助专业合作组织的平台，培养农民获取有效信息的能力。针对农民普遍需求进行技术项目研发。为达到降低人工成本的目标，探索推广机械种植收获一体化。

（二）提高农户综合素质，鼓励推广创新产业化模式

重点扶持新生代农民主导农业生产规模经营，在关键的培训学习深造以及资本导向方面向高学历有水平的农民企业倾斜。给予农民生产规模经营补贴，开展人才与管理培训，引导农民产业化经济组织走向现代化标准化的生产模式，提高生产效益，融入国际农业贸易市场。优先支持高素质的新生代农民吸纳闲散土地使用权，引导鼓励多样化农业生产规模经营。企业、政府和研发推广部门应搭建教育与职业培训平台，鼓励农民参与产业化各层次产业培训与继续教育。建立一系列完整的土地使用权与家庭农场、专业大户、龙头企业的市场抵押评估模式，探索土地抵押商业贷款模式，初步尝试农业产业化生产规模经营流动资金的支持模式，支持建立规模化生产基地，通过合理规划，统一管理，降低产业链额外成本。探索示范整合大基地与企业基地，支持"大基地＋科技合作社＋龙头加工企业＋销售"一体化的产业发展模式。

（三）建立健全木薯产业化补贴政策，深度挖掘木薯加工产品

借鉴水稻种植良种补贴、农业保险机制，建立有效的木薯产业自然灾害保险与补贴返税机制，鼓励社会资本投入到经济效益高、污染低的以木薯为原料的燃料乙醇研发加工领域以及新兴行业，同时加快对木薯的深加工技术研发，挖掘木薯原料以及木薯副产品在化工、食品、纺织、饲料等行业的实用性潜力。积极探讨木薯合成饲料与食品行业的深加工产品，扩大木薯产业横向规模。对能提高木薯产业经济效益的研发项目给予项目补贴以及研发资金的支持。

2016 年中国棉花市场形势
分析及展望

2016 年，国内棉花产量下滑，进口量减少，棉纱进口量缩减，纺织品服装出口继续下滑，储备棉投放成交率高。在这样的供需格局下，国内棉价先跌后涨，且涨幅明显，国际棉价震荡上行。展望 2017 年，国内棉花种植面积将趋于稳定，储备棉投放将左右市场走势，棉纱进口可能增加，供需大格局较为宽松，国内棉价将震荡下行。

一、2016 年国内棉花供需形势

（一）供给总体偏紧

中国国内棉花供给主要来源于三个方面，一是当年国产棉花，二是当年进口棉花，三是国内储备棉轮出棉花。三个来源的皮棉共同构成了中国纺织产业的原料。2016 年，受政策调整、种植比较收益下滑等因素影响，中国棉花种植面积下滑明显，棉花进口降至近年低点，储备棉成为国内棉花供给的重要补充。

1. 棉花产量继续下滑，品质提升

2016 年中国棉花产量继续下滑。据《中国农产品供需形势分析 CASDE-No.5》预测，2016 年中国棉花产量为 473 万吨，较 2015 年减少 20 万吨，同比下降 4.1%。据中国棉花协会 2016 年 10 月月报数据，2016 年中国棉花产量 464 万吨。据国家棉花市场监测系统 2016 年 11 月预测，2016 年中国棉花产量 488 万吨。国际机构的预测也大同小异，美国农业部（USDA）2016 年 11 月预测 2016 年中国棉花产量为 457 万吨；国际棉花咨询委员会（ICAC）2016 年 11 月预测中国棉花产量为 455 万吨，2016 年中国棉花产量下滑成为定局。从棉花公正检验进度来看，截至 2016 年 12 月 31 日，2016 年中国棉花公证检验量达到 362.17 万吨，其中新疆公检量为 351.67 万吨，内地省份公检量为 10.51 万吨。

分区域看，2016 年新疆在目标价格补贴试点政策的支持下，棉花种植面积下滑趋势放缓，同时天气条件较为理想，新棉棉花单产提高，总产量稳中略降。而黄河流域棉区植棉面积继续调减，长江流域棉区遭受洪涝、高温天气影

响，面积、产量均下滑，整个内地棉区棉花总产量降至历史较低水平。

棉花品质有所提升。截至 2016 年 12 月 31 日，2016/2017 年度已公检皮棉平均绒长 29.04 毫米，马克隆值 B 级以上占 79.8%，平均断裂比强度为 27.93，整齐度中等级以上占 99.5%，白棉 3 级以上占 91.0%，棉花品质较 2015 年明显改善。

2. 棉花进口量继续大幅下滑，降至近年来低点

随着目标价格补贴试点政策作用的逐渐发挥，国内外棉价走势趋同，2016 年，国内棉花价格持续低于国际棉花全关税到岸税后价。并且，由于国家暂停发放棉花滑准税配额，棉花进口量同比继续大幅下滑。据中国海关统计，2016 年，中国累计进口棉花 89.7 万吨，同比减少 39.1%，降至加入 WTO 以来最低水平（图 1）。

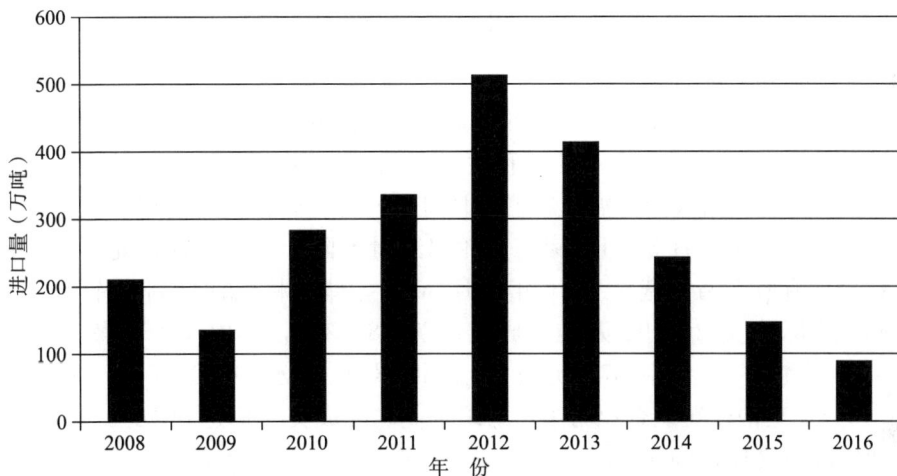

图 1　2008 年以来中国棉花年度进口量

数据来源：中国海关。

2016 年，中国棉花进口主要来自美国、澳大利亚、印度、乌兹别克斯坦和巴西，进口量分别为 26.3 万吨、21.8 万吨、11.8 万吨、9.3 万吨和 8.0 万吨，进口量分别占中国皮棉进口总量的 29.4%、24.4%、13.2%、10.4% 和 8.9%（图 2）。棉花进口方式主要以进料加工贸易、特殊监管区域物流货物、一般贸易和保税监管场所进出境货物为主，占比分别为 39.4%、27.1%、19.1% 和 14.5%。

3. 储备棉投放成交比例高，成为国内棉花供给的重要补充

2016 年储备棉投放从 5 月 3 日正式启动，由于市场现货资源较少，交易

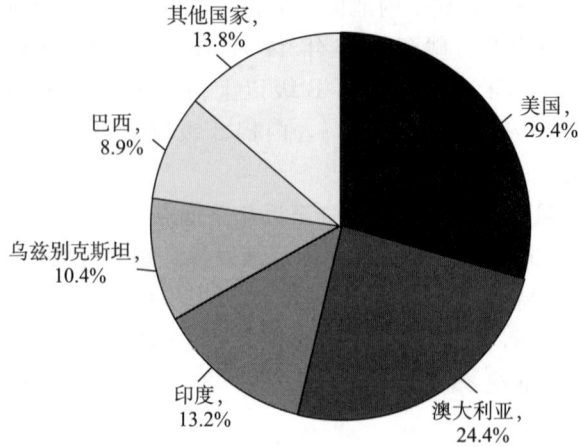

图 2　2016 年中国棉花进口国别构成

数据来源：中国海关。

踊跃，成交率较高。受数量不足和现货价格上涨的影响，储备棉抛售价格呈上涨趋势。8 月 8 日，国家发展和改革委员会、财政部联合发布关于延长 2015/2016 年度国家储备棉轮出销售时间的公告，储备棉轮出销售截止时间延长 1 个月，至 9 月 30 日结束，且轮出总量不限于 200 万吨，此后储备棉竞拍价格有所下滑。截至 2016 年 9 月 30 日，储备棉累计计划出库 300.38 万吨，实际成交 265.92 万吨，成交率为 88.53%，其中国产棉累计成交 236.29 万吨，成交率 87.45%；进口棉累计成交 29.63 万吨，成交率 98.16%。竞拍以纺织企业为主，纺织企业实际成交比例达到 58%，非纺织企业实际成交比例为 42%。

（二）需求持续低迷

受棉花临时收储政策调整、能源价格持续低位、国内经营成本提高以及全球经济持续疲软等因素影响，中国棉纺产品需求量持续萎缩，化学纤维对棉纱替代明显，纺织品服装出口受阻，国内棉花消费形势不容乐观。

1. 纺织品服装出口同比继续下滑

2015 年，中国纺织品服装出口额年内连续 8 个月环比下滑，纺织品服装出口弱势显现。2016 年年初，纺织品服装出口形势继续走弱，1 月出口额 241.31 亿美元，同比下降 5.5%，2 月为 156.58 亿美元，同比下降 27.8%。3～5 月出口形势有所好转，出口额同比分别增长 34.1%、5.0% 和 0.5%。6 月起，出口形势再次低迷，并持续到年末。据中国海关数据，2016 年中国纺织品服装出口额为 2 672.5 亿美元，同比减少 5.9%。

2. 棉纱进口量有所减少

2016 年以来，国内外棉价走势趋同，价差缩小，进口棉纱价格优势趋弱，棉纱进口量同比下降。据中国海关统计，2016 年，中国棉纱线进口 197.2 万吨，同比减少 15.9％。中国的棉纱线进口主要是巴基斯坦低支纱以及越南、印度、印度尼西亚等中高支纱。近年来，大批中国企业在越南投资纱厂，中国从越南进口棉纱线量持续增长，目前越南为中国棉纱线最大进口来源国，2016年全年进口 62.5 万吨，同比增长 24.3％，占中国棉纱线进口总量的 31.7％。2016 年中国从印度进口棉纱线 41.6 万吨，同比下滑 40.8％，占进口总量的21.1％；从巴基斯坦进口棉纱线 38.9 万吨，同比下滑 28.1％（图 3）。连续 3年棉纱线进口量超过 200 万吨的局面在 2016 年得以缓解。

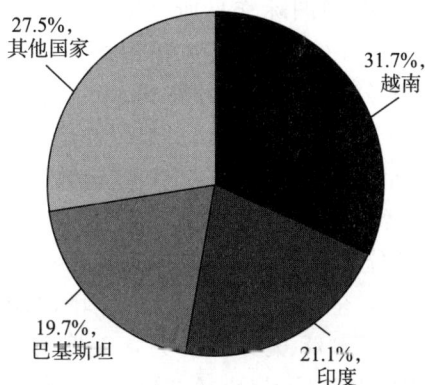

图 3　2016 年中国棉纱进口国别构成
数据来源：中国海关。

二、2016 年棉花价格走势

（一）皮棉销售价格呈先跌后涨走势

2016 年，中国国内棉花价格先跌后涨。2016 年年初，国内国际经济形势继续低迷，社会消费品零售总额、规模以上工业增加值、发电量等指标同比增速均放缓。由于市场预计储备棉于 4 月下旬投放，投放价格预期与国际棉价接轨，加工企业降价销售以降低库存减少损失，但下游市场需求不旺，棉花纺织企业观望态度明显，坚持随用随买，市场成交清淡，棉花价格持续下行。1～3 月，3128B 级棉花月均价从每吨 12 645 元跌至每吨 11 884 元。4 月起，国内皮棉现货供应偏紧，而储备棉出库较预期延迟，郑州棉花交易市场期货出现强势上涨，受此影响，国内棉价结束近 1 年的连续下跌开始反弹。尤其是储备棉日投放量持续偏低，增强了纺织企业和贸易商的竞拍积极性，推动皮棉价格持续上涨。此后国家发展和改革委员会和财政部延长抛储时间，国内皮棉价格上涨趋势得以缓解。但由于 2016 年新棉上市较上年偏晚，新疆公检进度偏慢，新棉出库也较上年推迟。11 月是新疆煤、瓜果等产品出疆高峰期，铁路、公路运力有限，同时由于公路运输"限超令"的实施，出疆棉公路运输费用上涨。纺织企业工业库存水平偏低，新棉采购意向提高，国内棉花价格继续上涨。12 月 3128B 级棉花月均价达到每吨 15 893元，较 3 月上涨了 33.7%，同比上涨 22.9%。

（二）国际棉价震荡上行

2016 年年初，在全球宏观经济形势不乐观、全球股市及原油市场动荡使得大宗商品市场下行的背景下，受供需基本面宽松、中国需求减弱及中国储备棉投放传闻等因素影响，美国洲际交易所（ICE）期棉价格下行，带动 Cotlook A 指数（相当于国内 3128B 级棉花）下滑。1～3 月，Cotlook A 指数月均价分别为每磅 68.75 美分、66.61 美分和 65.46 美分。4 月，受美国棉花主产区得克萨斯州天气条件不利、美棉出口形势较好等因素影响，ICE 期棉价格大幅上涨，此后，受美元指数走势、美棉出口装运数据、出产国新棉涨势、中国储备棉成交情况等因素影响，国际棉价震荡上涨 5 个月，8 月 Cotlook A 指数月均价达每磅 80.3 美分。9 月，受主产国棉花产量预期增加、中国延长储备棉投放时间等因素影响，全球棉花供应充足，国际棉花价格下跌，9 月 Cotlook A 指数月均价为每磅 77.78 美分。10 月，美棉销售情况较好，出口利好支撑国际棉花价格稳中略强，Cotlook A 指数月均价达每磅 78.43 美分。11月，受国际大宗商品价格指数上涨、美棉收购进度偏慢以及印度新货币政策实施等因素影响，Cotlook A 指数月均价小幅上涨至每磅 79.00 美分。12 月，受美棉出口情况较好、国际油价飙升、印度新棉上市量减少和出口延迟等因素影响，Cotlook A 指数月均价小幅上涨至每磅 79.50 美分。

（三）进口棉与国产棉价差缩小后又拉大

自 2014 年 4 月国内棉花价格进入下降通道以来，国内外价差总体呈缩小趋势。2015 年 1 月起进口棉价格指数（FC Index）M 级（相当于国内3128B 级棉花）滑准税后到岸价高于国内棉价，2016 年 4 月进口棉价格指数M 级 1% 关税税后到岸价每吨仅比国内棉价低 282 元，为 2011 年 9 月国际棉价低于国内棉价以来的最小价差，国内棉花竞争力逐渐提高。但 5 月起，国内棉价持续上涨，且涨幅高于国际棉价，导致国内外棉价差再次拉大。至12 月，进口棉价格指数 M 级 1% 关税下折到岸税后价每吨 13 983 元，比国内价格低 1 910 元，滑准税下折到岸税后价每吨 15 316 元，比国内价格低577 元（图 4）。

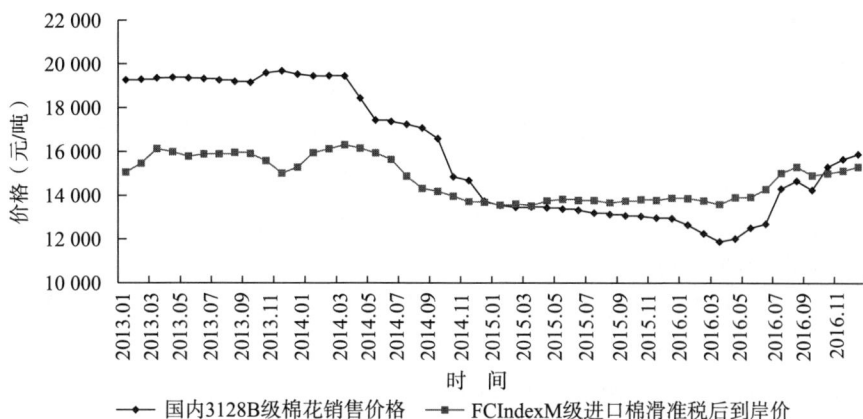

图 4　2013 年以来国内外棉花价格

数据来源：中国棉花信息网。

三、2016 年主要产业政策监测

（一）目标价格补贴

1. 政策内容

2016 年 10 月 28 日，经国家批准，新疆维吾尔自治区下发了《关于印发 2016 年新疆维吾尔自治区棉花目标价格改革试点工作实施方案的通知》。与前两年细则相比，2016 年的细则更为规范和完善。主要的变化包括以下四项内容。一是启用自治区棉花目标价格改革信息平台，平台功能较上年的棉花管理信息平台更加完善，各部门数据互通，提高了目标价格补贴政策执行的效率和准确性。二是当年 10 月 31 日为预拨补贴籽棉交售量的统计截止时间，次年 1 月 31 日为交售信息统计的截止时间，这一调整使得补贴发放次数减少且预拨补贴发放有据可循。三是灰黑名单的设置。除 2015 年对各种违规事项的设置仍然保留外，新增对于收购、加工、入库公检数据严重异常，无法给予合理解释，有违规行为且情节较轻的棉花加工企业，将其列入灰名单。累计两次列入灰名单的棉花加工企业将自动列入黑名单。黑名单企业的虚假籽棉收购信息不纳入信息平台统计范围，企业开具的相关发票不作为兑付补贴的有效票据。严控各项违规行为，不仅是确保补贴按照要求发放，也是在引导新疆的棉花产业向诚信发展。四是删除了 2015 年细则中"增加建设仪器化公证检验实验室，与专业监管仓库布局相匹配"。2016 年新疆仪器化检验实验室布局基本合理，可以满足新疆棉集中上市期的检验需求，确保棉花检验、入库的效率。

2. 政策效果

2016 年新疆棉花目标价格补贴试点政策的调整，总结了过去两年试点的经验，解决了之前出现的包括面积核实、皮棉转圈、库容布局、公检能力、出库速度、资金质押等多种问题，补贴计算方式合理，资金兑付时间提前，并且通过信息平台的升级和完善，减轻了基层政府部门的工作强度，受到了各方的一致肯定。目标价格补贴试点政策更加强调以市场需求为导向，从一味追求单产和规模，逐步向提质增效、降低成本的方向转变。2015 年新疆棉花受灾，致使 2015/2016 整个年度国内棉花市场的供应处于高等级棉结构性短缺的局面。优质优价、低质低价是棉花产业市场化的必然走向，这也使得新疆棉农、棉企转变了临时收储时期片面追求高衣分、高产量的情况。虽然 2016 年的细则发布时间比上年稍晚 1 个月左右，但政策细节的变化增强了对产业的引导作用，将助力新疆棉花产业长远发展。

（二）新疆棉纺产业补贴

1. 政策内容

为配合目标价格补贴政策的实施，新疆在支持本地棉纺产业发展方面出台了一系列政策，用以支持新疆棉花本地加工、纺织品服装加工，带动就业，并通过向西出口，打造新疆棉纺产业基地。2016 年，自治区政府出台了几项补贴政策，使得新疆的棉纺产业发展优势明显。政策支持的主体包括在新疆境内依法工商登记注册、纳税和生产化纤、棉纺织（含粘胶）、毛纺织、麻纺织、丝织、服装、家纺、产业用纺织品等产品，并在自治区发展纺织服装产业带动就业领导小组办公室备案，独立核算的地方纺织服装生产企业。

补贴主要包括 7 个类别。一是纱线、织布类产品运费补贴。南疆地区生产的纱线类产品每吨补贴 900～1 000 元，其他地区每吨补贴 700～800 元，织布类产品每吨补贴 1 000 元。二是毛纺呢绒类、麻纺布类产品运费补贴。毛纺呢绒类、麻纺布类产品每吨补贴 1 000 元，毛纺（含绒线）、麻纺纱线每吨补贴 800～900 元。三是服装、家纺、产业用纺织品出疆运费补贴。对南疆 4 个地区（自治州）生产服装、家纺、产业用纺织品的企业按同期实现出疆产品销售额的 4％给予运费补贴，对其他地区的企业按 3％给予运费补贴。四是电费补贴。按自治区确定的纺织服装生产企业到户综合电价 0.38 元/千瓦时为基准，以用户实际用电价格 0.35 元/千瓦时为起点，差额电价部分 0.03 元/千瓦时作为补贴标准。五是贷款贴息。按照企业从金融机构实际贷款的 2％～4％给予贴息。六是岗前培训补贴。南疆地区企业按照每人 2 400 元的补贴标准以及自治区发展纺织服装产业带动就业领导小组办公室（简称纺就办）核定的就业人数给予一次性补贴，其他地区企业按每人 1 800 元的标准以及自治区纺就办核定的就业人数给予一次性补贴。七是社会保险补贴。对纺织、化纤等生产类企业新招录的新疆籍员工，按企业实际缴纳或代缴的社会保险费用之和的50%给予补贴；对服装、家纺、针织、地毯、产业用纺织品等终端产品生产类企业新招录新疆籍员工，按实际缴纳社会保险费用之和给予全额补贴。

2. 政策效果

在自治区纺织服装产业支持政策的带动下，进入新疆的棉纺企业有3个显著特点：一是有实力的大企业居多；二是新建企业规模较大，大多数是20万锭以上；三是设备较为先进，自治区严禁2011年以前的制造设备进疆，坚决制止淘汰落后设备转移到新疆。各项政策的出台，使得新疆发展棉纺织产业的优势更加突出，直接的作用就是限制了进口棉纱的规模。近两年进口棉纱给国内纺织企业造成很大压力，尤其在中低支纱领域。中国的进口棉纱主要集中在40s，特别是32s以下，而新疆投资建设的纺织厂高中低支纯棉纱全面覆盖，将对抵御国外棉纱冲击起到非常重要的作用。

但政策的实施也会对内地纺织企业产生明显影响。新疆新上马的纺纱项目，设备技术较为先进，产品档次也较为齐全，在生产成本明显低于内地的情况下，新疆棉纱很容易占领内地的高端产品市场。内地企业需要保持在高支纱、高密度织物领域的优势，不断提升市场竞争力，促进国内棉纱生产能力的合理布局。

四、棉花市场形势展望

2017年，国内棉花市场将面临一些新形势。

一是2017年国内种植面积有望企稳回升。随着棉花临时收储政策取消，国内棉花种植面积和产量连续3年快速下滑。据《中国农产品供需形势分析CASDE-No.5》预测，2016/2017年度国内棉花种植面积为310万公顷，已经是2000年以来的最低水平。由于2016年国内棉花市场回暖，尤其是新棉上市以来棉价持续高位，同时种植成本下滑，2016年棉农种植收益较上年有所提高，有利于稳定棉农的种植意愿。

二是储备棉出库将左右2017年新棉上市前的市场形势。一方面储备棉品质是目前市场关注焦点。2016年储备棉投放主要是2010—2011年的国产棉及进口棉，品质较好，但2012—2013年大量收储导致皮棉质量下滑，2017年储备棉投放的质量需要关注。另一方面是储备棉投放节奏和程序。2016年储备棉投放初期，公检速度慢、企业竞拍资金释放周期长、储备棉出库手续繁琐等问题影响了出库速度，造成了市场价格的异常波动，2017年储备棉投放前应做好相应准备。

三是棉花进口趋稳，内外价差拉大可能导致棉纱进口保持高位。受配额限制，且国内外价差缩小，如不出现重大政策调整，皮棉进口量难以显著增加。而巴基斯坦的低支纱和越南、印度等国的高支纱竞争力较强，在国内棉花供给偏紧的局面下，棉纱进口仍将维持较高水平，对国内棉花消费和纺织产业布局均将产生重大影响。

展望后市，国内棉花市场上涨动力不足，将呈稳中下行走势。2016 年 11 月 24 日，国家发展和改革委员会、财政部联合发布《关于 2016/2017 年度国家储备棉轮换有关安排的公告》（以下简称《公告》），2017 年储备棉轮出销售将从 3 月 6 日开始。因此，2016/2017 年度棉花市场运行将划分为两个阶段。第一阶段，在储备棉投放之前，国内棉花市场供需环境宽松。供给方面，2016/2017 年度国内棉花产量估计为 470 万吨，到 2017 年 3 月进口量估计为 45 万吨，目前工业库存量估计为 65 万吨，还有部分商业库存。而需求方面，目前国内消费基本保持每月 60 万吨的水平，同时《公告》称"今年新棉上市期间（目前至明年 2 月底）不安排储备棉轮入"。所以储备棉投放之前，供给总量超过 550 万吨，需求总量不超过 360 万吨，市场较为宽松。第二阶段，2017 年 3 月起，市场价格将主要受储备棉投放和国际市场价格影响。从投放政策来看，2017 年储备棉投放将更为宽松。在每日挂牌销售数量暂按 3 万吨安排的基础上，《公告》还称"如一段时期内国内外市场价格出现明显快速上涨，储备棉竞价销售成交率一周有三日以上超过 70%，将适当加大日挂牌数量、延长轮出销售期限"。在国际环境不发生重大变化的情况下，预期 2017 年棉花价格将呈稳中下行走势。

全球及中国油料和植物油
供需贸易分析

一、全球主要油料及植物油供需及贸易情况

（一）全球主要油料①生产

1. 主要油料产量及结构分析

进入 21 世纪以来，全球主要油料收获面积除了 2007/2008 年度和 2015/2016 年度同比略有减少外，其他年度一直处于扩张状态。2016/2017 年度全球主要油料的收获面积为 2.65 亿公顷，比 2015/2016 年度增长 0.63%，处于历史最高水平。2016/2017 年度与 2007/2008 年度相比，全球主要油料收获面积增长了 20.57%。据美国农业部估计，2017/2018 年度全球主要油料的收获面积将继续保持增长势头。

全球主要油料面积增加的同时带来产量的稳步提升，2016/2017 年度全球主要油料产量比上一年度大幅增长了 9.88%，达到了 5.73 亿吨，为历史次高水平。从进入 21 世纪以来看，全球主要油料产量绝大部分年份处于增长状态，2016/2017 年度与 2007/2008 年度相比，10 年间全球主要油料产量增长了 46.37%（表 1）。作物面积的增加和单产的提高共同促进了油料产量的增长。根据美国农业部估计，2017/2018 年度全球主要油料产量将继续保持增长势头。

表 1　全球主要油料生产情况

单位：百万公顷、百万吨

年度	收获面积	期初库存量	产量	期末库存量
2007/2008	219.54	75.15	391.45	63.17

---

　① 油料是油脂制取工业的原料，油脂工业通常将含油率高于 10% 的植物性原料称为油料，亦常称油籽，通常包括大豆、菜油籽、花生、葵花籽、芝麻、棉籽、棕榈仁、椰子干、亚麻籽以及蓖麻籽等 10 余种原料，但不同的统计体系对纳入统计的油料品种不同。比如，FAO 的油料统计纳入了棕榈仁，但没有把棕榈果纳入；美国农业部的油籽原料生产和贸易统计不把芝麻、亚麻籽、蓖麻籽等纳入，可能与美国农业部关注主要油料的视野有关。而中国把国际公认的油料作物大豆作为粮食作物来统计。本报告把大豆作为油料来对待。

（续）

年度	收获面积	期初库存量	产量	期末库存量
2008/2009	230.45	63.17	398.98	57.18
2009/2010	235.79	57.18	447.52	74.80
2010/2011	245.27	74.80	461.14	85.15
2011/2012	248.17	85.15	447.64	67.24
2012/2013	256.20	67.24	475.57	68.59
2013/2014	260.05	68.59	504.22	78.59
2014/2015	264.76	78.59	537.58	93.27
2015/2016	263.02	93.27	521.45	90.98
2016/2017	264.69	90.98	572.95	108.54

数据来源：FAS/USDA。

从全球主要油料产量构成看①，大豆是最主要的油料作物，占到油料总产量的 60％以上，其次是油菜籽、葵花籽、花生、棉籽、棕榈仁（图 1）。

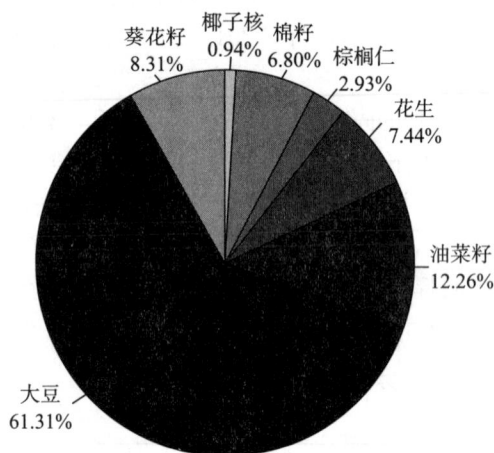

葵花籽 8.31%　椰子核 0.94%　棉籽 6.80%　棕榈仁 2.93%　花生 7.44%　油菜籽 12.26%　大豆 61.31%

图 1　2016/2017 年度油料产量构成
数据来源：根据 USDA/FAS 数据整理。

从近 5 年主要油料的增长情况看，大豆增长最快，从 2012/2013 年度的 2.69 亿吨增加到 2016/2017 年度的 3.51 亿吨，占油料总产量的份额提高了

---

① 需要指出的是：油籽产量与其植物油产量有一定的关系，但并非是完全对应的，因为相应植物油的产量还取决于具体产品本身的含油率和出油率、实际用于榨油的产量比例，此外，各国的实际植物油产量还与油料贸易数量有关。

4.72%；其次是葵花籽，产量从 2012/2013 年度的 3 499 万吨增加到 2016/2017 年度的 4 760 万吨，占油料总产量的份额提高了 0.93%。椰子核和棉籽的绝对产量和相对份额均在下降，其中棉籽下降最多，产量从 2012/2013 年度的 4 635 万吨减少到 2016/2017 年度的 3 898 万吨，占油料总产量的份额下降了 2.96%。棕榈仁、花生和油菜籽的绝对产量虽然也在增加，但相对份额却在下降。

2. 主要油料生产国生产情况

全球最重要的油料生产大国是美国、巴西、阿根廷和中国①。从生产份额看，2016/2017 年度美国、巴西、阿根廷和中国的油料生产分别占全球的 22.16%、20.43%、10.94%、9.60%，合计达 63.12%。其后是印度、加拿大等国。

随着全球对植物油需求的扩大，油料的生产量也在迅速扩大，但在各国增长幅度不同，其中巴西和美国的油料生产份额在逐渐增长，阿根廷的份额波动较大，中国和印度的份额在明显减少（表 2）。

表 2　全球主要油料生产大国

单位：百万吨、%

国家和地区		2012/2013 年度	2013/2014 年度	2014/2015 年度	2015/2016 年度	2016/2017 年度
产	美国	93.32	99.02	116.03	115.88	126.94
	巴西	84.55	90.01	100.11	99.00	117.04
	阿根廷	53.81	57.01	66.24	60.78	62.69
	中国	59.75	58.64	57.66	55.43	55.00
量	印度	36.81	36.86	32.28	29.78	37.76
	其他	146.29	162.00	164.52	161.25	173.52
	合计	474.53	503.53	536.85	522.12	572.95
份	美国	19.67	19.67	21.61	22.19	22.16
	巴西	17.82	17.88	18.65	18.96	20.43
	阿根廷	11.34	11.32	12.34	11.64	10.94
	中国	12.59	11.65	10.74	10.62	9.60
额	印度	7.76	7.32	6.01	5.70	6.59
	其他	30.83	32.17	30.65	30.88	30.29
	合计	100.00	100.00	100.00	100.00	100.00

数据来源：FAS/USDA。

---

① 马来西亚和印度尼西亚是棕榈油生产大国，但在美国农业部目前的油料统计中，只包含棕榈仁在内，所以，这里没有把棕榈果生产纳入考虑。

（二）全球主要植物油生产

1. 主要植物油产量及结构分析

2016/2017 年度全球主要植物油产量比上一年度大幅增加，达到 1.86 亿吨的新高。进入 21 世纪以来，全球主要植物油产量一直逐年增加（表 3），2016/2017 年度与 2007/2008 年度相比，主要植物油产量增长了 43.39%。据美国农业部估测，2017/2018 年度全球主要植物油产量将进一步大幅增加。

表 3　全球植物油产量

单位：百万吨

年度	期初库存量	产量	进口量	总供给	期末库存量
2007/2008	14.61	129.71	50.50	194.81	14.90
2008/2009	14.90	134.94	54.00	203.85	15.69
2009/2010	15.69	142.44	55.66	213.79	16.73
2010/2011	16.73	149.11	57.08	222.92	19.14
2011/2012	19.14	158.28	61.89	239.32	22.61
2012/2013	22.61	161.65	65.53	249.8	22.07
2013/2014	22.07	171.75	67.24	261.05	24.07
2014/2015	24.07	177.27	71.12	272.45	24.34
2015/2016	24.34	176.78	70.65	271.77	20.82
2016/2017	20.82	185.99	73.54	280.36	19.09

数据来源：FAS/USDA。

全球植物油产量构成中，棕榈（仁）油、豆油、菜籽油和葵花籽油是最重要的四大植物油种类。以 2016/2017 年度的植物油产量构成看，棕榈油和棕榈仁油是最大的植物油种类，占到主要植物油产量的 37.46%，以下依次是豆油（占 29.01%）、菜籽油（占 15.08%）、葵花籽油（占 9.77%），其余的植物油占比较小，均在 5% 以下（表 4）。

从主要植物油的产量增长情况看，棕榈油、棕榈仁油、豆油和葵花籽油总体上保持了增长的势头；花生油产量小幅增长；橄榄油量小，但波动较大。

表4　全球植物油产量结构

单位：百万吨、%

	植物油	2012/2013 年度	2013/2014 年度	2014/2015 年度	2015/2016 年度	2016/2017 年度
产量	椰子油	3.62	3.38	3.37	3.31	3.38
	棉籽油	5.22	5.17	5.12	4.46	4.40
	橄榄油	2.50	3.19	2.40	3.07	2.49
	棕榈油	56.38	59.27	61.63	58.84	62.29
	棕榈仁油	6.72	7.13	7.34	7.15	7.39
	花生油	5.34	5.67	5.37	5.36	5.87
	菜籽油	25.69	27.26	27.63	27.71	28.05
	豆油	43.12	45.14	49.14	51.79	53.95
	葵花籽油	12.90	15.51	14.98	15.49	18.17
	合计	161.47	171.72	176.98	177.2	185.99
比例	椰子油	2.24	1.97	1.90	1.87	1.82
	棉籽油	3.23	3.01	2.89	2.52	2.37
	橄榄油	1.55	1.86	1.36	1.73	1.34
	棕榈油	34.92	34.52	34.82	33.21	33.49
	棕榈仁油	4.16	4.15	4.15	4.03	3.97
	化生油	3.31	3.30	3.03	3.02	3.16
	菜籽油	15.91	15.87	15.61	15.64	15.08
	豆油	26.70	26.29	27.77	29.23	29.01
	葵花籽油	7.99	9.03	8.46	8.74	9.77
	合计	100.00	100.00	100.00	100.00	100.00

数据来源：FAS/USDA。

2. 主要植物油生产国生产情况

由于国家贸易的存在，植物油的生产和油料的生产不一定重合。最主要的植物油生产大国（经济体）是印度尼西亚、中国、马来西亚和欧盟，2016/2017年度该四大经济体生产的植物油占到世界植物油产量的56.51%。印度尼西亚和马来西亚主要生产棕榈油，中国和欧盟主要生产豆油和菜籽油。其次重要的植物油生产国是美国、阿根廷和巴西，主要生产豆油，三国植物油产量合计约占到全球的16.15%（表5）。

表 5　植物油生产大国情况

单位：百万吨、%

经济体		2012/2013 年度	2013/2014 年度	2014/2015 年度	2015/2016 年度	2016/2017 年度
产量	印度尼西亚	32.72	35.02	37.78	36.71	38.92
	中国	23.05	24.31	25.04	26.3	26.86
	马来西亚	21.7	22.63	22.29	20.01	21.13
	欧盟	16.15	18.30	18.00	18.40	18.20
	美国	10.23	10.42	10.94	11.2	11.44
	阿根廷	7.45	7.84	8.98	9.73	9.87
	巴西	7.55	7.97	8.57	8.41	8.73
	其他	42.64	45.23	45.40	46.43	50.85
	合计	161.47	171.72	176.98	177.2	185.99
比例	印度尼西亚	20.26	20.39	21.35	20.72	20.93
	中国	14.28	14.16	14.15	14.84	14.44
	马来西亚	13.44	13.18	12.59	11.29	11.36
	欧洲	10.00	10.66	10.17	10.38	9.79
	美国	6.34	6.07	6.18	6.32	6.15
	阿根廷	4.61	4.57	5.07	5.49	5.31
	巴西	4.68	4.64	4.84	4.75	4.69
	其他	26.41	26.34	25.65	26.20	27.34
	合计	100.00	100.00	100.00	100.00	100.00

数据来源：FAS/USDA。

（三）全球主要油料消费

1. 主要油料消费量、结构分析

2016/2017 年度全球主要油料的消费总量达到创纪录的 5.52 亿吨，比上一年度增长了 4.85％。进入 21 世纪以来，全球主要油料的消费量逐年扩大，2016/2017 年度与 2007/2008 年度相比，主要油料的总消费量增长了 37％。

由于 2016/2017 年度全球主要油料的生产量大幅上升，远超消费的增加量，导致期末库存量出现较大增加，库存消费比从 2015/2016 年度的 16.97％增长到 2016/2017 年度的 19.68％，处于历史高位，全球市场供应相对宽松（表 6）。

表6　全球主要油料消费

单位：百万吨、%

年度	总供给	总消费量	期末库存量	库存消费比
2007/2008	466.79	402.69	63.15	15.68
2008/2009	462.23	404.58	57.52	14.22
2009/2010	504.70	425.49	74.78	17.58
2010/2011	535.79	446.60	85.03	19.04
2011/2012	532.42	467.33	66.49	14.23
2012/2013	541.02	469.44	67.77	14.44
2013/2014	571.30	493.46	77.68	15.74
2014/2015	614.53	517.45	93.57	18.08
2015/2016	615.69	526.15	89.29	16.97
2016/2017	663.93	551.66	108.54	19.68

数据来源：FAS/USDA。

注：这里的总供给量是全球视野的总体供给量（＝全球期初库存量＋产量），与美国农业部提供的总供给量的差异在于这里的总供给量消除了进出口因素。

压榨是油料的最主要用途，历年全球油料压榨占到油料消费的80％以上。在油料压榨消费中，大豆具有举足轻重的地位，其次是油菜籽、葵花籽、棉籽。从趋势看，大豆的压榨量呈上升的趋势，根据美国农业部统计，2016/2017年度全球大豆的压榨量达到2.89亿吨，占全球所有油料压榨量的61.47％；葵花籽的压榨量和占比均呈上升趋势；其他油料的压榨占比均出现不同程度的下降（表7）。

表7　世界主要油料压榨消费及结构

单位：百万吨、%

主要油料		2012/2013年度	2013/2014年度	2014/2015年度	2015/2016年度	2016/2017年度
消费量	椰子核	5.80	5.40	5.39	5.30	5.38
	棉籽	34.44	34.22	33.84	29.54	29.20
	棕榈仁	14.96	15.89	16.52	15.81	16.68
	花生	16.59	17.60	16.67	16.66	18.10
	油菜籽	62.86	66.84	67.63	67.66	68.47
	大豆	230.58	242.30	263.49	276.41	288.53
	葵花籽	30.93	37.13	35.71	36.86	43.06
	合计	396.16	419.37	439.26	448.23	469.41

（续）

主要油料		2012/2013 年度	2013/2014 年度	2014/2015 年度	2015/2016 年度	2016/2017 年度
比例	椰子核	1.46	1.29	1.23	1.18	1.15
	棉籽	8.69	8.16	7.70	6.59	6.22
	棕榈仁	3.78	3.79	3.76	3.53	3.55
	花生	4.19	4.20	3.80	3.72	3.86
	油菜籽	15.87	15.94	15.40	15.09	14.59
	大豆	58.20	57.78	59.98	61.67	61.47
	葵花籽	7.81	8.85	8.13	8.22	9.17
	合计	100.00	100.00	100.00	100.00	100.00

数据来源：FAS/USDA。

2. 主要消费经济体压榨消费情况

各国油料的压榨量不仅取决于该国油料的生产量，还取决于一国油料的进出口贸易量、油料品种用于压榨的比例（比如花生和芝麻用于食用而非用于榨油的比例较高），以及影响出油率的工艺等因素。从美国农业部提供的数据看，中国、美国、阿根廷、欧盟、巴西、印度是高油料压榨消费经济体，这六大经济体的压榨量占了全球油料压榨量的近 3/4。多年来，中国是全球最大的油料压榨国，油料压榨量逐年增加，2016/2017 年度达到了 1.23 亿吨，超过全球全部油料压榨消费量的 1/4。其他 5 个经济体各自的油料压榨份额相对较小，在 10% 上下（表8）。

表8 全球主要国家油料压榨消费

单位：百万吨、%

经济体		2012/2013 年度	2013/2014 年度	2014/2015 年度	2015/2016 年度	2016/2017 年度
压榨量	中国	102.64	107.63	112.09	118.30	122.87
	美国	50.25	51.46	55.11	55.08	56.24
	阿根廷	36.27	38.79	43.19	46.42	46.83
	欧盟	41.70	45.27	47.41	46.79	47.28
	巴西	37.51	39.71	42.89	42.00	43.48
	印度	28.64	28.41	24.15	23.00	27.78
	俄罗斯	10.12	13.15	12.98	13.59	15.45
	乌克兰	9.21	12.16	11.45	12.93	15.60

（续）

	经济体	2012/2013 年度	2013/2014 年度	2014/2015 年度	2015/2016 年度	2016/2017 年度
压榨量	加拿大	8.26	8.50	9.15	10.32	11.14
	印度尼西亚	8.98	9.64	10.25	10.07	10.51
	墨西哥	5.70	6.08	6.41	6.49	6.95
	巴基斯坦	4.73	5.11	5.96	5.50	5.88
	马来西亚	5.34	5.53	5.55	5.18	5.37
	日本	4.38	4.40	4.66	4.73	4.86
	其他	42.45	43.54	48.02	47.86	49.19
	合计	396.16	419.37	439.26	448.23	469.41
比例	中国	25.91	25.66	25.52	26.39	26.18
	美国	12.68	12.27	12.55	12.29	11.98
	阿根廷	9.16	9.25	9.83	10.36	9.98
	欧盟	10.53	10.79	10.79	10.44	10.07
	巴西	9.47	9.47	9.76	9.37	9.26
	印度	7.23	6.77	5.50	5.13	5.92
	俄罗斯	2.55	3.14	2.95	3.03	3.29
	乌克兰	2.32	2.90	2.61	2.88	3.32
	加拿大	2.09	2.03	2.08	2.30	2.37
	印度尼西亚	2.27	2.30	2.33	2.25	2.24
	墨西哥	1.44	1.45	1.46	1.45	1.48
	巴基斯坦	1.19	1.22	1.36	1.23	1.25
	马来西亚	1.35	1.32	1.26	1.16	1.14
	日本	1.11	1.05	1.06	1.06	1.04
	其他	10.72	10.38	10.93	10.68	10.48
	合计	100.00	100.00	100.00	100.00	100.00

数据来源：FAS/USDA。

（四）全球主要植物油消费

1. 主要植物油消费数量、结构分析

2016/2017 年度全球主要植物油的消费总量达到创纪录的 1.82 亿吨，比上一年度增长了 2.00%。进入 21 世纪以来，全球主要植物油的消费量一直在逐年增加，2016/2017 年度与 2007/2008 年度相比，主要植物油的总消费量增长了 44.58%。

进入 21 世纪以来，主要植物油的消费量和生产量都在上升，期末库存量在总体上也缓慢上升，最近两个年度主要植物油的期末库存量和库存消费比有所下降，期末库存量从 2013/2014 年度的 2 368 万吨下降到 2016/2017 年度的 1 909 万吨，库存消费比从 2013/2014 年度的 14.16% 下降到 2016/2017 年度的 10.47%（表 9）。

表 9 全球主要植物油消费

单位：百万吨

年度	总供给	消费量	期末库存量	库存消费比
2007/2008	144.06	126.08	14.58	11.56
2008/2009	149.41	131.88	15.64	11.86
2009/2010	158.01	139.08	16.85	12.12
2010/2011	165.95	144.99	19.03	13.13
2011/2012	177.28	152.26	22.51	14.78
2012/2013	183.98	159.18	21.94	13.78
2013/2014	193.66	167.29	23.68	14.16
2014/2015	200.66	171.76	23.36	13.60
2015/2016	200.56	178.71	19.53	10.93
2016/2017	206.81	182.28	19.09	10.47

数据来源：FAS/USDA。

注：这里的总供给量是全球视野的总体供给量（＝全球期初库存量＋产量），与美国农业部提供的总供给量的差异在于这里的总供给除去了进出口因素。

全球植物油消费与生产非常吻合，棕榈（仁）油、豆油、菜籽油和葵花籽油是最重要的四大植物油种类。以 2016/2017 年度的植物油消费构成看，棕榈（仁）油是最大的植物油种类，占到主要植物油消费量的 36.75%，以下依次是豆油（占 29.42%）、菜籽油（占 16.03%）、葵花籽油（占 9.06%），其余的植物油种类均在 4% 以下（表 10）。

表 10　植物油分类别消费及结构

单位：百万吨、%

植物油		2012/2013 年度	2013/2014 年度	2014/2015 年度	2015/2016 年度	2016/2017 年度
消费量	椰子油	3.73	3.34	3.29	3.26	3.17
	棉籽油	5.21	5.09	5.06	4.40	4.38
	橄榄油	2.82	2.97	2.64	2.81	2.63
	棕榈油	55.79	57.52	58.69	59.28	59.97
	棕榈仁油	6.40	6.58	7.22	6.81	7.02
	花生油	5.40	5.68	5.51	5.44	5.77
	菜籽油	24.26	26.17	27.29	28.18	29.22
	豆油	42.64	45.27	47.83	52.15	53.62
	葵花籽油	12.95	14.14	14.11	15.18	16.52
	合计	159.18	166.75	171.64	177.5	182.28
比例	椰子油	2.34	2.00	1.92	1.84	1.74
	棉籽油	3.27	3.05	2.95	2.48	2.40
	橄榄油	1.77	1.78	1.54	1.58	1.44
	棕榈油	35.05	34.49	34.19	33.40	32.90
	棕榈仁油	4.02	3.95	4.21	3.84	3.85
	花生油	3.39	3.41	3.21	3.06	3.17
	菜籽油	15.24	15.69	15.90	15.88	16.03
	豆油	26.79	27.15	27.87	29.38	29.42
	葵花籽油	8.14	8.48	8.22	8.55	9.06
	合计	100.00	100.00	100.00	100.00	100.00

数据来源：FAS/USDA。

2. 主要消费大国消费情况

植物油消费取决于多个因素，其中人口规模、生活水平、消费习惯、可获得性是最重要的一些因素。2016/2017 年度，中国、欧盟、印度、美国 4 个国家（经济体）消费了全球一半以上的植物油（表 11）。

表 11　全球主要植物油国别消费及结构

单位：百万吨、％

经济体		2012/2013 年度	2013/2014 年度	2014/2015 年度	2015/2016 年度	2016/2017 年度
消费量	中国	31.66	32.77	33.61	34.68	35.74
	欧盟	24.56	25.20	25.88	26.16	26.01
	印度	17.75	18.66	20.05	21.05	22.09
	美国	13.06	13.5	13.68	14.57	14.73
	印度尼西亚	10.08	11.05	9.90	11.40	11.13
	巴西	6.74	7.00	7.52	7.48	7.86
	马来西亚	4.03	4.36	4.56	4.53	4.33
	巴基斯坦	3.37	3.77	4.15	4.26	4.43
	俄罗斯	3.07	3.16	3.24	3.35	3.46
	阿根廷	2.93	3.53	3.11	3.56	3.62
	墨西哥	2.37	2.41	2.61	2.64	2.86
	泰国	2.21	2.32	2.49	2.44	2.56
	孟加拉国	1.70	1.90	2.08	2.37	2.49
	埃及	2.49	2.40	2.49	2.51	2.56
	日本	2.26	2.33	2.36	2.36	2.42
	其他	30.9	32.39	33.94	34.15	36.01
	合计	159.18	166.75	171.64	177.50	182.28
比例	中国	19.89	19.65	19.58	19.54	19.61
	欧盟	15.43	15.11	15.08	14.74	14.27
	印度	11.15	11.19	11.68	11.86	12.12
	美国	8.20	8.10	7.97	8.21	8.08
	印度尼西亚	6.33	6.63	5.77	6.42	6.11
	巴西	4.23	4.20	4.38	4.21	4.31
	马来西亚	2.53	2.61	2.66	2.55	2.38
	巴基斯坦	2.12	2.26	2.42	2.40	2.43
	俄罗斯	1.93	1.90	1.89	1.89	1.90
	阿根廷	1.84	2.12	1.81	2.01	1.99
	墨西哥	1.49	1.45	1.52	1.49	1.57
	泰国	1.39	1.39	1.45	1.37	1.40
	孟加拉国	1.07	1.14	1.21	1.34	1.37
	埃及	1.56	1.44	1.45	1.41	1.40
	日本	1.42	1.40	1.37	1.33	1.33
	其他	19.41	19.42	19.77	19.24	19.76
	合计	100.00	100.00	100.00	100.00	100.00

数据来源：FAS/USDA。

（五）全球主要油料贸易

1. 主要油料贸易数量、结构分析

全球油料贸易[①]（以出口量来代表）总体呈不断上升的趋势，贸易量从 2007/2008 年度的 9 138 万吨上升到 2016/2017 年度的 1.71 亿吨，增长 87.16％（图 2）。

全球油料贸易量的增长速度要快于产量的增长速度，油料出口贸易量占总产量的比重在缓慢上升，从 2007/2008 年度的 23.35％逐步上升到 2016/2017 年度的 29.85％，上升了 6.5 个百分点。

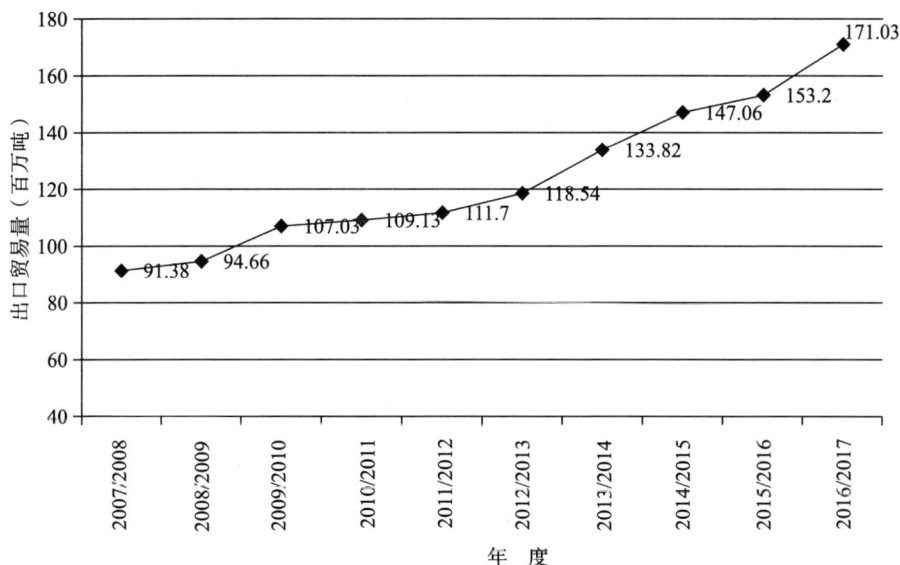

图 2　全球主要油料出口贸易量

数据来源：根据 FAS/USDA 数据作者整理。

全球油料贸易中，大豆是最主要的贸易油料，近几年占到全球油料出口贸易总量的 85％以上。2016/2017 年度全球大豆出口量达到 1.45 亿吨，占全球油料贸易的 86.44％。其次是油菜籽（占 10％左右），但近几年有下降趋势，2016/2017 年度全球油菜籽出口量有所上升，达到 1 638 万吨，占比回升到 9.79％。其他油料的贸易比重较小（表 12）。有些大宗油料如棕榈仁采取的主要是植物油形式而非油料形式的贸易。

---

① 从全球的角度看，总出口和总进口大致相等，因此本文仅从出口角度分析全球贸易。

表 12　全球主要油料分类出口贸易

单位：百万吨、%

		2012/2013 年度	2013/2014 年度	2014/2015 年度	2015/2016 年度	2016/2017 年度
贸易量	椰子核	0.07	0.09	0.10	0.13	0.14
	棉籽	0.92	0.78	0.68	0.68	0.99
	棕榈仁	0.04	0.06	0.07	0.06	0.06
	花生	2.66	2.37	2.53	3.30	3.03
	油菜籽	12.56	15.55	14.32	14.52	16.38
	大豆	100.8	113.07	124.36	133.33	144.61
	葵花籽	1.45	1.62	1.56	1.87	2.10
	总计	118.51	133.54	143.61	153.87	167.3
比例	椰子核	0.06	0.07	0.07	0.08	0.08
	棉籽	0.78	0.58	0.47	0.44	0.59
	棕榈仁	0.03	0.04	0.05	0.04	0.04
	花生	2.24	1.77	1.76	2.14	1.81
	油菜籽	10.60	11.64	9.97	9.44	9.79
	大豆	85.06	84.67	86.60	86.65	86.44
	葵花籽	1.22	1.21	1.09	1.22	1.26
	合计	100.00	100.00	100.00	100.00	100.00

数据来源：FAS/USDA。

2. 主要贸易大国贸易情况

在油料出口中，巴西和美国是当前全球最重要的油料出口国，两国的油料出口量均占全球出口量的 30% 以上。尤其是巴西，已经超越传统出口老大美国成为全球最大的油料出口国。加拿大和阿根廷是第二层级的出口大国，2016/2017 年度各自的油料出口量分别占到全球油料出口量的 9.19% 和 4.66%。2016/2017 年度，上述 4 国出口的油料占全球贸易的比重为 86.12%（表 13），其中巴西、美国和阿根廷主要出口大豆，加拿大主要出口油菜籽。

表 13 全球油料出口大国

单位：百万吨、%

	国家	2012/2013 年度	2013/2014 年度	2014/2015 年度	2015/2016 年度	2016/2017 年度
出口量	巴西	42.02	46.99	50.85	54.65	63.32
	美国	37.16	45.57	51.12	53.96	60.28
	加拿大	10.62	12.69	13.01	14.55	15.72
	阿根廷	8.53	8.59	11.56	11.21	7.97
	巴拉圭	5.54	4.92	4.54	5.32	6.61
	乌克兰	2.72	3.57	4.43	3.89	4.13
	澳大利亚	4.21	3.07	2.92	2.23	3.56
	其他	7.72	8.42	8.64	7.40	9.44
	总计	118.51	133.82	147.06	153.2	171.03
比例	巴西	35.46	35.11	34.58	35.67	37.02
	美国	31.36	34.05	34.76	35.22	35.25
	加拿大	8.96	9.48	8.85	9.50	9.19
	阿根廷	7.20	6.42	7.86	7.32	4.66
	巴拉圭	4.67	3.68	3.09	3.47	3.86
	乌克兰	2.30	2.67	3.01	2.54	2.41
	澳大利亚	3.55	2.29	1.99	1.46	2.08
	其他	6.51	6.29	5.88	4.83	5.52
	合计	100.00	100.00	100.00	100.00	100.00

数据来源：FAS/USDA。

在油料进口中，中国是全球最重要的进口国，最近 5 年中每年的油料进口量占全球进口量的一半以上，并且进口量还在逐年攀升，2016/2017 年度中国进口油料达到 9 842 万吨，占全球油料进口量的 58.83%。欧盟油料进口量位居全球第二，其年进口量波动上升，但是其占全球油料进口量比重总体呈下降趋势，2016/2017 年度的进口量为 1 950 万吨，占比下降到 11.66%。墨西哥和日本是第三层级重要的油料进口国，两国进口量比较接近，在 500 万～600 万吨的水平，但是其各占全球油料进口量比重有所下降，近年都在 4% 以下。2016/2017 年度，上述 4 个经济体的合计进口量占到全球油料进口量的 77.70%（表 14）。

表 14 全球油料进口大国（经济体）

单位：百万吨、%

	经济体	2012/2013 年度	2013/2014 年度	2014/2015 年度	2015/2016 年度	2016/2017 年度
进口量	中国	63.52	75.58	83.15	87.93	98.42
	欧盟	17.02	18.01	17.35	20.14	19.50
	墨西哥	5.08	5.58	5.73	5.92	6.28
	日本	5.54	5.49	5.70	5.78	5.79
	泰国	1.96	1.89	2.51	2.91	3.18
	巴基斯坦	0.60	1.15	1.68	2.63	2.79
	印度尼西亚	2.14	2.55	2.25	2.52	2.95
	土耳其	2.02	2.40	3.12	2.98	3.01
	埃及	1.79	1.76	2.01	1.37	2.37
	其他	15.02	19.14	20.10	21.69	23.02
	合计	114.70	133.54	143.61	153.87	167.30
比例	中国	55.38	56.60	57.90	57.15	58.83
	欧盟	14.84	13.49	12.08	13.09	11.66
	墨西哥	4.43	4.18	3.99	3.85	3.75
	日本	4.83	4.11	3.97	3.76	3.46
	泰国	1.71	1.42	1.75	1.89	1.90
	巴基斯坦	0.52	0.86	1.17	1.71	1.67
	印度尼西亚	1.87	1.91	1.57	1.64	1.76
	土耳其	1.76	1.80	2.17	1.94	1.80
	埃及	1.56	1.32	1.40	0.89	1.42
	其他	13.10	14.33	14.00	14.10	13.76
	合计	100.00	100.00	100.00	100.00	100.00

数据来源：FAS/USDA。

（六）全球主要植物油贸易

1. 主要植物油贸易数量、结构分析

21 世纪以来，全球植物油贸易（以出口量来代表）逐年稳步上升，2014/2015 年度的贸易量达到 7 647 万吨的历史最高水平，虽然 2015/2016 年度略有下降（7 344 万吨），但是 2016/2017 年度全球主要植物油贸易量再攀高峰，达到 7 898 万吨（图 3）。

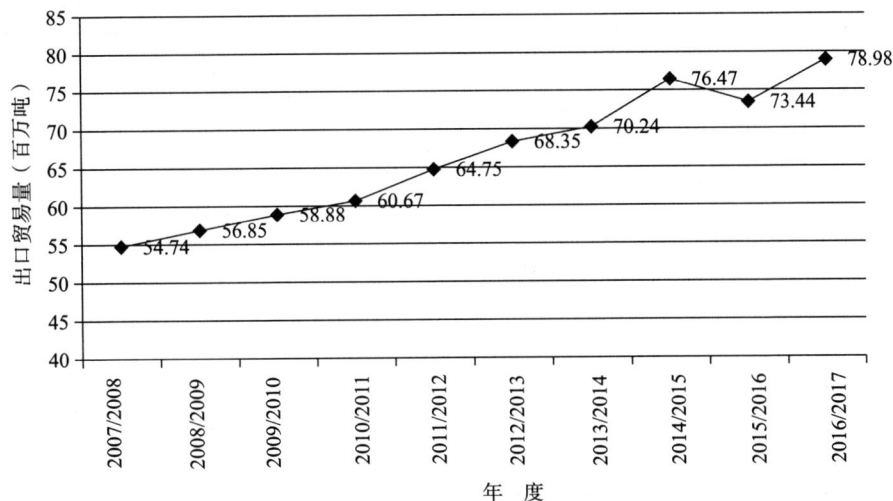

图 3　全球主要植物油出口贸易量

数据来源：根据 FAS/USDA 数据作者整理。

全球贸易中，最重要的植物油依次是棕榈（仁）油、豆油和葵花籽油。2016/2017 年度，在植物油贸易总量中，棕榈（仁）油合计占 63.09％，豆油占 14.43％，葵花籽油占 12.94％，三者合计达到贸易总量的 90.47％。其他植物油中贸易占比相对较大的是菜籽油，大部分年份占比 5％～6％（表15）。

表 15　全球植物油分类出口贸易与结构

单位：百万吨、％

植物油		2012/2013 年度	2013/2014 年度	2014/2015 年度	2015/2016 年度	2016/2017 年度
出口量	椰子油	1.91	1.91	1.94	1.56	1.86
	棉籽油	0.16	0.14	0.14	0.06	0.07
	橄榄油	0.91	0.84	0.99	0.90	0.88
	棕榈油	43.15	43.19	47.37	43.73	46.86
	棕榈仁油	3.26	2.88	3.23	3.02	2.97
	花生油	0.17	0.22	0.26	0.25	0.24
	菜籽油	3.95	3.83	4.07	4.14	4.49
	豆油	9.36	9.44	11.09	11.68	11.40
	葵花籽油	5.57	7.78	7.38	8.11	10.22
	合计	68.42	70.24	76.47	73.44	78.98

（续）

植物油		2012/2013 年度	2013/2014 年度	2014/2015 年度	2015/2016 年度	2016/2017 年度
比例	椰子油	2.79	2.72	2.54	2.12	2.36
	棉籽油	0.23	0.20	0.18	0.08	0.09
	橄榄油	1.33	1.20	1.29	1.23	1.11
	棕榈油	63.07	61.49	61.95	59.55	59.33
	棕榈仁油	4.76	4.10	4.22	4.11	3.76
	花生油	0.25	0.31	0.34	0.34	0.30
	菜籽油	5.77	5.45	5.32	5.64	5.68
	豆油	13.68	13.44	14.50	15.90	14.43
	葵花籽油	8.14	11.08	9.65	11.04	12.94
	合计	100.00	100.00	100.00	100.00	100.00

数据来源：FAS/USDA。

2. 主要贸易大国贸易情况

全球植物油出口比较集中，印度尼西亚和马来西亚是当前全球最重要的植物油出口国，两国合计的植物油出口量占全球出口量的 60% 左右，他们出口的植物油主要是棕榈油。2016/2017 年度，印度尼西亚和马来西亚分别出口了 2 835 万吨和 1 752 万吨植物油，占全球植物油出口量的 35.90% 和 22.18%。除了上述两国外，其他较为重要的植物油出口国分别是阿根廷、乌克兰和加拿大，他们的出口量占全球的比重为 3%～9%。上述前 5 个植物油出口国的合计出口量占到全球出口量的 3/4 以上（表 16）。

表 16   全球植物油出口大国（经济体）

单位：百万吨、%

国家（经济体）		2012/2013 年度	2013/2014 年度	2014/2015 年度	2015/2016 年度	2016/2017 年度
出口量	印度尼西亚	22.64	23.94	28.51	25.19	28.35
	马来西亚	19.99	18.75	18.84	17.84	17.52
	阿根廷	4.69	4.55	5.72	6.41	6.17
	乌克兰	3.32	4.36	4.12	4.81	6.10
	加拿大	2.63	2.45	2.54	2.93	3.33
	俄罗斯	1.35	2.46	2.23	2.23	2.95
	欧盟	2.43	2.31	2.48	2.48	2.40
	其他	11.39	11.43	12.03	11.55	12.16
	合计	68.42	70.24	76.47	73.44	78.98

（续）

国家（经济体）	2012/2013 年度	2013/2014 年度	2014/2015 年度	2015/2016 年度	2016/2017 年度
印度尼西亚	33.09	34.08	37.28	34.30	35.90
马来西亚	29.22	26.69	24.64	24.29	22.18
阿根廷	6.85	6.48	7.48	8.73	7.81
乌克兰	4.85	6.21	5.39	6.55	7.72
加拿大	3.84	3.49	3.32	3.99	4.22
欧盟	1.97	3.50	2.92	3.04	3.74
俄罗斯	3.55	3.29	3.24	3.38	3.04
其他	16.65	16.27	15.73	15.73	15.40
合计	100.00	100.00	100.00	100.00	100.00

（第一列最左为竖排"比例"）

数据来源：FAS/USDA。

在植物油进口中，印度、欧盟和中国是全球最重要的进口者。近几年印度、欧盟和中国植物油进口量合计占到全球的45％左右。2016/2017年度，印度、欧盟和中国植物油进口量分别占全球的20.38％、13.49％和10.88％，合计占全球植物油进口量的44.75％。除了上述3个经济体外，其他较为重要的植物油进口国还有美国、巴基斯坦、埃及、孟加拉国、土耳其、马来西亚和伊朗（表17）。

表17　全球植物油进口大国（经济体）

单位：百万吨、％

经济体	2012/2013 年度	2013/2014 年度	2014/2015 年度	2015/2016 年度	2016/2017 年度
印度	10.73	11.5	14.14	15.11	14.99
欧盟	9.95	9.98	9.88	9.98	9.92
中国	10.84	9.10	8.63	7.77	8.00
美国	3.80	4.02	4.23	4.53	4.73
巴基斯坦	2.30	2.84	2.98	2.91	3.20
孟加拉国	1.44	1.68	1.79	2.15	2.15
埃及	1.92	2.08	2.25	2.04	2.17
土耳其	1.35	1.46	1.53	1.41	1.52
马来西亚	1.50	0.85	1.68	1.34	1.19
伊朗	1.45	1.60	1.14	0.99	1.36
其他	20.29	22.12	22.88	22.4	24.32
合计	65.56	67.24	71.12	70.65	73.54

（第一列最左为竖排"出口量"）

（续）

经济体		2012/2013 年度	2013/2014 年度	2014/2015 年度	2015/2016 年度	2016/2017 年度
	印度	16.37	17.10	19.88	21.39	20.38
	欧盟	15.18	14.84	13.89	14.13	13.49
	中国	16.53	13.53	12.13	11.00	10.88
	美国	5.80	5.98	5.95	6.41	6.43
	巴基斯坦	3.51	4.22	4.19	4.12	4.35
比	孟加拉国	2.20	2.50	2.52	3.04	2.92
例	埃及	2.93	3.09	3.16	2.89	2.95
	土耳其	2.06	2.17	2.15	2.00	2.07
	马来西亚	2.29	1.26	2.36	1.90	1.62
	伊朗	2.21	2.38	1.60	1.40	1.85
	其他	30.95	32.90	32.17	31.71	33.07
合计		100.00	100.00	100.00	100.00	100.00

数据来源：FAS/USDA。

二、中国主要油料及植物油供需、贸易

（一）中国主要油料生产

1. 主要油料播种面积

近几年中国不含大豆的油料播种面积停止增长，稳定在 1 400 万公顷。2016 年不含大豆的油料播种面积为 1 413.8 万公顷，与前几年相比基本没有太大变化。从内部结构看，花生、油菜籽和其他油料作物的播种面积也非常稳定，但是受 2015 年油菜籽临时收储政策调整导致油菜籽比较效益大幅下降，2016 年油菜籽播种面积出现下降，花生面积略有增加。

如果把大豆[①]纳入油料范畴来一同考察的话，2015 年以前，由于大豆面积的持续缩减，使得油料作物总播种面积在逐年缩小，2015 年与 2010 年相比，油料播种面积减少了 186.39 万公顷。但是，得益于 2016 年大豆播种面积的快速恢复，含大豆在内的油料作物播种面积出现了大幅回升，达到了 2 133.7 万公顷，基本恢复到 5 年前的水平（表 18）。从结构看，油菜籽和大豆占据了油料作物播种面积的前 2 位，花生的面积虽然只占到第三位（占 22.2%），但由于花生单产较高，产量比重却占到了 35.1%。

---

① 中国把大豆统计在粮食当中。

大体看，近几年中国油料的单产水平在逐渐提高，但是提高幅度有限，与全球主要生产国单产水平相比，中国大豆和油菜籽的绝对单产水平依然很低。

表 18　中国油料播种面积

单位：万公顷、%

油料作物		2011 年	2012 年	2013 年	2014 年	2015 年	2016 年
面积	花生	458.1	463.9	463.3	460.4	461.6	472.7
	油菜籽	734.7	743.2	753.1	758.8	753.4	733.1
	其他	192.7	185.9	185.9	185.1	188.5	208.0
	合计（不含大豆）	1 385.5	1 393.0	1 402.3	1 404.3	1 403.5	1 413.8
	大豆	788.9	717.2	679.1	680.0	650.6	719.9
	合计（含大豆）	2 174.4	2 110.2	2 081.3	2 084.3	2 054.1	2 133.7
份额，不含大豆	花生	33.1	33.3	33.0	32.8	32.9	33.4
	油菜籽	53.0	53.4	53.7	54.0	53.7	51.9
	其他	13.9	13.3	13.3	13.2	13.4	14.7
	合计（不含大豆）	100.0	100.0	100.0	100.0	100.0	100.0
份额，含大豆	花生	21.1	22.0	22.3	22.1	22.5	22.2
	油菜籽	33.8	35.2	36.2	36.4	36.7	34.4
	大豆	36.3	34.0	32.6	32.6	31.7	33.7
	其他	8.9	8.8	8.9	8.9	9.2	9.7
	合计（含大豆）	100.0	100.0	100.0	100.0	100.0	100.0

数据来源：《中国统计年鉴》。

2. 主要油料产量情况

近几年中国不含大豆的油料产量缓慢增长，稳定在 3 500 万吨以上。受 2016 年油菜籽种植面积下降的影响，油菜籽产量下滑至 1 454.6 万吨。花生产量经过 2014 年和 2015 年两年下降，2016 年迎来大反弹，产量增加 85.0 万吨，达到 1 729.0 万吨。由于花生产量的大幅增加，2016 年中国不含大豆的油料产量上升到 3 629.5 万吨。

把大豆纳入油料来一同考察的话，中国油料自 2011 年至 2015 年一直处于下降趋势。但是，由于 2016 年中国大豆产量的大幅增长，2016 年度中国含大豆的油料产量出现了逆转，大幅上升至 4 919.5 万吨，比 2015 年增加了 204 万吨，增长了 4.3%（表 19）。

近几年，中国含大豆在内的油料结构中，花生产量一直占据第一的位置，油菜籽的产量处于第二。大豆因为连续几年产量下降，自 2010 年以来已经失去了最大油料产品的地位，花生和油菜籽已经超越大豆成为最重要的油料作物。但是随着农业部对大豆生产的重新重视，大豆产量已经出现了快速回升，而且未来几年还有进一步上升的空间。

表 19　中国油料产量

单位：万吨、%

		2011 年	2012 年	2013 年	2014 年	2015 年	2016 年
产量	花生	1 604.6	1 669.2	1 697.2	1 648.2	1 644.0	1 729.0
	油菜籽	1 342.6	1 400.7	1 445.8	1 477.2	1 493.1	1 454.6
	其他	359.6	366.9	374.0	382.0	399.9	445.9
	合计（不含大豆）	3 306.8	3 436.8	3 517.0	3 507.4	3 537.0	3 629.5
	大豆	1 448.5	1 305.0	1 195.1	1 215.4	1 178.5	1 290.0
	合计（含大豆）	4 755.3	4 741.8	4 712.1	4 722.8	4 715.5	4 919.5
份额，不含大豆	花生	48.5	48.6	48.3	47.0	46.5	47.6
	油菜籽	40.6	40.8	41.1	42.1	42.2	40.1
	其他	10.9	10.7	10.6	10.9	11.3	12.3
	合计（不含大豆）	100.0	100.0	100.0	100.0	100.0	100.0
份额，含大豆	花生	33.7	35.2	36.0	34.9	34.9	35.1
	油菜籽	28.2	29.5	30.7	31.3	31.7	29.6
	大豆	30.5	27.5	25.4	25.7	25.0	26.2
	其他	7.6	7.7	7.9	8.1	8.5	9.1
	合计（含大豆）	100.0	100.0	100.0	100.0	100.0	100.0

数据来源：《中国统计年鉴》。

（二）中国主要油料及植物油消费

1. 主要油料消费情况

从总体来看，中国的油料需求量一直在增长。分类别看，大豆的消费量逐年增加，从 2007/2008 年度的 4 942 万吨增加到 2016/2017 年度的 10 280 万吨，增长了 1 倍多（图 4）。由于中国大豆的生产量快速下降，导致中国大豆自给率以更快的速度下降，从 2007/2008 年度的 25.7% 快速下降到 2016/2017 年度的 12.5%。

油菜籽的消费量波动较大，但总体来看也呈上升的趋势，从 2007/2008 年度的 1 138 万吨增加到 2015/2016 年度的 1 910 万吨，增长了 67.8%。2016/

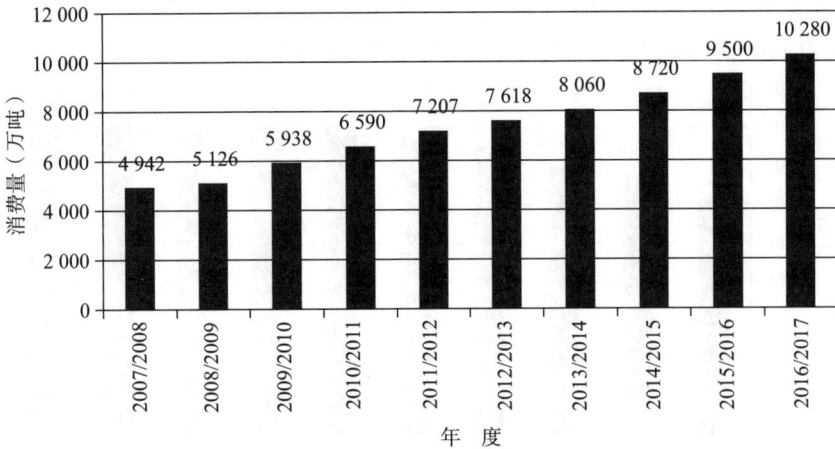

图 4　中国大豆消费量

数据来源：根据 FAS/USDA 数据作者整理。

2017 年度中国油菜籽的压榨量出现下降，从而导致油菜籽的总消费量下降，至 1 730 万吨（图 5）。由于中国油菜籽消费量的增长速度快于生产量的增长，导致中国油菜籽的自给率也出现了下降，从 2007/2008 年度的 92.9％下降到 2016/2017 年度的 84.1％。

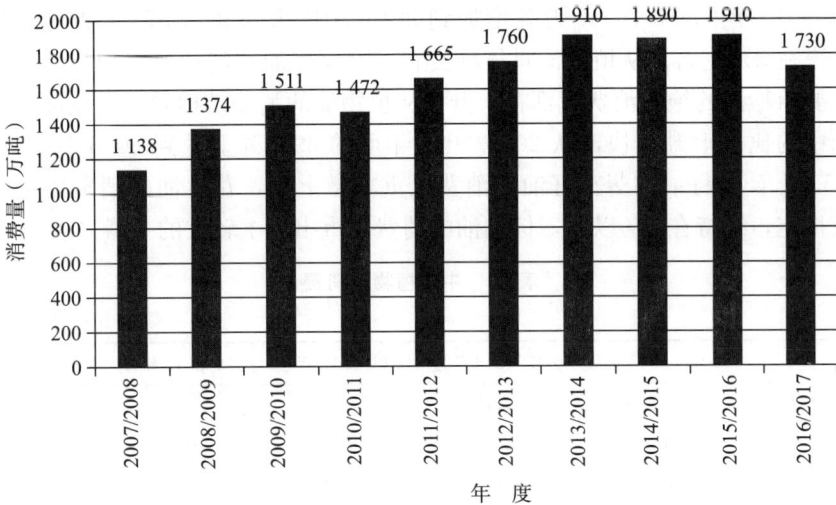

图 5　中国油菜籽消费量

数据来源：根据 FAS/USDA 数据作者整理。

中国花生的消费量略有波动，总体呈上升趋势，从 2007/2008 年度的 1 233 万吨增加到 2016/2017 年度的 1 665 万吨，增长了 35.1%（图6）。

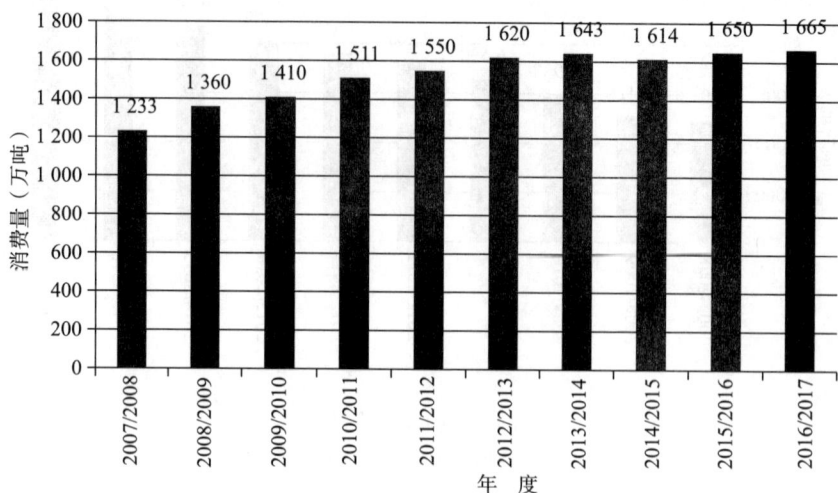

图6　中国花生消费量

数据来源：FAS/USDA。

2. 主要植物油消费情况

随着经济发展和人民生活水平的提高，中国植物油的消费量逐年上升，从 2012/2013 年度的 3 165.6 万吨增加到 2016/2017 年度的 3 573.8 万吨，年均增长率在 3% 左右。从植物油具体种类看，除棕榈油的消费量出现下降外，其他主要植物油的绝对消费量都在上升。从植物油的消费结构看，大豆油在消费结构中的比例上升较快，从 2012/2013 年度的 39.6% 上升到 2016/2017 年度的 45.7%。菜籽油和葵花籽油的消费比重略微上升，花生油的消费比重基本比较稳定，维持在 8% 以上，棕榈油的消费比重出现了较大的下滑（表20）。

表 20　中国植物油消费

单位：万吨、%

		2012/2013 年度	2013/2014 年度	2014/2015 年度	2015/2016 年度	2016/2017 年度
消费量	棕榈油	638.9	570.0	570.0	485.0	475.0
	花生油	280.6	285.1	281.9	291.9	296.7
	菜籽油	670.0	740.0	775.0	835.0	850.0
	大豆油	1 254.5	1 365.0	1 420.0	1 535.0	1 635.0
	葵花籽油	83.7	101.0	99.8	137.9	127.9
	其他	237.9	215.7	214.1	183.2	189.2
	合计	3 165.6	3 276.8	3 360.8	3 468.0	3 573.8

（续）

		2012/2013 年度	2013/2014 年度	2014/2015 年度	2015/2016 年度	2016/2017 年度
比例	棕榈油	20.2	17.4	17.0	14.0	13.3
	花生油	8.9	8.7	8.4	8.4	8.3
	菜籽油	21.2	22.6	23.1	24.1	23.8
	大豆油	39.6	41.7	42.3	44.3	45.7
	葵花籽油	2.6	3.1	3.0	4.0	3.6
	其他	7.5	6.6	6.4	5.3	5.3
	合计	100.0	100.0	100.0	100.0	100.0

数据来源：FAS/USDA。

（三）中国主要油料及植物油市场

1. 2016 年大豆行情

2016 年中国大豆市场整体呈震荡走强态势运行，其中三、四季度国产大豆新陈交替时豆价波动幅度较大，年末受产区大豆余量较少以及地方直属库收购支撑市场的影响，国产大豆价格有明显的上涨。影响大豆价格的一个原因是 2016年大豆产区涝灾旱灾交替，产区大豆减产明显，部分地区出现新季大豆上量困难的局面。另一个影响大豆行情的原因是进口情况。自 2015 年年底国家封港政策实施以来，进口豆流入食品领域明显减少，以及食品领域进口大豆流向检查力度严格，会使低价进口豆对国产大豆冲击进一步减弱，有益于国产大豆价格保护。

相较于往年的大豆种植面积减少，大豆种植面积在 2016 年迎来改变。农业部提出，到 2020 年调减玉米面积 5 000 万亩以上，大豆生产的目标是，力争到 2020 年大豆面积增加 4 000 万亩，达到 1.4 亿亩。2016 年黑龙江省大豆种植补贴由 2015 年的 60 元/亩涨至 130.87 元/亩，补贴金额翻倍增长；可以预见的是 2017 年度国内大豆种植面积将有更为可观的增加，其产量也将随着种植面积增加而明显上涨。

2. 2016 年豆油行情

2016 年，豆油现货价格全年处于强势上涨行情，从 1 月的均价 5 923 元/吨上升到 12 月的 7 299 元/吨，上涨了 23%。但是，全球大豆供应充足，我国进口逐年增加，国内油厂开机率也在继续提高，原料供应充裕外加油厂高开机率，后期豆油供应或大量增加，市场需求缺口将不在。市场需求一旦满足，价格必将明显回落（图 7）。但是 2016 年 11 月 23 日美国环保署宣布将其 2017 年生物柴油掺混标准上调至 20 亿加仑*，2018 年上调至 21 亿加仑。这将增加美

---

* 加仑为非法定容量计量单位，1 加仑=3.785 升。

国豆油用于制作生物柴油的使用量，从而提振豆油价格，给豆油价格增加了不确定性。预计 2017 年上半年豆油价格将保持高位震荡。

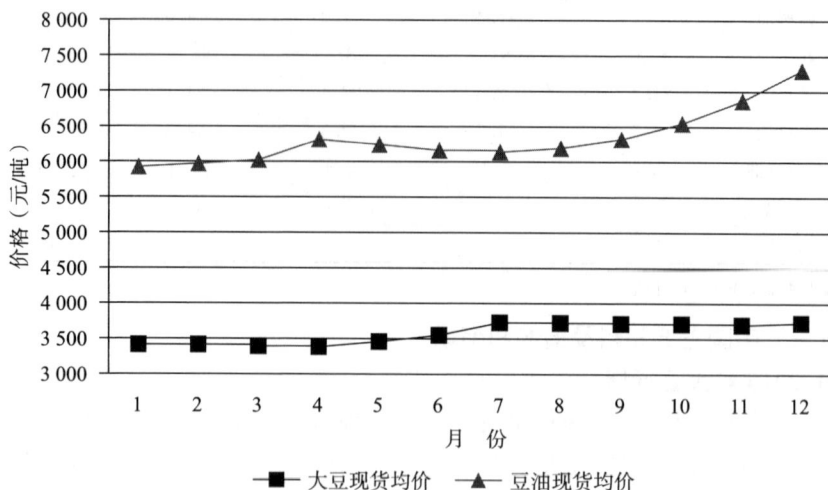

图 7　2016 年大豆、豆油现货均价
数据来源：农业部（Wind 资讯数据库）。

3. 2016 年油菜籽、菜籽油行情

在国内产量和进口量双降的作用下，2016 年国内油菜籽价格出现了较大的上涨，其中 5、6、12 三个月份出现了较快上涨，其他月份保持相对平稳。从总体看，2016 年油菜籽现货均价从 1 月的 3 568 元/吨上升到 12 月的 4 615 元/吨，上涨了 29.3%。菜籽油价格也整体呈震荡上升趋势，其中 1～9 月震荡上升，涨幅较小，从 1 月的 5 948 元/吨上升到 9 月的 6 268 元/吨，10～12 月出现了较大涨幅，12 月达到了 7 484 元/吨，比 1 月上涨了 25.8%（图 8）。

2016 年由于原料油菜籽供应不足，国产菜籽油供应较为紧张，加工国产油菜籽为主的油厂基本处于停产状态，导致国产菜籽油市场新增供应量不足。同时进口菜籽油货源也偏少，国储菜籽油成交火爆；豆油、棕榈油价格上涨带动菜籽油价格跟涨。

4. 2016 年花生仁、花生油行情

2016 年花生价格主要有两次较大的起伏，上半年受货源较少影响，加上农民惜售，价格上涨明显，三级花生仁从 1 月的 8 119 元/吨上升到 7 月的 9 550 元/吨，涨幅达 17.6%。但 9 月新花生集中上市后，价格出现大幅下滑，10 月回落到全年最低的 8 071 元/吨。10 月以后，价格又出现了回升，12 月达到了 8 665 元/吨（图 9）。

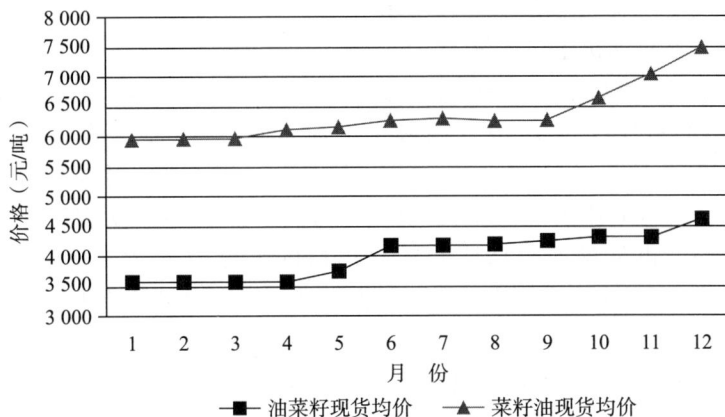

图 8　2016 年油菜籽、菜籽油现货均价

数据来源：农业部（Wind 资讯数据库）。

2016 年花生整体单产维持较高水平，种植收益出现明显好转。根据市场调研发现，在花生品种改良、机械化水平提高等利好作用推动下，预计 2017 年种植面积有望提升。

花生油的价格也出现了较大波动，上半年基本以上涨为主基调，一级花生油的月度均价从 1 月的 21 010 元/吨上升到 6 月的 22 778 元/吨，涨幅为 8.3%。7 月价格快速回落，下半年价格基本平稳，月度均价基本维持在 20 000 元/吨上下小幅波动（图 9）。

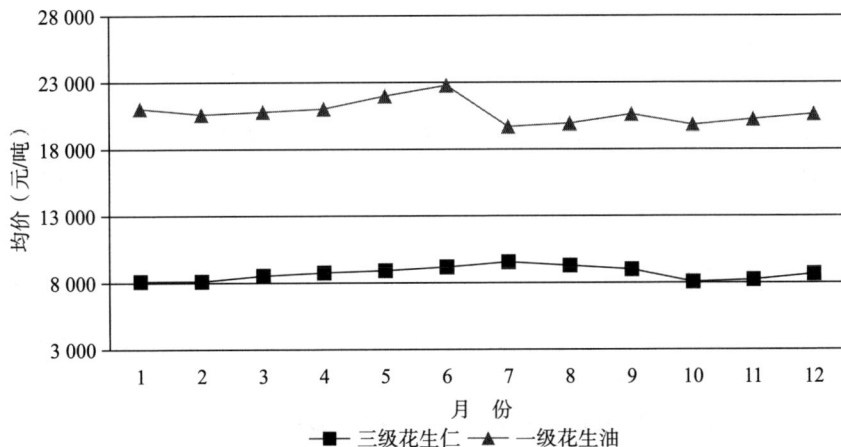

图 9　2016 年花生仁、花生油市场月度均价

数据来源：中华粮网。

（四）中国主要油料及植物油贸易

1. 大豆、豆油进出口情况

大豆是中国进口量最大的油料产品，而且进口量呈逐年上升的趋势，进口量从 2005/2006 年度的 2 831.7 万吨上升到 2016/2017 年度的 9 349.5 万吨，增加了 2 倍多。同时，中国也是世界上最大的大豆进口国，中国大豆进口量占世界大豆进口量的比重从 2005/2006 年度的 44.2% 不断上升到 2016/2017 年度的 64.7%，也就是说全球所有国家出口的大豆的近 2/3 是中国购买的。2012/2013 年度以来，中国大豆进口量占全球大豆进口量的比重趋于稳定，基本在 63% 左右。

与进口相比，中国大豆的出口量几乎可以忽略不计。大豆出口量从 2005/2006 年度的 35.4 万吨下降到 2016/2017 年度的 11.4 万吨。2016/2017 年度中国大豆出口量仅占全球大豆出口量的 0.1%（表 21）。

表 21　中国大豆进出口量

单位：万吨、%

年度	进口量	占全球比重	出口量	占全球比重
2005/2006	2 831.7	44.2	35.4	0.6
2006/2007	2 872.6	41.6	44.6	0.6
2007/2008	3 781.6	48.1	45.3	0.6
2008/2009	4 109.8	52.8	40.0	0.5
2009/2010	5 033.8	57.5	18.4	0.2
2010/2011	5 233.9	58.3	19.0	0.2
2011/2012	5 923.1	62.6	27.5	0.3
2012/2013	5 986.5	61.6	26.6	0.3
2013/2014	7 036.4	62.2	21.5	0.2
2014/2015	7 835.0	63.0	14.3	0.1
2015/2016	8 323.0	62.4	11.4	0.1
2016/2017	9 349.5	64.7	11.4	0.1

数据来源：FAS/USDA。

注：美国农业部的进出口数据是按市场年度进行统计的，而中国海关的进出口数据是按日历年度进行统计的，因此两者数据有较大差异。

与大豆相比，中国豆油的进口出现了相反的发展趋势，豆油进口量总体呈下降趋势，从 2005/2006 年度的 151.6 万吨下降到 2016/2017 年度 71.1 万吨，占全球豆油进口总量的比重也从 2005/2006 年度的 17.2% 下降到 2016/2017 年度的 6.5%。中国豆油的出口量也很少，大部分年份不到 10 万吨，近几年略有增加，基本在 10 万吨左右。从占全球的比重看，绝大部分年度中国豆油的出口量占比不到 1％（表 22）。

表 22　中国豆油进出口量

单位：万吨、％

年度	进口量	占全球比重	出口量	占全球比重
2005/2006	151.6	17.2	10.5	1.1
2006/2007	240.4	24.6	9.4	0.9
2007/2008	272.7	26.5	10.2	0.9
2008/2009	249.4	27.7	8.3	0.9
2009/2010	151.4	17.9	7.7	0.8
2010/2011	131.9	14.1	5.2	0.5
2011/2012	150.2	18.8	6.0	0.7
2012/2013	140.9	16.6	8.4	0.9
2013/2014	135.3	14.6	9.4	1.0
2014/2015	77.3	7.7	10.7	1.0
2015/2016	58.6	5.0	9.6	0.8
2016/2017	71.1	6.5	11.8	1.0

数据来源：FAS/USDA。

2. 油菜籽、菜籽油进出口情况

中国油菜籽、菜籽油的进口量都比较大，而出口量非常少，几乎可以忽略不计。从进口来看，中国油菜籽的进口量呈上升的趋势，从 2005/2006 年度的 67.6 万吨（占全球油菜籽总进口量的 10.1％）上升到 2013/2014 年度的 504.6 万吨（占全球的 32.5％）。近几年中国油菜籽的进口量有所下降，但仍处于高位，2016/2017 年度进口 426.0 万吨（占全球的 26.0％）。

菜籽油的进口量总体也呈增加的趋势，但是波动比较大。2008 年以前，菜籽油的进口量在 50 万吨以下，2009 年以后均超过了 50 万吨，其中 2012/2013 年度达到了 159.8 万吨（占全球菜籽油总进口量的 40.6％），近几年基本在 70 万吨以上，2016/2017 年度的进口量为 80.2 万吨（表 23）。

表 23　中国油菜籽、菜籽油进口量

单位：万吨、％

年度	油菜籽	占全球比重	菜籽油	占全球比重
2005/2006	67.6	10.1	4.4	3.0
2006/2007	96.1	13.7	33.0	14.9

（续）

年度	油菜籽	占全球比重	菜籽油	占全球比重
2007/2008	80.5	10.6	27.7	13.5
2008/2009	303.4	25.0	45.3	18.3
2009/2010	217.7	20.1	78.5	26.5
2010/2011	93.0	9.1	64.7	19.1
2011/2012	262.2	19.8	103.6	25.4
2012/2013	342.1	26.7	159.8	40.6
2013/2014	504.6	32.5	90.2	23.6
2014/2015	459.1	32.1	73.2	18.5
2015/2016	401.1	27.6	76.8	18.4
2016/2017	426.0	26.0	80.2	18.4

数据来源：FAS/USDA。

3. 其他主要油料及植物油的进出口情况

从油料看，花生和葵花籽以出口为主，少量进口。2016/2017 年度出口花生 64.4 万吨，进口 29.5 万吨，净出口 34.9 万吨；出口葵花籽 36.5 万吨，进口 10.5 万吨，净出口 26.0 万吨。

从植物油看，棕榈油、葵花籽油和花生油都处于净进口状态。其中进口最大的是棕榈油。中国虽然是棕榈油的消费大国，但是几乎不生产棕榈油，国内消费几乎全部来自进口，进口量比较大，但是从总体来看进口量呈下降的趋势。2016/2017 年度的进口量为 488.1 万吨，已经连续两年低于 500 万吨。葵花籽油和花生油进口绝对量相对较小，但总体呈上升的趋势。其中花生油从 2007/2008 年度的 0.6 万吨上升到 2016/2017 年度的 11.1 万吨；葵花籽油从 2007/2008 年度的 0.2 万吨上升到 2016/2017 年度的 72.5 万吨（表 24）。

表 24　其他主要油料及植物油的进出口情况

单位：千吨

市场年度	花生进口量	花生出口量	花生油进口量	花生油出口量	葵花籽进口量	葵花籽出口量	葵花籽油进口量	葵花籽油出口量	棕榈油进口量
2007/2008	14	713	6	10	1	143	2	3	5 223
2008/2009	4	690	20	10	2	109	125	1	6 118
2009/2010	14	621	47	9	7	132	169	0	5 760
2010/2011	72	604	68	8	4	175	23	1	5 711
2011/2012	38	589	62	9	3	186	122	1	5 841

（续）

市场年度	花生进口量	花生出口量	花生油进口量	花生油出口量	葵花籽进口量	葵花籽出口量	葵花籽油进口量	葵花籽油出口量	棕榈油进口量
2012/2013	27	516	65	6	2	158	362	1	6 589
2013/2014	27	565	74	10	61	173	531	2	5 573
2014/2015	161	502	141	8	45	244	534	2	5 696
2015/2016	541	484	113	10	74	286	878	1	4 689
2016/2017	295	644	111	8	105	365	725	2	4 881

数据来源：FAS/USDA。

国际糖料市场、贸易与政策

一、2016 年全球糖料产业市场及政策变动特点

（一）全球糖料与食糖生产特征分析

1. 全球食糖产量稳中微增

FAO 数据表明，全球糖料总产量由 2001 年的 14.95 亿吨波动增长至 2015 年的 20.64 亿吨，比 2001 年增产 5.69 亿吨，增幅 38.05%。2015 年糖料产量是在收获面积微减 4.19%、甘蔗单产略增 1.45%基础上实现了糖料产量稳中略减（4.32%）。ISO 的数据表明，食糖总产量由 2002 年的 13 304.5 万吨波动增长到 2016 年[①]的 16 858.7 万吨，增长了 26.71%。以 2002 年为基期，15 年间年均增长率为 1.71%。2016 年，全球食糖产量较上年略增 97.6 万吨，增幅 0.58%。该年全球食糖市场结束了连续 5 年的供给过剩格局，开始出现供给短缺。

2. 食糖主产国有增有减，综合作用下食糖产量稳中微增

制糖比例提高和生产效率提高是食糖增产的主要原因，面积减少和干旱是食糖减产的主要原因。2016 年，食糖主产国有增有减，巴西、俄罗斯、乌克兰、美国 4 个国家增产，巴西食糖产量增加主要是加大了甘蔗用于食糖产生的比例，比 2015 年增加了 474.2 万吨达到 3 898.69 万吨，增幅 13.85%；由于主产区甜菜种植和收割时节天气良好以及俄罗斯糖厂现代化改造后、生产效率提升，俄罗斯 2016 年食糖产量比 2015 年增加 67.5 万吨达到 577.4 万吨，增幅 13.24%；乌克兰 2016 年食糖产量比 2015 年增加了 56.5 万吨达到 199.76 万吨，增幅 39.48%；因佛罗里达州食糖产量增产，美国食糖产量比 2015 年增加了 55.1 万吨达到 775.16 万吨，增幅 7.66%；因降水不足对甘蔗生长带来影响，印度和泰国食糖产量大幅下滑，2015 年下滑了 407.7 万吨到 2 479.4 万吨，降幅 14.12%；泰国下滑了 174.1 万吨，降幅 15.83%。受种植面积减

---

① 本文食糖产量、消费量、贸易量、库存量不特别注明的话，均来自 ISO yearbook 2017，数据为自然年度数据。

少和台风影响，中国食糖产量减少 117.93 万吨至 908.23 万吨，减幅 11.49％。总体上，因增产影响略大于减产影响，2016 年食糖总产量稳中略增 0.58％（图1）。

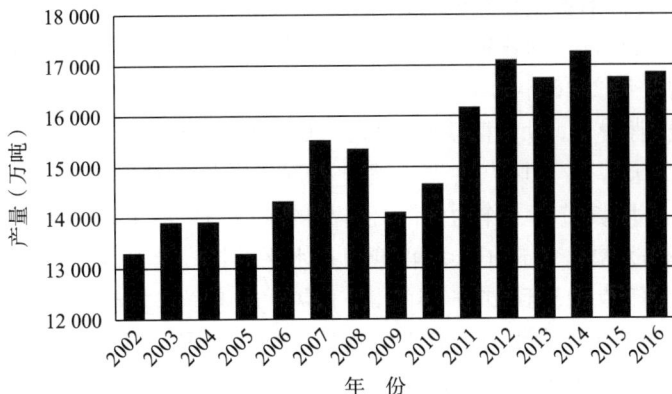

图1 2002—2016 年全球食糖产量变动

资料来源：根据 ISO yearbook 2017 数据整理而成。

3. 全球食糖主产区域高度集中

全球产糖国家和地区有 107 个，其中产糖在 50 万吨以上的国家和地区有 31 个，全球食糖产量显著集中在 10 个左右的食糖主产国（地区）。2016 年，巴西、印度、欧盟、泰国、中国、美国、墨西哥、俄罗斯、巴基斯坦、澳大利亚位居前 10 位，分别占全球食糖产量的 23.13％、14.70％、9.18％、5.49％、5.39％、4.60％、3.61％、3.42％、3.33％ 和 2.74％。前 5 个国家（地区）食糖产量占全球食糖总产量的 57.89％；前 10 个国家（地区）食糖产量占全球食糖总产量的 75.59％。巴西是全球第一大食糖主产国家（地区），食糖产量达 3 899 万吨，约占全球食糖总产量的 23.13％；印度是第二大主产国家（地区），食糖产量约为 2 479 万吨，占全球食糖产量的 14.70％；欧盟是第三大主产国家（地区），食糖产量为 1 547 万吨，占比 9.18％；泰国是第四大主产国家（地区），食糖产量为 926 万吨，约占全球食糖产量的 5.49％；中国是第五大主产国家（地区），食糖产量约为 908 万吨，占比 5.39％。

4. 前十大甘蔗糖主产国和甜菜糖主产国产糖量差距较大

巴西、印度、泰国、中国、墨西哥、巴基斯坦、澳大利亚、美国、危地马拉、印度尼西亚是前十大甘蔗主产国，排名第 1 的巴西和排名第 10 的印度尼西亚蔗糖产量分别为 3 899 万吨和 223 万吨，差距较大。欧盟、俄罗斯、美国、土耳其、乌克兰、埃及、中国、伊朗、日本、白俄罗斯是前十大甜菜糖主产国（地区），排名第 1 的欧盟和排名第 10 的白俄罗斯的甜菜糖产量分别为 1 524 万吨和 59 万吨，差距较甘蔗糖更大。俄罗斯产量为 577 万吨。

（二）全球食糖消费特征分析

1. 全球食糖消费量持续刚性增长

2002 年以来，全球食糖消费总量呈刚性增长态势，由 2002 年的13 018.53 万吨稳步增长到 2016 年的 17 088.02 万吨，增长 31.26%，以 2002 年为基期，15 年间食糖消费年均增速为 1.96%。2016 年全球食糖消费量较上年增长 2.26%到 17 088.02 万吨。食糖消费量的逐年增长主要来自两个因素的推动，一是全球人口增长带动了作为生活必需品的食糖消费需求，二是欠发达国家地区社会经济的发展，促进了人均食糖消费水平的提高。全球人均食糖消费量自 2002 年的 21 千克增长到 2016 年的 23 千克。近年全球食糖消费增长受到低迷的宏观经济和健康饮食引发的减糖行动的影响，美国、瑞士、欧盟、泰国等国家（地区）的减糖行动及其力度影响着未来食糖消费量的增速。

2. 食糖消费区域集中度较生产区域分散

与全球食糖生产的高度集中相对照，全球食糖消费区域分布呈现一定的集中特征，但集中度较产区分散很多。全球前 10 位食糖消费国（地区）分别为印度、欧盟、中国、巴西、美国、印度尼西亚、俄罗斯、巴基斯坦、墨西哥和埃及，这 10 国（地区）食糖消费量约占全球食糖消费量的 61.43%，前 5 国（地区）食糖消费量约占全球食糖消费量的 46.79%。其中，印度是全球第一大食糖消费国，食糖消费量约 2 476 万吨，占全球总消费量的 14.49%；欧盟是全球第二大消费区域，食糖消费量为 1 877 万吨，占比 10.98%；中国食糖消费量约为 1 500 万吨，占比 8.78%（图 2）。从全球前十大主产国（地区）和消费国（地区）来看，巴西、印度、欧盟、中国、美国、墨西哥、巴基斯坦和俄罗斯既是主要产糖国（地区）又是主要消费国（地区）。前 10 国中，中国和印度尼西亚食糖消费增长最快，中国由 2000 年的 850 万吨增加到 2016 年的 1 500 万吨，印度尼西亚由 2000 年的 280 万吨增加到 2016 年的 643 万吨，增幅分别为 76.47%和 129.64%。经济发展、人口增长和可支配收入增加是食糖消费持续增长的主要原因。展望未来，发达国家食糖消费水平不会有显著提升，发展中国家仍是增长主力，未来发展中国家的经济状况尤其是食品工业发展状况及其增速将成为影响未来食糖消费能否持续增长的关键。

印度是全球第一大食糖消费国，年人均食糖消费量约 18 千克，生产的甘蔗主要用于制糖，满足国内的消费需求，其中约 70%的甘蔗用于生产原糖，20%用于制作印度传统的糖，10%留种。由于印度甘蔗种植以小农经营为主，受气候、市场和蔗价政策影响较大，造成印度甘蔗产量大起大落。

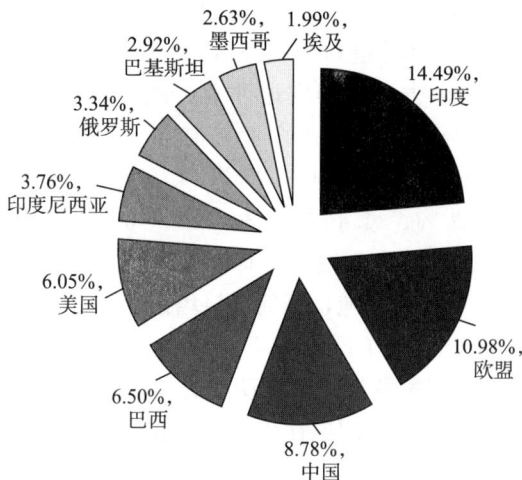

图 2　全球食糖消费国（地区）占比情况

资料来源：根据 ISO yearbook 2017 数据整理计算而成。

3. 食糖消费增速指标值得关注

将 2015/2016 年度与 2008/2009 年度相比，按照消费增速进行排名，韩国、埃及、马来西亚、沙特阿拉伯、印度尼西亚、印度、危地马拉、泰国、阿尔及利亚、中国为食糖消费增速前 10 名，这些国家食糖消费增速均超过了全球食糖消费的平均增速。

（三）全球食糖贸易特征分析

1. 全球食糖贸易变动状况

2016 年，全球食糖贸易量从 2015 年的 5 999.8 万吨增加到 6 472.30 万吨，比上年增长 7.88％，比 2002 年增长 53.51％。2016 年年末，全球食糖库存减少 229.4 万吨到 10 873.8 万吨，相当于全球消费量的 63.6％。近年来全球食糖贸易形势主要呈现出以下特征：一是出口区域高度集中在巴西、泰国、澳大利亚和印度 4 国，4 国出口量占全球食糖出口量的 66.18％。2016 年，食糖出口高度集中在巴西、泰国、澳大利亚、印度、危地马拉、缅甸、阿拉伯联合酋长国（以下简称"阿联酋"）、墨西哥、欧盟、古巴，各国食糖出口量占比分别为 44.70％、10.03％、6.30％、5.14％、3.15％、3.09％、2.55％、2.42％、2.11％和 1.55％，前 10 国（地区）食糖出口量占全球食糖出口量的 81.04％。前 4 国食糖产量与政策主要影响着全球食糖贸易量以及食糖价格变动。二是出口重要变化，巴西依旧高出口（比 2015 年增加了 492.1 万吨），缅甸出口增加（111.6 万吨转口贸易，2016 年共出口 199.68 万吨），以及泰国出口急剧下滑 147.2 万吨。三是进口区域较出口区域分散，中国、印度尼西亚、欧盟、美国等是全球主要食糖进口国（地区），中国进口全球第一，进口量为605.95 万吨①。2016 年，中国、印度尼西亚、欧盟、美国、印度、缅甸、阿尔及利亚、孟加拉国、阿联酋、马来西亚是前十大食糖进口国（地区），约占全球食糖进口量的 46.17％。各国食糖进口量占全球食糖进口量分别为9.36％、8.26％、5.20％、4.46％、3.50％、3.41％、3.09％、3.01％、2.94％和2.94％。四是进口方面变化，印度尼西亚进口达到新水平 534.6 万吨，比 2015 年增加了 172.7 万吨，缅甸进口增加了 96.9 万吨，中国进口小幅下滑 66.3 万吨，孟加拉国进口下滑 60.7 万吨。

2. 主要食糖进出口国家贸易政策变动状况

（1）巴西。根据糖/乙醇之间的比价关系，在 2016 年提高了食糖生产用蔗比例，巴西依靠糖和酒精转化的灵活性，使得糖产量和能源价格建立联系，这种联系倾向于在糖醇比较低的水平上支撑糖价。2016 年，巴西联邦政府计划重启 3 年免税期期满的乙醇销售税（乙醇 PIS／Cofins 税，相当于每升乙醇征收 0.12 雷亚尔约合 0.03 美元的税收），但是巴西蔗产联盟（UNICA）认为此举将影响无水乙醇对于汽油的竞争力，因此，正代表中南部与政府进行谈判。

（2）泰国。泰国糖业既面临有利的因素，也面临挑战。有利因素是 2015年 12 月 31 日生效的东盟经济共同体（AEC）自由贸易协定使得泰国能够更有利地进入东盟市场，有利于 2016 年和 2017 年泰国食糖出口。在东盟经济共同体中，除菲律宾（5％）、印度尼西亚（5％～10％）和缅甸（0～5％）外，大多数东盟国家（包括泰国）的食糖进口都将免税。2016 年泰国出口到缅甸和柬埔寨的食糖激增，出口到这些国家的部分精制糖已通过边境贸易转运到中国，因为中国国内的精制糖价格比全球糖价高出 50％～80％。这可能也解释了泰国直接向中国出口的精制糖在 2016/2017 年度有所下降的缘由。另外，泰国对印度尼西亚的原糖和精制糖出口继续上涨，因为东盟经济共同体下的低税率使泰国食糖比非东盟供应商的食糖每吨便宜 15 美元。泰国面临的风险是修改后的甘蔗和食糖法使得糖业发展面临不确定性。2016年 10 月 11 日，作为巴西就泰国补贴诉诸 WTO 请求的回应，内阁批准了甘蔗和食糖行业的重组计划，政府将修改现行的"甘蔗和食糖法 B.E. 2527(1984)"，以废除甘蔗价格支持计划，取消国内糖价管制以及食糖销售行政管理。在此过程中，取消砂糖零售指导价机制（每千克 23.5 泰铢约合 0.72

---

① 该数据是 ISO 2017 年年报的数据，与国内海关 306 万吨的食糖进口量差额将近 300 万吨，其中包含部分缅甸转口贸易的数量，其他差异将在国内食糖进口部分进行分析。

美元），恢复按照国际砂糖市场价格自由定价和价格浮动。如果实施，从2017/2018 年度起，政府将不再向甘蔗种植者提供国内价格补贴和直接付款，这将对泰国甘蔗种植与糖业发展带来深远影响。

（3）印度。2016 年年初，为扭转糖业亏损、蔗款兑付滞后、促进糖业稳定发展，印度先后采取了下列措施：一是将掺入汽油中的乙醇比例提升至10%，以此促进清洁能源的使用来对抗污染，同时也有助于扶助亏损的糖企；二是印度总统签署新的食糖税费法案（修订案），将食糖进口关税上调 4 倍，增加糖业发展基金；三是通过原糖出口、延长软性贷款、固定甘蔗收购指导价、减少乙醇征税以及向糖厂实行新的生产补贴等系列措施减少甘蔗欠款；四是鼓励出口，给予出口糖现金奖励和免征甘蔗收购税，如果糖厂没达到中央政府设定的出口配额，可能重新征收之前糖厂免缴的甘蔗收购税（甘蔗收购税为3%，相当于每 100 千克 9 卢比左右，约合人民币 0.85 元）；五是银行修改食糖抵押价格，稳定糖业发展，帮助糖厂付清甘蔗款。2016 年 4 月后，受 20 年来最强劲的厄尔尼诺气候影响，连续干旱导致作物枯萎，印度糖产量预期连续第二年下滑，降至 7 年最低水平，印度可能自 2016/2017 年度由糖出口国转换为进口国，此时，印度采取了一系列稳定国内糖价的措施。一是 2016/2017 年度不提高甘蔗收购价，糖厂甘蔗价格维持在每 100 千克 230 卢比（约折合人民币 225 元/吨），以试图阻止糖价上涨；二是采取措施限制贸易商的糖库存，避免投机商囤积居奇；三是废除食糖供给宽松下强制糖厂出口过剩供给的规定（配套对甘蔗农户生产补贴 0.7 美元）；四是提高出口关税（20%）以抑制出口，适当降低进口关税增加进口可能，以稳定国内供应。

（4）缅甸。与东盟 6 国（柬埔寨、泰国、越南、印度尼西亚、菲律宾、马来西亚）共建糖业联盟，加强地区合作，共同促进食糖贸易。

3. 主要出口国贸易变动状况

（1）巴西。ISO 的数据表明，2016 年巴西共出口食糖 2 983 万吨，较上年增长 20.49%。食糖出口去向地有几个变化：一是印度取代中国成为巴西第一大食糖进口国，这与干旱引发印度减产、国内供给不足有关；二是印度尼西亚进口大幅增加，由 2015 年的 33 万吨增至 2016 年的 151.08 万吨，这与印度尼西亚国内食糖减产有关；三是因俄罗斯国内产量增长 8%，巴西向俄罗斯食糖出口明显下降，由 2015 年的 103.47 万吨到 2016 年的 82.87 万吨，减少19.91%。2015—2016 年，印度、中国、阿尔及利亚、孟加拉国、阿联酋、尼日利亚、印度尼西亚、马来西亚、沙特阿拉伯、摩洛哥等国家仍是巴西主要的食糖出口国（表 1），巴西出口到前 10 国的食糖数量占巴西总出口量的 59.92%。

表1 巴西 2015 年和 2016 年食糖出口国情况

单位：万吨、美元

2015 年			2016 年		
出口国	贸易量	贸易额	出口国	贸易量	贸易额
中国	250.68	763 507 446	印度	244.36	884 353 061
孟加拉国	246.59	762 808 267	中国	240.31	823 057 634
阿尔及利亚	162.55	516 422 528	阿尔及利亚	205.40	707 532 810
印度	151.86	458 161 891	孟加拉国	193.44	666 436 180
阿联酋	145.00	420 192 897	阿联酋	166.69	594 977 349
尼日利亚	133.84	405 936 469	尼日利亚	161.83	552 093 073
俄罗斯	103.47	342 945 738	印度尼西亚	151.08	585 968 529
沙特阿拉伯	113.55	339 530 773	马来西亚	146.96	502 906 688
埃及	108.08	337 009 341	沙特阿拉伯	123.64	442 348 436
马来西亚	98.12	312 616 095	摩洛哥	104.01	364 129 688

资料来源：UN Comtrade。UN Comtrade 数据和 ISO 巴西出口前 10 名国家的食糖数量基本一致，2016 年只有摩洛哥的略有差异。

(2) 泰国。受干旱影响，2016 年泰国共出口 649.43 万吨食糖，较上年减少 147.22 万吨。90.21% 出口到印度尼西亚、柬埔寨、缅甸、日本、中国、菲律宾、越南、中国台湾地区、韩国、马来西亚。其中，出口到前 5 个国家的数量分别占泰国出口总量的 38.46%、11.15%、9.71%、8.63%、5.12%，合计占泰国总出口量的 73.07%。其中，印度尼西亚从泰国进口的食糖量大幅增加了 68.90 万吨，柬埔寨从泰国进口的食糖增加了 23.35 万吨，缅甸和日本从泰国进口的食糖微减，中国从泰国进口的食糖减少了 54.45 万吨。从泰国对东盟经济共同体的出口来看，2016 年较 2015 年增加了 64.30 万吨至 480.89 万吨，增幅 15.44%；2016 年泰国对东盟共同体的食糖出口占泰国食糖总出口量的 74.05%，较上年的 52.29% 增加了 21.76 个百分点。

(3) 印度。2016 年印度共出口 332.89 万吨食糖，较上年增加 34.35 万吨，87.46% 出口到缅甸、索马里、苏丹、埃塞俄比亚、斯里兰卡、阿富汗、肯尼亚、沙特阿拉伯、阿联酋、坦桑尼亚。印度出口到缅甸的食糖大幅增加，较上年增加 62.10 万吨到 115.56 万吨，占印度食糖出口总量的 34.72%；出口到索马里的食糖增加了 11 万吨到 48.65 万吨；出口到苏丹的食糖减少 11.17 万吨到 44.38 万吨。印度食糖主要出口到亚洲和非洲。

（四）全球食糖市场特征分析

1. 全球食糖市场由连续 5 年"供给过剩"转为"供给短缺"

2009—2016 年，食糖市场供求状况经历了 2 年短缺—5 年过剩—短缺的波动态势。2010 年之前，全球食糖市场供求形势呈 5～6 年的周期性波动，2010 年后这种周期性波动变得不显著，通过种植面积自发调整的内在产需平衡调节机制遇到挑战。2016 年全球食糖市场终结了连续 5 年的供应过剩格局，并出现 489.9 万吨的产需缺口，全球食糖进入"去库存"阶段（图 3）。

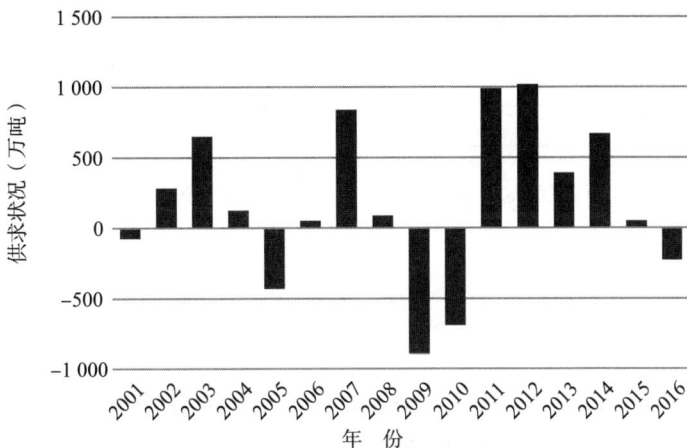

图 3　2001—2016 年全球食糖供求状况

资料来源：ISO yearbook 2017。产需差额为正值代表过剩，产需差额为负值代表短缺。

2. 全球食糖价格走势

受国际食糖市场减产预期影响，国际食糖价格整体呈先上涨后高位回落态势。由于不同阶段减产预期的差异较大，呈现明显的阶段性变化。2015 年 10 月至 2016 年 2 月底，糖价走势先上涨后回落，在雷亚尔汇率回升、主产国天气因素引发国际机构减产预期、巴西石油提价等因素影响下，洲际交易所（ICE）糖价反弹到 11 月初的 15.51 美分/磅*，在该价震荡一段时间后，1 月受巴西阶段产糖增加、经济形势不乐观以及原油定价等利空叠加，糖价下滑到 2 月中旬的 12.81 美分/磅。2016 年 3 月至 9 月底，糖价整体震荡走高，天气、主产国生产预期、压榨进度、货币变动等因素交互影响，干旱对全球产量影响程度不断调整，糖价先后突破 17 美分/磅、20 美分/磅，9 月下旬，由于市场对巴西甘蔗供应下滑担忧加剧，糖价强势涨到 9 月 29 日的最高点 24.10 美分/磅。

---

* 磅为非法定计量单位，1 磅＝0.454 千克。

期间，美元走强、其他商品市场大幅下挫和英国退欧的压力，糖价有所回调。2016 年 10～12 月，上涨动力不足，糖价高位回落，12 月 30 日收盘价格为 19.63 美分/磅（图 4）。

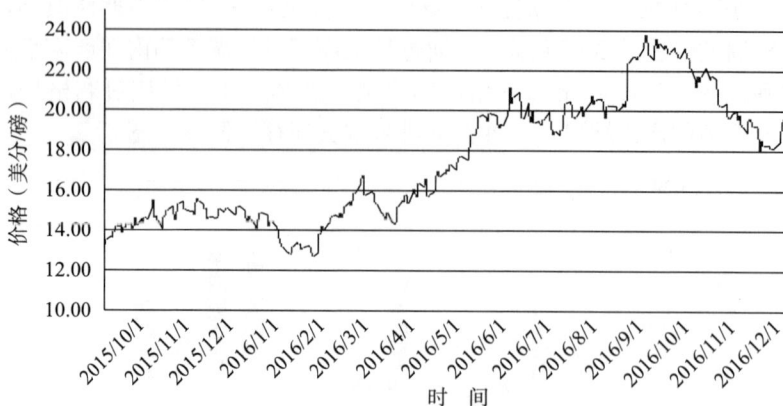

图 4　全球原糖价格走势

数据来源：根据 wind 数据整理。

二、2016 年中国食糖产业市场及政策变动特点

（一）2016 年中国糖料与食糖生产特征分析

1. 食糖产量连续第二年减产

中国糖业协会数据显示，全国食糖产量自 2007/2008 年度高位回落后，经历 3 年连续减产（2008/2009—2010/2011 年度）、3 年恢复性增产（2011/2012—2013/2014 年度），受国际糖价低位、比较收益下滑影响，糖料种植意愿大幅下滑，2014/2015 年度和 2015/2016 年度连续两年减产。2015/2016 年度食糖产量为 870.19 万吨，和 10 年前的产量水平类似，较 2013/2014 年度和 2014/2015 年度分别下滑 34.66％和 17.56％。其中，产甘蔗糖 785.21 万吨，较上年度的 981.82 万吨减少 20.03％；产甜菜糖 84.98 万吨，较上年度的 73.78 万吨增长 15.18％。从各主产区情况看，南方甘蔗糖主产区均大幅下滑，北方甜菜主产区除内蒙古（60.45％）和河北增长（79.56％）外，其他均不同程度的下降（图 5）。

2. 价格低迷和气候灾害致使食糖产量明显减少

2015/2016 年度食糖产量显著减少呈现两个特点：一是在糖料种植面积减少 9.88％的基础上减产 17.56％（表 2）。2015/2016 年度食糖减产的主要原因

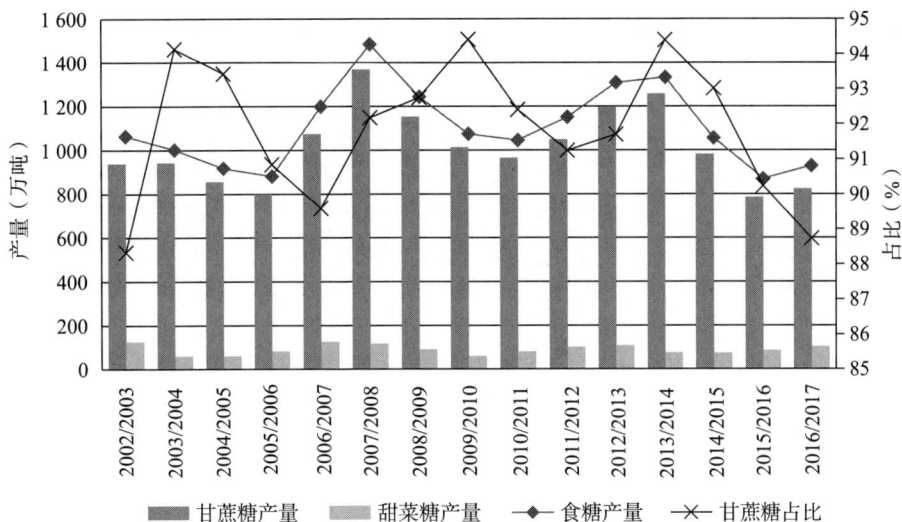

图5　2002/2003—2016/2017年度食糖产量变动

资料来源：中国糖业协会。其中，2016/2017年度为估计值。

还是由于近年来糖价低迷，糖料种植面积大幅下降，其中广西种植面积约80万公顷，较上年度的90万公顷减少了11.11%。甘蔗种植面积129.54万公顷，同比减少11.09%；甜菜由于价格稳定，以及玉米、大豆等大宗农作物价格回落，甜菜种植面积不降反升，为12.78万公顷，同比增长4.58%（内蒙古和河北两地甜菜种植面积累计增加了2.2万公顷，其他甜菜产区面积略有下降）。2016年以来受台风等恶劣天气影响，全国平均产糖率为11.57%，较上年下降了0.38个百分点，是近年来最低水平，也是导致食糖减产的原因之一。二是甘蔗糖占比有所下滑，三大主产区集中度较高。2015/2016年度，甘蔗糖占比由上年度的93.01%下滑到90.23%，主要是刚性成本制约甘蔗种植面积下滑程度大于甜菜。2014/2015年度和2015/2016年度中国三大食糖主产区广西、云南和广东食糖产量分别占全国的89.48%和87.93%。

表2　2014/2015—2015/2016年度全国食糖产量

单位：万吨、%

地区	2014/2015年度	2015/2016年度	同比
全国合计	1 055.60	870.19	−17.56
甘蔗糖小计	981.82	785.21	−20.03
广东	79.85	63.09	−20.99
湛江	65.32	52.76	−19.23

（续）

地区	2014/2015 年度	2015/2016 年度	同比
广西	634.00	511.00	−19.40
云南	230.68	191.04	−17.18
海南	28.23	15.09	−46.55
其他	5.47	4.99	−8.78
甜菜糖小计	73.78	84.98	15.18
黑龙江	3.10	1.10	−64.52
新疆	44.55	43.23	−2.96
内蒙古	17.70	28.40	60.45
河北	5.43	9.75	79.56
其他	3.00	2.50	−16.67

数据来源：中国糖业协会。

3. 全国制糖行业扭亏为盈

2015/2016 年度全国制糖行业实现销售收入 519.9 亿元，上缴税金 33.1 亿元，实现盈利 9.1 亿元（上年度亏损 18.7 亿元），结束了全行业持续亏损的局面。

（二）2016 年中国食糖消费特征分析

1. 中国食糖消费量与上年基本持平

2015/2016 年度初和 2016 年上半年，国内外食糖的巨大差价吸引了食糖走私流入国内市场，全国食糖消费量与上年基本持平，大约 1 500 万吨（图 6）。受餐饮和饼店业的快速发展，全国食糖消费结构略有变化，食糖消费结构由民用消费：工业消费为 30%：70% 逐步转化为 39%：61%。中国食糖消费的平稳，和食品工业以及主要含糖食品的发展有关。一是食品工业规模和利润总额同比增长。2016 年食品工业规模以上企业主营业务收入 11.1 万亿元，同比增长 6.5%；实现利润总额 7 247.8 亿元，同比增长 6.1%；主营业务利润率为 6.5%。规模以上企业增加值增速：农副食品加工业同比增长 6.1%，食品制造业同比增长 8.8%，酒、饮料和精制茶制造业同比增长 8.0%。规模以上企业固定资产投资额：农副食品加工业 11 786 亿元，同比增长 9.5%；食品制造业 5 825 亿元，同比增长 14.5%；酒、饮料和精制茶制造业 4 106 亿元，同比增长 0.4%。二是 2016 年 1～12 月主要含糖食品累计产量"六增一减"。7 类主要含糖食品中，除碳酸饮料产量减少以外，其余 6 类产量维持增长势头。从增幅来看，7 类主要含糖食品增幅由高到低排序如下：乳制品（7.68%）＞罐头（7.17%）＞速冻米面食品（6.96%）＞冷冻饮品（6.9%）＞果蔬汁饮料（1.02%）＞糖果（0.16%）＞碳酸饮料（−0.16%）。从累计产量来看，7 类含糖食品按照累计产量由高到低排序如下：乳制品类（2 993.33万吨）＞果蔬汁饮料（2 405 万吨）＞罐头（1 281.98 万吨）＞速冻米面食品（566.05 万吨）＞碳酸饮料（351.86 万吨）＞糖果（351.85 万吨）和冷冻饮品（331.51 万吨）。随着糖价回升，果葡糖浆与食糖之间的价差激励了果葡糖浆的快速发展，玉米价格的下调降低了果葡糖浆的成本，淀粉糖对食糖的替代效应较显著。

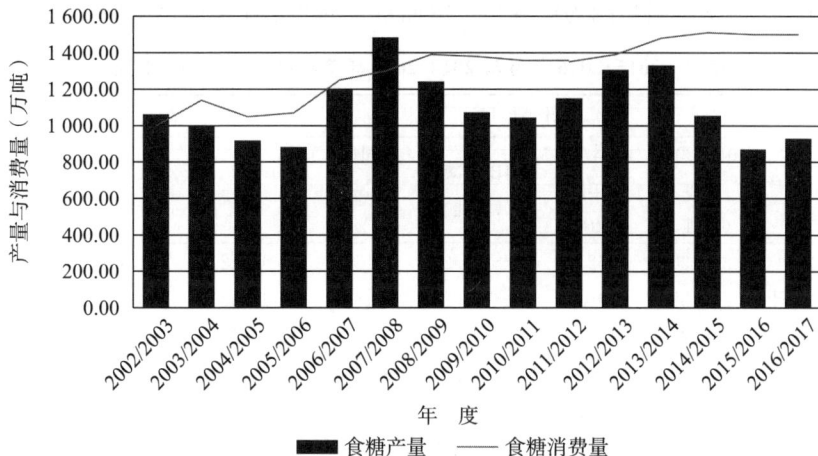

图 6 中国食糖产量与消费量的变化

数据来源：中国糖业协会。

2. 和全球以及主要国家食糖人均消费水平相比，中国人均食糖消费水平仍然较低

从人均食糖消费水平来看，2015/2016 年度中国人均食糖消费 10.84 千克，同期全球、美国、印度、印度尼西亚、泰国和澳大利亚的人均食糖消费量分别为 23.16 千克、31.41 千克、19.86 千克、24.02 千克、42.66 千克、46.24 千克，中国是全球人均食糖消费量（23.16 千克）的 46.81%，约是亚洲国家平均食糖消费量（13 千克）的 83%，美国的 34.51%，印度的 54.58%，印度尼西亚的 45.14%，泰国的 25.41%，澳大利亚的 23.44%。尽管人均食糖消费受到膳食文化、饮食习惯差异的影响，但和全球以及亚洲国家平均食糖消费水平的差距，也侧面反映出中国食糖消费水平的增长空间和潜力仍然较大。

3. 销糖量大幅下滑，销糖率微增

2015/2016 年度全国累计销售食糖 810.36 万吨，较上年度同期 962.57 万吨减少 152.21 万吨，同比减少 15.81%。其中，销售甘蔗糖 725.38 万吨，较上年度 892.66 万吨减少 167.28 万吨，同比减少 18.74%；销售甜菜糖 84.98

万吨，较上年度同期 69.91 万吨增加 15.07 万吨，同比增长 21.56%。销糖量同比大降，主要可能与进口糖、走私糖和淀粉糖替代国产糖消费有关。2015/2016 年度全国累计销糖率 93.12%，比上年度同期的 91.19% 增加了 1.93 个百分点，其中，甘蔗糖的销糖率 92.38%，比上年度同期的 90.92% 增加 1.46 个百分点；甜菜糖销糖率 100%，比上年度同期的 94.75% 增加 5.25 个百分点（表 3）。产销率微增是因为产糖量下滑而带来的产销比率的稍微增加。

表 3　2015/2016 年度与 2014/2015 年度销糖量与销糖率对比

地　区	累计销糖量				销糖率（%）		
	2015/2016 年度（万吨）	2014/2015 年度（万吨）	同比增减量（万吨）	同比增减率（%）	2015/2016 年度	2014/2015 年度	同比增减率（%）
全国合计	810.36	962.57	−152.21	−15.81	93.12	91.19	1.93
甘蔗糖小计	725.38	892.66	−167.28	−18.74	92.38	90.92	1.46
广　东	58.2	74.98	−16.78	−22.38	92.25	93.9	−1.65
湛　江	48.12	61.72	−13.6	−22.03	91.21	94.49	−3.28
广　西	482.85	607	−124.15	−20.45	94.49	95.74	−1.25
云　南	166.49	180.01	−13.52	−7.51	87.15	78.03	9.12
海　南	12.85	24.31	−11.46	−47.14	85.16	86.11	−0.95
其　他	4.99	6.36	−1.37	−21.54	100	70.2	29.8
甜菜糖小计	84.98	69.91	15.07	21.56	100	94.75	5.25
黑龙江	1.1	3.1	−2	−64.52	100	100	0
新　疆	43.23	41.18	2.05	4.98	100	92.44	7.56
内蒙古	28.4	17.2	11.2	65.12	100	97.18	2.82
河　北	9.75	5.43	4.32	79.56	100	100	0
其　他	2.5	3	−0.5	−16.67	100	100	0

数据来源：中国糖业协会。

（三）2016 年中国食糖市场特征分析

1. 在进口和走私作用下食糖市场尽管出现产需缺口但并不缺糖

受益于行业自律和食糖自动进口许可管理，本年度食糖价格总体回升，前、中期食糖价格窄幅整理，后期回升。全国制糖工业企业（集团）累计加权平均销售价为 5 609 元/吨。国内外食糖的巨大差价吸引了食糖走私流入国内市场，经缅甸走私过来的食糖大约 150 万吨左右。2011—2015 年，中国食糖进口量高达 1 954.43 万吨。2016 年食糖进口量较上年下滑 36.94% 到 306.19 万吨。前 5 年的食糖进口导致食糖库存在 2015/2016 年度初处于库存高位，国家储备、工业库存、商业库存约 1 025 万吨。除了进口糖和走私糖外，淀粉糖-

白糖之间的高价差推动了淀粉糖行业的快速发展。根据甜度和使用领域估算，真正与白糖形成价格竞争的淀粉糖产量约为 300 万～350 万吨（2016 年淀粉糖产量为 1 068 万吨，甜度折算为 500 万吨）。综合存量来看，2016 年走私糖和淀粉糖替代食糖消费量约为 450 万～500 万吨，增量来看，替代消费量较上年增加 150 万吨。从食糖产需来看，2015/2016 年度，产量大幅减产到 10 年前的水平、消费平稳，产需缺口较大（630 万吨），进口有所减少（373 万吨），2015/2016 年度库存有所下滑，期末库存较期初库存下滑约 170 万吨，库存消费比下降约 11 个百分点。糖料与食糖产业出现"产量减，进口减，高成本、高库存有所下滑"的并存局面。

2. 国内食糖价格整体涨势为主，后期有所回落

随着国际糖价走势，糖价整体呈先涨后回落态势。2015 年 10 月至 2016 年 2 月，先后两次上涨后回落探底，呈震荡态势。"十一"期间外糖大幅上涨，2015 年 10 月初消费预期乐观，郑糖在资金强势推动下逼近 5 700 元/吨，由于基本面没有实质改变，消费预期略显悲观，郑糖弱势震荡下行至 11 月中旬的 5 255 元/吨，一次探底。随着南方蔗区陆续开榨，减产预期逐渐明朗，加上进口糖控制，郑糖整理回暖并逐步上升至 12 月末的 5 669 元/吨，后国内市场普遍认为需求不济，跟随国际原糖二度探底，2016 年 2 月中旬至 5 300 元/吨。2016 年 3 月至 11 月底，总体呈震荡上涨态势。随着减产明确、进口管控、对走私糖打压、进入纯销售期和夏季饮料消费旺季来临，以及产销缺口扩大、国际糖价持续走高等因素影响下，郑糖先震荡上升到 9 月 23 日的阶段性高点 6 503 元/吨。2016 年 9 月到 11 月底，因年度结转库存不足，提高甘蔗收购价格导致成本提高，新年度压榨进度缓慢，以及政府有意保护糖价，国储的出库变得十分缓慢，商务部对进口糖关税立案调查，进口糖的数量减少，严厉打击走私等因素的叠加下，郑糖价格不断上破新高，直到探至 2016 年 11 月 29 日的价格高位 7 270 元/吨。2016 年 12 月，糖价进入高位回调阶段。因资金退出以及市场供应较为充足，郑糖价格开始回调，至 2016 年 12 月 30 日，收盘于 6 826 元/吨。

现货价格基本和期货价格走势一致，但更为稳定。现货价格于 2015 年 11 月 11 日探底 5 220 元/吨，2016 年 11 月 29 日达到年内高点 7 140 元/吨。2016 年整体以上涨为主，12 月份有所回调，收盘于 6 640 元/吨（图 7）。国内白糖现货价格上涨的主要原因是在全球减产的大背景下，全球食糖产不足带动外糖价格持续走高，国内减产带来的产销缺口巨大，以及国家打击走私、控制进口、贸易保障调查等政策的支撑带动糖价上涨。2016 年 12 月上旬，新糖大量上市，并伴随着国家储备糖的抛售，市场供应较为充足，因而食糖现货上涨幅度受压制，整体呈现回落迹象。

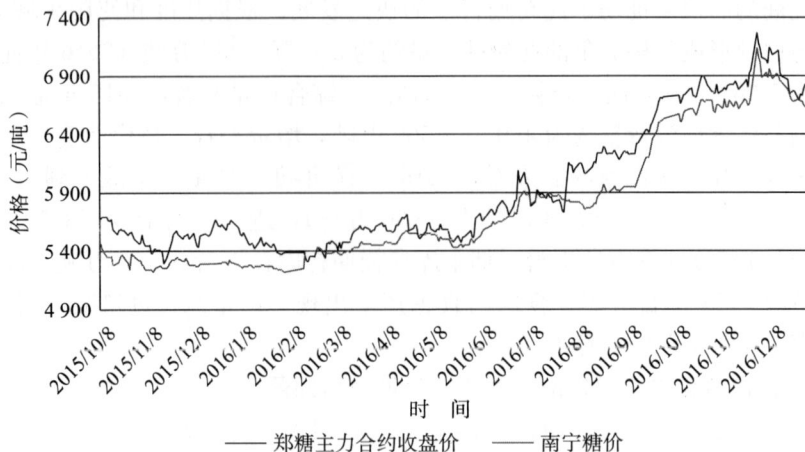

图 7　2015 年 10 月至 2016 年 12 月中国食糖期货、现货价格走势

数据来源：根据有关数据整理。

（四）中国食糖贸易特征分析

1. 中国食糖进口量仍居高位，巴西和古巴为主要食糖进口国

受国内外食糖价差影响，2016 年全国食糖进口仍保持较高水平，出口量大幅增加。按自然年度算，2016 年全国食糖进口量为 306.19 万吨，比上年同期 484.59 万吨减少 36.81%，食糖进口量是关税配额的 1.57 倍。主要进口来源国为巴西、古巴、澳大利亚、韩国和泰国，进口量分别占中国食糖进口总量的 64.96%、14.26%、6.44%、6.41% 和 5.87%，巴西和古巴食糖进口量占比合计 79.3%，前 5 国食糖进口量合计占比为 98%（表 4）。2016 年中国累计出口食糖 14.91 万吨，同比增长 98.8%。全国净进口 291.28 万吨。按 2015/2016 年度来看，全国食糖进口量为 372.64 万吨，比上年同期 481.21 万吨减少 22.56%，全国食糖出口量为 15.43 万吨，比上年 5.92 万吨增长 160.54%。全国净进口量为 357.21 万吨，比上年减少 24.84%。

表 4　2016 年中国食糖进口来源地与变动

单位：万吨、%

进口来源	2016 年进口量	2016 年占比	2015 年进口量	2015 年占比
总量	306.19	100.00	484.59	100
巴西	198.89	64.96	274.14	56.57
古巴	43.65	14.26	52.07	10.74
澳大利亚	19.73	6.44	35.43	7.31

（续）

进口来源	2016 年进口量	2016 年占比	2015 年进口量	2015 年占比
韩国	19.64	6.41	18.81	3.88
泰国	17.96	5.87	60.29	12.44
危地马拉	2.18	0.71	31.77	6.56

资料来源：中国海关。

2. 食糖进口来源国和进口方式发生显著变化

中国食糖贸易变动呈现如下特点：一是进口来源地更为集中，前两大食糖进口国占比由上年的 69.01％增长到 79.22％；二是巴西、古巴仍位于前三大进口来源国，泰国进口地位下滑。2016 年，巴西、古巴和澳大利亚为前三大进口来源国，上年巴西、泰国和古巴为前三大进口来源国，2016 年泰国食糖进口大幅下滑，并非意味着从泰国进口食糖减少，而是官方进口统计减少，部分经缅甸转口贸易（实际上是走私）未纳入官方统计（ISO 糖业年报的数据表明，经缅甸转口进入中国市场的食糖数量为 88.12 万吨，如果将该数据加入，中国自泰国的进口急剧增长）；三是除韩国食糖进口相对稳中有增，其他几大食糖进口来源国的进口量均较上年有所下滑。从进口方式来看，仍以一般贸易方式和保税监管仓库场所进出境货物为主。一般贸易方式（71.66％）占比提升显著，保税监管仓库场所进出境货物（20.22％）和特殊监管区域物流货物（3.25％）占比有所下滑，进料加工占比略有上涨（表 5）。

表 5　中国食糖进口方式变动

单位：万吨、%

进口方式	2016 年进口数量	2016 年占比	2015 年进口数量	2015 年占比
总量	306.19	100	484.59	100
一般贸易	219.43	71.66	265.71	54.83
保税监管场所进出境货物	61.91	20.22	185.14	38.21
进料加工	13.67	4.46	13.93	2.87
特殊监管区域物流货物	9.96	3.25	18.88	3.90
来料加工	1.21	0.40	0.90	0.19
其他	0.01	0.00	0.03	0.01

数据来源：中国海关。

3. 国内外价差仍是决定进口行为的主要因素

在国内食糖减产和库存高位的情况下，食糖进口仍然较高，主要是进口糖价格低于国内市场价格（图 8）。"严打走私、自动进口许可管理、行业自律"

三措并举，配额外进口有所下滑，然而走私形势仍然严峻，贸易保障措施的调查为行业短期稳定获得支撑。

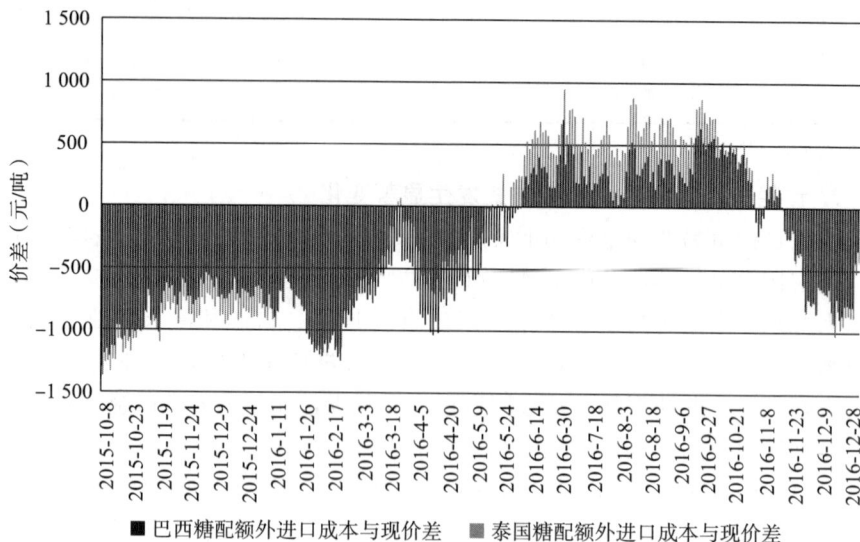

图 8　食糖国内外价差变动情况

注：进口糖配额外成本与现货价格的差为负数代表有进口利润，为正数代表没有进口利润。

（五）中国食糖产业调控政策特征分析

1. 中国食糖产业政策

（1）国储糖和地方储备糖抛储。随着 2016/2017 年度减产预期日益明确，为保障食糖市场供应和价格平稳运行，国家发展和改革委员会、商务部、财政部先后于 2016 年 10 月 28 日、11 月 9 日、12 月 30 日、2017 年 1 月 23 日共抛储 4 次分 2 批进行，抛储量 64.93 万吨，底价 6 000 元/吨。2017 年 9 月 18 日国储糖抛储 20 万吨，底价 6 500 元/吨，实际成交 16.6 万吨。从广西地方储备糖投放来看，2016 年 10 月下旬广西投放 17 万吨地方储备糖，底价 6 000 元/吨。截至 2017 年 1 月 27 日，投放市场的国储糖和地方储备糖共计 81.93 万吨。2016/2017 年度的抛储对于打击走私糖、缓解 2017 年供给短缺预期起到了重要作用，也缓解了国储糖面临的食品保质期、资金和库容等方面的压力，释放了储备糖"去库存"的目的。

（2）加强食糖进口管理。严格配额管理，支持行业协会加强行业自律，配额外食糖进口实行行业自律约定，同时进口关税配额外食糖继续纳入自动进口许可管理。

2. 食糖产业政策对国内市场的影响

由于 2016 年食糖价格总体以上涨为主，以及 2016/2017 年度的国内减产预期和国际食糖市场连续供给短缺预期，在糖价趋稳的状况下将近 82 万吨的食糖抛储对于市场的影响并不大，较好地实现了去库存的效果。然而，食糖市场受走私糖困扰，进口糖的严格限制与走私糖的花样繁多形成鲜明对比，因此，如何从源头上实现食糖进口的"适度、有序、按需"等原则，仍然是未来食糖市场调控的重点。

三、2017 年全球及中国食糖产业供需、贸易、市场及政策变动趋势

（一）全球食糖生产、消费、库存、市场及贸易形势展望

1. 2015/2016 年度全球供给缺口出现，2016/2017 年度供给缺口缩窄

各国际预测机构一致认为，2016/2017 年度将继 2015/2016 年度后呈第 2 年供给短缺，供给缺口为 492 万～980 万吨。ISO 称，因欧洲、巴西及泰国产糖量预期增加，2016/2017 年度全球糖供应短缺预期或缩窄至 380 万吨。市场普遍认为，2016/2017 年度尽管巴西大概率丰产，但厄尔尼诺后遗症下的泰国、印度减产预期持续，周期转向的可能性几乎没有，供需缺口将持续存在。

表 6 2015/2016—2016/2017 年度全球食糖供给缺口预测

单位：万吨

国际机构	发布时间	2015/2016 年度	2016/2017 年度
ISO	2016-02-04	−550	
Platts Kingsman	2016-03-24	−762	−490
Morgan Stanley	2016-04-04	−470	
F. O. Licht	2016-04-06	−800（上调 80）	−490（上调 340）
Czarnikow	2016-04-015	−1 140	−1 140
巴西咨询机构 Datagro	2016-05-10	−649	−609
ISO	2016-05-13	−665（上调 115）	−380
Platts Kingsman	2016-05-16	−548（下调 224）	−730（上调 240）
福四通	2016-05-18	−930	−780
Green Pool	2016-05-19	−851（−665，3 月）	−650（−495，3 月）
USDA	2016-05-20	−690	−430
荷兰合作银行 Rabobank	2016-06-07	−850（上调 170）	−550
Datagro	2016-06-20	−620（下调 29）	−710（上调 101）

（续）

国际机构	发布时间	2015/2016 年度	2016/2017 年度
Czarnikow	2016-07-15	−1 250（上调 110）	−980（下调 160）
F. O. Licht	2016-07-15	−950（上调 150）	−670（上调 280）
USDA	2016-07-20	−757（上调 67）	−492（上调 62）
Kingsman	2016-07-21	−486（下修 47）	−628

数据来源：国家甘蔗产业体系产业经济研究室。

注："−"代表短缺。

2. 中长期预测来看，近 8 年国际食糖市场供给过剩年份较多

FAO-OECD 预测，2017—2024 年以供给过剩为主要态势，其中，从产需差额来看，2017—2018 年供给过剩量相对较高，2019—2020 年供给过剩量明显下降，2021—2023 年供给过剩量呈增加态势。这意味着 2017—2018 年全球食糖市场承压严重，2019 年和 2020 年有所缓解，基本在平衡有余的状态运行。2021—2023 年国际市场承压严重（图 9）。

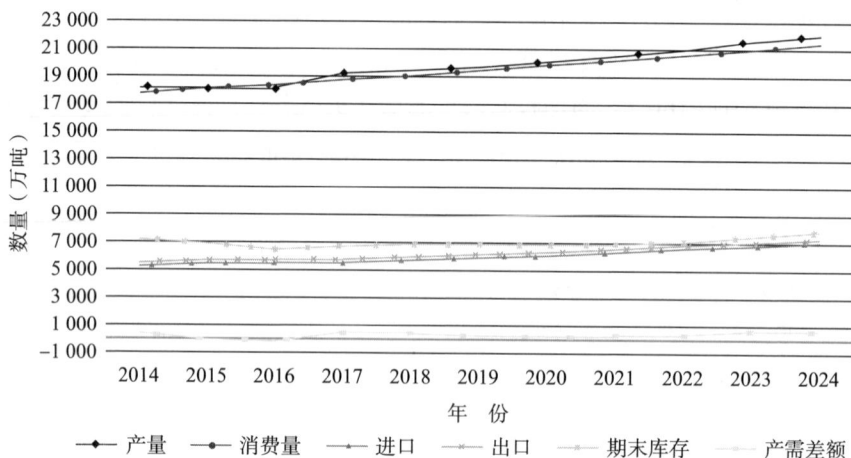

图 9 2014—2024 年全球食糖产、消、进出口状况变动

资料来源：FAO-OECD outlook。

（二）中国食糖生产、消费、库存、市场及贸易形势展望

1. 国内糖市进入减产周期，糖价或长期震荡中上升

2015/2016 年度中国食糖虽然库存结束积累，但是去库存压力依然较大。从进口供给看，目前累计同比降幅明显，但国内进口加工糖产能超千万吨，进口威胁仍然存在。除此之外，走私糖替代国产糖消费的现象仍然严峻。印度继取消甘蔗补贴后于 6 月中旬开始实施 20％的出口关税政策，外糖价格受到支

撑，或对后期食糖走私有所抑制。从消费需求看，玉米抛储促进了淀粉糖的替代，某些食用终端有修改配方现象，存在进一步替代现象，但空间有限，食糖销售情况将有望好转，新年度食糖消费量预计持稳。

2. 未来影响价格走势的因素

未来仍需重点关注百年最强厄尔尼诺的后续影响，包括中国广西受洪水威胁、印度季风降水情况、巴西受厄尔尼诺和拉尼娜事件切换和泰国干旱气候改善的影响，以及巴西压榨进度、运力承载水平、原油价格、雷亚尔走势、进口糖成本与中国食糖进口政策、走私管控强度以及储备释放量等。

3. 国内食糖产需估测

2015/2016 年度国内各主产区糖料种植面积大幅减少，2016/2017 年度种植面积可能稳中略增，加之主产区糖料收购价回升激励，国内糖产量可能微增，预计 2016/2017 年度国内产量在 990 万吨左右，较 2015/2016 年度略有回升；食糖消费量平稳（1 510 万吨），进口严格有序控制（350 万吨以内）（表7）；长期来看，产需缺口（520 万吨）助推食糖进入去库存阶段，因此国内牛市基础奠定，为 2016/2017 年度食糖价格震荡上升积蓄力量。2015/2016 年度食糖期末库存 855 万吨左右，考虑到每年 194.5 万吨的进口配额，加上预计150 万吨储备糖即将入市，所以尽管中国食糖产量处于低位，但市场供求形势并不存在短缺。政策层面上，除了继续严控进口，进一步严厉打击走私外，继续在广西、云南两大糖料蔗主产区建设糖料蔗生产核心基地，把支持蔗糖业发展上升为国家战略，对于产业稳定至关重要。后期牛市前进速度主要受中国食糖产量状况、进口政策控制力度、国内消费状况以及进口糖成本等因素影响。

表7　2016/2017 年度中国食糖供需平衡表

单位：万吨

	产量	进口量	消费量	出口量	结余变化	产需缺口
数量	990	350	1 510	14	−197	520

数据来源：产业经济研究室根据有关数据整理。

四、政策建议

（一）全面提升中国糖料产业综合竞争力是产业发展的基石

全球食糖市场的中长期预测表明，2017—2018 年、2021—2023 年食糖市场均承压较重，因此，国际糖价震荡走低的风险存在。而中国食糖产业受到冲击的根本原因在于基础竞争力和综合竞争力均不足，为此，长期来看，获得宽限期全面提升糖料与食糖产业的综合竞争力，是糖料产业的根本出路。建议下面数策并举，推动糖料产业发展。一是立足国内供给为主，从中央到糖料主产区地方政府，加大政策资金扶持力度，加快糖料产业恢复发展。二是加强科技应用，扩大科技覆盖面和受益面，提升糖料单产。三是抓好主产区糖料基地建设，巩固糖料生产水平，实现规模化、水利化、良种化、机械化的高标准糖料蔗现代核心基地。四是抓好全程机械化技术应用，实现甘蔗生产成本下降。中国蔗糖生产成本与国外有较大的差距，关键因子在于中国以人工为主的甘蔗生产成本高，2016 年乃至今后 4～5 年，我们要珍惜并充分利用好中国食糖价格回升的珍贵机遇，引导蔗糖企业将资金投入到降低甘蔗生产成本的科技上，尽快提高甘蔗全程机械化应用范围，大规模降低甘蔗生产成本，使中国的甘蔗生产成本降低 30% 以上，这样，我们才能保障国内糖料与食糖产业的持续发展。

（二）国家宏观调控继续坚持"食糖立足国内"战略方针，实现行业可持续健康稳定发展

糖业发展涉及中国老少边穷地区 4 000 万农民的切身利益，也是所在地区经济发展和社会稳定的重要保障，战略地位显著。国家有关部委在制定宏观调控政策和对市场进行干预时，要坚持"食糖立足国内"战略方针，从保护4 000 万糖农利益和维护边疆地区社会稳定出发，保障行业走上良性发展轨道，保障农民收入稳定，保证产业安全，促进行业健康稳定持续发展。

（三）加强食糖进口管理，持续严厉打击食糖走私和假冒注册商标经销食糖行为

严格配额管理，将配额食糖进口管理与国家宏观调控紧密结合，坚持行业自律、进口关税配额外食糖继续纳入自动许可管理；探讨改革现有配额管理模式，鼓励"来料加工""两头在外"，实现调结构、去产能。和主要走私区域结合，严厉打击走私，切实维护食糖市场秩序。

（四）争取对国内糖业实施贸易保障措施，保护产业实现可持续发展

在严格配额管理、行业自律和自动许可三者政策实施的同时，争取对国内糖业实施贸易保障措施，为中国糖业综合竞争力的提升争取宽限期。

（五）建议将糖业立法尽快纳入计划

借鉴巴西、泰国、澳大利亚、欧盟、美国、日本等国家和地区糖业法律的核心内涵，中国糖业法律必须包括以下内容：食糖产业管理基本模式和统一管理机构；规范的农工利益关系；国家采取的常规和临时性措施以及相关产业的管理政策等。探讨建立"以进口补贴国内生产"的糖业发展机制，结合食糖目标价格管理，促进中国糖业健康稳定持续发展。

2016年蔬菜市场、贸易及产业政策跟踪

一、世界蔬菜产业贸易变动情况

（一）世界蔬菜贸易特征分析

蔬菜是人们日常生活中的必需品，虽然不同地区的消费者在蔬菜消费的品种偏好上存在一定差异，但世界蔬菜贸易十分活跃。联合国商品贸易统计数据库（UN Comtrade）统计数据显示，2016年世界蔬菜进口贸易总量约7 612万吨，同比下降0.2%，进口贸易总额约837亿美元，同比增长0.9%；出口贸易总量约8 163万吨，同比增长2.7%，出口贸易总额约881亿美元，同比增长2.6%。

（二）世界蔬菜贸易产品结构分析

从世界蔬菜贸易的产品结构来看，按照蔬菜的形态特征以及加工程度一般可分为鲜冷冻蔬菜、加工保藏蔬菜、干蔬菜和蔬菜种子四大类。其中，从消费总量和进出口贸易总量来看，鲜冷冻蔬菜在世界蔬菜进出口贸易中一直占据着主导地位。2016年世界鲜冷冻蔬菜出口量约5 675万吨，约占世界蔬菜出口总量的69.5%，同比下降约0.1个百分点，出口额约484亿美元，约占世界蔬菜出口总额的55%，同比上升约1.2个百分点；2016年世界加工保藏蔬菜出口量约2 287万吨，约占世界蔬菜出口总量的28%，同比上升约0.1个百分点，出口额约274亿美元，约占世界蔬菜出口总额的31.1%，同比上升约0.1个百分点；2016年世界干蔬菜出口量约189万吨，约占世界蔬菜出口总量的2.3%，同比基本保持不变，出口额约82亿美元，约占世界蔬菜出口总额的9.3%，同比下降约1.6个百分点；2016年世界蔬菜种子出口量约12万吨，约占世界蔬菜出口总量的0.14%，同比基本保持不变，出口额约40亿美元，约占世界蔬菜出口总额的4.5%，同比上升约0.2个百分点，如图1和图2所示。

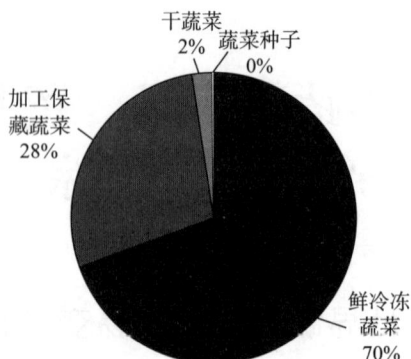

图 1　2016 年各类蔬菜出口量所占比重

数据来源：联合国商品贸易统计数据库（comtrade. un. org），图 2 同。

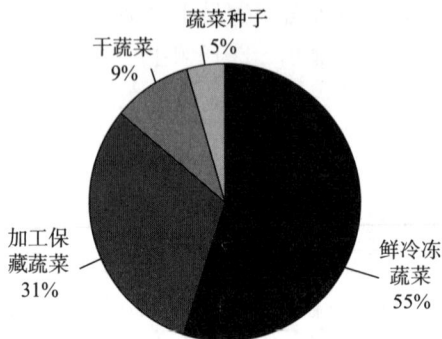

图 2　2016 年各类蔬菜出口额所占比重

二、中国蔬菜产业贸易、市场及政策变动特点

（一）中国蔬菜生产情况

2016 年全年蔬菜种植面积和产量与 2015 年相比略有增加。其中，蔬菜种植面积约 2 225 万公顷，比 2015 年扩大 25 万公顷，同比增长 1.1%；总产量 7.88 亿吨，比 2015 年增加 0.03 亿吨，同比增长 0.4%；单产水平 35.4 吨/公顷，同比下降 0.8%。2016 年由于各地不同程度受到灾害天气的影响，蔬菜产量的增长幅度略小于蔬菜种植面积的增长幅度。改革开放以来，中国蔬菜种植面积和产量得到极大提升，经过两轮"菜篮子"工程，中国蔬菜的生产供给能力显著提高。农业统计数据显示，1978—2016 年中国蔬菜种植面积从 333 万公顷上升到 2 225 万公顷，增加了 5.7 倍；蔬菜总产量从 0.82 亿吨上升到 7.88 亿吨，增加了 8.6 倍，单产水平从 24.6 吨/公顷上升到 35.4 吨/公顷，增长了 44%，如表 1 所示。

表1　1978—2016年中国蔬菜种植面积、产量及单产变动情况

年份	种植面积（万公顷）	总产量（亿吨）	单产（吨/公顷）
1978	333	0.82	24.6
1985	475	1.25	26.3
1990	634	1.95	30.8
1995	952	2.57	27.0
2000	1 524	4.24	27.8
2001	1 640	4.83	29.5
2002	1 735	5.29	30.5
2003	1 795	5.40	30.1
2004	1 756	5.51	31.4
2005	1 772	5.65	31.9
2006	1 664	5.40	32.4
2007	1 733	5.65	32.6
2008	1 788	5.92	33.1
2009	1 839	6.18	33.6
2010	1 900	6.51	34.3
2011	1 964	6.79	34.6
2012	2 035	7.09	34.8
2013	2 090	7.35	35.2
2014	2 140	7.60	35.5
2015	2 200	7.85	35.7
2016	2 225	7.88	35.4

数据来源：《中国统计年鉴》《中国农村统计年鉴》，2016年数据来自农业部估计。

（二）中国蔬菜市场情况分析

1. 中国蔬菜价格变动情况

2016年中国蔬菜市场价格呈现出典型的先上升、后下降、再上升的走势。国家统计局统计数据显示，2016年1～12月中国鲜菜类居民消费价格指数在1～5月呈上升趋势，同比分别上涨14.7%、30.6%、35.8%、22.6%和6.4%，春季为中国蔬菜供给淡季，中国大部分地区由于气温较低，蔬菜生长缓慢，加上各种自然灾害的影响，蔬菜整体供不应求，蔬菜价格上涨；6～8月是中国蔬菜供给旺季，蔬菜市场价格连续3个月出现小幅下跌，同比分别下降6.5%、4.3%和3.9%，9～12月随着气温降低，蔬菜供给减少，蔬菜市场

价格又出现回升，同比分别上升 7.5％、13％、15.8％和 2.6％。

2. 中国蔬菜流通、仓储状况

随着中国工业化和城市化进程的加快，以及交通运输条件的改善，中国蔬菜生产格局已经由"近郊为主、远郊为辅、农区补充"转变为"农区为主，郊区为辅"，蔬菜生产逐步向优势区域集中，目前已形成华南与西南热区冬春蔬菜、长江流域冬春蔬菜、黄土高原夏秋蔬菜、云贵高原夏秋蔬菜、北部高纬度夏秋蔬菜、黄淮海与环渤海设施蔬菜等六大优势区域，蔬菜大生产、大市场、大流通的格局基本形成，蔬菜跨区域、大范围流通已经成为一种常态。

蔬菜属于鲜活易腐农产品，对流通设施及设备要求较高。但由于冷链物流设施设备投入成本过高，中国蔬菜冷链物流系统建设严重滞后，并已经成为中国蔬菜产业发展的重要制约因素之一。目前中国蔬菜流通大多仍采用"冰块＋被褥"等传统方式进行，这种相对落后的冷藏运输方法无法有效控制蔬菜流通过程中的温度，造成中国蔬菜流通过程中的损耗率高达 20％～30％，而欧美等发达国家采用现代冷链物流基本能够将蔬菜长途运输过程中的损耗率控制在 5％以下。

中国蔬菜从田间生产到消费者餐桌的整个流通过程中依次需要经过中间商或经纪人的田间收购、产地批发、长途运输、销地批发、销地零售等多个环节，各个环节层层加价，致使蔬菜流通成本较高，蔬菜零售价格居高不下。蔬菜属于低附加值的初级农产品，由于其本身价值较低，对运费的承受力有限。蔬菜流通过程中的许多成本都是刚性支出，随着汽油柴油价格的持续上涨，以及蔬菜流通各个环节上的各种税费和劳动力成本的不断上升，中国蔬菜流通的高成本及高价格还将继续保持。流通环节较多，流通成本高在很大程度上制约了中国蔬菜产业的健康发展。

（三）中国蔬菜进出口贸易特征分析

1. 中国蔬菜进出口贸易概况

海关统计数据显示，1995—2016 年中国蔬菜进出口贸易总量从约 215 万吨上升到 1 034.7 万吨，增加了 3.8 倍，蔬菜进出口总额从约 21.8 亿美元上升到 152.5 亿美元，增加了 6.0 倍。其中，蔬菜出口量从 213.5 万吨上升到 1 009.8万吨，增加了 3.7 倍，蔬菜出口额从 21.6 亿美元上升到 147.2 亿美元，增加了 5.8 倍；蔬菜进口量从 1.9 万吨上升到 24.9 万吨，增加了 12.1 倍，蔬菜进口额从 0.14 亿美元上升到 5.3 亿美元，增加了 36.9 倍；蔬菜进出口贸易顺差从 21.5 亿美元上升到 141.9 亿美元，增加了 5.6 倍，蔬菜进出口贸易在扩大农民就业、促进农民增收和平衡农产品贸易等方面发挥着重要作用，如表 2 所示。

表 2　1995—2016 年中国蔬菜进出口贸易情况

年份	出口数量（万吨）	出口金额（亿美元）	进口数量（万吨）	进口金额（亿美元）
1995	213.5	21.6	1.9	0.1
1996	220.8	20.7	3.4	0.2
1997	220.7	19.5	4.9	0.2
1998	255.3	19.1	6.3	0.3
1999	282.8	19.4	8.0	0.5
2000	320.3	20.8	9.3	0.7
2001	393.6	23.4	9.6	0.8
2002	465.7	26.3	9.1	0.7
2003	552.7	30.7	9.0	0.7
2004	601.9	38.0	10.7	0.9
2005	680.2	44.8	9.8	0.8
2006	732.7	54.3	11.7	0.9
2007	817.6	62.1	9.9	1.1
2008	819.7	64.4	10.4	1.1
2009	803.9	68.8	9.7	1.8
2010	844.6	99.9	15.0	2.8
2011	973.4	117.5	16.7	3.3
2012	934.9	100.1	22.2	4.2
2013	961.1	115.8	20.8	4.2
2014	976.0	125.0	22.2	5.1
2015	1 018.0	132.7	24.4	5.4
2016	1 009.8	147.2	24.9	5.3

数据来源：海关信息网（www. haiguan. info），《中国农产品贸易发展报告》。

2016 年中国蔬菜出口额继续保持稳定增长的态势，同时，蔬菜进口额小幅下降，蔬菜进出口贸易顺差进一步扩大，在平衡中国农产品贸易逆差方面的贡献越来越明显。2016 年中国农产品贸易逆差达到 385.8 亿美元，同比减少16.5%，而中国蔬菜贸易顺差高达 141.9 亿美元，同比增长 11.5%，在中国主要出口农产品中排名第一。除蔬菜外，中国水产品出口贸易顺差 113.6 亿美元，同比增长 0.1%，水果出口贸易顺差 13.3 亿美元，同比增长 30.5%，如图 3、图 4 所示。

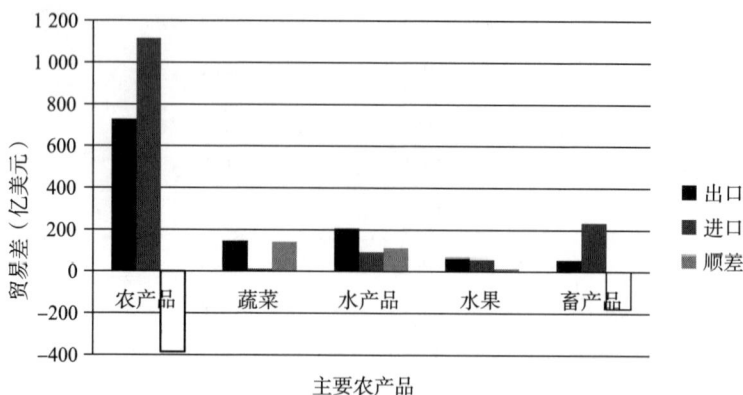

图 3 2016 年中国主要农产品进出口贸易顺差情况

数据来源：海关信息网（www.haiguan.info），图 4 至图 11 同。

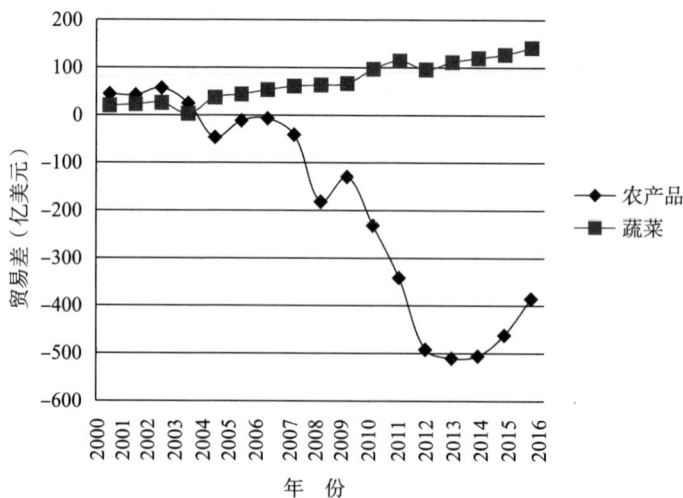

图 4 2000—2016 年中国农产品和蔬菜进出口贸易顺差变动情况

从中国蔬菜出口贸易来看，近 20 多年来除 2008 年受国际金融危机和 2012 年受中国蔬菜出口退税政策调整影响导致中国蔬菜出口略有下降外，中国蔬菜出口贸易基本呈现出较快的增长态势。2016 年中国各种类型的蔬菜出口量共计 1 009.8 万吨，同比下降 0.81%，出口额 147.2 亿美元，同比增长 11%，如图 5 所示。

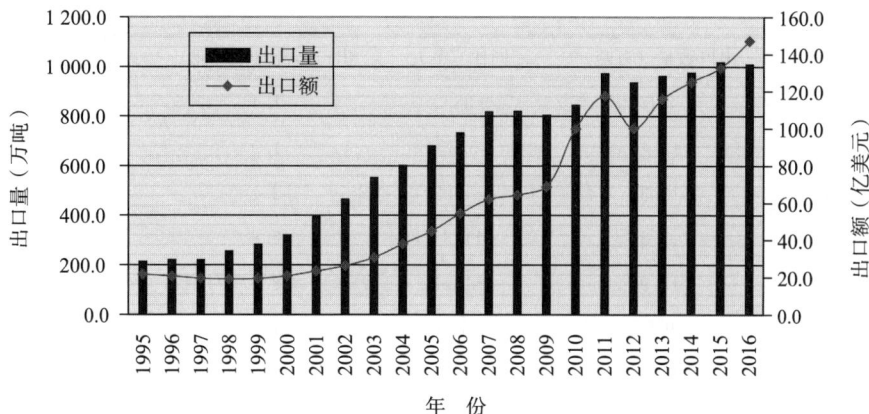

图 5　1995—2016 年中国蔬菜出口量和出口额变动情况

　　2016 年中国蔬菜在出口量小幅下滑 0.81% 的情况下，出口额大幅增长 11% 的主要原因是占中国蔬菜出口比重较大的大蒜价格上涨。2016 年中国大蒜价格大幅上涨，"蒜你狠"卷土重来，大蒜的零售价格接近每斤 10 元，比 2015 年高出了将近 1 倍。2016 年中国蔬菜出口额排名第一位的鲜或冷藏的蒜头出口量同比下降 13.4%，出口额却同比大幅增长 43.2%；出口额排名第三位的干大蒜出口量小幅增长 0.5%，出口额却同比大幅增长 79.9%。2016 年中国鲜或冷藏的蒜头和干大蒜的平均出口价格分别为 1 690 美元/吨和 4 581 美元/吨，相比 2015 年分别大幅上涨 65.4% 和 79.0%。从 2016 年中国鲜或冷藏的蒜头的分月出口情况来看，鲜或冷藏的蒜头仅 5 月出口量同比增长 5.5%，7 日出口量同比增长 11.3%，其他月份出口量均同比下跌，最大降幅为 4 月的 38.2%；而鲜或冷藏的蒜头各个月份出口额则全部同比增长，最大涨幅为 7 月的 69.2%，即使在出口量下降最大的 4 月，鲜或冷藏的蒜头出口额也出现 14.3% 的上涨。从 2016 年中国干大蒜的分月出口情况来看，干大蒜出口量全年有 5 个月份出现下跌，最大跌幅为 6 月的 29.5%；而干大蒜各个月份出口额则全部同比增长，最大涨幅为 11 月的 169.8%，即使在出口量下降最大的 6 月，干大蒜出口额也出现 8.1% 的上涨，如表 3 和表 4 所示。

表 3　2016 年 1~12 月中国鲜或冷藏的蒜头出口情况

月份	出口数量（万吨）	同比（%）	出口金额（亿美元）	同比（%）
1	13.3	−14.5	1.9	35.7
2	9.2	−27.7	1.4	24.6
3	10.9	−5.6	1.7	59.1

（续）

月份	出口数量（万吨）	同比（%）	出口金额（亿美元）	同比（%）
4	7.8	−38.2	1.4	14.3
5	12.4	5.5	1.9	71.0
6	13.3	−16.2	2.1	38.2
7	18.3	11.3	2.8	69.2
8	15.9	−15.1	2.7	47.7
9	9.9	−7.5	1.8	52.7
10	10.3	−19.4	2.0	34.0
11	11.8	−1.8	2.3	62.8
12	12.0	−28.6	2.5	18.3
合计	145.1	−13.4	24.5	43.2

数据来源：海关信息网（www.haiguan.info）。

表4　2016年1～12月中国干大蒜出口情况

月份	出口数量（万吨）	同比（%）	出口金额（亿美元）	同比（%）
1	1.5	−11.5	0.4	10.1
2	1.1	−23.4	0.3	3.1
3	1.5	32.8	0.5	91.3
4	1.2	−28.4	0.4	10.0
5	1.5	−11.7	0.5	34.5
6	1.1	−29.5	0.4	8.1
7	1.5	8.9	0.6	71.5
8	1.4	9.0	0.7	98.1
9	1.8	27.0	1.0	153.7
10	1.8	4.6	1.0	115.9
11	2.3	28.9	1.4	169.8
12	2.0	9.6	1.2	130.7
合计	18.6	0.5	8.5	79.9

数据来源：海关信息网（www.haiguan.info）。

从中国蔬菜进口来看，2016年中国蔬菜进口总量为24.9万吨，同比增长2.02%，进口金额5.3亿美元，同比下降1.97%，如图6所示。

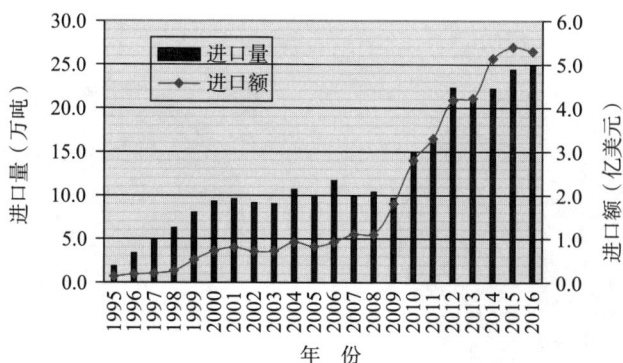

图 6 1995—2016 年中国蔬菜进口量和进口额变动情况

2. 中国蔬菜进出口贸易的产品结构分析

长期以来，中国蔬菜出口以鲜冷冻蔬菜、加工保藏蔬菜和干蔬菜为主，而蔬菜种子出口所占比重相对较低，仅占我国蔬菜及其制品出口总额的 1% 左右。2016 年中国鲜冷冻蔬菜出口量达到 628.9 万吨，同比下降 3.7%，约占当年中国蔬菜总出口量的 62.3%，鲜冷冻蔬菜出口额为 64.2 亿美元，同比增长 18.9%，约占当年中国蔬菜出口总额的 43.6%；2016 年中国加工保藏蔬菜出口量达到 326.7 万吨，同比增长 2.7%，约占当年中国蔬菜出口总量 32.3%，加工保藏蔬菜出口额 44.4 亿美元，同比下降 1.8%，约占当年中国蔬菜出口总额的 30.2%；2016 年中国干蔬菜出口量达到 53.2 万吨，同比增长 14.9%，约占当年中国蔬菜出口总量的 5.3%，干蔬菜出口额为 37.2 亿美元，同比增长 17.8%，约占当年中国蔬菜出口总额的 25.3%；2016 年中国蔬菜种子出口量达到 1.0 万吨，同比增长 55.0%，约占当年中国蔬菜出口总量的 0.1%，蔬菜种子出口额为 1.4 亿美元，同比下降 23.2%，约占当年中国蔬菜出口总额的 0.9%，如表 5、图 7 和图 8 所示。

表 5　2016 年中国各类蔬菜出口情况

种类	出口数量（万吨）	同比（%）	出口金额（亿美元）	同比（%）
鲜冷冻蔬菜	628.9	−3.7	64.2	18.9
加工保藏蔬菜	326.7	2.7	44.4	−1.8
干蔬菜	53.2	14.9	37.2	17.8
蔬菜种子	1.0	55.0	1.4	−23.2
合计	1 009.8	−0.8	147.2	11.0

数据来源：海关信息网（www.haiguan.info）。

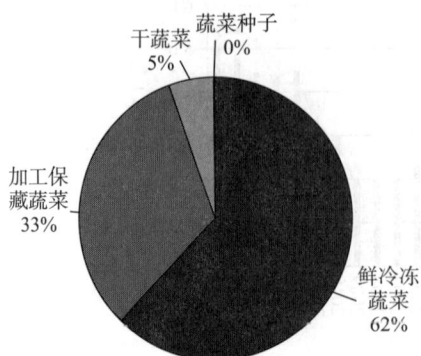

图 7 2016 年中国各类蔬菜出口量比重　图 8 2016 年中国各类蔬菜出口额比重

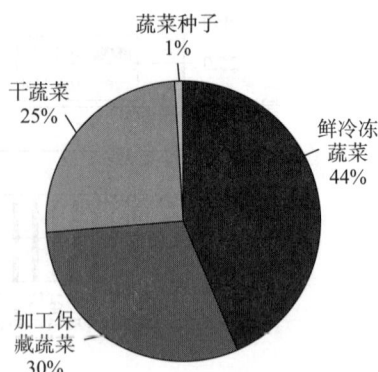

在蔬菜进口方面，中国的蔬菜进口相对较少，主要进口加工保藏蔬菜。其中，2016 年中国加工保藏蔬菜进口量达到 18.3 万吨，同比下降 2.9%，约占当年中国蔬菜进口总量的 73.5%，加工保藏蔬菜进口额 2.3 亿美元，同比增长 0.1%，约占当年中国蔬菜进口总额的 44%；蔬菜种子进口量约为 1.8 万吨，同比下降 14.1%，约占当年中国蔬菜进口总量的 7.3%，蔬菜种子进口额约为 2.0 亿美元，同比下降 5.7%，约占中国蔬菜进口总额的 38.2%；鲜冷冻蔬菜进口量 3.9 万吨，同比增长 49.6%，约占当年中国蔬菜进口总量的 15.8%，鲜冷冻蔬菜进口额 0.3 亿美元，同比增长 6.5%，约占当年中国蔬菜进口总额的 6.4%；干蔬菜进口量 0.8 万吨，同比增长 3.4%，约占当年中国蔬菜进口总量的 3.4%，干蔬菜进口额 0.6 亿美元，同比下降 1.3%，约占当年中国蔬菜进口总额的 11.3%，如表 6、图 9 和图 10 所示。

表 6　2016 年中国各类蔬菜进口情况

种类	进口数量（万吨）	同比（%）	进口金额（亿美元）	同比（%）
鲜冷冻蔬菜	3.9	49.6	0.3	6.5
加工保藏蔬菜	18.3	−2.9	2.3	0.1
干蔬菜	0.8	3.4	0.6	−1.3
蔬菜种子	1.8	−14.1	2.0	−5.7
合计	24.9	2.0	5.3	−2.0

数据来源：海关信息网（www. haiguan. info）。

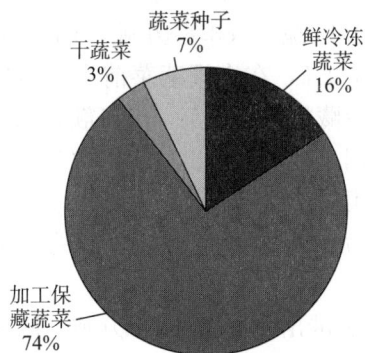

图 9　2016 年中国各类蔬菜进口量比重　　图 10　2016 年中国各类蔬菜进口额比重

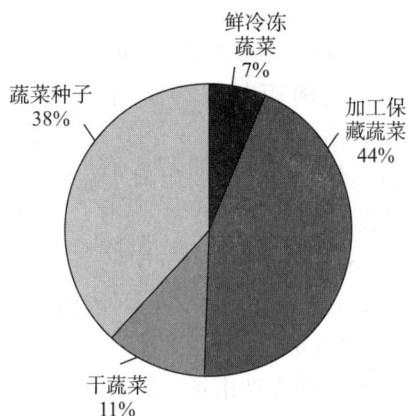

3. 中国蔬菜进出口贸易的区域结构分析

从中国蔬菜出口的区域分布来看，受到蔬菜运输距离和消费习惯的影响，东北亚和东南亚地区一直是中国蔬菜出口的主要市场。东北亚地区的日本、韩国是中国重要的蔬菜出口市场。东南亚地区则是近年来中国蔬菜出口增长最快的市场，尤其是越南、马来西亚、印度尼西亚和泰国等国。此外，北美的美国和加拿大，欧洲的荷兰、德国、西班牙以及俄罗斯等也是中国蔬菜出口的重要市场。2016 年中国蔬菜出口金额排名前 10 位的国家或地区依次是日本（21.7 亿美元）、越南（16.5 亿美元）、中国香港（15.6 亿美元）、韩国（12.3 亿美元）、美国（10.7 亿美元）、马来西亚（8.8 亿美元）、印度尼西亚（7.6 亿美元）、泰国（5.7 亿美元）、俄罗斯（5.6 亿美元）和荷兰（2.6 亿美元）。我国对前十大市场合计出口蔬菜 694.9 万吨，同比下降 0.6%，合计蔬菜出口额达到 107.2 亿美元，同比增长 12.2%，占中国蔬菜总出口额的 72.8%，如表 7 所示。

（1）日本市场。2016 年中国对日本出口蔬菜 139.3 万吨，同比增长 0.7%，出口金额 21.7 亿美元，同比下降 0.2%，在中国蔬菜前十大出口市场中排名第 1 位，主要出口用醋或醋酸以外的其他方法制作或保藏的未冷冻蔬菜、冷冻蔬菜、干蔬菜、鲜或冷藏的葱属蔬菜以及用醋或醋酸以外的其他方法制作或保藏的冷冻蔬菜，出口金额分别达到 5.9 亿美元、4.2 亿美元、2.7 亿美元、2.3 亿美元和 1.8 亿美元。日本一直是中国最大的蔬菜出口市场，但近几年中国对日本蔬菜出口额呈现下降趋势，2013—2016 年中国对日本蔬菜出口额依次为 23.5 亿美元、22.9 亿美元、21.7 亿美元和 21.7 亿美元，同比分别变化 1.8%、-2.7%、-4.9% 和 -0.2%，对日本蔬菜出口额占中国蔬菜出口总额的比重从 2013 年的 20.3% 下降到 2016 年的 14.7%。

（2）越南市场。2016 年中国对越南出口蔬菜 83.8 万吨，同比增长 17.8%，出口金额 16.5 亿美元，同比增长 6.9%，在中国蔬菜前十大出口市场中排名第 2 位，主要出口干蔬菜以及鲜或冷藏的葱属蔬菜，出口额分别达到 7.8 亿美元和 4.7 亿美元。2013—2016 年中国对越南蔬菜出口额依次为 8.8 亿美元、13.1 亿美元、15.5 亿美元和 16.5 亿美元，同比分别增长 99.7%、49.2%、17.8% 和 6.9%，对越南蔬菜出口额占中国蔬菜出口总额的比重从 2013 年的 7.6% 上升到 2016 年的 11.2%。

（3）中国香港市场。2016 年中国对中国香港出口蔬菜 90.4 万吨，同比增长 2.6%，出口额 15.6 亿美元，同比增长 37.8%，在中国蔬菜前十大出口市场中排名第 3 位，主要出口干蔬菜、鲜或冷藏的其他蔬菜以及鲜或冷藏的卷心菜等芥菜类蔬菜，出口额分别达到 6.7 亿美元、3.3 亿美元和 1.4 亿美元。中国香港是中国蔬菜出口的传统市场，近年来也呈现出持续上升的趋势，2013—2016 年中国对中国香港蔬菜出口额依次为 7.6 亿美元、9.6 亿美元、11.3 亿美元和 15.6 亿美元，同比分别增长 81.1%、26.2%、17.9% 和 37.8%，对中国香港蔬菜出口额占中国蔬菜出口总额的比重从 2013 年的 6.6% 上升到 2016 年的 10.6%。

（4）韩国市场。2016 年中国对韩国出口蔬菜 101.1 万吨，同比下降 2.1%，出口金额 12.3 亿美元，同比增长 18.7%，在中国蔬菜前十大出口市场中排名第 4 位，主要出口用醋或醋酸以外的其他方法制作或保藏的未冷冻蔬菜、冷冻蔬菜、干蔬菜、鲜或冷藏的葱属蔬菜以及用醋或醋酸以外的其他方法制作或保藏的蘑菇及块菌等，出口金额分别达到 4.5 亿美元、2.3 亿美元、1.1 亿美元、1.02 亿美元和 1.01 亿美元。韩国也是中国蔬菜出口的重要市场，特别是中韩自由贸易协定的签署进一步推动了两国之间的贸易往来，中国对韩国蔬菜出口呈现出逐年增长的态势，2013—2016 年中国对韩国蔬菜出口额依次为 8.4 亿美元、8.8 亿美元、10.4 亿美元和 12.3 亿美元，同比分别增长 4.5%、4.4%、18.6% 和 18.7%，对韩国蔬菜出口额占中国蔬菜出口总额的比重从 2013 年的 7.2% 上升到 2016 年的 8.4%。

（5）美国市场。2016 年中国对美国出口蔬菜 45.4 万吨，同比下降 0.2%，出口金额 10.7 亿美元，同比增长 21.5%，在中国蔬菜前十大出口市场中排名第 5 位，主要出口干蔬菜、鲜或冷藏的葱属蔬菜、用醋或醋酸以外的其他方法制作或保藏的未冷冻蔬菜以及冷冻蔬菜，出口金额分别达到 3.9 亿美元、1.5 亿美元、1.4 亿美元和 1.1 亿美元。2013—2016 年中国对美国蔬菜出口额依次为 7.6 亿美元、8.2 亿美元、8.8 亿美元和 10.7 亿美元，同比分别变化 —2.9%、7.9%、7.5%和 21.5%，对美国蔬菜出口额占中国蔬菜出口总额的比重从 2013 年的 6.5%上升到 2016 年的 7.3%。

（6）马来西亚市场。2016 年中国对马来西亚出口蔬菜 76.7 万吨，同比下降 2.1%，出口金额 8.8 亿美元，同比增长 1.4%，在中国蔬菜前十大出口市场中排名第 6 位，主要出口鲜或冷藏洋葱和大蒜等葱属蔬菜、干蔬菜以及鲜或冷藏的卷心菜等芥菜类蔬菜，出口金额分别达到 2.1 亿美元、2.0 亿美元和 1.3 亿美元。2013—2016 年中国对马来西亚蔬菜出口额依次为 7.4 亿美元、8.4 亿美元、8.7 亿美元和 8.8 亿美元，同比分别增长 47.9%、13.6%、3.2%和 1.4%，对马来西亚蔬菜出口额占中国蔬菜出口总额的比重从 2013 年的 6.4%下降到 2016 年的 6.0%。

（7）印度尼西亚市场。2016 年中国对印度尼西亚出口蔬菜 51.8 万吨，同比下降 7.4%，出口金额 7.6 亿美元，同比增长 49.9%，在中国蔬菜前十大出口市场中排名第 7 位，主要出口鲜或冷藏葱属蔬菜，出口额高达 6.7 亿美元。2013—2016 年中国对印度尼西亚蔬菜出口额依次为 4.2 亿美元、4.2 亿美元、5.1 亿美元和 7.6 亿美元，同比分别增长 5.2%、0.5%、20.4%和 49.9%，对印度尼西亚蔬菜出口额占中国蔬菜出口总额的比重从 2013 年的 3.6%上升到 2016 年的 5.2%。

（8）泰国市场。2016 年中国对泰国出口蔬菜 37.6 万吨，同比下降 5.8%，出口额 5.7 亿美元，同比下降 11.8%，在中国蔬菜前十大出口市场中排名第 8 位，主要出口干蔬菜、鲜或冷藏的卷心菜等芥菜类蔬菜以及用醋或醋酸以外的其他方法制作或保藏的未冷冻蔬菜，出口额分别达到 2.2 亿美元、0.7 亿美元和 0.7 亿美元。2013—2016 年中国对泰国蔬菜出口额依次为 6.9 亿美元、5.9 亿美元、6.5 亿美元和 5.7 亿美元，同比分别变化 52.8%、—15.1%、11.1% 和—11.8%，对马来西亚蔬菜出口额占中国蔬菜出口总额的比重从 2013 年的 5.9%下降到 2016 年的 3.9%。

（9）俄罗斯市场。2016 年中国对俄罗斯出口蔬菜 55.1 万吨，同比下降 16.0%，出口额 5.6 亿美元，同比增长 5.2%，在中国蔬菜前十大出口市场中排名第 9 位，主要出口鲜或冷藏的番茄、鲜或冷藏的葱属蔬菜、用醋或醋酸以外的其他方法制作或保藏的番茄以及用醋或醋酸以外的其他方法制作或保藏的蘑菇及块菌，出口额分别达到 0.9 亿美元、0.8 亿美元、0.7 亿美元和 0.7 亿美元。2013—2016 年中国对俄罗斯蔬菜出口额依次为 4.5 亿美元、5.8 亿美元、5.4 亿美元和 5.6 亿美元，同比分别变化 10.8%、28.7%、—7.4%和 5.2%，对俄罗斯蔬菜出口额占我国蔬菜出口总额的比重从 2013 年的 3.9%下降到 2016 年的 3.8%。

（10）荷兰市场。2016 年中国对荷兰出口蔬菜 13.6 万吨，同比增长 6.6%，出口金额 2.6 亿美元，同比增长 16.3%，在中国蔬菜前十大出口市场中排名第 10 位，主要出口鲜或冷藏的葱属蔬菜、姜、用醋或醋酸以外的其他方法制作或保藏的未冷冻蔬菜以及干蔬菜，出口额分别达到 0.7 亿美元、0.5 亿美元、0.4 亿美元和 0.4 亿美元。2013—2016 年中国对荷兰蔬菜出口额从 2.1 亿美元上升到 2.6 亿美元，对荷兰蔬菜出口额占中国蔬菜出口总额的比重基本维持在 1.8% 左右。

表 7　2016 年中国蔬菜出口额排名前 10 位的国家或地区

国家（地区）	出口量（万吨）	同比增长（%）	出口额（亿美元）	同比增长（%）	占出口总额比重（%）
日本	139.3	0.7	21.7	−0.2	14.7
越南	83.8	17.8	16.5	6.9	11.2
中国香港	90.4	2.6	15.6	37.8	10.6
韩国	101.1	−2.1	12.3	18.7	8.4
美国	45.4	−0.2	10.7	21.5	7.3
马来西亚	76.7	−2.1	8.8	1.4	6.0
印度尼西亚	51.8	−7.4	7.6	49.9	5.2
泰国	37.6	−5.8	5.7	−11.8	3.9
俄罗斯	55.1	−16.0	5.6	5.2	3.8
荷兰	13.6	6.6	2.6	16.3	1.8
合计	694.9	−0.6	107.2	12.2	72.8

数据来源：海关信息网（www. haiguan. info）。

从中国蔬菜出口市场的长期变动趋势来看，中国蔬菜出口逐渐呈现出多元化的市场格局。1995 年中国蔬菜出口前十大市场分别是日本、中国香港、美国、德国、新加坡、韩国、荷兰、意大利、马来西亚和加拿大，美欧日等发达国家和地区是中国蔬菜的主要出口市场，前十大市场蔬菜出口额合计为 18.6 亿美元，占当年中国蔬菜出口总额的比重高达 86%；2005 年中国蔬菜出口前十大市场分别是日本、美国、韩国、马来西亚、中国香港、俄罗斯、印度尼西亚、德国、意大利和荷兰，仍以发达国家市场为主，前十大市场蔬菜出口额合计上升到 33.3 亿美元，但占当年中国蔬菜出口总额的比重却下降到 74.2%；2016 年中国蔬菜出口前十大市场分别是日本、越南、中国香港、韩国、美国、马来西亚、印度尼西亚、泰国、俄罗斯和荷兰，东南亚国家成为中国重要的蔬菜出口市场，前十大市场蔬菜出口额合计上升到 107.2 亿美元，但占当年中国蔬菜出口总额的比重却进一步下降到 72.8%，如表 8 所示。

表 8　1995 年、2005 年和 2016 年中国蔬菜出口排名前十大市场

国家（地区）	1995 年出口额（亿美元）	占出口总额比重（%）	国家（地区）	2005 年出口额（亿美元）	占出口总额比重（%）	国家（地区）	2016 年出口额（亿美元）	占出口总额比重（%）
日本	9.9	46.0	日本	16.3	36.3	日本	21.7	14.7
中国香港	3.4	15.8	美国	3.4	7.5	越南	16.5	11.2
美国	1.2	5.6	韩国	2.9	6.6	中国香港	15.6	10.6
德国	1.1	4.9	马来西亚	2.4	5.3	韩国	12.2	8.4
新加坡	0.9	4.0	中国香港	1.9	4.2	美国	10.7	7.3
韩国	0.8	3.6	俄罗斯	1.6	3.6	马来西亚	8.8	6.0
荷兰	0.4	1.8	印度尼西亚	1.4	3.2	印度尼西亚	7.6	5.2
意大利	0.4	1.6	德国	1.3	3.0	泰国	5.7	3.9
马来西亚	0.3	1.5	意大利	1.2	2.6	俄罗斯	5.6	3.8
加拿大	0.3	1.3	荷兰	0.9	2.0	荷兰	2.6	1.8
合计	18.6	86.0	合计	33.3	74.2	合计	107.2	72.8

数据来源：海关信息网（www.haiguan.info）、《中国农产品贸易发展报告》。

4. 具体蔬菜产品的进出口贸易情况

在中国蔬菜具体产品的出口方面，2016 年中国蔬菜出口的主要品种基本保持稳定。从出口额来看，鲜或冷藏的蒜头（24.5 亿美元）、干香菇（15.0 亿美元）、干大蒜（8.5 亿美元）、番茄酱罐头（7.2 亿美元）、干木耳（6.3 亿美元）、鲜或冷藏的洋葱（4.3 亿美元）、姜（3.7 亿美元）、鲜或冷藏的胡萝卜及萝卜（3.5 亿美元）、已磨的辣椒（2.8 亿美元）和竹笋罐头（2.4 亿美元）是2016 年中国蔬菜出口额排名前 10 位的产品。其中，鲜或冷藏的蒜头一直是我国出口额最高的蔬菜品种，2016 年中国鲜或冷藏的蒜头在出口量同比下降13.4% 的情况下，由于价格上升，出口额同比大幅增长 43.2%，占中国蔬菜出口总额的比重从 2014 年的 10.8% 上升到 2016 年的 16.7%。2016 年中国干香菇出口量同比大幅增长 18.4%，达到 9.2 万吨，干香菇出口额 15 亿美元，同比增长 8.3%，是中国第二大出口蔬菜产品。2016 年中国干大蒜出口量同比仅小幅增长 0.5%，达到 18.6 万吨，但由于价格上涨，干大蒜出口额同比大幅增长 79.9%，达到 8.5 亿美元，是中国第三大出口蔬菜产品。2016 年中国番茄酱罐头、干木耳和鲜或冷藏的洋葱出口量和出口额均出现下降，其中出口量同比分别下降 6.4%、0.8% 和 18.8%，出口额则同比分别下降 21.5%、

5.2％和5.5％，分别是2016年中国第四、第五和第六大出口蔬菜产品。2016年中国生姜出口量同比大幅增长27.4％，达到53.8万吨，但由于生姜价格下跌，中国生姜出口额同比大幅下降17.5％，达到3.7亿美元，是中国第七大出口蔬菜产品。2016年中国鲜或冷藏的胡萝卜及萝卜、已磨的辣椒和竹笋罐头出口量和出口额均呈现上升走势，其中出口量同比分别增长8.1％、51.8％和5.0％，出口额则同比分别增长9.6％、47.4％和18.1％，分别是2016年中国第八、第九和第十大出口蔬菜产品，如表9所示。

表9 2016年中国蔬菜出口额排名前10位的蔬菜产品

种类	出口数量（万吨）	同比增长（％）	出口金额（亿美元）	同比增长（％）	占出口总额比重（％）
鲜或冷藏的蒜头	145.1	−13.4	24.5	43.2	16.7
干香菇	9.2	18.4	15.0	8.3	10.2
干大蒜	18.6	0.5	8.5	79.9	5.8
番茄酱罐头	92.4	−6.4	7.2	−21.5	4.9
干木耳	3.8	−0.8	6.3	−5.2	4.3
鲜或冷藏的洋葱	69.4	−18.8	4.3	−5.5	3.0
姜	53.8	27.4	3.7	−17.5	2.5
鲜或冷藏的胡萝卜及萝卜	70.6	8.1	3.5	9.6	2.4
已磨的辣椒	10.0	51.8	2.8	47.4	1.9
竹笋罐头	13.1	5.0	2.4	18.1	1.6

数据来源：海关信息网（www.haiguan.info）。

在中国蔬菜具体产品的进口方面，蔬菜种子和非醋方法制作或保藏的冷冻马铃薯一直是中国主要的进口蔬菜产品。其中，2016年中国蔬菜种子进口量1.0万吨，同比增长4.6％，进口额1.8亿美元，同比增长2.7％，约占当年中国蔬菜进口总额的33.4％；2016年中国非醋方法制作或保藏的冷冻马铃薯进口量14.3万吨，同比下降1.5％，进口额1.6亿美元，同比下降0.4％，约占当年中国蔬菜进口总额的31.2％。

（四）中国蔬菜产业调控政策分析

蔬菜是关系民生的重要产业，蔬菜供求及价格问题不仅关系到菜农的收入，也关系到普通消费者的日常生活。因此，长期以来中国政府都十分重视蔬菜产业发展，出台了一系列促进蔬菜供求和价格稳定的蔬菜产业调控政策。

改革开放之前，由于中国农业生产面临的主要问题是农产品供给不足，中国政府对包括蔬菜在内的农产品实行统购统销的政策，确保满足城市居民的蔬菜消费。改革开放以来，政府出台了一系列政策措施推动蔬菜产业的快速发展。从 1984 年开始，政府逐渐放开了对蔬菜类产品的价格管制，蔬菜成为市场化程度最高的农产品之一。农业部于 1988 年提出建设"菜篮子工程"，并启动了与之相配套的蔬菜产品"市长负责制"。菜篮子工程极大地提高了中国蔬菜的生产供应能力，蔬菜供给短缺的问题基本得到解决，并且能够确保居民一年四季吃上新鲜蔬菜。20 世纪 90 年代，新一轮"菜篮子工程"启动，但发展重点已经由过去以生产基地建设为主转入生产基地与市场体系建设并重的新阶段，全国蔬菜大生产、大市场、大流通的格局基本形成。进入 21 世纪以来，中国蔬菜产业发展的重点是不断优化蔬菜产品布局，提高蔬菜产品质量和效益。

2010 年前后，针对由于灾害性天气等原因引发的蔬菜供给不足、蔬菜市场价格上涨幅度较大等问题，国务院先后出台《关于统筹推进新一轮"菜篮子"工程建设的意见》《关于进一步促进蔬菜生产，保障市场供应和价格基本稳定的通知》和《关于稳定消费价格总水平保障群众基本生活的通知》等文件，强调加强蔬菜供给的重要性。2011 年中央印发了《关于完善价格政策，促进蔬菜生产流通的通知》，指出各地区要完善价格调节基金制度，其中，要求基金中用于蔬菜类产品生产环节与流通环节的投入不可低于总量的 30%。2012 年年初，国家发展和改革委员会、农业部、商务部等多部门联合发布《全国蔬菜产业发展规划（2011—2020 年）》，重新规划了菜品生产区域布局。设定蔬菜产业六大优势区，即长江流域冬春菜、华南与西南热区冬春菜、云贵高原夏秋菜、北部高纬度夏秋菜、黄土高原夏秋菜及黄淮海与环渤海设施菜等六大优势区域。提出重点培育蔬菜产业重点县（市、区）580 个。同年，中央出台《扶持"菜篮子"产品生产项目实施指导意见》，推进全国蔬菜类产品生产基地能力建设与应急供应保障能力。

三、政策建议

（一）稳定蔬菜种植规模，优化区域布局

从中国主要蔬菜产品的供求变化趋势看，在未来一段时间内中国主要蔬菜产品供给基本能够满足国内需求。现有蔬菜种植面积在正常年份基本能够满足国内消费需求，过度增加蔬菜种植面积，会导致蔬菜产品季节性、区域性、结构性过剩，市场风险较大。因此，中国蔬菜产业发展应该在稳定种植面积、保持总量供求平衡的前提下，积极优化蔬菜区域布局，强化内涵发展，重点开展蔬菜种质资源的挖掘、开发和利用，改善种质资源的品质、产量、抗性、熟期等重要农艺性状，因地制宜地加大蔬菜新品种的推广，在蔬菜优势产区创建一

批标准化、设施化程度较高的蔬菜生产基地，推进基地与现代产业技术体系结合，实现蔬菜产业提挡升级。

（二）完善市场体系建设，促进蔬菜产销衔接

加快蔬菜市场流通体系建设，以蔬菜批发市场建设为核心，减少蔬菜流通环节，降低蔬菜流通成本，提高蔬菜流通的效率。提高蔬菜流通过程中的组织化程度，改变目前蔬菜流通主体以个体户为主的局面，引导蔬菜经纪人、经销商、运销大户走公司化运作、规模化生产、品牌化经营的道路，推动订单农业、农超对接、农校对接、农企对接等新的产销对接模式，形成生产与市场的良性互动，构建产销之间、产业链不同主体之间利益共享、风险共担的利益共同体，提高防御市场风险能力，稳定市场供求关系和价格。

（三）加快蔬菜产业信息化建设，构建蔬菜产销信息平台

从中国主要蔬菜产品近年来的价格变动情况来看，缺乏准确的市场供求信息是造成蔬菜价格频繁大幅波动的主要原因。加快中国蔬菜产业信息化建设，构建权威的蔬菜产销信息平台，及时发布准确的市场供求信息，引导蔬菜生产和流通，促进蔬菜在不同地区、不同品种和不同上市时间的协调发展。提高蔬菜产业信息化服务水平，高度重视蔬菜产业信息的采集工作，及时发布、更新蔬菜产销信息，加强对蔬菜生产、流通和销售的动态监测，建立和完善蔬菜生产过程中的灾害预警和销售过程中的市场预警机制。

（四）优化蔬菜出口市场和产品结构，积极参与国际市场竞争

充分发挥中国蔬菜产业的竞争优势，积极参与国际市场竞争，进一步发挥其促进农民增收和平衡农产品贸易逆差的作用。针对不同国家蔬菜消费的特点，优化中国蔬菜出口的市场结构和产品结构，不断开拓新的市场，推进中国蔬菜出口市场多元化发展。在此过程中，进一步加强蔬菜产品质量监管，提高中国蔬菜产品的质量安全水平，有效规避中国蔬菜出口过程中可能面临的各种技术性贸易壁垒，充分运用世界贸易组织的相关规则，积极面对并妥善解决蔬菜出口过程中可能出现的各种贸易摩擦，维护蔬菜出口企业的正当权益。

"一带一路"倡议与
中国蔬菜出口贸易

中国是世界上最大的蔬菜生产国和重要的蔬菜出口国。"一带一路"倡议的实施将给中国蔬菜产业带来新的发展机遇，不仅有利于扩大中国蔬菜出口，而且有利于加强中国与"一带一路"沿线国家积极开展蔬菜产业投资和技术合作。同时，中国蔬菜出口也面临着技术性贸易壁垒、出口秩序混乱等问题。如何利用"一带一路"的发展机遇，促进中国蔬菜产业的健康发展也成为一个热点问题。

一、"一带一路"倡议的内容与内涵

2013年秋，国家主席习近平在出访中亚和东南亚国家期间，先后提出了共建"丝绸之路经济带"和"21世纪海上丝绸之路"的战略构想，即"一带一路"倡议。"一带一路"倡议既是中国进一步扩大和深化对外开放的需要，也是加强中国和亚欧非及世界各国互利共赢，进行深层次多元合作的需要，因此也得到沿线各国的积极响应。

"一带一路"倡议是中国对外开放的国家布局，贯穿亚欧非大陆，东起活跃的东亚经济圈，西至发达的欧洲经济体，中国与"一带一路"沿线国家开展经贸合作潜力巨大。其中，"丝绸之路经济带"包括中国经中亚、俄罗斯至欧洲（波罗的海）地区国家，中国经中亚、西亚至波斯湾、地中海沿线诸国，中国至东南亚、南亚、印度洋沿路国家区域；"21世纪海上丝绸之路"则包括从中国沿海港口途经南海到印度洋、延伸至地中海及欧洲各国，以及从中国沿海港口过南海到南太平洋诸国。"一带一路"沿线国家人口众多，对蔬菜的需求市场空间很大。从"一带一路"的具体路线来看，既包括东盟、欧盟以及俄罗斯等中国传统的主要蔬菜出口市场，也包括中亚、西亚、南亚、东欧等亟待开拓的蔬菜出口市场，在通路、通航、通商的刺激下，中国蔬菜产业也迎来进一步发展的新机遇。

二、中国蔬菜出口的现状及特征

受传统种植习惯和饮食文化的影响，蔬菜在中国农业生产和膳食结构中占有重要地位。改革开放以来,中国蔬菜生产快速发展,在经历了两轮"菜篮子工程"建设之后,中国蔬菜的生产供给能力显著提高。目前,中国已成为世界上最大的蔬菜生产国和消费国,并初步形成了华南与西南热区冬春蔬菜产区、长江流域冬春蔬菜产区、黄土高原夏秋蔬菜产区、云贵高原夏秋蔬菜产区、北部高纬度夏秋蔬菜产区、黄淮海与环渤海设施蔬菜产区的六大蔬菜生产优势区域,常年种植的蔬菜种类超过150个,在蔬菜供应总量、品种的多样化以及周年均衡供应等方面基本满足了中国居民的市场消费需求。蔬菜也成为中国种植业中仅次于粮食的第二大农作物,并成为中国农业和农村经济中重要的支柱产业之一。

在蔬菜生产迅速发展的同时,中国蔬菜进出口贸易也快速增长。尤其是在中国加入 WTO 以后,除了 2012 年受中国蔬菜出口退税政策调整影响有所下降外,中国蔬菜出口基本保持持续、快速、稳定增长。海关统计数据显示,1995—2016 年中国蔬菜进出口贸易总量从约 215 万吨上升到 1 034.7 万吨,增长了 3.8 倍,蔬菜进出口总额从约 21.8 亿美元上升到 152.5 亿美元,增长了6.0 倍。其中,蔬菜出口量从 213.5 万吨上升到 1 009.8 万吨,增长了 3.7 倍,出口额从 21.6 亿美元上升到 147.2 亿美元,增长了 5.8 倍;蔬菜进口量从 1.9万吨上升到 24.9 万吨,增长了 12.1 倍,进口额从 0.14 亿美元上升到 5.3 亿美元,增长了 36.9 倍;蔬菜进出口贸易顺差从 21.5 亿美元上升到 141.9 亿美元,增长了 5.6 倍,蔬菜进出口贸易在扩大农民就业、促进农民增收和平衡农产品贸易等方面发挥着重要作用,如图 1 所示。

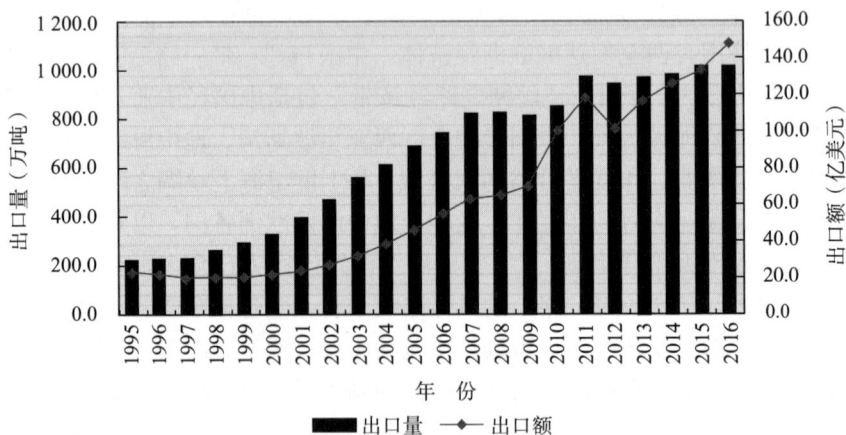

图 1　1995—2016 年中国蔬菜出口量和出口额变动情况

数据来源:海关信息网(www. haiguan. info)。

由于蔬菜种类繁多，在蔬菜进出口贸易中通常按照蔬菜的形态特征或加工程度将其划分为鲜冷冻蔬菜、加工保藏蔬菜、干蔬菜和蔬菜种子四大类。长期以来，我国蔬菜出口以鲜冷冻蔬菜、加工保藏蔬菜和干蔬菜为主，而蔬菜种子出口所占比重相对较低，仅占我国蔬菜及其制品出口总额的 1% 左右。2016 年中国鲜冷冻蔬菜出口量达 628.9 万吨，同比下降 3.7%，约占当年中国蔬菜出口总量的 62.3%，鲜冷冻蔬菜出口额为 64.2 亿美元，同比增长 18.9%，约占当年中国蔬菜出口总额的 43.6%；2016 年中国加工保藏蔬菜出口量达 326.7 万吨，同比增长 2.7%，约占当年中国蔬菜出口总量的 32.3%，加工保藏蔬菜出口额 44.4 亿美元，同比下降 1.8%，约占当年中国蔬菜出口总额的 30.2%；2016 年中国干蔬菜出口量达 53.2 万吨，同比增长 14.9%，约占当年中国蔬菜出口总量的 5.3%，干蔬菜出口额为 37.2 亿美元，同比增长 17.8%，约占当年中国蔬菜出口总额的 25.3%；2016 年中国蔬菜种子出口量达 1.0 万吨，同比增长 55.0%，约占当年中国蔬菜出口总量的 0.1%，蔬菜种子出口额为 1.4 亿美元，同比下降 23.2%，约占当年中国蔬菜出口总额的 0.9%，如表 1、图 2 和图 3 所示。

表 1　2016 年我国各类蔬菜出口情况

种类	出口数量（万吨）	同比（%）	出口金额（亿美元）	同比（%）
鲜冷冻蔬菜	628.9	-3.7	64.2	18.9
加工保藏蔬菜	326.7	2.7	44.4	-1.8
干蔬菜	53.2	14.9	37.2	17.8
蔬菜种子	1.0	55.0	1.4	-23.2
合计	1 009.8	-0.8	147.2	11.0

数据来源：海关信息网（www.haiguan.info）。

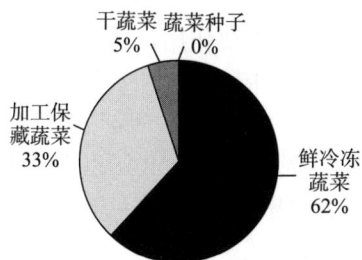

图 2　2016 年各类蔬菜出口量比重　　图 3　2016 年各类蔬菜出口额比重

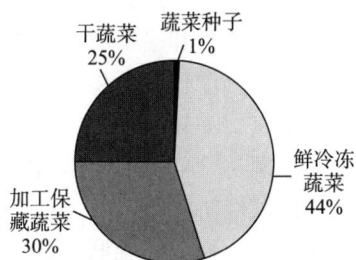

从中国蔬菜出口的区域分布来看，受到蔬菜运输距离和消费习惯影响，中国蔬菜出口主要集中在东北亚和东南亚地区。其中，东北亚地区的日本、韩国和中国香港是中国重要的蔬菜出口市场；东南亚地区则是近年来中国蔬菜出口增长最快的市场，尤其是越南、马来西亚、印度尼西亚和泰国等国。此外，北美的美国和加拿大，欧盟的荷兰、德国和西班牙，以及俄罗斯等国也是中国蔬菜出口的重要市场。2016 年中国蔬菜出口金额排名前 10 位的国家或地区依次是日本（21.7 亿美元）、越南（16.5 亿美元）、中国香港（15.6 亿美元）、韩国（12.3 亿美元）、美国（10.7 亿美元）、马来西亚（8.8 亿美元）、印度尼西亚（7.6 亿美元）、泰国（5.7 亿美元）、俄罗斯（5.6 亿美元）和荷兰（2.6 亿美元）。中国对前十大市场合计出口蔬菜 694.9 万吨，同比下降 0.6%，合计蔬菜出口额 107.2 亿美元，同比增长 12.2%，占中国蔬菜出口总额的 72.8%。

从中国蔬菜出口的产品结构来看，以大蒜、姜、洋葱、萝卜和马铃薯为代表的鲜或冷藏蔬菜，以干香菇、干木耳和干大蒜为代表的干蔬菜，以番茄酱罐头和蘑菇罐头为代表的加工保藏蔬菜是中国主要的蔬菜出口产品。其中，2016 年中国蔬菜出口金额排名前十位的蔬菜产品依次是鲜或冷藏的蒜头（24.5 亿美元）、干香菇（15.0 亿美元）、干大蒜（8.5 亿美元）、番茄酱罐头（7.2 亿美元）、干木耳（6.3 亿美元）、鲜或冷藏的洋葱（4.3 亿美元）、姜（3.7 亿美元）、鲜或冷藏的胡萝卜及萝卜（3.5 亿美元）、已磨的辣椒（2.8 亿美元）和竹笋罐头（2.4 亿美元）。

三、中国对"一带一路"沿线国家蔬菜出口格局分析

（一）中国对"一带一路"沿线国家蔬菜出口整体分析

蔬菜出口贸易是中国农产品贸易重要的组成部分，中国是世界上主要的蔬菜出口国之一。在"一带一路"的发展建设中，蔬菜出口面向的区域范围很大，涉及的国家很多。蔬菜贸易作为中国农产品贸易中为数不多的顺差品种，在促进中国农民增收和平衡农产品贸易等方面发挥着重要作用，是提振中国农业经济发展和持续深化农业供给侧改革的重要环节。中国与"一带一路"沿线国家的蔬菜出口贸易规模较大。2016 年，中国与 64 个"一带一路"沿线国家的蔬菜贸易总额达 59.2 亿美元，占中国蔬菜出口贸易总额的 40% 以上。根据地缘关系或区域经济体划分，本文将与中国产生贸易的 64 个"一带一路"沿线国家分为东盟、西亚、独联体、南亚、东欧五大区域。

1. 整体市场分析

东盟（10 国）是中国最大的蔬菜出口市场。2016 年中国向东盟 10 国蔬菜

出口额达 42.4 亿美元，占"一带一路"沿线国家总份额的 71.6％，是"一带一路"沿线国家中最大的出口市场；西亚（18 国）是中国在"一带一路"沿线国家蔬菜出口的第二大市场，2016 年，中国向该区域出口蔬菜 6.4 亿美元，占"一带一路"沿线国家总份额的 10.9％；中国向独联体国家（共 12 国，含土库曼斯坦、乌克兰、格鲁吉亚等退出国家）出口蔬菜 6.3 亿美元，占"一带一路"沿线国家总份额的 10.6％；南亚（7 国）是中国重要的蔬菜出口贸易市场，出口额约 3 亿美元，占"一带一路"沿线国家总份额的 5.2％；出口东欧份额相对较少，2016 年蔬菜出口额约 1 亿美元，占"一带一路"沿线国家总份额的 1.7％，如图 4 所示。

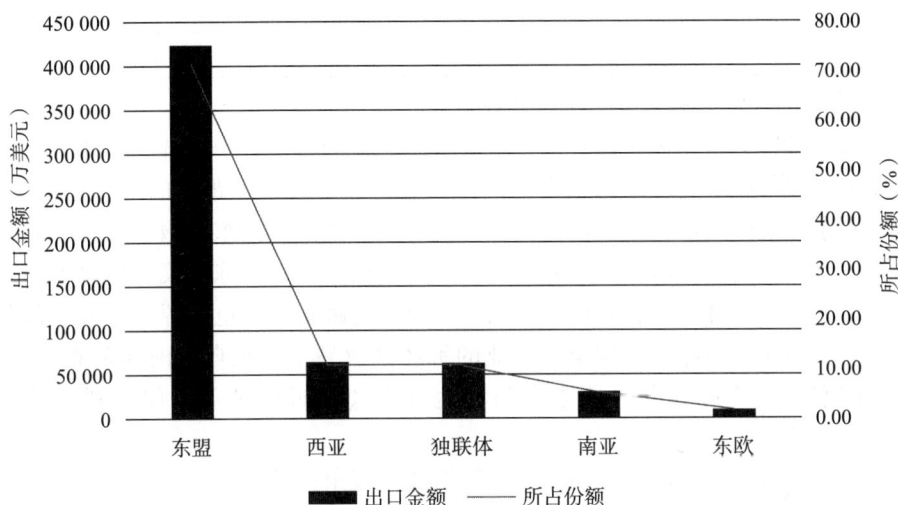

图 4　中国对"一带一路"沿线国家蔬菜出口整体情况

数据来源：海关信息网（www.haiguan.info）。

2. 蔬菜产品结构分析

2016 年中国合计出口鲜冷冻蔬菜 64.2 亿美元，干蔬菜 37.2 亿美元，加工保藏蔬菜 44.4 亿美元。其中，中国向 64 个"一带一路"沿线国家出口鲜冷冻蔬菜 32.1 亿美元，占中国鲜冷冻蔬菜出口总额的 50.6％；出口干蔬菜 15.4 亿美元，占中国干蔬菜出口总额的 41.7％；出口加工保藏蔬菜 9.4 亿美元，占中国加工保藏蔬菜出口总额的 29.3％。

（1）鲜冷冻蔬菜。东盟是中国"一带一路"沿线国家中最大的鲜冷冻蔬菜出口市场。其中，2016 年中国对东盟鲜冷冻蔬菜出口达 23.6 亿美元，占中国对"一带一路"沿线国家鲜冷冻蔬菜出口总额的 73.3％；出口到独联体、西亚地区的份额比较接近，分别为 10.6％和 9.8％；出口到南亚地区的相对较少，约占中国对"一带一路"沿线国家鲜冷冻蔬菜出口总额的 6.1%；出口到东欧地区的所占份额最少，仅为 0.2%，如表 2 所示。

表 2　中国对"一带一路"沿线国家鲜冷冻蔬菜出口情况

区域	金额（亿美元）	比例（%）
东盟	23.6	73.3
独联体	3.3	10.6
西亚	3.1	9.8
南亚	2.0	6.1
东欧	0.01	0.2
总计	32.1	100

数据来源：海关信息网（www. haiguan. info）。

由于鲜冷冻蔬菜尤其是叶菜类蔬菜不易贮存的特性，中国鲜冷冻蔬菜出口主要集中在与中国地理距离较近的国家，贸易额随着地理距离的增加而减少。东盟国家与中国距离较近，运输比较方便，故中国出口到东盟国家的鲜冷冻蔬菜所占比例较高。独联体国家的地理区域跨度较大，鲜冷冻蔬菜贸易除中国之外多由独联体内部国家相互供应。西亚国家的鲜蔬菜一般也来源于邻近的蔬菜贸易大国如埃及、印度等国家。南亚的鲜蔬菜贸易主要来自中国和东盟国家。东欧国家的鲜冷冻蔬菜一般来自与其地理距离较近的荷兰、匈牙利等欧盟国家。

（2）干蔬菜。中国对"一带一路"沿线国家出口排名第二的蔬菜大类是干蔬菜。其中，2016 年中国对东盟干蔬菜出口达 13.8 亿美元，占中国对"一带一路"沿线国家干蔬菜出口总额的 90%，如表 3 所示。相较于鲜冷冻蔬菜，其较易贮存的特点也使中国出口干蔬菜的区域半径扩大。

表 3　中国对"一带一路"沿线国家干蔬菜出口情况

区域	金额（亿美元）	比例（%）
东盟	13.8	90.0
独联体	0.7	4.4
东欧	0.4	2.7
西亚	0.3	2.3
南亚	0.1	0.7
总计	15.4	100

数据来源：海关信息网（www. haiguan. info）。

（3）加工保藏蔬菜。中国对"一带一路"沿线国家出口排名第三的蔬菜大类是加工保藏蔬菜。由于经过加工的蔬菜变得易储存，不易变质，加工保藏类蔬菜适合较远距离运输的贸易。2016 年中国对东盟加工保藏蔬菜出口达 4.4 亿美元，占中国对"一带一路"沿线国家加工保藏蔬菜出口总额的 46.2%，对西亚和独联体国家加工保藏蔬菜出口额分别为 2.3 亿美元和 2.1 亿美元，分别占中国对"一带一路"沿线国家加工保藏蔬菜出口总额的 24.5% 和 22.5%，如表 4 所示。加工保藏蔬菜经过加工后，能够相对提高自身附加值，因此此类品种蔬菜在国际蔬菜市场的贸易竞争比较激烈。

表 4　中国对"一带一路"沿线国家加工保藏蔬菜出口情况

区域	金额（亿美元）	比例（%）
东盟	4.4	46.2
西亚	2.3	24.5
独联体	2.1	22.5
东欧	0.4	4.6
南亚	0.2	2.2
总计	9.4	100

数据来源：海关信息网（www. haiguan. info）。

3. 各区域内不同国家蔬菜市场分析

为进一步研究中国在各区域内蔬菜出口的结构特征，本文根据 2016 年中国对各国蔬菜出口额进行排序，将蔬菜出口额最大的国家作为该区域内代表性的市场进行进一步分析。

（1）东盟。东盟是中国最大的蔬菜出口市场，东盟内部许多国家都是中国蔬菜的主要出口市场。2016 年，中国向东盟 10 国中的 6 个国家蔬菜出口额超过 1 亿美元，对越南、马来西亚、印度尼西亚、泰国的蔬菜出口金额均超过 5 亿美元。其中，中国对越南蔬菜出口高达 16.5 亿美元，是中国蔬菜对东盟出口占比最高的国家，如表 5 所示。

表 5　2016 年中国对东盟蔬菜出口情况

单位：万美元

排名	国家	金额
1	越南	165 216.3
2	马来西亚	88 016.2
3	印度尼西亚	76 138.4
4	泰国	57 384.9

（续）

排名	国家	金额
5	菲律宾	20 667.8
6	新加坡	14 969.6
7	文莱	617.2
8	缅甸	470.2
9	老挝	131.2
10	柬埔寨	87.7

数据来源：海关信息网（www. haiguan. info）。

（2）西亚。中国对西亚国家蔬菜出口相对均衡，阿拉伯联合酋长国（简称阿联酋）和沙特阿拉伯是中国在西亚最大的两个蔬菜出口市场，2016 年中国对阿联酋和沙特阿拉伯蔬菜出口额分别为 2.2 亿美元和 1.4 亿美元。除阿联酋和沙特阿拉伯之外，中国对也门、以色列、黎巴嫩、土耳其、埃及、约旦、科威特、伊拉克、伊朗、阿曼和卡塔尔等国的蔬菜出口也具有一定规模，2016年中国对这 11 个西亚国家的蔬菜出口额均超过 1 000 万美元，如表 6 所示。

表 6　2016 年中国对西亚蔬菜出口情况

单位：万美元

排名	国家	金额
1	阿联酋	22 267.48
2	沙特阿拉伯	13 610.38
3	也门	5 472.52
4	以色列	4 335.07
5	黎巴嫩	2 894.03
6	土耳其	2 138.87
7	埃及	2 133.12
8	约旦	1 987.63
9	科威特	1 866.59
10	伊拉克	1 755.67
11	伊朗	1 585.12
12	阿曼	1 520.45
13	卡塔尔	1 139.58
14	巴林	675.39

（续）

排名	国家	金额
15	希腊	659.11
16	叙利亚	332.42
17	巴勒斯坦	45.07
18	塞浦路斯	34.98

数据来源：海关信息网（www.haiguan.info）。

（3）独联体。中国对独联体国家蔬菜出口呈现出较大差异。其中，俄罗斯是中国在独联体国家中最重要的蔬菜出口市场，2016 年中国对俄罗斯蔬菜出口额达 5.6 亿美元，远远超过其他独联体国家，如表 7 所示。

表 7　2016 年中国对独联体蔬菜出口情况

单位：万美元

排名	国家	金额
1	俄罗斯	56 406.0
2	乌克兰	1 121.1
3	格鲁吉亚	376.7
4	白俄罗斯	157.2
5	摩尔多瓦	83.1
6	阿塞拜疆	29.4
7	亚美尼亚	19.4

数据来源：海关信息网（www.haiguan.info）。

（4）南亚。南亚在中国蔬菜出口中所占份额不大，中国对南亚地区的蔬菜出口主要集中在巴基斯坦、孟加拉国、斯里兰卡、印度和尼泊尔 5 个国家，2016 年中国对巴基斯坦、孟加拉国、斯里兰卡、印度和尼泊尔蔬菜出口额分别为 1.4 亿美元、0.8 亿美元、0.5 亿美元、0.2 亿美元和 0.1 亿美元，如表 8 所示。

表 8　2016 年中国对南亚蔬菜出口情况

单位：万美元

排名	国家	金额
1	巴基斯坦	13 872.76
2	孟加拉国	8 088.46
3	斯里兰卡	5 122.42

（续）

排名	国家	金额
4	印度	1 829.49
5	尼泊尔	1 058.78
6	马尔代夫	309.27
7	阿富汗	20.43

数据来源：海关信息网（www. haiguan. info）。

（5）东欧。东欧与中国地理距离较远，并且有荷兰、西班牙、法国等蔬菜出口大国与中国竞争，因此中国对东欧蔬菜出口规模不大，中国对东欧蔬菜出口主要集中在波兰和罗马尼亚两个国家，2016 年中国对波兰和罗马尼亚蔬菜出口分别为 3 327 万美元和 1 216 万美元，如表 9 所示。

表 9　2016 年中国对东欧蔬菜出口情况

单位：万美元

排名	国家	金额
1	波兰	3 326.72
2	罗马尼亚	1 216.41
3	斯洛文尼亚	780.55
4	捷克	777.92
5	保加利亚	662.28
6	立陶宛	650.27
7	克罗地亚	438.48
8	阿尔巴尼亚	409.54
9	匈牙利	402.96
10	拉脱维亚	271.11
11	爱沙尼亚	244.90
12	黑山	128.93
13	斯洛伐克	85.02
14	塞尔维亚	79.28
15	波黑	63.03
16	马其顿	41.75

数据来源：海关信息网（www. haiguan. info）。

（二）中国对"一带一路"沿线重点国家的蔬菜出口格局分析

1. 越南

（1）蔬菜贸易概况。越南是蔬菜进口大国之一。近年来该国经贸水平发展

很快，尤其是蔬菜贸易，蔬菜进口额从 2005 年的 0.3 亿美元增加到 2015 年的
3.7 亿美元[①]（图 5）。近 10 年来，随着中越两国贸易往来不断加深，中国对越
南蔬菜出口额增加了 30 余倍，越南也一跃成为中国在"一带一路"沿线国家
中最大的蔬菜出口对象国。由于越南与中国陆地接壤，有较好的交通条件，适
宜鲜冷冻蔬菜的运输和储存，中国对越南出口的蔬菜以鲜冷冻蔬菜为主，并占
据了越南鲜冷冻蔬菜贸易的绝大部分市场（表 10）。

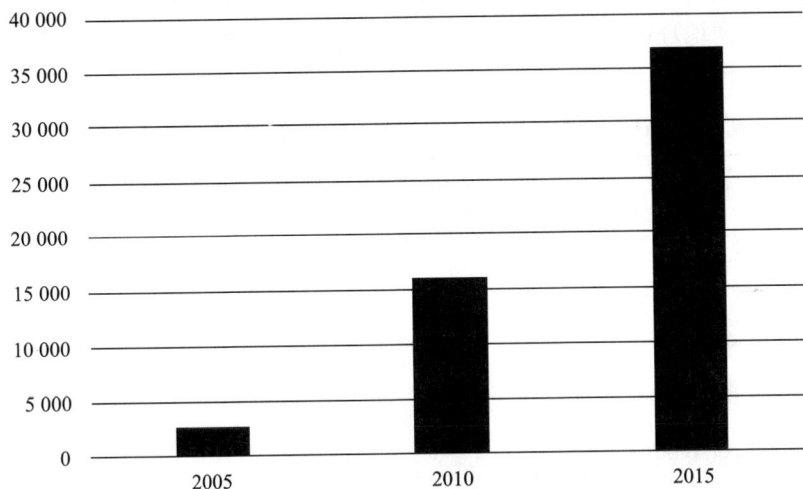

图 5　越南蔬菜进口情况（单位：万美元）

数据来源：联合国商品贸易统计数据库（comtrade. un. org）。

表 10　越南从中国进口各类蔬菜情况

单位：万美元

年份	鲜冷冻蔬菜	干蔬菜	加工保藏蔬菜
2005	1 521.7	521.3	164.0
2010	3 393.4	3 040.4	178.8
2015	7 280.1	3 761.2	826.0

数据来源：联合国商品贸易统计数据库（comtrade. un. org）。

　　（2）具体品种分析。通过对比分析越南从中国进口的各种蔬菜产品的进口

---

　　① 数据说明，关于越南蔬菜进出口贸易数据，联合国商品贸易统计数据库（comtrade. un. org）
中越南从中国进口数据与中国对越南出口数据存在较大差异，为保持"一带一路"沿线国家蔬菜进出
口贸易分析的一致性，此次采用越南从中国进口蔬菜的数据。

额占越南蔬菜进口总额的比重，可以判断中国出口蔬菜占越南市场的份额。

①中国在越南市场上占优势的蔬菜品种。在越南从中国进口的蔬菜产品中，进口额大于 100 万美元，且市场份额较高的蔬菜产品主要包括 0712（干蔬菜）、0703（鲜或冷藏的葱属蔬菜）、0706（鲜或冷藏的萝卜）、0701（鲜或冷藏的马铃薯）、0709（鲜或冷藏的其他蔬菜）、0704（鲜或冷藏的芥菜类蔬菜）以及 2003（加工或保藏的蘑菇及块菌），这些蔬菜产品在越南蔬菜进口市场中所占比例均在 80% 以上，具有明显的优势（表 11）。这种优势主要来自中国与越南之间地理位置距离较近、两国在蔬菜消费习惯上的相似性以及中国较低的蔬菜生产成本。

表 11　2015 年越南从中国进口蔬菜占越南该类蔬菜总进口额的比例

海关编码	中国（万美元）	世界（万美元）	所占比例（%）
0712（干蔬菜）	3 596.7	3 762.7	95.6
0703（鲜或冷藏的葱属蔬菜）	3 406.2	3 732.8	91.3
0706（鲜或冷藏的萝卜）	1 249.8	1 256.9	99.4
0701（鲜或冷藏的马铃薯）	993.2	1 167.0	85.1
0709（鲜或冷藏的其他蔬菜）	692.2	842.9	82.1
0704（鲜或冷藏的芥菜类蔬菜）	616.3	622.5	99.0
2003（加工或保藏的蘑菇及块菌）	113.4	137.0	82.7

数据来源：联合国商品贸易统计数据库（comtrade. un. org）。

②中国在越南市场上与其他国家竞争的蔬菜品种。在中国对越南的出口蔬菜产品中，2005（加工或保藏的其他未冷冻蔬菜）和 0710（冷冻蔬菜）是面临竞争最激烈的两个蔬菜品种。具体到 2005（加工或保藏的其他未冷冻蔬菜）而言，中国在越南市场上主要面临来自马来西亚、美国和泰国的竞争。尤其是马来西亚对越南 2005（加工或保藏的其他未冷冻蔬菜）出口，从 2005 年的 5.9 万美元增长到 2015 年的 405 万美元，并已经取代美国成为该类蔬菜在越南最大的出口国，2015 年中国和美国对越南出口该类蔬菜仅为 75 万美元和 151 万美元，如图 6 所示。

0710（冷冻蔬菜）是近年来越南进口增长较快的蔬菜品种。越南该类蔬菜进口额从 2005 年的 121 万美元增长到 2015 年的 436 万美元，中国对越南出口该类蔬菜主要面临来自美国的竞争，2015 年越南分别从中国和美国进口该类蔬菜 192 万美元和 176 万美元，如图 7 所示。

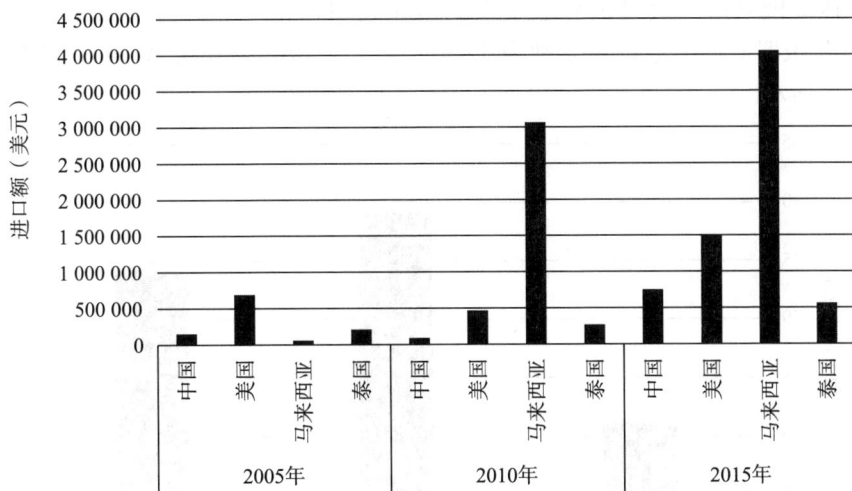

图 6　越南进口 2005（加工或保藏的其他未冷冻蔬菜）的主要来源国

数据来源：联合国商品贸易统计数据库（comtrade. un. org）。

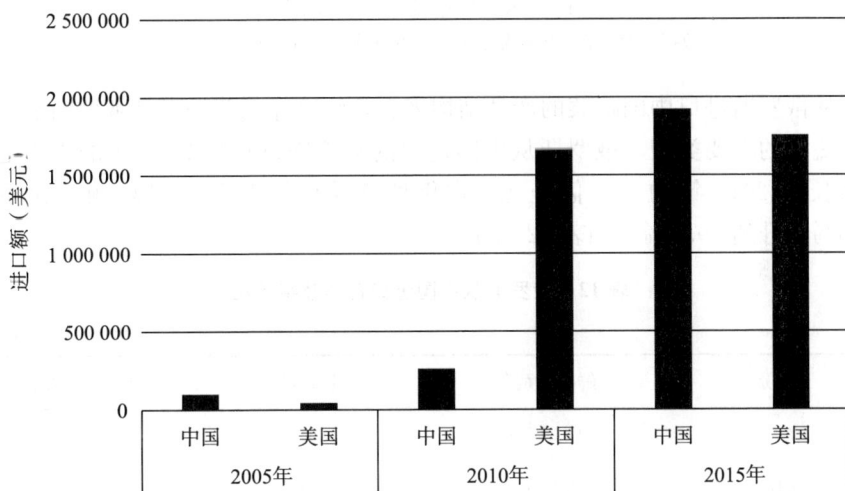

图 7　越南进口 0710（冷冻蔬菜）的主要来源国

数据来源：联合国商品贸易统计数据库（comtrade. un. org）。

2. 俄罗斯

（1）蔬菜贸易概况。俄罗斯是中国重要的贸易伙伴，也是中国蔬菜出口的前十大市场之一。在"一带一路"沿线国家蔬菜出口贸易中，俄罗斯市场的地位不容忽视。由于俄罗斯属于高纬度国家，冬季气候非常寒冷，不适宜蔬菜生

产，因此俄罗斯一直是世界上主要的蔬菜进口国之一，2005 年、2010 年和
2015 年俄罗斯蔬菜进口额分别为 11.1 亿美元、29.2 亿美元和 24.2 亿美元，
如图 8 所示。

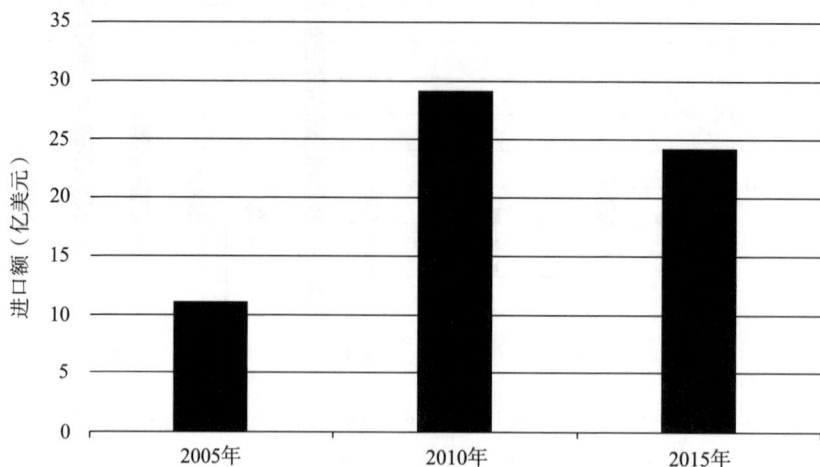

图 8　俄罗斯市场蔬菜进口情况

数据来源：联合国商品贸易统计数据库（comtrade. un. org）。

从俄罗斯进口中国蔬菜的产品结构来看，鲜冷冻蔬菜一直是俄罗斯从中国
进口蔬菜的主要类型。俄罗斯从中国进口的鲜冷冻蔬菜从 2005 年的 1.1 亿美
元增长到 2015 年的 4.1 亿美元，占俄罗斯从中国蔬菜进口总额的比重由
62.3%上升到 69.0%，如表 12 所示。

表 12　俄罗斯从中国进口各类蔬菜情况

单位：万美元

年份	鲜冷冻蔬菜	干蔬菜	加工保藏蔬菜
2005	11 216.7	586.5	6 207.9
2010	23 918.2	2 798.5	15 113.3
2015	41 180.1	3 349.5	15 174.8

数据来源：联合国商品贸易统计数据库（comtrade. un. org）。

（2）具体品种分析。俄罗斯是蔬菜进口大国，从俄罗斯单项蔬菜进口额超
过 1 亿美元的蔬菜品种来看，中国蔬菜在俄罗斯蔬菜进口市场中所占的份额并
不大，仅 2002（加工或保藏的番茄）和 0703（鲜或冷藏的葱属蔬菜）两个蔬
菜品种 2015 年的市场份额超过 50%，分别为 59.7%和 52.5%，其他蔬菜产品

的市场竞争十分激烈，如表 13 所示。

表 13 2015 年俄罗斯从中国进口蔬菜金额占俄罗斯该类蔬菜总进口额的比例

海关编码	总进口额 （万美元）	从中国进口额 （万美元）	所占比例 （%）
0702（鲜或冷藏的番茄）	67 638.0	11 370.4	16.8
0701（鲜或冷藏的马铃薯）	25 624.4	3 271.0	12.8
0709（鲜或冷藏的其他蔬菜）	23 332.1	4 641.8	19.9
0703（鲜或冷藏的葱属蔬菜）	19 111.8	10 038.1	52.5
2005（加工或保藏的其他未冷冻蔬菜）	17 059.9	1 087.1	6.4
0707（鲜或冷藏的黄瓜）	15 990.7	3 248.0	20.3
2002（加工或保藏的番茄）	14 488.2	8 650.7	59.7
0706（鲜或冷藏的萝卜）	11 654.0	2 627.1	22.5

数据来源：联合国商品贸易统计数据库（comtrade. un. org）。

0702（鲜或冷藏的番茄）是俄罗斯进口额最大的蔬菜品种。近 10 年来，俄罗斯对鲜或冷藏的番茄的消费需求增长很快，主要从土耳其、中国和摩洛哥 3 国进口。其中，2015 年俄罗斯从土耳其进口了 3.3 亿美元的鲜或冷藏的番茄，约是同期从中国进口的 3 倍，如图 9 所示。主要原因是土耳其在地理位置上更靠近俄罗斯人口稠密地区，而中国的鲜或冷藏的番茄主要供应俄罗斯的远东地区。

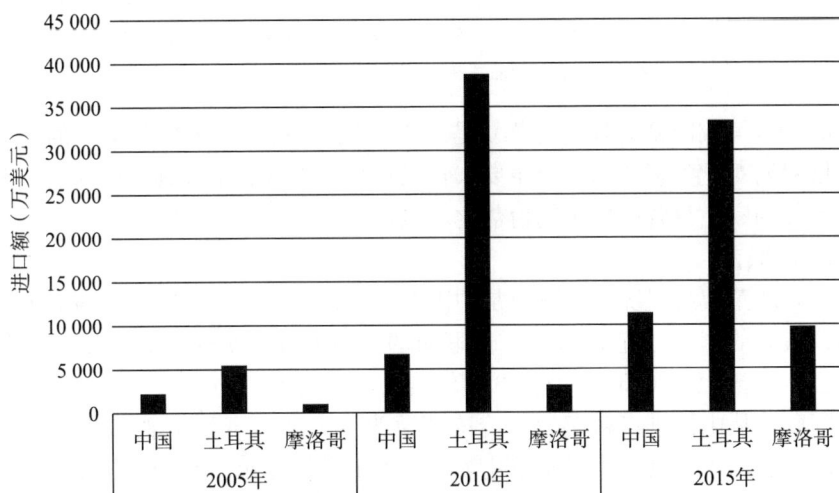

图 9 俄罗斯进口 0702（鲜或冷藏的番茄）的主要来源国

数据来源：联合国商品贸易统计数据库（comtrade. un. org）。

0701（鲜或冷藏的马铃薯）是 2015 年俄罗斯进口额排名第二的蔬菜品种。俄罗斯进口的鲜或冷藏的马铃薯主要来自埃及、中国和荷兰 3 国。2005 年俄罗斯从中国、荷兰和埃及 3 国进口的鲜或冷藏的马铃薯相差不大，但 2010 年俄罗斯从荷兰和埃及进口的鲜或冷藏的马铃薯快速增长，份额迅速超过中国，2015 年俄罗斯从埃及进口鲜或冷藏的马铃薯 1.2 亿美元，远远超过中国的 0.3 亿美元以及荷兰的 0.1 亿美元（图 10）。

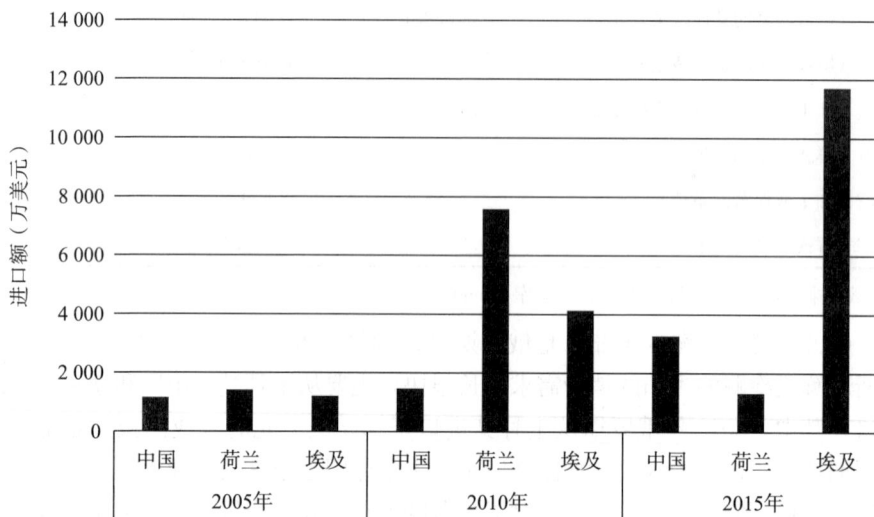

图 10　俄罗斯进口 0701（鲜或冷藏的马铃薯）的主要来源国

数据来源：联合国商品贸易统计数据库（comtrade. un. org）。

0709（鲜或冷藏的其他蔬菜）是 2015 年俄罗斯进口额排名第三的蔬菜品种。俄罗斯对此类蔬菜的进口主要来自以色列、中国、土耳其、伊朗、乌兹别克斯坦等国家，且各国的市场份额比较接近。

3. 阿联酋

（1）蔬菜贸易概况。阿联酋是中国在"一带一路"沿线国家中西亚地区蔬菜出口最多的国家。近 10 年来，阿联酋的蔬菜进口额逐渐增加，从 2005 年的 3.9 亿美元增长到 2015 年的达 12.3 亿美元，如图 11 所示。

阿联酋从中国进口蔬菜以鲜冷冻蔬菜为主，2015 年阿联酋从中国进口鲜冷冻蔬菜、加工保藏蔬菜以及干蔬菜分别为 1.2 亿美元、0.2 亿美元、0.02 亿美元，分别占阿联酋从中国进口蔬菜总额的 82.4%、16.4%以及 1.2%，如表 14 所示。

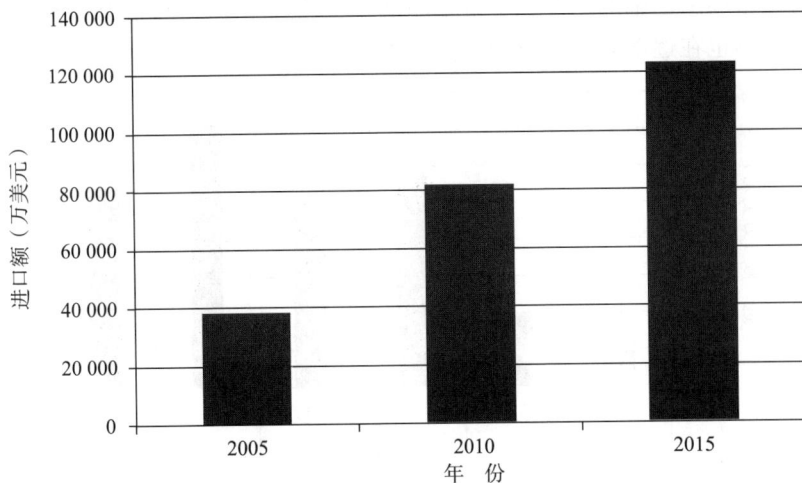

图 11　阿联酋蔬菜进口情况

数据来源：联合国商品贸易统计数据库（comtrade. un. org）。

表 14　阿联酋从中国进口各类蔬菜情况

单位：万美元

年份	鲜冷冻蔬菜	干蔬菜	加工保藏蔬菜
2005	1 698.9	22.2	2 414.0
2010	8 565.1	252.4	2 275.1
2015	11 784.9	170.2	2 341.3

数据来源：联合国商品贸易统计数据库（comtrade. un. org）。

（2）具体品种分析。在阿联酋从中国的进口蔬菜中，进口额超过 1 000 万美元，且从中国进口的蔬菜占据一定市场份额的蔬菜品种主要有 0703（鲜或冷藏的葱属蔬菜）、2002（加工或保藏的番茄）和 0706（鲜或冷藏的萝卜），分别占阿联酋该类蔬菜进口总额的 37.5％、22.6％和 41.3％（表 15）。

表 15　2015 年阿联酋从中国进口蔬菜占阿联酋该类蔬菜进口总额的比例

海关编码	总进口（万美元）	从中国进口（万美元）	比例（％）
0703（鲜或冷藏的葱属蔬菜）	19 621.9	7 353.1	37.5
2002（加工或保藏的番茄）	6 728.6	1 518.0	22.6
0706（鲜或冷藏的萝卜）	6 593.8	2 722.9	41.3

数据来源：联合国商品贸易统计数据库（comtrade. un. org）。

0703（鲜或冷藏的葱属蔬菜）是中国出口较多的蔬菜品种之一。近 10 年来，中国对阿联酋鲜或冷藏的葱属蔬菜出口保持稳定增长态势，中国在阿联酋该类蔬菜市场上面临的主要竞争者是印度，虽然近年来印度向阿联酋出口此类蔬菜的份额也在逐渐增加，但增幅低于中国（图12）。

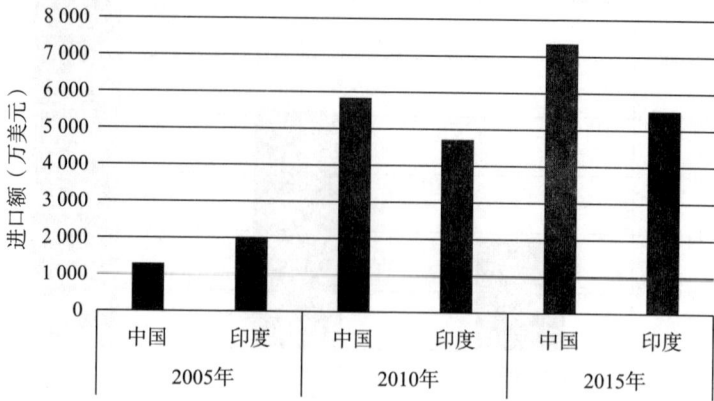

图 12　阿联酋进口鲜或冷藏的葱属蔬菜的主要来源国
数据来源：联合国商品贸易统计数据库（comtrade. un. org）。

阿联酋进口 2002（加工或保藏的番茄）主要来源于中国和美国。在 2010 年以前，中国该类蔬菜出口在阿联酋市场占绝对优势，但 2015 年随着美国出口份额大幅增加，美国超过中国成为阿联酋该类蔬菜的第一大进口来源国（图13）。

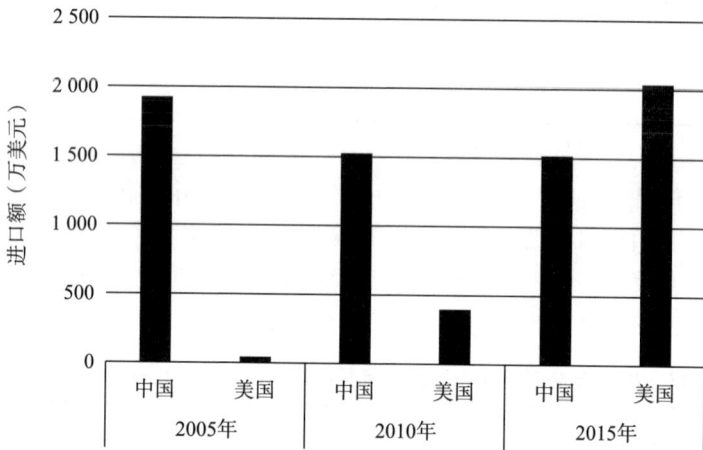

图 13　阿联酋进口 2002（加工或保藏的番茄）的主要来源国
数据来源：联合国商品贸易统计数据库（comtrade. un. org）。

阿联酋进口 0706（鲜或冷藏的萝卜）主要来源于中国和澳大利亚。随着该类蔬菜贸易总额的扩大，中国、澳大利亚出口该类蔬菜到阿联酋的份额同样也在不断增加，中国出口该类蔬菜的扩张更为明显（图14）。

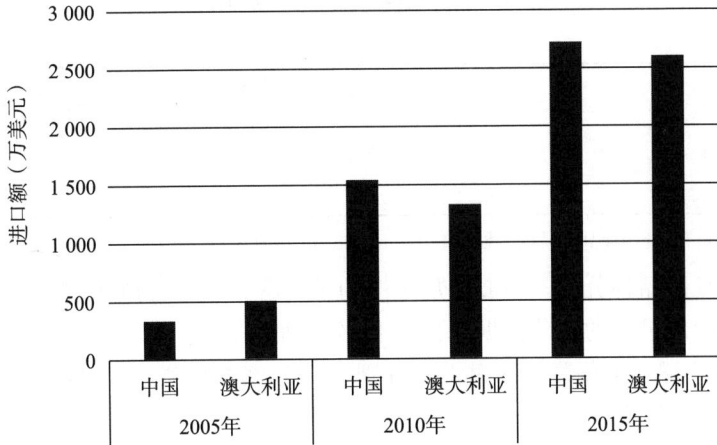

图 14　阿联酋进口鲜或冷藏的萝卜的主要来源国

数据来源：联合国商品贸易统计数据库（comtrade. un. org）。

4. 波兰

（1）蔬菜贸易概况。波兰是中国"一带一路"沿线国家中重要的东欧国家，也是此区域内中国出口蔬菜最多的国家。由于中国和波兰两国之间的距离较远，中国对波兰蔬菜出口以干蔬菜和加工保藏蔬菜为主，鲜冷冻蔬菜出口相对较少（表 16）。波兰蔬菜进口情况见图 15。

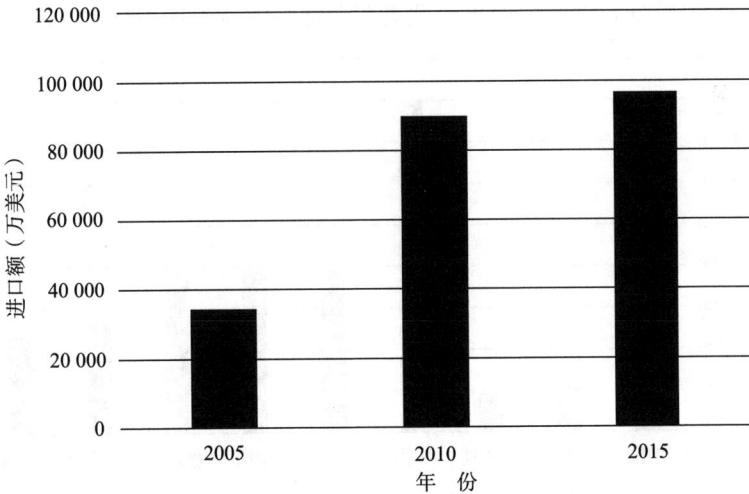

图 15　波兰蔬菜进口情况

数据来源：联合国商品贸易统计数据库（comtrade. un. org）。

表 16　波兰从中国进口各类蔬菜情况

单位：万美元

年份	鲜冷冻蔬菜	干蔬菜	加工保藏蔬菜
2005	523.3	614.3	918.0
2010	1 318.9	1 519.7	4 245.4
2015	350.2	2 120.4	2 308.6

数据来源：联合国商品贸易统计数据库（comtrade. un. org）。

（2）具体品种分析。在波兰从中国的进口蔬菜中，进口额超过1 000万美元，且从中国进口的蔬菜占据一定份额的品种主要包括2002（加工或保藏的番茄）和0712（干蔬菜）两大类，分别占波兰该类蔬菜进口总额的22.4%和34.0%（表17）。

表 17　2015年波兰从中国进口蔬菜金额占波兰该类蔬菜进口总额的比例

海关编码	总进口（万美元）	从中国进口（万美元）	中国所占比例（%）
2002（加工或保藏的番茄）	8 931.6	1 998.9	22.4
0712（干蔬菜）	5 524.9	1 876.7	34.0

数据来源：联合国商品贸易统计数据库（comtrade. un. org）。

波兰进口2002（加工或保藏的番茄）主要来自中国和意大利、西班牙、德国等欧盟国家。这些欧盟国家与波兰的地理距离相对较近，且都属于欧盟内部国家，关税较低，因此中国出口此类蔬菜面临的竞争压力较大（图16）。

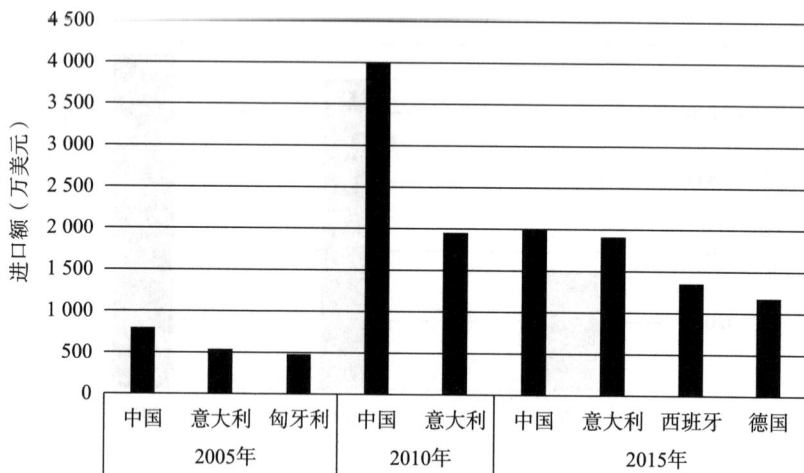

图 16　波兰进口2002（加工或保藏的番茄）的主要来源国
数据来源：联合国商品贸易统计数据库（comtrade. un. org）。

0712（干蔬菜）是中国传统的具有出口优势的蔬菜产品。中国出口到波兰市场上的干蔬菜占据着较高的市场份额。中国在该类蔬菜上的竞争主要来自德国、埃及和印度等国（图 17）。

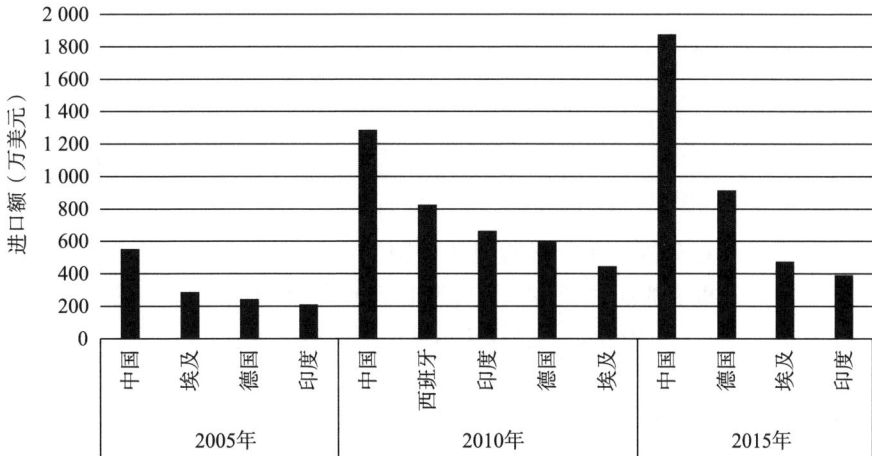

图 17　波兰进口干蔬菜的主要来源国

数据来源：联合国商品贸易统计数据库（comtrade. un. org）。

5. 巴基斯坦

（1）蔬菜贸易概况。巴基斯坦蔬菜进口额从 2005 年的 0.5 亿美元增长到 2015 年的 2.3 亿美元（图 18）。巴基斯坦是中国在南亚最大的蔬菜贸易国家，也是与中国贸易往来最密切的南亚国家。中国对巴基斯坦蔬菜出口以鲜冷冻蔬

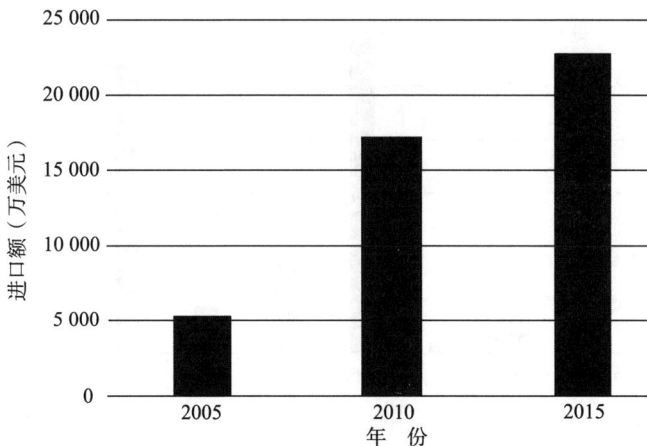

图 18　巴基斯坦蔬菜进口情况

数据来源：联合国商品贸易统计数据库（comtrade. un. org）。

菜为主，干蔬菜和加工保藏蔬菜出口较少（表 18）。中巴友谊历史悠久，发展中国与巴基斯坦的蔬菜贸易有较好的合作基础。

表 18　巴基斯坦从中国进口各类蔬菜情况

单位：万美元

年份	鲜冷冻蔬菜	干蔬菜	加工保藏蔬菜
2005	2 454.8	4.0	86.3
2010	6 111.9	125.6	360.2
2015	5718	292.7	582.3

数据来源：联合国商品贸易统计数据库（comtrade. un. org）。

（2）具体品种分析。在巴基斯坦从中国进口的蔬菜中，0703（鲜或冷藏的葱属蔬菜）是最重要的蔬菜产品。2015 年巴基斯坦从中国进口鲜或冷藏的葱属蔬菜金额为 5 674.8 万美元，占巴基斯坦从中国进口蔬菜总额的 86%，占巴基斯坦进口该类蔬菜总额的 71.9%，是中国对巴基斯坦蔬菜出口中最具竞争力的品种（表 19）。除中国外，巴基斯坦也从阿富汗和印度进口少量该类蔬菜（图 19）。

表 19　2015 年巴基斯坦从中国进口蔬菜占巴基斯坦该类蔬菜进口总额的比例

海关编码	总进口额（万美元）	从中国进口额（万美元）	比例（%）
0703（鲜或冷藏的葱属蔬菜）	7 888.5	5 674.8	71.9
2002（加工或保藏的番茄）	493.4	468.5	94.9
0712（干蔬菜）	268.7	235.9	87.8

数据来源：联合国商品贸易统计数据库（comtrade. un. org）。

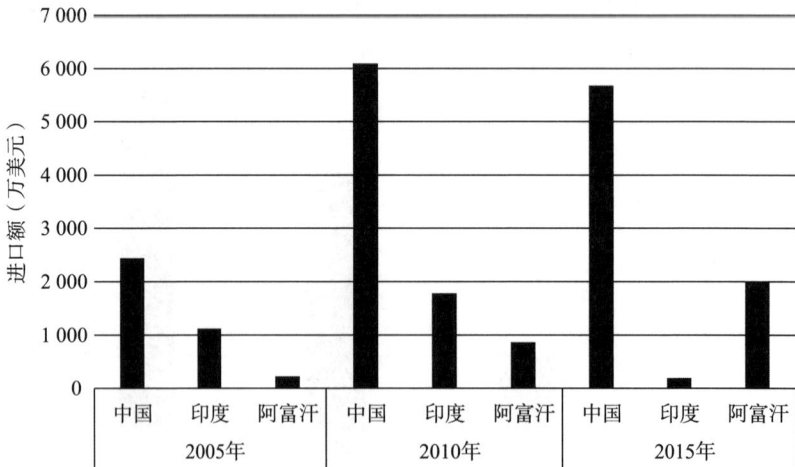

图 19　巴基斯坦进口鲜或冷藏的葱属蔬菜的主要来源国
数据来源：联合国商品贸易统计数据库（comtrade. un. org）。

四、"一带一路"倡议下中国蔬菜
产业发展机遇及挑战

(一)发展机遇

1. 蔬菜出口市场将进一步扩大

从中国蔬菜出口市场的长期变动趋势来看,受蔬菜贸易特点和区位因素影响,中国蔬菜出口从区域分布来看总体呈现出多元化的市场格局特征。东盟市场在中国蔬菜出口中的地位不断增强,欧盟市场则呈下降趋势。其中,东盟是近年来中国蔬菜出口增长最快的市场,1995年仅新加坡和马来西亚两个东盟国家进入中国蔬菜出口前十大市场,分别占中国蔬菜出口总额的4.0%和1.5%;而2016年越南、马来西亚、印度尼西亚和泰国4个东盟国家进入中国蔬菜出口前十大市场,分别占中国蔬菜出口总额的11.2%、6.0%、5.2%和3.9%。近20年来,欧盟在中国蔬菜出口市场中所占比重不断下降,1995年德国、荷兰和意大利分别占中国蔬菜出口总额的4.9%、1.8%和1.6%,分别位居中国蔬菜出口的第四、第七和第八大市场;2016年中国蔬菜出口前十大市场中欧盟国家仅剩荷兰,且排名第10位,占中国蔬菜出口总额的1.8%。"一带一路"倡议的实施将进一步推动中国蔬菜市场多元化格局的形成(表20)。

表20　1995年、2005年和2016年中国蔬菜出口排名前十大市场

国家 (地区)	1995年 出口额 (亿美元)	占出口 总额比重 (%)	国家 (地区)	2005年 出口额 (亿美元)	占出口 总额比重 (%)	国家 (地区)	2016年 出口额 (亿美元)	占出口 总额比重 (%)
日本	9.9	46.0	日本	16.3	36.3	日本	21.7	14.7
中国香港	3.4	15.8	美国	3.4	7.5	越南	16.5	11.2
美国	1.2	5.6	韩国	2.9	6.6	中国香港	15.6	10.6
德国	1.1	4.9	马来西亚	2.4	5.3	韩国	12.3	8.4
新加坡	0.9	4.0	中国香港	1.9	4.2	美国	10.7	7.3
韩国	0.8	3.6	俄罗斯	1.6	3.6	马来西亚	8.8	6.0
荷兰	0.4	1.8	印度尼西亚	1.4	3.2	印度尼西亚	7.6	5.2
意大利	0.4	1.6	德国	1.3	3.0	泰国	5.7	3.9
马来西亚	0.3	1.5	意大利	1.2	2.6	俄罗斯	5.6	3.8
加拿大	0.3	1.3	荷兰	0.9	2.0	荷兰	2.6	1.8
合计	18.6	86.0	合计	33.3	74.2	合计	107.2	72.8

数据来源:海关信息网(www.haiguan.info)、《中国农产品贸易发展报告》。

但中国对"一带一路"沿线的中亚、西亚、南亚、东欧、地中海等地区各国的蔬菜出口总体贸易规模相对较小，基本以边境小额贸易为主。从中国对"一带一路"沿线国家蔬菜出口的具体品种结构特征来看，对与中国接壤或距离较近的俄罗斯、东南亚、中亚、南亚国家的蔬菜出口以大蒜、洋葱、萝卜、甘蓝、马铃薯等鲜冷冻蔬菜和干蔬菜为主，而对与中国距离较远的西欧、东欧、地中海、西亚地区国家蔬菜出口则以番茄酱罐头、芦笋罐头、非醋加工蔬菜等加工保藏蔬菜和干蔬菜为主。随着"一带一路"倡议的实施，以铁路、公路、航空、海运为代表的基础设施建设逐渐完善，中国对"一带一路"沿线的中亚、西亚、南亚、东欧、地中海等地区各国蔬菜出口的品种和规模都将有较大的提升空间，除原有的加工保藏蔬菜和干蔬菜外，鲜冷冻蔬菜的出口也将快速增长，中国蔬菜出口市场多元化的格局将进一步拓展。

2. 蔬菜国际合作将取得较大突破

除传统蔬菜出口外，"一带一路"倡议还将有力推动中国蔬菜产业与"一带一路"沿线国家开展广泛的投资和技术合作。中亚、南亚和东欧地区拥有土地资源、水资源和光热资源，蔬菜生产条件优越，但受经济发展水平、农业生产技术、农业生产结构和劳动生产率等因素制约，蔬菜生产整体水平不高，单产水平普遍低于中国。中国在蔬菜生产、加工等方面具有丰富的经验和先进的技术，尤其是在设施蔬菜和反季节蔬菜的种植上具有明显优势，开展蔬菜国际合作具有广阔的前景。"一带一路"沿线的大多数国家都在努力寻求外资，中国可以鼓励有实力的蔬菜生产、加工和流通企业积极进行对外直接投资，以合资、参股、收购等方式，特别是针对中亚、南亚和东欧地区农业资源相对丰富的中低收入国家，利用当地丰富的土地等农业资源和廉价的劳动力，积极开展蔬菜种植、收购、加工、仓储物流和贸易等蔬菜全产业链的合作，不仅可以进一步开拓周边蔬菜市场，还能够有效回避各种关税及非关税壁垒。

（二）挑战

"一带一路"倡议在给中国蔬菜出口带来发展机遇的同时，也面临着不小的挑战，主要表现在中国蔬菜产品的质量安全水平不高，极易遭受各种技术性贸易壁垒的制约，蔬菜出口秩序较为混乱，缺乏统一协调等方面。

1. 蔬菜产品的食品安全隐患可能面临较大的市场风险

尽管近年来中国蔬菜生产的技术水平不断提高，但中国蔬菜产品品质较差的局面还没有得到根本转变，蔬菜食品安全问题尤为突出。中国蔬菜产品尚未建立统一的规格标准，加上蔬菜生产者的食品安全意识尚未普及，蔬菜检验检疫的标准和条件同发达国家相比还存在不小差距，包括硝酸盐和亚硝酸盐浓度过高以及农药残留和重金属含量过高等问题一直没有得到根本解决。在世界经济增速放缓和农产品贸易保护主义盛行的背景下，许多国家为保护本国市场对包括蔬菜在内的农产品进口设置了更多的贸易壁垒，实施了更加苛刻的市场准入法则和通关检验检疫程序，并对来自中国的蔬菜产品加倍设限，导致中国蔬菜出口由于食品安全问题遭遇退货的现象频繁发生，食品安全问题也成为制约中国蔬菜出口进一步发展的关键问题之一。

2. 蔬菜出口秩序较为混乱，缺乏统一协调

由于政府管理机制不健全，缺乏有效的行业协会组织，中国蔬菜出口尚未建立有效的市场监测与预警机制，基本依靠出口企业自身开拓国际市场，参与国际市场竞争；加上缺乏必要的支持、指导和协调，出口经营秩序较为混乱，不仅承担了较大的国际市场风险，也失去了不少难得的蔬菜出口机会。有些蔬菜生产和加工企业缺乏出口经营权，不能直接参与蔬菜出口贸易；有些企业具有蔬菜出口资格，但对国内外蔬菜供给和需求信息掌握不够，导致蔬菜生产经营存在一定的盲目性，由于蔬菜货源奇缺而失去出口机会以及由于供给过剩而竞相压价的恶性价格竞争现象时常发生；还有些蔬菜出口企业对于主要蔬菜进口国的贸易政策、技术标准了解较少，容易遭受其贸易政策变动的风险和技术壁垒的困扰，且在发生蔬菜国际贸易摩擦和纠纷时，缺乏必要的指导和准备，不能积极应诉，丧失了维护自身合法权益的机会，从而遭受较大经济损失。

五、政策建议

（一）科学制定战略规划，对蔬菜出口进行整体布局

在深入分析"一带一路"沿线各国农业资源分布特点、农业发展现状和市场需求状况的基础上，科学制定中国蔬菜出口及投资和技术合作的战略规划，加强中国与"一带一路"沿线各国的蔬菜产业合作。一方面，优化国内出口蔬菜生产基地的优势区域布局，选择蔬菜进口规模较大的国家作为重点蔬菜出口市场，针对其需求特点和区位特征，确定中国蔬菜出口的主导品种；另一方面，选择农业资源丰富、农业技术条件较好的国家深入开展蔬菜合作。同时，正确处理政府与市场的关系，坚持以市场为导向，以蔬菜生产、加工出口企业为主，政府推动为辅的发展模式，充分发挥市场机制的作用，使相关企业积极参与到蔬菜出口及投资和技术合作中去，进一步推动中国蔬菜出口的发展。

（二）加大对蔬菜产业的支持力度，营造良好的国际贸易环境

针对蔬菜生产周期短、品种多、投入大、受自然风险和市场风险影响大等特点，需要加大政府对蔬菜产业的支持力度。在蔬菜生产过程中，增加对蔬菜产业基础设施建设投入、农村环境和生态保护投入以及科技投入，保证农用生产资料的供应及价格稳定，并加快建立蔬菜种植补贴制度以及农业保险制度，

支持蔬菜产业的发展。在蔬菜出口过程中，在保证出口蔬菜产品质量的前提下简化海关检测、通关手续，并为蔬菜出口企业制定和实施优惠的信贷和税收政策，解决蔬菜出口企业融资难的问题。在发生蔬菜贸易摩擦时，合理利用国际贸易规则以及双边或多边机制，积极协商妥善解决各种诉讼和纠纷，维护正当权益。同时，还要加强行业管理，充分发挥蔬菜行业商会或协会的协调作用，制定并实施行业规范，建立自律机制，减少国内蔬菜出口企业为扩大蔬菜出口而采取的恶性价格竞争，营造良好的竞争环境。

（三）提高蔬菜质量安全意识，有效规避技术性贸易壁垒

长远来看，中国蔬菜出口必须走依靠品质提升市场竞争力的道路，朝品质有机化、生产标准化、出口基地化方向发展，实现蔬菜出口从"量"的扩张到"质"的提高。只有不断提高蔬菜产品的质量安全意识，强化蔬菜质量安全监控体系，确保出口蔬菜产品的质量安全，才能有效规避中国蔬菜在出口过程中可能面临的各种技术性贸易壁垒，促进中国蔬菜出口的稳定发展。一是加强蔬菜生产标准化体系建设，加快中国蔬菜质量标准的制定，建立蔬菜产品生产的标准化体系，重视示范和应用推广，广泛宣传相关政策，增强蔬菜生产者的安全意识。二是以蔬菜标准园创建为契机，推进蔬菜标准化生产和质量安全监管。在创建蔬菜标准园的过程中，加强对蔬菜生产者安全合理用药的指导，强化高毒农药监管，减少农药残留，开展群防群治，确保蔬菜产品的质量安全。三是加强监管，建立完善的蔬菜产品质量检测体系，重点监测蔬菜中的农药残留、重金属含量等指标，把蔬菜生产的产前、产中、产后全过程纳入标准化生产和标准化管理轨道，确保蔬菜的质量安全。

（四）建立有效的市场预警机制，不断优化蔬菜进出口贸易结构

加强蔬菜产业信息化建设，组织人员建立专门机构调查研究"一带一路"沿线国家蔬菜产业发展动态以及世界蔬菜进出口贸易形势，开展蔬菜行业相关信息的收集、整理和分析、预测工作，建立蔬菜生产、流通和销售的动态监测和预警机制。一方面，重点关注国内外蔬菜生产条件、生产能力及变动状况，评估蔬菜主产国气候变化、自然灾害以及大规模病虫害对蔬菜生产供给的影响，并对主要竞争对手出口蔬菜产品的市场竞争力大小进行分析和评价；另一方面，对"一带一路"沿线国家蔬菜市场容量、市场价格进行分析，特别是对中国蔬菜出口的重点国家进行跟踪研究，密切注意当地蔬菜消费习惯和需求特征的变化，根据市场供求形势及时调整蔬菜出口策略，合理调节中国蔬菜出口流向和流量，促进中国蔬菜出口。同时，注意防范各种潜在的市场风险，不断优化蔬菜出口的市场结构，在巩固传统出口市场的基础上，积极开拓新的市场。

贸易视角下中国水果产业发展的利弊因素分析

——以鲜苹果产业为例

水果是中国在国际农产品市场上具有优势的农产品之一。2016 年，中国水果出口 71.4 亿美元，进口 58.1 亿美元，贸易顺差 13.3 亿美元，同比增长 30.5％，是缩小中国农产品国际贸易逆差的重要拉动力量。近年来，随着中国居民收入水平和消费结构的变化，水果消费需求不断增长，2013—2016 年，中国居民人均鲜瓜果消费量由 37.8 千克上升至 43.9 千克，年均增长 5.1％。在水果消费需求不断攀升的背景下，中国果园面积由 2000 年的 893.2 万公顷上升至 2016 年的 1 298.2 万公顷，年均扩张 2.4％，水果供给能力不断增强。从事水果种植的经济效益显著高于 3 种粮食以及蔬菜种植业，以苹果为例，亩均利润由 2007 年的 2 442.57 元/亩上升到 2014 年的 3 480.85 元/亩，是农民增加务农收入的重要选择。从生产、消费和贸易 3 个角度，均可以看出水果产业正处于快速发展阶段，并且在中国农业生产中占有重要地位。农产品的生产、消费以及贸易是相互影响、互相联动的（谢莉娟等，2017）。当前，中国水果产业在生产和消费稳步发展的背景下，主要面临日益开放的贸易环境所带来的机遇与挑战（王苗苗，2011；孙致陆等，2013）。当前诸多研究从贸易互补性、贸易强度和贸易潜力的角度对不同国别间未来贸易发展趋势展开了分析，但是针对具体产品的研究相对较少。本文将以鲜苹果产业为例，通过计算、分析相关贸易指数，考察贸易政策变动对鲜苹果产业带来的利弊影响。

一、中国水果出口贸易发展状况

（一）水果贸易总体发展情况

加入 WTO 以来，中国水果贸易迅速发展。2001—2016 年，中国水果出口额从 8 亿美元增至 71.4 亿美元，年均增长 14.7％，出口量从 148.5 万吨增至 360.1 万吨，年均增长 5.7％；2001—2016 年，进口额从 3.5 亿美元增至 58.1 亿美元，年均增长 19.2％，进口量从 93 万吨增至 392 万吨，年均增长 9.4％。总体来看，中国水果贸易顺差小幅增长，但经历了先上升后下降的发展趋势，尤其 2008 年以来，水果贸易顺差由 30.2 亿美元下降至 2016 年的 13.3 亿美元，年均下降 8.7%（图 1）。

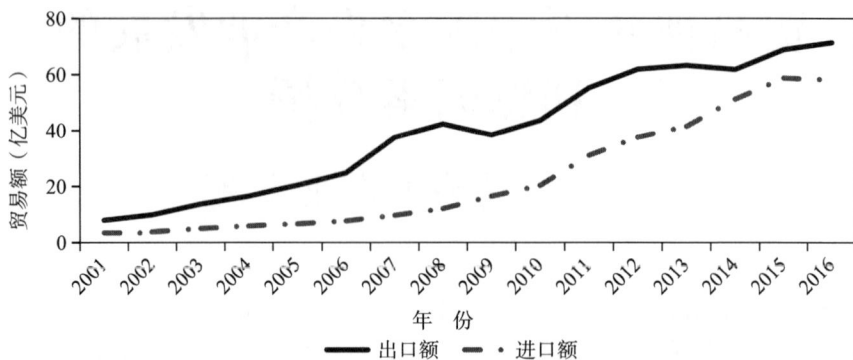

图 1　2001—2016 年中国水果贸易进出口额变化情况

数据来源：UN Comtrade 数据库。

1. 出口产品结构状况

苹果、柑橘、葡萄、苹果汁、梨是近几年主要出口产品，出口额所占比重呈上升趋势。该 5 类产品 2016 年出口额合计 40.7 亿美元，占水果出口总额的 57%。其中苹果出口额占 35.7%，柑橘占 22.5%。2001—2016 年，柑橘和葡萄出口额占水果出口总额的比重快速提高，分别从 5.1% 和 0.03% 提高至 22.5% 和 16.3%；苹果汁出口额所占比重波动较大，从 13.3% 升至 2007 年最高水平的 33.2%，此后又迅速下降至 2016 年的 13.4%（图 2）。

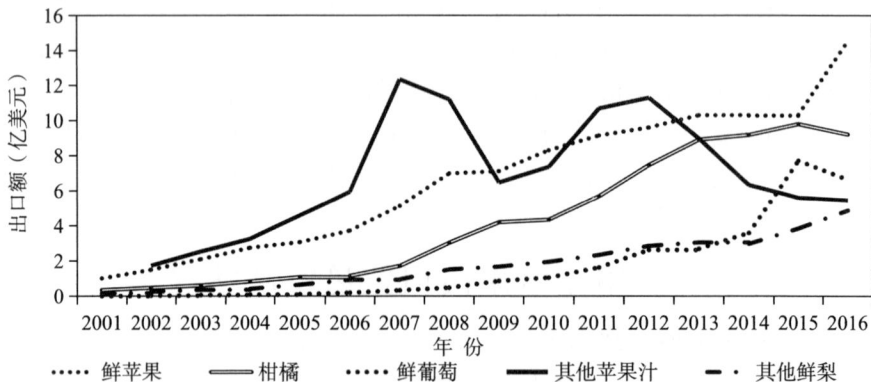

图 2　2001—2016 年中国主要水果品种出口额变化

数据来源：UN Comtrade 数据库。

2. 出口市场结构状况

东盟、美国、日本和俄罗斯是中国水果的主要出口市场。近年来，中国主要产品对东盟出口额均占中国水果出口总额的 50％以上。2016 年，中国葡萄对东盟出口额所占比重高达 80.9％，柑橘、梨和苹果对东盟出口额所占比重分别为 76.4％、62.2％和 52.5％。从近几年趋势来看，对东盟出口葡萄所占比重较 2001 年的 12.5％提高了 68.4 个百分点，但与 2014 年相比，柑橘和梨出口比重有所下降。在东盟市场中，泰国、菲律宾、越南和印度尼西亚是中国主要目标市场。2016 年，对泰国、菲律宾和越南出口的苹果所占比重分别为 10.8％、10.1％和 8.3％；对泰国、越南和马来西亚出口的柑橘所占比重分别为 20.2％、18.4％和 14.2％；对泰国、越南和印度尼西亚出口的葡萄所占比重分别为 46.8％、21.3％和 6.2％；对印度尼西亚、越南和泰国出口的梨所占比重分别为 18.8％、15.7％和 10.7％。俄罗斯是中国水果出口的第二大市场。2016 年，柑橘、梨、苹果汁、苹果和葡萄对俄罗斯出口额所占比重分别为 13.5％、10％、9.4％、8.7％和 2.9％。2001 年以来，中国向俄罗斯出口苹果和葡萄的份额呈持续下降趋势，但柑橘、梨和苹果汁的出口比重相对稳定。美国和日本是中国仅次于东盟和俄罗斯的主要水果出口市场。2016 年中国苹果汁对美国和日本出口额所占比重分别为 50.7％和 10.4％，两市场合计所占比重较上一年有所减少。2002 年以来，中国苹果汁在美国市场所占比重呈上升趋势，在日本市场所占比重呈下降趋势。

3. 出口价格变化状况

中国水果主要出口品种的出口价格整体呈上涨趋势。2001—2016 年，苹果价格从每千克 0.33 美元上涨至 1.1 美元，年均上涨 7.8％；柑橘从 0.24 美元上涨至 1.42 美元，年均上涨 11.8％；梨从 0.22 美元上涨至 1.08 美元，年均上涨 10.5％。

（二）水果贸易发展的影响因素

1. 成本上涨及人民币升值导致价格竞争力下降

近年来中国水果生产成本持续攀升，其中人工成本上涨最为迅速。以苹果为例，2004—2016 年，生产成本由每亩 1 340.3 元逐年攀升至 5 051 元，年均上涨 11.7％。其中，人工成本由每亩 612.2 元上涨到 3 369.2 元，年均上涨 15.3％。再加上出口认证、运输等综合成本均上涨，出口鲜苹果和苹果汁的价格大幅上涨，我国苹果及其加工品的价格竞争力下降。原本苹果、葡萄和柑橘都是我国水果出口的传统优势品项，其中苹果在数量和金额上都排在我国水果出口首位，但随着生产成本的进一步提高，现在这个优势可能会被市场低价吞噬，主要出口水果的价格竞争力将进一步受到影响。

此外，人民币升值是造成中国水果出口价格上涨的又一重要原因。2006—2016 年，美元兑人民币汇率下降 14.0％（图 3）。在国际贸易过程中，将苹果价格折算成美元计价，出口价格上涨幅度将比按人民币计价上涨幅度更大。

图 3　2006—2016 年美元对人民币汇率中间价及变化情况

数据来源：国家外汇管理局网站。

2. 消费偏好变化引起贸易结构变化

世界主要国家水果消费呈现鲜食消费比重逐渐上升，加工水果消费比重下降的趋势。土耳其、中国、俄罗斯和欧盟水果鲜食消费比重一直保持在 70% 以上，其中土耳其和中国水果鲜食比重甚至超过 90%。在全球水果消费结构呈现出鲜食消费比重逐渐上升的背景下，中国加工水果出口已经呈下降趋势。作为水果加工大国的中国水果加工业未来发展面临巨大压力，水果产业必须优化资源配置，调整生产结构，积极迎合消费者需求的变化。

3. 水果出口目的地从发达国家转向发展中国家

在金融危机之前，我国水果出口目的地主要集中在美国、日本、俄罗斯、印度尼西亚、德国和荷兰，特别是美国、日本和俄罗斯三国。金融危机之后，我国水果主要出口目的地变成了泰国、越南和马来西亚三国。国际货币基金组织发布的《世界经济展望》表明，2008—2009 年受金融危机影响，世界经济陷入衰退，近年来缓慢恢复，增速明显低于危机前水平。我国水果出口增速也从危机前的 25.3% 降至危机后的 8.4%。其中，果汁出口因发达国家经济衰退受到的影响最大。

4. 多双边贸易协定带来水果贸易环境变化

在贸易自由化背景下，水果贸易自由化进程不断推进，主要水果贸易伙伴的关税呈下降趋势。在出口方面，近年来俄罗斯对中国主要出口水果品种的关税逐渐降低，2012—2016 年，鲜苹果关税由 31.39% 下降至 11.75%，苹果汁由 15% 下降至 12%，鲜梨由 10% 下降至 5%，鲜柑橘和鲜葡萄则维持在 5% 的较低水平上。关税水平的下降有利于我国特色水果产品出口的增长。

此外，从 2015 年至 2016 年，中国出台水果贸易政策 20 余项，涉及诸多水果品种，一半以上与中国优势水果品种（苹果、柑橘、梨）相关（表1）。在出口方面，美国放开中国苹果进口限制、鸭梨和砂梨获准出口以色列、印度尼西亚重新放宽水果进口限制等，将为中国水果出口，尤其是优势水果品种的出口创造积极条件，而印度暂时禁运中国苹果和梨将产生一定负面影响。在进口方面，南非苹果输华、阿根廷产梨获市场准入、美国加利福尼亚州柑橘被解禁、波兰苹果正式输华、乌拉圭和意大利柑橘获准进入等都将对中国优势水果品种相关产业带来冲击。

表1　2015—2016 年中国水果产业贸易政策变化情况

品种	贸易方向	时间	贸易政策变化
苹果	出口	2015.2	中国苹果历经 17 年终获准出口美国，中美双方签署了中国苹果输美工作计划
苹果	进口	2015.3	南非首批苹果输华
樱桃	出口	2015.6	山西樱桃首次输往中国台湾地区
菠萝	进口	2015.6	马来西亚菠萝进入中国市场
梨	进口	2015.7	阿根廷产梨首次允许向中国出口
梨	出口	2015.8	中以双方草签了《关于以色列进口中国产鸭梨和砂梨条件要求的双边检疫安排》
莲雾	进口	2015.8	泰国莲雾获得中国市场准入
葡萄	进口	2015.8	韩国葡萄首次获准输华
蓝莓	进口	2015.8	首批加拿大蓝莓抵华
柑橘	进口	2015.11	美国加利福尼亚州柑橘被解禁，重返中国市场
苹果	进口	2016.6	中国国家质量监督检验检疫总局与波兰农业部门签署了《关于波兰苹果输华植物检疫要求的议定书》，正式启动波兰苹果输华工作
葡萄	进口	2016.7	中国和阿根廷两国政府质检部门就阿根廷鲜食葡萄出口中国达成了检疫协议
柑橘蓝莓	进口	2016.8	《关于乌拉圭柑橘输华植物检疫要求的议定书》和《关于乌拉圭鲜食蓝莓输华植物检疫要求的议定书》签署
油桃	进口	2016.11	智利油桃历经 3 年谈判，正式获准出口中国
蓝莓	进口	2016.11	秘鲁国家农业安全局和中国国家质量监督检验检疫总局对秘鲁蓝莓准入中国市场达成一致
葡萄	进口	2016.11	埃及葡萄获准输华
果蔬	出口	2016.11	印度尼西亚进口门槛继 2016 年初收紧后再次放宽

数据来源：国际果蔬报道。

5. 非关税壁垒提高了出口要求

水果被许多国家列为"敏感产品",在关税壁垒逐步降低的背景下,各国为保护本国果农利益,往往设置较高的非关税壁垒,使得中国水果出口更多地面临来自实施卫生与植物卫生措施(SPS)等技术性贸易措施带来的挑战。国际上对水果的进口风险评估严格,美国、日本、韩国等至今未完成关于进口中国苹果和梨的风险评估,美国、澳大利亚、新西兰等禁止进口中国猕猴桃,美国、加拿大、澳大利亚、韩国、日本、南非等禁止从中国进口柑橘。其中,2012年因国外技术性贸易措施导致中国部分出口农产品被国外扣留、销毁、退货,农产品直接经济损失为41.5亿美元,对欧盟、韩国、美国、日本农产品出口的直接损失额分别为9.6亿美元、7.3亿美元、6.2亿美元、5.7亿美元。国际市场日益严格的技术性贸易措施使中国农产品出口企业在技术改造、检验、检疫、认证等方面的成本增加,出口竞争力受到削弱。

6. 生产技术和产业链发展落后导致质量竞争力较弱

生产技术差异,也是导致中国很多水果在市场价格和品质本身都缺少国际竞争力的主要原因。以苹果为例,国际市场上的各大主栽国基本都取消了苹果套袋,而中国依旧延续这一栽培方式,这给中国苹果产业带来了很多不利影响。据统计,中国目前套袋果园占80%以上,套袋生产成本占总成本构成的32%,优果率不足40%,且导致苹果的特有风味变淡,降低了苹果的国际竞争力。

水果产业链各环节发展的不足导致中国水果产品在国际市场中竞争力较弱,难以进入高端消费市场。生产阶段次果比重高,产品外形欠佳。产后商品化处理阶段预冷处理比例较低(仅为5%,日本为90%以上),分级指标单一,检验检测技术落后,导致在高端市场上竞争力较弱,甚至国内高端市场被国外水果取代,高档水果进口呈增长趋势。流通阶段冷链运输发展不足,水果产品损耗率较高(30%左右,发达国家仅为7%)。加工阶段发展方式粗放,且以小规模企业居多。营销阶段品牌建设缺乏整体规划,国际公信力难以树立,品牌附加价值不高。

可以看出,水果生产成本上涨、人民币升值、消费者偏好改变、出口目的地国家变化、生产技术及产业链发展滞后和贸易环境变化等诸多因素均给中国水果进出口贸易带来了影响。但是,从国别、产品角度具体分析看来,贸易政策的变化仍是带来贸易波动的最主要因素,因此,本文将选取具体水果产品,分析贸易政策变动对该产业带来的实际影响。

二、中国鲜苹果贸易现状及贸易政策变动状况

鲜苹果是中国水果产业中最重要的产品之一。在生产方面,2006年中国

苹果果园面积仅为 189.9 万公顷，2014 年则迅速上升至 227.2 万公顷，增长
19.66%，成为中国种植面积仅次于柑橘的第二大品种。在贸易方面，鲜苹果
出口额始终位居前列，2008—2016 年，中国鲜苹果出口额稳步上升，由 6.98
亿美元上升至 14.53 亿美元；鲜苹果出口额占当期水果出口总额的比重由
2008 年的 16.5% 上升至 2016 年的 20.3%，总体呈上升趋势（图 4）。因此，
无论从生产还是贸易角度看来，鲜苹果均在中国水果产业中占据举足轻重的地
位，本文将以鲜苹果产业为例，考察近年来鲜苹果贸易政策变动情况，分析贸
易政策变动对鲜苹果产业带来的利弊影响。

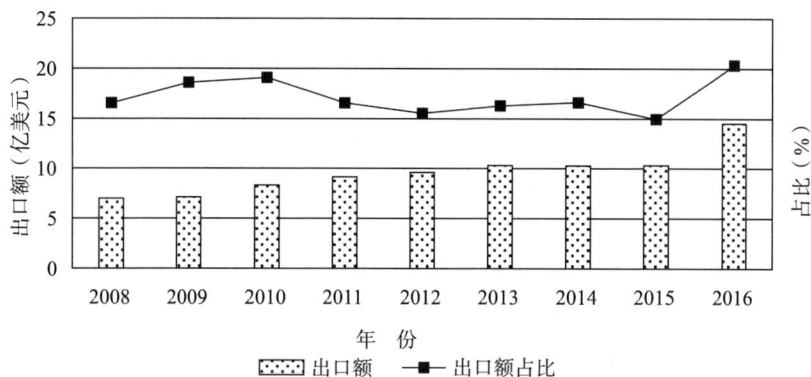

图 4　2008—2016 年中国鲜苹果出口额及其出口占比变化状况

数据来源：UN Comtrade 数据库。

　　中国农产品市场日益开放，鲜苹果贸易领域也不例外。在出口方面，中国
鲜苹果历经 17 年的谈判，终于获准出口美国，美国作为鲜苹果的主要进口国，
该政策有望进一步促进中国鲜苹果出口。在进口方面，2016 年 6 月，波兰苹
果获准输华，波兰作为世界苹果主要生产国之一，将其苹果低价输入中国市
场，可能会对中国自身的苹果产业造成冲击。

　　从贸易市场结构角度看来，在鲜苹果出口方面，东盟国家仍是中国主要出
口市场；同时，受美国对华放开苹果进口限制的影响，2015 年中国对美国鲜
苹果出口实现了从无到有的增长，2016 年对美鲜苹果出口量达 0.38 万吨，但
从绝对量水平看来，中国对美国鲜苹果出口仍处于较低水平，与东盟市场存在
巨大差距。在鲜苹果进口方面，美国、新西兰的嘎拉果以及日本的高品质苹果
是中国进口的主要产品；此外，随着波兰苹果获准输华，2016 年中国从波兰
进口苹果 42.07 吨（表 2），绝对量水平依旧较低，这主要受波兰苹果对华出
口渠道尚未完全打开的限制。

表2　2016年中国鲜苹果进出口市场结构

国家和地区	出口量（万吨）	出口额（亿美元）	国家和地区	进口量（吨）	进口额（万美元）
孟加拉国	18.14	1.25	美国	27 019.76	4 475.31
印度	14.70	1.49	新西兰	19 812.18	4 558.30
泰国	14.22	1.97	智利	16 274.52	2 346.42
菲律宾	13.36	1.60	法国	1 770.18	256.95
俄罗斯	11.46	1.14	日本	1 290.43	543.57
越南	11.00	1.40	南非	783.55	110.18
印度尼西亚	8.99	1.03	澳大利亚	99.71	21.60
缅甸	8.63	0.93	波兰	42.07	9.23
美国	0.38	0.05	意大利	16.38	0.97

数据来源：UN Comtrade 数据库。

　　从具体的美国和波兰两国市场看来（图5），2000年以来，美国鲜苹果进口量占当期世界鲜苹果进口总量的比重有所下降，2000年美国鲜苹果进口量占世界进口总量的3.52%，2016年该比重仅为2.49%，进口量位居世界第12名；但是，美国鲜苹果进口额占世界鲜苹果进口总额的比重下降速度明显慢于进口量所占比重的降速，2000年美国鲜苹果进口额占世界鲜苹果进口总额的4.59%，2016年该比重为4.49%，进口额高居世界第5名。尽管从进口量来看美国进口有限，但是从进口额看来，美国鲜苹果进口位居世界前列，是进口世界高品质鲜苹果的重要市场之一。

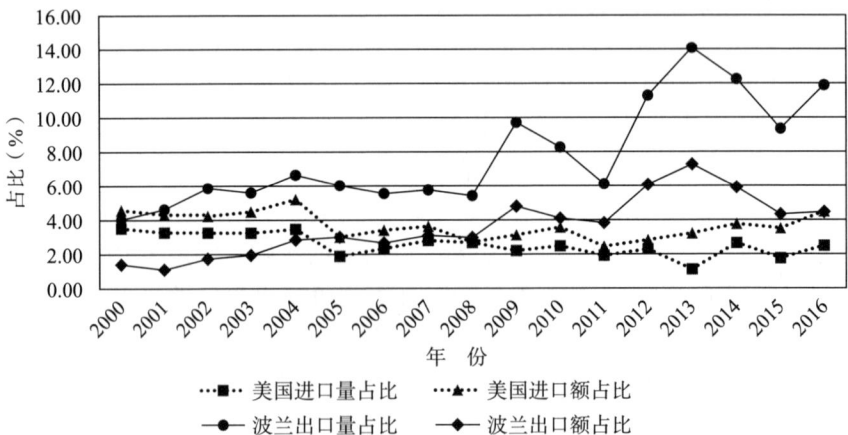

图5　2000—2016年美国、波兰鲜苹果进口、出口在世界总进出口中占比变化
数据来源：UN Comtrade 数据库。

波兰作为东欧苹果种植大国，一直以廉价苹果大量供应于世界鲜苹果贸易市场。2000 年，波兰鲜苹果出口量占世界鲜苹果出口总量的 4.03％，此后，该比重迅速上升，2016 年达到 11.89％，位居世界第 3 名，期间于 2013 年达到 14.08％的最高水平；在出口额方面，2000 年，波兰鲜苹果出口额占世界鲜苹果出口总额的 1.41％，2016 年为 4.46％，仅位居世界第 8 名。出口量所占比重与出口额所占比重之间的巨大差距反映出波兰鲜苹果的出口价格十分低廉，在低端鲜苹果贸易市场具有较强竞争力。在中国依然存在大量低端需求的背景下，波兰鲜苹果获准输华可能会对中国鲜苹果市场产生冲击，从而对中国苹果种植农户带来不利影响。

随着世界鲜苹果市场的日益开放，中国苹果产业面临着机遇与挑战并存的局面。美国市场的开放有利于促进中国鲜苹果出口，且满足中国未来出口更多高附加价值农产品的需求；但同时，中国苹果市场对波兰的开放，将使大批低价的波兰苹果涌入中国市场，对中国本土苹果产业造成冲击。

三、研究思路及方法

在进行贸易实证研究时，显示性比较优势指数以及贸易互补指数均经常被运用，本研究在选取显示性比较优势指数进行分析的基础上，进一步运用标准显性比较优势指数进行不同产品间、不同国家间以及不同时期内竞争力水平的比较。

（一）研究思路

首先，根据出口国出口产品的显示性比较优势指数所处的区间范围，判断该产品出口竞争力水平高低；其次，计算标准显性比较优势指数，判断该出口产品的竞争力水平变化情况，并与该市场上其他主要来源国产品的竞争力水平变化趋势进行比较；最后，计算进出口两国间的贸易互补指数，判断两国间的贸易互补关系，并进一步假设贸易情境，考察贸易增加时贸易互补性水平的变化趋势。如果出口国出口产品的竞争力水平较高，较其他来源国而言竞争力水平有上升趋势，同时贸易互补性较强，且在假设的贸易情景下有望进一步增强，则说明该政策利好作用较强（图 6）。

（二）研究方法

1. 显示性比较优势指数（RCA）

显示性比较优势指数（Revealed Comparative Advantage，RCA）最早由 Balassa（1965）提出，其将一国某种产品出口置于全球市场商品贸易框架之下，通过计算一个国家某种产品出口占该国出口总值的份额与世界该类商品出口占世界出口份额的比例来反映一个国家贸易在国际贸易中的竞争地位，计算

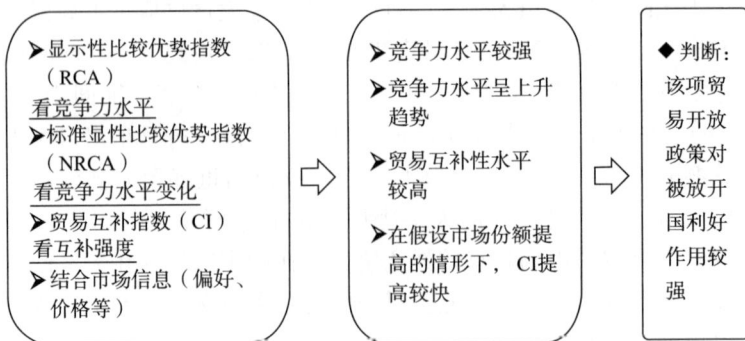

图 6　研究思路

数据来源：根据已有研究进一步梳理所得。

公式为：

$$RCA_{xik} = \frac{X_{ik}}{X_{wk}} \bigg/ \frac{X_i}{X_w}$$

其中 X_{ik} 为国家 i 出口商品 k 的金额，X_{wk} 为世界出口商品 k 的金额，X_i 为国家 i 的全部商品出口总额，X_w 为世界全部商品的出口总额。根据 RCA 指数判断第 i 类出口商品比较优势强弱的经验准则是：$RCA > 2.5$ 表明比较优势极强；$1.25 < RCA < 2.5$ 表明比较优势较强；$0.8 < RCA < 1.25$ 表明比较优势中等，$RCA < 0.8$ 表明比较优势较弱。

2. 标准显性比较优势指数（NRCA）

标准显性比较优势（NRCA）指数测算实际出口对其比较优势中性状态下的偏离程度。有如下优点：可以进行不同区域、不同时期的比较；可以通过指数值直接比较不同类产品的比较优势，可有效体现比较优势的"相对性"；具有可"累加性"，不受产品类别和国家数量的限制；克服传统指标的不对称性问题；有效解决产品零出口时，比较优势测度失实问题。NRCA 指数的计算公式如下：

$$NRCA_j^i = \frac{X_{ij}}{X_w} - \frac{X_{wj}}{X_w} \times \frac{X_i}{X_w}$$

其中 X_{ij} 表示 i 国 j 产品对该出口市场的出口额，X_i 表示 i 国对该出口市场的出口总额，X_{wj} 表示世界对该出口市场的 j 产品出口总额，X_w 表示世界对该出口市场的出口总额。

3. 贸易互补指数（CI）

贸易互补指数用于衡量贸易的互补程度和贸易关系的紧密程度，该指数考虑了双边国家出口比较优势和进口比较劣势两方面因素。当某国的主要出口产品类别与另一国的主要进口产品类别相吻合时，两国间的互补指数就较大；相反，当某国的主要出口产品类别与另一国的主要进口产品类别不相对应时，两国间的互补指数就较小。一般认为，当贸易互补指数大于 1 时，表明出口国同进口国的互补性高于其他市场的平均水平，两国的贸易关系则比较紧密。贸易互补指数的计算方法如下：

$$C_{ijk} = RCA_{xik} \times RCA_{mjk}$$

其中，RCA_{xik} 表示双边贸易中的 i 国在出口商品 k 上的比较优势；RCA_{mjk} 表示双边贸易中的 j 国在进口商品 k 上的比较劣势。后者的计算公式为：

$$RCA_{mjk} = \frac{M_{jk}}{M_{wk}} \bigg/ \frac{M_j}{M_w}$$

其中，M_{jk} 为国家 j 进口商品 k 的金额，M_{wk} 为世界进口商品 k 的金额，M_j 为国家 j 的全部商品进口总额，M_w 为世界全部商品进口总额。

四、鲜苹果产业发展的潜力分析

随着美国放开中国苹果进口限制，中国鲜苹果出口可能迎来新的契机，但是其中潜力具体有多大，需要我们展开深入分析。

从 RCA 指数计算所得结果可以看出，中国鲜苹果出口 RCA 指数处于 1.25～2.5 的区间范围内，比较优势较强。1992—2016 年，中国鲜苹果出口 RCA 指数从 0.43 波动上升至 1.36（图 7），到达最高水平，这与 2016 年中国鲜苹果出口的快速增长是息息相关的。可以看出，中国鲜苹果出口具有一定的竞争力水平，但与世界上主要的苹果生产、出口大国间的竞争力水平还存在一定的差距。

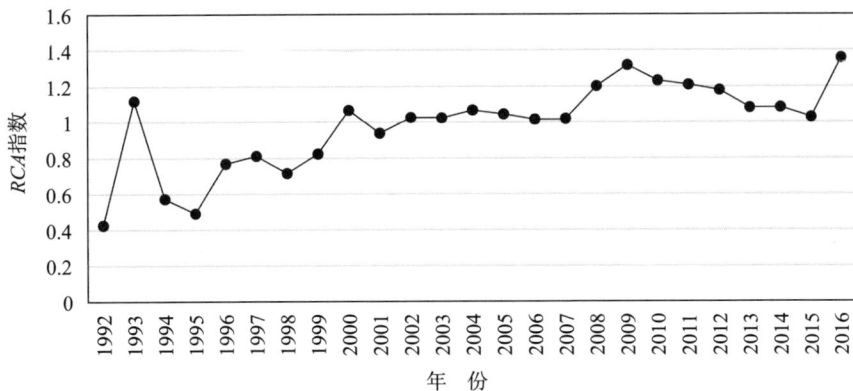

图 7　1992—2016 年中国鲜苹果出口 RCA 指数

数据来源：笔者根据 UN Comtrade 数据库相关数据计算所得。

从 2016 年美国鲜苹果进口贸易数据看来，智利、新西兰、加拿大、阿根廷为美国鲜苹果的前四大来源国。从各国鲜苹果出口 NRCA 指数看来，中国鲜苹果 NRCA 指数始终为负值，这表明在中国对美国出口的鲜苹果较其他农产品的整体竞争力水平而言较低；同时，2016 年中国出口鲜苹果 NRCA 指数仅为 −0.214，下降到 2001 年以来的最低水平，在美国市场上的竞争力水平逐渐下降。2001—2016 年，智利对美国鲜苹果出口的 NRCA 指数总体呈波动上升的态势，最高上升至 2013 年的 0.72，表明智利对美国鲜苹果出口较所有出口农产品更具有竞争力，且与平均的竞争力水平相比而言向上偏离约 0.72；但从 2013 年以后，智利鲜苹果对美国出口的竞争力水平迅速下降，截至 2016 年，NRCA 值仅为 0.47，竞争力水平较农产品整体竞争力水平而言出现下降。与之类似，新西兰、阿根廷两国对美国出口鲜苹果的竞争力水平总体上呈上升趋势，加拿大有所下降，但幅度较小（表 3）。

表 3　2001—2016 年美国鲜苹果进口市场主要来源国 NRCA 指数

年份	智利	新西兰	加拿大	阿根廷	中国
2001	0.404	0.321	−0.013	0.026	—
2002	0.436	0.392	0.017	0.011	−0.063
2003	0.595	0.404	−0.026	0.034	−0.089
2004	0.723	0.506	−0.112	0.014	−0.116
2005	0.296	0.276	0.002	0.008	−0.067
2006	0.485	0.190	0.004	0.006	−0.088
2007	0.644	0.231	−0.039	0.024	—
2008	0.503	0.152	−0.004	0.010	—
2009	0.577	0.350	−0.048	0.010	—
2010	0.663	0.271	−0.058	0.031	−0.156
2011	0.420	0.193	−0.017	0.020	—
2012	0.530	0.198	−0.012	0.023	—
2013	0.720	0.246	−0.061	0.045	−0.179
2014	0.676	0.299	−0.042	0.055	−0.194
2015	0.488	0.311	0.006	0.094	−0.187
2016	0.467	0.347	−0.045	0.051	−0.214

数据来源：笔者根据 UN Comtrade 数据库相关数据计算所得；由于 NRCA 数值极小，此处汇报了 NRCA 指数的 10 000 倍值，不影响后续分析；"—"表示数据不存在。

通过对 RCA 和 $NRCA$ 指数的分析可以发现，中国出口的鲜苹果尚未具有极强的竞争力水平，对美国出口的鲜苹果竞争力要弱于出口农产品的总体竞争力水平，且呈下降趋势。这也暗示着中国鲜苹果可能难以依赖竞争力水平来占有美国广阔的鲜苹果市场。

为得出更可信的结论，本文进一步运用 CI 指数来分析中国鲜苹果对美国出口潜力。1992 年以来，中美鲜苹果 CI 指数一直处于较低水平，1992 年，中美鲜苹果 CI 指数仅为 0.10；2010 年以来，中美鲜苹果 CI 指数有所提升，并于 2010 年达到了 0.34，2010—2016 年，中美鲜苹果 CI 指数均值达到了 0.28，有上升趋势，但是仍处于较低水平（图 8）。这表明中美两国在鲜苹果贸易方面互补性水平较低，不具备可持续贸易的发展条件。

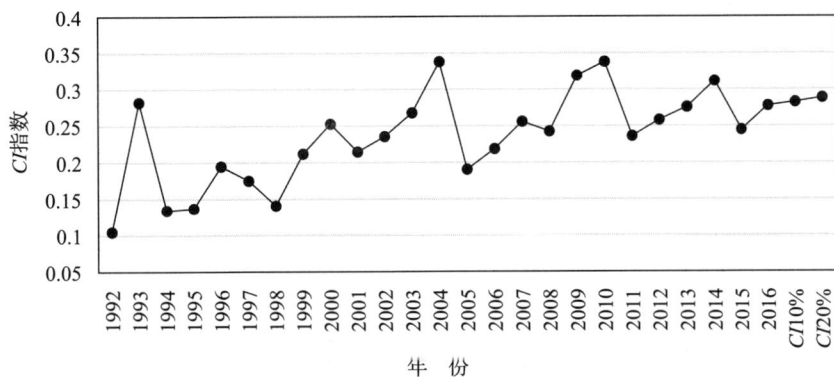

图 8　1992—2016 年中美鲜苹果 CI 指数

数据来源：笔者根据 UN Comtrade 数据库相关数据计算所得。

在对已有中美鲜苹果 CI 指数进行分析的同时，进一步假设贸易情景，假定美国所有产品进口总额不变，进口来源国不变，其余来源国的出口减少，中国对美国鲜苹果出口获得更高的市场份额。本文进一步假设中国在美国鲜苹果进口市场上份额分别上升 10％、20％，测算中美鲜苹果 CI 指数并观察变化情况。当中国对美国出口鲜苹果总量上升，且市场份额上升 10％时，中美鲜苹果 CI 指数约为 0.282，当市场份额上升 20％时，CI 指数则达到了 0.288。这两个数值与 2016 年中美鲜苹果 CI 指数相比而言，均实现了提升，这也就意味着，在中国鲜苹果获得美国市场准入的情况下，如果中国鲜苹果对美出口经历增长，将有助于提升中美两国在鲜苹果贸易上的结构互补性；但是，中美鲜苹果贸易互补指数仅维持在 0.28～0.29 的低水平，贸易互补性改善空间有限。

通过分析可以发现，中国鲜苹果出口具有较强的竞争力水平，但中国对美国出口的鲜苹果较其他农产品的整体竞争力水平而言较低，同时，中美鲜苹果贸易互补性水平较低，伴随中美鲜苹果贸易增加，两国鲜苹果贸易互补性增强空间有限。综合上述发现，即便美国对中国放开了鲜苹果进口市场，中国也难以对美国迅速增加鲜苹果出口。

五、鲜苹果产业发展的威胁分析

在分析波兰苹果获准输华带来的影响时，本文将再次运用上述分析方法，分析其可能对中国本土苹果产业带来的利与弊。

通过 RCA 指数对波兰鲜苹果出口的竞争力水平进行分析。1994—2016年，波兰鲜苹果出口 RCA 指数始终位于 1.25 以上，并于 2013 年达到最高值6.61，此后出现下降；截至 2016 年，波兰出口鲜苹果 RCA 指数为 3.45，显著高于 2.5 的分界水平，比较优势极强（图 9）。

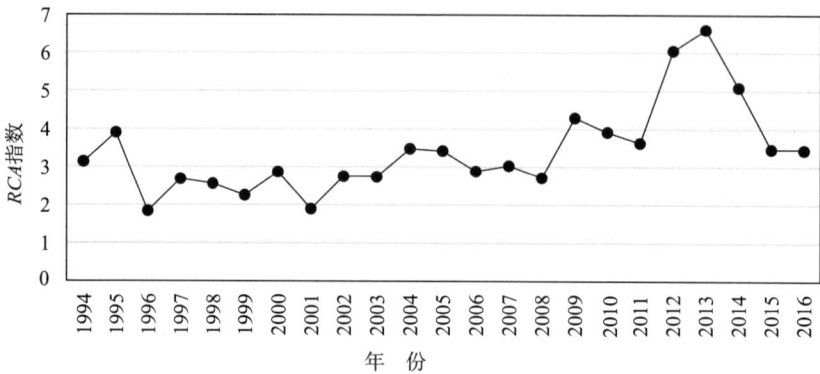

图 9　1994—2016 年波兰鲜苹果出口 RCA 指数

数据来源：笔者根据 UN Comtrade 数据库相关数据计算所得

受波兰鲜苹果对中国出口数据可获得性的限制，我们无法计算更长时间段内波兰苹果的 NRCA 指数，但从 2015 年和 2016 年两年数据看来，波兰对华出口苹果的 NRCA 指数由−0.001 上升至 0.004，即意味着波兰对中国出口的鲜苹果竞争力呈现出上升趋势。进一步通过 CI 指数进行分析可以看出，中国与波兰之间的鲜苹果贸易在农产品整体贸易结构上存在的互补关系要强于中美间鲜苹果贸易结构的互补性。1994—2016 年，中波两国间鲜苹果 CI 性不断增强；2010—2016 年，中波鲜苹果 CI 指数均值为 0.58，显著高于中美之间的 0.28；2012—2014 年，中波鲜苹果 CI 指数经历了快速下降，贸易可持续发展能力受到威胁；但在 2015 年，中国与波兰之间鲜苹果 CI 指数迅速恢复到了 0.68，贸易互补性迅速增强（图 10）。此外，在与前文分析中相同的假设下，当中国鲜苹果进口总额不变，波兰在中国鲜苹果进口市场上份额分别上升 10% 和 20%，中波鲜苹果

CI 指数将分别上升至 0.67 和 0.72，贸易互补性上升显著。同时，我们须注意到，现阶段中国鲜苹果进口总量处于较低水平，当波兰苹果以十分低廉的价格进入中国市场，加之波兰苹果具有更为独特的口感，其对华出口可能会带来中国鲜苹果进口市场规模的扩张，在此状况下，中波鲜苹果贸易互补性增强空间有望进一步扩大。

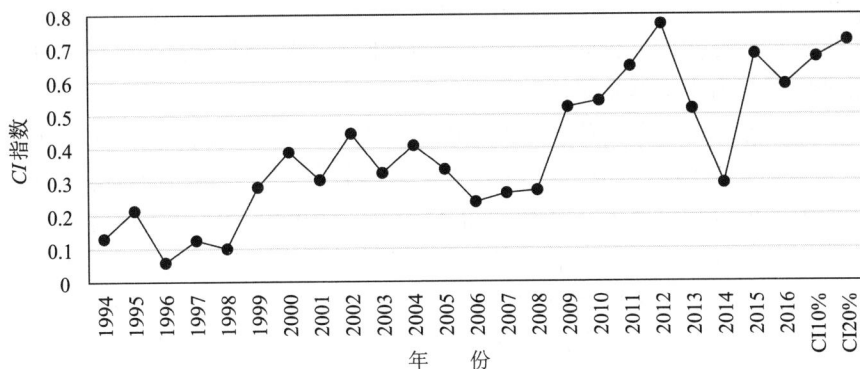

图 10　1994—2016 年中波鲜苹果 *CI* 指数

数据来源：笔者根据 UN Comtrade 数据库相关数据计算所得。

通过分析可以发现，波兰鲜苹果出口本就具有极强的竞争力，近两年数据计算结果表明，波兰对中国出口的鲜苹果竞争力水平有上升趋势，同时伴随中波鲜苹果贸易增加，两国鲜苹果贸易互补性也将进一步得到增强，两国间鲜苹果贸易存在较大潜力，随着从波兰进口苹果的增加，将对中国苹果种植业产生一定冲击。

六、讨论与建议

（一）结论

在特定的资源禀赋条件下，水果产业在中国仍具有一定的比较优势。且从生产、消费和贸易 3 个角度看来，水果在中国农业中的产业地位举足轻重。近年来，贸易开放对中国水果产业发展带来了两方面影响，一方面，中国放开他国农产品的进口限制可能会导致进口大量增加，从而对中国本土相关产业造成冲击；另一方面，中国农产品获得别国市场准入，可能会促进中国农产品出口，带来新的潜力增长点。

通过全文分析发现，美国放开中国苹果进口限制为中国鲜苹果出口创造的利好作用有限，而中国放开波兰苹果进口限制则可能对中国本土苹果产业带来不利影响。

在出口方面，中国鲜苹果出口仅具有中等的竞争力水平。根据 2001 年以来中国对美国出口贸易数据计算的结果显示，中国出口鲜苹果在美国市场上的 NRCA 指数总体上呈下降趋势；且中美鲜苹果原始贸易结构互补性水平较低，在美国放开中国苹果进口限制的状况下，即便中国对美国鲜苹果出口逐渐增长，市场占有率不断上升，中美两国在鲜苹果贸易上的结构互补性水平仍旧较低。综上所述，一是中国鲜苹果出口竞争力仅为中等水平；二是中国出口到美国市场的鲜苹果竞争力水平总体呈下降趋势；三是在贸易增加的假设下，中美鲜苹果贸易互补性依旧较弱。从这 3 方面我们可以综合判断出，美国放开中国苹果进口限制为中国鲜苹果出口带来的增长空间有限。

在进口方面，中国新放开的波兰鲜苹果本身就具有极强的竞争力水平。在 2016 年以前，中国对从波兰进口鲜苹果限制较严，中波鲜苹果贸易量极小，但从两国进出口状况及出口 NRCA 指数看来，中波鲜苹果贸易结构互补性水平显著高于中美两国间的水平；在中国放开从波兰进口苹果限制的状况下，倘若波兰对中国鲜苹果出口迅速增加，中波鲜苹果贸易互补性将得到显著增强。综上所述，一是波兰鲜苹果出口竞争力极强；二是中波鲜苹果贸易存在结构互补性，且在贸易增加的假设下，互补性水平将进一步增强。从这两方面可以综合判断出，中国放开波兰苹果进口限制将会对中国国内苹果市场造成一定冲击，从而对本土苹果产业发展带来不利影响。

由此可以看出，在日益开放的农产品市场下，各国贸易壁垒的削减并非如预期那样对中国鲜苹果产业发展既带来增长潜力，又产生冲击影响。研究结果表明，新增的贸易开放政策对中国鲜苹果产业带来的弊大于利，中国苹果产业应当积极采取适当措施，保证产业持续有效发展。

（二）建议

面对市场开放可能带来的威胁，中国苹果乃至水果产业应当从以下几个角度来开展工作以实现健康持续发展。

首先，充分运用贸易手段，调控水果进口总量。现阶段，中国水果领域进口关税水平十分低，东盟、智利等主要进口来源国水果产品进口关税基本为零，但这其中存在自贸区协定的限制。在面临非自贸区来源国水果产品可能大量涌入中国国内市场时，中国应当充分利用技术性壁垒等手段，对进入中国水果产品的数量进行适当调控，以免对国内产业造成诸多威胁。

其次，加快水果种苗繁育体系建设，提高果树种质。中国部分果园面临树龄过长，果树老化的问题，部分地区进入了果树换新阶段。在中国生产成本迅速攀升的背景下，为确保中国水果产品在世界市场具有较高的竞争力水平，中国水果产业应当鼓励开展种苗研究，扶持果树无病毒良繁体系建设。可以采用"政府主导＋市场化运作"的模式，成立果树良种苗木繁育中心，并联合水果产业龙头企业，在全区建立分中心和种苗基地，形成"中心＋分中心＋基地"的苗木繁育体系，为水果产业发展提供充足的健康、优质种苗。

最后，实行分等分级、打造品牌，实现优质优价。在中国水果生产成本上升趋势难以遏制的背景下，水果出口应通过品质改善、品牌打造来促进出口潜力增长。通过生产过程的标准化、收获过程中的分等分级以及储藏标准化来实现对优质水果的分等分级，针对不同的市场需求销售不同等级的水果。但由于农产品市场存在信息不对称，因此，政府和企业也应积极宣传品牌、建立标准、推广技术、统一包装、加强监管，进一步推进中国水果走上标准化、品牌化的道路。

2016 年全球及中国肉类产业发展形势分析

随着肉类消费的持续增加，2016 年世界肉类产量继续稳步增长，肉类贸易量增加。2016 年世界肉类产量达到 3.20 亿吨，比上年增长 0.2%。肉类产量增长仍主要来自发展中国家，由于生产成本较高、国内肉类消费停滞以及发展中国家激烈竞争，发达国家增产幅度较小。美国、欧盟、澳大利亚、加拿大、巴西和阿根廷是世界主要肉类出口国，俄罗斯、日本、中国和墨西哥是主要肉类进口国。2013—2014 年国际肉类价格持续保持历史高位，2015—2016 年受产量不断增长、饲料成本减少、经济增速放缓等因素影响，国际肉类价格明显回落，2014 年肉类价格指数为 198 点，2015 年价格指数下降为 168 点，2016 年再下降为 156 点。2016 年全球肉类贸易量为 3 110 万吨，同比增长 4.4%，约为全球肉类总产量的 10%。其中牛肉贸易量增长而其他肉类贸易量下降，禽肉仍为贸易量最大的肉制品。

中国是世界肉类生产和消费大国，畜禽出栏量、存栏量和产量均居世界首位；同时畜牧业又在中国农业中占据重要地位，畜牧业发展对于调整农村经济结构、提高农业效益、增加农民收入发挥了重要作用，目前畜牧业已逐渐成为中国农业和农村经济中重要的支柱产业之一。2016 年中国肉类总产量达到 8 540 万吨，同比下降 1.0%，其中猪肉仍然是中国肉类结构中最重要的品种，2016 年猪肉产量达到 5 299 万吨，同比下降 3.4%。中国肉类产业的发展对世界肉类产业及贸易的稳定性具有举足轻重的作用。

一、2016 年世界肉类产业发展现状

2016 年世界肉类产量稳步增长，达到 3.20 亿吨，比上年增长 0.2%，增长主要来自发展中国家。其中猪肉产量 1.17 亿吨，比上年下降 0.6%；牛肉产量 0.68 亿吨，比上年增长 0.3%；羊肉产量 0.14 亿吨，比上年增长 0.6%；禽肉产量为 1.16 亿吨，比上年增长 0.9%。全球肉类贸易量为 3 110 万吨，同比增长 4.4%。2015 年以来，肉类产品国际价格一路下跌，2016 年肉类价格指数较 2015 年下降 37.1%。

（一）2016 年世界肉类生产情况

1. 猪肉

2016 年世界猪肉生产略有减少，总产量为 1.17 亿吨，较 2015 年下降 0.6%。中国猪肉产量占世界总产量的 45%，2016 年中国猪肉产量为 5 299 万吨，同比下降 3.4%。由于消费需求减弱，价格明显下跌，生产者利润下降，猪肉产量开始下降。2016 年欧盟猪肉产量基本稳定，为 2 338.4 万吨，同比增长 0.1%。美国猪肉产量略有增加，至 1 133.4 万吨，同比增长 1.9%。巴西猪肉产量达到 360.9 万吨的历史新高，同比增长 2.6%，原因在于巴西出口市场恢复。俄罗斯猪肉产量增至 313.9 万吨，同比增长 2.3%。加拿大猪肉产量增长 1.9%，至 209 万吨。

2. 牛肉

2016 年世界牛肉产量小幅增加，达到 6 776.4 万吨，同比增长 0.3%。印度牛肉产能强劲扩张，美国产量增加，在一定程度上抵消了巴西、阿根廷等国产量下降的影响。世界最大的牛肉生产国——美国的牛肉产量增长，增至 1 132.8 万吨，同比增长 4.7%。巴西、阿根廷牛肉产量减少，分别为 928.4 万吨和 265.3 万吨，同比下降 1.5% 和 2.2%，巴西牛肉价格在全球贸易中很具有竞争优势。欧盟牛肉生产效率稳步提高，产量增长 2.2%，至 788.2 万吨。中国牛肉产量略有减少，至 679.5 万吨，同比下降 1.3%。澳大利亚牛肉产量明显下降，至 202.2 万吨，同比下降 15%。

3. 羊肉

世界羊肉产量持续小幅增长，至 1 413.2 万吨，比上年增长 0.6%，产量增长乏力主要是由于各主产国都进入了畜群重建阶段。2016 年澳大利亚羊肉产量为 54.2 万吨，同比下降 2.9%。新西兰羊肉产量也有所减少，为 37.7 万吨，同比下降 6.9%。中国、欧盟、俄罗斯羊肉产量基本稳定，分别为 427.3 万吨、93.8 万吨和 19.3 万吨，同比分别增长 2.1%、2.0% 和 1.0%。

4. 禽肉

由于生产成本上升，世界禽肉产量小幅增长，达到 1.16 亿吨，同比增长 0.9%。因动物蛋白需求旺盛，尤其在巴西和印度等国，持续促进全球家禽生产。巴西禽肉产量增至 1 420.2 万吨，同比增长 3.0%，需求增加、饲料供应充足支撑禽肉生产增长。中国禽肉产量为 1 803.5 万吨，比上年下降 5.2%。美国作为全球最大的禽肉生产国，禽肉产量达到 2 179.6 万吨，同比增长 2.6%。欧盟禽肉产量达到 1 404.1 万吨，同比增长 2.0%，因消费者选择禽肉替代红肉，除法国之外的主要欧盟国家禽肉生产都呈增长态势。

（二）2016 年世界肉类消费情况

近年来，发展中国家肉类消费明显上升，其中以亚洲国家和地区变化最为显著。随着收入增加和城市化进程加快，一些以传统谷物为主要食品消费的国家和地区，逐渐向以富含蛋白质的动物性食品消费方向转变。特别是在中国，近 20 年来中国经济迅速发展，居民收入水平提高带动了肉类产品消费量的增长。同时肉食消费结构发生转变，由传统的红肉消费逐渐向更加健康营养的白肉消费转变。猪肉和牛肉一直是传统消费量最多的肉类食品，但近年来随着人们对健康的关注，消费观念逐渐转变，禽肉消费的增长速度明显快于猪肉和牛肉消费的增长速度。

据 FAO 预测，2016 年世界肉类消费量达到 3.19 亿吨，比上年增长 0.1%，其中猪肉 1.16 亿吨，比上年下降 0.7%；牛肉 0.68 亿吨，比上年增长 0.4%；羊肉 0.14 亿吨，比上年增长 0.8%；禽肉 1.16 亿吨，比上年增长 0.8%。世界肉类消费的基本格局是猪肉、禽肉和牛羊肉，其中猪肉仍然是世界消费最多的肉类产品。2016 年世界人均肉类消费量为 42.8 千克，比 2015 年下降 1.0%（表 1）。

表 1 世界肉类供求平衡

	2014 年	2015 年	2016 年
产　　量（百万吨）	315.4	319.2	319.8
牛　肉	68.0	67.6	67.8
禽　肉	111.0	114.8	115.8
猪　肉	116.9	117.2	116.5
羊　肉	13.9	14.0	14.1
贸易量（百万吨）	30.7	29.8	31.1
牛　肉	9.6	9.1	9.1
禽　肉	12.7	12.2	12.7
猪　肉	7.1	7.2	8.0
羊　肉	1.0	1.0	0.9
消费量（百万吨）	314.3	318.8	319.2
牛　肉	67.7	67.2	67.5
禽　肉	109.9	114.8	115.6
猪　肉	117.2	117.2	116.4
羊　肉	13.9	14.0	14.1
人均食用消费量（千克/年）			
世界	43.2	43.2	42.8
贸易量占产量比重（%）	9.7	9.3	9.7

资料来源：FAO。

（三）2016 年世界肉类贸易情况

近年来世界肉类贸易量一路攀升，2015 年世界肉类总贸易量为 2 978.7 万吨，2016 年贸易量明显增加，达到 3 110.3 万吨，比上年增长 4.4%。不同品种的肉类贸易量之间存在显著差异，猪肉和禽肉贸易量均增加，羊肉贸易量略有下降，牛肉贸易量基本稳定。

1. 猪肉

2016 年世界猪肉贸易量有所增加。进口方面，世界猪肉进口量为 782.1 万吨，同比增长 1.1%。中国猪肉进口明显增加，达到 194.8 万吨，同比增长 3.5%，进口猪肉的价格优势是猪肉进口增加的主要原因，虽然进口增加，但进口猪肉占国内猪肉消费总量的比例不足 2%。日本成为全球猪肉进口大国，进口量 139 万吨，同比增长 8.1%。俄罗斯猪肉进口大幅增加，至 52 万吨，同比增长 25.3%。出口方面，世界猪肉出口量为 802.3 万吨，同比增长 10.8%。欧盟猪肉出口略有增加，出口量为 295.7 万吨，同比增长 22.4%。美国猪肉出口略有增加，为 220.3 万吨，同比增长 0.5%，美国猪肉面对来自欧盟和巴西猪肉的激烈竞争。加拿大猪肉出口略有增加，出口量为 128.1 万吨，同比增长 7.6%。

2. 牛肉

2016 年世界牛肉贸易稳定。进口方面，世界牛肉进口量为 882.8 万吨，同比增长 1.6%。中国国内供应偏紧，牛肉进口持续增长，达到 139.9 万吨，同比增长 15.9%。美国牛肉进口量为 121.5 万吨，同比减少 13.0%。俄罗斯牛肉进口减少，进口量为 47 万吨，同比减少 7.8%。日本牛肉进口减少，为 68.9 万吨，同比减少 2.0%；韩国牛肉进口增加，至 44.3 万吨，同比增长 21.0%。出口方面，世界牛肉出口量为 914.9 万吨，同比增长 0.3%。巴西牛肉出口增加至 183 万吨，同比增长 12.5%，由于出栏肉牛增加，牛肉供应充足，且价格稳定，巴西牛肉竞争力提高。凭借丰富的供应和价格优势，印度牛肉出口量为 165.5 万吨，同比下降 1.4%。澳大利亚和新西兰的牛肉出口都有所减少，分别达到 143 万吨和 56.1 万吨，同比分别下降 15.3% 和 3.6%。美国牛肉出口略有增加，为 110.8 万吨，同比增长 2.2%。

3. 羊肉

2016 年世界羊肉出口量明显减少，出口量为 93.7 万吨，同比下降 2.8%。澳大利亚和新西兰是世界最主要的羊肉出口国，羊肉出口量占世界羊肉出口总量的 87%，2016 年出口量分别为 43.4 万吨和 38 万吨，同比分别下降 1.8% 和 5.0%。澳大利亚和新西兰的供求趋紧使得印度、巴基斯坦等国的羊肉出口增加。进口方面，羊肉进口仍主要集中在中国、欧盟和美国，2016 年进口量分别为 21.8 万吨、16.9 万吨和 10.9 万吨，同比分别增长－13.5%、1.8% 和 5.8%。

4. 禽肉

2016 年世界禽肉出口增加，出口量为 1 274.9 万吨，同比增长 4.4%，巴西、美国和欧盟继续控制全球禽肉出口市场，泰国、土耳其、阿根廷则开始扩张新的市场。作为最大的出口国，2016 年巴西禽肉出口增加，至 455.2 万吨，同比增长 6.5%。美国禽肉出口量达到 359.5 万吨，同比增长 3.0%。欧盟禽肉出口有所增加，出口量为 143.2 万吨，同比增长 6.0%。基于对欧盟市场的重新开放（鲜肉制品），泰国禽肉开始在国际市场占有一定份额，出口量为 92.3 万吨，同比增长 5.6%，主要出口至东南亚国家。进口方面，2016 年禽肉进口量为 1 255 万吨，同比增长 3.3%，进口仍主要集中在中国、日本、沙特阿拉伯、墨西哥等国。

（四）2016 年世界肉类市场变化

2016 年世界肉类价格明显下跌，FAO 肉类价格指数平均为 156 点，比 2015 年 168 点的价格水平下跌了 7.1%，比 2014 年 198 点的价格水平下跌了 21.2%，其中牛肉、猪肉、羊肉和禽肉价格均呈下跌态势。

1. 猪肉

2016 年世界猪肉价格明显回落，美国、巴西、德国猪肉出口平均价格分别为 2 424 美元/吨、2 143 美元/吨和 1 682 美元/吨，比上年分别下跌 5.9%、－14.3% 和 6.3%（图 1）。

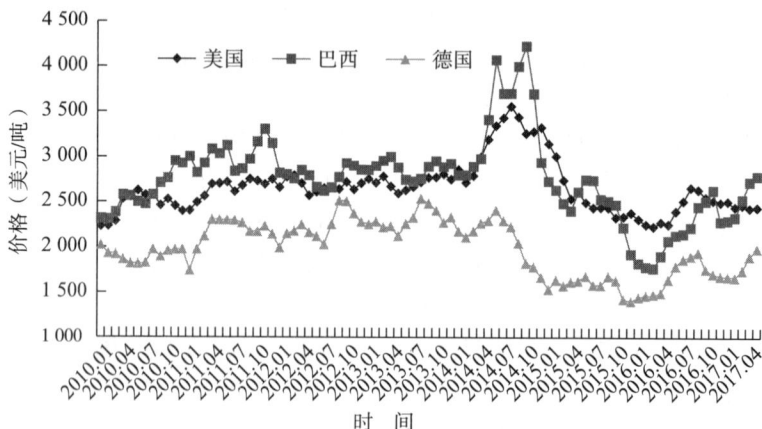

图 1　世界猪肉价格变化

资料来源：FAO。

2. 牛肉

2016 年世界牛肉价格明显下跌。澳大利亚、美国、巴西牛肉出口平均价格分别为每吨 4 059 美元、5 554 美元和 3 836 美元，同比分别下跌 12.5%、10.5% 和 7.1%（图 2）。

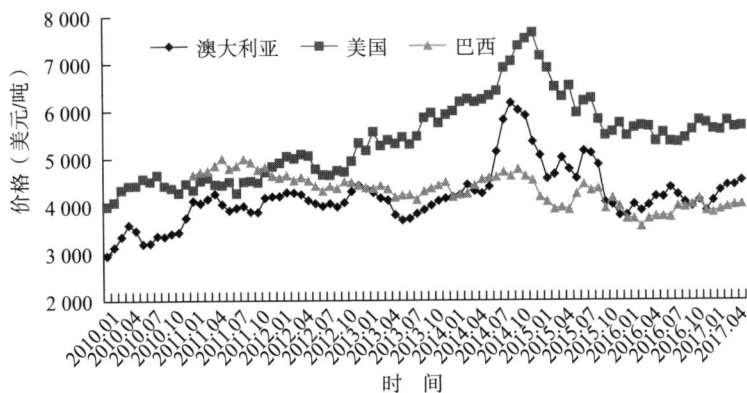

图 2　世界牛肉价格变化

资料来源：FAO。

3. 羊肉

2016 年世界羊肉价格有所下跌。新西兰羊肉出口价格平均为 3 571 美元/吨，比上年下跌 1.9%（图 3）。

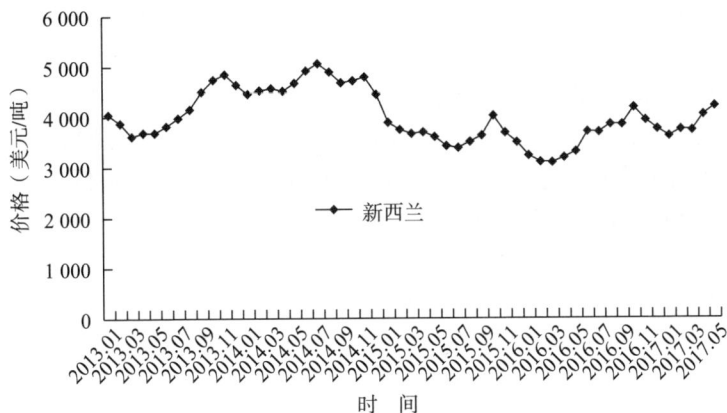

图 3　世界羊肉价格变化

资料来源：FAO。

4. 禽肉

2016 年世界禽肉价格有所下跌，美国和巴西禽肉平均出口价格分别为 914

美元/吨和 1 532 美元/吨，比上年分别下跌 9.1％和 6.7％（图 4）。

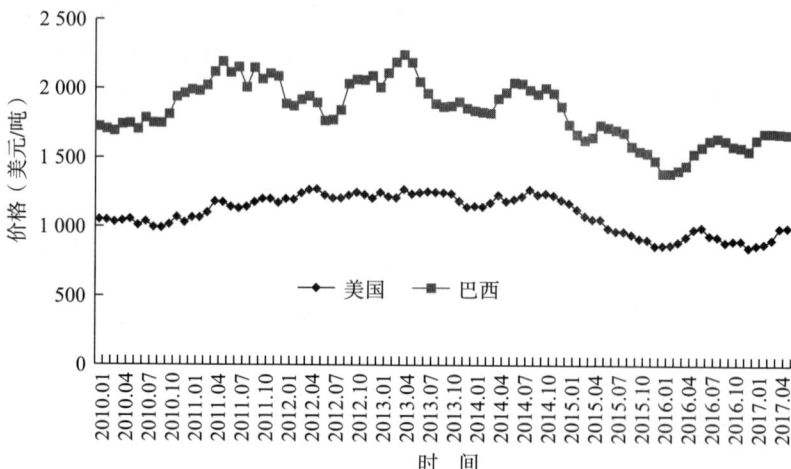

图 4　世界禽肉价格变化

资料来源：FAO。

二、2016 年中国肉类产业发展现状

（一）猪肉

1. 生猪产业发展特点

（1）生猪产量下降。据国家统计局数据显示，2016 年中国肉类总产量达到 8 540 万吨，同比下降 1.0％，其中猪肉产量为 5 299 万吨，同比下降 3.4％，猪肉产量占肉类总产量的 62％，仍是中国最重要的肉类品种。2016 年年末生猪存栏 43 504 万头，同比下降 3.6％；生猪出栏 68 502 万头，同比下降 3.3％。

（2）猪肉价格总体上涨。由于阶段性供给压力，加上消费低于预期，导致 2011 年以来猪肉价格总体走低，但 2015 年以来价格开始回升，国内猪肉价格平均为 24.69 元/千克，同比上涨 9.8％。2016 年猪肉价格创新高，上半年猪肉价格一路上涨，1 月全国 480 个集贸市场猪肉平均价格为 27.66 元/千克，环比上涨 3.5％，4 月突破 30 元/千克的关口，为 30.20 元/千克，6 月涨至 31.46/千克，环比上涨 1.6％，同比上涨 36.0％。下半年价格持续回落，11 月已跌至 28 元/千克，但全年综合来看，猪肉价格仍然呈上涨态势，全年均价为 29.44 元/千克，同比上涨 19.2％（图 5）。

（3）猪肉进口明显增加。受国内产量减少、价差不断扩大等因素影响，2016 年中国生猪产品进口量持续增加，全年生猪产品进口量达到 311 万吨，同比增长 95.1％，其中猪肉进口量达到 162 万吨，同比增长 108.4％，猪杂碎进口

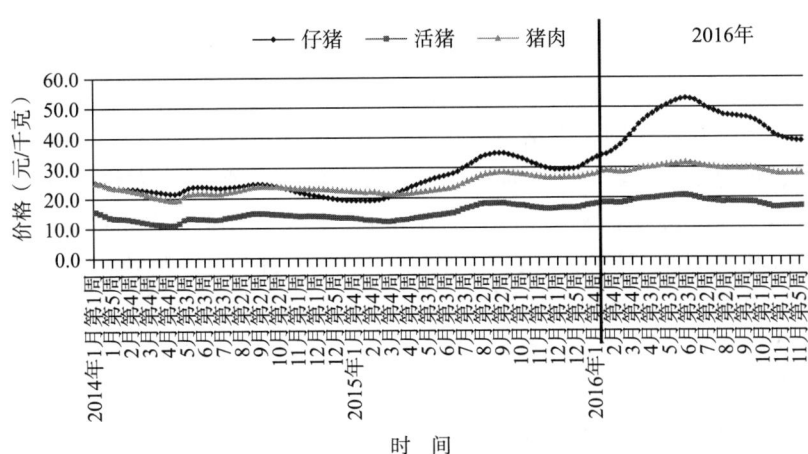

图 5　中国猪肉价格走势

资料来源：农业部信息中心。

量 149 万吨，同比上涨 0.4%；年均进口猪肉价格为 1 969 美元/吨，同比上涨 82.5%。

2. 生猪产业存在的主要问题

目前养殖技术、疫病防控、饲料成本和生态环境保护等方面的变化均会影响中国的猪肉供需、市场价格和贸易等。

（1）疫病将增加猪肉产量和猪价波动。猪肉产量和猪肉价格深受疫病影响，2008 年、2011 年猪价大幅上涨，其中一个主要因素是猪价低迷导致养殖户疏于管理，生猪疫情暴发，能繁母猪和仔猪死亡率高，2006 年夏、秋季首次暴发的变种高致病性猪蓝耳病，南方的养猪场尤其是散养猪场生猪大量死亡；2010 年全国范围内持续发生猪高热病、口蹄疫等疫病，致使 2011 年下半年猪价持续上涨，直至 2011 年 9 月猪价创下新高，猪高热病、蓝耳病、猪流感等疫情暴发速度快，影响范围大，对生猪产业造成的损失重大，也导致猪肉价格大起大落。随着养猪业逐步由传统的分散养殖向规模化养殖发展，生猪的饲养规模和饲养密度不断增大，商品猪和仔猪跨区域销售造成国内猪群流动性增大，疫病将会影响未来猪肉产量的平稳增长。

（2）未来猪肉价格与国际市场关联度提高。未来中国猪肉进口量保持高位，国内外猪肉价格联动性将提高。今后国内外猪肉价差仍将保持相当长一段时间，即便在猪肉供应充足的情况下，猪肉进口量仍有可能稳中有增，在猪肉进口量保持高位情况下，中国猪肉价格势必会影响国际市场价格，国际市场猪肉价格上涨又会推动国内猪价上涨，导致猪肉价格飙升，因此中国的猪肉需求只能依赖国内生产来满足，猪肉进口仅作为市场调节。未来猪肉进口量必须根据本国猪肉产能适度调控，否则在中国生猪产业国际竞争力还不强的情况下，大量进口猪肉会导致国内猪价大幅波动。

（3）生态环境限制了生猪规模化进程和猪肉产量增长。近年来，中国政府已经开始重视农业污染问题，河南、山东等省份人多地少，同时也是畜牧业大省，是养殖密度最大的区域，巨大的存养量给社会环境造成严重影响，地下水质、空气和生活环境受到污染，未来国家会继续加大对畜牧业污染的整治力度，在一定程度上缓解了环境压力，但对养殖规模的发展造成了限制，如何在提高生猪规模化的同时不破坏生态环境将是未来养猪业面临的难题。

（二）牛、羊肉

1. 牛、羊肉产业发展特点

（1）牛、羊肉供需矛盾凸显。2000—2016 年，我国牛肉产量由 513 万吨增加至 717 万吨，羊肉产量由 264 万吨增加至 459 万吨，我国已是世界第三大牛肉生产国、第一大羊肉生产国。牛、羊肉产量不断增长，但由于农业机械化水平快速提升、养殖比较效益下降等原因，牛、羊养殖发展势头减缓，2016 年牛、羊肉产量仅分别增长 2.4% 和 4.2%。而近年来，人们对牛、羊肉营养价值的认可度不断提升，牛、羊肉的消费从先前的部分群体消费变为全民性消费，从时令性消费变为周年性消费；一些少数民族地区不仅自身消费增长较快，外来旅游人口消费量也很大。随着牛、羊肉消费量不断增大，牛、羊肉在总的肉类消费量中所占比例越来越高，而产量受到自然条件和生长周期等因素影响较大，牛、羊肉供给已经不能满足市场需求，预计在未来一段时期内牛、羊肉供需仍将处于"紧平衡"状态。

（2）牛、羊肉价格持续高位运行。牛、羊肉供给依然偏紧，价格继续高位运行。2016 年，牛、羊肉平均集市价分别为 62.7 元/千克和 56 元/千克，同比分别下跌 0.9% 和 9.0%。牛、羊肉价格的持续高位运行，根本原因在于供求失衡所致。由于肉牛、肉羊生产能力不足，供给的增长跟不上需求的高涨，供需矛盾日益突出，导致牛、羊肉价格节节攀升，2016 年虽然价格有所回落，但仍保持高位（图 6）。

（3）中国牛肉进口继续增加，而羊肉进口减少。2016 年，中国牛肉进口量 58 万吨，同比增长 22.4%，进口额 25.2 亿美元，同比增长 8.4%，主要进口来源国为巴西（占进口总量的 28.2%）、乌拉圭（26.3%）、澳大利亚（19.7%）和新西兰（13.5%）。牛肉出口量 4 143.3 吨，同比减少 11.9%，出口额为 4 026 万美元，同比减少 10.0%，主要出口中国香港地区、吉尔吉斯斯坦和朝鲜。2016 年，羊肉进口量 22 万吨，同比减少 1.3%，进口额 5.7 亿美

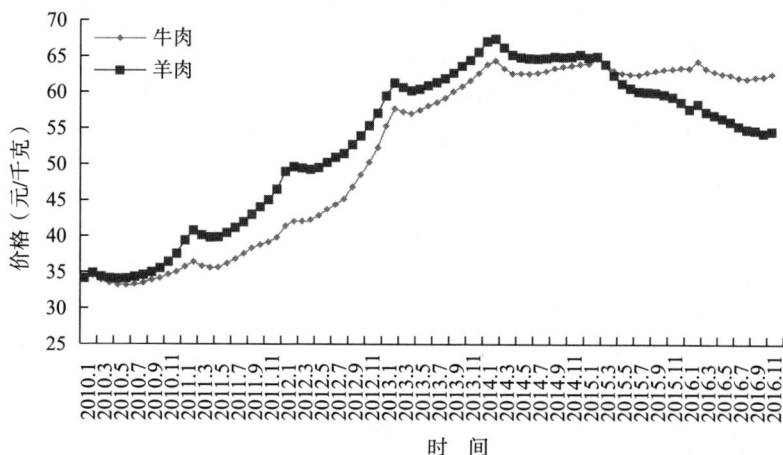

图 6　中国牛、羊肉价格走势

资料来源：农业部信息中心。

元，同比减少 21.4%，进口来源国为新西兰（64.9%）和澳大利亚（33.6%）；出口量 4 060.2 吨，同比增长 8.0%，出口额 3 526.7 万美元，同比增长 4.6%，主要出口中国香港地区。

2. 中国肉牛、肉羊产业存在的主要问题

一是缺乏优良品种，育种缺乏统一的战略规划，育种企业各自为战，盲目发展；二是饲养管理粗放，大多数养殖户采取就地取材的饲养方式，不能根据生产需要进行营养搭配；三是分散饲养仍占主体，并且分散户基本是兼业经营，规模饲养户较少；四是产业化经营相对滞后，育种、饲料、饲养、屠宰、加工、储藏、运输、销售没有形成紧密的经济利益联结关系，育种繁育不足，配合饲料缺失，缺乏现代屠宰加工；五是技术推广严重不足，在很多地方的农业推广机构中既缺乏经费又缺乏专职的畜牧师和兽医师，很多成熟的养殖技术得不到推广；六是国家缺乏对肉牛、肉羊产业发展的支持政策，相对于国家对生猪、奶牛和粮食生产的支持政策，国家对肉牛、肉羊产业发展的优惠政策明显缺乏。

（三）禽肉

1. 禽肉产业发展特点

（1）需求增速减缓，产量快速下降。2009 年金融危机以来，中国禽肉消费增长开始呈现减缓趋势，而产量持续增加，2012 年禽肉产量达到 1 823 万吨，比上年增长 6.7%。从 2003 年开始，中国禽肉产量同比持续增长，2012 年涨幅最大，增长率创 10 年来最高值。2014 年，受年初 H7N9 流感疫情的影响，家禽市场受到严重冲击，各地肉鸡价格持续下跌，波及生产供给，全年禽肉产量为 1 751 万吨，同比减少 2.7%。2015—2016 年禽肉产量明显回升，达到 1 826 万吨和 1 888 万吨，同比分别增长 4.3%和 3.4%。

（2）禽肉价格稳中略涨。2016 年，虽然饲料成本明显降低，但由于消费需求稳步恢复，中国禽肉价格稳中略涨。1～12 月，禽肉价格略有上涨，活鸡集市价 18.8 元/千克，同比上涨 0.7%；白条鸡 19.1 元/千克，同比上涨 1.0%（图 7）。

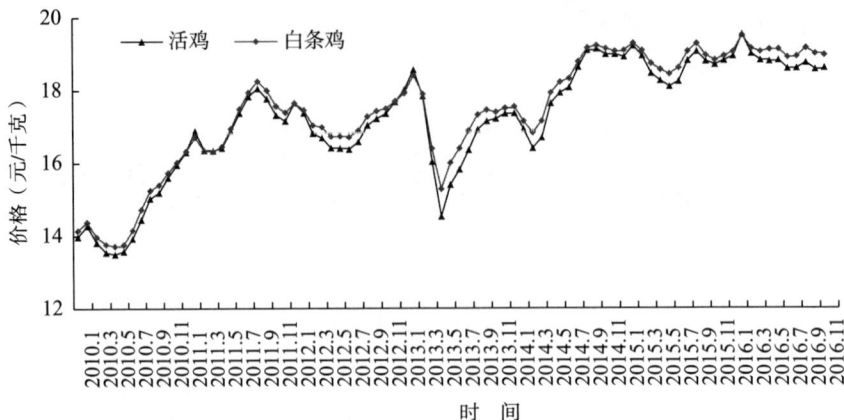

图 7 中国禽肉价格走势

资料来源：农业部信息中心。

（3）禽产品进口明显增加。2016 年，家禽产品进口量 59.3 万吨，同比增长 45.0%；进口额 13.1 亿美元，同比增长 38.0%，主要进口来源国为巴西（占总进口总量的 71.2%）、美国（占 10.0%）、阿根廷（占 9.1%）、智利（占 6.0%）和波兰（占 2.9%）；出口量 46.3 万吨，同比减少 5.0%；出口额 15.1 亿美元，同比减少 8.3%，主要出口中国香港地区（占总出口总量的 58.6%）、马来西亚（占 12.7%）和吉尔吉斯斯坦（占 9.6%）。

（4）企业养殖效益逐步好转。2016 年，受饲料原料价格下跌影响，下半年以来肉鸡养殖效益持续向好。但养殖效益分化明显，白羽肉鸡养殖效益较差，黄羽肉鸡养殖效益较好。

2. 家禽产业存在的主要问题

一是高致病性禽流感仍是家禽养殖的主要威胁，特别是 H7N9 流感病毒，疫情形势依然严峻；二是饲料价格和运输成本上升，工资和企业排污处理费用提高，增加了养殖成本，加大了养殖风险，打击了养殖积极性；三是规模化、工厂化家禽养殖过程忽视了对家禽场粪便、污水、病死禽等的无害化处理，造成了环境污染和生态环境恶化；四是禽肉加工滞后，缺乏产品加工龙头企业，产品附加值低，保鲜期、货架期短，加工方式、技术工艺设备落后；五是由于禽肉产品药残超标和质量不合格，致使中国家禽产业在国际贸易中声誉和地位受损，禽肉出口受阻。

三、肉类产业发展趋势

（一）生猪产业

世界猪肉产量缓慢增长，价格继续回落。由于世界经济缓慢复苏，世界猪肉产量和需求量都将缓慢增长，供求关系不会发生大的变化。预计饲料价格可能继续回落，这使得猪肉生产的盈利空间扩大，发展中国家的猪肉产量将进一步增长。国际市场猪肉价格将有所回落。国内生猪供应增幅下降，价格呈稳中趋涨态势。受资源、成本和环保压力影响，2017 年生猪供应还将减少，特别是下半年生猪出栏可能出现阶段性供需偏紧。受能繁母猪存栏下降影响，猪肉供应量增幅预期下降，2017 年猪价总体将保持稳中有涨。

（二）肉牛、肉羊产业

国际牛、羊肉产量持续增加。据 FAO 最新报告，预计 2017 年全球牛肉和羊肉产量仍然呈稳步增加态势，消费量和贸易量也基本稳定。目前国内牛、羊肉价格较往年平稳运行的主要原因是消费较往年有所下降。牛、羊肉价格的昂贵以及猪肉价格的低迷，一定程度上限制了牛、羊肉的消费量。预计 2017 年年初随着春节的临近，牛、羊肉的消费需求增加，市场将进一步活跃，牛、羊肉价格仍有一定的上涨空间，涨幅较为平缓。节后牛、羊肉价格将回落，后期走势基本与 2016 年一致。牛、羊肉供需偏紧的态势依然存在，在成本的硬性支撑下，牛、羊肉价格仍将呈现高位运行态势。

（三）家禽产业

国际市场禽肉价格预期高位回落。预计 2017 年世界肉鸡养殖量会缓慢增加，饲料价格是全球家禽业面临的一大挑战，在需求增长带动下，特别是亚洲地区的消费增长，预计全球禽肉产量、贸易量小幅增长，禽肉价格将高位回落。国内禽肉价格高位运行。2016 年下半年以来中国禽肉市场一直处于良好的恢复状态，养殖企业盈利水平好转。禽肉价格的上涨很大原因是受到养殖成本攀高的推动以及消费提振的拉动。预计随着 2017 年春节的临近，禽肉价格在消费需求增加的拉动下稳中有涨。但受到 2017 年宏观经济形势平稳预期以及国际饲料粮价格下跌影响，预计 2017 年禽肉价格总体高位运行，涨势平稳。

四、肉类产业发展政策建议

（一）生猪产业

继续为生猪产业提供扶持政策。对生猪等主要畜产品生产采取扶持政策，保障有效供给，除继续扶持标准化规模养殖、支持生猪良种繁育、奖励生猪调出大县、推行能繁母猪保险、促进生猪生产产业化外，还应该为养殖户提供贷款和融资渠道，为养殖户在生猪发展低谷时期提供无息或低息周转贷款，帮助养殖户渡过难关，特别是对于环保型的养殖户设施建设给予财政补贴。

完善生猪预案调控机制。在冻猪肉收储时，应该给予中小型屠宰加工企业一定的收储指标，避免大型屠宰加工企业利用垄断地位操控市场，导致猪价的猛涨猛跌。在储备肉投放时，投放强度、持续时间应视市场具体情况确定，避免打压猪价回升，这样才能达到稳定生猪产销，切实维护生猪养殖户合理经济利益的目的。

强化猪肉市场监测预警，建立数据信息共享机制。尽管中国诸多机构建立起了市场数据及其他信息采集系统和相关数据库，但却鲜有建立起信息共享机制的机构，导致这些信息难以在实际生产中指导生产者调整生产结构和经验策略，更难以对市场产生调节作用，同时也导致了信息拥有者采集信息成本的提高。通过统筹各种资源，协调各利益主体，以生产者为主体，以服务换信息，整合生猪生产和猪肉消费信息，强化信息预警及成果发布和共享，为生产提供决策支持，推动生猪产业的健康发展。

合理引导猪肉生产和猪价。尽管猪肉价格上涨影响了部分社会中低收入者及家庭的居民生活支出、猪肉消费及生活质量，但猪肉价格反映了市场供求关系，自有其内在的市场规律。对于猪肉价格的管控，应该在公平竞争的市场环境下，通过合理的生产调节政策、面向生产者的信息共享机制来引导猪肉生产，从而实现对猪肉价格的调节，而非通过大量进口猪肉、冻猪肉投放等只能起到短期效果却不利于生猪产业持续平稳发展的措施。

（二）肉牛、肉羊产业

中国的牛、羊肉生产必须坚持国内基本自给的方针，着力提高牛、羊肉生产供给能力，同时合理增加牛、羊肉进口，确保市场有效供给。

加大投入力度，完善生产扶持政策。应进一步制定相关政策对养殖户进行扶持，包括资金、养殖技术等，以牧区为重点，兼顾农区，强化政策扶持和宏观调控。建议借鉴生猪的政策扶持经验，对肉牛养殖大县实施奖励政策，对母畜实施基础母畜补贴制度，加大肉牛、肉羊标准化规模养殖的政策扶持力度。探索建立肉牛、肉羊保险制度，降低养殖风险，充分调动养殖积极性。

强化科技支撑，提升综合生产能力。依托国家肉牛、肉羊产业技术体系和国家科技计划，组织相关科研院所（校）的科研力量，开展联合集中攻关，以提高肉牛、肉羊个体生产性能为核心，依靠科技创新和技术进步，增强良种培育能力，研究推广先进适用饲养技术和养殖模式，提高肉牛、肉羊产业科技水平。加快完善良种繁育体系、饲草料供应保障体系、生产技术服务体系、疫病防控体系和防灾减灾体系，不断提升牛、羊肉综合生产能力。

培育经营主体，发展适度规模养殖。分散和小规模的传统肉牛、肉羊养殖已经不能满足目前牛、羊肉市场的需求，应发展培育新型经营主体，引导肉牛、肉羊养殖家庭农场、养殖小区、专业合作社的发展，加快牛、羊产业升级转型。综合考虑资源禀赋、环境承载能力等因素，科学规划规模养殖结构和布局，发展适度规模养殖，推进标准化生产。引导标准化规模养殖场发挥示范作用，辐射带动周边广大养殖场转变养殖方式，提高整体生产水平。

加强市场监测，建立市场预警机制。重点是关注主产区生产变化情况，及时、准确掌握牛、羊肉市场供求关系以及主产区牛（羊）出栏量、补栏量、活牛（羊）收购价格变动情况，及时发布监测信息，引导牛、羊市场走向。

合理增加进口，确保市场有效供给。从当前形势看，牛、羊肉供给处于紧张阶段，可以考虑扩大进口范围和进口量，来缓解供不足需的矛盾，保障国内牛、羊肉产品市场供给稳定。但从长远来看，还是应立足国内生产，发展现代肉牛、肉羊产业，同时加强国内外投资和合作，加强国际间科技合作交流，逐步提升国内牛、羊生产技术水平。

（三）家禽产业

积极倡导冰鲜禽消费。冰鲜禽将是未来中国肉禽消费的主要形式，这也是全球的大趋势。为进一步提高产业抵御风险的能力，要大力发展活禽的屠宰加工、冷链存储以及冷链运输体系，特别是南方地区。建议加大冰鲜禽的消费宣传，目前城市中的农贸市场已经开始大范围取缔活禽交易，未来农村和乡镇集贸市场上的活禽交易可能也要关闭。

重视肉禽养殖的关键点。未来肉禽业的发展将会呈现出一些明显的变化趋势，散户加快退出，适度规模的全进全出成为主流生产方式，必须严格建立自然隔离带，解决粪便的长途跨省跨市运输问题，活禽运输必须达到卫生和动物福利要求，对饲料厂和屠宰场进行卫生消毒。此外，需要建立专业化的免疫队伍，做到肉禽养殖的专业化与职业化相结合。

加强市场监测预警。肉鸡规模化养殖不断发展壮大后，需要新的管理方式与其相匹配。整个行业的沟通与协调变得相当重要，根据市场行情，集体研判产业发展的方向，才能更好地应对更多的风险和不可预知性。建议行业协会及其他相关部门加强企业的数据监测，如屠宰场的出货快慢、出货价格高低，并结合生产周期合理做出市场行情预测，为指导行业生产和政府决策提供支撑。

国际奶业发展及中国奶业竞争力监测

中国是原料乳的生产大国，产量居世界第三位。然而，资源优势并未带来较大的市场优势，国内乳制品质量安全事件造成的消费者信任危机，涉及 22 个国家和地区的 14 个自由贸易协定的签署，双重压力对中国奶业竞争力产生冲击。本课题在跟踪监测中国及主要国家奶业养殖、加工和贸易数据的基础上，测度中国及主要国家奶制品国际市场占有率和贸易竞争力指数等奶业竞争力指标，为奶业产业发展及政策制定提供参考。

一、国际奶业现状

（一）奶牛养殖

1. 奶牛存栏

全球奶牛存栏量呈上涨态势，发展中国家奶牛存栏基数大，涨幅优于发达国家或地区。全球奶牛存栏数从 2000 年的 2.19 亿头上涨至 2015 年的 2.82 亿头，复合年均增长率 1.72%。不同原料奶主产国（地区）发展态势存在差异。2000—2015 年，印度、欧盟、巴西、中国和巴基斯坦的奶牛存栏量均高于 1 000 万头，其中，印度、巴西和中国三大发展中国家奶牛存栏量总体呈上涨趋势，欧盟和巴基斯坦的奶牛存栏量总体呈下降趋势；美国、俄罗斯、墨西哥、土耳其、新西兰、乌克兰、阿根廷和澳大利亚等 8 个国家的奶牛存栏量均高于 100 万头，其中，美国、墨西哥、土耳其和新西兰的奶牛存栏量总体呈上涨趋势，俄罗斯、乌克兰、阿根廷和澳大利亚的奶牛存栏量总体呈下降趋势（图 1，图 2）。

2. 牛奶产量

全球牛奶产量涨幅优于奶牛存栏量，亚洲地区涨幅最快，发展中国家牛奶产量基数略大，涨幅优于发达国家或地区。全球牛奶产量从 2000 年的 4.93 亿吨上涨至 2015 年的 6.74 亿吨，复合年均增长率 2.11%。全球牛奶产量主要分布在亚洲、欧盟与中北美洲及加勒比地区，其牛奶总产量占全球的 71.36%。亚洲地区牛奶产量比重从 2000 年的 19.30% 上涨至 2015 年的 29.26%，南美洲和非洲地区产量略有上升，其他地区均有不同程度的下降（图 3，图 4）。

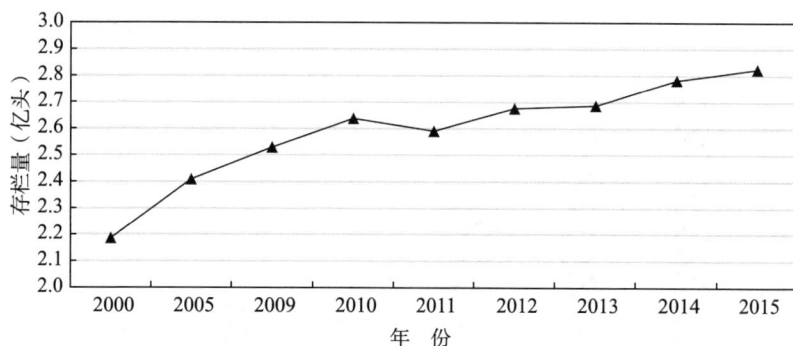

图 1　2000—2015 年全球奶牛存栏量

数据来源：《中国奶业年鉴 2016》。

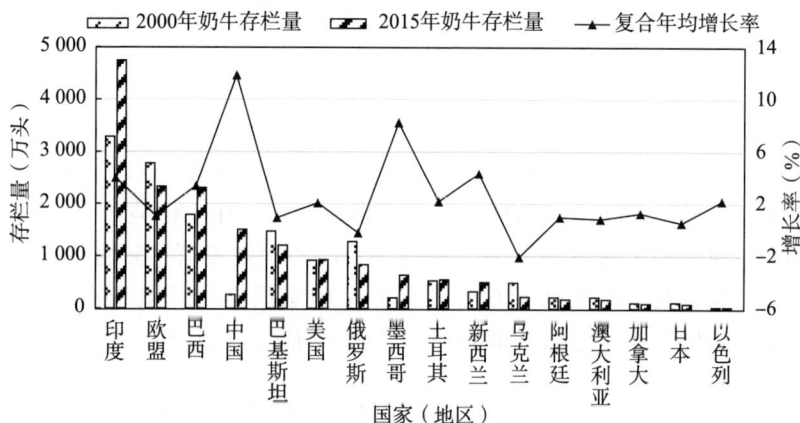

图 2　2000—2015 年原料奶主产国（地区）奶牛存栏量

资料来源：IFCN，《中国奶业年鉴 2016》。

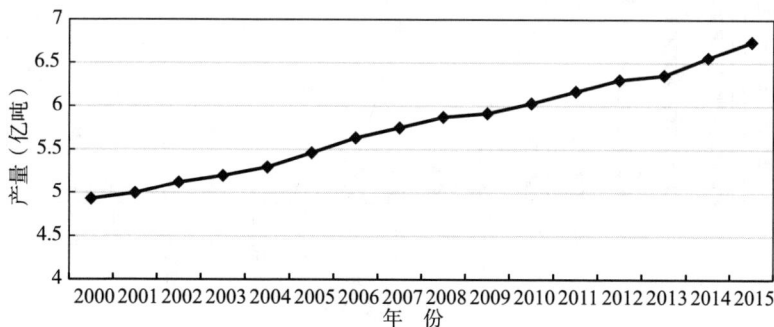

图 3　2000—2015 年全球牛奶产量

数据来源：2000—2014 年数据来源于 FAO，2015 年数据来源于《中国奶业年鉴 2016》。

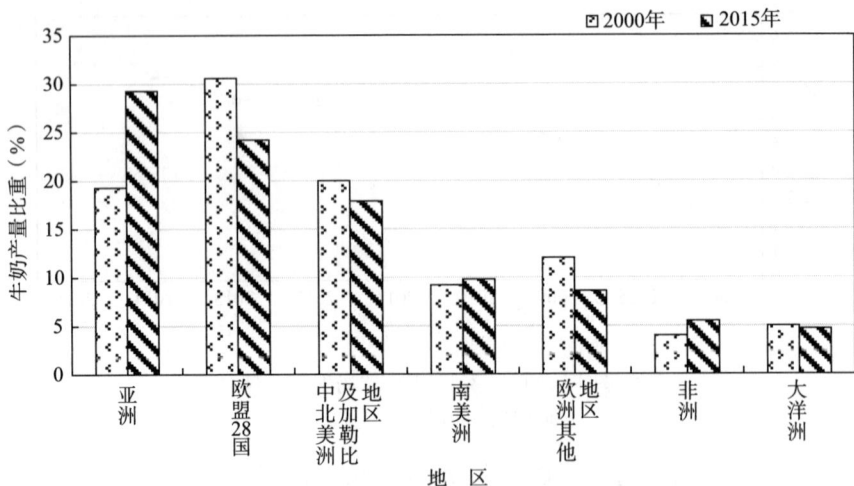

图 4　2000—2015 年牛奶产区分布

资料来源：IDF。

不同国家（地区）的牛奶生产存在差异。2000—2015 年，欧盟、美国和印度牛奶产量始终位于全球前列，欧盟牛奶产量维持在 1 亿吨以上，3 个地区的牛奶产量总体呈上涨态势；2015 年中国、巴西、俄罗斯、新西兰、土耳其、巴基斯坦、墨西哥、阿根廷和乌克兰等 9 个国家的牛奶产量均高于 1 000 万吨，其中，中国牛奶产量涨幅最显著，复合年均增长率为 10.61%（图 5）。

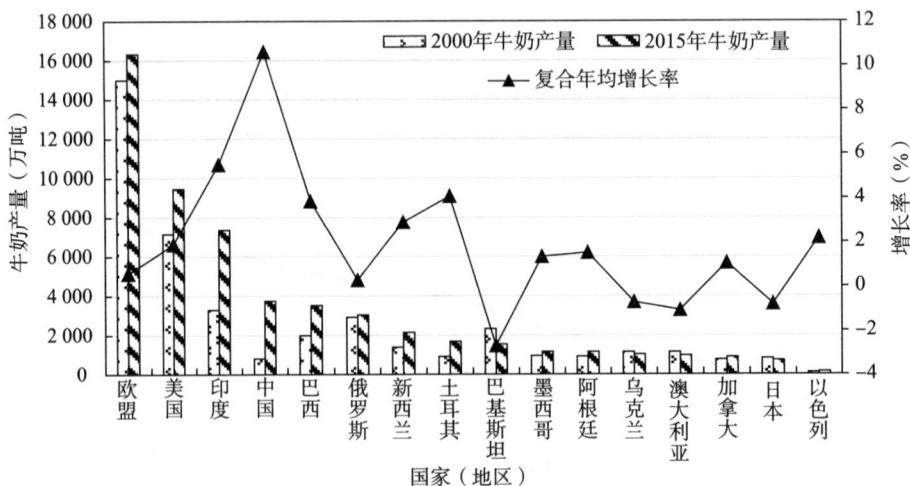

图 5　2000—2014 年原料奶主产国（地区）牛奶产量

资料来源：IFCN，《中国奶业统计资料 2015—2016》。

（二）奶制品加工

1. 液态奶

全球液态奶产量发展态势劣于干奶制品，主产区分布在欧盟、中国、美国、印度和巴西等地，发展中国家涨幅态势优于发达国家或地区。2015年，欧盟、中国、美国和印度的产量均高于1 000万吨，其中，欧盟和美国的液态奶产量总体呈下降趋势，中国液态奶产量涨幅最高，复合年均增长率达21.60％；巴西、俄罗斯、墨西哥、日本、加拿大、澳大利亚和阿根廷的液态奶产量均高于100万吨，其中，巴西、墨西哥、日本和加拿大的液态奶产量总体呈下降趋势，其他3个地区的液态奶产量总体呈上涨趋势，澳大利亚液态奶产量涨幅最高，复合年均增长率达1.78％（图6）。

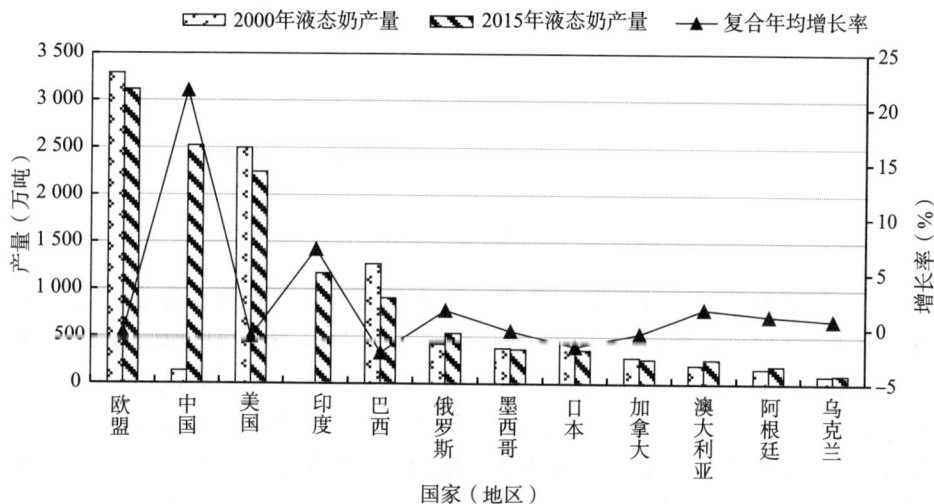

图6　2000—2015年主要国家（地区）液态奶产量
资料来源：《中国奶业统计资料2015—2016》。

2. 干奶制品

（1）全脂和半脱脂奶粉。全球全脂和半脱脂奶粉产量呈上涨态势，主产区分布在新西兰、中国、欧盟和巴西等地，发展中国家涨幅态势显著。2015年，新西兰、中国、欧盟和巴西的产量均高于50万吨，新西兰产量位列全球第一，复合年均增长率最高，达到6.77％。欧盟产量总体呈下降趋势，复合年均增长率为－0.87％，中国和巴西产量总体呈上涨趋势，复合年均增长率分别为5.09％、6.04％；2015年，阿根廷、墨西哥和印度的产量均高于10万吨，3个地区产量总体呈上涨趋势；俄罗斯、澳大利亚、美国和日本产量均低于10万吨，且澳大利亚、美国和日本产量总体呈下降趋势，澳大利亚产量降幅最大，复合年均增长率为一7.28%（图7）。

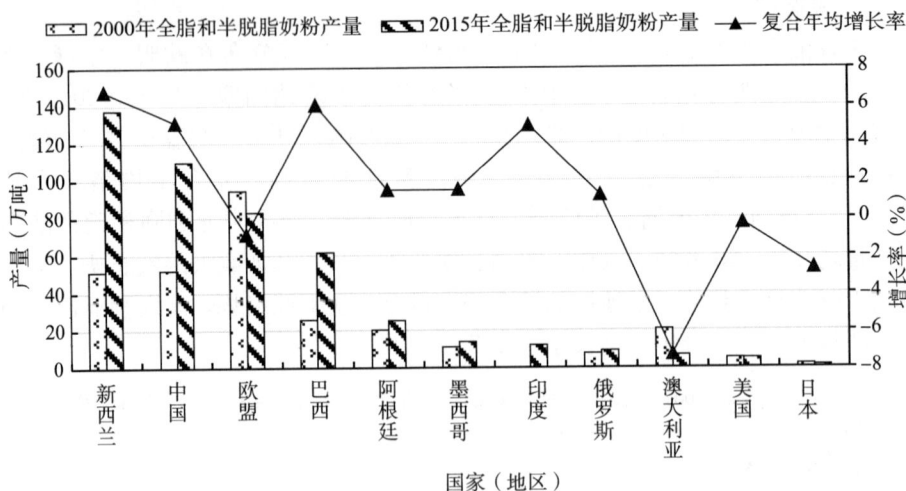

图 7 2000—2015 年主要国家（地区）全脂和半脱脂奶粉产量

资料来源：《中国奶业统计资料 2015—2016》。

注：2000 年印度数据缺失。

（2）脱脂奶粉。全球脱脂奶粉产量呈上涨态势，主产区分布在欧盟、美国、印度和新西兰等地，涨势优于全脂和半脱脂奶粉，发展中国家涨幅态势显著。2015 年，欧盟、美国和印度脱脂奶粉产量均高于 40 万吨，欧盟在连续 13 年脱脂奶粉产量走低的态势下，2014 年和 2015 年有所回升，复合年均增长率为 1.91%，均呈上涨趋势，印度的复合年均增长率最高，达到 9.16%。新西兰脱脂奶粉在 2015 年出现了较大幅度下降，同比下降 9.76%；2015 年，澳大利亚、巴西和日本产量均高于 10 万吨，其中，澳大利亚和日本产量总体呈下降趋势，巴西产量总体呈上涨趋势，复合年均增长率为 6.39%；加拿大、俄罗斯、乌克兰和阿根廷产量均低于 10 万吨（图8）。

（3）奶酪。全球奶酪产量呈上涨态势，主产区分布在欧盟和美国等地，涨势优于脱脂奶粉，发展中国家涨幅高于发达国家或地区。2000—2015 年，欧盟和美国的产量均高于 350 万吨，且两个地区的奶酪产量总体呈上涨趋势；2015 年，巴西、阿根廷、加拿大、墨西哥、新西兰、俄罗斯、澳大利亚、乌克兰和以色列的产量均在 10 万～80 万吨，其中，澳大利亚的产量总体呈下降趋势，复合年均增长率为一0.97%，其他 8 个国家（地区）的产量总体呈上涨趋势，墨西哥的产量涨幅最高，复合年均增长率达 6.87%；日本和中国的产量总体呈上涨趋势，且均低于 5 万吨（图9）。

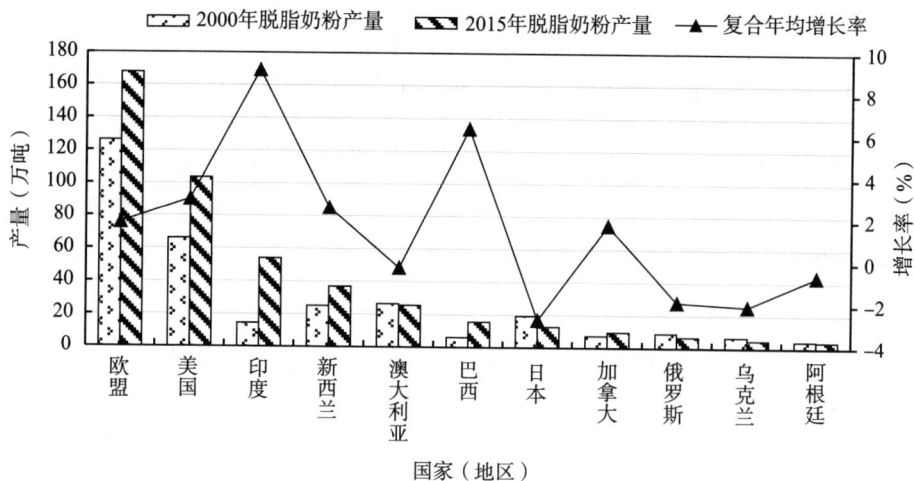

图 8　2000—2015 年主要国家（地区）脱脂奶粉产量

资料来源：《中国奶业统计资料 2015—2016》。

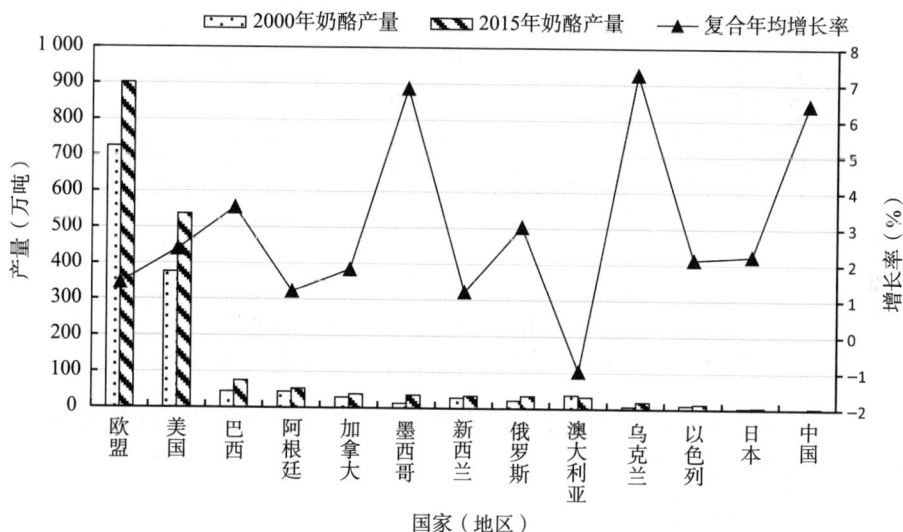

图 9　2000—2015 年主要国家（地区）奶酪产量

资料来源：《中国奶业统计资料 2015—2016》《中国奶业年鉴 2016》。

注：2000 年中国数据缺失。

（4）奶油。全球奶油产量呈上涨态势，主产区分布在印度和欧盟等地，发展中国家涨幅态势显著。2000—2015 年，印度和欧盟产量均高于 100 万

吨，印度产量位列全球第一，且总体呈上涨趋势，复合年均增长率为
6.71%，欧盟产量总体小幅度回升，复合年均增长率为 0.44%；美国、巴
基斯坦、新西兰、俄罗斯和乌克兰产量均在 10 万～90 万吨，其中，俄罗斯
和乌克兰产量总体呈下降趋势，其他 3 个地区产量总体呈上涨趋势，巴基斯
坦产量涨幅最高，复合年均增长率达 3.81%；澳大利亚、加拿大、巴西、
日本、阿根廷和中国产量均低于 10 万吨，其中，日本和阿根廷产量总体呈
下降趋势，其他 3 个地区产量总体呈上涨趋势，中国产量涨幅最高，复合年
均增长率达 9.8%（图 10）。

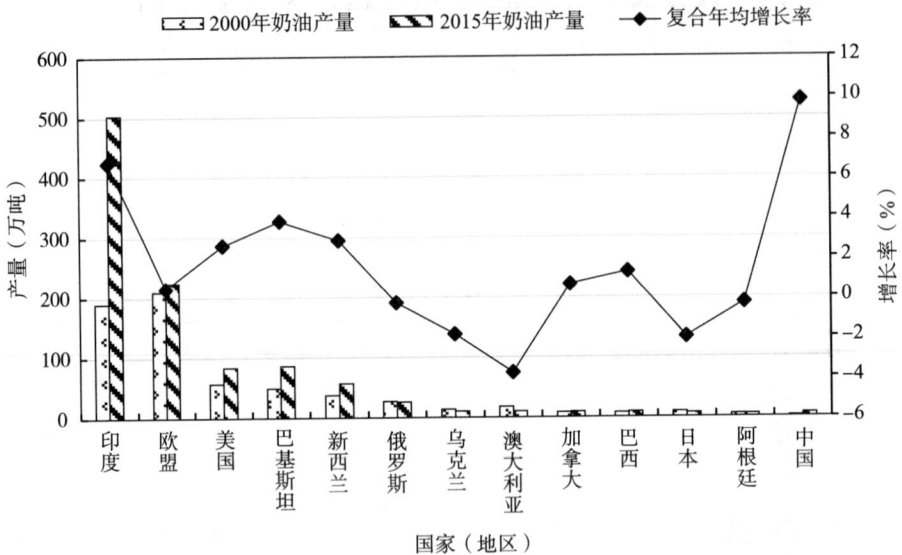

图 10　2000—2015 年主要国家（地区）奶油产量

资料来源：《中国奶业统计资料 2015—2016》《中国奶业年鉴 2015》。

（5）炼乳。全球炼乳产量呈上涨态势，主产区分布在欧盟、美国和俄罗斯
等地，发展中国家涨幅态势优于发达国家或地区。2015 年，美国产量位列全
球第一，产量总体呈上涨趋势，复合年均增长率为 2.97%，欧盟产量小幅度
回落，复合年均增长率为 -0.94%；俄罗斯、巴西和中国产量均在 10 万～60
万吨，3 个地区的产量总体呈上涨趋势，俄罗斯产量涨幅最高，复合年均增长
率达 5.26%；乌克兰、日本、加拿大和阿根廷产量均低于 10 万吨（图 11）。

（6）乳清。全球乳清产量呈上涨态势，主产区分布在欧盟和美国等地，发
展中国家涨幅态势优于发达国家或地区。2000—2015 年，欧盟产量高于 100
万吨，位列全球第一，产量总体呈上涨趋势，复合年均增长率为 1.16%；美

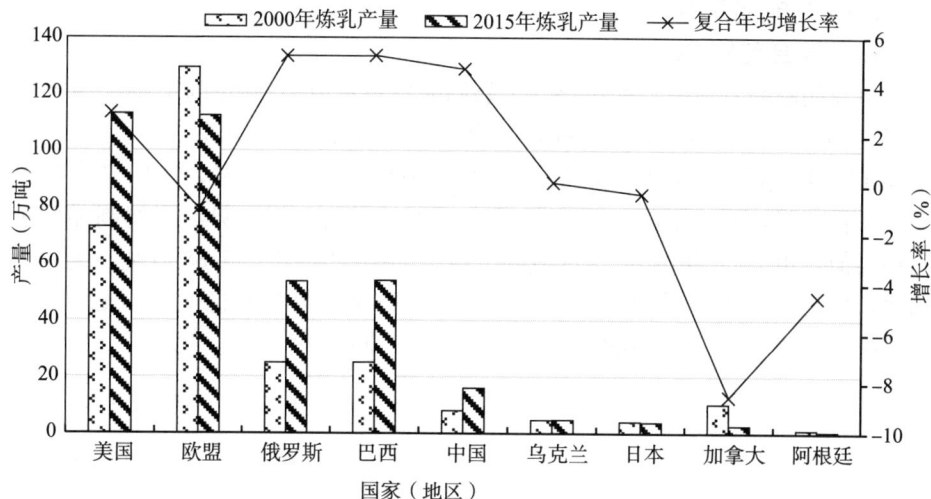

图 11   2000—2015 年主要国家（地区）炼乳产量
资料来源:《中国奶业统计资料 2015—2016》。

国和澳大利亚产量总体呈下降趋势，复合年均增长率分别为 -1.46% 和
-5.22%；阿根廷和俄罗斯产量总体呈上涨趋势，其中，俄罗斯乳清产量于
2015 年突破 10 万吨，同比增长 16.13%（图 12）。

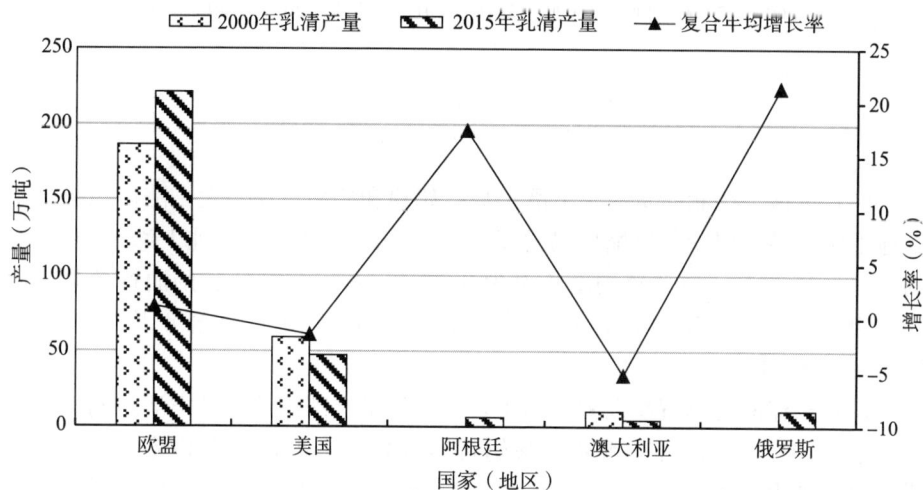

图 12   2000—2015 年主要国家（地区）乳清产量
资料来源:《中国奶业统计资料 2015—2016》。

注：由于数据缺失，阿根廷复合年均增长率为 2005—2015 年，俄罗斯复合年均增长率为
2010—2015 年。

（三）奶制品贸易

1. 奶制品贸易结构

全球奶制品贸易呈上涨态势，干奶制品贸易量由 2000 年的 1 182.26 万吨上涨至 2016 年的 1 893.85 万吨，复合年均增长率为 2.99%；其中，2000—2015 年干奶制品贸易量平稳增长，复合年均增长率为 6.54%，2016 年干奶制品贸易量下降，同比下降 3.47%。液态奶贸易量的发展态势与干奶制品发展态势类似，由 2000 年的 808.53 万吨上涨至 2016 年的 1 365.88 万吨，复合年均增长率为 3.33%；其中，2000—2015 年液态奶贸易量平稳增长，复合年均增长率为 8.47%，2016 年液态奶贸易量下降，同比下降 11.83%（图 13）。

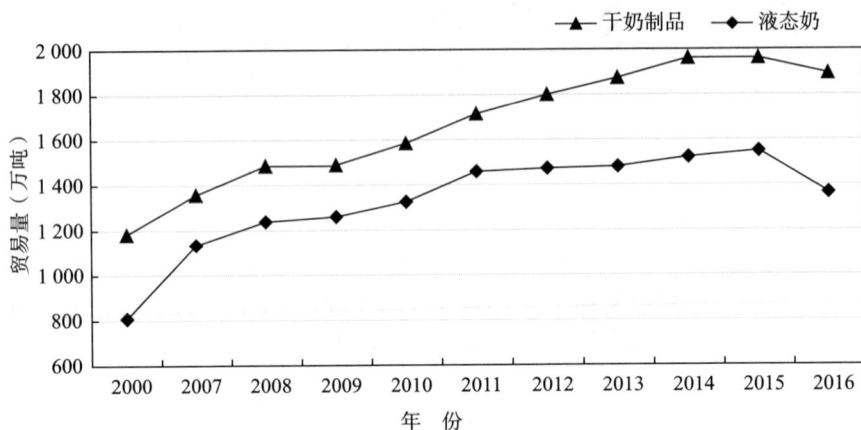

图 13　2000—2016 年全球奶制品贸易量变化情况

数据来源：UN Comtrade 数据库。

（1）全球干奶制品贸易呈上涨态势，奶粉和奶酪占比最大，涨幅态势高于其他干奶制品。奶粉和奶酪贸易总量由 2000 年的 699.24 万吨上涨至 2016 年的 1 187.15 万吨，复合年均增长率为 3.36%。炼乳、乳清和奶油贸易总量由 2000 年的 483.02 万吨上涨至 2016 年的 706.71 万吨，复合年均增长率为 2.41%（图 14）。

（2）全球液态奶贸易以鲜奶为主，贸易量呈上涨态势。各类液态奶出口量基数小。2000—2015 年，鲜奶和酸奶贸易量总体呈平稳上涨趋势，复合年均增长率分别为 4.45% 和 4.34%。2016 年，鲜奶和酸奶出口量呈现不同程度的下降趋势，同比增长率分别为 -11.62% 和 -12.78%（图 15）。

2. 奶制品贸易国

（1）全球奶制品贸易的主要供应国是德国、法国、新西兰、荷兰和比利

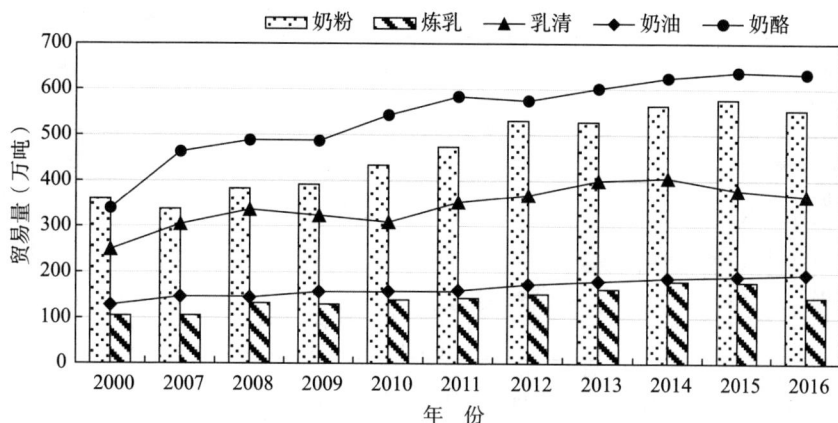

图 14　2000—2016 年全球主要干奶制品贸易量变化情况

数据来源：UN Comtrade 数据库。

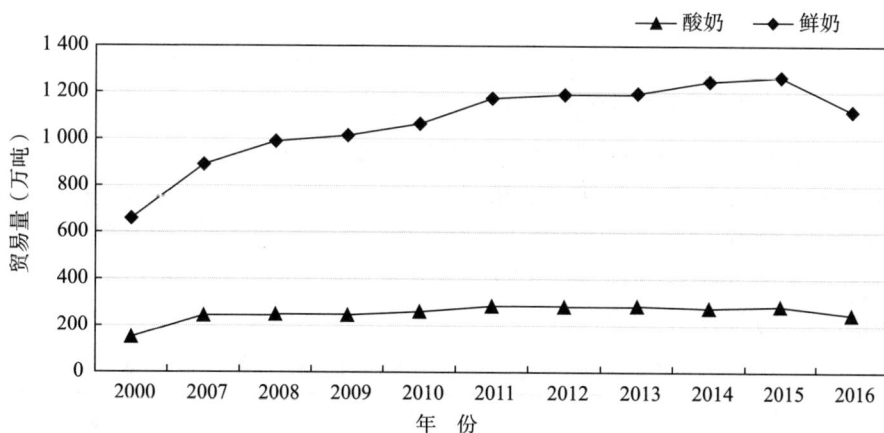

图 15　2000—2016 年全球液态奶贸易量变化情况

数据来源：UN Comtrade 数据库。

时。2016 年，5 个国家的奶制品供应总量占全球奶制品贸易供应量的 51.85%。其中，德国是全球最大的奶制品供应国，出口量为 600.71 万吨，比重为 18.25%；法国、新西兰、荷兰和比利时分别是全球第二、第三、第四和第五大供应国，比重分别为 9.64%、9.49%、8.53% 和 5.95%；接下来依次是美国、波兰、英国、捷克、白俄罗斯和意大利，其奶制品供应量均超过 80 万吨。以上 11 个国家的奶制品供应量占全球奶制品贸易供应总量的 73.02%（图 16）。

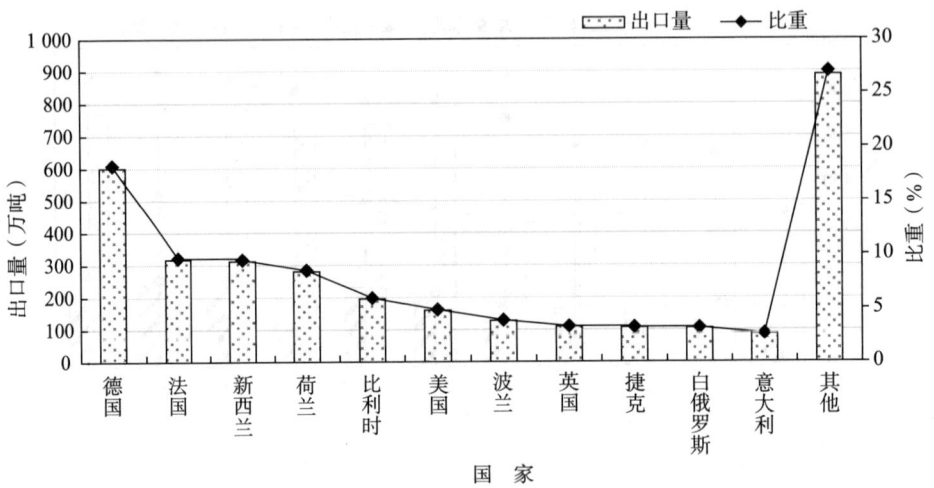

图16　2016年全球奶制品贸易主要供应国分布
数据来源：UN Comtrade 数据库。

（2）全球奶制品主要需求国主要分布在欧洲和亚洲，欧盟成员国居多。2016年，奶制品供应总量超过100万吨的国家有8个。其中，德国是全球最大的奶制品需求国，进口量为450.69万吨，比重为13.72%；意大利、荷兰、比利时和中国分别是全球第二、第三、第四和第五大需求国，比重分别为8.92%、7.58%、7.07%和5.95%；接下来依次是法国、英国和俄罗斯，其奶制品需求量均超过100万吨。以上8个国家的奶制品需求量占全球奶制品贸易需求总量的55.06%（图17）。

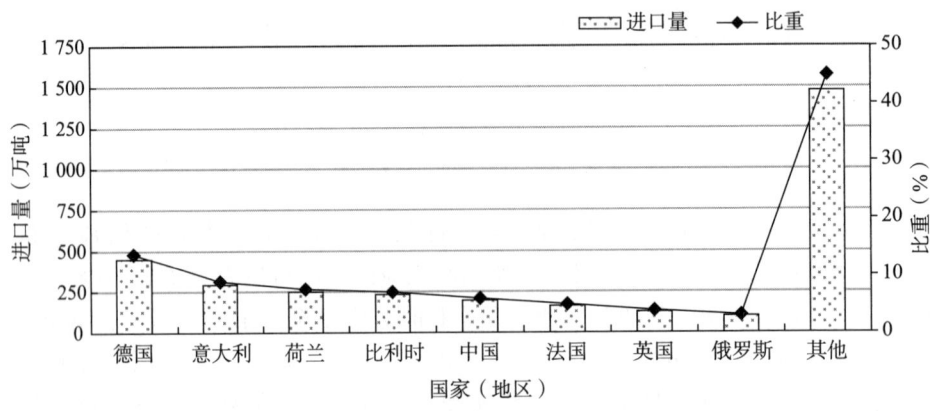

图17　2016年全球奶制品贸易主要需求国分布
数据来源：UN Comtrade 数据库。

二、中国奶业现状

（一）奶牛养殖

1. 奶牛存栏

中国奶牛存栏量呈上涨态势，增速放缓。奶牛（全群）存栏数从 2000 年的 489 万头上升至 2016 年的 1 413 万头，复合年均增长率为 6.86%，同比减少 6.24%。2000—2005 年是中国奶业快速发展的阶段，奶牛存栏数涨幅较快，复合年均增长率为 19.98%，随着饲料成本不断增加，奶制品质量安全事件频发，奶牛养殖业发展进入转型期，行业市场集中度越来越高，劣质奶牛淘汰步伐加快，散户陆续退出奶牛养殖行业，导致 2006—2016 年奶牛存栏数涨幅平缓，复合年均增长率仅为 6.40%（图 18）。

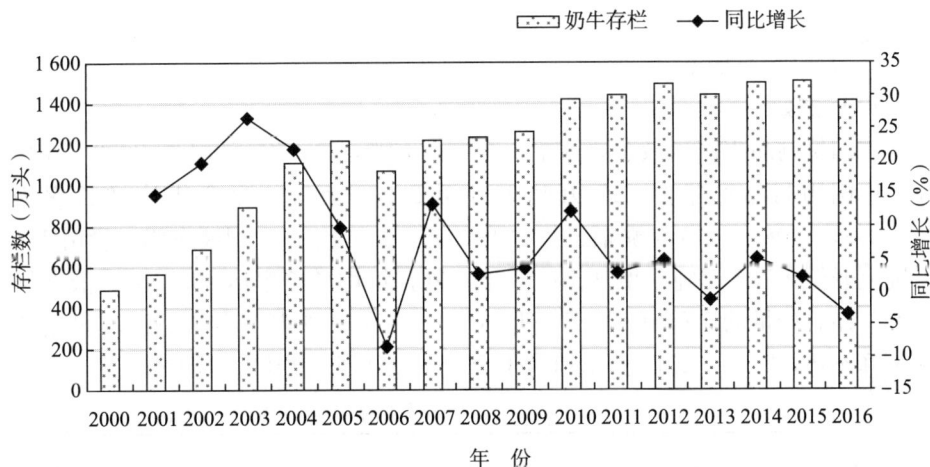

图 18　2000—2016 年中国奶牛（全群）存栏数

数据来源：《中国奶业统计资料 2017》。

2. 牛奶产量

中国牛奶产量呈上涨态势，增速放缓。牛奶产量从 2000 年的 827 万吨上升至 2016 年的 3 602 万吨，增加 3.36 倍，复合年均增长率为 9.63%。2000—2007 年，牛奶产量的复合年均增长率为 23.01%，2008—2016 年，随着奶牛存栏数减少，牛奶产量增速放缓，复合年均增长率仅为 0.16%，尤其是 2013 年，国内不利天气导致原奶产量进一步下降（图 19）。

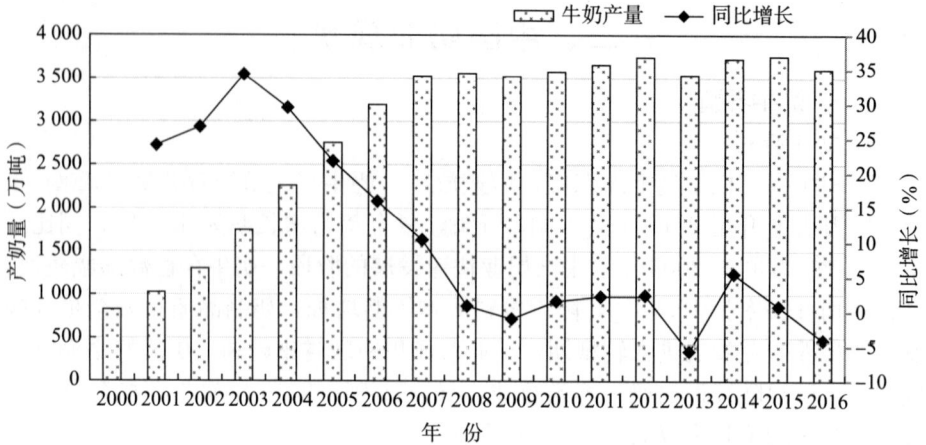

图 19　2000—2016 年中国奶牛（泌乳牛）产奶量

数据来源：《中国奶业统计资料 2017》。

（二）奶制品加工

1. 液态奶

中国奶制品生产以液态奶为主，产量呈上涨态势，增速放缓。2000—2016 年，中国奶制品产量由 217 万吨上升至 2 993 万吨，复合年均增长率为 17.82％，2008—2016 年涨幅态势劣于 2000—2007 年。中国液态奶产量由 134 万吨上升至 2 737 万吨，增加 19.43 倍，复合年均增长率达 20.75％，液态奶占奶制品总产量的比重由 61.75％上升至 91.45％；奶制品及液态奶产量增速呈下降态势，2008—2016 年增速劣于 2000—2007 年（图 20、图 21）。

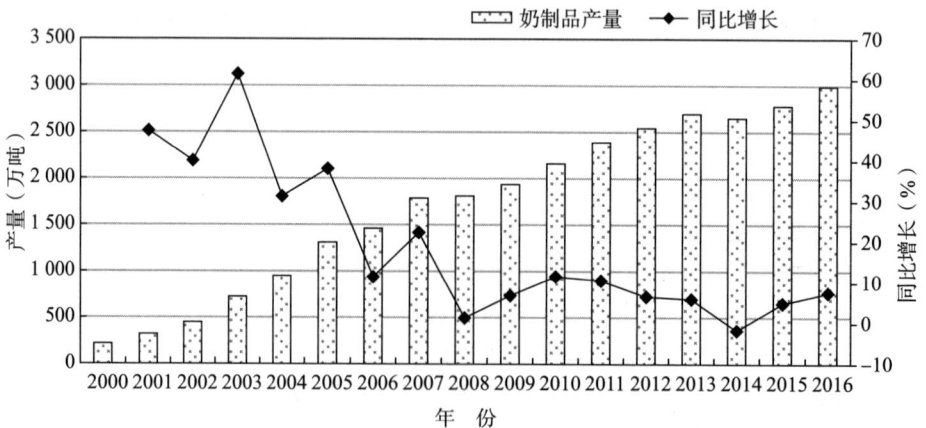

图 20　2000—2016 年中国奶制品产量

资料来源：《中国奶业统计资料 2017》。

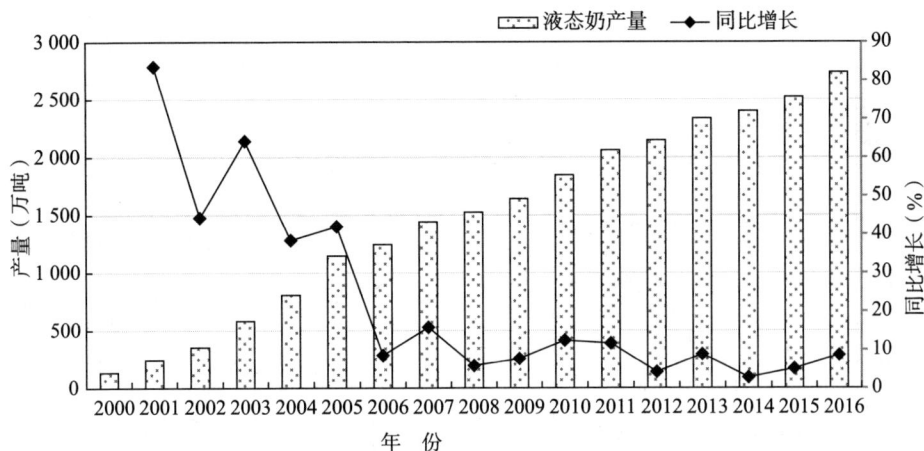

图 21　2000—2016 年中国液态奶产量

资料来源：《中国奶业统计资料 2017》。

2. 干奶制品

中国干奶制品比重逐年下降，产量呈倒"U"态势，增速呈双"M"放缓。2000—2016 年，中国干奶制品产量比重由 38.25％降至 8.55％，但是干奶制品产量总体呈波动上涨趋势，上涨 2.08 倍，复合年均增长率为 7.29％。2008 年婴幼儿奶粉事件，导致消费者对国产奶制品，尤其是婴幼儿奶粉需求量骤减，干奶制品产量出现首次下跌。2013 年，恒天然污染事件导致国内奶业发生"奶荒"，奶粉进口受阻，国内原料奶供应紧张，干奶制品产量骤降。随着新西兰污染事件逐渐平息，全球奶业在 2014 年呈现出供大于求的局面，使得国际原料奶收购价格持续下降（图 22）。

（三）奶制品贸易

1. 贸易逆差

中国奶制品进口量呈上涨态势，出口量呈下降态势，贸易逆差加大。中国奶制品进口量由 2000 年的 21.89 万吨上涨至 2016 年的 195.57 万吨，增加 7.93 倍，复合年均增长率达 14.67％。2014—2015 年，乳制品进口出现小幅下降，主要是由于 2013 年国内奶牛存栏数量突降叠加不利天气因素，原奶产量骤减，导致国内加速进口大包粉以弥补需求缺口。2014 年，国内奶业在第二季度恢复产量时，高库存已经成为国内奶制品企业及进口商面临的严峻问题。2014 年下半年和 2015 年全年，是中国乳品市场去库存时期，进口量急剧减少。2016 年，乳制品进口量开始增加，同比增长 21.38％。中国奶制品出口量由 2000 年的 4.80 万吨波动下降至 2016 年的 3.08 万吨，复合年均增长率为

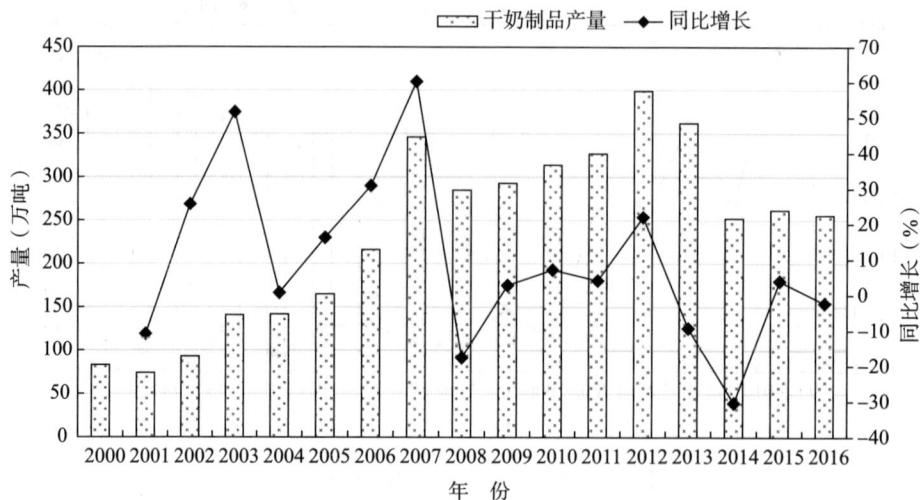

图 22 2000—2016 年中国干奶制品产量

资料来源：《中国奶业统计资料 2017》。

—2.73%。婴幼儿奶粉事件后，奶制品进口量大幅上涨、出口量大幅下降，2008—2016 年奶制品进口量和出口量的复合年均增长率分别为 23.95% 和 —15.68%，贸易逆差由 17.09 万吨上升至 192.49 万吨（图 23）。

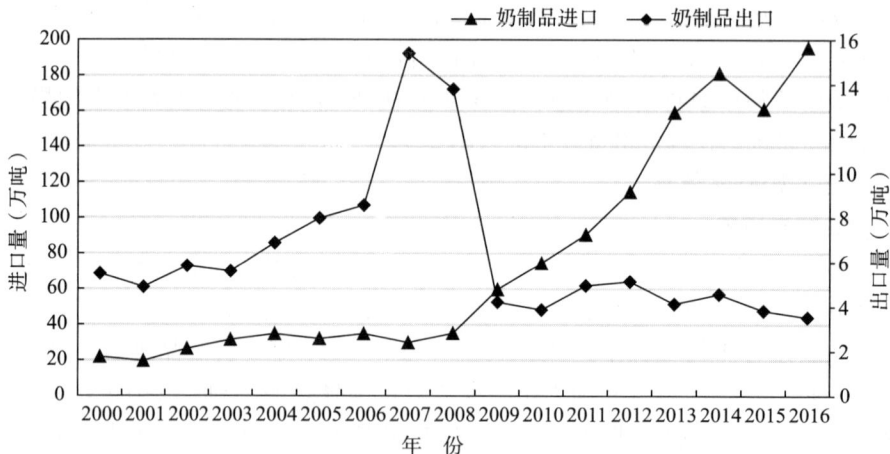

图 23 2000—2016 年中国奶制品进出口贸易情况（除婴幼儿乳粉）

资料来源：《中国奶业统计资料 2017》。

2. 奶制品进口

（1）产品结构。

①中国奶制品进口以干奶制品为主，基数大，呈上涨态势，涨幅态势劣于液态奶。干奶制品进口量由 2000 年的 20.14 万吨上涨至 2016 年的 130.06 万吨，复合年均增长率为 12.36%；其中，2000—2007 年干奶制品进口量平稳增长，2008—2016 年干奶制品进口量大幅增长，复合年均增长率分别为 5.54% 和 18.14%。液态奶进口量的发展态势与干奶制品发展态势类似，2000—2016 年复合年均增长率为 25.41%；其中，2000—2007 年液态奶进口量出现小幅下降，复合年均增长率为−16.63%；2008—2015 年液态奶进口量出现大幅上涨，复合年均增长率达 72.64%（图 24）。

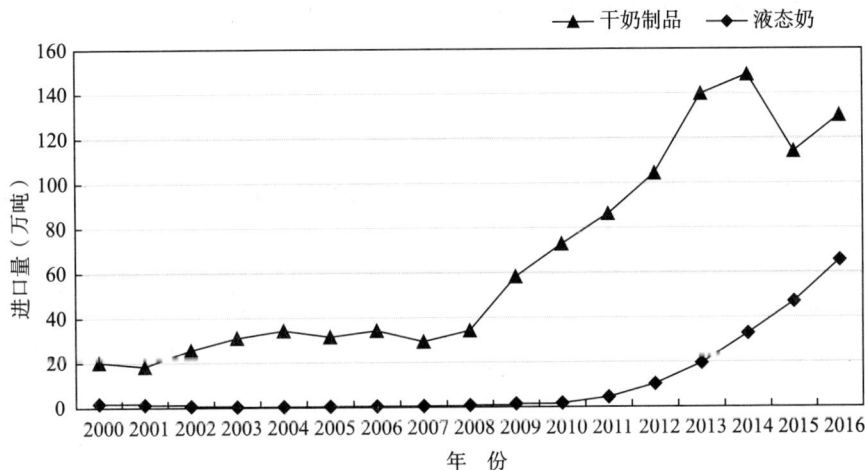

图 24　2000—2016 年中国奶制品进口情况

资料来源：《中国奶业统计资料 2017》。

②中国干奶制品进口以奶粉和乳清为主，基数大，呈上涨态势，涨幅态势劣于其他干奶制品。奶粉和乳清的进口总量由 2000 年的 19.57 万吨上涨至 2016 年的 110.15 万吨，上涨 4.63 倍，复合年均增长率为 11.40%，奶酪、奶油和炼乳的进口量基数小，复合年均增长率分别为 27.47%、22.71% 和 24.50%，各类干奶制品在 2008—2016 年的增速均高于 2000—2007 年的增速，奶酪、奶油和炼乳进口涨幅态势显著（图 25）。

③中国液态奶进口以鲜奶为主，基数大，呈上涨态势，涨幅态势优于酸奶。鲜奶进口总量由 2000 年的 1.49 万吨上涨至 2016 年的 63.41 万吨，上涨 41.56 倍，复合年均增长率为 26.42%。酸奶进口量基数小，复合年均增长率

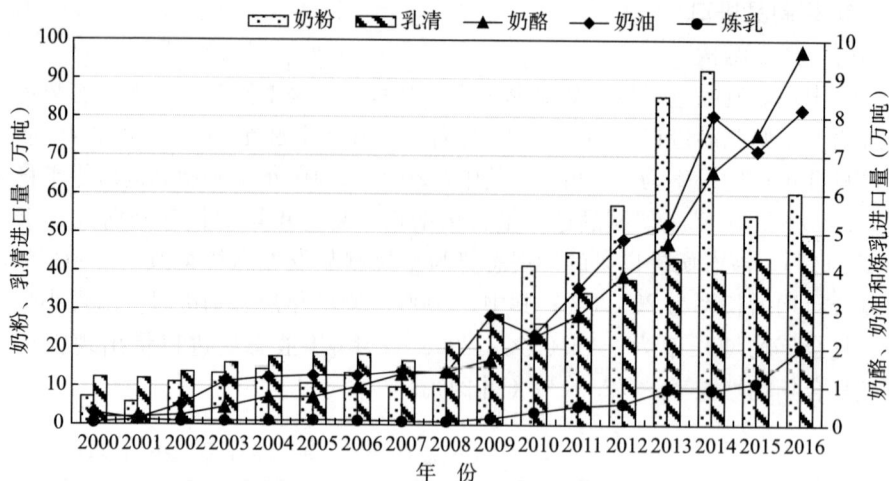

图 25　2000—2016 年中国主要干奶制品进口情况

资料来源：《中国奶业统计资料 2017》。

仅为 13.91％，鲜奶和酸奶在 2008—2016 年的增速均高于 2000—2007 年的增速，鲜奶进口涨幅态势显著（图 26）。

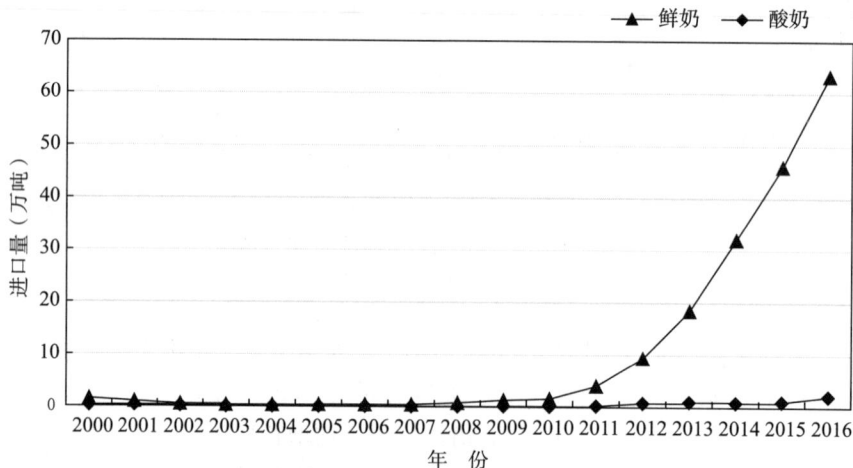

图 26　2000—2016 年中国液态奶进口情况

资料来源：《中国奶业统计资料 2017》。

（2）地理结构。中国奶制品进口主要来源地为新西兰、美国、澳大利亚和欧盟等地。干奶制品的主要来源国是新西兰和美国，2016 年中国从两国进口干奶制品总和占中国干奶制品进口总量的比重达 72.09％，其中，新西兰干奶制品的进口量占中国干奶制品进口总量的比重为 48.32%。液态奶主要进口来源国是德国、新西兰、法国和澳大利亚，其中，德国份额最高，2016 年中国从德国进口液态奶的量占中国液态奶进口总量的比重达 35.40%（图 27、图28）。

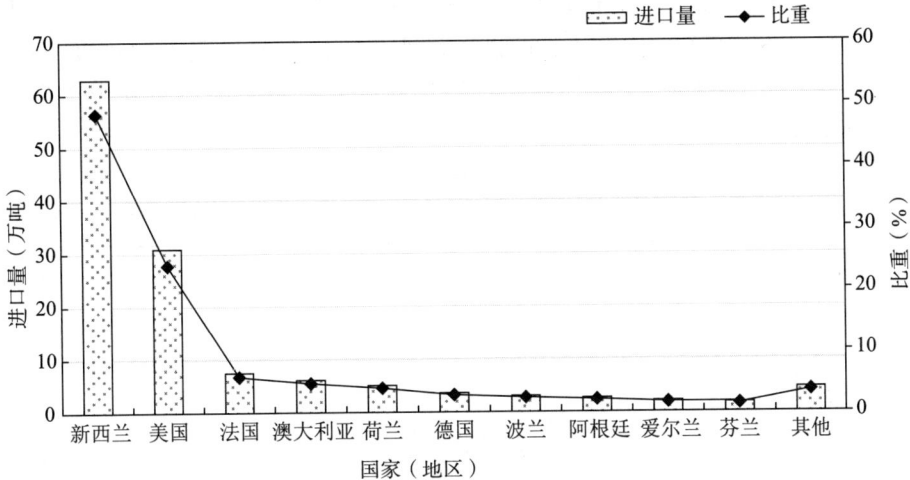

图 27　中国干奶制品主要来源国（2016 年）

资料来源：《中国奶业统计资料 2017》。

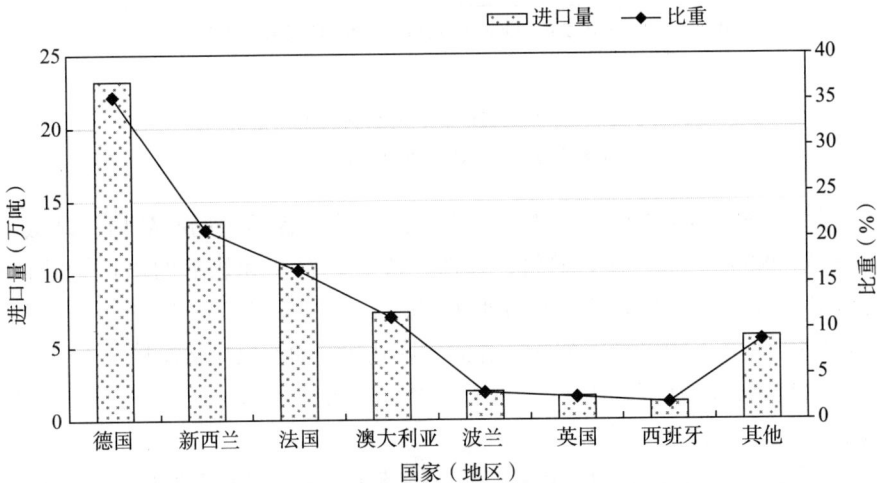

图 28　中国液态奶主要来源国（地区）（2016 年）

资料来源：《中国奶业统计资料 2017》。

3. 奶制品出口

（1）产品结构。中国奶制品出口基数小，呈下降态势，液态奶出口态势优于干奶制品。2000—2016 年，中国干奶制品和液态奶出口量复合年均增长率分别为－5.78％和－1.38％。2000—2007 年奶制品出口量增长，干奶制品和液态奶出口量复合年均增长率分别为 24.16％和 6.89％。随着婴幼儿奶粉事件爆发，2008 年之后干奶制品和液态奶出口量出现不同程度下跌，复合年均增长率降为－26.25％和－6.19％，干奶制品出口下跌较为明显（图 29）。

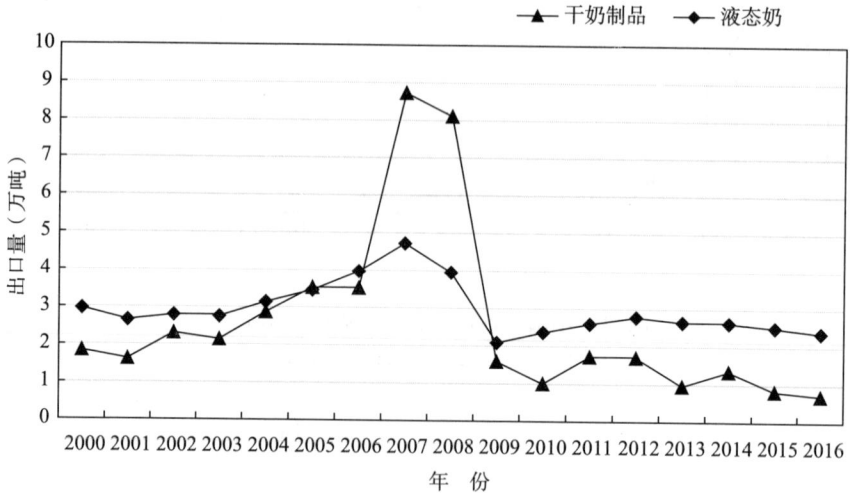

图 29　2000—2016 年中国奶制品出口情况
资料来源：《中国奶业统计资料 2017》。

中国干奶制品出口以奶粉为主，呈下降态势。各类干奶制品出口基数小，差距不大。2000—2007 年，奶粉、乳清、炼乳、奶油和奶酪的出口量总体呈平稳上涨趋势，复合年均增长率分别为 29.41％、45.29％、10.62％、62.17％和 3.24％，2008—2016 年，奶粉、乳清、炼乳和奶油的出口量总体呈下降趋势，复合年增长率分别为－30.43％、－37.51％、－14.56％和－17.24％，奶粉和乳清出口下跌较为显著（图 30）。

中国液态奶出口以鲜奶为主，呈下降态势。各类液态奶出口量基数小。2000—2007 年，鲜奶和酸奶出口量总体呈平稳上涨趋势，复合年均增长率分别为 35.76％和 6.47％。2008—2016 年，鲜奶和酸奶出口量呈现不同程度的下降趋势，复合年增长率分别为－6.30％和－3.26％（图 31）。

☑奶粉　▥乳清　▧炼乳　▪奶油　▨奶酪

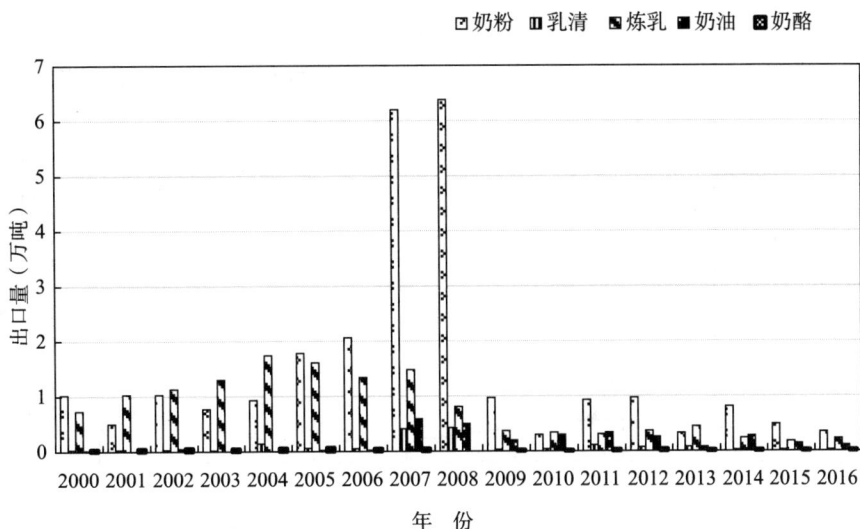

图 30　2000—2016 年中国主要干奶制品出口情况

资料来源:《中国奶业统计资料 2017》。

▲鲜奶　◆酸奶

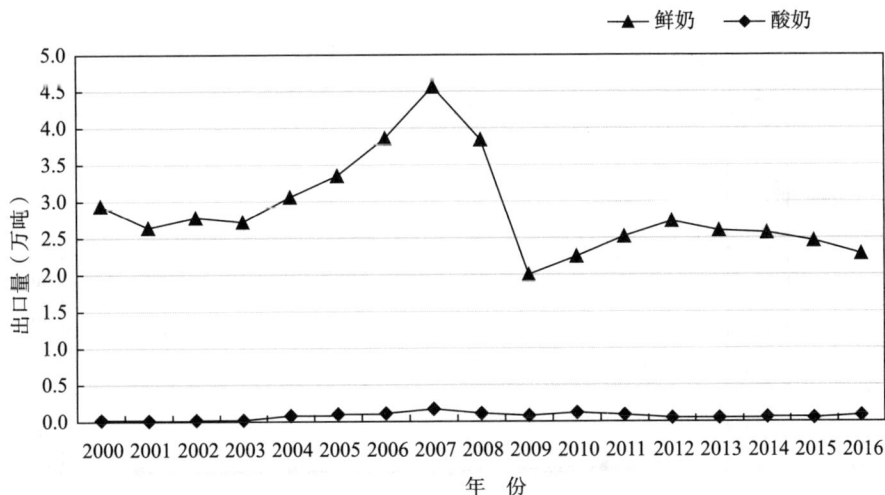

图 31　2000—2016 年中国液态奶出口情况

资料来源:《中国奶业统计资料 2017》。

　　(2) 地理结构。中国奶制品出口主要目的地是亚洲。干奶制品主要出口到中国香港、朝鲜、缅甸、菲律宾等亚洲国家和地区,2016 年出口到中国香港的比重达 69.01%。液态奶主要出口到中国香港和澳门地区，仅出口到中国香港地区的比重达 97.89%（图 32、图 33）。

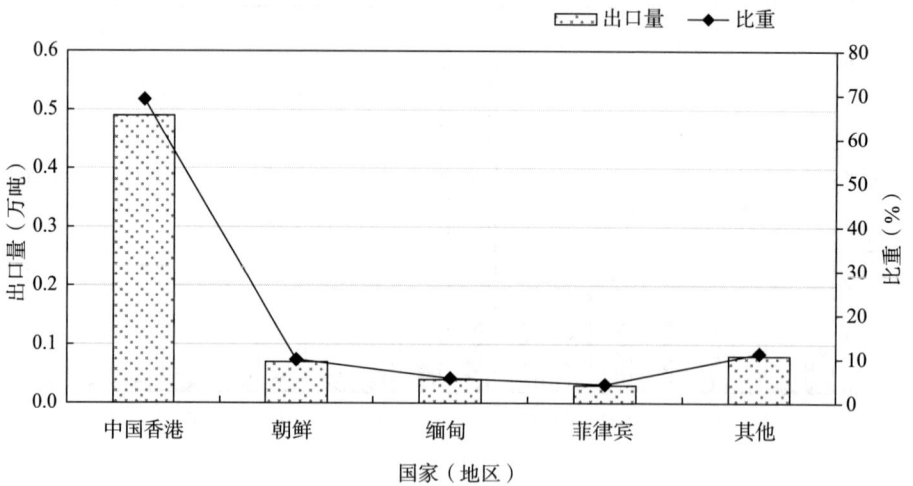

图 32　中国干奶制品出口主要目的地（2016 年）

资料来源：《中国奶业统计资料 2017》。

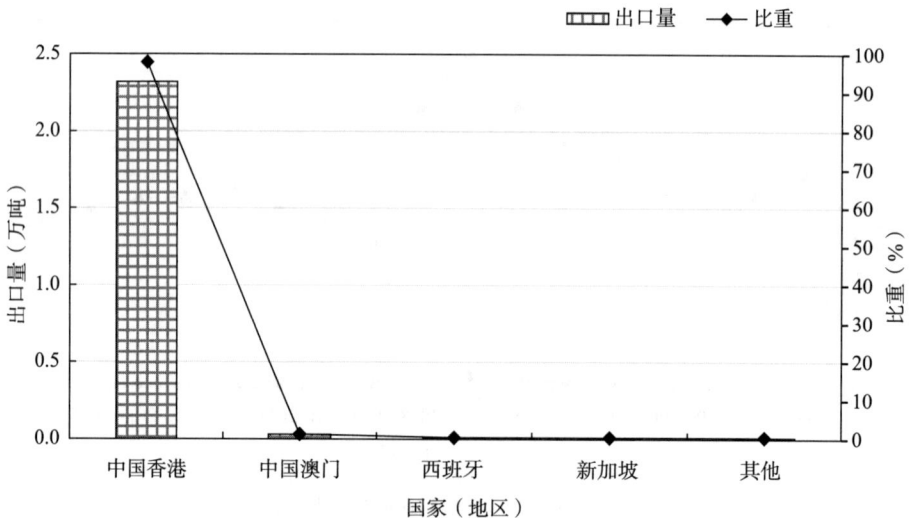

图 33　中国液态奶出口主要目的地（2016 年）

资料来源：《中国奶业统计资料 2017》。

三、中国奶业竞争力分析

（一）市场竞争力指标选取

1. 国际市场占有率

国际市场占有率（MS）是指一个国家某种商品的出口总额占世界出口总额的比重，可反映这个国家该产业的国际竞争力或是竞争地位的变化，比值越高，就说明该产业的国际竞争力越强，反之则越弱。国际市场占有率的公式为：

$$MS = X_{ij} / X_{wj}$$

其中，X_{ij} 表示 i 国 j 产品的出口总额；X_{wj} 表示世界 j 产品的出口总额。

2. 贸易竞争力指数

贸易竞争力指数（TC 指数）是一国某产业或某产品的净出口额与进出口总额之比，该指标可以反映一国某产品是净进口，还是净出口，以及净进口或净出口的相对规模。贸易竞争力指数的公式为：

$$TC = （X_{ij} - M_{ij}） / （X_{ij} + M_{ij}）$$

其中，X_{ij} 表示 i 国第 j 类商品的出口额；M_{ij} 表示 i 国第 j 类商品的进口额。当 $TC < 0$，表明该商品出口竞争力较弱，为净进口；若 $TC > 0$，表明该商品具有较强的出口竞争力，为净出口，TC 值越大，该商品的国际竞争力越强。

（二）不同奶制品市场竞争力测算

1. 酸奶市场竞争力测算

（1）酸奶国际市场占有率。中国酸奶国际市场占有率极低，2016 年有所上升，但仅居全球第 56 位，远远落后于部分欧盟成员国、新西兰、美国等发达国家。从各国酸奶国际市场占有率来看，2016 年全球排名前 15 位的国家市场占有率合计高达 84%，其中，欧盟成员国占有率超过 75%，尤其是德国、法国、比利时，其酸奶出口额一直占据全世界相当份额，然而中国市场占有率仅为 0.039%，在世界酸奶市场中难有一席之位。相比 2015 年，2016 年各国酸奶国际市场占有率均有所回升，中国酸奶国际市场占有率同比增长177.498%，远高于其他国家，说明中国酸奶市场占有率正以较快速度提升（图 34）。

（2）酸奶 TC 指数。中国酸奶 TC 指数接近于 −1，竞争劣势十分明显，新西兰、希腊、法国具有极强的竞争优势。从各国酸奶 TC 指数来看，2015—2016 年，新西兰、希腊、法国、白俄罗斯、德国、美国、波兰、捷克和比利时的贸易竞争力指数大于 0，说明这些国家在酸奶贸易中具有较强的国际竞争

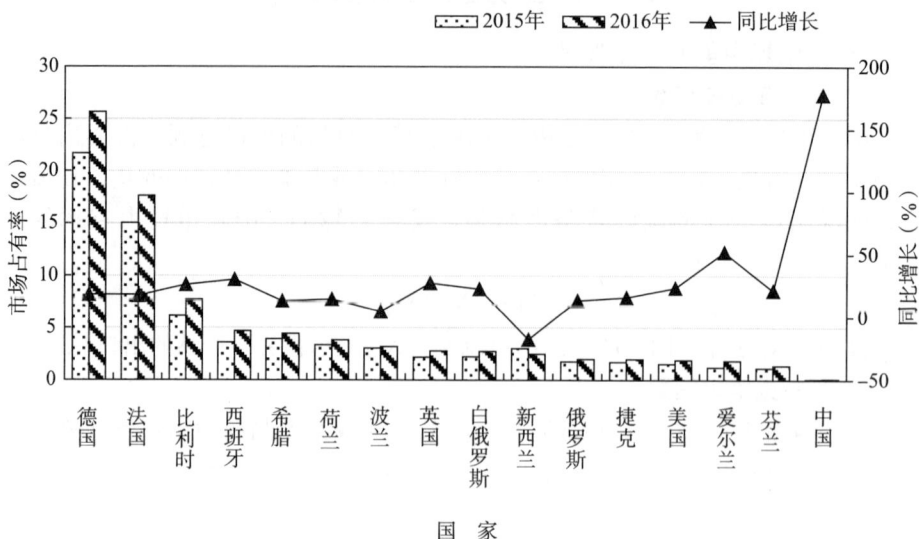

图 34　2015—2016 年全球主要酸奶贸易国国际市场占有率

数据来源：UN Comtrade 数据库。

注：本表选取了 2016 年酸奶出口额排名前 15 位的国家以及中国。其中，德国、法国、比利时、西班牙、希腊、荷兰、波兰、英国、捷克、爱尔兰、芬兰属于欧盟成员国。

力；俄罗斯、芬兰、爱尔兰、西班牙、荷兰、中国和英国的 TC 指数小于 0，说明这些国家处于竞争劣势。在这些国家中，2016 年新西兰的 TC 指数最高，高达 0.953，即新西兰的酸奶出口远高于进口；法国、德国、希腊等欧盟国家紧随其后；2016 年中国的贸易竞争力指数仅为 -0.938，说明中国酸奶进口远多于出口，在国际市场上处于明显劣势。2016 年，德国、法国、比利时、希腊、波兰、白俄罗斯、新西兰、捷克和美国同比增长率为正数，捷克增长率最高，达到 65.907%，中国同比增长率仅为 2.291%，说明中国酸奶的贸易竞争力依然较弱（图 35）。

（3）酸奶竞争力综合评价。无论是国际市场占有率，还是 TC 指数，德国、法国和希腊等欧盟国家在酸奶市场中占据绝对优势，这些欧盟国家由于地理位置临近，国与国之间贸易频繁，在酸奶出口上占据更多优势，其余欧盟国家指数偶有波动，竞争力变化不大，仍是全球酸奶贸易强国，2015—2016 年，捷克和爱尔兰等国贸易竞争力提升幅度较大，而中国酸奶市场份额和贸易竞争力指数极低，虽有所提升，但中国酸奶市场仍处于劣势地位。

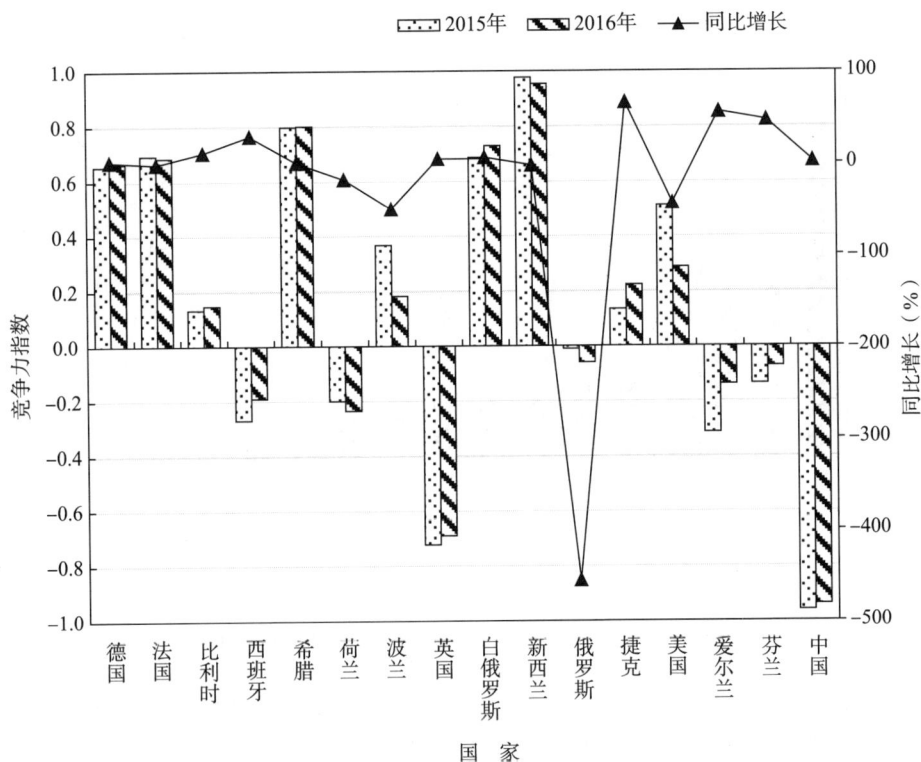

图 35 2015—2016 年全球主要酸奶贸易国 *TC* 指数

数据来源：UN Comtrade 数据库。

注：本表选取了 2016 年酸奶出口额排名前 15 位的国家以及中国。其中，德国、法国、比利时、西班牙、希腊、荷兰、波兰、英国、捷克、爱尔兰、芬兰属于欧盟成员国。

2. 鲜奶市场竞争力测算

（1）鲜奶国际市场占有率。中国鲜奶国际市场占有率 2016 年有所下降，位居全球第 30 位，德国、法国、荷兰和比利时等欧盟国家占据了近 50% 的鲜奶市场。从鲜奶国际市场占有率来看，在这些国家中，德国、法国和荷兰具有较强的国际竞争力，2016 年这 3 个国家国际市场占有率均在 10% 以上，除了捷克和匈牙利，其余国家市场份额相比 2015 年也都有所增加，其中新西兰鲜奶国际市场占有率从 2.959% 增加至 4.504%，增长了 52.214%，增幅达到最高；2016 年中国只占有 0.310% 的国际鲜奶市场，不具有竞争力，且 2016 年同比增长率为 -5.279%，仅高于匈牙利，说明中国鲜奶国际市场占有率过低（图 36）。

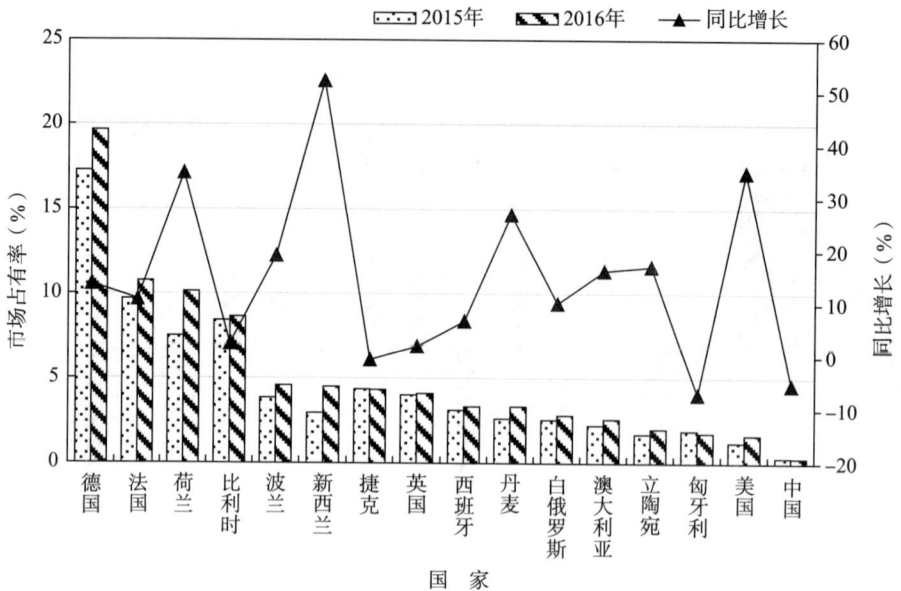

图 36　2015—2016 年全球主要鲜奶贸易国国际市场占有率

数据来源：UN Comtrade 数据库。

注：本表选取了 2016 年鲜奶出口额排名前 15 位的国家以及中国。其中，德国、法国、荷兰、比利时、波兰、捷克、英国、西班牙、丹麦、立陶宛、匈牙利属于欧盟成员国。

（2）鲜奶 TC 指数。中国鲜奶 TC 指数在 2015 年和 2016 年均为负数，处于明显的竞争劣势，新西兰、澳大利亚及欧盟国家竞争优势极大。从鲜奶 TC 指数来看，两年间，新西兰、澳大利亚、白俄罗斯、美国、捷克、丹麦、英国、波兰、匈牙利、德国、立陶宛、法国、荷兰、西班牙等国的 TC 指数均大于 0，说明这些国家在鲜奶商品上具有较强的竞争优势，比利时和中国的 TC 指数小于 0，说明这些国家在鲜奶市场处于竞争劣势。在这些国家中，新西兰的贸易竞争力指数最高，2016 年为 0.971，澳大利亚、白俄罗斯、捷克和美国紧随其后，而中国的贸易力竞争指数最低，仅为 -0.939，竞争力较为薄弱。相比 2015 年，比利时贸易竞争力指数下降幅度最大为 -893.233%，西班牙上升幅度较大为 57.482%，其余国家波动幅度较小，中国同比增长率为 -3.677%，贸易竞争力依旧较弱（图 37）。

（3）鲜奶竞争力综合评价。从国际市场占有率和 TC 指数看，2016 年中国 TC 指数接近 -1，相对于新西兰、澳大利业等奶业强国而言，竞争不具有优势。因鲜奶制品受运输条件等方面影响较大，中国当前的竞争优势不会有太大变化。

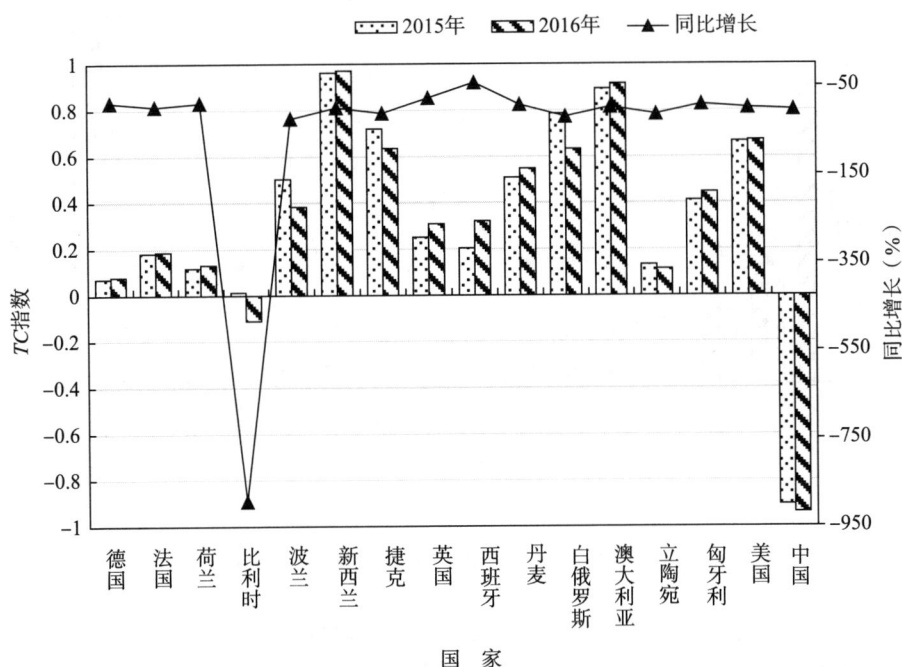

图 37　2015—2016 年全球主要鲜奶贸易国 *TC* 指数

数据来源：UN Comtrade 数据库。

注：本表选取了 2016 年鲜奶出口额排名前 15 位的国家以及中国。其中，德国、法国、荷兰、比利时、波兰、捷克、英国、西班牙、丹麦、立陶宛、匈牙利属于欧盟成员国。

3. 奶粉市场竞争力测算

（1）奶粉国际市场占有率。中国奶粉国际市场占有率较低，新西兰占有 1/3 的全球奶粉市场，美国、澳大利亚和部分欧盟国家也占有一定的市场份额。从各国奶粉国际市场占有率来看，世界奶粉出口额排名前 15 位的国家市场占有率由 2015 年的 83.078％上升至 2016 年的 85.155％，所占世界市场份额增加。在这些国家中，新西兰、美国、德国和荷兰等国市场占有率较高，占据了全球 50％以上的市场份额，其中，新西兰一国独大，2016 年市场占有率高达 30.694％。2015—2016 年，法国、阿根廷、阿联酋、英国、丹麦、波兰为负增长，其中阿根廷增长率最低为－26.307％；尽管中国在奶粉市场中占有率较低，2016 年仅占有 0.121％的国际市场，竞争力较低，但同比增长率为 71.018％，远高于世界奶粉出口额排名前 15 位国家，说明中国奶粉国际市场占有率开始慢慢增加（图 38）。

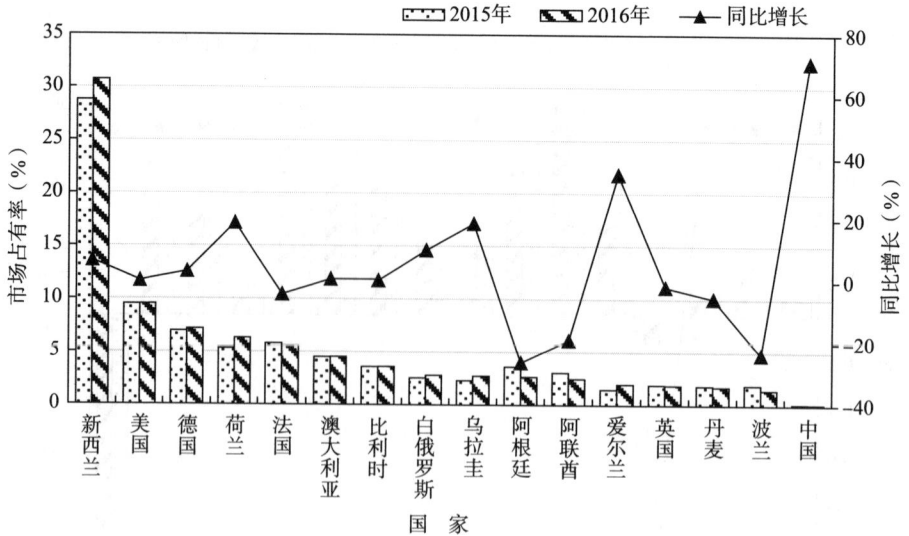

图 38　2015—2016 年全球主要奶粉贸易国国际市场占有率

数据来源：UN Comtrade 数据库。

注：本表选取了 2016 年奶粉出口额排名前 15 位的国家以及中国。其中，德国、荷兰、法国、比利时、爱尔兰、英国、丹麦、波兰属于欧盟成员国。

（2）奶粉 TC 指数。中国奶粉 TC 指数在 2015 年和 2016 年均小于 0，贸易竞争力较弱，2016 年接近于一1，竞争劣势更加明显，新西兰和欧盟国家 TC 指数较高，具有较强的竞争优势。从奶粉贸易竞争力指数来看，世界奶粉出口额排名前 15 位的国家中，2016 年只有阿联酋的 TC 指数小于 0，在奶粉市场上不具备竞争优势，其他 14 个国家 TC 指数均大于 0，尤其是阿根廷、新西兰、白俄罗斯、乌拉圭，这 4 个国家的 TC 指数两年均超过了 0.9，说明这些国家在国际奶粉市场中，具有明显的竞争优势。2015 年和 2016 年中国的 TC 指数均在一0.9 左右，且同比增长率为 0.711％，增长幅度极小，说明中国奶粉进口明显高于出口，竞争力较差。在上述 15 个国家中，爱尔兰和波兰的同比增长率为最高和最低，分别达到 36.818％和一38.296％，阿联酋、英国波动幅度紧随其后，其他国家略有浮动（图 39）。

（3）奶粉竞争力综合评价。新西兰在奶粉市场中一家独大，市场占有率和贸易竞争力极高，国际竞争力极强。原有的奶粉贸易大国，如法国、德国、荷兰、澳大利亚等国，虽然在奶粉国际市场中仍有一定的竞争优势，但由于市场份额被新西兰等国挤占，竞争优势稍弱，个别国家保持相对不变，而中国在奶粉市场中不具有国际竞争力，竞争劣势依旧突出。

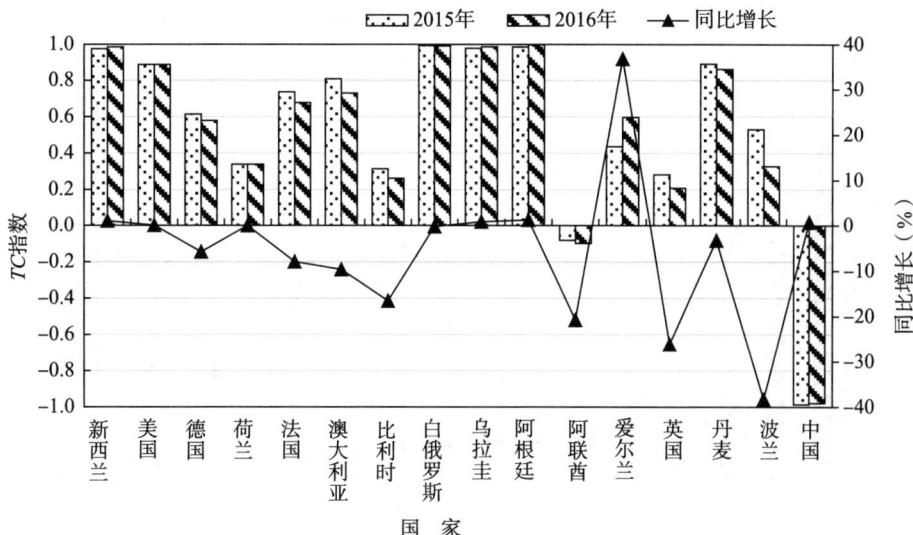

图 39　2015—2016 年全球主要奶粉贸易国 *TC* 指数

数据来源：UN Comtrade 数据库。

注：本表选取了 2016 年奶粉出口额排名前 15 位的国家以及中国。其中，德国、荷兰、法国、比利时、爱尔兰、英国、丹麦、波兰属于欧盟成员国。

4. 炼乳市场竞争力测算

（1）炼乳国际市场占有率。中国炼乳国际市场占有率较低，欧盟成员国和南美洲国家占据了大部分炼乳市场。从炼乳国际市场占有率来看，世界炼乳出口额排名前 15 位的国家炼乳市场占有率 2015—2016 年整体波动较为明显，2015 年 15 个国家市场占有率为 77.382%，而 2016 年占有率为 88.197%，增长 13.976%；荷兰、德国和比利时市场占有率较高，中国炼乳市场占有率较低，2016 年仅为 0.274%，全球排名第 32 位，竞争力较弱。15 个国家中仅荷兰和马来西亚 2015—2016 年呈现负增长，澳大利亚上升幅度最大为76.463%，比利时、阿联酋、中国以 45% 左右的增长率紧随其后，其他国家有小幅上涨（图 40）。

（2）炼乳 *TC* 指数。中国炼乳 *TC* 指数为负数且呈现负增长趋势，白俄罗斯、马来西亚和秘鲁等国家在炼乳上具有极强的竞争优势。从炼乳贸易竞争力来看，2015—2016 年，白俄罗斯、智利、秘鲁、澳大利亚、德国、马来西亚、荷兰、比利时、西班牙等国家的 *TC* 指数均大于 0，说明这些国家在炼乳贸易中具有较强的竞争优势，俄罗斯、美国、中国、英国、法国和阿联酋的 *TC* 指数均小于 0，说明这些国家在炼乳国际市场上竞争优势不明显。2016 年白俄罗

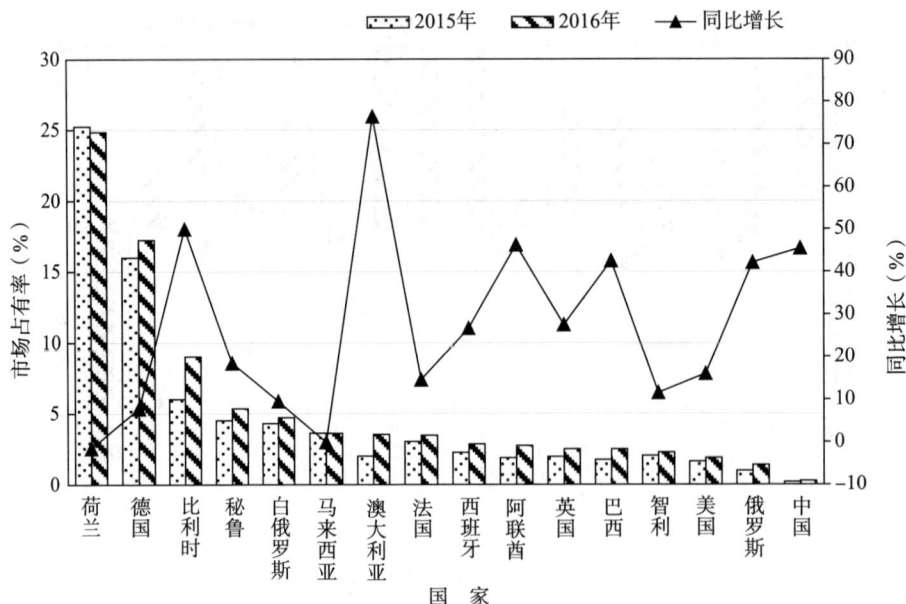

图 40　2015—2016 年全球主要炼乳贸易国国际市场占有率

数据来源：UN Comtrade 数据库。

注：本表选取了 2016 年炼乳出口额排名前 15 位的国家以及中国。其中，荷兰、德国、比利时、法国、西班牙、英国属于欧盟成员国。

斯 TC 指数高达 0.984，炼乳出口额远高于进口额，竞争力较强，相比之下，中国炼乳 TC 指数为 -0.754，贸易竞争力较弱。从各国炼乳 TC 指数变化来看，2015—2016 年，澳大利亚 TC 指数下降最多为 -23.408%，比利时、法国以及俄罗斯上升幅度最大，均在 25% 左右，中国炼乳 TC 指数呈现负增长，竞争处于劣势（图 41）。

（3）炼乳竞争力综合评价。从国际市场占有率和 TC 指数来看，传统的炼乳贸易大国如澳大利亚和部分欧盟成员国正被秘鲁、马来西亚和白俄罗斯等国家取代，但仍占据一定的市场份额，具备相当的竞争优势。而中国炼乳市场占有率和 TC 指数一直处于较低水平。

5. 乳清市场竞争力测算

（1）乳清国际市场占有率。中国乳清国际市场占有率极低，美国、法国、新西兰和德国市场份额较高。从乳清国际市场占有率米看，世界乳清出口额排名前 15 位的国家，国际市场占有率两年间总体上升，由 2015 年的 86.139%上升至 2016 年的 88.478%，其中，美国、法国、新西兰和德国的国际市场占

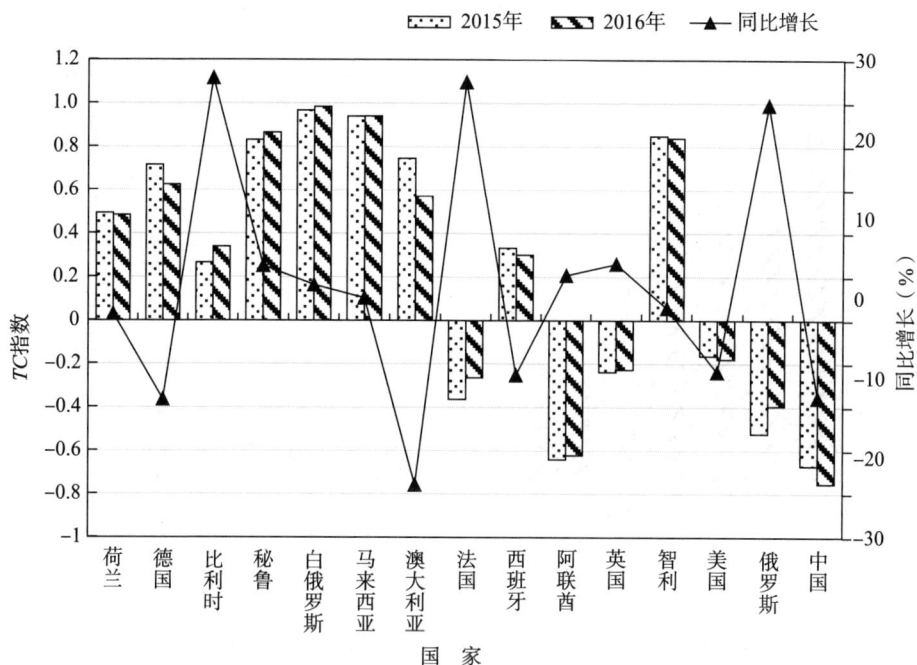

2015年　2016年　同比增长

图 41　2015—2016 年全球主要炼乳贸易国 TC 指数

数据来源：UN Comtrade 数据库。

注：本表选取了 2016 年炼乳出口额排名前 15 位的国家以及中国。其中，荷兰、德国、比利时、法国、西班牙、英国属于欧盟成员国。巴西 2015—2016 年炼乳出口额数据缺失。

有率始终较高，已经占据了全球 50% 以上的乳清市场。从乳清国际市场占有率变化上看，2015—2016 年，整体变化不大，美国、德国、波兰、爱尔兰、阿根廷呈现负增长，但波动范围较小，仍占有一定的竞争地位；丹麦和中国波动较大，同比增长率分别为 46.425% 和 285.794%。尽管中国乳清国际市场同比增长率高于上述 15 个国家，但 2016 年只占据全球 0.005% 的市场，竞争力极低（图 42）。

（2）乳清 TC 指数。2015—2016 年，中国乳清 TC 指数均在 -0.99 左右徘徊，处于极大的竞争劣势中，新西兰、阿根廷和白俄罗斯贸易竞争优势较为明显。从乳清 TC 指数水平来看，2015—2016 年，阿根廷、芬兰、新西兰、白俄罗斯、波兰、爱尔兰、法国、德国、美国和丹麦等国家的 TC 指数均大于 0，说明这些国家在乳清贸易中具有明显的竞争优势，英国、加拿大、荷兰、比利时和中国的 TC 指数均小于 0，说明这些国家在乳清产业上竞争处于劣势，其中，意大利 2015 年 TC 指数小于 0，而 2016 年 TC 指数

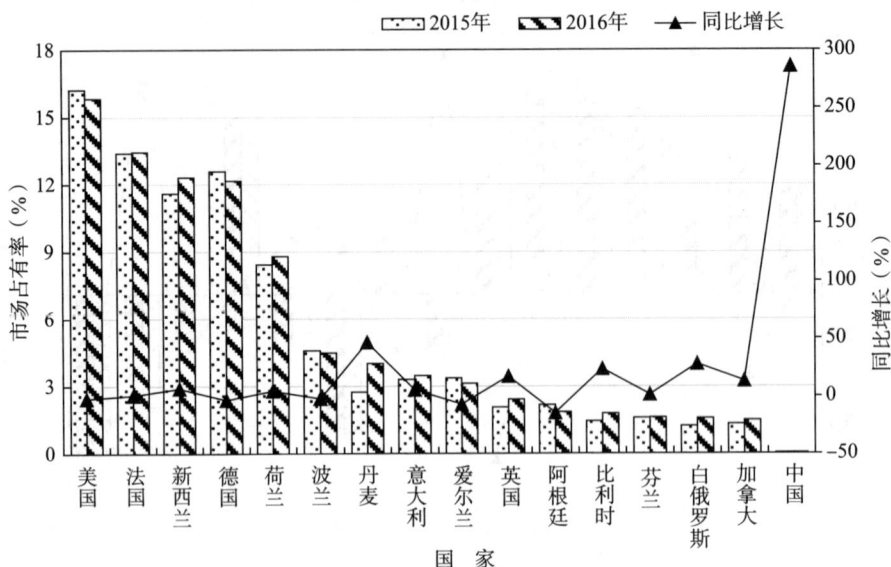

图 42 2015—2016 年全球主要乳清贸易国国际市场占有率

数据来源：UN Comtrade 数据库。

注：本表选取了 2016 年乳清出口额排名前 15 位的国家以及中国。其中，法国、德国、荷兰、波兰、丹麦、意大利、爱尔兰、英国、比利时、芬兰属于欧盟成员国。

大于 0，达到 100.375％的最高速增长。阿根廷的 TC 指数两年间居高不下，均处于 0.95 以上水平，乳清出口远高于进口；芬兰、俄罗斯和新西兰紧随其后，而中国乳清 TC 两年均为负数，2016 年为－0.999，接近于只进口不出口，完全不具备竞争优势。从乳清 TC 指数变化来看，意大利 TC 指数上升幅度最大，丹麦紧随其后为 89.204％，竞争优势愈加明显；美国、法国、德国、荷兰、波兰以及阿根廷 TC 指数下降，中国乳清 TC 指数始终在－0.9 以下，2015 年甚至为－1，说明中国在乳清贸易中完全不具有竞争力（图 43）。

（3）乳清竞争力综合评价。从国际市场占有率来看，法国、德国、新西兰和美国等国家在乳清市场占有率上具有绝对优势；在 TC 指数方面，新西兰、白俄罗斯和芬兰等国显示出更大的竞争优势，在乳清贸易上更具有国际竞争力，并且有竞争力继续增强的趋势；法国和德国等欧盟国家竞争力较为稳定。中国乳清出口额占比较低，TC 指数也处于较低水平，完全不具有国际竞争力。

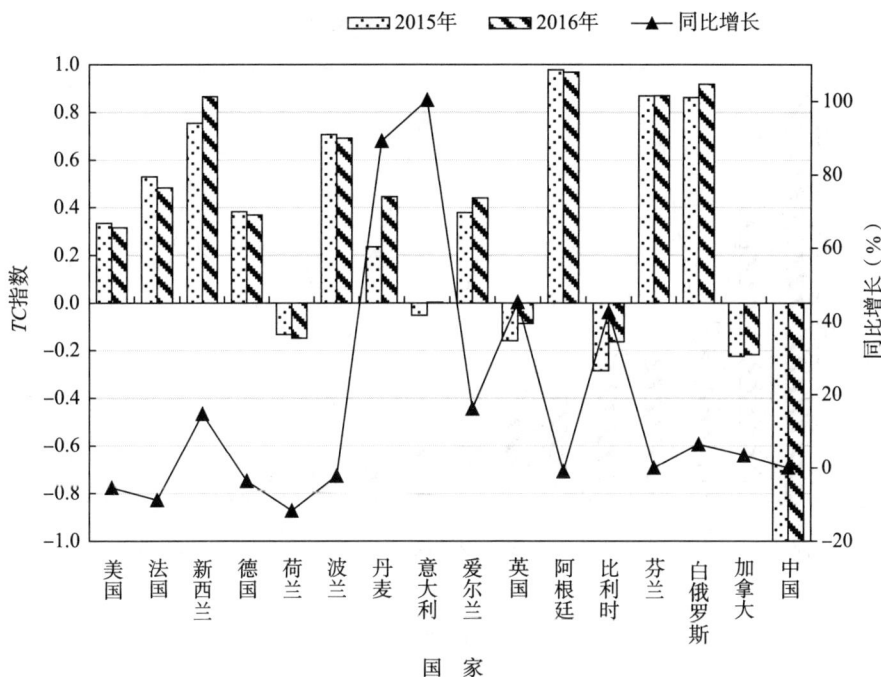

图 43　2015—2016 年全球主要乳清贸易国 TC 指数

数据来源：UN Comtrade 数据库。

注：本表选取了 2016 年乳清出口额排名前 15 位的国家以及中国。其中，法国、德国、荷兰、波兰、丹麦、意大利、爱尔兰、英国、比利时、芬兰属于欧盟成员国。

6. 奶油市场竞争力测算

（1）奶油国际市场占有率。中国奶油国际市场占有率极低，在 0.1％左右波动，2016 年位居第 41 位；新西兰、荷兰、爱尔兰和比利时市场份额较高，占据了 50％以上的奶油市场。从各国奶油国际市场占有率来看，世界排名前 15 位的国家占据了世界 90％以上的奶油市场，且 2015—2016 年市场占有率有所提升，由 2015 年的 91.512％上升至 2016 年的 93.438％，其中，新西兰和荷兰、爱尔兰、比利时等欧盟国家奶油市场占有率较高，中国奶油国际市场占有率较低，2016 年仅为 0.051％，排名全球第 41 位，在奶油市场竞争中处于劣势地位（图 44）。

（2）奶油 TC 指数。中国奶油 TC 指数均在 -0.9 左右波动，奶油进口远高于出口，竞争劣势明显，新西兰、爱尔兰和白俄罗斯以及芬兰竞争优势明显。从奶油 TC 指数水平来看，2015—2016 年，新西兰、爱尔兰、白俄罗斯、

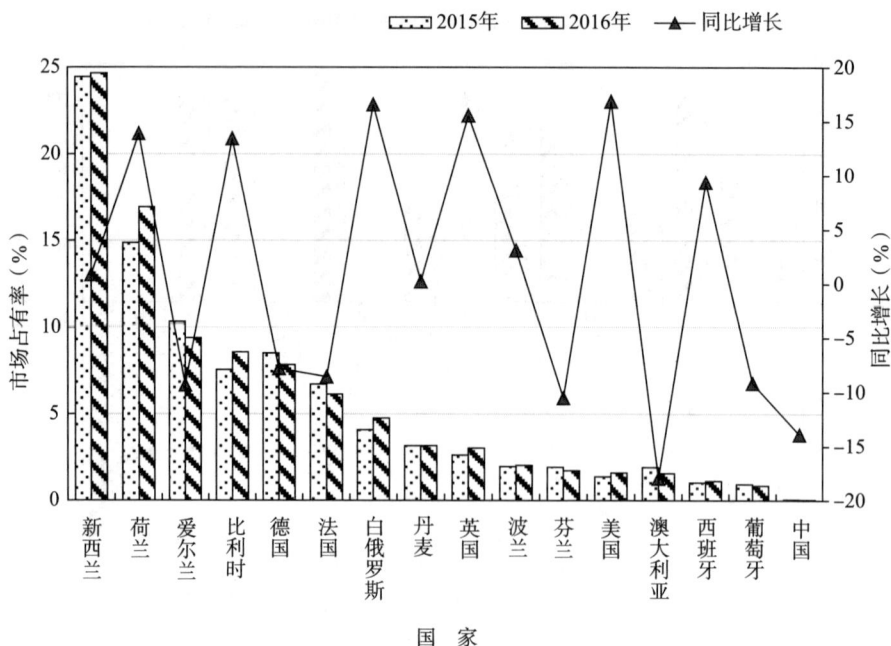

图 44　2015—2016 年全球主要奶油贸易国国际市场占有率

数据来源：UN Comtrade 数据库。

注：本表选取了 2016 年奶油出口额排名前 15 位的国家以及中国。其中，荷兰、爱尔兰、比利时、德国、法国、丹麦、英国、波兰、芬兰、西班牙和葡萄牙属于欧盟成员国。

芬兰、荷兰、澳大利亚、丹麦、波兰、葡萄牙 TC 指数均大于 0，说明这些国家在奶油贸易中具有明显的竞争优势，法国、英国、美国、西班牙和中国的 TC 指数均低于 0，说明这些国家的奶油贸易处于竞争劣势。其中，新西兰、爱尔兰和白俄罗斯的 TC 指数均超过 0.9，即出口远高于进口，中国的奶油 TC 指数均在 −0.97 左右，说明中国奶油行业处于明显的竞争劣势。从各国奶油贸易竞争力变化来看，澳大利亚的 TC 指数下降最多，达到 −83.130%，即国际竞争力有所降低，而比利时 TC 指数上升最为明显，高达 695.624%。中国奶油 TC 指数均小于 0 且呈现负增长，不具备奶油市场上的国际竞争力（图 45）。

（3）奶油竞争力综合评价。从各国市场占有率来看，这些奶业贸易强国中，新西兰、荷兰、爱尔兰等国家在奶油国际市场占有率上具有绝对优势。从 TC 指数来看，新西兰、爱尔兰和白俄罗斯等国家优势更为明显，在奶油行业中更具有国际竞争力。法国、英国等欧盟国家虽然占据一定的市场贸易份额，

但 *TC* 指数为负值，贸易处于劣势地位。中国奶油出口额占比较少，*TC* 指数处于较低水平，不具备国际竞争力。

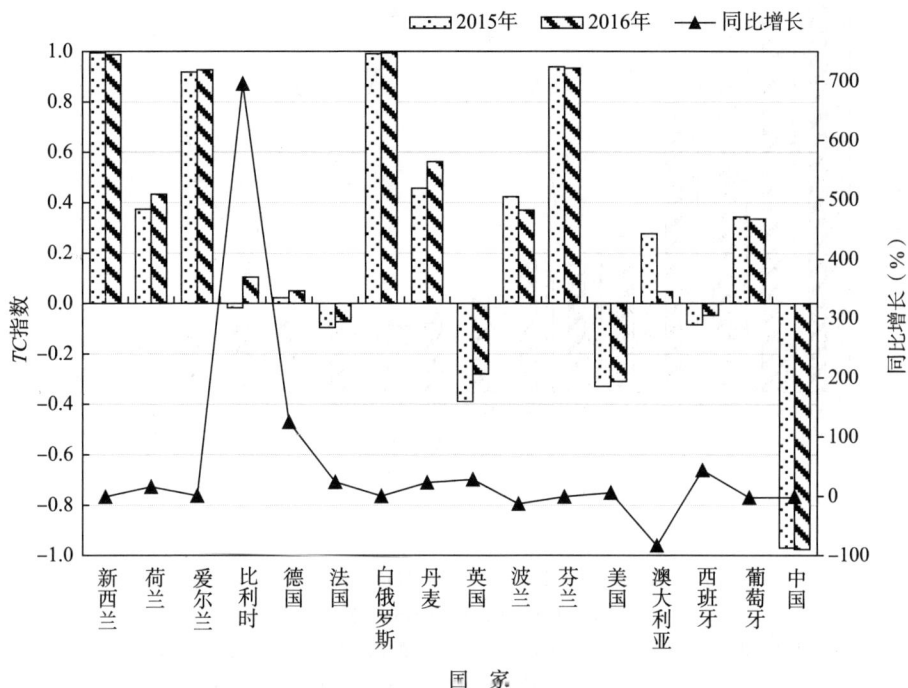

图 45　2015—2016 年全球主要奶油贸易国 *TC* 指数

数据来源：UN Comtrade 数据库。

注：本表选取了 2016 年奶油出口额排名前 15 位的国家以及中国。其中，荷兰、爱尔兰、比利时、德国、法国、丹麦、英国、波兰、芬兰、西班牙和葡萄牙属于欧盟成员国。

7. 奶酪市场竞争力测算

（1）奶酪国际市场占有率。中国奶酪国际市场占有率较低，德国、荷兰、法国等欧盟国家市场占有率较高。从奶酪国际市场占有率来看，2015—2016 年，世界排名前 15 位的国家奶酪国际市场占有率出现增长，由 2015 年的 83.129% 上升至 2016 年的 87.249%。其中，德国、荷兰、法国和意大利等欧盟成员国占据了大部分的市场份额，中国 2016 年的奶酪市场占有率仅为 0.003%，世界排名第 70 位。从各国奶酪市场占有率变化上看，各国波动均较小，除美国、澳大利亚和中国，其余国家均呈现正增长，白俄罗斯、西班牙和意大利上升幅度较大且接近，分别为 12.941%、11.395% 和 11.345%，中国同比增长率为－8.861%，竞争力薄弱（图 46）。

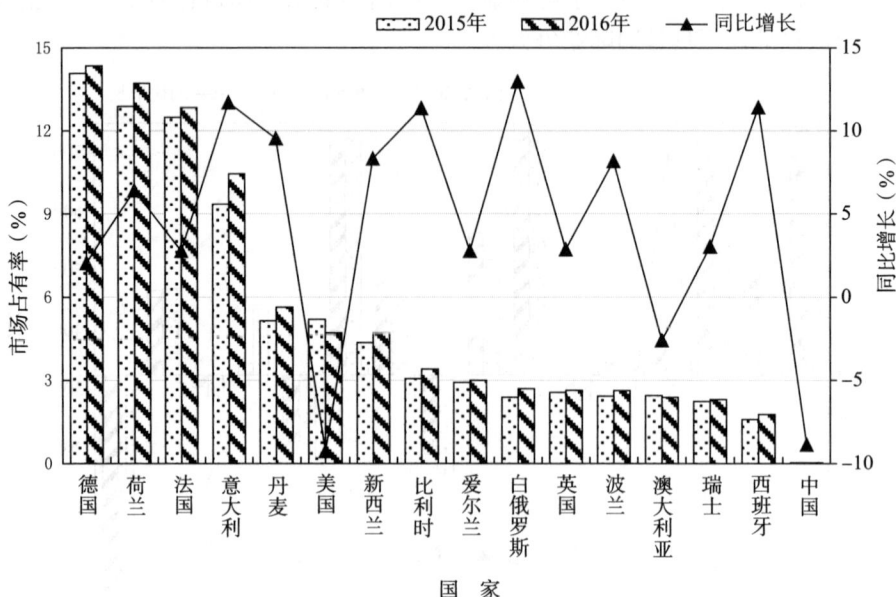

图 46 2015—2016 年全球主要奶酪贸易国国际市场占有率

数据来源：UN Comtrade 数据库。

注：本表选取了 2016 年奶酪出口额排名前 15 位的国家以及中国。其中，德国、荷兰、法国、意大利、丹麦、比利时、爱尔兰、英国、波兰和西班牙属于欧盟成员国。

（2）奶酪 TC 指数。中国奶酪 TC 指数在 2016 年接近－1，具有明显的竞争劣势，新西兰、白俄罗斯具有极强的竞争优势，欧盟贸易竞争力较强。从各国奶酪贸易竞争力水平来看，2015—2016 年，新西兰、白俄罗斯、丹麦、爱尔兰、荷兰、波兰、法国、澳大利亚、瑞士和意大利的贸易竞争力指数均大于 0，说明这些国家在奶酪贸易中具有一定的竞争优势，德国、美国、比利时、西班牙、英国和中国的 TC 指数均小于 0，说明这些国家在奶酪市场上处于劣势。其中，新西兰和白俄罗斯的指数较高，两年均超过0.9，竞争优势明显，中国奶酪平均 TC 指数均小于－0.99，说明中国在奶酪贸易中具有明显的竞争劣势。从各国奶酪 TC 指数变化来看，2015—2016年，德国和美国 TC 指数下降幅度最大，尤其是德国下降了 1 098.176%，意大利以 29.835% 的同比增长率略有上升，中国 TC 指数小于 0 且处于负增长，国际竞争劣势增大（图 47）。

（3）奶酪竞争力综合评价。从国际市场占有率来看，德国、荷兰、法国等国家在世界乳酪市场占有率上具有绝对优势。在 TC 指数方面，新西兰、白俄罗斯和丹麦等国更具有优势，在乳酪制品中更具有国际竞争力。英国、西班牙和比利时等国不具有国际竞争力。中国乳酪出口额占世界份额很少，TC 指数基本接近－1，乳酪国际竞争力无明显变化，仍处于全球较低水平。

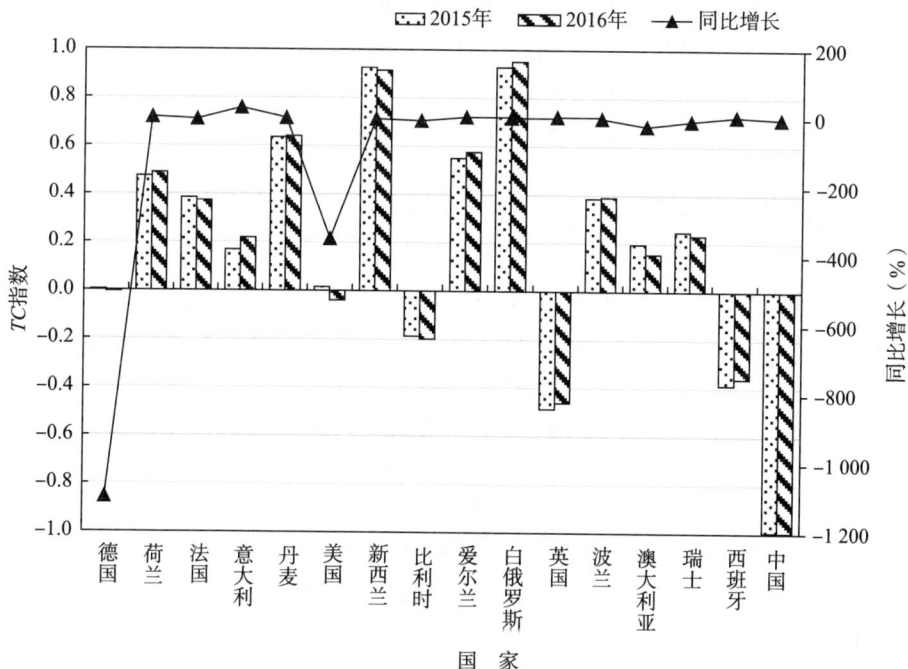

图47　2015—2016年全球主要奶酪贸易国 TC 指数

数据来源：UN Comtrade 数据库。

注：本表选取了2016年奶酪出口额排名前15位的国家以及中国。其中，德国、荷兰、法国、意大利、丹麦、比利时、爱尔兰、英国、波兰和西班牙属于欧盟成员国。

四、主要结论和政策建议

（一）主要结论

第一，国际奶业发展平稳。从奶牛养殖业角度分析，全球奶牛存栏量和牛奶产量呈平稳上涨态势，复合年均增长率分别为1.72％和2.11％，全球牛奶产量主要分布在亚洲、欧盟与中北美洲及加勒比地区，其牛奶总产量占全球的71.36％。在奶牛存栏方面，发展中国家奶牛存栏基数大，涨幅优于发达国家或地区，中国奶牛存栏数涨幅达12.32％，欧盟则为－1.18％。在牛奶产量方面，全球牛奶产量涨幅优于奶牛存栏量，亚洲地区涨幅最快，发展中国家牛奶产量基数略大，涨幅优于发达国家（地区），中国牛奶产量涨幅最快，复合年均增长率达 10.61%。

从奶制品加工业角度分析，全球液态奶产量发展态势劣于干奶制品。在液态奶生产方面，全球液态奶生产主要分布在欧盟、中国、美国和印度等地，中国液态奶产量复合年均增长率高达 21.6%，欧盟和美国的液态奶产量总体呈下降态势。在干奶制品生产方面，全球干奶制品生产主要分布在新西兰、欧盟、美国、俄罗斯、印度等国家或地区，主要国家（地区）的干奶制品产量总体呈上升态势，液态奶和干奶制品的生产均呈现发展中国家涨幅态势优于发达国家态势。

从奶制品贸易结构角度分析，全球奶制品贸易呈上涨态势，干奶制品涨幅态势劣于液态奶。2000—2015 年干奶制品和液态奶贸易量均平稳增长，复合年均增长率分别为 6.54% 和 8.47%，2016 年均呈下降态势，同比下降 3.47% 和 11.83%。全球干奶制品贸易呈上涨态势，奶粉和奶酪占比最大，涨幅态势高于其他干奶制品；全球液态奶贸易以鲜奶为主，贸易量呈上涨态势。从奶制品贸易供应与需求国家角度分析，全球奶制品贸易的主要供应国是德国、法国、新西兰、荷兰和比利时，其供应总量占全球奶制品贸易供应量的 51.85%。全球奶制品主要需求国主要分布在欧洲和亚洲，欧盟成员国居多。2016 年，奶制品供应总量超过 100 万吨的国家有 8 个，依次是德国、意大利、荷兰、比利时、中国、法国、英国和俄罗斯，其需求总量占全球奶制品贸易需求量的 55.06%。

第二，中国奶业发展放缓。从奶牛养殖业角度分析，中国奶业已成为仅次于欧盟、印度和美国的第四大奶业生产地区。在奶牛存栏方面，中国奶牛存栏量呈上涨态势，奶牛（全群）存栏数复合年均增长率为 6.86%，但增速放缓，同比减少 6.24%。在牛奶产量方面，同样呈现总体上涨、增速放缓的态势，婴幼儿奶粉事件是中国奶业发展的重要分界点，2008 年之后，中国奶业发展进入平台期。

从奶制品加工业角度分析，中国液态奶和干奶制品的产量总体呈上涨态势。婴幼儿奶粉事件后，干奶制品产量呈波动下降态势，液态奶产量呈缓慢上升态势，液态奶发展态势优于干奶制品，但涨幅放缓。

从奶制品贸易角度分析，中国是奶制品净进口国。婴幼儿奶粉事件后，贸易逆差逐年加大，液态奶进出口贸易态势优于干奶制品。在奶制品进口方面，中国奶制品进口主要来源地是新西兰、美国、澳大利亚和欧盟，主要进口干奶制品，液态奶进口基数少，但是涨幅速度相对较快，具体类别以进口奶粉、乳清和鲜奶为主，奶油、奶酪、炼乳和酸奶的进口量基数小，但涨幅速度相对较快。在奶制品出口方面，中国奶制品出口目的地主要在中国香港和朝鲜等亚洲国家和地区，干奶制品和液态奶的出口量均呈现基数小且出口量总体下降的态势，具体类别以奶粉和鲜奶为主。

第三，中国奶业竞争力不强。从市场占有率和 TC 指数两个指标的测算结果来看，中国奶制品在国际市场上所占份额很少，鲜奶的市场占有率最高，2016 年仅达到 0.310%，其次为炼乳（0.274%）和奶粉（0.121%），奶油、酸奶、乳清和奶酪的市场占有率均不足 0.1%，市场占有率在全球排名分别为第 30 名、第 32 名、第 37 名、第 41 名、第 56 名、第 54 名、第 70 名；各类别奶制品的 TC 指数均小于 -0.7，尤其是乳清和奶酪均低于 -0.99，处于极大的竞争劣势中。

从变化趋势来看，2015—2016 年，除鲜奶、奶油和奶酪市场占有率波动幅度较小外，其他乳制品变化趋势较大，乳清市场占有率增加最多，高达 285.794%，酸奶增长率紧随其后为 177.498%，奶粉和炼乳分别增长 71.018% 和 45.463%；各类乳制品 TC 指数变化不大，分别为 2.291%、-3.677%、-0.711%、-12.471%、0.062%、-0.650% 和 -0.157%，除酸奶、奶粉和乳清，其余乳制品均呈现负增长，竞争劣势较为明显。

从全球竞争市场来看，中国的奶业竞争力远低于欧盟、新西兰、美国、澳大利亚等贸易强国（地区）。在世界排名前列的 15 个国家中，德国液态奶以及奶酪市场占有率均排在第一位，炼乳市场占有率仅次于荷兰，具有较强的竞争优势，除此之外，新西兰在奶粉和奶油方面占有很大的国际市场份额，且在 2015—2016 年不断上升，竞争优势很强；荷兰的炼乳市场占有率在 15 个国家中位列第一，市场竞争力较强。美国在液态奶、奶油以及炼乳方面竞争力较弱，但乳清所占国际市场份额相比其他国家多，存在国际市场竞争力。

（二）政策建议

一是转变养殖方式。坚持发展适度规模化养殖，以中小牧场发展模式为主。在保证环境可持续发展、牛奶质量安全的前提下，严格控制养殖成本，实现以养殖效益最大化为目的的养殖模式。坚持科学化养殖，实现精细化管理。通过科技与管理、人才培养、人才引进、技术引进等方式提高牧场的科学养殖技术，提升牧场管理水平。

二是完善奶业定价机制。完善原料奶定价机制，以政府主导，多方协商定价为原则，遵守按质论价的原料奶定价机制，同时设置饲料价格和生产成本监测点，适时调整原料奶价格。建立第三方检测机构，定期对养殖单位的原料奶质量进行检测。规范奶制品价格，保护消费者权益。政府要加强对奶制品销售价格的管理，严格按照规定的价格设定浮动范围。完善奶制品流通和市场体制建设。减小奶制品在销售渠道环节和物流环节的成本，减少不必要的费用，同时建立良好的控制、监督机制。

三是完善奶业社会化服务体系。服务主体多元化。培育多元化、社会化服务主体，构建以农业部门为主，其他部门配合来提供基础性、公益性社会化服务，以农民专业合作社、龙头企业为骨干，大专院校、科研院所为基础，其他类型的机构为补充的多元化社会服务新格局。服务内容全程化。包括产前的饲料供应、良种供应、配种，产中的挤奶，产后的原料奶收集、储藏、运输，全程的疫病防疫、技术服务、信息服务等。服务形式多样化。注重服务形式的多样性，不仅应包含资金、科技、实物供应，还应包含贷款、信息咨询、技术指导等。

四是带动奶业消费需求。以优质安全为核心，恢复并提升消费者对国产奶的信心。从原料奶质量控制把握信任关键，从奶制品质量相关信息公开化打开信任通道，从奶制品质量管理和监督着手构筑信任保障线。以市场消费需求为导向，调整奶制品生产结构，创新奶制品品种、包装、口味等。完善农村销售网络建设，重点开发农村市场。优化出口结构，加大深加工力度，保持在发展中国家市场中的传统优势，拓宽并开发奶制品出口市场。以奶制品加工企业为对象，加大国内奶制品加工业对国产原料奶的需求。奶制品加工企业应该负起责任，以合理价格全部收购国产原料奶，国产原料奶不足时再从国外进口，且政府要做好正确引导与支持工作，带动国产原料奶的消费。

五是加强全产业链建设。做大做强奶业产业的龙头企业，解决奶业"大而不强"的问题。重点支持建设一批标准高、规模大和市场开拓、产品开发、基地带动能力强的龙头企业，包括饲料企业、奶制品加工企业、物流企业等，加快龙头企业技术改造步伐。鼓励以收购、资本入股、控股等方式整合现有企业，利用企业集群的竞争优势参与奶业市场竞争。完善产业链利益联结机制，激发不同行业的生产积极性。通过政策引导和市场机制，完善乳业各个环节合理的利润分配机制，形成风险共担、利益共享的奶业利益共同体。大力倡导种养加销一体化的模式。

六是发挥政府调控作用。通过粮改饲、"减玉米、增大豆"等政策促进农业种植结构调整，优化饲草饲料生产结构。支持提升国产饲料、良种等奶业投入要素的质量，适当限制其进口。通过规范或限制复原乳的使用，实施关税壁垒和技术壁垒等政策，支持保护本土奶，防止进口奶冲击。

中国饲草生产贸易研究

中国是草原资源大国，拥有的各类天然草原占国土总面积的比例超过40%，在世界草原面积大国中居第二位。中国是世界上发展草原畜牧业较早的国家之一，草原畜牧业已成为中国畜牧业不可或缺的重要组成部分，而牧区和半牧区是草原畜牧业发展的主要地区。中华人民共和国成立以来，特别是改革开放后，中国的畜牧业发展取得了巨大成就，畜牧业总产值从1952年的52亿元，增加至2013年的28 435.5亿元，占农业总产值的比例从1952年的11.2%上升至2013年的29.3%。1978—2013年，中国的牛肉和羊肉产量分别从23.0万吨、38.0万吨增加至673.2万吨和408.1万吨，增加了28倍和10倍多。历来牧区、半牧区是中国畜产品生产的重要区域，牧区和半牧区的牛羊肉产量占全国牛羊肉产量的近1/5，绵羊毛、羊绒产量占全国产量的50%左右。

一、中国草原资源和牧区半牧区

（一）中国草原资源概况

中国幅员辽阔，草场面积广袤，草原类型多样，为畜牧业发展提供了丰富的饲草资源。20世纪80年代，中国首次对全国草原资源进行了调查，据当时的统计，中国有天然草地面积39 283.3万公顷，占国土面积的41.4%；可利用的天然草地面积33 099.6万公顷，这些可利用的天然草地分布于全国各省（自治区、直辖市），其中西藏自治区的可利用草地面积最大，全区有7 084.7万公顷，占全国可利用草地面积的21.4%；往后依次是内蒙古自治区、新疆维吾尔自治区、青海省，上述四省（自治区）草地面积之和占全国可利用草地面积的64.7%。[①] 由于过度放牧等人为因素的影响，中国的草原生态出现严重退化，主要表现为"三化"（退化、沙化和盐碱化）面积迅速扩大。根据农业部2002年的调查数据，2001年年底中国严重退化草原面积达到17 540.9万公顷，占天然草原面积的44.7%，其中重度退化草原面积达6 221.8万公顷，占

---

① 资料来源：中华人民共和国农业部畜牧兽医司、中国农业科学院草原研究所、中国科学院自然资源综合考察委员会联合主编：《中国草地资源数据》，第2～3页，中国农业科技出版社，1994年。

天然草原面积的 15.8%。

2002 年，全国畜牧兽医总站开始对草原基本情况进行遥感监测，并从 2003 年开始提供草原监测报告。据《2014 年全国草原监测报告》数据，2014 年中国拥有各类天然草原面积近 4 亿公顷，覆盖着 2/5 的国土面积，全国天然草原鲜草总产量 102 220.0 万吨折合干草约 31 502.2 万吨，载畜能力约为 24 761.2 万羊单位，重点天然草原的平均牲畜超载率为 15.2%。从分省情况看，中国的天然草原主要分布在北方和西部省区。西部十二省（自治区、直辖市）草原面积 3.3 亿公顷，占全国草原面积的 84.2%；内蒙古、新疆、西藏、青海、甘肃和四川六大牧区省份草原面积共 2.93 亿公顷，约占全国草原面积的 3/4。西藏自治区草原面积最大，达 0.82 亿公顷，占全区土地总面积的 68.1%。内蒙古自治区的草原面积达 0.79 亿公顷，占全区土地总面积的 68.8%。第三位是新疆维吾尔自治区，草原面积达 0.57 亿公顷，占全区土地总面积的 34.7%。中国南方地区草原以草山、草坡为主，大多分布在山地和丘陵，面积约 0.67 亿公顷。

中国的天然草原划分为 18 个类、53 个组、824 个草原型。在 18 类草原中，高寒草甸类面积最大，为 6 372 万公顷，占中国草原面积的 17.3%，主要分布在青藏高原地区及新疆。温性荒漠类 4 506 万公顷、高寒草原类 4 162 万公顷、温性草原类 4 110 万公顷，这三类草原均占全国草原面积的 10% 左右，分别居二、三、四位，主要分布在中国北方和西部地区。从各省（自治区、直辖市）的草原生产力来看，2014 年产草量居前 10 位的是内蒙古、新疆、西藏、四川、青海、云南、甘肃、黑龙江、湖北和贵州。其中，内蒙古、新疆、四川、西藏、青海、甘肃等六大牧区省份鲜草总产量 57 750.8 万吨，占全国鲜草总产量的 56.50%，折合干草 18 290.0 万吨，载畜能力约为 14 365.6 万羊单位。[①]

（二）中国牧区半牧区概况

牧区是依赖和利用天然草原，主要采取放牧方式，以养殖牲畜获取产品为主的地区；半农半牧区是以牧业为主、兼营种植业的地区。2008 年，全国有牧区、半牧区县（旗）264 个，占全部县域数的 9.2%，涉及 3 347 个乡（镇），31 176 个村民委员会，2008 年总人口为 4 517.1 万人，占全部县域人口的 4.6%，其中乡村人口 3 298 万人，占牧区全部人口的 73% 以上，行政区域

---

① 数据来源于中华人民共和国农业部畜牧业司，《2014 年全国草原监测报告》。

面积约 385 万平方千米，约占国土面积的 40%（蓝红星，2012）。[①] 2011 年，牧区、半牧区县（旗）的数量调整为 268 个，总面积扩大到 400 多万平方千米，占全国国土面积的 40% 以上。

从区域分布来看，全国 268 个牧区、半牧区县（旗）分布在内蒙古、新疆、西藏、青海、四川、甘肃、宁夏、云南、黑龙江、吉林、辽宁、河北、山西等 13 个省（自治区）（表 1）。其中，内蒙古有 53 个，数量居全国各省（自治区、直辖市）的第一位，占 19.8%；四川有 48 个，其中半牧区县（旗）占了 33 个，占全国牧区、半牧区县（旗）数量的 17.9%；西藏有牧区县（旗）14 个、半牧区县（旗）24 个，占全国牧区、半牧区县（旗）数量的 14.2%；新疆有牧区县（旗）18 个、半牧区县（旗）19 个，占全国牧区、半牧区县（旗）数量的 14.2%；青海有牧区县（旗）26 个、半牧区县（旗）4 个，占全国牧区、半牧区县（旗）数量的 11.2%。内蒙古、四川、西藏、新疆和青海，共拥有牧区、半牧区县（旗）206 个，占全部数量的 76.9%。西部地区拥有牧区、半牧区县（旗）232 个，占全部数量的 86.6%。东北三省拥有牧区、半牧区县（旗）29 个，占全部数量的 10.8%。其他地区，只有河北有 6 个半牧区县（旗）、山西有 1 个半牧区县（旗），占全部数量的 2.6%。总体而言，牧区、半牧区县（旗）主要分布在内蒙古高原、青藏高原、黄土高原北部、东北平原西部、祁连山以西、黄河以北的广大西部地区（拉灿，2005），[②] 是干旱半干旱、高寒高海拔地区和边疆少数民族地区。大多数牧区、半牧区县（旗）集中在内蒙古、新疆、西藏和青海，故这四个省（自治区）被称为中国的四大牧区。

从草料生产能力看，2014 年内蒙古、新疆、四川、西藏、青海、甘肃等六大牧区鲜草总产量 57 750.8 万吨，占全国鲜草总产量的 56.5%，折合干草 18 290.0 万吨，载畜能力约为 14 365.6 万羊单位。从牲畜超载情况看，2014 年，全国重点天然草原的平均牲畜超载率为 15.2%，268 个牧区、半牧区县（旗）天然草原的平均牲畜超载率为 19.4%，其中，牧区县（旗）平均牲畜超载率为 20.6%，半牧区县（旗）平均牲畜超载率为 15.6%。六大牧区中，西藏平均牲畜超载率为 19%，内蒙古平均牲畜超载率为 9%，新疆平均牲畜超载率为 20%，青海平均牲畜超载率为 13%，四川平均牲畜超载率为 17%，甘肃

① 蓝红星：《中国牧区经济社会发展的现状及对策研究》，《西南民族大学学报》（人文社会科学版），2012 年第 11 期。

② 拉灿：《关于我国西部民族地区"三牧"问题的思考》，《西南民族大学学报》（人文社会科学版），2005 年第 5 期。

平均牲畜超载率为 17%。① 从畜产品产出情况看，2013 年全国牧区县（旗）的肉类总产量为 159.9 万吨，其中牛肉 57.6 万吨，羊肉 64.5 万吨，奶产量 285.6 万吨，毛产量 9.2 万吨；全国半牧区县（旗）的肉类总产量 520.1 万吨，其中牛肉 86.4 万吨，羊肉 70.6 万吨，奶产量 722.5 万吨，毛产量 13.3 万吨。②

表 1　全国牧区、半牧区县（旗）分布

单位：个、%

地区	牧区县（旗）数量	占全国牧区县（旗）数量的比例	半牧区县（旗）数量	占全国半牧区县（旗）数量的比例	牧区、半牧区县（旗）数量	占全国牧区半牧区县（旗）数量的比例
全国	107		161		268	
内蒙古	24	22.4	29	18.0	53	19.8
新疆	18	16.8	19	11.8	37	13.8
西藏	14	13.1	24	14.9	38	14.2
青海	26	24.3	4	2.5	30	11.2
甘肃	8	7.5	12	7.5	20	7.5
四川	15	14.0	33	20.5	48	17.9
宁夏	1	0.9	2	1.2	3	1.1
黑龙江	1	0.9	14	8.7	15	5.6
吉林	0	0.0	8	5.0	8	3.0
辽宁	0	0.0	6	3.7	6	2.2
河北	0	0.0	6	3.7	6	2.2
云南	0	0.0	3	1.9	3	1.1
山西	0	0.0	1	0.6	1	0.4

资料来源：《全国 268 个牧区半牧区县名录》，中国草业网，2011 年。1987 年全国牧区工作会议确定的牧区、半牧区县（旗）为 266 个，2000 年调整为 264 个，到 2011 年调整为 268 个。

　　由表 2 可知，2013 年全国 8 个省（自治区）的牧区县（旗）共有牧民家庭 108.2 万户，牧业人口 411.3 万人，牧户家庭平均人口为 3.8 人。其中牧户家庭平均人口数最大的是西藏，为 5.5 人；最低的是黑龙江，仅为 1.8 人。从收入来看，全国牧区县（旗）的牧民人均纯收入为 6 485.4 元，其中来自牧业的收入达 4 137.5 元，占人均纯收入的 63.8%。分省来看，内蒙古的牧户数和

---

① 数据来源于《2014 年全国草原监测报告》。
② 数据来源于《中国畜牧兽医年鉴》（2014 年）。

牧业人口数都是最高的，达到 44.8 万户和 152.9 万人，宁夏的牧户数量最低，只有 3.5 万户，但黑龙江的牧业人口数最低，只有 7.5 万人。就牧业人口数而言，只有内蒙古和青海牧业人口数超过 50 万人。在牧区县（旗）中，牧民年人均纯收入前三位依次是黑龙江、内蒙古和新疆，分别达到 10 500.0 元、8 570.2 元和 7 711.5 元，相较而言，西藏的牧民年人均纯收入最低，只有 2 360.0 元，仅为黑龙江牧民人均纯收入的 22.5%、内蒙古牧民人均纯收入的 27.5%。就牧业年人均收入而言，排在前三位的是黑龙江、内蒙古和青海，分别为 6 150 元、5 165 元和 3 844 元，最低还是西藏，仅为 1 340 元。可见，在全国的牧区县（旗）中，牧民的人均纯收入和牧业收入的省际差距依然很大，牧业的区域发展不平衡问题依然突出。

表 2　2013 年全国牧区县（旗）牧民基本情况

单位：万户、万人、元/人

地区	牧户数	牧业人口数	人均纯收入	牧业收入
全国	108.2	411.3	6 485.4	4 137.5
内蒙古	44.8	152.9	8 570.2	5 165.0
新疆	11.6	47.0	7 711.5	3 731.8
西藏	5.9	32.6	2 360.0	1 340.0
青海	21.2	84.4	4 558.8	3 844.9
甘肃	6.5	27.8	5 466.8	3 818.0
四川	10.4	45.7	5 228.9	3 779.9
宁夏	3.5	13.4	4 738.0	3 252.0
黑龙江	4.3	7.5	10 500.0	6 150.0

资料来源：《中国畜牧兽医年鉴》（2014 年）。

由表 3 可知，2013 年全国 13 个省（自治区）的半牧区县（旗）共有牧民家庭 318.8 万户，牧业人口 1 293.6 万人，牧户家庭平均人口为 4.1 人。其中牧户家庭平均人口数最大的是西藏，为 5.5 人；最低的是山西，仅为 3.8 人。从收入来看，全国半牧区县（旗）的牧民人均纯收入为 6 993.3 元，其中来自牧业的收入达 2 788.3 元，占人均纯收入的 39.9%。分省来看，黑龙江省半牧区的牧户数和牧业人口数都是最高的，达到 65.0 万户和 247.2 万人。半牧区县（旗）的牧业人口数超过 100 万的有黑龙江、四川、辽宁、内蒙古和吉林。青海的半牧区县（旗）的牧户数量最低，只有 0.9 万户，对应的牧业人口数仅为 4.0 万人。在半牧区县（旗）中，牧民年人均纯收入前三位依次是辽宁、新疆和黑龙江，分别达到 9 977.1 元、8 617.0 元和 7 535.6 元。就牧业年人均收入而言，排在前三位的是内蒙古、辽宁和新疆，分别为 3 891.1 元、3 849.1 元和 3 704.5 元，最低是宁夏，仅为 763.8 元。比较各省（自治区）半牧业县（旗）牧民的牧业收入占人均纯收入的比例，发现以牧业收入为主的省（自治区）仅有山西、内蒙古和西藏，分别为 60.5%、53.8% 和 56.8%，其余省（自治区）的半牧业县（旗）牧民的收入均以牧业外收入为主，其中四川、青海、甘肃和宁夏半牧区县（旗）牧民的牧业收入占比已分别降低到 22.4%、22.1%、21.0% 和 17.1%。由此可见，重要牧业大省的半牧区县（旗）牧民的收入来源已发生了重大转变，牧业政策的实施应探索在牧区县（旗）和半牧区县（旗）之间有明显的差别化和政策侧重点。

表3　2013年全国半牧区县（旗）牧民基本情况

	牧户数（万户）	牧业人口数（万人）	人均纯收入（元/人）	牧业收入（元/人）
全国	318.8	1 293.6	6 993.3	2 788.3
内蒙古	42.8	163.2	7 231.7	3 891.1
新疆	8.5	34.7	8 617.0	3 704.5
西藏	10.1	55.6	2 360.0	1 340.0
青海	0.9	4.0	6 152.8	1 357.8
甘肃	13.4	65.1	4 276.1	895.8
四川	57.4	228.6	6 855.6	1 536.3
宁夏	15.1	64.9	4 462.4	763.8
黑龙江	65.0	247.2	7 535.6	3 507.0
吉林	33.3	152.9	7 499.2	3 521.5
辽宁	48.5	184.4	9 977.1	3 849.1
河北	14.6	55.0	4 195.3	2 042.0
云南	7.5	31.8	5 568.6	2 054.7
山西	1.6	6.0	3 057.0	1 850.0

资料来源：《中国畜牧兽医年鉴》（2014 年）。

二、中国饲草生产现状

2001—2014 年，中国的牧草生产呈现出种植面积和产量"双增"的态势，但产量增长速度更快，这主要源于牧草的单位面积产量有了大的提升。

（一）牧草生产呈现出面积、总产量、单位面积产量全面提升态势

由表 4 可得，2001 年以来，中国牧草面积保持了一定的增长，从 2001 年的 25 339.1 万亩增加至 2007 年的 34 863.6 万亩，7 年间增加了 9 524.5 万亩。

2007 年牧草面积达到高峰后略有下降，但仍在 30 000 万亩上下，2014 年恢复到 33 010.0 万亩。2001—2014 年，全国牧草面积从 25 339.1 万亩增至 33 010.0 万亩，增加 7 670.9 万亩，增长 30.27%，年均增长 1.91%。

分牧区和非牧区看，2001—2014 年，牧区牧草面积的变动大体与全国牧草面积变动相一致，经历了"增加—减少—增加"的过程，从 2001 年的 19 144.6 万亩增加至 2007 年的 24 914.9 万亩，然后下降到 2011 年不足 20 000 万亩，2012 年起呈现恢复性增加态势，到 2014 年达到 24 006.0 万亩，14 年间共增加 4 861.4 万亩，增长 25.4%，年均增长 1.6%。同期，非牧区牧草面积从 6 194.5 万亩增至 9 004.0 万亩，增加 2 809.5 万亩，增长 45.35%，年均增长 2.71%。

从牧区和非牧区的牧草面积比重看，2001 年牧区牧草面积占比 75.6%，非牧区牧草面积占比 24.4%，2001—2011 年，牧区牧草面积占比持续下降，到 2011 年已降到 65.0%，比 2001 年降低 10.6 个百分点。到 2014 年，牧区牧草面积占比恢复到 72.7%，非牧区牧草面积占比为 27.3%。

表 4　全国牧区和非牧区年末保留种草面积（2001—2014 年）

单位：万亩、%

年份	全国	牧区	比重	非牧区	比重
2001	25 339.1	19 144.6	75.6	6 194.5	24.4
2002	29 349.9	21 835.6	74.4	7 514.3	25.6
2003	33 108.9	24 395.1	73.7	8 713.8	26.3
2004	33 712.1	24 581.0	72.9	9 131.1	27.1
2005	32 270.0	23 014.1	71.3	9 255.9	28.7
2006	33 685.6	24 053.4	71.4	9 632.2	28.6
2007	34 863.6	24 914.9	71.5	9 948.7	28.5
2008	34 328.0	23 871.1	69.5	10 456.9	30.5
2009	30 953.1	21 457.7	69.3	9 495.4	30.7
2010	32 023.0	22 083.0	69.0	9 940.0	31.0
2011	29 266.0	19 031.0	65.0	10 235.0	35.0
2012	29 719.0	20 478.0	68.9	924 1.0	31.1
2013	31 301.0	22 320.0	71.3	8 981.0	28.7
2014	33 010.0	24 006.0	72.7	9 004.0	27.3

数据来源：《中国草原基础数据册 2001—2008》《中国草业统计》（历年）。

2001—2014 年，中国牧区和非牧区的牧草产量均有不同程度的增长。全国牧草产量从 8 819.3 万吨增至 17 999.7 万吨，增加 9 180.4 万吨，增长了 104.1%，年均增长 5.2%；牧区牧草产量从 6 262.0 万吨增至 11 861.9 万吨，增加 5 599.9 万吨，增长 89.4%，年均增长 4.7%；非牧区牧草产量从 2 557.3 万吨增至 6 137.8 万吨，增加 3 580.5 万吨，增长 140.0%，年均增长 6.5%。牧草产量增加的贡献主要来自牧区，但非牧区的增长速度更快，将来牧草产量增加的动力可能来自非牧区，特别是随着国家确立"立草为业"的发展思路和非牧区青贮玉米、优质牧草等种植面积越来越多，牧区的牧草产量将有持续的增长动力（表 5）。

表 5　全国牧区和非牧区牧草产量（2001—2014 年）

单位：万吨、%

年份	全国牧草	牧区牧草	比重	非牧区牧草	比重
2001	8 819.29	6 261.97	71.00	2 557.33	29.00
2002	9 554.12	5 599.27	58.61	3 954.85	41.39
2003	11 041.94	7 332.71	66.41	3 709.23	33.59
2004	12 280.34	7 748.19	63.09	4 532.15	36.91
2005	14 034.45	8 358.89	59.56	5 675.56	40.44
2006	14 414.50	9 509.55	65.97	4 904.95	34.03
2007	14 501.27	9 005.85	62.10	5 495.42	37.90
2008	31 771.06	25 173.89	79.24	6 597.17	20.76
2009	16 427.96	9 205.81	56.04	7 222.15	43.96
2010	18 292.33	11 109.72	60.73	7 182.61	39.27
2011	16 866.38	9 772.49	57.94	7 093.89	42.06
2012	16 499.91	9 782.06	59.29	6 717.85	40.71
2013	18 938.67	11 985.51	63.29	6 953.17	36.71
2014	17 999.71	11 861.88	65.90	6 137.83	34.10

注：数据来源同表 4；2009 年年鉴只对 2008 年全国总数进行了调整，未对分省的数据进行修正，由省级数据计算的 2008 年牧区、非牧区牧草产量也未修正。

从牧草的单位面积产量看，2001—2014 年，全国牧草单产从 0.35 吨/亩提高到 0.55 吨/亩，每亩产量提高了 0.20 吨，增长 57.1%；牧区牧草单产从 0.33 吨/亩提高至 0.49 吨/亩，增长 48.5%；非牧区牧草单产从 0.41 吨/亩提高至 0.68 吨/亩，增长 65.9%。总体上看，牧区和非牧区的牧草单产均有不同程度的提高，但非牧区的单产水平提升更多，这可能是因为在非牧区种植牧草土壤更具有地力、施肥更普遍等优势（表6）。

表6　全国牧区和非牧区牧草单产（2001—2014 年）

单位：吨/亩

年份	全国	牧区	非牧区
2001	0.35	0.33	0.41
2002	0.33	0.26	0.53
2003	0.33	0.30	0.43
2004	0.36	0.32	0.50
2005	0.43	0.36	0.61
2006	0.43	0.40	0.51
2007	0.42	0.36	0.55
2008	0.93	1.05	0.63
2009	0.53	0.43	0.76
2010	0.57	0.50	0.72
2011	0.58	0.51	0.69
2012	0.56	0.48	0.73
2013	0.61	0.54	0.77
2014	0.55	0.49	0.68

注：根据表4和表5计算。

（二）多年生牧草和一年生牧草产量呈"双增"和平分秋色态势

由表7可得，2001—2014 年，全国牧草从 8 819.3 万吨增至 17 999.7 万吨，增加 9 180.4 万吨，其中多年生牧草从 6 246.2 万吨增至 9 234.7 万吨，增加 2 988.5 万吨；一年生牧草从 2 573.1 万吨增至 8 765.0 万吨，增加 6 191.9 万吨。牧草产量的增加主要是因为一年生牧草产量的大幅提升。

从产量增速看，2001—2014 年，多年生牧草产量增长 47.8%，年均增长 2.8%；一年生牧草增长 240.6%，年均增长 9.2%，增速是多年生牧草的 3 倍多。

从牧草生长年限结构看，多年生牧草产量从 2001 年的 70.8% 下降到 2010

年的 46.2%，10 年间下降 24.6 个百分点，同期一年生牧草产量和所占比重均快速提升，尤其是产量从 2 573.1 万吨增至 9 842.2 万吨，增加近 3 倍，所占比重也在 2009 年首次突破 50%，2010 年达到峰值 53.8%。到 2014 年，多年生牧草产量所占比重为 51.3%，一年生牧草产量所占比重为 48.7%。

表 7　全国牧草产量（2001—2014 年）

单位：万吨、%

年份	牧草产量	多年生牧草产量	比重	一年生牧草产量	比重
2001	8 819.3	6 246.2	70.8	2 573.1	29.2
2002	9 554.1	6 090.6	63.8	3 463.5	36.3
2003	11 041.9	6 592.3	59.7	4 449.7	40.3
2004	12 280.3	7 606.8	61.9	4 673.6	38.1
2005	14 034.5	9 181.7	65.4	4 852.8	34.6
2006	14 414.5	9 303.5	64.5	5 111.0	35.5
2007	14 501.3	8 654.0	59.7	5 847.3	40.3
2008	15 583.1	8 867.6	56.9	6 715.5	43.1
2009	16 428.0	8 099.0	49.3	8 329.0	50.7
2010	18 292.3	8 450.1	46.2	9 842.2	53.8
2011	16 866.4	7 799.9	46.3	9 066.5	53.8
2012	16 499.9	9 077.3	55.0	7 422.6	45.0
2013	18 938.7	10 313.6	54.5	8 625.1	45.5
2014	17 999.7	9 234.7	51.3	8 765.0	48.7

数据来源：《中国草原基础数据册 2001—2008》《中国草业统计》（历年）。

（三）牧草生产地区特征非常明显且呈自东向西逐渐增加态势

2014 年，全国牧草大部分由西部 12 省份生产，这是因为牧区、半农半牧区主要集中在西部，这些省份人均土地资源相比东部要丰裕，且城市化水平相对滞后一些，农业和牧业生产活动较多，省内需要的牧草也更多，牧草自产自销的可能性更大。总体上看，牧草产量呈现东部地区、东北地区、中部地区、西部地区依次递增的态势，其中东部 10 省份仅生产牧草 822.45 万吨，占比 4.57%；东北地区生产牧草 1 547.87 万吨，占比 8.60%；中部地区生产牧草 1 932.96 万吨，占比 10.74%；西部地区生产牧草 13 696.44 万吨，占比

76.09%。西部地区生产了全国近 4/5 的牧草（表 8）。

表 8 2014 年各省份牧草产量

单位：万吨、%

省份	牧草产量	比重		省份	牧草产量	比重
北京	4.86	0.03		内蒙古	4 208.48	23.38
天津	23.58	0.13		广西	136.84	0.76
河北	326.57	1.81		重庆	113.52	0.63
山东	285.21	1.58		四川	1 673.72	9.30
上海	0.00	0.00		贵州	922.40	5.12
江苏	43.89	0.24		云南	1 317.80	7.32
浙江	0.00	0.00		西藏	19.51	0.11
福建	33.87	0.19		陕西	661.79	3.68
广东	94.23	0.52		甘肃	1 666.38	9.26
海南	10.25	0.06		青海	651.39	3.62
合计	822.45	4.57		宁夏	443.04	2.46
山西	414.71	2.30		新疆	1 881.56	10.45
安徽	209.34	1.16		合计	13 696.44	76.09
江西	317.79	1.77		辽宁	668.76	3.72
河南	201.86	1.12		吉林	647.14	3.60
湖北	310.54	1.73		黑龙江	231.97	1.29
湖南	478.71	2.66		合计	1 547.87	8.60
合计	1 932.96	10.74				

东部地区（北京—海南）；中部地区（山西—湖南）；西部地区（内蒙古—新疆）；东北地区（辽宁—黑龙江）

数据来源：《中国草业统计》。

（四）牧区和非牧区商品牧草均快速发展且非牧区的单产优势突显

2001—2014 年，全国商品牧草面积从 273.0 万亩增至 3827.0 万亩，增加 3554.0 万亩，增长 1301.8%，年均增长 20.8%。其中，牧区商品牧草面积从 208.1 万亩增至 2551.3 万亩，增长 1126.0%，年均增长 19.6%；非牧区商品牧草面积从 64.9 万亩增至 1275.7 万亩，增长 1865.6%，年均增长 23.7%。商品牧草面积的增加主要是由于牧区商品牧草种植面积的大量增加。2001—2010 年，牧区商品牧草面积增速慢于非牧区，以至于牧区商品牧草面积比重从 76.2% 下降到 23.4%，但 2013—2014 年，牧区商品牧草面积大幅度增加，而非牧区商品牧草面积略有减少，到 2014 年牧区商品牧草面积所占比重恢复到 66.7%，非牧区商品牧草面积所占比重为 33.3%（表 9）。

表 9　全国牧区和非牧区商品牧草面积（2001—2014 年）

单位：万亩、%

年份	全国	牧区	比重	非牧区	比重
2001	273.0	208.1	76.2	64.9	23.8
2002	362.0	230.2	63.6	131.8	36.4
2003	766.8	347.4	45.3	419.4	54.7
2004	1 026.7	268.2	26.1	758.5	73.9
2005	1 002.8	305.3	30.4	697.5	69.6
2006	1 523.1	585.8	38.5	937.3	61.5
2007	1 277.0	412.8	32.3	864.2	67.7
2008	1 744.9	642.6	36.8	1 102.3	63.2
2009	2 855.3	888.7	31.1	1 966.6	68.9
2010	3 152.0	736.0	23.4	2 416.0	76.6
2011	3 049.0	1 504.0	49.3	1 545.0	50.7
2012	1 745.0	403.0	23.1	1 342.0	76.9
2013	4 767.0	3 242.5	68.0	1 524.5	32.0
2014	3 827.0	2 551.3	66.7	1 275.7	33.3

数据来源：《中国草原基础数据册 2001—2008》《中国草业统计》（历年）。

2001—2014 年，全国商品牧草产量从 149.2 万吨增至 936.7 万吨，增加 787.5 万吨，增长 527.8%，年均增长 14.1%。其中，牧区商品牧草产量从 117.8 万吨增至 537.4 万吨，增长 355.9%，年均增长 11.5%；非牧区商品牧草产量从 31.3 万吨增至 399.2 万吨，增长 1 175.4%，年均增长 19.9%。商品牧草产量增加 787.5 万吨，牧区贡献了 419.5 万吨，非牧区贡献了 367.9 万吨，两者的增量相差并不大。但如前所述，牧区增加的商品牧草面积远大于非牧区，可见牧区商品牧草单产水平远低于非牧区，计算得知，牧区商品牧草单产为 0.2 吨/亩，而非牧区商品牧草单产为 0.3 吨/亩。2001—2014 年，牧区商品牧草产量所占比重从 79.0% 下降到 57.3%，非牧区商品牧草产量所占比重则从 21.0% 上升至 42.6%（表 10）。

表 10　全国牧区和非牧区商品牧草产量（2001—2014 年）

单位：万吨、%

年份	全国	牧区	比重	非牧区	比重
2001	149.2	117.8	79.0	31.3	21.0
2002	197.5	140.0	70.9	57.5	29.1

（续）

年份	全国	牧区	比重	非牧区	比重
2003	409.9	196.2	47.9	213.7	52.1
2004	466.4	154.7	33.1	311.7	66.8
2005	454.2	206.4	45.4	247.9	54.6
2006	911.9	349.3	38.3	562.6	61.7
2007	778.3	304.0	39.0	474.4	61.0
2008	1 044.5	405.3	38.8	639.2	61.2
2009	1 405.5	673.3	47.9	732.3	52.1
2010	1 208.7	371.7	30.8	836.9	69.3
2011	1 020.9	631.1	61.8	389.8	38.1
2012	800.0	370.5	46.3	429.5	53.7
2013	924.6	547.4	59.2	377.1	40.8
2014	936.7	537.4	57.4	399.2	42.6

数据来源：《中国草原基础数据册 2001—2008》《中国草业统计》（历年）。

三、中国饲草贸易现状

近几年，国内对优质饲草的需求量增长迅猛，但国内产需缺口非常大，需大量从国外进口优质牧草。

（一）草产品进口快速增长

国际市场上的草产品主要有苜蓿粗粉及团粒、其他干草两大类，其中，其他干草包括苜蓿干草（苜蓿粗粉及团粒以外）和除苜蓿以外的禾本科和豆科为主的天然饲草。中国进口的其他干草主要是苜蓿干草和燕麦草，这两类草都归为其他干草。1996 年，其他干草占中国草产品进口的 73.85%，苜蓿粗粉及团粒占 26.15%，到 2000 年，其他干草占中国草产品进口份额下降到 15.77%，随后，随着中国饲草进口量的增加，其他干草进口份额迅速增大，2001—2014年，大多数年份其他干草进口量占比超 99%。2015—2016 年，随着苜蓿粗粉及团粒进口量的较大幅度增长，其他干草进口量所占比重略有下降，但仍在98% 以上。从进口增量看，2010 年以后，其他干草进口增量从每年的 10 多万吨到 2013 年直接跨越 30 万吨大关，2015 年和 2016 年每年都增加了 30 多万吨，进口量从 2010 年的 22.7 万吨快速增加至 2016 年的 168.6 万吨，6 年间增加了 6.4 倍（表 11）。

表 11　中国草产品进口结构（1996—2016 年）

单位：吨、%

年份	草产品进口量	其他干草		苜蓿粗粉及团粒	
		进口量	比重	进口量	比重
1996	883.28	652.31	73.85	230.98	26.15
1997	1 242.43	1 242.43	100.00	0.00	0.00
1998	2 469.23	2 138.23	86.60	331.00	13.40
1999	3 906.30	1 737.74	44.49	2 168.55	55.51
2000	6 632.80	1 046.12	15.77	5 586.68	84.23
2001	2 445.02	2 445.02	100.00	0.00	0.00
2002	4 719.60	4 719.60	100.00	0.00	0.00
2003	1 034.27	1 030.84	99.67	3.43	0.33
2004	482.94	482.94	100.00	0.01	0.00
2005	128.97	50.82	39.40	78.15	60.60
2006	451.58	327.34	72.49	124.24	27.51
2007	2 160.16	2 088.08	96.66	72.08	3.34
2008	19 797.73	19 600.11	99.00	197.62	1.00
2009	76 749.66	76 616.08	99.83	133.59	0.17
2010	230 601.40	227 175.29	98.51	3 426.11	1.49
2011	289 474.31	288 468.56	99.65	1 005.75	0.35
2012	462 718.36	460 244.77	99.47	2 473.58	0.53
2013	799 600.40	798 221.85	99.83	1 378.55	0.17
2014	1 007 446.32	1 004 948.32	99.75	2 498.00	0.25
2015	1 386 987.86	1 364 881.32	98.41	22 106.54	1.59
2016	1 717 767.86	1 685 829.54	98.14	31 938.32	1.86

数据来源：UN Comtrade 数据库，2016 年数据为海关数据。

（二）牧草进口区域分布

从 2016 年全国各省份的其他干草进口量看，天津、上海、山东 3 个港口所在地的干草进口量最多，分别达到 62.4 万吨、20.5 万吨和 20.0 万吨，分别占全国其他干草进口量的 36.99%、12.14% 和 11.84%。主要牧区内蒙古自治区的其他干草进口量为 19.7 万吨，占全国其他干草进口量的 11.66%。分地区看，东部 10 省份共进口其他干草 127.8 万吨，占当前全国其他干草进口量的 75.79%；西部地区共有 6 个省份进口其他干草，共进口 22.3 万吨，占全国其他干草进口量的 13.25%；中部地区是山西和安徽两省进口其他干草，共进口 7.0 万吨，占 4.18%；东北地区 3 省均有进口其他干草，共进口 11.4

万吨，占6.78％。值得注意的是，东部地区进口干草量最多，但进口的干草并非主要在东部地区消耗，而是因为东部地区临海的地理区位决定了进口主要集中在有大型港口的少数几个省份，干草进口上岸后再运往中西部的牧区、半农半牧区、农区（表12）。

表12　2016年各省其他干草进口情况

单位：吨、％

	省份	进口量	比重		省份	进口量	比重
东部地区	北京	96 001.13	5.69	西部地区	内蒙古	196 501.29	11.66
	天津	623 509.95	36.99		重庆	20 983.88	1.24
	河北	11 001.53	0.65		四川	3 303.53	0.20
	山东	199 578.34	11.84		陕西	126.17	0.01
	上海	204 711.85	12.14		宁夏	1 773.42	0.11
	江苏	1 348.88	0.08		新疆	757.96	0.04
	浙江	25 855.66	1.53		合计	223 446.27	13.25
	福建	43 260.62	2.57	东北地区	辽宁	101 958.91	6.05
	广东	72 150.99	4.28		吉林	4 355.04	0.26
	海南	289.94	0.02		黑龙江	7 920.53	0.47
	合计	1 277 708.90	75.79		合计	114 234.47	6.78
中部地区	山西	6 466.25	0.38				
	安徽	63 973.66	3.79				
	合计	70 439.91	4.18	全国	总计	1 685 829.54	100.00

数据来源：海关数据。

（三）美国和澳大利亚是牧草主要供给国

2000年以来，美国基本上都是中国其他干草（主要是苜蓿）的主要供给国，早在2000年，美国就占有中国其他干草进口市场83.5％的市场份额，到2010年达到96.0％。2014年，中国进口苜蓿总计88.4万吨，从美国进口苜蓿84.9万吨，占全部苜蓿进口量的96.0％。2015年，中国共进口苜蓿121.3万吨，进口来源国包括美国、西班牙、加拿大、吉尔吉斯斯坦、哈萨克斯坦、保加利亚、蒙古，但仍以美国为主，全年从美国进口量为104.5万吨，占86.1％。2016年，中国进口苜蓿总计146.3万吨，美国依旧是最大的苜蓿进口来源国，当年从美国进口苜蓿128.8万吨，占比88.1％；另外，从加拿大进口苜蓿5.7万吨，占比3.9％；从西班牙进口苜蓿4.0万吨，占比2.7％。

2008年以来，中国开始从澳大利亚进口燕麦草，且燕麦草的进口量呈现出飞速增长的态势。近几年，澳大利亚是中国燕麦草的唯一进口来源国。2014—2016 年，中国分别进口燕麦草 12.1 万吨、15.2 万吨和 22.3 万吨，进口燕麦草均全部来自于澳大利亚。

中国的其他干草进口来源国中，美国占据绝对第一位，但随着从澳大利亚、西班牙、加拿大、蒙古国进口量的增加，美国进口量所占份额开始小幅下降，从 2010 年的 96% 降为 2016 年的 76.42%；近几年澳大利亚在中国其他干草进口的市场份额大体保持稳定，在 12% 上下（表 13）。

表 13　中国其他干草的主要进口来源国（2000—2016 年）

年份	主要国家及市场份额
2000	美国（83.5%）、蒙古国（10.13%）、印度（2.49%）、印度尼西亚（2.19%）
2010	美国（95.99%）、澳大利亚（3.96%）韩国（0.06%）
2014	美国（84.46%）、澳大利亚（12.04%）、西班牙（2.07%）、加拿大（1.42%）
2015	美国（76.55%）、澳大利亚（11.10%）、西班牙（9.98%）、加拿大（1.74%）
2016	美国（76.42%）、澳大利亚（13.21%）、蒙古国（4.46%）、加拿大（3.35%）西班牙（2.37%）

数据来源：根据 UN Comtrade 数据库的数据计算，2016 年是根据海关数据计算。

除了主要从美国进口苜蓿、从澳大利亚进口燕麦草外，中国还从蒙古国、加拿大、西班牙、阿根廷等国家进口其他干草，2016 年进口量所占份额见表 14。

表 14　2016 年中国其他干草的主要进口来源国

单位：吨、%

国家	进口数量	进口数量同比增减	进口数量所占比重	进口数量排序
中国进口总量	1 685 829.54	23.50		
美国	1 288 282.95	23.29	76.42	1
澳大利亚	222 688.25	47.00	13.21	2
蒙古国	75 236.36	2 138.55	4.46	3
加拿大	56 471.18	138.37	3.35	4
西班牙	39 923.02	−70.70	2.37	5
阿根廷	1 205.60		0.07	6
保加利亚	595.68	−87.75	0.04	7
俄罗斯	553.51	4 030.64	0.03	8
吉尔吉斯斯坦	552.70	55.40	0.03	9
哈萨克斯坦	173.90	307.07	0.01	10

数据来源：海关数据。

2016 年，中国共进口苜蓿粗粉及团粒 31 938.32 吨，主要进口来源国是西班牙，进口 31 889.53 吨，占比 99.85%。剩余的 0.15% 进口量则从墨西哥和美国进口（表 15）。

表 15　2016 年中国苜蓿粗粉及团粒进口来源国

单位：吨、%

国家	进口数量	进口数量同比增减	进口数量所占比重	进口数量排序
中国进口总量	31 938.32	44.47		
西班牙	31 889.53	44.63	99.85	1
墨西哥	25.31		0.08	2
美国	23.48	−58.92	0.07	3

数据来源：海关数据。

（四）八成以上的进口其他干草是苜蓿干草

2016 年 1～12 月，全年共进口其他干草 168.58 万吨，其中苜蓿干草 146.31 万吨，占比 86.79%；燕麦草 22.27 万吨，占比 13.21%。从各月份的其他干草进口量看，苜蓿干草进口量占当月其他干草进口量的比重都在 80% 以上，最高占比是 7 月份，达到 88.99%，最低占比是 12 月份，占 83.86%（表 16）。

表 16　2016 年中国其他干草月度进口结构

单位：万吨、%

月份	其他干草进口量	苜蓿干草		燕麦草	
		进口量	比重	进口量	比重
1 月	13.03	11.03	84.61	2.01	15.39
2 月	7.11	5.86	84.52	1.24	15.48
3 月	15.31	13.22	86.33	2.09	13.67
4 月	13.95	12.02	86.17	1.93	13.83
5 月	14.95	13.16	88.02	1.79	11.98
6 月	15.82	14.01	88.59	1.81	11.41
7 月	15.77	14.04	88.99	1.74	11.01
8 月	17.95	15.71	87.50	2.24	12.50
9 月	15.45	13.47	87.21	1.98	12.79
10 月	12.08	10.56	87.42	1.52	12.58
11 月	12.27	10.75	87.59	1.52	12.41
12 月	14.89	12.49	83.86	2.40	16.14
全年	168.58	146.31	86.79	22.27	13.21

数据来源：海关数据。

（五）苜蓿干草和燕麦草双双量增价减

2016 年 1～12 月，其他干草、苜蓿干草、燕麦草的进口量几乎都比 2015 年同期有所增长。其他干草进口量同比增幅最大的是 3 月份，同比增长 77.40%，增幅最低是 2 月份，为 2.3%，全年同比增长 23.51%。苜蓿干草进口量同比增幅最大的是 3 月份，同比增长 85.67%，增幅最低是 2 月份，同比下降 3.62%，全年同比增长 20.56%。燕麦草进口量同比增幅最大的是 1 月份，同比增长 96.95%，增幅最低是 7 月份，同比增长 6.71%，全年同比增长 47.00%（表 17、表 18、表 19）。

表 17　2015 年、2016 年中国其他干草月度进口情况

单位：万吨、万美元、美元/吨、%

月份	2015 年			2016 年					
	进口量	进口金额	平均到岸价	进口量	同比增减	进口金额	同比增减	平均到岸价	同比增减
1 月	8.90	3 520.32	395.62	13.03	46.40	4 189.35	19.00	321.43	−18.75
2 月	6.95	2 751.77	395.90	7.11	2.30	2 290.27	−16.77	322.34	−18.58
3 月	8.63	3 458.90	401.01	15.31	77.40	5 113.10	47.82	333.95	−16.72
4 月	12.40	4 976.48	401.33	13.95	12.50	4 252.47	−14.55	304.81	−24.05
5 月	12.73	5 138.86	403.61	14.95	17.44	4 576.07	−10.95	306.02	−24.18
6 月	14.59	5 793.64	397.19	15.82	8.43	4 341.07	−25.07	274.46	−30.90
7 月	14.08	5 439.93	386.25	15.77	12.00	4 894.93	−10.02	310.37	−19.65
8 月	12.75	4 783.36	375.29	17.95	40.78	5 719.52	19.57	318.61	−15.10
9 月	13.94	5 196.53	372.79	15.45	10.83	4 916.24	−5.39	318.20	−14.64
10 月	9.32	3 375.37	362.23	12.08	29.61	3 794.88	12.43	314.11	−13.28
11 月	10.91	3 855.35	353.23	12.27	12.47	3 763.78	−2.38	306.73	−13.16
12 月	11.30	3 864.73	342.14	14.89	31.77	4 454.39	15.26	299.11	−12.58
全年	136.49	52 155.25	382.12	168.58	23.51	52 305.72	0.29	310.27	−18.80

数据来源：海关数据。

2016 年 1～12 月，其他干草、苜蓿干草、燕麦草的平均到岸价均比 2015 年同期有所下降。全年其他干草平均到岸价为 310.27 美元/吨，比 2015 年平均到岸价 382.12 美元/吨同比下降 18.8%，全年同比降幅最大的是 6 月份，同比下降 30.9%，降幅最低是 12 月份，同比下降 12.58%。2016 年苜蓿干草平均到岸价为 307.55 美元/吨，比 2015 年平均到岸价 386.32 美元/吨同比下降 20.39%，全年同比降幅最大的是 6 月份，同比下降 33.66%，降幅最低是 12 月份，同比下降 13.43%。燕麦草平均到岸价为 328.54 美元/吨，比 2015 年平均到岸价 348.77 美元/吨同比下降 5.8%，全年同比降幅最大的是 1 月份，同比下降 12.5%，降幅最低是 5 月份，同比下降 4.06%。

表 18　2015 年、2016 年中国苜蓿干草月度进口情况

单位：万吨、万美元、美元/吨、%

月份	2015 年			2016 年					
	进口量	进口金额	平均到岸价	进口量	同比增减	进口金额	同比增减	平均到岸价	同比增减
1 月	7.88	3 179.14	403.47	11.03	39.97	3 525.78	10.90	319.74	−20.75
2 月	6.08	2 442.05	401.93	5.86	−3.62	1 881.06	−22.97	320.84	−20.18
3 月	7.12	2 929.26	411.34	13.22	85.67	4 420.35	50.90	334.40	−18.70
4 月	11.25	4 572.39	410.6	12.02	6.84	3 611.80	−21.01	300.43	−26.83
5 月	11.29	4 635.78	410.64	13.16	16.56	3 976.93	−14.21	302.16	−26.42
6 月	13.13	5 287.74	402.59	14.01	6.70	3 742.41	−29.22	267.09	−33.66
7 月	12.46	4 863.04	390.39	14.04	12.68	4 318.26	−11.20	307.67	−21.19
8 月	11.58	4 369.17	377.33	15.71	35.66	4 977.02	13.91	316.85	−16.03
9 月	12.66	4 743.95	374.84	13.47	6.40	4 265.79	−10.08	316.59	−15.54
10 月	8.34	3 031.15	363.6	10.56	26.62	3 295.58	8.72	312.03	−14.18
11 月	10.01	3 541.01	353.76	10.75	7.39	3 270.40	−7.64	304.30	−13.98
12 月	9.55	3 280.35	343.47	12.49	30.79	3 713.36	13.20	297.55	−13.43
全年	121.36	46 875.13	386.32	146.31	20.56	44 998.40	−4.00	307.55	−20.39

数据来源：海关数据。

2016 年 1~12 月，因进口量增加、平均到岸价下跌，其他干草、苜蓿干草、燕麦草的进口金额与 2015 年同期相比互有升降。全年其他干草进口金额 52 305.72 万美元，比 2015 年的 52 155.25 万美元增长 0.29%。全年苜蓿干草进口金额 44 998.4 万美元，比 2015 年的 46 875.13 万美元下降 4.0%。全年燕麦草进口金额 7 307.32 万美元，比 2015 年的 5 280.24 万美元增长 38.39%。

表 19 2015 年、2016 年中国燕麦草月度进口情况

单位：吨、万美元、美元/吨、％

| 月份 | 2015 年 | | | 2016 年 | | | | | |
	进口量	进口金额	平均到岸价	进口量	同比增减	进口金额	同比增减	平均到岸价	同比增减
1 月	10 187.27	341.17	377.98	20 063.83	96.95	663.57	94.50	330.73	−12.50
2 月	8 749.26	309.73	353.97	12 421.33	41.97	409.21	32.12	329.44	−6.93
3 月	15 041.79	529.63	352.11	20 924.00	39.11	692.75	30.80	331.08	−5.97
4 月	11 469.68	404.09	352.31	19 290.58	68.19	640.65	58.54	332.11	−5.73
5 月	14 431.61	503.08	348.60	17 915.72	24.14	599.15	19.10	334.43	−4.06
6 月	14 521.16	505.90	348.39	18 051.34	24.31	598.67	18.34	331.64	−4.81
7 月	16 270.57	576.90	354.56	17 362.26	6.71	576.68	−0.04	332.15	−6.32
8 月	11 665.85	414.09	354.96	22 435.01	92.31	742.50	79.31	330.96	−6.76
9 月	12 836.32	452.58	352.57	19 757.13	53.92	650.45	43.72	329.22	−6.62
10 月	9 818.13	344.23	350.60	15 195.58	54.77	499.29	45.05	328.58	−6.28
11 月	9 047.65	314.34	347.43	15 233.77	68.35	493.37	56.95	323.87	−6.78
12 月	17 451.51	584.36	334.87	24 037.71	37.74	741.03	26.81	308.28	−7.94
全年	151 488.61	5 280.24	348.77	222 688.25	47.00	7 307.32	38.39	328.54	−5.80

数据来源：海关数据。

四、建议和思考

结合当前中国饲草产业发展和饲草进口状况，综合考虑畜牧业发展及种养结合的农牧业转型发展思路，草业应坚持"自产＋进口"的思路，要充分用好两个市场和两种资源，提出如下建议：

第一，确立并贯彻执行"立草为业"的农牧业协调发展思路。"立草为业"让牧业生产提升到产业的战略高度，将草业与粮经饲三大产业并行，真正让种草成为农牧民致富的一种重要产业支撑。为此，需要完善牧草产业投入机制。实行以奖代投政策，鼓励和引导公有资本、非公有资本、外资和民间资本以及农民自身积极投资现代牧草产业，以推动中国永久性牧草基地建设、发展饲草青贮产业和促进南方草业发展。建立完善草业补贴政策，如探索种草直接补贴政策，设立牧草机械购置补贴、草业良种补贴政策等，种草补贴要向家庭牧场、联户经营和合作社倾斜。

第二，加强草原管护治理力度，探索农区和牧区的牲畜养殖功能分工分业。及时修订《草原法》，加大草原乱开垦的治理力度，提高草原违法成本，

切实维护草原生态平衡。结合农区种草产量高的特点，探索牧区繁育、农区育肥的牲畜分工养殖模式，做到农牧区草畜动态平衡。结合牧区草场特点，避免夏季牧场超载放牧，推广冬春季节生产羊羔、夏季放牧出栏羊羔的养畜模式。

第三，适当推广青贮玉米种植，增加优质饲草。根据农业部制订的调减玉米计划，主要在镰刀湾地区调减籽粒玉米种植，适当改种青贮玉米，对种植青贮玉米给予补贴，对加工青贮玉米也给予补贴。通过政策鼓励新型农业经营主体在种植加工青贮玉米上发挥作用，尤其是在牧区，向牧民普及高效、科学的青贮玉米种植方式，提高全株玉米营养成分。

第四，拓宽饲草进口来源渠道，防范进口渠道单一化风险。除了从美国进口苜蓿干草外，积极开拓苜蓿干草进口来源渠道，加强跟阿根廷、西班牙、加拿大、蒙古国、新西兰等草业国家的合作，力争多种渠道进口饲草。

技术性壁垒对中国禽肉贸易的影响

——基于中外标准体系对比分析

中国是世界主要禽肉出口国。近年来，随着疯牛病、口蹄疫、禽流感等食品安全事件频繁出现，越来越多人开始关注食品安全问题，越来越多国家以保护环境和人类健康为由制定严格的食品安全标准，来限制禽肉产品的进口。对于中国等发展中国家而言，由于技术达不到要求，出口的禽肉产品常常被发达国家拒之门外，严重影响到禽肉的出口和畜禽产业的发展。鉴于此，本文在分析中国禽肉产品出口现状和实际存在问题的基础上，从企业、政府以及行业协会的角度提出相应的对策和建议。

一、中国禽肉出口贸易现状

（一）中国禽肉出口总量

中国是世界家禽生产大国，根据国家统计局发布的数据显示，2015 年中国禽肉产量为 1 826 万吨，居世界第二位，但出口量仅为 24.71 万吨。中国加入 WTO 之后禽肉出口持续下降，2004 年受禽流感影响，禽肉出口额降至 1.45 亿美元，同比下降了 55.0%，2007 年之后有所恢复，2007—2015 年不断上涨，2015 年禽肉出口额为 6.08 亿美元，为近 15 年来最高值。2001—2015 年中国禽肉出口额与出口量情况见表 1 和图 1、图 2。

表 1　2001—2015 年中国禽肉产品出口情况

单位：亿美元、万吨

年份	出口额	出口量
2001	5.97	40.28
2002	4.01	32.80
2003	3.20	27.57
2004	1.45	11.94
2005	1.94	15.75
2006	1.67	13.60
2007	2.61	16.53
2008	3.24	16.80
2009	3.36	17.38

年份	出口额	出口量
2010	4.28	20.59
2011	5.24	21.09
2012	5.02	19.40
2013	5.15	20.31
2014	5.77	22.52
2015	6.08	24.71

数据来源：联合国商品贸易统计数据库 UN Comtrade、商务部对外贸易司数据整理。禽肉统计口径参照商务部对外贸易司《中国农产品进出口月度数据》中统计的禽肉产品，即《商品名称及编码协调制度的国际公约》（HS 编码）中 0207 六位鲜冻禽肉系列。表 2、表 3、图 1 和图 2 同。

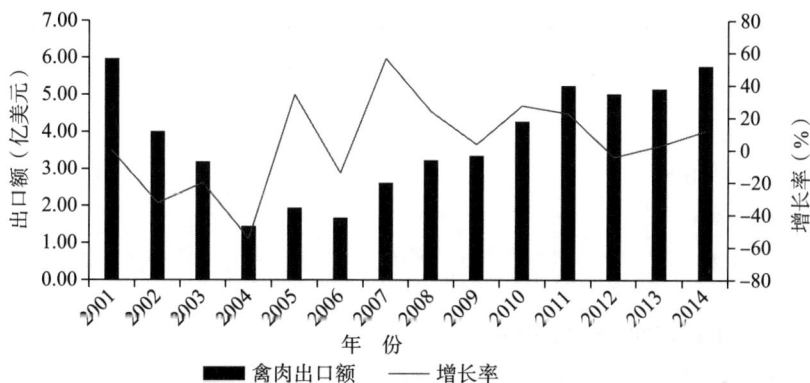

图 1　2001—2015 年中国禽肉出口额及增长率统计

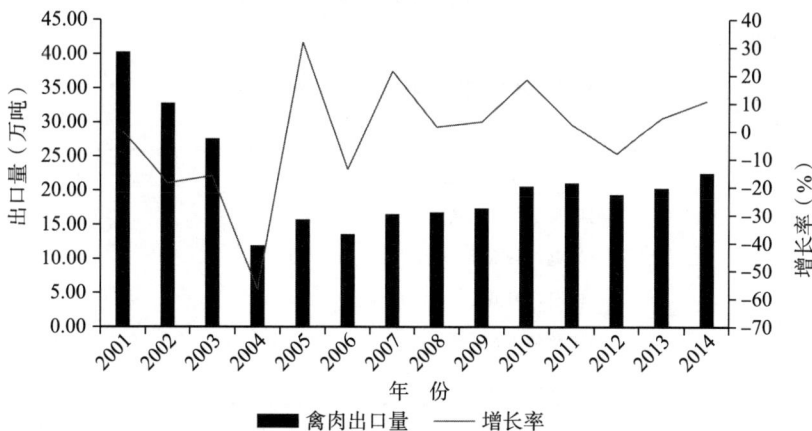

图 2　中国 2001—2015 年禽肉出口量及增长率统计

(二) 中国禽肉出口市场

2001—2015 年，中国禽肉最主要的出口市场为亚洲，但禽肉出口国别结构发生很大变化。2004 年之前日本一直是中国鲜冻禽肉的第一大出口市场，到 2007 年，由于受到禽流感的影响，日本市场基本完全关闭，前 20 大出口市场已经看不到日本；中国香港 2004 年之前一直是中国鲜冻禽肉出口的第二大市场，2004 年之后则取代日本成为禽肉出口第一大市场，2015 年出口金额为 4.19 亿美元，占出口总额的 68.91%。除此之外，马来西亚、吉尔吉斯斯坦、中国澳门等国家和地区也是中国禽肉出口的主要市场。2015 年居中国禽肉出口额前五位的国家和地区见表 2。

表 2　2015 年中国禽肉产品主要贸易对象

单位：亿美元、%

国家和地区	金额	份额
中国香港	4.19	68.91
马来西亚	0.64	10.53
吉尔吉斯斯坦	0.37	6.09
中国澳门	0.25	4.11
巴林	0.16	2.63

(三) 中国禽肉产品出口结构

从贸易结构上来看，中国禽肉出口的产品集中度较高，主要以冷冻鸡块及杂碎以及鲜或冷的整鸡为主。2015 年，冷冻鸡块及杂碎、鲜或冷的整鸡出口量占总出口量的 74.53%，其他禽肉的出口量相对偏少。2015 年中国禽肉产品出口结构见表 3。

表 3　2015 年中国禽肉产品出口结构

单位：万吨、%

排名	产品	数量	份额
1	鸡块及杂碎，冷冻	12.74	51.57
2	整鸡，鲜或冷	5.67	22.96
3	整鸭，鲜或冷	2.33	9.42
4	鸭块及杂碎，冷冻	2.25	9.10
5	整鹅，鲜或冷	1.05	4.25

(四) 中国禽肉出口受阻事件

自从中国加入 WTO 以来，在 WTO 多边谈判的推动下，欧美等发达成员国纷纷利用非关税贸易壁垒对中国出口的禽肉进行限制，其中技术性贸易壁垒备受关注。中国出口的禽肉因为有害物质残留、检验检疫标准、技术法规和标准、包装和标签不符合要求而受到严重阻碍，其中欧盟和日本对进口禽肉有害物质残留的标准要求比较高，日本、韩国和美国有着严格的检验检疫制度。WTO/TBT-SPS 通报咨询网相关数据表明，中国禽肉出口受阻事件屡屡发生，且有不断上升的趋势。2013—2015 年中国禽肉产品出口受阻事件统计情况见表 4。

表 4   2013—2015 年中国禽肉产品出口受阻事件

序号	产品	目的地	日期	受阻原因
1	炸鸡	日本	2015-06-04	成分规格不合格（大肠杆菌阳性）
2	冷冻蒸鸡肉	日本	2014-01-08	该产品为加热肉制品（容器包装前加热巴氏灭菌），经检测发现产品的成分规格不合格（大肠菌群阳性）
3	去骨炸脆皮鸡	日本	2014-01-07	该产品为加热肉制品（加热巴氏灭菌后容器包装），规格为 100 克。经检测发现该产品的成分规格不合格（大肠杆菌阳性）
4	烤鸭	日本	2013-11-29	该产品为加热肉制品（包装前已加热巴氏灭菌）。经检测发现产品的成分规格不合格，违反了使用标准（检测出二氧化氮 0.086g/kg）
5	冷冻鸭脖（麻辣味）	日本	2013-09-10	该产品为加热肉制品（巴氏杀菌后包装），产品检经检测发现其成分规格不合格（大肠菌群阳性）
6	炸鸡胸脯肉	韩国	2013-08-19	产品中检测出未申报的食品添加物（检测出亚硝酸根离子 0.001g/kg）
7	家禽，猪肉和蛋制品	意大利	2013-09-03	该商品编号为 2013.1201，为从中国非法进口的家禽、猪肉和蛋制品
8	熟肉制品（禽肉）	意大利	2014-11-06	未经批准投放市场

资料来源：WTO/TBT-SPS 通报咨询网。

二、中外禽肉产品标准体系介绍

（一）国际禽肉产品标准体系

目前，重要的国际禽肉与禽肉制品标准主要分属两大系统，即国际标准化委员会（ISO）系统的肉类标准和国际食品法典委员会（CAC）系统的肉类标准。ISO 和 CAC 是与食品标准密切相关的国际标准化组织，这两个组织之间有着密切的合作，分工制定肉类领域的国际标准。

①ISO 标准。国际标准化组织（International Organization for Standardization，简称 ISO），成立于 1946 年，现有成员团体 157 个，中国也是其中一员。ISO 的诸多技术委员会中，负责食品标准和规范的技术委员会是 TC34，ISO/TC34 中与肉类食品有关的是 TC34/SC6《肉与肉制品》。①

②CAC 标准。国际食品法典委员会（Codex Alimentarius Commission，简称 CAC）成立于 1961 年，是隶属于联合国粮食与农业组织（FAO）和世界卫生组织（WHO）的政府间有关食品管理法规、标准问题的协调机构。CAC 现有的 165 个成员覆盖了全球 98% 的人口，中国也是 CAC 成员之一。CAC 中有关肉与肉制品的标准达 43 项，其中通用标准 8 项，法典指导原则 12 项，分析方法和取样法典标准 4 项，兽药残留标准 2 项，农药残留标准 2 项，操作规程 9 项，产品标准 6 项。

（二）主要进口国家禽肉产品标准体系

美国、日本、欧盟等国家和地区的肉类食品质量安全体系和标准体系是世界上最先进的，也是最严格的，主要体现在禽肉产品安全指标方面。

①美国。进入美国的禽肉必须是由经过美国农业部食品安全检验局（FSIS）认可的国家和厂家生产。无论哪个国家，要想获得向美国出口禽肉的资格，FSIS 都要对该国的检验系统进行评估，以保证禽肉的安全、卫生和标签正确。此外，FSIS 还要对进入美国市场的禽肉及其包装标签进行认可。货物到达美国口岸后，必须在 5 个工作日内向当地海关呈送报关表。通过检验的产品，在每箱的外包装标签上打上"官方验讫"印章。

②日本。日本对于禽肉检测的规定相当严格。使用"命令检查制度"，对牛肉、猪肉、鸡肉及其脏器、鱼肉、蔬菜、水果及其加工品等数 10 种食品，要求在指定的机关实施"自主检查"，并且须在检查结果出来前留置，不能办理后续进口手续。对检查不合格的产品，将集中退回、废弃或转为非食用等。此外，日本对食品及食品添加剂的使用标准有相当多的规定，涉及的农兽药残留限量种类又多，标准又严格，且随时在更新。日本对于包括禽肉在内的进口农产品的检疫有严格的规定和程序。一方面，从动植物病虫害角度进行检疫，由动物检疫所和植物防疫所负责；另一方面，从食品角度进行卫生检验，由日本厚生劳动省下属的检疫所负责，尤其对来自中国的 30 多个品种的农产品，批批检验。

③欧盟。欧盟于 2001 年 6 月采纳了第 2001/471/EC 号决定，对向欧盟国家出口的第三国的检验检疫规定如下：当考虑某国是否符合向欧盟出口鲜肉或

---

① 张德权，哈益明，姜倩，等．ISO农产品加工标准体系现状及其发展趋势［J］．中国粮油学报．2006，21（1）：7-11.

鲜家禽肉时，欧盟委员会将会考虑其执行 HACCP 的情况以及对向欧盟出口的经销商进行微生物检验。当欧盟委员会在第三国执行检验，以确定经营企业是否符合列入向欧盟出口鲜肉或鲜家禽肉的国家名单标准时，也要考虑经营者执行第 2001/471/EC 号决定的情况。

④韩国。韩国对所有进口的畜产品实施进口检验认证制度。出口国提出申请，提交动物疫病的资料，由韩国相关机构进行认证。如果是非国际兽医组织的成员，韩国会进行实地检疫调查。2003 年中国爆发禽流感，韩国禁止从中国进口禽肉。2004 年恢复进口后，就对中国主要的出口企业进行了认证，在此基础上，还实行批批检验，严重影响通关速度，增加出口成本。并且不承认中国的生物安全小区，一旦发现中国某地区有禁止入境的动植物疫病，中国其他区域生产的产品也会被禁止进口。

（三）中国禽肉标准体系

2010 年以来，依照中国食品生产和食品污染物监测数据，在借鉴国际食品法典委员会（CAC）等国际组织以及美国、欧盟等发达国家和地区的食品安全标准的基础上，逐渐统计并清理了国家食品安全标准，修订发布了 GB 2762—2012《食品安全国家标准食品中污染物限量》。修订后的标准在重金属限量上的要求更为严格，检测项目更加全面，但是对禽肉的要求还是没有发达国家严格。

三、中国与国际禽肉产品标准的差异比较

（一）禽肉重金属污染指标对比

表5　中国与 CAC、欧盟、澳大利亚和新西兰关于禽肉重金属限量标准对比

单位：mg/kg

	CAC	澳大利亚和新西兰	欧盟	中国
汞 ≤				0.05①②
铅 ≤	0.1① 0.5②	0.1① 0.5②	0.1① 0.5②	0.2① 0.5②
砷 ≤				0.5①②
镉 ≤			0.05① 0.5③ 1.0④	0.1①⑤ 0.5③⑥ 1.0
铬 ≤				1.0①②

（续）

	CAC	澳大利亚和新西兰	欧盟	中国
备注	①禽肉（不包括内脏） ②禽类内脏 标准名称：CODEX STAN 193—1995	①禽肉（不包括内脏） ②禽类内脏 标准名称： Standard1.4.1 Contaminants and Natural Toxicants.	①禽肉（不包括内脏） ②禽类内脏 ③禽类肝脏 ④禽类肾脏 标准名称：（EU）No 1881/2006	①禽肉（不包括内脏） ②禽类内脏 ③禽类肝脏 ④禽类肾脏 ⑤肉制品 ⑥肝脏制品 ⑦肾脏制品 标准名称 GB 2762—2012

①中国检测项目覆盖面较广。由表 5 可以看出，CAC 和澳大利亚、新西兰只规定了禽肉和内脏中铅的限量标准，欧盟只规定了铅、镉的限量要求，而中国 GB 2762—2012 规定了禽肉及内脏中汞、铅、砷、镉、铬的限量标准，检测项目较为全面，同时中国更为详细地细分了禽类内脏、肝脏、肾脏以及相关制品的限量要求。

②中国对禽肉（不包括内脏）的限量要求相对宽松。对禽肉（不包括内脏）中铅含量的限量要求为≤0.2mg/kg，而 CAC、澳大利亚、新西兰以及欧盟均要求≤0.1mg/kg；中国对禽肉（不包括内脏）中镉含量的限量要求为≤0.1mg/kg，而欧盟为≤0.05mg/kg，要求更为严格。

（二）禽肉兽药残留限量标准对比

①CAC。CAC 关于兽药残留的规定主要收集在法典标准 CAC/MRL 02—2009《食品中兽药最高残留限量》中，该标准规定了 67 种兽药的限量要求。

②美国。美国有较完善的兽药法规，其兽药残留限量标准由美国食品药品监督管理局（FDA）负责制定，并在《美国联邦法规》（CFR）第 21 卷"食品和药品"法规第 556 部分"动物性食品中新型兽药最大残留限量"中公布。

③日本。日本畜禽兽药残留限量标准是肯定列表制度规定的兽药残留最高限量，由日本厚生劳动省负责制定和发布，日本肯定列表对动物源性食品中所有可能存在的物质残留进行了限定，不仅包括兽药，还涵盖了农药、饲料添加剂等品类。

④欧盟。欧盟畜禽兽药残留限量标准是 2009 年 5 月 6 日发布的 EC 470/2009 号条例，该条例制定了动物源性食品中药理活性物质残留限量的共同体程序，替代 EEC 2377/90 号条例成为欧盟管理兽药残留的核心法规。

⑤中国。中国畜禽兽药残留限量标准是 2002 年 12 月 24 日农业部发布的《动物性食品中兽药最高残留限量》。目前，中国兽药残留标准体系主要由兽药

残留检测方法标准、兽药残留限量标准和兽药使用规范3部分组成。2002年
颁布的兽药残留限量标准分为四类：一是允许用于规定食品动物，但不需要制
定残留限量的药物，该部分包括88种兽药；二是允许用于食品动物，在动物
性食品中规定了最高残留限量的药物，该部分制定了94种兽药的551个最高
残留限量标准；三是允许在食品动物治疗中使用，但不得在动物性食品中检出
的兽药，该部分包括9种兽药；四是禁止用于所有食品动物的31种药物和禁
止用于水生食品动物的1种兽药，它们在动物性食品（水产品）中不得被检
出。目前，中国使用的兽药已达3 000多种，当前制定的残留标准量远远不能
满足需求。

总的来看，中国、欧盟、美国、日本、CAC畜禽兽药残留限量标准中，
规定种类最多的是日本，共有180种，之后依次为欧盟139种、中国128种、
美国95种、CAC 67种；兽药种类最多的是日本，共有111种；对方没有规定
而中国有规定兽药种类最多的是CAC，共有78种；对方有规定而中国没有规
定兽药种类最多的是日本，共有67种（表6）。

表6　中国与美国、日本、欧盟和CAC关于畜禽兽药残留种类的差异对比

单位：种

	CAC	美国	日本	欧盟	中国
兽药总体数量	67	95	180	139	128
相同兽药种类	50	57	111	87	50
中国有规定而该国/地区/国际组织没有规定	78	71	17	41	—
中国没有规定而该国/地区/国际组织有规定	17	39	67	51	—

四、应对措施及相关建议

（一）从企业角度

拓宽出口市场，实施市场多元化战略。由上文的分析可以知道，中国鲜冻
禽肉的出口市场主要集中在亚洲地区，欧盟、美国等发达国家和地区由于对进
口农产品特别是对鲜冻禽肉的卫生质量要求比较高而比较难打开市场。因此，
企业可以通过实施多元化战略，对技术发达国家多出口深加工、高附加值的熟
食产品，对技术贸易措施水平较低的国家多出口鲜冷冻禽肉来达到扩大出口的
目的。同时，企业应注意到，现在人们对食品安全的要求越来越高，进口国家
对畜产品卫生检疫的要求也越来越严格，"绿色"和"有机"要求逐渐成为畜

牧业发展的焦点，发展"无公害""绿色"食品是大势所趋。中国禽类养殖企业和加工企业需要适应市场需求，大力发展绿色、无公害的禽类产品。

（二）从政府角度

制定科学、操作性强的卫生法律法规，健全动物产品生产过程中的卫生监督法规，重点关注禽肉进口国有而中国没有的畜禽兽药种类，并加快畜禽兽药残留限量中尚未覆盖的兽药限量标准的制定。国外特别是技术水平发达国家对进口农产品要求更新速度非常快，政府应当及时了解国外主要畜禽肉进口国对畜禽肉进口要求变化情况并通报给生产企业，让企业了解国际形势以及时采取应对措施。增加中国动物卫生法律法规的透明度，加强可操作性；针对饲料、兽药及饲料添加剂残留制定相应标准，扩大进出境动物检疫对象，健全动物产品生产过程卫生监督的法律法规。

（三）从行业协会角度

行业协会往往在国际贸易中起着非常重要的作用，行业协会可以将禽肉企业的意见传达给政府部门，也可以在面对国外不合理的技术性贸易措施时向国外要求起诉或者谈判。任何国家在实施贸易保护时虽然阻碍了外国产品进入本国市场，减少对本国同类产业企业的冲击，但是也会给本国的经销商以及消费者福利带来一定的损害，因此，中国的行业协会可以通过联合进口国的民间组织，向实施贸易保护的政府部门施加压力来取消不合理的技术性贸易壁垒。中国禽肉行业的行业协会起步较晚，发展还不成熟，但是在近几年的出口贸易中也起到了一定的促进作用。例如 2002 年，中国肉鸡产销协会在应对日、韩封关，恢复中国产品出口中发挥了较好的作用；2005 年，中国和欧盟的行业协会共同对中国肉鸡产品重返欧盟市场进行协商并取得较好的效果。

技术性壁垒对中国中药贸易的影响

——基于中外标准体系对比分析

中药是中国的国粹之一，是中国特有的传统出口商品，也是中国对外贸易的重要组成部分。然而，由于国际上尚无通行的植物类中药的质量标准，美国、欧盟及中国传统中药出口的东南亚地区均对中药提出重金属和农药残留限量的指标，并有提高的趋势，导致中国中药出口屡屡遭受技术性贸易壁垒。因此，本文在对中药现行出口贸易情况分析的基础上，从政府、行业协会以及企业的角度提出针对性的措施建议，以促进中国中药贸易的健康发展。

一、中国中药出口贸易现状

（一）中国中药出口总量

中国是中草药的生产大国、贸易小国，中国中药所占国际市场份额很少。相反，日本、韩国、美国等国利用中国原材料进行研发，占据了80％的国际贸易份额，同时，中国中药遭受的技术性贸易壁垒越来越严重，已经显著影响到中国中药产品的出口，2005—2015 年中国中药出口额情况见表1和图1。

表1　2005—2015 年中国中药出口情况

单位：亿美元、％

年份	中药出口额	增长率
2005	8.3	—
2006	10.9	31.33
2007	11.8	8.26
2008	13.09	10.93
2009	14.6	11.54
2010	19.44	33.15
2011	23.32	19.96
2012	24.9	6.78
2013	31.4	26.10
2014	35.92	14.39
2015	37.7	4.96

数据来源：海关信息网。

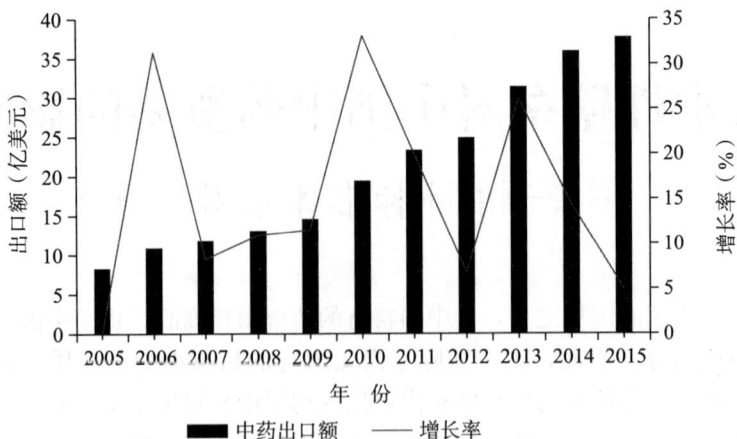

图 1　中国 2005—2015 年中药出口额及增长率统计

数据来源：海关信息网。

中药产品在中国出口产品中所占比重较低、出口总额不大，但近年来中药产品出口额一直呈现平稳增长的趋势，2005 年出口额为 8.3 亿美元，2005—2015 年一直呈上升趋势，2011 年突破 20 亿美元大关，到 2015 年达到 37.7 亿美元。

（二）中国中药出口市场

随着"一带一路"建设，中药在国际贸易中占据着越来越重要的地位，2015 年，中国共与 175 个国家和地区存在中药贸易往来，中国香港地区、日本为主要出口市场，美国为新兴的出口市场。中国香港以出口额 5.59 亿美元位列第一，但是下滑幅度较大，出口额同比下滑 19.16％，所占比重也由 2014 年的 19.25％萎缩至 14.83％。

美国连续多年跻身中国中药出口的前三大市场，这主要与其经济复苏有关。2015 年中国对美国出口中药商品 5.40 亿美元，同比增长 15.19％，占中国中药出口的 14.32％。2015 年居中国中药出口额前 5 位的国家和地区见表 2。

表 2　2015 年中国中药主要出口对象

单位：亿美元、％

国家和地区	金额	份额
中国香港	5.59	14.83
美国	5.40	14.32
日本	4.70	12.47

（续）

国家和地区	金额	份额
马来西亚	2.26	5.99
韩国	2.20	5.84

数据来源：中国医药保健品进出口商会。

（三）中国中药出口结构

中国出口的中药产品，主要以植物提取物、中药材及饮片、保健品等原料型产品为主。2015 年，除中药材及中药饮片外，中药各大类商品的出口额都呈上升趋势，尤其是植物提取物，出口额达到 21.63 亿美元，占中药总出口份额的 57.37%；保健品和中成药在 2015 年均保持了平稳态势，两者出口额分别为 2.82 亿美元和 2.62 亿美元，同比实现了 6.34% 和 4.65% 的增长。中药材及中药饮片是中药类商品中出口额同比下滑的商品，2015 年出口额为 10.58 亿美元，同比下滑 18.28%（表3）。

表3　2015 年中国中药出口结构

单位：亿美元、%

产品	出口额	份额	排名
植物提取物	21.63	57.37	1
中药材及中药饮片	10.58	28.06	2
保健品	2.82	7.48	3
中成药	2.62	6.95	4

数据来源：中国医药保健品进出口商会。

（四）中国中药出口受阻事件

随着经济全球化的逐渐发展，关税税率不断下降，贸易竞争不断加剧，发达国家为了保护本国市场，凭借自己的技术优势，制定相对较严的技术标准，成为中国中药产品出口的主要阻碍。中国中药产品在技术、环保等方面与发达国家相比仍有一定差距，在技术贸易壁垒的阻碍下无法进入或者被迫退出目标市场。中药企业为了应对阻碍在技术、环保、测试设备、认证方面增加投入，直接增加了产品成本，从而丧失了产品的价格优势，削弱其在国际市场的竞争力。

目前，欧盟拥有的技术标准有 10 万种，德国的技术标准约有 1.5 万种，美国的技术标准则更多。在中药产品方面，《美国药典》（USP）及《欧洲药典》（EP）标准较为严格苛刻，其标准一般高于中国同类药品的标准，而且还在不断地进行修订。欧美发达国家以营养食品名义制定的中草药产品的安全卫生标准，尤其对农药残留、放射残留、重金属含量及其他污染物均有非常严格的标准要求，导致中国很多中药产品因达不到相应的标准而被退回。

WTO/TBT-SPS 通报咨询网相关数据表明，近两年中国中药出口受阻事件仍在发生，并且大都与产品标准问题有关。2013—2016 年中国中药产品出口受阻事件统计情况见表4。

表4　2013—2016 年中国中药出口受阻事件

序号	产品	目的地	日期	受阻原因
1	保健品	韩国	2016-01-20	玻尿酸含量不达标
2	甘草	韩国	2016-01-13	二氧化硫超标
3	银杏叶提取物粉	韩国	2016-01-12	银杏酸超标
4	丹参	韩国	2016-01-07	二氧化硫超标
5	枸杞	韩国	2014-01-03	产品中含有二氧化硫 0.068 克/千克，标准规定不得高于 0.030 克/千克
6	荷叶提取物	韩国	2013-12-02	产品中含有合成防腐剂（丙酸）0.002 克/千克，标准规定不得含有
7	胶原蛋白肠衣	韩国	2013-12-02	产品中含有未申报的山梨酸（合成防腐剂）0.018 克/千克（标准：0.1 克/千克）
8	桂皮	韩国	2013-12-02	产品中镉含量 2.0 毫克/千克，标准规定低于 0.7 毫克/千克
9	灵芝生物提取物	韩国	2013-12-02	该产品 β-葡聚的含量不合格，检测结果为超标严重，标准规定为标示量的 80%～120%
10	黑加仑提取粉末	韩国	2013-08-19	产品中检测出含有合成防腐剂——安息香酸 0.02 克/千克
11	人参粉	韩国	2013-01-08	产品大肠菌群超标，Quintozen（3 种）超标
12	枇杷叶	瑞士	2015-03-27	含有重金属，含锡 339 毫克/千克
13	红米提取物	意大利	2015-02-24	经过放射线辐射
14	红曲提取物	德国	2015-02-27	GMO/新型食品，含有未经批准的转基因成分
15	银杏叶提取物	罗马尼亚	2014-01-13	产品在未经授权的情况下受到辐照
16	草本饮料	意大利	2013-11-04	未经授权在市场上销售
17	干枸杞	斯洛伐克	2013-09-19	产品农药残留超标
18	干枸杞和枸杞原料	斯洛伐克	2013-09-19	产品检测出农药残留超标
19	中药（十全大补丸）	瑞典	2013-09-09	产品经检测发现含有汞 0.28 毫克/千克

（续）

序号	产品	目的地	日期	受阻原因
20	食品补充剂	意大利	2013-08-13	产品检测出含有非法物质（川芎、羌活、巴戟天、首乌、北柴胡、板蓝根、菟丝子、酸枣仁、白术、川芎）
21	食品	德国	2013-02-13	产品含未经授权物质西地那非 155～180 毫克/千克
22	大豆异黄酮	日本	2014-03-07	产品违反使用标准（检出含苯甲酸 0.08 克/千克，山梨酸钾（山梨酸）0.05 克/千克，在特定食品外使用乙酸乙酯等）
23	保健食品 HOKOUHO EXCELLENT	日本	2013-12-05	产品中含有氰化物 290 毫克/千克
24	保健食品 MR. BEE21	日本	2013-12-05	产品中含有氰化物 260 毫克/千克
25	干松茸	日本	2013-09-18	产品含有二氧化硫 0.037 克/千克

资料来源：WTO/TBT-SPS 通报咨询网。

二、中外中药产品标准体系介绍

（一）国际中药产品标准体系的建立

目前，国际上尚未形成完整的中药标准体系，国际标准化组织中医药技术委员会（简称 ISO/TC249）致力于国际中药标准体系的建立。ISO/TC249 成立于 2009 年，有 35 个成员，至今已发布 4 项[①]中医药国际标准，在研标准项目 30 项，中国在其中担任秘书处工作，致力于中医药国际标准的研究制定。2015 年 6 月，ISO/TC249 的名称正式确定为"中医药技术委员会"，至此，ISO 中医药国际标准化工作迈入了新的阶段。

（二）国际主要中药产品进口国家标准体系

（1）日本。在日本具有法律效力的是日本药典（The Japanese Pharmacopoeia）（JP），又名《日本药局方》，由日本药局方编辑委员会编纂，日本厚生省颁布执行。1887 年发布了第一版，目前最新版为 2008 年第 16 修订版的《日本药局方（JP16）》，共一册，由一、二两部组成，在二部中收载了植物药。早在 1976 年，日本就制定了《药品生产质量管理规范》（GMP），并于 1976 年 4 月开始实施；1989 年，日本又出版了《汉方 GMP》一书。

---

① 由中国提出并主导研究制定的《一次性无菌针灸针》《人参种子种苗第一部分：亚洲人参》《中草药重金属限量》《中药煎药机》等 ISO 国际标准已正式发布。

（2）美国。自 1820 年第一版《美国药典》（USP）出版，至今已有 190 多年的历史，所建立的标准被全球 140 多个国家与地区承认和使用。在美国，天然植物药一直与维生素、矿物质一样作为食品补充剂，列在食品补充剂卷（DSC）。随着社会与医学技术的发展，USP 已经意识到植物药的重要性，2013 年 5 月 20 日，《美国药典草药卷》（HMC）正式开始起航，提供草药制剂中各单味药及其相关提取物或制剂的标准。HMC 标准包括定义、别名、混淆品种、通用名、化学成分、鉴别、含量分析、污染物、检查项及包装、贮藏标签等其他要求。

（3）欧洲。《欧洲药典》是全球最具影响力的药典之一，目前已经发行至第 8 版，由欧洲药品质量管理局（EDQM）起草并出版，目前最新版为 2014 年开始生效的《欧洲药典 8.0》，包括两个基本卷，共涉及 272 个植物药及其提取物、制剂。目前已有 40 个中药列入《欧洲药典》标准。《欧洲药典》标准包括草药及其制剂（提取物、成药、药茶），除了植物本身之外，还包括相关的撷草水提取物、醇提取物以及撷草根切片及撷草根配剂。正文项下主要包括定义、鉴别、检查项和含量测定 4 个方面，其中检查项中根据项目的不同选择性地包括外来杂质、干燥失重、总灰分、酸不溶性灰分等内容。

（三）中国中药产品标准体系

中国香港地区于 2005 年推出第一期《香港中药材标准》（以下简称"港标"），截至 2015 年，共出版 7 册，覆盖 236 种中药材。港标的研究思路清晰，研究程序严谨，包括：①样品收集，标识成分选择，性状和显微、薄层色谱和指纹图谱、检查、含量测定等方法研究；②分项目提交科学委员会（SC）审议，并根据专家意见进行修改后再汇报；③经过科学委员会审议通过的报告需要逐项进行相关实验室比对；④所有项目均通过相关实验室比对的品种，由研究机构整合数据和报告，并提交科学委员会再次讨论；⑤国际专家委员会审议品种综合报告，并提出修改意见；⑥研究单位根据意见进行补充和修改，形成最终标准。港标药材的选择是基于香港市面主要流通常用品种，而且每味中药材在重金属、农药残留及黄曲霉素等含量限度也有较为明确的规定。

中国在中药研究、开发、生产、经营、使用和管理的各个环节均有独立的标准，如《中药材生产质量管理规范》（GAP）①、《中药提取质量管理规范》

---

① 2016 年 2 月 3 日，国务院印发《关于取消 13 项国务院部门行政许可事项的决定》（国发〔2016〕10 号），规定取消中药材生产质量管理规范（GAP）认证。

（GEP）、《药品生产质量管理规范》（GMP）、《药品经营质量管理规范》（GSP）等，它们贯穿于中药制药过程。中国现在已经有中医药国家标准 27 项，行业标准 209 项，不同地区也有一些不同的规范。《中华人民共和国药典》（简称《中国药典》）是中国对药品的质量标准、检验方法和生产工艺等做出技术规定以保证药品质量的国家标准，也是药品研究、生产、经营、使用以及监督管理等环节必须共同遵守的技术准则和法定依据。《中国药典》由国家药典委员会组织编制，自 1953 年第 1 版发行至今已经更新至第 10 版。2015 年版《中国药典》共收载品种 5 608 种，一部（中药）收载品种 2 598 种、二部（化学药）收载品种 2 603 种、三部（生物制品）收载品种 137 种；首次将药典附录整合为通则，并与药用辅料单独成卷作为《中国药典》四部。2015 年版《中国药典》第一部（中药）的修订或增补是最多的，其中新增收载的中成药、中药材有 440 种，修订的有 517 种。

2012 年 10 月 25 日，国家药典委员会在 2010 年版《中国药典》的基础上，发布了有关农药残留的限量标准草案，共涉及 9 种农药（部分以总和统计），这是中国药典首次对所有药材规定农药残留限量标准，见表 5。此前，2005 年版《中国药典》仅对甘草和黄芪中六六六、滴滴涕和五氯硝基苯制定了限量标准。另外，WM/T2—2004《中国药用植物及制剂外经贸绿色行业标准》是《中国药典》之外另一项涉及植物药材农药残留限量的标准，但该标准仅规定了 4 种农药（部分以总和统计）的限量。由表 5 可知，国内限制植物药材中农药残留种类偏少，且涉及的农药中 1/3 为禁用农药，诸如百草枯、苯醚甲环唑、嘧菌酯等多种植物药材登记用药尚缺乏限量标准，且实际生产中农药滥用现象也十分普遍，可见，中国药典标准已经远远落后于生产，难以起到有效指导生产和监督管理的作用。另外，两项法规对同一种农药的限量不一致，原因是《中国药典》是由卫生部发布的，其主要目的在于保障消费者的健康安全，而 WM/T2—2004《中国药用植物及制剂外经贸绿色行业标准》是由商务部发布，目的在于促进公平贸易。二者制定侧重点不一致，造成了限量标准的不一致，不利于中国植物药材及其制品卫生质量标准的规范和执行。

表 5　中国植物药材农药残留限量标准

单位：毫克/千克

农药名称	《中国药典》	《药用植物及制剂外经贸绿色行业标准》
六六六（总和）*	0.2	0.1
滴滴涕（总和）*	0.2	0.1

（续）

农药名称	《中国药典》	《药用植物及制剂外经贸绿色行业标准》
艾氏剂和狄氏剂*	0.05	0.02（仅艾氏剂）
五氯硝基苯	0.1	0.1
六氯苯	0.1	—
七氯（总和）	0.05	—
异狄氏剂	0.05	—
氯丹（总和）	0.05	—
硫丹	3	—

注：带 * 为农业部 119 号文件禁用农药。

三、中国与国际中药产品标准的差异比较

（一）中药材农药残留限量标准比较

①《欧洲药典》和《美国药典》是当前世界上涉及植物药农药残留限量最多的药典，共 76 种农药（部分以总和统计），而且各种农药之间的限量值差别很大，见表 6，体现了在制定植物药卫生限量标准时的严谨性和科学性。造成差别的原因在于制定药典过程中对每种农药的特性做了详细分析：一是农药对植物形成有效保护的最小使用量，二是人体每日最大允许摄入量，三是考虑环境可承载量。综合以上 3 方面，对不同农药限量进行研究，最终制定出合理的限量标准。

②在亚洲主要的植物药大国中，《韩国药典》中涉及的限制农药数量较多，而且多集中在常用的有机磷农药上，相对于部分高毒或禁用的有机氯农药而言，关注有机磷农药更符合当前植物药材的种植和使用环境，另外《韩国药典》还规定了 27 种农药在一些常见植物药中的限量。

③《日本药典》中涉及植物药材的农药种类偏少，只对几种有机磷农药做了限量，但考虑到一些植物药属于药食同源的情况，可能需要参考更为严格的《日本食品中残留农业化学品肯定列表制度》，所以从食品安全角度来看，日本对植物药农药残留的限量也非常严格。

④通过表 6 对比可知，中国植物药卫生质量标准与发达国家相比还有一定差距，表现为限制农药的数量太少，且主要集中在有机氯农药，虽然限量值与发达国家基本一致，但受限的几种农药都是广受关注的高毒或禁用农药，说明中国植物药材农药残留限量标准尚处于起步阶段，仅对全球关注的几种有机氯农药做出了与发达国家基本一致的限量标准，缺乏针对性和实效性。

表6 各国药典农药残留种类以及限量值规定

单位：毫克/千克

农药名称	欧盟、美国	中国	日本	韩国	农药名称	欧盟、美国	中国	日本	韩国
艾氏剂和狄氏剂	0.05	0.05		分别0.01	地虫硫磷	0.05			
氯丹（总和）	0.05	0.05			丰索磷（总和）	0.05			
异狄氏剂	0.05	0.05			氟氰戊菊酯	0.05			
七氯（总和）	0.05	0.05			甲胺磷	0.05			
六氯苯	0.1	0.1			甲基溴硫磷	0.05			
五氯硝基苯（总和）	1	0.1		0.1	喹硫磷	0.05			
六六六	0.3	0.2	0.2	0.2	灭蚜磷	0.05			
滴滴涕	1	0.2	0.2	0.1	四氯硝基苯	0.05			
硫丹（总和）	3	3		0.2	亚胺硫磷	0.05			
杀扑磷	0.2		0.2		乙基嘧啶磷	0.05			
对硫磷			0.5		乙基溴硫磷	0.05			
氯氰菊酯	1		1	0.5	乙氧嘧啶磷	0.05			
马拉硫磷和马拉氧磷	1		1		腐霉利	0.1			0.1
氰戊菊酯	1.5		1.5		丙溴磷	0.1			
甲基对硫磷和甲基对氧磷	0.2		0.2		二甲戊乐灵	0.1			
五氯苯甲醚	0.01				伏杀硫磷	0.1			
敌草索	0.01				氟氯氰菊酯	0.1			
灭蚁灵	0.01				甲基毒死蜱	0.1			
八氯二丙醚	0.02				久效磷	0.1			
甲氰菊酯	0.03				乐果和氧化乐果	0.1			
甲氧氯	0.05			1	皮蝇磷（总和）	0.1			
τ-氟胺氰菊酯	0.05				乙酰甲胺磷	0.1			
倍硫磷（总和）	0.05				抑菌灵	0.1			
丙硫磷	0.05				益棉磷	0.1			
草不绿	0.05				毒死蜱	0.2			0.5
虫螨畏	0.05				四氯杀螨砜	0.3			

（续）

农药名称	欧盟、美国	中国	日本	韩国	农药名称	欧盟、美国	中国	日本	韩国
乙烯菌核利	0.4				二硫代二氰	2			
毒虫畏	0.5				蒽醌	2			
二嗪农	0.5				乙硫磷	3			
三氯杀螨醇	0.5				除虫菊酯（总和）	3			
杀螟硫磷	0.5				溴螨酯	3			
溴氰菊酯	0.5				增效醚甲基嘧啶磷（总和）	4			
乙基对硫磷和乙基对氧磷	0.5				无机修化物（以溴离子计）	50			
林丹	0.6				安特灵				0.01
λ-氟氯氰菊酯	1				百菌清				0.1
保棉磷	1				杀螨猛				0.3
苄氯菊酯（总和）	1				对甲抑菌灵				1
敌敌畏	1				克菌丹				2

（二）中药材中重金属限量标准比较

不同国家和地区使用植物药的程度不同，对其质量控制的理念也不一致，所制定标准的条目和规定的检测限量也各不相同，相比较而言，中国药典对于中药材中重金属的限制标准较为严格，也是为数不多的限定了重金属总量的国家之一。

中国标准中规定重金属总量的限量为≤20毫克/千克，美国标准中规定重金属总量的限量为10～30毫克/千克，韩国为≤30毫克/千克，日本为10～20毫克/千克，欧洲、英国、WHO和加拿大均未做出要求。

由表7可以看出，欧洲、美国等发达国家和地区部分重金属残留限量指标比中国标准更为严格。

①中国标准规定的铅的限量为≤5.0毫克/千克，而美国则规定铅的限量为≤1.0毫克/千克.

②中国标准中规定汞的限量为≤0.2毫克/千克，而欧洲标准中规定汞的限量为≤0.1毫克/千克。

③中国标准中规定砷的限量为≤2.0毫克/千克，而美国则规定砷的限量为≤1.5毫克/千克。

同时，中国中药产品中少数限量标准较为严格。中国镉的最高残留量为0.3毫克/千克，而欧洲、美国均没有中国规定的严格，且只有中国对铜的最高残留量做出了规定。

表7　各国药典关于植物药材重金属种类以及限量值规定

单位：毫克/千克

国家/地区	总量	铅（Pb）	汞（Hg）	砷（As）	镉（Cd）	铜（Cu）	铬（Cr）
中国	20	5.0	0.2	2.0	0.3	20	—
欧洲	—	5.0	0.1	—	1.0	—	—
英国	—	5.0	—	5.0	—	—	—
美国	10～30	1.0	1.5	1.5	0.5	—	—
韩国	30	5.0	0.2	3.0	0.3	—	—
日本	10～20	20	—	5.0	—	—	—
WHO	—	10	—	—	0.3	—	—
加拿大	—	10	0.2	5.0	0.3	—	0.2

四、应对措施及相关建议

（一）政府层面

根据中药近两年受阻原因分析可知，中国中药出口遭遇的最大问题主要包括中药成分标准化问题、中药重金属超标问题和农药残留问题，要解决这些问题，政府需要结合国际标准，对相应的法律法规以及技术标准进行统一和规范，同时建立完善的监督机制，对中药的生产和出口进行严格的监督控制。再者，通过对中药出口市场的分析可知，中药出口市场主要集中在与中国有着相似文化背景的亚洲地区，对于欧美国家来说，由于对中药疗法以及中药药品不熟悉，再加上中药出口企业并不能提供中药药材的成分，中药在出口过程中很多规则和标准都无法达到，导致西方对中药的科学性存在很多的疑虑。因此政府应积极开展"中药外交"，充分利用多边贸易体制，加强国际对中药的认可，促进中药对外特别是欧美国家的出口。

（二）行业协会层面

行业组织是有效的政府与企业的沟通渠道，从而为中药应对技术性贸易壁垒提供更专业的建议。由于成分的复杂性以及药材组合的特殊性，中药难以在国际市场上以药品的身份被承认，出口常常遭遇技术性贸易壁垒。行业协会应积极与其他国家的企业、行业协会和政府进行双边或多边的贸易谈判，同时中药行业协会应加强对国外中药技术壁垒和技术标准等信息的收集与研究，建立相应的信息数据库，及时把握其发展方向、安全卫生检测方法和有关进口政策，实时掌握国内外中药类产品技术法规、标准及其合格评定程序和检测方法的制修订，及时向相关部门和企业提出改进建议，积极为中国中药扩大出口服务。

（三）企业层面

企业需注重质量经营，增强核心竞争力。中国中药之所以不能够被国外接受，除了文化差异外，最主要还是质量不过关。因此，中国中药企业需要全面实施质量经营的管理模式，提高中药的生产品质，增强中药企业的核心竞争能力，要将质量经营的理念贯彻到产品设计、生产、包装、运输、销售等环节，积极实施中药材种植、试验、生产、临床和销售各环节的技术标准化规范，并通过相关认证，严格控制各类污染，以制度保证中药出口质量。

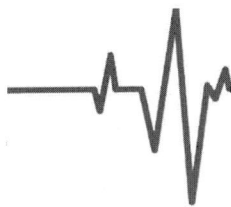

国 别 篇

2017

中国-东盟自贸区农产品贸易效应及测度研究

世界经济全球化和区域经济一体化是当今世界发展的两大趋势。在多边谈判进程缓慢、收获甚微的现实背景下，区域经济一体化作为国际多边贸易体制的过渡阶段和补充形式显示出了强劲的发展势头。世界范围内区域经济一体化的兴起，对中国的经济贸易产生了重大影响。

一、中国-东盟自由贸易区农产品贸易概况

截至 2016 年，中国已经签署并实施 14 个自由贸易（以下简称"自贸"）协定，涉及 22 个国家和地区，自贸伙伴遍及亚洲、拉丁美洲、大洋洲、欧洲等地区。这些协定分别是中国与东盟、韩国、澳大利亚、新加坡、巴基斯坦、冰岛、瑞士、智利、秘鲁、哥斯达黎加、新西兰的自贸协定，内地与香港、澳门的《更紧密经贸关系安排》（CEPA），以及大陆与台湾的《海峡两岸经济合作框架协议》（ECFA）。

（一）中国-东盟自贸区农产品贸易状况

1. 中国-东盟农产品贸易额变化分析

中国-东盟自贸区实施农产品降税政策前，2002 年、2003 年中国与东盟的农产品贸易额分别为 37.47 亿美元和 49.24 亿美元，贸易规模较小。2004 年中国与 6 个原东盟成员国的农产品关税减免政策开始实施，到 2006 年中国与东盟的农产品贸易额已增长至 80.07 亿美元，是 2002 年的 2.13 倍。2007 年双边农产品贸易额继续快速增长，突破 100 亿美元大关，达到 110.16 亿美元，同比增长 37.57％。2010 年随着自贸区完全建立和农产品零关税政策的全面实施，双边农产品贸易额进一步上升，2010 年农产品贸易额猛增至 181.66 亿美元，比 2009 年增长 30.53％；2011 年进一步增长至 244.58 亿美元，比 2010 年增长 34.63％。此后双边农产品贸易额保持稳步上升趋势，到 2015 年已突破 300 亿美元大关，达到 305.60 亿美元。中国和东盟由于地理位置接近，农产品结构互补性强，东盟越来越成为中国重要的农产品出口市场。自贸区建立后，中国出口东盟农产品金额占中国农产品出口总额的比重不断提高，从过去的 10％左右一路升至 15％以上，2015 年达到最高的 21.02％，说明中国农产

品在东盟市场的竞争力在持续提升。在中国与东盟的农产品贸易中，中国一直处于逆差地位，自贸区建立前后，中国对东盟的农产品贸易逆差经历了不断扩大然后逐步缩小的过程。2012 年贸易逆差曾高达 60.39 亿美元，但近年来中国农业积极实施"走出去"战略，大力开拓东盟市场，贸易逆差在不断缩小，2015 年已减少至 10.52 亿美元。同时中国从东盟进口农产品金额占中国农产品进口总额的比重也略有下降，2007 年曾达到最高的 17.29%，到 2015 年已降到 13.63%。

2. 中国-东盟主要农产品贸易国家变化分析

从国别角度来看，中国与东盟各国之间的农产品贸易状况差别很大。就出口而言，马来西亚、印度尼西亚、泰国、菲律宾、新加坡是主要出口国（表 1）。自贸区建立后，这 6 个国家在中国农产品出口东盟市场的地位有一定程度的改变。马来西亚和印度尼西亚曾经是中国农产品出口东盟的第一大和第二大市场，但近年来逐渐被泰国和越南取代，2015 年泰国成为中国农产品在东盟的第一大出口市场，越南居第二位，马来西亚和印度尼西亚已分别退居第三、第四位。2015 年中国向泰国和越南出口的农产品金额占中国向东盟出口农产品总额的比重分别为 25.80% 和 23.25%，二者合计几乎占到中国向东盟出口农产品总额的一半。究其原因，主要是中国与泰国、越南加强了在农业领域的合作，中国与泰国签署《关于在〈东盟-中国全面经济合作框架协议〉"早期收获"方案下加速取消关税的协议》，以及与越南签署《农产品贸易合作备忘录》，促进了中国在蔬菜、水果、水产品等优势农产品上的出口。自贸区建立之前，中国向菲律宾、新加坡、柬埔寨出口的农产品一直保持稳定增长，2010 年之后增速加快，2015 年中国对菲律宾、新加坡、柬埔寨的农产品出口额较 2010 年分别增加了 8.97 亿美元、4.17 亿美元、2.27 亿美元。中国向越南、缅甸出口的农产品较少，还有较大的出口增长空间。

就进口而言，马来西亚、印度尼西亚、泰国、越南是主要进口国（表 2）。过去马来西亚是中国在东盟的第一大进口国，但从自贸区建立以后，其地位不断下降，2015 年中国从马来西亚进口的农产品金额只有 2011 年的一半。而中国从印度尼西亚和泰国进口的农产品金额不断增加，2013 年泰国开始成为中国在东盟的第一大进口国，2015 年印度尼西亚位居第二位，越南已上升至第三位，马来西亚则下降到第四位。中国从菲律宾进口的农产品金额增长也较快，2010 年比 2009 年增长了 82.27%，2015 年较 2010 年增长了 72.56%。中国从新加坡和缅甸进口的农产品金额较为稳定，而从老挝和柬埔寨进口农产品金额较少。

表1 2002—2015 年中国向东盟各国农产品出口额

单位：亿美元

年份	马来西亚	印度尼西亚	泰国	菲律宾	新加坡	文莱	越南	老挝	缅甸
2002	5.70	5.30	1.67	2.02	2.47	0.03	1.91	0.02	0.59
2003	6.70	5.37	2.22	2.92	2.52	0.03	3.17	0.02	0.49
2004	5.30	4.48	2.47	2.77	2.93	0.04	2.40	0.01	0.51
2005	6.93	4.18	3.04	3.21	3.02	0.04	3.06	0.02	0.50
2006	8.45	6.13	3.64	4.59	3.19	0.04	3.51	0.02	0.80
2007	10.53	9.02	5.16	5.47	3.47	0.05	4.72	0.01	0.68
2008	11.88	8.36	7.33	5.55	4.48	0.07	7.14	0.03	0.63
2009	12.27	10.47	8.55	7.25	4.42	0.07	9.45	0.06	0.76
2010	16.76	17.76	11.86	7.71	5.52	0.10	13.49	0.15	0.99
2011	21.20	21.45	17.37	9.43	6.60	0.13	20.78	0.11	1.28
2012	21.64	18.76	20.45	11.94	6.66	0.12	19.45	0.20	1.45
2013	26.46	17.30	25.79	14.26	8.40	0.12	23.42	0.24	2.32
2014	27.84	19.67	28.50	14.61	9.84	0.12	29.89	0.20	4.16
2015	36.31	18.30	38.07	16.60	9.60	0.11	34.31	0.30	3.20

资料来源：根据 UN Comtrade 数据整理得出。

表2 2002—2015 年中国从东盟各国进口农产品额

单位：亿美元

年份	马来西亚	印度尼西亚	泰国	菲律宾	新加坡	越南	老挝	缅甸	柬埔寨
2002	7.19	3.22	3.99	0.93	0.77	1.41	0.02	0.16	0.02
2003	11.44	5.30	4.89	1.31	0.66	1.86	0.01	0.27.	0.01
2004	14.37	8.77	9.75	1.19	0.88	1.91	0.01	0.26	0.02
2005	13.39	9.21	9.79	1.14	0.90	2.07	0.02	0.28	0.02
2006	17.15	12.48	12.87	1.51	1.49	3.62	0.06	0.29	0.03
2007	30.17	18.08	13.51	1.46	2.09	4.62	0.12	0.75	0.04
2008	40.62	26.34	11.90	2.14	2.65	4.84	0.17	2.22	0.03
2009	29.74	22.47	17.64	2.20	4.29	7.35	0.29	1.69	0.06
2010	34.30	29.08	24.35	4.01	5.07	7.37	0.30	2.56	0.04
2011	50.41	40.73	29.24	5.84	4.87	12.88	0.26	1.61	0.12

（续）

年份	马来西亚	印度尼西亚	泰国	菲律宾	新加坡	越南	老挝	缅甸	柬埔寨
2012	42.98	46.21	38.92	4.78	4.14	21.89	0.38	1.90	0.19
2013	38.35	34.44	43.00	5.10	4.63	20.17	0.56	1.80	0.36
2014	33.47	39.02	50.15	7.56	4.38	22.50	0.76	1.79	0.70
2015	25.00	40.47	49.98	6.92	4.60	27.18	1.06	1.72	1.13

注：因中国从文莱进口农产品数值过小，部分年份没有进口，因此予以剔除。

资料来源：根据 UN Comtrade 数据整理得出。

3. 中国-东盟农产品贸易品种变化分析

本文主要参照《商品名称和编码协调制度（HS2012）》中对农产品的界定，将第 1~24 章农产品分为 4 类，动物类产品、植物类产品、动植物油脂产品和食品产品 4 类。

中国向东盟出口的农产品主要集中在植物类产品和食品产品。其中动物类产品出口额历年平均占比为 12.26%；植物类产品出口额历年平均占比为 53.76%；动植物油脂产品出口额历年平均占比仅有 0.91%；食品产品出口额历年平均占比为 33.06%。但近年来第一类产品的出口额比重有所上升，从 2002 年的 8.62% 升至 2015 年的 18.27%，而植物类产品的出口额比重小幅下降，从 2003 年最高的 61.98% 下降到 2015 年的 52.85%。在植物类产品中，第 7 章、第 8 章和第 11 章产品出口额历年平均占中国向东盟出口的第二类产品总额的 70% 以上；在第四类产品中，第 16 章、第 20 章和第 24 章产品出口额历年平均占中国向东盟出口的食品类产品总额的 60% 以上。从具体产品来看，中国出口到东盟的主要是大蒜、豆粕、柑橘、苹果、鸡肉、棉花、食糖、烟草、虾、中药材等初级农产品，加工制成品很少。

中国从东盟进口的农产品主要集中在植物类产品和动植物油脂产品。其中动物类产品进口额历年平均占比为 4%；植物类产品进口额历年平均占比为 33.36%；动植物油脂产品进口额历年平均占比为 46.09%；食品产品进口额历年平均占比为 8.99%。近年来植物类产品和食品产品的进口额比重有所提高，分别从 2002 年的 31.22% 和 8.25% 上升到 2015 年的 49.64% 和 14.39%，而动植物油脂产品的进口比重经历了高速上升然后缓慢下降的过程，2002 年为 37.36%，2008 年达到最高的 74.90%，之后一路下降，到 2015 年只占 31.41%。从具体产品来看，中国从东盟进口的农产品主要是大米、玉米、豆粕、天然橡胶、棕榈油等大宗农产品，特别是天然橡胶和棕榈油，中国几乎完全从东盟进口，对东盟产品的依赖度极高。

表3　HS分类法农产品类别一览

代码	农产品种类名称	代码	农产品种类名称
HS01	活动物	HS13	虫胶，树胶、树脂及其他植物液汁
HS02	肉及食用杂碎	HS14	编结用植物材料，其他植物产品
HS03	鱼、甲壳动物、软体动物及其他水生无脊椎动物	HS15	动植物油、脂及其分解产品，精制的食用油脂，动植物蜡
HS04	乳品、蛋品、天然蜂蜜，其他食用动物产品	HS16	肉、鱼、甲壳动物、软体动物及其他水生无脊椎动物的产品
HS05	其他动物产品	HS17	糖及糖食
HS06	活树及其他活植物，鳞茎、根及类似品，插花及装饰用簇叶	HS18	可可及可可制品
HS07	食用蔬菜、根及块茎	HS19	谷物、粮食粉、淀粉或乳的制品、糕饼点心
HS08	食用水果及坚果，甜瓜或柑橘属水果的果皮	HS20	蔬菜、水果、坚果或植物其他部分的制品
HS09	咖啡、茶、马黛茶及调味香料	HS21	杂项食品
HS10	谷物	HS22	饮料、酒及醋
HS11	制粉工业产品、麦芽，淀粉，菊粉，面筋	HS23	食品工业的残渣及废料，配制的动物饲料
HS12	含油子仁及果实，杂项子仁及果实，工业用或药用植物，稻草、秸秆及饲料	HS24	烟草及烟草替代品的制品

资料来源：根据《商品名称和编码协调制度（HS2012）》整理得出。

（二）中国-东盟农产品产业内贸易水平变化分析

产业内贸易指数是目前国际贸易研究中衡量产业内贸易水平的主要指标之一，其取值范围为0～1，指数为0时，意味着不存在产业内贸易，一国某一产业只有进口或出口；指数为1时，意味着产业内贸易水平达到最大值，一国某一产业的进口与出口相等；取值越接近0，代表产业内贸易水平越低；取值越接近1，代表产业内贸易水平越高。

从表4可以看出，2002—2015年，中国与东盟各国的农产品产业内贸易水平呈现出波动中略有上升的发展趋势，2004年中国与东盟启动农产品降税措施以来，产业内贸易指数出现了下降，到2009年降到0.77，自贸区建立以后，产业内贸易指数开始缓慢上升，到2015年已升至0.97。这表明自贸区建立带来的关税利好和消费市场的扩大，加强了中国与东盟在农业方面的合作关系，双边农产品贸易更加趋向于以产业内贸易为主，呈现良性的双向互动，这也是中国与东盟农产品贸易逆差逐渐缩小的重要原因。

同时应该注意到，中国与东盟各国的农产品产业内贸易水平具有差异性，且各国的变动趋势不一。自贸区建立前，中国与越南、老挝的产业内贸易指数较高，都曾达到 0.9 以上，与柬埔寨的产业内贸易指数最低，最低时只有 0.12；其他国家基本在 0.4～0.7。自贸区建立后，中国与东盟各国的农产品贸易水平大致可分为 5 类。①显著上升：与马来西亚、泰国的产业内贸易指数升势明显，都在 2015 年达到最高值；②短暂上升随后下降：与印度尼西亚、新加坡的产业内贸易指数均在 2009—2011 年达到较高水平，之后逐渐下降；③基本稳定：与菲律宾、越南的产业内贸易指数波动较小；④大幅下降：与老挝的产业内贸易指数持续下降，从 2004 年最高的 0.95 一度降至 2007 年最低的 0.21，反映出中国与老挝的农产品贸易不够活跃，但近年来有所回升，到 2015 年产业内贸易指数为 0.44；⑤波动明显：与缅甸、柬埔寨的产业内贸易指数波动较大，表明中国与这 2 个国家的农产品贸易关系还不够稳定，需要进一步巩固和加强农产品领域的合作。

表 4　2002—2015 年中国与东盟整体及各国农产品产业内贸易水平

年份	马来西亚	印度尼西亚	泰国	菲律宾	新加坡	越南	老挝	缅甸	柬埔寨	东盟整体
2002	0.88	0.76	0.59	0.63	0.48	0.85	0.89	0.43	0.36	0.94
2003	0.74	0.99	0.62	0.62	0.41	0.74	0.89	0.71	0.32	0.95
2004	0.54	0.68	0.40	0.60	0.46	0.89	0.95	0.67	0.12	0.73
2005	0.68	0.62	0.47	0.52	0.46	0.81	0.90	0.73	0.18	0.79
2006	0.66	0.66	0.44	0.49	0.64	0.98	0.45	0.53	0.31	0.76
2007	0.52	0.67	0.55	0.42	0.75	0.99	0.21	0.95	0.35	0.71
2008	0.45	0.48	0.76	0.56	0.74	0.81	0.30	0.44	0.23	0.67
2009	0.58	0.64	0.65	0.47	0.99	0.88	0.34	0.62	0.60	0.77
2010	0.66	0.76	0.66	0.68	0.96	0.71	0.67	0.56	0.31	0.82
2011	0.59	0.69	0.75	0.76	0.85	0.77	0.59	0.89	0.57	0.81
2012	0.67	0.58	0.69	0.57	0.77	0.94	0.69	0.87	0.70	0.77
2013	0.82	0.67	0.75	0.53	0.71	0.93	0.60	0.87	0.77	0.89
2014	0.91	0.67	0.72	0.68	0.62	0.86	0.42	0.60	0.90	0.92
2015	0.97	0.62	0.86	0.59	0.64	0.88	0.44	0.69	0.63	0.97

资料来源：根据 UN Comtrade 数据整理得出。

二、中国-东盟自贸区农产品贸易效应定量分析

贸易效应研究是福利分析的重要内容之一，如何衡量自贸区给一体化成员国带来的贸易利益，测算方法是关键。随着自贸区理论的不断发展，实证研究从各个方面选择不同指标对自贸区的贸易效应进行测度，检验技术的发展也为更加精确地测度贸易效应提供了保证。从实证研究来看，引力模型和进口需求模型是贸易效应测算最有效的分析工具，但由于缺乏体系化的考虑，研究的度量方法仍需要进一步完善。

本项目基于引力模型进行中国-东盟自贸区协定的贸易效应测算。引力模型是自贸区贸易效应的事后研究中最为有效的分析工具之一，学者们通过在传统引力模型中添加虚拟变量和虚拟变量组合来测算 FTA 的贸易效应。需要注意的是，由于缺乏体系化的考虑，引力模型用于贸易效应的事后估计时存在两个方面的不足：一是引力模型对包含的变量特别敏感，对横纵截面任意维度变量的忽略都意味着对模型本身的潜在约束，会导致估计结果的较大偏差。模型反映的往往不是数据包含的真实信息，而是研究者事先未确知的假设，具有很大的主观性。二是虚拟变量 FTA 可能不是一个严格外生的虚拟变量，签订FTA 前已存在显著贸易关系的国家更倾向于建立 FTA，也更容易产生贸易创造效应，因此虚拟变量 FTA 的系数有将结果高估的倾向。

（一）模型设定与数据说明

在国际贸易领域，Tinbergen（1962）提出的引力模型经 Anderson（1979）、Bergstrand（1985）等的发展已经逐渐成为宏观实证研究的标准范式。尽管引力模型最早作为经验方程提出，但也有着深厚的理论基础。无论是基于要素禀赋与比较优势的新古典理论、还是基于垄断竞争的新贸易理论，都可以推导出某一形式的引力方程。已有研究在分析双边贸易流量的决定因素时，主要包括三个方面：一是反映进口国和出口国供需能力的变量，如人口、GDP 等；二是代表贸易阻力的变量，主要由距离和贸易保护程度（关税和汇率等）表示。三是贸易偏好因素，反映经济组织成员国、共有边界、共同语言以及历史文化相似性等。

引力模型用于 FTA 的贸易效应研究时主要是在基本引力模型中加入虚拟变量或虚拟变量组合。Aitken 通过在引力模型中引入一个虚拟变量来拟合FTA 的贸易效应，其测算的实质为贸易创造和贸易转移效应的总和。一些学者使用两个虚拟变量来拟合 FTA 成员国和非成员国的贸易流量，使得模型能够分别识别贸易创造和贸易转移效应。Soloaga 和 Winter 引入 3 个虚拟变量分别表示 FTA 成员的内部贸易、成员的总进口和总出口来测算贸易效应，从而

能够识别出口转移效应，即成员国的出口从区外国家转向区内成员。

本文以贸易引力模型为实证框架对中国-东盟自贸区协定的贸易效应进行估计，具体如下：

$$\ln IMP_{i,t} = \beta_1 \ln GDP_{CHN,t} + \beta_2 \ln GDP_{i,t} + \beta_3 \ln pop_{i,t} + \beta_4 \ln dist_i + \beta_5 FTA_{i,t} + \varepsilon_{i,t}$$

在上式中，中国从 i 国的进口量 IMP 由中国的 GDP、i 国的 GDP、i 国的人口 POP 以及中国与 i 国的地理距离 $dist$ 决定，分别为进口商品的需求能力、供给和运输成本的代理变量，它们是引力模型的基础变量。核心解释变量为虚拟变量 $FTA_{i,t}$，即中国与东盟国家是否签订了自贸区协议，若 t 年中国与东盟国家 i 签订了自贸区协议，则 $FTA_{i,t}$ 为 1，否则为 0，2010 年开始中国与东盟所有国家签订了自贸区协议；$\varepsilon_{i,t}$ 为模型扰动项。

在进行回归前，本文对数据进行了如下处理：

①对各连续变量取自然对数，这可以消除贸易量、GDP、地理距离等数值巨大变量的异方差与极端值影响，双对数模型还可使回归系数反映变量间的弹性系数，更具经济意义；

②由于中国从文莱的进口值较低，为避免异常值对整体回归的影响，因此我们将剔除中国与文莱的贸易数据，即本研究的东盟国家仅包括马来西亚、印度尼西亚、泰国、菲律宾、新加坡、越南、老挝、缅甸和柬埔寨。

经过上述的数据收集与整理，本文得到 101 个国家 2004—2015 年的面板数据，采用"单国模式"的引力模型，对中国与 100 个贸易伙伴 2004—2015 年的双边贸易进行分析，以期获得中国-东盟自贸区事后贸易效应的定量测算结果。选择国家的标准以数据资料的可获得性为前提，所选 100 个贸易伙伴的贸易额占中国农产品进口总额的比重达到 90% 以上（2004—2015 年平均值），具有较好的代表性。本文中农产品采用 WTO 口径加水产品，双边贸易数据来自中国海关数据库；采用的各国 GDP、两国地理距离及人口数据来自世界银行 World Development Indicators 数据库；两国之间的地理距离为两国首都的距离。

（二）实证分析与讨论

回归结果如表 5 所示，根据 Anderson 和 Wincoop（2004）的综述，在引力模型中引入其他可能影响双边贸易的因素，包括人均收入、贸易壁垒水平、汇率、是否接壤、是否具有共同语言、是否签订自贸区协定、是否具有殖民地关系等因素，模型能够解释跨国间 80% 以上的贸易流量。经典文献里不含人口这一变量，因此第（1）列为不含 i 国人口变量的回归。在第（1）列中，中国 GDP 和进口国 GDP 对中国农产品进口的影响显著为正，均在 1% 的显著性水平通过了检验，与预期符号相符，弹性分别为 0.626 5 和 0.655 2；FTA 虚拟变量的估计系数为 1.787 0，在 1% 的显著性水平下显著为正，与预期符号相符，说明中国-东盟自贸区协定确实存在正的贸易效应，该协定的签订促进了中国从东盟国家的贸易进口量，同时带动了周边国家的贸易进口量。

由于一国的人口代表了出口国和进口国对进口商品的供需能力，为此，我们在模型中加入了 i 国人口这一变量，回归结果如第（2）列所示。可以看到人口变量在 1% 的显著性水平下通过了 t 检验，但显著系数偏低，人口每上升 1% 会带来双边贸易增长近 0.20%；FTA 虚拟变量的估计系数略有降低，为 1.713 5，在 1% 的显著性水平下显著为正，与预期符号仍然相符。这说明第（1）列中由于变量缺失，会导致 FTA 的估计偏高。因此，基于本文选取的数据，引力模型中应包含 i 国人口这一变量，前一小节所构建的模型具备合理性。

表 5　自贸区农产品贸易效应实证结果

解释变量	(1)	(2)
$\ln GDP_{CHN,t}$	0.626 5***	0.649 9***
	(6.76)	(7.06)
$\ln GDP_{i,t}$	0.655 2***	0.586 0***
	(26.55)	(20.95)
$\ln pop_{i,t}$		0.1957***
		(4.33)
$\ln dist_i$	0.2344**	0.277 8**
	(2.43)	(2.80)
$FTA_{i,t}$	1.787 0***	1.713 5***
	(10.22)	(10.02)
Const	−28.182 3***	−30.793 9***
	(−9.73)	(−10.42)
N	1 126	1 126
R^2	0.418 7	0.427 6

注释：表中括号内的值为 t 值；***、**、* 分别表示 1%、5%、10% 的显著性水平。

三、政策建议

通过对上述各个章节的分析，本文拟提出以下政策建议。

（一）促进中国参与区域经济一体化的对策

1. 明确发展 FTA 的整体战略，积极务实选择自贸区合作伙伴

自贸区建设尽管要考虑国家的政治和外交利益，但建立自贸区的基本出发

点还是要通过制度性安排推进经济利益的实现，自贸区的建立应有助于经济利益的实现和最大化，自贸区谈判应遵循基本的经济规律。在制定自贸区政策时，必须平衡经济效率和产业安全的关系，采取综合措施保障这一目的的实现，不宜盲目地推进自贸区战略。在自贸区贸易伙伴的选择中，应该选择贸易结构互补的国家优先开展自贸区谈判，并可给予更大的开放空间。基于明确的利益目标确定敏感产品清单，对国内不生产但需求较大的产品，应该予以优先开放。争取充分的过渡期进行产业调整，对经济损害和结构调整进行合理补偿。

2. 自贸区谈判应慎重处理农业问题，强调灵活性和有效性

农业是中国开展自贸区谈判及建设、发展中的敏感领域，是自贸区战略应该关注的问题。中国是发展中国家，农业在国民经济中占据着极其重要的地位，农业的基础薄弱，属于弱势产业。在达成自贸协定的过程中应该充分考虑中国实际，理性判断农业在自贸区建设中的优势与劣势，充分利用过渡期进行农业产业政策调整，使中国农业在面对冲击时能够平稳过渡，农业生产者有充裕的时间调整生产结构和资源流向，保证利益不受损害。在具体谈判国家的选择上，应充分考虑农业的利益得失，明确自贸区建设对农业发展的实质影响，如果有损于国家粮食安全、产业安全和农民增收，就应该不谈或减缓谈判。

3. 加强基础性研究，提供科学的政策依据

自贸区谈判是一个具体而复杂的过程，具有极强的战略性、政策性和技术性，如何在国家自贸区战略框架内，明确对外自贸区谈判的基本路线图，合理推进农业对外开放是新时期需要研究的重要课题。中国的自贸区建设处于起步阶段，参与的自贸区所产生的经济效果及对国内产业的影响只有事前的判断，实际产生的经济效果并不明确，必须加强这方面的基础研究，适时地对已建立的自贸区进行事后评估，为中国下一步参与区域经济一体化组织提供决策参考。

4. 强化产业补偿机制，有效保护国内敏感产业

在过渡期乃至协定生效后过渡期结束的较长时间内，政府应该积极主动地采取措施对弱势产业进行政策上的调整，对受到损害的产业在自贸区协定规定的合理范围内予以补偿。通过政策、资金和技术等多方面支持提升弱势产业的竞争力，实现资源转移、结构调整和产业升级。

（二）促进中国对外自贸区内农产品贸易的政策建议

中国应当大力发展对国外的农产品出口，改变传统模式。为此提出以下建议。

1. 进一步深化中国与贸易伙伴国在农产品方面的经贸合作

中国应加强与贸易伙伴国在农产品上的进出口合作，加大对自贸区内农产品商品的政策扶持；在现有的零关税优惠条件的基础上，不断改进自贸区的货物运输方式，降低固定成本，简化贸易审批流程，提升货物流通速度。

建立农产品市场信息库，密切关注国外农产品政策法规等的最新动态以及市场变化趋势，及时收集、整理、掌握信息，规避因信息不完全造成的潜在的贸易风险。企业获取这些信息的渠道有限，因此政府有责任和义务去负责搜集相关信息，为中国的出口企业提供服务。这些信息不仅包括国际市场上产品价格的信息，还要包括目的国家的政治法律以及文化等相关方面的信息，以保证中国农民利益不受损害。中国需要在国内尤其是在农村地区完善当地的农业产业链建设，逐步建成从生产加工到出口一体化的体系。同时加大对农业的政策倾斜和科技投入，对农产品进行精加工和深加工，提高农产品的附加值。

2. 优化农产品出口结构

中国应进一步加快包括农产品在内的产业结构调整。统筹规划，优化种植业、养殖业及深加工等结构，推进农产品产业升级，加大对农产品的研发，加快推进重点农产品生产、且生产向优势地区集中，努力形成科研-生产-销售一体化的模式。农产品的生产应当实现规模化、集约化、自动化，加快形成"以地区培养优势产业，以优势产业带动地区发展"的良性循环，应当根据市场的需求及时调整农产品出口结构。中国和各自贸区成员国之间，为在自贸区框架下，达到共赢的目的，需不断改善双方的贸易结构，增强互补性。提升中国出口商品的国际竞争力水平，完善产业政策、贸易政策，促进中国的贸易结构优化。

所有农产品都应依据农产品贸易的比较优势，即适当让出部分产品的国内市场，把不具备竞争优势的农产品（如粮食）的生产减少到最低安全水平，同时将这些产品的生产资源转向适销的具有竞争优势的产品上来，充分利用好国内国外两个市场、两种资源，实现国内有限农业资源的最佳合理配置，提高农产品生产者的收入水平。

3. 农产品生产差异化

中国特色农产品资源丰富，具有价廉物美的优势，要充分发挥中国农产品的比较优势，打开特别具有竞争力的农产品的出口市场。同时，就东盟而言，其各个国家对不同产品的市场需求不同，应当根据不同国家的消费者偏好，有针对性地推进迎合目标市场的农产品出口。在这方面，还可以加强与不同国家和地区的合作，通过高科技手段（如基因改良）对产品进行调整，以适应消费者的差异化需求。中国要充分利用资源禀赋，大力发展具有相对比较优势的温带水果、谷物、蔬菜和水产品产业，依靠与贸易国拥有先进科学技术的产业合作，提高农产品的附加值水平和市场竞争力。

4. 提升中国农产品的国际竞争力

提升中国农产品国际竞争力的有效措施就是提高产品的质量。加强农产品质量管理，强化生产、加工、运输等环节的质量监督，保证农产品质量和安全。了解东盟各国不同市场的农产品准入标准，大力支持帮助农产品生产企业获得市场准入牌照。加强农业标准化建设，引导国内农产品生产企业依照国际化质量安全标准生产。同时，注重品牌，提高产品知名度。

（1）改善农业生态环境。第　，全国范围内普及环保知识，控制农药、食品添加剂等对农产品品质造成不好影响的产品的使用，从源头上杜绝污染。第二，加强对农产品生产的科学指导，组织科学人员下乡指导农户如何科学有效地使用化肥农药等化学物质，对农村环境污染进行综合治理。第三，让公众参与农村生态环境保护法规的制定，建立社会、市场和政府三方环境监督机制，共同监督，共同努力保护农村的生态环境。

（2）延长农业产业链。与发达国家相比，中国传统的农产品生产经营方式已经落后，严重阻碍了中国农业生产率的提高和农产品质量的改善。中国应大力推行宣传农业的产业化经营，延长农业产业链。

（3）培育壮大经营主体。一方面，中国应该首先培养一批经济基础雄厚、生产规模大的龙头企业，以其为发展核心，一边加大对国际市场的开发，加快中国农产品走向国际市场的进程，一边发挥带头作用，延长农业产业链的发展，使得农产品在该条产业链上实现产前、产中、产后紧密联系，增强中国农产品的国际竞争力。另一方面，中国应推行鼓励政策，大力发展与农业相关的合作经济组织，来有效提高农业产业化经营程度。与具有先进生产技术的企业合作，共同应用优质品种和高端技术，调动农民生产积极性，促进农民的产业化分工，提高农业的组织化水平。

（4）构建农业产业化支撑体系。要保证农业实现健康稳定的产业化发展，必须要结合中国农业发展的实际情况，来构筑强大的支撑体系。第一，提高对农产品的科研和技术投资力度，引导工商企业、外资企业等投资农业，缓解农业资金短缺问题，为提高农产品国际竞争力提供技术和资金支撑。第二，大力培养人才，为促进农业产业化发展提供人才的支撑。第三，改善现有的农业保障体系，如市场风险防范机制的健全、对农业自然灾害救济等方面的改善，中国应积极借鉴国际做法，探索建立政策性的农业保障措施。

5. 大力加强对农业科技的投入

自贸区建立以后，中国农业将面临着一个更加自由开放的环境，与农业先进国家之间的技术交流及合作将日益频繁。而目前中国农业科技水平不高，是制约中国农业发展的瓶颈。大力推广农业科学技术，提高农业生产力，优化农产品质量，提高农业技术水平，发展"高产、高效、高质"的"三高"农业，是解决问题的根本途径。应加强农业科研和技术推广，增强中国农业科技的创新能力、储备能力和转化能力。改革农业科技体制。大幅度增加预算内农业科技投入，支持农产品出口企业研发新产品、新技术、开拓国际市场、参与国际认证等，扶持出口生产基地的建设。同时，还要允许各类农业企业申请国家研发、引进和推广资金。随着科学技术的迅速发展，农业科技的技术寿命会越来越短。农业科技的周期有加速缩短的趋势。因此，对科技的投入也要求不断增加。

6. 实施农业产业化经营，进行农业结构升级改造

实施农业产业化经营，进行农业结构升级改造，是农业薄弱环节走出困境的必由之路，也是农业和农村经济结构战略性调整的重要带动力量。可以具体通过制定和实施以下政策，加快农业产业化进程。

（1）大力培育以一体化经营为核心的农业产业化经营组织。在中国，由于建立在家庭承包经营基础上的农户的资本和土地规模太小，企业化发展受到很大限制，专业化程度难以提高，而且土地的国家、集体二元所有制结构和以农户为基本经营单位的格局不可能在短期内改变。这种条件决定了中国不可能走发达国家以农场经营为核心的高度机械化、集约化、专业化、一体化的发展道路，而应该选择适宜农户分散经营的产业化方式；不可能以生产专业化为基础发展农业产业化，而应该大力培育以一体化经营为核心的农业产业化经营组织。中国现有的农业经营一体化组织多数由中小工商企业从外部向农业投资。这种起步方式和组织形式适应了中国农业发展的现实，但同时也暴露出农业内部分工、产业延伸、内生性一体化要求等方面的滞后。只有通过政策引导和支持，克服以上劣势的制约，才能使农业产业化经营组织壮大起来。

（2）建立农村合作经济组织，实现农业产业化经营，降低农产品生产成本，小规模生产在很大程度上制约了农业生产的专业化、商品化、社会化和现代化，其市场交易效率低，信息成本高，农业资本利用率低，最终造成农产品成本居高不下。因而，改变经营方式，降低成本，成为必然的选择。这就要求建立农村合作经济组织，推进农业产业化经营，以降低生产成本和交易成本，节约资本投入，扩大规模，取得规模报酬，达到降低农产品总成本、提高竞争力的目的。

7. 完善"绿箱"等农业保护制度

现代市场经济理论和各国的实践证明，政策的重要作用是促进农业科技进

步，培育和规范市场，加强社会化服务体系建设，运用宏观调节手段为农业产业化经营创造良好的外部环境。根据中国的现实，农业政策调整不仅要从外贸保护向符合"绿箱"规定的对内农业政策保护转变，更应重视营造一个便于农户与市场连接的制度环境。在诸多"绿箱"政策中，加强一般性政府服务、与生产不挂钩的收入支持和环境保护对目前中国农业生产尤为有益。加强一般性政府服务有利于农业科研水平及农业抗灾害能力的提高；增加与生产不挂钩的收入支持，给农产品生产者适度的生活保障，有利于保护生产者的积极性；加大环境保护，有利于保护农业生产力的源泉。

目前中国已经有一些符合 WTO 农业协议的保护政策，如土地控制政策、农业产业组织保护政策、农业保险政策等，但还应该进一步推出保护农民利益的农业生产收益政策，如农产品价格保护政策、农业风险政策等。农业政策调整应向以下方面倾斜：有利于尽快将分散经营的农户组织起来，有利于延伸农业的产前、产中、产后的产业链条，实现生产、加工、内贸、外贸一条龙，农工商一体化；有利于确保农户分享农产品在整个农业产业中的平均利润，实现农户利益最大化；有利于激活农业生产要素，改善资源配置，提高农业的国际竞争力。对流通领域的补贴改为对生产领域的补贴。过去中国对农产品的补贴相当一部分补给了流通企业，必须深化农产品流通体制改革，把这部分补贴逐渐转到生产者头上去，保护从事农产品生产的农民利益。根据国内农产品受冲击的程度，集中有限资金，实施战略性补贴政策，将补贴用于受冲击较大的敏感性农产品主产区，特别是以农业为主的中低收入农户。把农业补贴重点放在支持优质、专用和绿色农产品的生产上。

中国-东盟自贸区升级版对中国农业影响跟踪研究

一、东盟农业生产与贸易发展概况

东盟是亚太地区成立最早、发展最完善的地区性经济组织，随着经济的快速发展，东盟已成为全球具有一定影响力的区域性组织。东盟农业资源丰富，在世界农业生产和贸易中发挥着重要作用。

（一）东盟农业发展概况

1. 东盟农业在世界上占有重要地位

东盟是世界上主要的农业生产区域，2016 年，东盟农业产值占世界农业总产值的比重达到了 8.5%，仅次于中国（30%）和印度（10%），远高于美国（6%）、巴西（3%）、澳大利亚（1%）等国家农业产值占世界的比重①。

东盟农业生产以热带农作物为主，其中，水稻、木薯、棕榈油以及热带水果的生产在世界占有较高比重。

2000 年以来，东盟主要农产品的生产规模在不断扩大。2000—2016 年，东盟稻谷和棕榈油收获面积分别增加了 435.1 万公顷和 876.4 万公顷，其中棕榈油的收获面积增加了 1.43 倍；稻谷收获面积占世界的比重上升到 29% 左右，棕榈油收获面积占世界的比重则从 61.03% 上升到 73.32%，增加了 12 个百分点（图 1）；同期，东盟稻谷和棕榈油的产量也在不断增长，2016 年与 2000 年相比，稻谷产量增长 23.58%，棕榈油产量增加了 1.63 倍（表 1）。此外，根据 FAO 数据显示，东盟椰子产量约占世界的 60%，木薯和香蕉的产量也分别占到 29% 和 15%。

2. 近几年东盟农业生产出现下降趋势

2000 年以来，东盟农业产值总体呈增长趋势，尤其是 2000—2013 年，农业产值从 689.96 亿美元增长到 2 864.55 亿美元，年均增长 11.57%；但 2014 年以来，受东盟主要农业生产国自然灾害的影响，农业产值有所下降，2015 年下降到 2 651.75 亿美元，2016 年估计为 2 589 亿美元左右（图 2）。

---

① 根据联合国统计数据库数据整理计算。

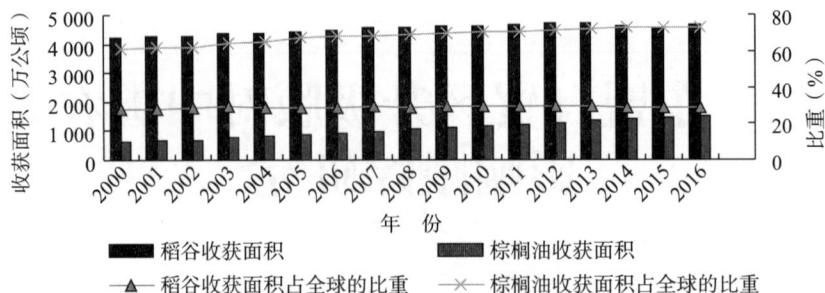

图 1　2000—2016 年东盟稻谷和棕榈油收获面积变化情况

资料来源：FAS USDA。

表 1　2000—2016 年东盟稻谷和棕榈油产量及其占世界的比重情况

单位：万吨、%

年份	稻谷产量	占世界的比重	棕榈油产量	占世界的比重
2000	9 451.6	23.68	2 087.1	86.11
2005	10 202.4	24.41	3 189.0	88.54
2010	11 100.8	24.66	4 375.6	88.95
2011	11 364.9	24.31	4 640.2	88.34
2012	11 549.0	24.39	5 006.2	88.80
2013	11 686.7	24.42	5 275.6	88.96
2014	11 536.7	24.08	5 503.4	89.04
2015	11 131.7	23.56	5 158.9	87.69
2016	11 680.7	24.01	5 495.5	88.22

资料来源：FAS USDA。

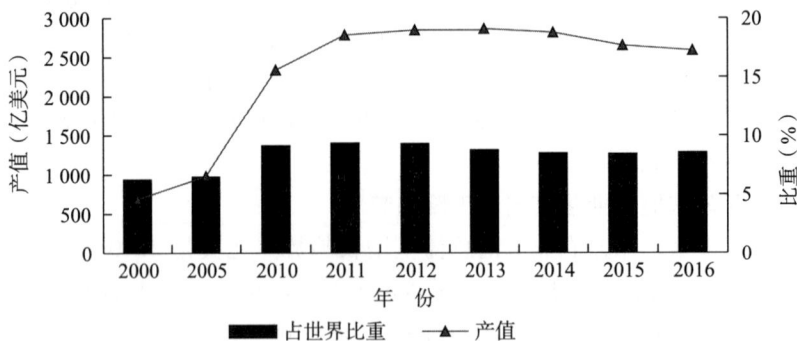

图 2　2000—2016 年东盟与中国农业产值占全球农业产值比重的变化情况

注：中国统计数据不包括港澳台地区。2016 年数据为预测值。

资料来源：根据联合国统计数据库（http://unstats.un.org）相关数据计算得出。

2014 年以后东盟农业生产产值下降，主要是因为印度尼西亚、泰国、马来西亚等国的农业产值均出现不同程度的下降所导致的。其中，2016 年与 2013 年相比，泰国农业产值下降了 30%，马来西亚下降了 21%，印度尼西亚下降了 6%。然而，越南、柬埔寨和老挝的农业产值却保持持续增长，其中越南农业产值从 2013 年的 307.58 亿美元增长到 2016 年的 338.58 亿美元，增幅为 10%。

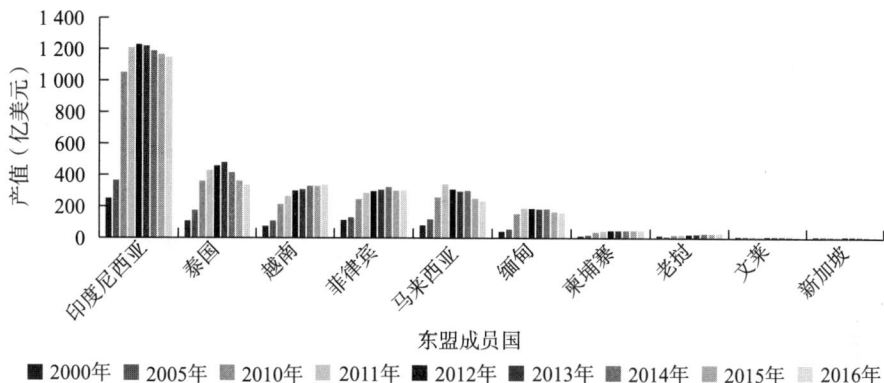

图 3　2000—2016 年东盟各成员国农业产值发展情况

资料来源：联合国统计数据库，http://unstats.un.org。

（二）东盟农产品贸易发展概况

东盟具备得天独厚的自然资源，尤其是热带作物国际竞争力较强，因而农产品贸易发展迅猛。2000—2016 年，东盟农产品贸易总额从 620.26 亿美元增长到 2 543.11 亿美元，年均增长 9.22%（图 4），其中，出口额从 377.55 亿美元增长到 1 505.40 亿美元，年均增长 9.03%；进口额从 242.70 亿美元增长到 1 037.70 亿美元，年均增长 9.51%。东盟农产品贸易顺差从 134.85 亿美元增长到 467.70 亿美元，年均增长 8.08%。

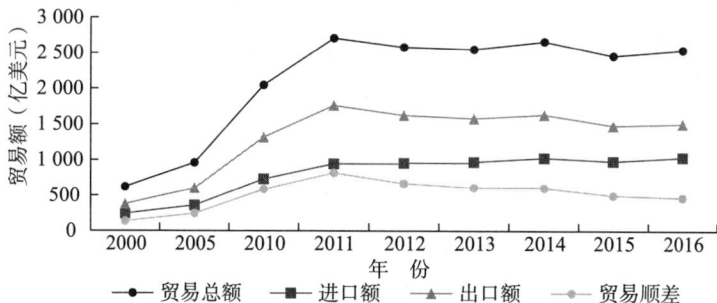

图 4　2000—2016 年东盟农产品贸易发展情况

资料来源：WTO 数据库，图 5、图 6 同。

2000—2016 年，东盟农产品出口额占世界农产品出口总额的比重呈上升态势（图 5），从 6.11% 增长到 9.47%，增加 3.36 个百分点。其中，东盟农产品出口额所占比重于 2011 年超越美国，成为全球最主要的农产品出口区域；但随后该比重有所下降，并于 2014 年下降到 9.25%，2016 年上升到 9.47%，略低于美国农产品出口额所占比重。

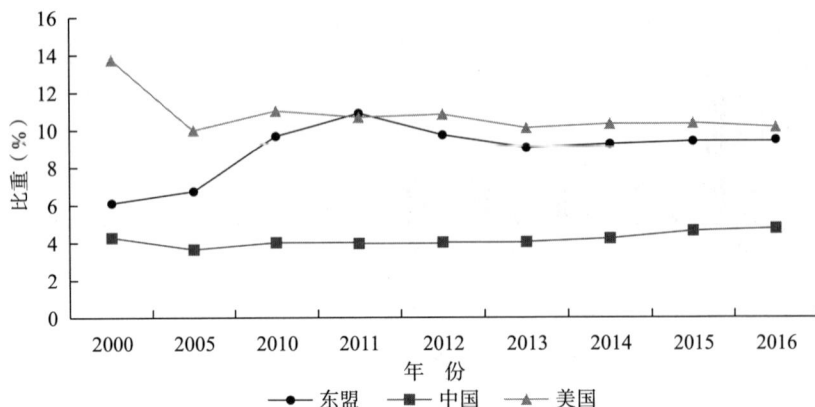

图 5 2000—2016 年中国、美国、东盟农产品出口额占世界的比重

与出口情况不同，东盟农产品进口额占世界农产品进口总额的比重相对较低。从图 6 可知，2000 年以来，东盟农产品进口额占世界的比重基本保持在 5% 左右，近年来有所上升，2016 年所占比重为 6.48%，低于中国、美国农产品进口额所占世界农产品进口总额的比重。

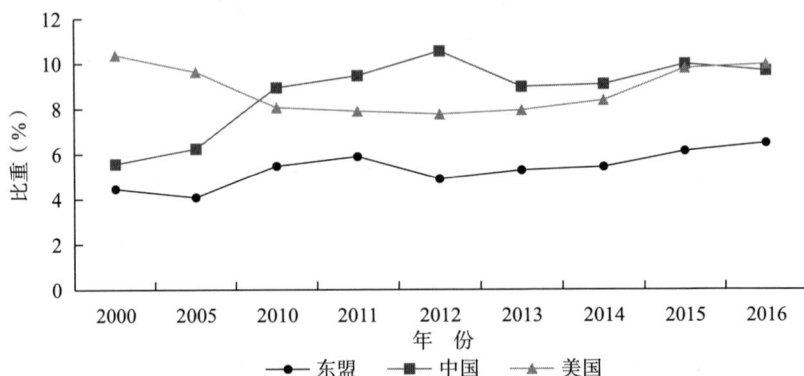

图 6 2000—2016 年中国、美国、东盟农产品进口额占世界的比重

印度尼西亚、泰国、越南和马来西亚是东盟农产品出口规模较大的国家。从表 2 可知，2016 年，印度尼西亚是东盟农产品出口额最大的国家，出口额

为 391.52 亿美元；其次是泰国、越南和马来西亚，农产品出口额分别为
369.06 亿美元、260.36 亿美元和 255.44 亿美元；其余东盟国家的农产品出口
额相对较低。

表 2　2000—2016 年东盟各成员国农产品出口总额变化情况

单位：亿美元

年份	文莱	柬埔寨	印度尼西亚	老挝	马来西亚	缅甸	菲律宾	新加坡	泰国	越南
2000	—	0.53	77.64	—	80.15	—	20.26	37.23	122.20	39.54
2005	—	0.75	140.63	—	133.41	—	27.29	45.42	178.16	75.79
2010	0.09	2.08	359.57	2.28	288.69	23.06	41.29	78.89	351.36	168.35
2011	0.12	4.24	481.43	2.97	389.02	31.95	54.17	100.74	476.01	222.29
2012	0.08	3.94	450.23	3.83	339.11	23.63	50.75	98.60	420.30	234.04
2013	0.20	6.26	426.28	6.62	300.44	29.91	64.69	108.82	403.57	232.93
2014	0.44	6.20	440.87	6.02	301.30	34.42	69.48	118.91	397.42	257.56
2015	0.09	5.90	397.79	5.50	253.86	39.40	50.91	116.61	364.65	244.31
2016	0.07	6.59	391.52	8.78	255.44	45.91	51.78	115.89	369.06	260.36

注："—"表示数据缺乏。

资料来源：根据 WTO 数据库数据整理。

从表 3 的农产品进口情况来看，越南、印度尼西亚和马来西亚是东盟最主
要的农产品进口国，2016 年农产品进口额分别为 211.06 亿美元、199.53 亿美
元和 175.24 亿美元；其次为泰国、新加坡和菲律宾，农产品进口额分别为
163.64 亿美元、132.12 亿美元和 105.67 亿美元。因此，印度尼西亚、马来西
亚、泰国和越南不仅是东盟主要的农产品出口国，而且是主要的农产品进口
国。从东盟成员国农产品进出口的发展速度来看，越南的出口额和进口额增长
速度明显高于其他国家，2000—2016 年，越南农产品进口额和出口额的年均增
长率分别为 19.21% 和 12.50%；同期，印度尼西亚分别为 8.11% 和 10.64%。

表 3　2000—2016 年东盟各成员国农产品进口总额变化情况

单位：亿美元

年份	文莱	柬埔寨	印度尼西亚	老挝	马来西亚	缅甸	菲律宾	新加坡	泰国	越南
2000	—	1.89	57.27	—	46.10	—	31.04	48.90	44.84	12.69
2005	—	2.46	73.16	—	72.25	—	38.60	64.08	71.20	36.68
2010	4.23	4.24	156.44	2.26	160.53	3.64	68.23	108.71	119.85	102.72

（续）

年份	文莱	柬埔寨	印度尼西亚	老挝	马来西亚	缅甸	菲律宾	新加坡	泰国	越南
2011	5.13	4.79	224.11	1.60	211.44	6.90	70.26	137.56	151.95	131.87
2012	5.07	5.95	209.06	1.30	214.29	7.02	72.40	139.53	168.44	132.41
2013	5.50	6.34	215.12	1.66	199.63	9.21	71.62	143.05	166.45	152.47
2014	5.61	8.49	222.20	1.23	201.62	15.06	86.68	146.24	162.46	179.20
2015	5.13	10.51	183.59	4.34	184.69	19.11	86.57	135.35	159.29	192.45
2016	4.25	11.38	199.53	4.72	175.24	30.09	105.67	132.12	163.64	211.06

注："—"表示数据缺乏。

资料来源：根据 WTO 数据库数据整理。

二、中国与东盟农产品贸易分析

（一）中国与东盟农产品贸易发展情况分析

1. 中国与东盟农产品贸易势头良好

中国-东盟自贸区早期收获计划自 2004 年正式实施以来，中国与东盟的农产品贸易保持良好的发展势头。

从表 4 可知，中国与东盟双边农产品贸易总额从 2004 年的 58.34 亿美元，增长到 2016 年的 298.78 亿美元，年均增长 14.58%。其中，中国向东盟出口农产品总额由 21.18 亿美元增长到 153.78 亿美元，年均增长 17.96%；中国从东盟进口农产品总额由 37.15 亿美元增长到 145 亿美元，年均增长 12.02%。

表 4　2004—2016 年中国与东盟农产品贸易发展情况

单位：亿美元

年份	出口额	进口额	贸易总额
2004	21.18	37.15	58.34
2005	24.22	36.82	61.04
2006	30.54	49.53	80.07
2007	39.33	70.84	110.17
2008	45.71	90.90	136.61
2009	53.44	85.74	139.18
2010	74.58	107.08	181.66
2011	98.63	145.95	244.58
2012	101.00	161.40	262.40

（续）

年份	出口额	进口额	贸易总额
2013	118.87	148.40	267.27
2014	135.39	160.33	295.72
2015	147.54	158.07	305.61
2016	153.78	145.00	298.78

资料来源：商务部《中国农产品进出口月度统计报告》（2004—2016 年）。

2. 东盟在中国农产品进出口贸易中的地位进一步提升

目前，东盟是中国最大的农产品出口贸易伙伴。

2013 年，东盟超越日本成为中国最大的农产品出口贸易伙伴（表 5），且出口额持续增长，2016 年达到了 153.78 亿美元，同比增长 4.23%。随着中国-东盟自贸区农产品互补优势持续发挥，以及中国"海上丝绸之路"与中国-东盟自贸区协议升级版的有效实施，中国向东盟出口农产品的规模将持续扩大。

表5　2010—2016 年中国农产品出口额前 5 位的贸易伙伴

单位：亿美元

排名	2010 年		2012 年		2013 年		2014 年		2015 年		2016 年	
	国家和地区	金额	国家和地区	金额	国家和地区	金额	国家和地区	金额	国家和地区	金额	国家和地区	金额
1	日本	91.48	日本	119.77	东盟	118.87	东盟	135.39	东盟	147.54	东盟	153.78
2	东盟	74.58	东盟	101.00	日本	112.35	日本	111.26	日本	101.98	日本	100.39
3	欧盟	68.57	欧盟	75.48	欧盟	80.87	中国香港	86.33	中国香港	88.46	中国香港	99.159
4	美国	57.81	美国	71.76	中国香港	76.78	欧盟	84.58	欧盟	81.46	欧盟	81.81
5	中国香港	42.76	中国香港	64.24	美国	72.88	美国	74.21	美国	73.50	美国	73.61

资料来源：中国商务部《中国农产品进出口月度统计报告》（2010—2016 年）。

东盟不仅是中国重要的农产品出口贸易伙伴，也是重要的农产品进口贸易伙伴（表6）。2010 年中国-东盟自贸区正式建立以来，中国从东盟进口农产品的规模总体呈扩大趋势。2015 年和 2016 年，中国从东盟进口的农产品金额连续两年下降，2015 年同比下降 1.41%，2016 年同比下降 8.27%。

表6 2014—2016年中国农产品进口额前5位的贸易伙伴

单位：亿美元

排名	2014年		2015年		2016年	
	国家和地区	金额	国家和地区	金额	国家和地区	金额
1	美国	286.74	美国	246.54	美国	238.42
2	巴西	215.55	巴西	198.50	巴西	190.49
3	东盟	160.33	东盟	158.07	东盟	145.00
4	欧盟	109.54	欧盟	132.32	欧盟	140.48
5	澳大利亚	81.51	澳大利亚	80.53	澳大利亚	66.89

资料来源：中国商务部《中国农产品进出口月度统计报告》（2010—2016年）。

3. 中国对东盟农产品出口的市场相对集中

中国农产品在东盟的出口市场主要集中在越南、泰国、马来西亚、印度尼西亚和菲律宾这5个东盟农产品生产与贸易大国。

从表7和表8可知，2010—2016年，中国向泰国、越南、马来西亚、印度尼西亚、菲律宾出口农产品总额占中国向东盟出口农产品总额的90%以上，其中2016年越南所占比重最大，其次是泰国、马来西亚、印度尼西亚和菲律宾。2016年中国向这5个国家农产品出口额合计140.09亿美元，占中国向东盟农产品出口额的91.10%。2010—2016年，中国向东盟国家农产品出口额大幅增长，其中向缅甸、泰国、越南和菲律宾出口农产品额分别增加了2.84倍、1.97倍、1.86倍和1.51倍。2016年，中国向越南、菲律宾和缅甸的农产品出口额较2015年大幅增长。2016年，中国向东盟成员国农产品出口额最高的是越南，出口额总计38.70亿美元，较2015年的34.31亿美元增长12.80%；中国向菲律宾农产品出口额为19.40亿美元，同比增长16.29%；中国向缅甸的农产品出口额为3.82亿美元，同比增长16.92%。同期，中国向泰国和马来西亚的农产品出口额同比下降，分别下降7.39%和0.43%；中国向其他东盟国家，包括新加坡、柬埔寨和老挝的农产品出口额同比下降6.18%、24.34%和16.04%；中国向文莱的农产品出口额则同比增长了22.47%。

与2015年相比，2016年，中国向东盟各国的农产品出口市场结构相对稳定，变动最大的是越南，中国向越南农产品出口额占中国向东盟农产品出口额的比重从2015年的23.25%增长到2016年的25.16%，增加了1.91个百分点。

表7 2010—2016年中国向东盟各国出口农产品市场结构变化情况

单位:%

国家	2010 年	2013 年	2014 年	2015 年	2016 年	2016 年同比增长率
越南	15.90	19.70	22.07	23.25	25.16	1.91
泰国	18.09	21.69	21.05	25.80	22.93	−2.87
马来西亚	22.48	22.26	20.56	17.83	17.03	−0.80
印度尼西亚	23.82	14.56	14.53	12.40	13.36	0.96
菲律宾	10.34	12.00	10.79	11.31	12.61	1.30
新加坡	7.40	7.06	7.27	6.57	5.91	−0.66
缅甸	1.33	1.96	3.08	2.21	2.48	0.27
柬埔寨	0.30	0.48	0.42	0.35	0.25	−0.10
老挝	0.20	0.20	0.15	0.20	0.16	−0.04
文莱	0.14	0.10	0.09	0.08	0.09	0.01

资料来源:中国商务部《中国农产品进出口月度统计报告》(2010—2016年)。

表8 2010—2016年中国向东盟各国出口农产品金额变化情况

单位:万美元、%

国家	2010 年	2013 年	2014 年	2015 年	2016 年	2016 年同比增长
越南	134 927.3	234 161.9	298 862.8	343 060.8	386 965.3	12.80
泰国	118 587.6	257 863	284 995.1	380 668.5	352 550.1	−7.39
马来西亚	167 623.0	264 588.5	278 377.6	263 065.2	261 936.2	−0.43
印度尼西亚	177 642.5	173 031.9	196 737.1	182 999.7	205 515.4	12.30
菲律宾	77 145.7	142 592.0	146 090.7	166 793.5	193 964.2	16.29
新加坡	55 220.4	83 968.5	98 374.8	96 859.5	90 869.6	−6.18
缅甸	9 943.7	23 243.4	41 643.3	32 638.1	38 158.9	16.92
柬埔寨	2 202.9	5 721.7	5 667.4	5 160.4	3 904.5	−24.34
老挝	1 497.3	2 411.7	1 978.8	2 978.4	2 500.6	−16.04
文莱	1 010.5	1 154.7	1 192.7	1 147.8	1 405.7	22.47

资料来源:中国商务部《中国农产品进出口月度统计报告》(2010—2016年)。

4. 中国从东盟成员国进口农产品的规模加大

泰国、印度尼西亚、越南和马来西亚是中国在东盟市场的主要农产品进口国,中国从这4个国家进口的农产品额占中国从东盟进口农产品总额的比重约为90%(表9)。

表9 2010—2016 年中国从东盟各国进口农产品市场结构变化情况

单位:%

国家	2010 年	2014 年	2015 年	2016 年	2016 年同比增长
泰国	22.74	31.28	31.62	29.49	−2.13
印度尼西亚	27.16	24.34	25.60	25.71	0.11
越南	32.03	14.03	17.19	19.57	2.38
马来西亚	6.88	20.88	15.81	14.90	−0.91
菲律宾	3.74	4.72	4.38	4.26	−0.12
新加坡	4.73	2.73	2.91	2.97	0.06
缅甸	2.39	1.11	1.09	1.18	0.09
柬埔寨	0.28	0.44	0.71	1.11	0.40
老挝	0.04	0.48	0.67	0.81	0.14
文莱	0.00	0.00	0.00	0.01	0.01

资料来源:中国商务部《中国农产品进出口月度统计报告》(2010—2016 年)。

2010—2016 年,除马来西亚、新加坡和缅甸外,中国从东盟其他 7 个国家进口的农产品额均大幅增长 (表 10),其中,从柬埔寨、老挝、越南进口的农产品额分别增加 38.03 倍、2.89 倍、2.85 倍。泰国是中国在东盟市场的第一大农产品进口国,2016 年中国从泰国进口农产品 42.76 亿美元,占中国从东盟进口农产品总额的 29.49%;中国从印度尼西亚、越南和马来西亚进口农产品额较高,2016 年进口额依次为 37.28 亿美元、28.37 亿美元和 21.60 亿美元,分别占中国从东盟进口农产品额的 25.71%、19.57% 和 14.90%;2016 年,中国从这 4 个国家进口农产品额合计 130.02 亿美元,占中国从东盟进口农产品总额的 89.69%。2016 年,中国从柬埔寨、老挝和文莱进口农产品额出现较大幅度增长,分别同比增长 42.67%、10.71% 和 238.60%;而中国从泰国、马来西亚、菲律宾和印度尼西亚进口农产品的金额大幅下降,下降幅度分别为 14.15%、13.59%、10.74% 和 7.88%。

表10 2010—2016 年中国从东盟各国进口农产品金额变化情况

单位:万美元、%

国家	2010 年	2013 年	2014 年	2015 年	2016 年	2016 年同比增长
泰国	243 460.6	429 987.2	501 462.8	499 835.8	427 619.6	−14.15
印度尼西亚	290 820.0	344 402.3	390 163.4	404 722.2	372 826.3	−7.88
越南	73 714.5	201 708.5	224 998.2	271 756.7	283 732.8	4.41
马来西亚	342 982.5	383 526.7	334 716.5	249 967.4	215 987.1	−13.59

（续）

国家	2010 年	2013 年	2014 年	2015 年	2016 年	2016 年同比增长
菲律宾	40 083.0	50 964.2	75 642.3	69 208.7	61 777.5	−10.74
新加坡	50 679.7	46 315.7	43 797.1	46 017.4	43 078.8	−6.39
缅甸	25 645.5	17 995.8	17 874.9	17 225.7	17 087.4	−0.80
柬埔寨	422.6	3 555.9	7 000.2	11 263.6	16 069.5	42.67
老挝	3 025.6	5 558.4	7 616.3	10 635.3	11 774.8	10.71
文莱	6.3	19.2	16.7	22.8	77.2	238.60

资料来源：中国商务部《中国农产品进出口月度统计报告》（2010—2016 年）。

5. 中国与东盟的农产品贸易逆差局势趋于改善

2004 年以来，中国与东盟农产品贸易规模迅速扩大（表 11），其中，中国从东盟进口农产品的增长速度明显高于向东盟国家出口农产品的增长速度，至 2009 年，中国与东盟农产品贸易逆差达到了 32.3 亿美元。2010—2012 年是中国-东盟自由贸易区正式建立的头 3 年，中国从东盟进口农产品呈现井喷现象，2012 年中国从东盟进口农产品金额比 2009 年增长 88.24%，中国与东盟农产品贸易逆差激增至 60.4 亿美元的历史最高值。

2013 年以后，中国与东盟农产品贸易出现了新形势，中国对东盟的农产品贸易逆差自 2010 年以来首次下降，且下降幅度较大，从 2012 年的 60.40 亿美元下降到 2013 年的 29.53 亿美元。2016 年，中国对东盟农产品贸易逆差局势扭转，实现贸易顺差 8.78 亿美元，这是自 1994 年以来，中国与东盟农产品贸易中的首次出现顺差。

表 11　2004—2016 年中国与东盟农产品贸易发展情况

单位：亿美元

年份	中国向东盟出口额	中国从东盟进口额	贸易总额	贸易顺差
2004	21.18	37.15	58.34	−15.97
2005	24.22	36.82	61.04	−12.59
2006	30.54	49.53	80.07	−18.99
2007	39.33	70.84	110.17	−31.51
2008	45.71	90.90	136.61	−45.19
2009	53.44	85.74	139.18	−32.30
2010	74.58	107.08	181.66	−32.50
2011	98.63	145.95	244.58	−47.32
2012	101.00	161.40	262.40	−60.40

（续）

年份	中国向东盟出口额	中国从东盟进口额	贸易总额	贸易顺差
2013	118.87	148.40	267.27	−29.53
2014	135.39	160.33	295.72	−24.94
2015	147.54	158.07	305.61	−10.53
2016	153.78	145.00	298.78	8.78

资料来源：中国商务部《中国农产品进出口月度统计报告》（2010—2016 年）。

中国对菲律宾、越南、马来西亚农产品贸易顺差的扩大，是中国对东盟农产品贸易逆差形势发生转变的主要原因。2016 年中国对菲律宾农产品贸易顺差为 13.22 亿美元，较上年增长 35.45%；中国对越南和马来西亚农产品贸易顺差也分别同比增长了 44.79% 和 250.82%（表 12）。

表 12　2010—2016 年中国对东盟各国农产品贸易顺差变化情况

单位：万美元

国家	2010 年	2013 年	2014 年	2015 年	2016 年
菲律宾	37 062.7	91 627.8	70 448.4	97 584.8	132 186.7
越南	61 212.8	32 453.4	73 864.6	71 304.1	103 232.5
新加坡	4 540.7	37 652.8	54 577.7	50 842.1	47 790.8
马来西亚	−175 359.5	−118 938.2	−56 338.9	13 097.8	45 949.1
缅甸	−15 701.8	5 247.6	23 768.4	15 412.4	21 071.5
文莱	1 004.2	1 135.5	1 176.0	1 125.0	1 328.5
老挝	−1 528.3	−3 146.7	−5 637.5	−7 656.9	−9 274.2
柬埔寨	1 780.3	2 165.8	−1 332.8	−6 103.2	−12 165
泰国	−12 4873.0	−172 124.2	−216 468.0	−119 167.3	−75 069.5
印度尼西亚	−113 177.5	−171 370.4	−193 426	−221 722.5	−167 310.9

资料来源：根据相关数据计算得出，相关数据来源于中国商务部《中国农产品进出口月度统计报告》（2010—2016 年）。

（二）中国从东盟进口主要农产品的变化情况

1. 东盟是中国最大的稻谷和大米进口来源地

东盟是中国最重要的粮食进口来源地，2010 年以来，中国从东盟进口稻谷与大米的量值占中国稻谷与大米进口总量值的比重虽然下降，但仍高达 80% 以上，且中国从东盟进口大米的量值呈逐年增长态势。

2010—2015 年，中国从东盟进口稻谷与大米规模逐年扩大（表 13），从 36.44 万吨增长到 290.32 万吨，年均增长率为 51.45%，进口额年均增长率为

33.89%。2016 年，中国从东盟进口稻谷与大米的数量有所下降，同比下降2.73%，但进口额增长 2.1%。泰国、越南是中国在东盟的两大稻谷与大米进口来源国，2010 年以来，中国从东盟进口的稻谷与大米基本来源于这两个国家。越南是目前中国最大的稻谷与大米进口来源国，中国从越南进口稻谷与大米的数量波动较大。2016 年，中国从越南和泰国进口的稻谷与大米数量分别为 161.84 万吨和 92.84 万吨，占中国稻谷和大米进口总量的比重分别为45.80%和 26.27%[①]。

表 13　2010—2016 年中国从东盟进口稻谷与大米的变化情况

单位：万吨、%、亿美元

年份	进口量	占中国进口稻谷与大米总量的比重	进口额	占中国进口稻谷与大米总额的比重
2010	36.44	99.53	2.31	91.37
2011	56.82	98.24	3.82	98.71
2012	175.24	74.75	8.48	75.38
2013	182.66	81.39	8.78	83.46
2014	214.75	84.00	10.68	86.88
2015	290.32	86.66	13.04	88.65
2016	282.40	79.911	13.31	83.93

资料来源：中国海关信息网，http：//www.haiguan.info。

2. 中国对东盟热带经济作物产品的需求大

2010 年以来，中国进口的天然橡胶、棕榈油及木薯干片基本来自东盟，且进口规模呈不断扩大的态势。

从表 14 可知，中国从东盟进口的棕榈油数量占中国棕榈油总进口量的99.99%。2010—2016 年，中国从东盟进口的棕榈油总体保持在 400 万～500万吨，随着棕榈油进口价格的下降，2013—2016 年，中国从东盟进口的棕榈油总额总体呈下降趋势，从东盟进口棕榈油数量同比增长 3.81%，其中，印度尼西亚是中国最大的棕榈油进口来源国，其次是马来西亚，进口量分别为264.35 万吨和 182.92 万吨。

2011—2015 年，中国从东盟进口的木薯干片量值逐年扩大，其中木薯干片进口量从 502.58 万吨增长到 937.21 万吨，年均增长 16.86%。2016 年，中国从东盟进口的木薯干片量额大幅下降，其中木薯干片进口量同比较少 166.87

---

① 数据根据中国海关信息网数据计算，http：//www.haiguan.info。

万吨，下降幅度为 17.80%；进口额减少 7.24 亿美元，同比下降 34.17%。其中从泰国进口的木薯干片数量和金额分别同比下降 16.56%、33.20%；从越南进口的木薯干片数量和金额则分别同比下降 23.19% 和 38.86%。2016 年，中国从东盟进口的天然橡胶数量也大幅减少，同比下降幅度为 8.66%。

表 14　2010—2016 年中国从东盟进口的主要经济农作物产品

单位：万吨、%

产品	指标	2010 年	2013 年	2014 年	2015 年	2016 年	2016 年同比增长
天然橡胶	进口量	186.15	244.56	258.31	269.54	246.20	−8.66
	占比	98.69	98.91	98.96	98.51	98.43	
棕榈油	进口量	431.39	487.38	396.94	430.88	447.29	3.81
	占比	99.99	100.00	99.99	99.99	99.99	—
木薯干片	进口量	576.27	738.77	865.05	937.21	770.34	−17.80
	占比	100.00	99.99	99.99	99.95	99.99	—

资料来源：中国海关信息网，http://www.haiguan.info。

3. 东盟是中国热带水果的主要供应地

东盟主产热带水果，如香蕉、榴莲、火龙果、山竹等，热带水果在中国的市场需求量大。其中中国进口的香蕉主要来自菲律宾，榴莲和山竹全部来自泰国，火龙果绝大部分从越南进口。菲律宾是中国最大的香蕉进口来源国，但进口量随着两国关系的发展以及贸易环境的变化，出现较大的波动（表 15）。

表 15　2010—2016 年中国从东盟主要进口的热带水果数量变化情况

单位：万吨、%

产品	指标	2010 年	2013 年	2014 年	2015 年	2016 年	2016 年同比增长
香蕉	进口量	65.63	48.33	88.23	78.8	71.32	−9.49
	占比	98.66	93.88	78.27	73.38	80.39	—
榴莲	进口量	17.22	32.2	31.55	29.88	29.23	−2.18
	占比	100	100	100	100	100	—
火龙果	进口量	21.84	53.85	60.36	81.33	52.70	−35.20
	占比	99.99	99.99	99.99	99.99	99.99	—
山竹	进口量	9.09	11.29	8.28	10.45	6.62	−36.65
	占比	100	100	100	100	100	—

资料来源：中国海关信息网，http://www.haiguan.info。

2010—2013 年，中国从泰国进口榴莲的规模逐年扩大，但 2014 年开始，进口量趋于下降。2016 年，中国从泰国进口榴莲数量下降幅度为 2.18%，但受泰国榴莲出口价格上涨的影响，进口额大幅增长 22.01%。2010 年以来，中国从泰国进口榴莲的平均价格不断上涨，2016 年上涨至每吨 2 371.80 美元，同比增长 24.78%；2010—2016 年中国从泰国进口榴莲的平均价格年均增长 18.17%[①]。

中国进口的火龙果绝大部分来源于越南，只有极少量来自于中国台湾及东盟其他成员国。2010—2015 年，中国从越南进口火龙果的规模逐年扩大，2015 年进口火龙果数量增长到 81.33 万吨，比 2014 年增长 34.74%；但 2016 年，中国从越南进口火龙果的规模大幅下降，其中进口量约下降 30 万吨，同比下降 35.66%；进口额则下降到 3.83 亿美元，同比下降 42.15%。与其他东盟优势水果相比，中国从东盟进口的山竹规模较小，2010—2016 年，山竹年均进口量不到 10 万吨。2016 年，中国从东盟进口山竹的量额大幅下降，其中进口量减少 3.83 万吨，同比下降 36.65%。

（三）中国出口东盟主要农产品变化情况

中国出口至东盟的农产品以水产品、蔬菜和水果为主，占出口东盟农产品总额的比重约为 60%，其中蔬菜主要是大蒜、干香菇，水果主要是鲜苹果、柑橘和鲜梨（表16）。

表16　2015—2016 年中国向东盟出口的主要农产品金额变化情况

单位：亿美元、%

项目	2015 年出口额	2016 年出口额	同比增长幅度
水产品	21.48	28.44	32.40
蔬菜类产品	34.18	30.79	−9.93
大蒜	8.36	15.31	83.13
干香菇	7.85	6.97	−11.21
马铃薯	1.35	1.34	−0.74
水果类产品	29.74	29.63	−0.38
苹果	5.68	7.36	29.58
柑橘	8.38	8.50	1.43
鲜梨	2.78	3.02	8.63
三大类产品出口总额	85.41	88.86	4.04
占出口东盟农产品总额的比重	57.89%	57.78%	

资料来源：中国海关信息网，http://www.haiguan.info。

① 数据根据中国海关信息网数据计算，http://www.haiguan.info。

2016 年，中国向东盟出口的水产品、蔬菜和水果三大类产品的金额进一步扩大，同比增长 4.04％，其中水产品出口额大幅增长 32.40％，但蔬菜类产品出口额同比下降 9.93％，水果类产品出口金额下降幅度较小。中国出口至东盟的大蒜数量约占中国大蒜出口总量的一半，2016 年出口量同比增长 29.81％，出口额也增长到 15.31 亿美元，同比增长 83.13％，其中，印度尼西亚、越南和马来西亚是中国大蒜的主要出口国家。2016 年，中国出口至东盟的干香菇量额有所下降，出口量、出口额分别同比下降 4.17％和 11.21％，出口数量和金额占中国干香菇出口总量和总额的比重均下降到 50％以下，越南、泰国和马来西亚是主要出口去向地。中国马铃薯在东盟市场的两大主销国是马来西亚和越南，两国进口数量占东盟进口中国马铃薯数量的比重在 90％以上。

2016 年，中国出口东盟的水果中，苹果、柑橘和鲜梨出口额均实现增长，其中苹果出口额大幅增长 29.58％。根据中国海关网的数据显示，2010 年以来中国向东盟出口鲜苹果的数量占中国鲜苹果出口总量比重达 40％以上。2010—2015 年，中国向东盟出口鲜苹果的数量虽呈下降趋势，但随着出口价格的上涨，出口额呈增长趋势；2016 年，中国向东盟出口鲜苹果的数量增加 20.44 万吨，同比增长 51.82％。印度尼西亚、泰国和越南是中国鲜苹果主要出口国家。

（四）中国与东盟农产品贸易展望

中国与东盟"早期收获"产品已完全实现零关税，中国与东盟成员国的二轨产品和敏感产品开始逐步减免关税，中国与东盟自贸区第一个升级协定也于 2015 年 11 月 22 日正式签署，这为双边农产品贸易的平稳较快发展提供了良好的动力。2016 年，东盟持续成为中国最大的农产品出口地区和第三大农产品进口地区，双边农产品贸易呈现出良好的增长态势，农产品贸易便利化程度也越来越高，农产品贸易结构朝着发挥各自比较优势的方向不断调整。随着中国"一带一路"倡议与中国-东盟自贸区协议升级版的实施，未来中国与东盟双边农产品贸易将会继续保持良好的发展势头。

日本农业发展及农业支持政策

由于人均土地资源有限，日本农产品对外依赖度较高，自 20 世纪 60 年代末逐步成为世界农产品净进口大国之一。这也导致日本对于食物安全保障高度重视，在确保进口多元化的同时，也通过一系列法律法规的制定和政策改革，确保国内食物有效供给，从而确保食物安全并稳定国内农业生产者收入。

日本农产品贸易政策主要包括市场准入、农业支持、出口促进和农业对外投资等方面。在市场准入政策措施中，无论是关税措施还是非关税措施都较为严格地从价格调节和进口量调节两个方面发挥了有效保护作用。在农业支持政策中，农林水产省管辖下的多个政府部门协调工作，对多种农产品实施农产品支持政策，不断向强化农业生产能力方向调整。在出口促进方面，日本对相关法律和政策进行了全面调整，努力扩大出口。在农业对外投资方面，日本农业企业在政府的支持下通过订单生产、修建及收购农业设施、联合经营、购买或租赁土地等方式，获得境外粮食生产自主权，保障这些国家粮食对日出口，并通过直接的质量控制保障日本粮食安全。日本农业法律向有约束力方向转变，国内支持从"消费者负担"向"纳税人负担"转变。日本在保护本国农业的道路上，奉行实用主义原则，以国家利益最大化为基础，将自由贸易与保护措施结合起来，充分利用 WTO 规则所允许的农业支持保护政策，通过立法、行政、专营贸易体制的有效结合使日本农产品贸易政策有效稳定国内农产品的生产，实现维护粮食安全的目标。

相比之下，中国农业发展面临许多与日本相似的问题，如农业经济规模小、生产效率低、务农收入低、农业人口显著减少等。而且，有些问题比日本更为严重，例如，农业机械化程度更低、农村人口文化水平和素养更低、农业服务体系发展更滞后等。因此，本研究在分析日本农业和贸易发展的基础上，总结日本农业政策和农产品贸易政策的演变和动向及日本贸易总体战略的演变，并梳理与日本农业和农产品贸易有关的法律和制度框架，厘清日本农产品贸易保护政策的目标、体系和绩效，这对于完善中国农产品贸易政策具有十分重要的借鉴作用。

一、日本农业发展情况

总体来看，日本国内生产总值继续呈现增长态势，农业在经济中的地位基本保持稳定, 蔬菜和大米成为日本最重要的种植作物, 养牛业成为日本最重要的畜牧产业。

日本农业产值呈增长趋势, 农业在经济中的地位保持稳定。2015 年日本农业生产总值为 8.79 万亿日元, 比上年增长 5.2%。其中, 种植业产值为 5.62 万亿日元, 比上年增长 4.9%; 畜牧业产值为 3.12 万亿日元, 比上年增长 5.9%; 农业加工业产值为 555 亿日元, 比上年下降 0.7%[①]。

在贸易方面, 2016 年, 日本农业与去年同期相比出口额增加, 进口额减少。其中, 农业出口额为 4 595 亿日元, 同比增长 3.7%, 农业进口额为 58 265 亿日元, 同比减少 11.2%。

家庭农场的数量正在减少, 但仍然是日本农业经营主体的主要形式。2015 年, 日本农业经营主体有 137.7 万个, 与 2005 年相比减少 18%。其中, 家庭农场有 134.4 万个, 与 2005 年相比减少 18.4%; 合作社有 3.3 万个, 与 2005 年相比增长 6.4%。

农业人口呈下降趋势。2015 年, 日本农业从业人口为 339.9 万人, 比 2005 年减少了 216.3 万人, 减少 25.1%, 其中农业就业人口为 209.7 万人, 比 2005 年减少了 125.6 万人, 减少 19.5%。

农产品价格总体呈上涨趋势。其中, 畜产品的价格指数上涨幅度较大, 以 2010 年为基期, 2016 年畜产品价格指数上涨到 132.8。畜产品中, 鸡蛋和肉类的价格指数均存在不同程度的增长, 其中肉类价格指数增长较大。小麦价格指数下降幅度较大, 2016 年价格指数下降到 64.3。

二、日本农业发展历程及目标

第二次世界大战(以下简称二战)后, 日本农业发展历程可分为农业社会阶段、工业化时代以及全球化时代 3 个阶段。二战后在农地改革背景下, 日本建立了以自耕农为主体的农业经营主体结构; 在经济高速增长背景下, 农业劳动力快速、大规模地向城市和二、三产业转移, 农业经营由专业经营为主逐渐转变为兼业经营为主, 农民收入演变为以兼业收入为主, 如何平衡农业和农业外收入不均衡成为其农业政策的重要目标。

进入 20 世纪 90 年代, 日本农业高成本、高补贴和高价格特征日益明显, 农产品进口不断增加, 农户数量急剧减少, 荒地废耕现象大量出现, 粮食自给率不断下降, 如何提高食物自给率和提高农业国际竞争力及确保农业农村可持续发展成为其食物、农业、农村发展政策的新方向。

---

① 本文的数据均来源于日本农林水产省统计资料。

在上述过程中，一方面，日本农业虽逐步实现了农业现代化，但也呈现出高成本、高补贴、高价格的"三高"局面；另一方面，伴随以大米过剩为主的食物供求结构的变化，农业贸易自由化不断深化，日本食物自给率不断下降，农业在整体经济中的地位也逐步下降，但其对日本政治和社会发展的作用却不容忽视。

三、日本农产品贸易

从日本农产品进口来源地和出口去向地的分析来看，美国和中国仍然是日本重要的农产品贸易伙伴，其中在进口来源地上，美国和中国占据前两位；在出口去向地上，美国排在第二位，中国排在第四位。出口农产品结构方面，乳品、糖和糖食出口额，较去年增长 10％以上，油和油籽、烟草、棉花以及其他农产品出口额较去年出现下降；进口农产品结构方面，糖和糖食、烟草进口额与去年同期相比呈增长趋势，其余农产品进口额均呈现下降，其中乳品、咖啡、茶、油和油籽、谷物及制品、饮料、棉花进口额与去年同期相比下降较大。

进口来源地方面，日本对特定国家及地区的依存度非常高，其进口的农产品 66.45％以上来自美国、中国、泰国、澳大利亚、加拿大、巴西、韩国、法国、智利和新西兰 10 国。其中从美国进口农产品额为 14 896.5 亿日元，从中国进口农产品额为 9 640.1 亿日元。

农产品出口去向地方面，集中度也非常高。日本农产品出口排在前 10 位的国家或地区分别是中国香港、美国、中国台湾、中国、韩国、泰国、越南、新加坡、澳大利亚和荷兰。日本出口到以上国家或地区的农产品总额为 5 742.9 亿日元，占日本农产品出口总额的 85.16％。其中出口到中国香港的农产品额为 1 577 亿日元，出口到美国的农产品额为 977.8 亿日元。

四、中日农产品贸易

2016 年中国出口日本农产品总额呈下降趋势，而中国进口日本农产品总额呈增长趋势。

从出口变动上看，2016 年中国出口日本农产品总额呈下降趋势，其中药材和花卉出口额增幅较大，而粮食（薯类）、精油和粮食（谷物）出口额降幅较大。食用植物油出口总额呈现增长趋势，其中花生油出口额同比增长 6.99％。食用油籽出口总额呈现下降趋势，其中葵花籽出口额呈现上升趋势，而油菜籽出口额下降明显。粮食（谷物）出口总额呈现下降趋势，其中高粱产品出口额增长，而稻谷产品、其他谷物、谷子产品和燕麦产品出口额均下降。

畜产品出口总额呈现下降趋势，各类畜产品出口额均下降，其中马、驴、骡产品，兔产品，蛋产品以及动物生毛皮的出口额与去年同期相比下降幅度较大。

从进口变动上看，2016 年中国进口日本农产品总额呈增长趋势，其中干豆（不含大豆）、棉麻丝、药材、精油、调味香料以及粮食（谷物）的进口额与 2015 年相比下降幅度均在 10％以上，而坚果、油籽和粮食制品的进口额与 2015 年相比增长均超过 50％。食用植物油的进口总额呈现增长趋势，其中，玉米油、菜油和其他食用植物油的进口额分别同比增长 683.3％、55.12％、43.40％。食用油籽进口总额呈现增长趋势，其中大豆、花生、葵花籽和芝麻的进口额与 2015 年相比上升幅度较大，分别增长 88.35％、11.16％、144.48％和 214.52％。粮食（谷物）进口总额呈现下降趋势，其中，大麦产品、燕麦产品、小麦产品以及其他谷物的进口额均上升，而稻谷产品和高粱产品的进口额均下降。畜产品进口总额呈现下降趋势，且各类畜产品进口额均下降。

五、日本农业及支持政策演变动向

（一）农业法律的制定从无约束力向有约束力转变

1961 年制定的《农业基本法》（简称"旧基本法"）是在二战后日本经济从恢复阶段向经济起飞阶段转折时期制定的。旧基本法只是对农业的发展进行长期展望，在实施过程中并没有实际约束力，不利于农业的持续发展。暴露出一些内在矛盾和问题：①粮食和食品的自给率不断下降；②农业补贴不断增加，财政负担沉重且扭曲了生产结构；③农户经营活力下降，农业生产后继乏人；④政府的过度干预和农业协同组合的垄断性，是微观层次经营效率不高的原因之一。

由于日本农业在旧基本法下累积起来的一些矛盾已非解决不可，加上国际环境的要求，即日本加入乌拉圭回合农业协议，对国内政策调整有了新的要求，1999 年 7 月，日本国会通过了新的《食品·农业·农村基本法》（简称"新基本法"），同时废止了 1961 年制定的《农业基本法》。

与旧基本法相比，新基本法的内容更为详细，定位更加准确。将确保稳定的食物供给、农业多功能性、可持续发展和推动农村发展作为主要内容，提出了具体的实施措施，并规定了未来每 5 年重新修订一次新基本法，保证新基本法与时俱进。此外，政府在具体实施过程中有法可依、有据可依，更有约束力。

（二）从小农经营向大农经营的转变

鉴于日本新基本法规定，每 10 年要重新制定基本计划。2010 年和 2011

年日本政府分别制定了《粮食、农业、农村基本计划》和《重构日本食物及农林渔业的基本方针与行动计划》，重点是不断扩大农户的经营规模，提高农业劳动生产率，增强农业竞争力。此外，政府对农业的直接支持水平开始不断提高。

（三）农业贸易政策从保守型向积极型转变

日本出口总体增长的趋势表明，日本农产品贸易政策正逐步由国内被动防御战略（保守型）向积极的贸易政策转变。这与日本加入乌拉圭回合《农业协定》、推进综合性国际经济合作及贸易自由化的努力密不可分。受日本贸易政策的影响，日本国内支持的政策也正发生着变化。

（四）国内支持从"消费者负担"向"纳税人负担"转变

日本农业支持政策主要是建立在"消费者负担"基础上的政策体系，即主要基于农产品内外价格差，通过征收关税支持国内农业，该部分比重占日本农业支持总额的50％以上。在财政支持政策上又过于集中在与大米有关的补贴上，约占日本对农业财政支持的70％以上。随着日本不断推进贸易自由化，国内主要农业支持政策逐步从"消费者负担"的农业支持政策框架向"纳税人负担"的财政支持政策框架转变，逐步减少过度集中在与大米有关的补贴项目。

六、日本促进农业贸易与国内产业协调发展的主要做法

日本农业贸易与国内产业的协调发展得益于以《食品·农业·农村基本法》为中心，以有关食品卫生及安全的法律、完备的进出口管理法律体系、关税法体系、以法律形式加以规范的补贴制度以及全面的监管体系为辅助，将农林水产省、经济产业省、厚生劳动省、食品安全委员会、出口促进委员会等多个部门作为执行机构进行协调工作的一个健全和发达的体系。在农产品贸易保护方面，日本通过市场准入、农业支持、出口促进和农业走出去等方式，有效维护了粮食安全、保障了农民收入并稳定了农产品生产。

（一）市场准入政策

在市场准入政策措施中，无论是关税措施还是非关税措施，都较为严格地从价格调节和进口量调节两个方面有效发挥了保护作用。1995年WTO协议生效之前，日本主要通过国家垄断贸易、进口配额制度、进口关税制度等市场准入政策控制农产品的进口。随着乌拉圭回合《农业协定》的生效，日本农产品贸易政策有了较明显的变化，更加重视设置较为灵活、隐蔽且存在歧视性的非关税壁垒：

第一，实施进口配额制。在贸易伙伴国的压力下，日本实行进口配额的农

产品品种不断减少，但到目前为止日本仍以这种限制措施保护众多品种的农产品，包括大米、米粉、小麦、面粉、奶油和奶粉等。

第二，技术性贸易壁垒措施。主要包括名目繁多的质量安全标准、严格的检验检疫制度、独特的农产品规格体系、苛刻的农产品标签及包装要求、设置农产品知识产权壁垒、特殊保障措施以及原产地规则等。

此外，在关税壁垒方面，日本农产品进口关税水平一直较高，且农产品从价关税与从量关税并用，使得关税计征相当复杂；农产品关税升级突出；高关税产品较多，较典型的关税高峰产品是大米和盐。

（二）农业支持政策

总体来看，日本农业支持的框架包括价格支持和直接支付。对农业的价格支持主要采用征收关税等措施来实施，实施的对象主要包括奶及奶制品、淀粉、砂糖、大米和面粉等。直接支付主要是通过财政支出提供农业支持，实施的对象主要有灌溉设施等农村公共基础设施、水稻种植调整奖励金等。

日本对重要农产品价格调控采取分类管理，不同品类适用不同的调控政策。对大米进行价格管制，后来为缓解大米生产过剩，1971 年日本实行《水稻播种面积转换计划》，这项政策延续至今。对于猪肉、牛肉、奶制品和生丝等在采用稳定带价格制度的同时，配套采用缓冲库存政策。对于甘蔗、甜菜和薯类实施最低保护价制度。对于大豆、菜籽和加工用原料奶等采取差价补贴制度。对于肉用牛、鸡蛋、部分蔬菜和水果设置了价格稳定基金制度。日本农业补贴政策的特点是补贴的项目种类繁多，而各项补贴额相对较少。

《农业协定》签订以后，日本开始转变国内农业支持方式，将国内支持政策从价格补贴向强化农业生产能力的方向调整。开始大幅度调整对农业的财政支持政策，在 WTO 规则允许的"绿箱"政策方面，改变过去主要对生产和流通环节进行补贴的做法，把补贴的重点转向农业的公共性服务、生产结构调整等方面。

从农业支持机制看，日本农林水产省管辖下的多个政府部门协同工作，对多种农产品给予支持。日本制定农业政策的最高机构是农林水产省（农业部），下设经营局、农村振兴局、生产局等 10 多个部门。为农业提供国内支持的主要是生产局、经营局、食物产业局和农村振兴局。农林水产省将农业支持资金分配到各局（经营局、农村振兴局、生产局等），再由各局下放到各机构，最后落实到农户或企业。其中，独立法人农畜产业振兴机构和中央水果生产销售稳定基金协会的资金每年由财政预算拨款，其他机构如民间团体（农协、协议会、村落营农组织等）、地方政府及基层组织、社团法人、财团法人等使用的资金则需自行申请补贴。

（三）出口促进政策

近年来，日本对有关农产品出口促进的法律和政策进行了全面调整，努力扩大农产品出口。第一，设立农产品出口促进执行委员会，全面负责日本农产品的国际贸易实务。2004 年成立的农产品出口促进执行委员会，由自民党与相关农业团体、贸易振兴机构、都道府县等共同开设。该执行委员会全面负责日本农产品的国际贸易事务，包括制定农产品国际贸易战略，实施农产品国际贸易计划，与其他国家就农产品贸易壁垒问题进行磋商等。2015 年《食品·农业·农村基本法》的第四次修订中进一步强化了该执行委员会的统一协调作用。第二，增加财政支持力度。日本政府通过农业水产国际贸易补贴基金，进行专项资金支持，主要用于国际贸易环境调研、农产品国外促销、新品种推广等活动。这笔资金的数额在 2014 年达到 18 亿多日元。第三，制订农产品出口计划。2015 年《食品·农业·农村基本法》设定 2020 年日本农林水产品出口值达到 1 万亿日元、食物出口翻倍的目标。第四，增强农产品文化内涵，提升国际竞争力。日本通过将饮食文化融入农产品，以高质量、高档次、高安全性的农产品吸引消费者。采取的措施包括打造高品质安全品牌形象，积极消除贸易壁垒，注重知识产权保护，拓展国际推广途径。

（四）农业走出去政策

在农业走出去方面，日本政府积极为农业投资保驾护航。日本农业企业在政府的支持下通过订单生产、修建及收购农业设施、联合经营、购买或租赁土地等方式，获得境外粮食生产自主权，保障这些国家粮食对日出口，并通过直接质量控制保障日本的粮食安全。

为推动海外农业投资，日本政府于 2009 年 4 月成立了以农林水产省和外务省为中心的《为确保食物安全保障，促进海外投资的会议（联席会）》。该会议制定了确保食物安全和促进海外投资的方针。投资的农产品对象设定为大豆和玉米等，并将投资的地区设定为中南美洲、中亚、东欧等地区。具体的公共性支援措施包括签订投资协议建立良好的投资环境，与政府开发援助（ODA）捆绑，有效利用国家银行贷款，有效利用贸易保护措施，进行农业技术支援，提供农业投资相关信息等。日本农业投资的行动准则是在国际机构制定的行动准则中掌握主动权。

七、政策建议

二战后，日本通过一系列法律法规的制定和农业保护政策的调整，有效维护了国内粮食安全、保障了农民收入并稳定了国内农产品生产。因此，研究日本农产品贸易保护政策的目标、体系和绩效，对完善中国农产品贸易政策具有一定的启示。

（一）充分利用 WTO 规则所允许的市场准入政策

根据国际农产品市场形势及本国的具体情况，在 WTO 规则的前提下，设计合理使用的关税结构、关税高峰和关税配额；利用 WTO 对环境保护与生命安全、健康的相关规定，增加技术性贸易壁垒措施，制定一些环保标准和"绿色产品"标准，加大检验检疫力度，完善标签制度、原产地政策和特殊保障制度，以保护本国农产品不受国外农产品大量进口冲击的影响，确保中国环境和居民健康及动植物的生命不受危害。

（二）增加"绿箱"政策，转变农产品支持方向

在农业支持方面，WTO 规则所允许使用的 12 类"绿箱"措施中，中国只使用了 6 类，国内政府各部门对农业的投入总量和国内支持总量远低于 WTO 多数成员的水平。因此，尽可能地增加"绿箱"政策，调整国内支持政策从价格补贴向强化农业生产能力的方向转变，增加对农民的一般性服务支出，继续加大对农业基础设施建设、农业科技、农村环境与生态的投入。认真研究补贴农民的具体办法，向农民提供调整结构、保护生态环境的补贴等。

（三）农业走出去需要政府做后盾、互利共赢、稳步推进

实施农业走出去，需要政府和相关机构的有力支持。在制度设计上，应当以政府为主导，设计、规划和运作形式的完善应当因地制宜、灵活多变。在实施过程中，应充分考虑投资国的需求，在帮助对方发展农业的同时，满足本国农业发展需要，实现互利共赢。农业走出去是一个渐进的长期的过程，需要在与投资对象国建立长期的良好合作关系，对投资对象国的经济、社会、政局以及农业状况有充分了解和掌握的基础上，稳步推进。

（四）制定核心法律，形成体系

在鼓励和促进农业发展方面，每个部门有各自的出发点，作用力分散。尽管中央 1 号文件都是关于农业发展做出的具体部署，在指引农业改革的大方向、鼓励农业发展方面起到了作用，但在统领和规划农业方面的作用有限，并且每年都有，间隔短，可能会打乱农业的长期发展，造成中国农业政策宏观调控上的脱节。日本有《食品·农业·农村基本法》，每 5 年修订一次，制订相应的目标和规划。日本《食品·农业·农村基本法》在农产品国内支持政策和进口关税等边境政策方面指导了其农产品贸易保护政策的调整方向，这些调整进一步明确和强化了其《食品·农业·农村基本法》对农产品贸易保护政策的引领作用。可以吸收和借鉴日本的经验，制定专门的法律并进行规划和协调，形成以"农业基本法"为中心，以其他法律和机制为辅助，以各部门为执行机构的一个健全和发达的体系，促进农业贸易与国内产业协调发展。

（五）要有计划、有组织地引导农户组织化经营

从人均 GDP 来看，2016 年中国人均 GDP 约为 8 123 美元（世界银行），已经进入中高等收入国家，处于日本经济高速发展的 20 世纪 60 年代末期的水平，当时日本在食物消费结构逐步西化而国内大米产量急剧增加背景下，面临着大米过剩而其他粮食品种又不得不大量进口的困局，受 20 世纪 70 年代以来的农业和农村变革以及全球化的影响，日本农业面临着后继无人和村落衰退的问题，这对中国农业农村的发展有一定的警示作用。因此，中国应该不断加强农户之间的合作，实现农业组织化经营，提高农业生产效率。

（六）有序推动农业经营规模的扩大并积极构建农业特区

日本农业目前存在的问题是高保护、高价格、高成本，"三高"问题导致日本农业生产效率低下，缺乏竞争力。中国农业发展要吸取经验教训，通过不断扩大农户经营规模，有效避免"三高"，提高中国农业劳动力的生产率，保持农业的比较优势，增强中国农业的国际竞争力。同时，借鉴日本农业特区建设、拓展农业发展新动能的经验，可以在中国东北地区和东南沿海地区开展农业特区建设，为进一步有效推动农业供给侧改革提供新的制度动力。

中俄农产品贸易发展及影响因素分析

中国与俄罗斯均为世界农产品贸易大国，随着中俄先后成功加入 WTO 以及日益升温的两国间互利协作的政治合作，两国农产品贸易关系也随之密切，在两国进出口贸易总额中所占比重不断增加，未来农产品贸易前景更是可期。但耽于两国法律规则限制，若要实现愿景，前提是破除制约合作的藩篱。本文从中俄农产品贸易的发展动态入手，分析对双边农产品贸易产生影响的重要因素，并基于多方面考虑，提出促进中俄农产品贸易的对策建议。

一、中国与俄罗斯农产品贸易现状

（一）中俄两国农产品贸易总体状况

根据 UN Comtrade 数据，两国农产品贸易呈现三方面特征：一是中俄两国农产品贸易在双边总贸易额中的比重波动上升，特别是在近年来两国总贸易额下降的趋势下，农产品贸易额占比不断上升。农产品贸易是当前两国贸易往来的主力军，也是两国未来贸易发展的重中之重。二是中俄两国农产品贸易规模迅速增长。1996 年中俄两国农产品贸易额为 7.54 亿美元，2016 年两国农产品贸易额扩大到 39.13 亿美元，21 年间增加了 4.19 倍，年均增长在 8% 以上。三是中俄两国农产品贸易中，两国的贸易顺差地位不断发生变化。1998 年之前中国处于农产品贸易顺差地位，此后中国一直处于逆差地位，直到 2008 年扭转逆差。2014 年中国对俄罗斯农产品贸易顺差额达到 7.45 亿美元，但 2015 年顺差的优势急剧降到 0.82 亿美元，2016 年俄罗斯出口中国农产品贸易额超过了进口中国农产品贸易额，7 年来俄罗斯对中国农产品贸易首次出现顺差。

中俄农产品贸易呈现一些新特点和趋势，如图 1 所示。一是逆差的出现，2015 年改变了自 2010 年以来中俄双边农产品贸易额不断增加的势头，出现了 8.6% 的大幅下降，中国对俄罗斯农产品进出口额基本持平，顺差大幅缩减，2016 年中俄双边农产品贸易额比 2015 年有所增加，但与过去几年中国始终处于顺差地位不同，这一局面已经发生扭转，甚至可能成为中国未来较长时期处于逆差状态的拐点。二是贸易额大幅下降的背后是出口额下降和进口额增长，2015 年、2016 年中国出口俄罗斯农产品金额同比变化率为 −21.71%、

6.67%，除了园艺产品保持微弱增长以外，其他产品均难以恢复到之前的水平。此消彼长，2015 年、2016 年中国进口俄罗斯农产品总额则分别增长了10.9%、15.67%，动物产品、水产品、谷物及谷物制品、油脂产品等均出现较大幅度增长，随着 2016 年中国放开对俄罗斯小麦进口限制和减少从俄罗斯进口的水产品关税等，未来谷物、水产品等进口量仍然呈现进一步增加趋势。三是中俄农产品贸易方式主要是以边境贸易为主，特殊的地理位置及相对滞后的交通运输条件，决定了两国农产品贸易方式以小额边境贸易为主。

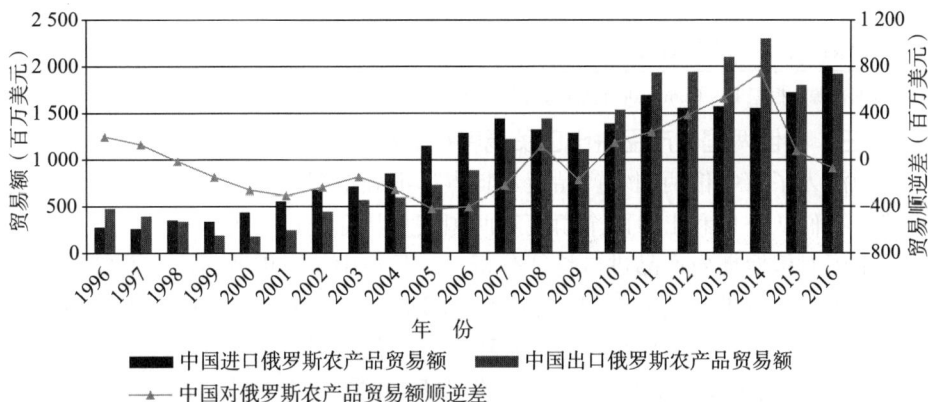

图 1　1996—2016 年中俄农产品贸易变化趋势

数据来源：UN Comtrade 数据库，由作者整理。

（二）中俄两国农产品贸易结构分析

中国出口俄罗斯农产品以园艺产品为主，1996—2016 年中国向俄罗斯出口园艺产品平均占比 50.66%，2016 年该比例进一步上升到 60.87%；其次是水产品，1996—2016 年中国出口俄罗斯水产品占总出口额的比重均值为22.60%，但从 2016 年 21.90% 的比重来看，水产品出口占比略有下降。中国进口俄罗斯农产品种类相对更加集中，1996—2016 年有 86.29% 的比例集中在水产品进口上，排在第二位的是以谷物为代表的大宗农产品，平均占比3.23%，但 2016 年中国从俄罗斯进口大宗农产品占总进口额的比重从 1996 年的 1.38% 增加到了 19.09%，同时也远高于 1996—2016 年 3.23% 的均值，增加大宗农产品进口一定程度上削弱了中国对俄罗斯农产品进口种类的集中度，优化了进口产品结构（表 1）。但总体来看，中俄两国农产品贸易产品结构过于集中，两国农产品贸易要想更进一步发展，需要在贸易种类多元化、贸易结构优化等方面下功夫。

表 1　中俄农产品进出口产品结构

单位:%

	中国出口俄罗斯农产品结构		中国进口俄罗斯农产品结构	
	1996—2016 年均值	2016 年	1996—2016 年均值	2016 年
大宗农产品	7.56	3.18	3.23	19.09
动物产品	6.16	0.28	1.73	2.95
水产品	22.60	21.90	86.29	68.33
园艺产品	50.66	60.87	2.29	2.36
饮料及烟草	1.78	0.74	0.41	1.55
其他农产品	11.24	13.03	6.03	5.72

数据来源：根据 UN Comtrade 数据库数据测算整理。

（三）中俄两国农产品进出口贸易特征分析

为深入了解中俄两国农产品贸易特点，准确把握未来两国农产品贸易发展趋势，我们从进口和出口两个角度对两国贸易特征进行分析总结。

中国对俄罗斯农产品进口特征分析。一是在中国对俄罗斯出口总额波动变化的背景下，对俄罗斯农产品进口额稳步增加。2006—2016 年中国从俄罗斯进口农产品总额由 12.9 亿美元增加到 19.92 亿美元，增长了 54.52%，其中增幅较大的年份都在 2010 年之后，分别是 2011 年和 2015 年，增幅分别为 22.06% 和 16.20%。从农产品进口额占中国进口俄罗斯所有产品总额的比重来看，2016 年较以往年份有了较大幅度上升，增加到 5.95%，说明国内对俄罗斯农产品需求扩大，俄罗斯农产品在进口产品中的分量越来越重。二是中国从俄罗斯进口农产品种类依然集中，大宗农产品进口数量逐渐增加。1996—2016 年中国进口的俄罗斯农产品中 80% 以上是水产品，实际上中国进口俄罗斯水产品不断增加，由 1996 年的 1.83 亿美元增加到 2011 年的 15.91 亿美元，2012 年后进口俄罗斯水产品金额有所下降，2016 年水产品进口总额为 13.62 亿美元，较 2011 年减少了 14.40%，与之对应的是大宗农产品进口增加，尤其是 2016 年中国进口俄罗斯大宗农产品总额为 3.80 亿美元，比上年增长了 49.59%。2016 年中国进口俄罗斯大宗农产品主要是大豆和玉米，共计 46.67 万吨。三是 2014 年开始中国与俄罗斯开始开展了小麦进口业务，虽然时间不长，但俄罗斯小麦进口额增长很快，2014 年中国进口俄罗斯小麦 2.02 万美元，2015 年进口额增长到 7.41 万美元，从俄罗斯进口小麦数量的增加一方面是中国质检部门放松了对俄罗斯小麦的要求，另一方面也突显出国内市场对以俄罗斯小麦为代表的"硬麦"的极大需求。2015 年 12 月中俄政府在北京签署了《中华人民共和国质量监督检验检疫总局和俄罗斯兽医植物卫生监督局关于俄罗斯小麦输华植物检疫要求议定书》，标志着继 1996 年中国因为俄罗斯小麦中存有印度腥黑穗病而对俄罗斯小麦设置进口禁令后，首次官方允许进口俄罗斯小麦。2016 年之前中国进口的小麦大都是通过边境的小额贸易完成，2017年 4 月首批以市场化方式进口、经陆路口岸运输的 500 吨俄罗斯小麦运抵中国，可以预计随着中国对俄罗斯小麦市场的放开，未来中国进口俄罗斯小麦的数量会不断增加。

中国对俄罗斯农产品出口贸易特征。一是 1996—2016 年中国对俄罗斯农产品出口规模呈波动上升趋势，1996 年对俄罗斯农产品出口总额为 4.76 亿美元，到 2014 年达到 22.99 亿美元，增幅为 382.98%，但 2015 年对俄罗斯农产品出口额下降较为明显，同比下降 21.8%，2016 年有所回升，同比增长6.67%，由此可以看出，中国对俄罗斯农产品出口规模并不稳定。但总体来看，中国对俄罗斯农产品出口规模呈现上升趋势。二是出口品种相对集中，出口种类变化不多。由于俄罗斯农业劳动力规模逐年下降，仅仅依靠国内农产品生产和供应无法满足自身需求，特别是对劳动密集型农产品需求更大，因此以蔬菜、花卉等为代表的园艺产品需要大量从国外进口，结合中国出口到俄罗斯农产品种类来看，园艺产品出口一直保持较大规模。根据杨缝珉（2015）研究，2002—2013 年中国出口到俄罗斯的农产品品种数量与俄罗斯出口到中国的品种数量相比，增加缓慢。考虑到两国发展良好的政治环境以及俄罗斯加入WTO 进程的不断加深，中俄两国贸易往来将日益频繁，可以预计中国在具有优势的劳动密集型农产品上会进一步扩大对俄罗斯出口规模。三是中国农产品对俄罗斯出口面临其他出口大国的激烈竞争。由于中国农产品生产成本增加，特别是劳动力成本和地租增长，依靠低成本、优价格占有国际市场的贸易模式已经走不通，这决定了对俄罗斯出口劳动密集型农产品的贸易方式可能要改变，同时会面临更为激烈的竞争形势。欧盟农产品在价格上虽然不具备竞争优势，但其通过较好的质量，较高的附加值以及品牌宣传，对俄罗斯农产品出口额实现了连年增长。美国对俄罗斯出口主要以大豆及其制成品、肉类产品等农产品为主，依靠先进的农业技术并结合本国资源禀赋，不断提高对俄罗斯农产品出口额。巴西利用外交手段，通过向俄罗斯驻外使馆派出农业参赞，来推销巴西农产品[①]。从上述角度来看，为适应激烈的市场竞争，中国对俄罗斯出口农产品结构需要改变。

---

① 资料来源：杨逢珉． 中国农产品出口俄罗斯市场存在的问题与对策．国内外市场，2015（3）：48。

二、中俄农产品贸易影响因素分析

结合经济学理论，从宏观角度分析对未来两国农产品贸易产生影响的主要政策措施，在阐述政策措施出台背景基础上，论述这些政策措施将可能产生的影响。

（一）俄罗斯加入 WTO 为中国农产品进口提供了新选择

2012 年俄罗斯加入 WTO，承诺农产品关税水平从 13.2％降至 10.8％，在 2 438 个 HS10 位税目中，有 26 个税目是零关税；在参与减税的税目中，有 595 个采用了从量税或者选择税等非从价税，参与减税农产品的平均降税幅度为 37.6％。但具有出口优势的粮、棉、糖等关税减让幅度非常有限，比如粮食、棉花只削减了不到 1/3，糖的降税幅度仅为 7.4％。油料关税削减幅度比较明显，降税幅度高达 71％，最终关税维持在 3.1％。关税配额方面，俄罗斯在加入 WTO 承诺履行期内，对 146 个税目的配额内约束税率的削减幅度很小，大部分农产品最终配额内税率与初始税率一致，配额量不变。但俄罗斯对禽肉产品特别关注，主要禽肉产品配额内关税高达 75％，与配额外 80％的关税基本持平。国内支持方面，俄罗斯承诺其综合支持量将从 2012 年的 90 亿美元削减至 2018 年的 44 亿美元（享有 5％的微量允许支持）。2014 年之前，俄罗斯每年保持 90 亿美元农业补贴的高水平，即使到了 2018 年，承诺的支持水平仍相当于 2006—2008 年的平均值。可见，短期内俄罗斯加入 WTO 后，农业开放程度不会显著扩大。当前中国对俄罗斯主要出口农产品的关税水平为 5％～15％，大多数为俄罗斯低关税保护产品，中国没有出口到俄罗斯的禽肉、牛肉和猪肉，因此其边境高保护措施对中国肉类出口影响不大。但随着俄罗斯加入 WTO，曾于 2008 年和 2010 年两次实施的限制粮食出口的政策不会再现，俄罗斯会按照 WTO 规则更加规范、严格地制定与之相适应的农产品贸易政策，有利于保障中国对其农产品需求的持续供应。

（二）俄罗斯对西方国家农产品禁令给中俄农产品贸易带来新机遇

2013 年乌克兰危机发生，为中国农产品进入并占据俄罗斯市场提供契机。欧美国家针对"乌克兰危机"对俄罗斯展开多轮单边制裁，俄罗斯同欧美等西方国家之间的矛盾不断加深，俄罗斯采取报复性应对措施，2014 年 8 月俄罗斯宣布对来自欧盟、美国、澳大利亚、加拿大的多种农产品和食品实施为期 1 年的进口限制。为满足国内市场的农产品需求，俄罗斯开始转向亚太等非传统重点农产品贸易地区寻求农产品贸易合作。而中国的园艺产品、水产品等劳动密集型农产品在俄罗斯市场一直具有较强的互补性和比较优势，具备很强的竞争性，中国的肉制品也可以在一定程度上满足俄罗斯市场的需求，对中国来说这是个契机。实际上农产品禁令之后的贸易形势也证明了这一点，俄罗斯农产品进口总额持续 3 年下滑，2014—2016 年俄罗斯农产品进口总额分别为405.09 亿美元、269.17 亿美元、253.62 亿美元，同比下降 7.39%、33.55%、5.78%，同期中国出口俄罗斯农产品总额增长 9.52%、−21.71%、6.67%，而且中国农产品在俄罗斯进口市场的地位也发生了很大变动，2014 年之前的乌克兰、德国、立陶宛等俄罗斯传统农产品主要进口国的贸易额和排名下滑明显，中国则在 2014 年、2015 年连续两年从之前的第七位跃升并保持在第二位的水平上，在俄罗斯经济衰退的背景下逆势上涨，很好地把握住了此次机遇，也为未来中俄农产品贸易质量提升打下良好基础。

（三）卢布贬值对中俄农产品贸易带来更多新变数

2014 年乌克兰危机导致欧美国家对俄罗斯采取制裁措施，加之国际油价大幅下跌，外国投资者抛售卢布进而购买美元，卢布汇率持续走低。2014 年 6 月卢布对美元汇率为 34∶1，11 月为 48∶1。到 2016 年 1 月份卢布对美元汇率已经跌破 80∶1 关口。同时，俄罗斯经济增长也出现下降趋势，2014 年俄罗斯 GDP 增长 0.6%，而到了 2015 年增长率为−3.7%，为负增长，是 21 世纪以来第二个负增长年份。卢布贬值使进口食品和工业品需要支付更高成本，并导致输入性通货膨胀，因此俄罗斯政府认为进口替代是一项解决经济困境的重要政策，推出大量财政金融政策支持进口替代战略。卢布贬值的进口替代效应为俄罗斯提供了持续刺激和推动力，尤其是通过进口替代来实现工业化和经济结构的调整。卢布贬值对俄罗斯农业产业也带来利好消息，使得俄罗斯出口农产品具有竞争优势，数据显示俄罗斯对中国农产品出口数量在 2015 年呈增长态势，而与之对应的则是两国总贸易额的下降。具体来看，2016 年俄罗斯出口到中国的农产品总额为 19.93 亿美元，同比增长了 15.67%，而 2016 年中俄两国贸易总额同比仅增长了 2.33%，可以说，农产品出口量增加是卢布贬值给俄罗斯带来切实利益的少数例子之一。卢布贬值使得中国投资者对俄罗斯投资领域发生了变化，过去主要是国内经营领域，随着卢布贬值使得利润骤减甚至消失，新的投资者却正在出现，自 2015 年年初开始越来越多的中国投资商在俄罗斯寻求可供出售或者出租的土地。卢布贬值改变了中国人对俄罗斯农业的投资方式，中俄农业合作和农产品贸易将是未来发展的主要领域和方向。

（四）中国逐步放开小麦进口限制为两国合作提供了新空间

1996 年中国对俄罗斯小麦设置进口禁令，到 2014 年，开始通过边境小额贸易方式进口了 2 万美元的小麦。两国日渐升温的经贸合作关系以及俄罗斯小麦的竞争优势，使得中国开始考虑放开对俄罗斯的小麦进口限制。2015 年 12

月 17 日中俄签署了俄罗斯小麦、玉米、大豆、油菜检疫要求议定书，允许进口俄罗斯阿尔泰边疆区、克拉斯诺亚尔斯克边疆区、新西伯利亚州、鄂木斯克州生产的小麦。根据最新统计显示，俄罗斯 2015 年小麦出口量已经超过了美国，成为世界第一大小麦出口国。俄罗斯小麦贸易地位的取得得益于肥沃的土壤、较高的品质以及政府对农业生产的大力支持，还有便利的黑海港口运输优势。随着中国允许俄罗斯小麦的进入，加上两国间政治互利关系，相信未来中国进口俄罗斯小麦数量会进一步增加，估计 2016/2017 年度俄罗斯对中国的小麦出口量达到 30 万吨，未来可能增加到 50 万~60 万吨。在西方国家经济制裁的背景下，俄罗斯开始重视发展农业，并且加强了与中国的农产品贸易往来，2015 年不少俄罗斯企业通过在北京开设代表处、利用中国电商平台等方式开拓中国市场，这成为俄罗斯农业出口的新亮点。2016 年 1 月俄罗斯农业部部长特卡乔夫称将增加对中国粮食的出口数量，争取在 2017 年对中国粮食出口数量达到 35 万吨，随后几年将增加到 70 万~100 万吨。俄罗斯的政治局势情况、对农业的支持、粮食产量的不断增加、良好的中俄政治关系、中国对粮食的巨大需求以及俄罗斯对中国农产品市场前景看好，使得中俄农产品特别是谷物（小麦）贸易规模会不断增大，进而实现各取所需、互利共赢。

（五）中国"一带一路"倡议为两国农产品贸易带来新动力

中国与俄罗斯同属"金砖国家"的新兴经济大国，也是"上海合作组织"的农业大国。相互接壤的地理条件和便利的交通条件，长期形成的政治互信与经济合作为两国在农业领域的经贸合作奠定了坚实的基础。一方面，随着中国农业"走出去"和"一带一路"倡议的实施，经济快速发展所带来的产品与投资需求，推动中国不断寻求新的农业合作，而中俄前期已经在农业合作领域积攒了相当的合作经验；另一方面，俄罗斯远东地区属于农业发展落后地区，人均农产品占有量远低于俄罗斯平均水平，个别种类农产品甚至无法实现自给自足。虽然拥有大量耕地，但受制于资金和劳动力短缺，远东耕地有 50% 以上都处于闲置状态，为摆脱远东地区农业困境，俄罗斯已将远东开发纳入国家战略中，但"乌克兰危机"后，俄罗斯经济并不景气，因此远东开发需要借助外资和外力进行。俄罗斯政府希望中国在农业方面进行投资，开垦闲置的农业用地以增加农产品产出，同时扩大对中国的农产品出口。俄罗斯总统普京也指出，进入中国食品市场是俄罗斯的优先战略，不仅如此，俄罗斯还计划在远东地区构建面向亚太的农产品出口基地。从上述两个方面看，两国在农业合作领域不仅资金、劳动力、技术互补，并且还互相需要，因此，中俄在农业领域的合作必将是推动两国农产品贸易快速发展的新动力。

三、未来促进中俄农产品贸易的主要对策

中国与俄罗斯作为新兴市场，在地缘位置、政治合作以及贸易来往方面有着密切联系，特别是中国提出"一带一路"倡议后，俄罗斯作为重要的合作伙伴，加强中俄两国农业领域合作将是"一带一路"倡议的一个重要方面。近年来，随着两国农产品贸易规模不断扩大，贸易结构不断优化，未来两国农产品贸易潜力巨大。良好的地缘关系以及不同的农业发展特征决定了两国农产品贸易的互补性、可能性和可行性。但面临的问题和困难也比较多，结合考虑，可以归纳为以下几个方面：首先，双方政府对彼此农产品贸易的支持力度不够。这种支持不仅是财政或资金上的支持，更多的是扫清贸易中面对的机制及政策障碍。其次，贸易方式改变让国内企业面临更大的市场竞争压力。如今随着俄罗斯经济下行、卢布贬值导致国内涉农企业转出口为进口，大量进口俄罗斯农产品，势必会在一定程度上影响国内市场。最后，运输条件是制约中俄两国农产品贸易进一步发展的重要因素。黑河是中俄农产品贸易的中转站，但从黑河通往俄罗斯的运输方式基本是靠船运和浮桥上的公路运输，之前两国政府商定的跨江大桥没有落成，导致运输效率低。因此，通过了解近年来两国农产品贸易方式及合作机制的变化，在剖析深层影响因素基础上，本文结合其政策需求，提出未来促进两国农产品贸易及农业合作的主要举措。

（一）协调畅通，加强中俄农产品贸易合作的机制建设

国际农产品市场易变难测，价格波动频繁，再加上国际政治因素干扰，任何国家都难以独自防范和应对这些难题，寻求稳固的农产品贸易合作伙伴渐成趋势。中俄农产品贸易合作伙伴的稳固发展离不开良好贸易合作机制的保障。目前来看，应该在中俄总理定期会晤委员会及农业合作分委会指导下，在欧亚经济联盟建设同"一带一路"建设对接的战略格局下，完善和重构中俄农产品贸易合作机制，重点着力于改进贸易规则、提高执行力、解决贸易摩擦和争端问题。具体来讲，一是改进中俄农产品贸易规则。减少或消除中俄间农产品贸易壁垒与政策性障碍，增加中俄农产品相互流通机会。逐渐开放中俄两国在农业敏感领域的准入，扩大两国在农业领域的投资宽度和规模，开展各类形式的农业合作，尤其要在农业技术研发、农业劳务流动、跨国涉农企业运营管理、饮食文化等领域开展广泛的交流和合作，以合作促贸易。二是提高中俄农产品贸易执行力。加强中俄农产品自由贸易区建设，以满洲里、绥芬河、东宁、珲春等中俄重点贸易口岸为试点，推进监管、检验和检疫互认，建立农产品跨国无障碍转运的"绿色通道"，并进一步推动中俄农业生产要素自由流动的共同

市场建设。三是解决中俄农产品贸易摩擦和争端问题。通过有效的贸易协商机制对话解决两国农产品贸易合作中出现的各类问题，毕竟两国有着不同的人文环境，政治经济发展的水平和阶段也各不相同，对农产品贸易标准的界定也有所差别，所以两国间农产品贸易摩擦在所难免，必须增强贸易合作意识，加强政府和农业部门之间沟通联系，一旦出现农产品贸易问题，能够及时协商解决，并减少类似问题发生的频率。

（二）精准定位，把握中俄农产品贸易的发展趋势

一是把握好两国农业合作的历史机遇，继续巩固两国农产品贸易发展成果，继续扩大对俄罗斯农产品出口贸易，努力占据俄罗斯对西方国家实施农产品市场禁入政策后出现的市场空间，增加俄罗斯农产品进口贸易，特别是增加从俄罗斯进口的多样化，减少中俄农产品贸易顺差，增进中俄农产品贸易联系的紧密程度。二是提高中俄农产品进口市场地位。中俄两国均为彼此重要的农产品出口市场，但作为彼此进口市场的地位却是偏低的，需要继续强化和巩固。促使两国农产品进入彼此市场的农产品种类和数量得到大幅提高，使得中俄具有互补性的农产品在彼此市场上也能够具有比较优势。三是充分发挥中俄农产品比较优势和互补性，优化中俄农产品贸易结构。重点发展中国对俄罗斯园艺产品、水产品、其他农产品的出口，继续巩固中国在这几类农产品上的比较优势，对于不具有比较优势的大宗农产品、动物产品、烟草及饮料，可以重点选择个别产品培育其比较优势。继续保持对俄罗斯水产品的进口力度，同时增加对俄罗斯谷物等另外几类农产品的进口数量，以增加俄罗斯农产品在中国农产品市场上的竞争力。共同努力把中俄农产品互补性落在实处，使中国的园艺产品、水产品、其他农产品和俄罗斯的水产品、大宗农产品互补性能够在彼此市场上体现出来。

（三）优势互补，把握中俄农产品贸易总体平衡

中俄两国农产品贸易方式不断发生变化，过去两国农产品贸易仅限于中国向俄罗斯出口冷鲜蔬菜和园艺产品，如今贸易范围扩大到进口俄罗斯转基因大豆及小麦等粮食作物。要更好地把握农产品进口的时机、节奏和规模，并加强使用监管，既有效利用俄罗斯农业资源，又不对国内市场带来冲击，做到拿捏有度。当进口俄罗斯的小麦等粮食产品时，要遏制配额倒卖，避免在国际价格过低时发放，导致"边收获、边进口"。我们尤其要避免对俄罗斯农产品贸易出现过多顺差，在俄罗斯经济不景气的时候引发其民众对中国的误解。同时，根据俄罗斯市场的变化和需求，提供有质量优势的农产品，确保和提高出口质量，赢得俄罗斯民众好感；还可通过国际展销会以及平台营销等形式加强宣传力度，扩大品牌影响力和声誉。

（四）透明有序，促进农产品贸易便利化发展

中俄为主要参加国的上海合作组织 2003 年通过《多边经贸合作纲要》，合作思路就是先开展便利化建设扫清合作障碍，再深化经贸合作使各方受益。一方面，扩大中国对外经济技术合作专项资金、农业国际交流与合作专项资金的总体规模和对农业"走出去"的支持比例，推动出台和完善对农业"走出去"项目所需生产资料、农机具的出口退税、通关费用减免等政策，促进企业真正"走出去"；另一方面协调各类法律法规规范并增强其透明度，以便提高贸易投资行为的预期性，以国际公认的标准和同行的惯例为基础，简化并标准化有关手续和程序，如海关手续、出入境检验检疫规则、商品认证、商务人员往来签证等。

（五）夯实基础，加强互联互通基础设施合作

中俄双边投资和贸易中的基础设施通道建设问题，已经成为影响双边贸易的重要障碍，地区之间农产品运输成本较高，制约更多企业参与到投资活动中，提升通道布局十分必要。两国可协商选择若干交通枢纽或大城市作为商品集散中心，规划运输班次，完善农产品农资供应网络。借助新一轮东北老工业基地振兴契机，加快建设中俄跨江现代化公路大桥建设，使之成为对俄罗斯互联互通的跨境桥梁，带动跨境旅游和多产业融合发展，进一步密切两国地区经济、人文交流与合作。同时，创新两国间冬季水运新模式，加速在多个边境口岸建设跨江国际浮箱固冰通道，以提高冬季过货能力。

中澳自贸区对中国农业影响监测与
运行效果评价

澳大利亚是中国重要的贸易伙伴，早在 1993 年，澳大利亚就提出了"面向亚洲"的理念，时任总理基廷还对中国进行了以促进双边经贸关系为主旨的正式访问。一直以来，中澳保持着良好的贸易关系，贸易额不断增加。2005 年 4 月，中国与澳大利亚正式启动自由贸易区（简称"自贸区"）谈判，经过近 10 年的努力，中澳自由贸易协定（简称"自贸协定"）于 2015 年 6 月正式签署，成为中国与主要发达国家签署的第一个自贸协定。

澳大利亚是世界重要的农牧业产品生产国和出口国，农产品贸易是中澳双边贸易的重要部分。近年来，随着中国居民收入提高和饮食结构改变，中国对农产品的需求迅速增长，但自然资源有限、经营规模小、农业产业结构调整困难等现实约束使得中国对国际市场有相当大的依赖性，澳大利亚在中国农产品贸易中的地位也愈发重要。中澳自贸区成立后，双边农产品贸易有了更顺畅的通道，中国国内的消费需求能够得到更好的满足，过剩的农产品产能也有更多的消化渠道。但澳大利亚农业发达，农产品在价格和质量方面具有明显的竞争优势，自贸区开始运行后，中国农业必然会面临更大的竞争压力。

基于以上考虑，本文将通过对澳大利亚农业产业、农产品贸易与相关政策的跟踪和监测，预判中澳自贸区对中国农业产业带来的可能影响，并提出有针对性的应对措施。本文分为三部分：第一部分，考察澳大利亚的农业特征，归纳其产品的生产和贸易情况；第二部分，整理中澳农产品贸易的数据，识别重点贸易产品，分析贸易发展趋势；第三部分，梳理中澳自贸协定，结合中澳的需求和供给能力，判断协定实施后双边贸易的走向。本项目的分析基于世界银行、联合国粮食及农业组织（FAO）、世界贸易组织（WTO）、WTIS（World Integrated Trade Solution）贸易数据库、中国海关和澳大利亚统计局的官方数据，美国农业部发布的预测数据也为我们提供了有力的支撑。

一、澳大利亚经济概况

（一）宏观经济概况

澳大利亚（Australia），全称为澳大利亚联邦（The Commonwealth of

Australia)，由澳大利亚大陆和塔斯马尼亚岛等岛屿和海外领土组成，东濒太平洋的珊瑚海和塔斯曼海，西、北、南三面临印度洋及其边缘海，是世界上唯一独占一个大陆的国家，领土面积 770 多万平方千米，居世界第六。

澳大利亚经济发达，是经济合作与发展组织（OECD）成员之一，2016 年 GDP 为 12 046 亿美元，人均 49 928 美元，居世界第 8 位。如表 1 所示，2008 年金融危机以来，澳大利亚实际 GDP 年平均增长 2.52%，为发达经济体中表现最好的国家之一。

表 1　2008—2016 年部分发达国家的 GDP 增长率

单位：%

国家和地区	2008 年	2009 年	2010 年	2011 年	2012 年	2013 年	2014 年	2015 年	2016 年	平均值
澳大利亚	3.7	1.8	2.0	2.4	3.6	2.4	2.5	2.2	2.8	2.52
新西兰	−1.3	−0.5	1.4	2.5	2.3	2.7	3.6	3.4	3.9	2.24
美国	−0.3	−2.8	2.5	1.6	2.2	1.7	2.4	2.6	1.6	1.47
欧盟	0.5	−4.4	2.2	1.7	−0.5	0.2	1.6	2.2	1.9	0.59
日本	−1.0	−5.5	4.7	−0.5	1.7	1.4	0.0	0.5	1.0	0.55

数据来源：世界银行 World Development Indictors（WDI）。

实际上，自 20 世纪 90 年代以来，澳大利亚不仅保持了经济的平稳增长，其各项经济指标也都非常健康，表现为低利率、低通胀和低失业率。利率方面，澳大利亚的贷款利率一直维持在一定水平，刺激经济的压力较小。以 2016 年为例，同期日本和美国的贷款利率分别为 1.0% 和 3.5%，明显低于澳大利亚的 5.4%。通胀方面，除 2000 年因为首次实施消费税等因素导致通胀稍高外，后续年份的通胀率基本维持在 3% 以下，联邦政府和联邦储备银行也将目标通胀率定在 2%～3%。就业方面，澳大利亚的失业率基本维持在 6% 以下，但由于金融危机以来国内在职人口基本稳定，2013 年之后约 2/3 的新增就业来自兼职工作，因此失业率略有上升（表 2）。

表 2　澳大利亚通胀率和失业率

单位：%

年份	贷款利率	通胀率	失业率
1980	10.0	9.3	6.1
1985	12.4	8.4	8.3
1990	16.4	5.3	6.9

（续）

年份	贷款利率	通胀率	失业率
1995	10.5	4.3	8.5
2000	7.7	6.0	6.3
2005	7.3	3.2	5.0
2010	7.3	3.1	5.2
2011	7.7	2.3	5.1
2012	7.1	2.3	5.2
2013	6.2	2.7	5.7
2014	6.0	1.7	6.1
2015	5.6	1.4	6.1
2016	5.4	1.3	5.7

数据来源：世界银行，通胀率为消费者价格指数的变化率。

（二）产业结构

澳大利亚的国民经济按照 ANZSIC（The Australian and New Zealand Standard Industrial Classification）共分为 19 个产业部门。

从行业增加值的角度来看，2016 年澳大利亚所有部门的增加值总计 10 838.7亿澳元*。其中，建筑业，专业、科学和技术服务业，采矿业是前三大产业，增加值分别为 1 167.0 亿澳元、1 083.7 亿澳元、1 025.5 亿澳元，合计占所有部门的 30.2%。农业部门的份额较小，增加值仅为 321.0 亿澳元，占所有部门的 3.0%。

从就业的角度来看，2016 年澳大利亚所有部门的就业人数总计 1 067.8 万人，就业较为集中的前三个部门依次为零售业 132.1 万人，卫生保健和社会援助业 110.6 万人，建筑业 104.0 万人。农业部门的就业人数较少，仅有 48.1 万人，占所有部门的 4.5%。

从发展趋势来看，服务业在澳大利亚经济中的地位越来越突出；制造业原本就不是澳大利亚的优势产业，随着产业保护逐渐取消，许多没有竞争力的制造业企业渐渐消失，导致就业人员和产值比重均在不断下降；农业在国民经济中的份额很小，行业整体收入水平不高，未来也很难吸引更多就业人员（表 3）。

---

* 1澳元＝5 人民币，2016 年 12 月。

表3　2016年澳大利亚重点行业概况

单位：亿澳元、万人、澳元/人

行业部门	增加值	就业人数	年均工资
农业	321.0	48.1	16 195
采矿业	1 025.5	16.3	154 043
制造业	1 001.1	83.8	65 585
建筑业	1 167.0	104.0	58 633
专业、科学和技术服务业	1 083.7	97.3	71 382
零售业	755.0	132.1	33 301
卫生保健和社会援助业	794.6	110.6	44 426
所有部门	10 838.7	1 067.8	50 519

数据来源：澳大利亚统计局 Australian Bureau of Statistics。

（三）对外贸易

澳大利亚是一个开放程度较高的国家，其经济政策偏向于市场经济，政府对经济干预较少。受资源和地理条件的制约，澳大利亚的贸易依存度很高，近年来保持在40%左右。

澳大利亚的进出口比较均衡，且增长迅速，2000—2016年出口和进口的年均复合增长率分别为7.0%和6.3%。2016年，澳大利亚的商品出口总额为1 896.3亿美元，居全球第22位，主要出口产品为煤、铁矿石、黄金、牛肉、羊毛、铝、小麦、机械及运输设备；商品进口总额为1 887.4亿美元，居全球第20位，主要进口产品为机械及运输设备、计算机及办公室机械设备、通讯设备及部件、原油及石油。

澳大利亚对外贸易的重点在环太平洋地区。出口方面，前五大贸易伙伴依次为中国、日本、韩国、美国和印度，2016年市场份额分别为32%、14%、7%、5%和4%；进口方面，前五大贸易伙伴依次为中国、美国、日本、泰国和德国，2016年市场份额分别为23%、11%、8%、6%和5%。

20世纪90年代以来，随着"面向亚洲"政策的实施，中国、日本、韩国和印度等亚洲国家在澳大利亚对外贸易中的比重越来越大，而美国、新西兰和英国3个传统贸易伙伴的地位在下降。过去10年间，对亚洲出口额占澳大利亚出口总额的比重从40%升至70%以上，受益于亚洲新兴经济体的高速发展，澳大利亚初级原料出口增长尤为迅速。

二、澳大利亚农业生产与贸易

（一）澳大利亚农业概况

澳大利亚是一个农业大国，更是一个农业强国，其农业部门是 OECD 国家中市场化程度最高的部门之一。据世界银行测算，澳大利亚每一农业劳动力一年创造的财富可养活近 40 人，是世界农业劳动生产率最高的国家之一。

与多数发达国家相似，农业在澳大利亚国民经济中发挥着重要作用，但所占份额并不高。从产值的角度来看，澳大利亚的农业产值在不断增长，但农业产值占澳大利亚 GDP 的比例整体呈下降趋势，20 世纪 70 年代该比重能够维持在 3.5% 左右，至 2016 年仅有 3.0%。如果加上食品、纤维加工和农业服务产业，广义农业在 GDP 总量中所占比例能够达到 12%。从就业的角度来看，受农业生产扩张和机械化水平提高两方面因素的影响，澳大利亚农业部门的就业人数相对稳定。1972 年，澳大利亚农业就业总数为 38.8 万人，占总就业人数的 6.8%；2016 年，农业就业人数增至 48.1 万人，但占总就业人数的比重下降到 4.5%。从贸易的角度来看，农业曾是澳大利亚出口的主要部门，20 世纪 70 年代农业出口额占总出口额的比重高达 45%～55%。此后，虽然农业出口总量呈增长趋势，但比重却不断下降，2016 年仅为 17.3%。

1. 农业生产特征

澳大利亚幅员辽阔，农业资源丰富，农业门类齐全。2016 年澳大利亚农业及资源经济和科学局（ABARES）发布的数据显示，澳大利亚的农业用地面积总计 7.68 亿公顷，其中种植业和畜牧业生产用地占 4.46 亿公顷，水域、人工林和原始森林、自然保护区等其他用地共计 3.22 亿公顷。相对土地面积而言，澳大利亚的农业人口较为稀少，导致其资源人均占有量居世界前列，其中农牧业用地人均占有量为 25.0 公顷，林地为 7.8 公顷，耕地为 2.4 公顷。由于地广人稀，澳大利亚的农业生产呈现出 3 个突出特点。

（1）规模化。农场是澳大利亚农业生产的主要单位，与小型农场相比，大中型农场承受风险的能力较强，也更能产生规模效益。为此，澳大利亚政府采取财政补贴、减免税收及贷款优惠等措施，鼓励经济效益低、前景不佳的小农场主放弃土地，这导致澳大利亚农场数量逐渐减少，呈现大农场化集中趋势。1990—1991 年，澳大利亚共有 15.9 万家农场，目前已缩减到 12.3 万家。其中，年销售额在 45 万澳元以下的小型农场占 70%，贡献了所有农场销售额的 24%；年销售额在 45 万～100 万澳元的中型农场占 20%，贡献了所有农场销售额的 27％；年销售额在 100 万澳元以上的大型农场占 10％，贡献了所有农场销售额的 49％。

（2）专业化。澳大利亚农业的专业化体现在两个方面。其一，区域分工的专业化。澳大利亚区域气候差异明显，联邦政府根据降水、气温变化、地形地貌和土壤肥沃情况，鼓励农业生产向优势区域集中，使得农业生产明显分为 3 个产业带：东部集约农业带，降水比较充沛，适合发展种植业和奶牛业；中部农牧业混合带，年降水 400～600 毫米，以旱作农业为主，多数农场从事小麦种植和牛羊养殖；西部畜牧业带，气候干燥，以粗放畜牧业为主。其二，生产分工的专业化。澳大利亚针对不同产品从生产、加工、流通到销售等不同环节的特点，建立和发展了各种类型的专业化服务机构，使得农业生产分工日益精细化、专业化、高级化。例如，在肉牛生产过程中，育种、育肥、饲料、防疫、销售等环节均有专门的组织、机构或企业负责。

（3）机械化和信息化。第二次世界大战之前，澳大利亚农业生产基本属于粗放式经营，农业生产水平比较低；第二次世界大战后，澳大利亚垦荒进展迅速，联邦政府根据本国地广人稀的特点重点发展农业机械化。因此，早在 20 世纪 60 年代，澳大利亚农业就实现了机械化，水稻、燕麦、小麦、大麦和牧草等重点作物在 70 年代已经实现了全程机械化生产。进入 21 世纪以来，计算机自动控制技术被广泛用于农业机械化生产，农用航空技术和保护性耕作技术也已得到普及。此外，澳大利亚也是世界上电脑和互联网普及率最高的国家之一，信息技术被广泛用于农业生产的各个环节，农业从业者普遍利用网络获取农业信息、交易产品、进行社交沟通等。澳大利亚肉类和牲畜报告曾进行过评估，认为信息技术的应用使澳大利亚土壤肥力改进了 13％～26％，生产监测改进了 4％～19％，健康监测改进了 4％～13％。

2. 农业产业结构

澳大利亚农业部门分为四个子部门，分别是种植业和畜牧业、林业、渔业、技术支持和服务业。种植业和畜牧业是澳大利亚农业的重要支柱，占农业总产值的 87.6％。

澳大利亚农作物按生产季节分为冬季作物和夏季作物，其中冬季作物包括小麦、大麦、燕麦、怀麦等，夏季作物主要包括水稻、大豆、棉花、高粱和玉米。小麦、大麦、水稻是其中较为重要的品种。近年来，澳大利亚农作物的总产量显著提高，但水稻和棉花因为持续干旱，产量增长缓慢。气候的好坏是澳大利亚农作物产值年际变化较大的主要原因，但总体来看，澳大利亚的粮食生产不仅能满足国内消费，还能大量出口。

澳大利亚的畜牧业生产以牛羊为主，主要产品为羊毛、牛羊肉和乳制品。澳大利亚的羊毛产量约占世界总产量的 17%，居世界首位，被誉为"骑在羊背上"的国家，其牧羊中 70% 为纯种美利奴羊，以其高纤维密度、优良的毛质等成为世界羊毛皮中的珍品。澳大利亚养羊业以生产羊毛为主，但其羊肉产量和出口量均位居世界第二。2000 年以来，澳大利亚羊肉总产量稳定在 70 万吨左右，牛肉则稳定在 200 万吨以上。澳大利亚的奶牛养殖业区域较少，乳制品产量仅占世界的 2%，但出口仅次于欧盟和新西兰，居世界第三。

澳大利亚的林业和渔业资源丰富，但产值并不高。澳大利亚拥有 1.49 亿公顷森林，森林覆盖率为 19%，人均森林拥有量高达 7 公顷，是全球人均森林拥有量最高的国家之一，但澳大利亚的林业重在发挥社会效益，产值不足 GDP 的 1%，从业人员不足 10 000 人。澳大利亚四面环海，拥有世界上第三大海洋专属经济区，海岸线总长 36 735 千米，具有天然优越的海产品养殖和捕捞条件，但澳大利亚对渔业资源具有一系列保护措施，包括对每个渔业经济区限定捕捞总量和作业船只数量、在繁殖期实行休渔、对渔业实施限量投资、实行严格的养殖许可证制度等，故按捕捞数量计算，澳大利亚仅仅位于世界第 50 位左右。

（二）农产品贸易特征

澳大利亚是农产品贸易大国，也是多种农产品的主要出口国。20 世纪 80 年代初期农产品贸易占澳大利亚贸易总额的比重高达 45%，其后逐渐下降，目前占比约为 10%。2016 年，澳大利亚农产品出口额占世界农产品出口总额的 2.4%，位居第 14 位；农产品进口额占世界农产品进口总额的 1.0%，位居第 23 位。

1. 贸易规模

2000—2016 年，澳大利亚农产品出口额从 159.9 亿美元上升至 328.1 亿美元，出口整体呈现阶段式增长的态势，在 2004 年和 2010 年出现跳跃式上涨，各阶段内的出口量则相对稳定。澳大利亚农产品进口则一直保持相对稳定的增长态势，进口额从 2000 年 35.9 亿美元上升到 2016 年的 141.1 亿美元。

澳大利亚的农产品出口受海外市场影响较大。受 2008 年金融危机冲击，2009 年澳大利亚农产品出口明显减少，出口额为 230.7 亿美元，同比下降 8.9%。2010 年世界经济探底回升，澳大利亚农产品出口开始恢复性增长。2014 年至今，受美元贬值和国际农产品需求不振的影响，澳大利亚农产品出口又出现持续下滑（图1）。

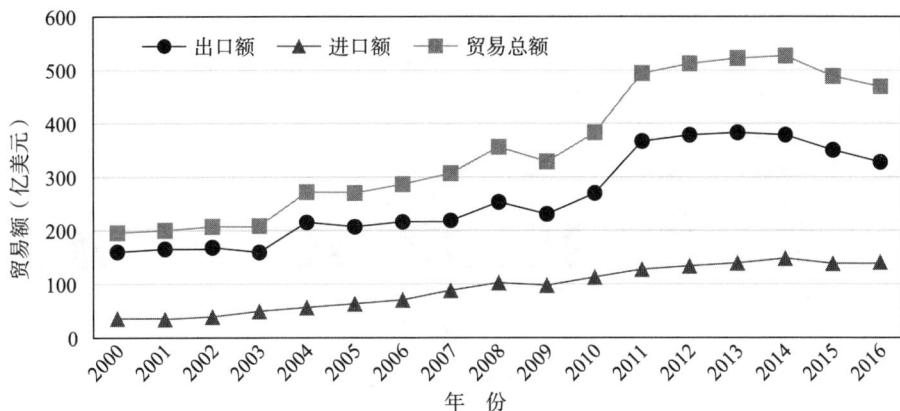

图 1 2000—2016 年澳大利亚农产品进出口贸易情况
数据来源：World Integrated Trade Solution（WITS）。

2. 产品结构

出口方面，畜产品、谷物、其他农产品、饮品类和水产品一直是澳大利亚主要出口的产品，占农产品出口总额的 80% 以上。此外，棉麻丝的出口波动较大，个别年份出口额可达第三位；干豆近年来出口量也在迅速增加。如图 2 所示，2016 年这 7 类产品的出口额依次为 148.7 亿美元、52.0 亿美元、29.0 亿美元、22.5 亿美元、14.7 亿美元、12.0 亿美元和 11.2 亿美元。

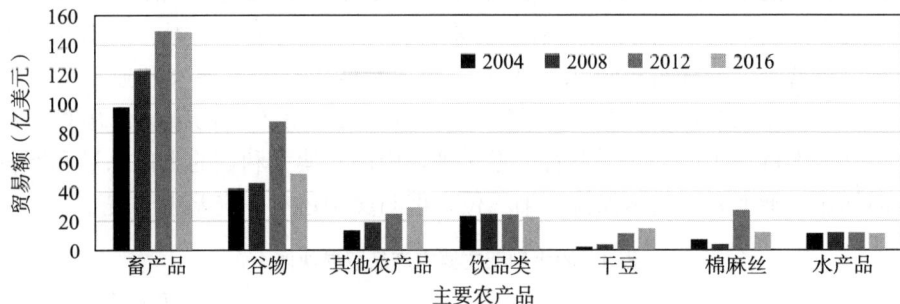

图 2 澳大利亚出口的主要农产品
数据来源：World Integrated Trade Solution（WITS）。

进口方面，澳大利亚主要进口的产品包括其他农产品、饮品类、水产品、畜产品、水果、粮食制品和蔬菜，进口结构稳定，且这些产品近年来均呈现出快速增长的趋势。如图 3 所示，2016 年这 7 类产品进口额占农产品进口总额的 86.9%，其进口额分别为 35.2 亿美元、30.7 亿美元、15.4 亿美元、15.4 亿美元、9.1 亿美元、8.8 亿美元和 8.2 亿美元。

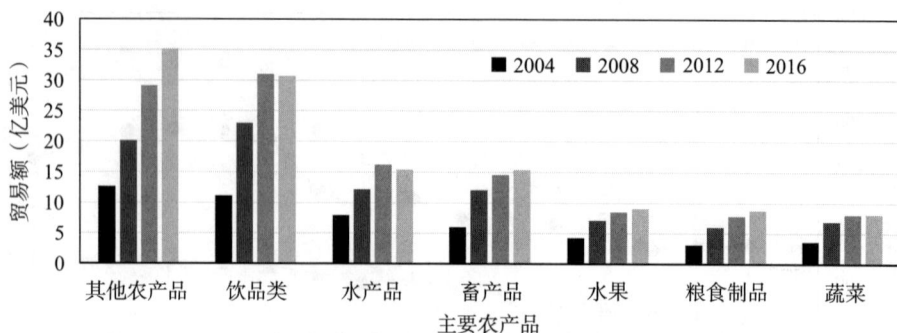

图 3　澳大利亚进口的主要农产品

数据来源：World Integrated Trade Solution（WITS）。

3. 市场结构

出口方面，澳大利亚的农产品主要出口到东亚、美国和欧盟。2016 年澳大利亚农产品出口前 5 位的国家分别为中国、日本、美国、印度尼西亚和韩国，合计占出口总额的 49.9%。日本曾是澳大利亚最主要的农产品出口国，2010 年以前占澳大利亚农产品出口总额的 15% 左右，但近年来澳大利亚对日本的出口总量基本稳定，导致日本所占份额呈现下降趋势。与此同时，澳大利亚对中国的出口增长迅速，2016 年出口额达到 62.9 亿美元，占澳大利亚农产品出口总额的 19.2%。目前中国已经成为澳大利亚第一大农产品出口国。

进口方面，2016 年，澳大利亚主要从新西兰、美国、中国、泰国和新加坡进口农产品，合计占进口总额的 47.6%。新西兰一直是澳大利亚最大进口来源地，占澳大利亚进口总额的 15%～20%；美国和泰国的市场份额相对稳定，分别维持在 10% 和 6% 左右；近年来，中国对澳大利亚的出口总量和所占份额都在逐渐上升，基本保持在第三位，但与美国还有一定差距（表 4）。

表 4　澳大利亚主要农产品贸易伙伴

单位：亿美元、%

年份	国家/地区	出口		国家/地区	进口	
		金额	份额		金额	份额
2000	日本	27.9	17.5	新西兰	5.8	16.2
	美国	15.2	9.5	美国	5.0	13.9
	中国	11.2	7.0	泰国	2.5	7.0
	中国香港	5.5	3.4	巴西	2.2	6.2
	英国	5.5	3.4	英国	2.0	5.7

（续）

年份	国家/地区	出口		国家/地区	进口	
		金额	份额		金额	份额
2008	日本	40.4	15.9	新西兰	17.3	16.9
	中国	26.9	10.6	美国	11.3	11.0
	美国	23.2	9.1	中国	7.3	7.1
	印度尼西亚	11.5	4.6	泰国	6.4	6.3
	新西兰	11.4	4.5	爱尔兰	4.9	4.7
2016	中国	62.9	19.2	新西兰	27.9	19.8
	日本	31.6	9.6	美国	14.1	10.0
	美国	28.9	8.8	中国	9.9	7.0
	印度尼西亚	20.6	6.3	泰国	8.3	5.9
	韩国	19.5	6.0	新加坡	7.0	5.0

数据来源：World Integrated Trade Solution（WITS）。

（三）农业支持政策

澳大利亚的经济运行以市场为导向，政策干预较少，澳大利亚政府对农产品基本不实行价格补贴，农业政策的关注点放在对农业的宏观指导和调控，农业科技研发与推广，提供农业生产服务等方面。

从澳大利亚向 WTO 提交的国内支持通报来看，2008—2014 年，澳大利亚对农业的国内支持总量趋于下降。绿箱支持从 23.12 亿澳元降至 15.27 亿澳元。主要包括五类，分别是一般服务、收入安全网政策、自然灾害救济、环境保护和区域调整援助计划，其中一般服务占 40%～60%。

除 2011 年外，近年来澳大利亚综合支持总量（AMS）均为零，对食糖、小麦、牛和牛奶的 AMS 基本处于微量允许的范围内，免于削减，且支持水平逐年下降。澳大利亚对非特定产品的 AMS 支持主要包括运费补贴、利率补贴和灌溉补贴等，均处于微量允许的范围之内，支持水平从 2008 年 1.6 亿澳元下降至 2009 年 0.6 亿澳元，但 2011 年起又回升至 2 亿澳元以上（表 5）。

表 5　2008—2014 年澳大利亚通报的国内支持结构

单位：百万澳元

项目	2008 年	2009 年	2010 年	2011 年	2012 年	2013 年	2014 年
绿箱支持	2 312.10	2 233.28	1 587.00	1 808.79	1 480.92	1 447.43	1 527.13
政府一般服务	972.85	1 117.61	952.85	1 012.90	980.10	958.64	1 045.90

（续）

项目	2008 年	2009 年	2010 年	2011 年	2012 年	2013 年	2014 年
约束 AMS				471.86			
总 AMS	0.00	0.00	0.00	12.97	0.00	0.00	0.00
特定产品 AMS	0.00	0.00	0.00	12.97	0.00	0.00	0.00
牛奶	*0.17*	——	——	——	——	——	——
食糖	*0.01*	——	——	——	——	——	——
小麦	*0.41*	*0.19*	*0.00*	*0.00*	*0.00*	*0.00*	——
牛	*0.08*	*0.10*	*0.00*	12.97	*0.73*	*0.54*	*0.273*
非特定产品 AMS	*161.72*	*59.55*	*84.29*	*230.27*	*273.35*	*222.25*	*340.57*

资料来源：WTO 通报。斜体加下划线表示微量允许。

三、中澳农产品贸易

澳大利亚是中国重要的农产品贸易伙伴之一，而中国是澳大利亚最大的农产品出口市场国，也是其"面向亚洲"战略的重要合作伙伴。2008 年金融危机后，中澳贸易大幅增加，经贸往来更加密切。

（一）贸易规模

1995—2016 年，中澳双边农产品贸易总额快速增长，由 8.3 亿美元增长到 76.8 亿美元，总量增加 8.3 倍，年均增速为 11.2%。金融危机之后，中澳农产品贸易出现了跳跃式增长，2013 年贸易额最高达到 96.1 亿美元。整体来看，中国从澳大利亚的进口额占中澳双边贸易额的 85% 以上，虽然 1995—2016 年中国的出口额平均增速远高于进口额平均增速，由于出口额远低于进口额，中国的贸易逆差实际在不断扩大（图 4）。

进口方面，中国从澳大利亚进口的农产品额呈现阶梯式增长态势，以 2003 和 2009 年为节点，大致分为 3 个阶段。2003 年之前，中国从澳大利亚进口农产品不足 15 亿美元，且波动较大，最低年份仅为 6.8 亿美元；2004 年，中国的进口额出现跳跃式上升，至 2009 年均稳定维持在 25 亿美元左右；2010 年起，受羊毛、大麦和棉花等进口的拉动，中国从澳大利亚的进口额迅速增加，2010—2013 年年均增长率为 29.8%，2014 年起，受国内纺织产业链下游市场形势不佳、棉花收储政策调整等因素的影响，中国的棉花和羊毛进口量大幅减少，进口额有所回落。

出口方面，中国对澳大利亚的农产品出口额从 0.58 亿美元增加至 9.9 亿美元，增加了 16 倍，总体增势平稳，但总量依然较少。以 2001 年为节点，中国对澳大利亚出口大致分为两个阶段。1995—2000 年，中国对澳大利亚的农产品出口规模很小，保持在 0.6 亿~0.9 亿美元；2001 年以后，水产品、水果、其他农产品等产品的出口规模不断扩大，带动了中国农产品出口额的增长，该阶段中国对澳大利亚农产品出口额年均增速为 16.1%。

在中澳双边农产品贸易中，中国一直处于贸易逆差地位。由于中国出口规模较小，而进口额快速上升，中国与澳大利亚的农产品贸易逆差也在逐渐扩大，2013 年逆差额最高达到 75.9 亿美元，是中国出口额的 7.6 倍。2014 年开始，随着中国进口额的回落，逆差略有缩小。

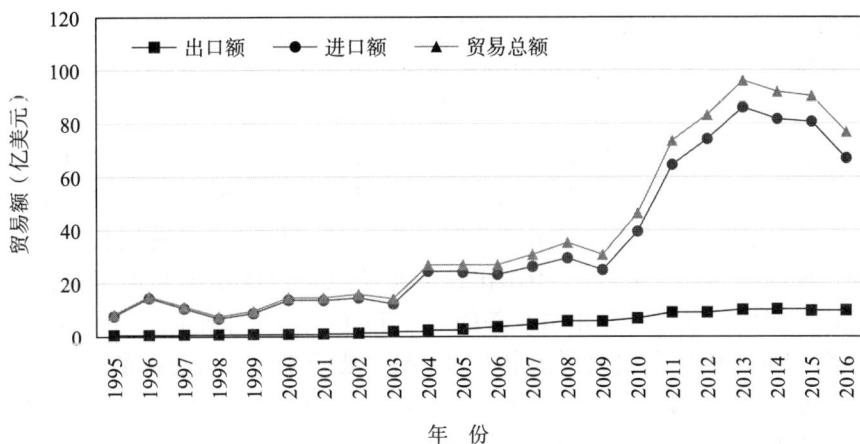

图 4　1995—2016 年中国与澳大利亚的农产品贸易状况

数据来源：中国海关数据库。

（二）产品结构

1. 中国出口结构

中国对澳大利亚出口的农产品种类较多，但贸易规模均较小。2009 年以来，中国对澳大利亚的出口结构趋于稳定，水产品、其他农产品、粮食制品、蔬菜和水果一直处于出口的前五位。

2010—2016 年，中国水产品的出口额从 1.08 亿美元增至 3.26 亿美元，增长了 201.9%，是中国对澳大利亚出口的最主要农产品。其他农产品的出口额由 1.14 亿美元增至 1.61 亿美元，增长了 41.2%；粮食制品、蔬菜和水果的出口额均在 0.8 亿~1 亿美元波动，仅有小幅增长（表 6）。

表 6 中国向澳大利亚出口的主要农产品

单位：亿美元

2010 年		2012 年		2014 年		2016 年	
其他农产品	1.14	水产品	1.74	水产品	2.49	水产品	3.26
水产品	1.08	其他农产品	1.32	其他农产品	1.53	其他农产品	1.61
水果	0.84	蔬菜	0.87	蔬菜	1.03	粮食制品	0.99
蔬菜	0.82	粮食制品	0.79	水果	1.02	水果	0.96
粮食制品	0.64	水果	0.73	粮食制品	1.00	蔬菜	0.95

数据来源：中国海关数据库。

从具体产品来看，中国向澳大利亚出口的农产品较为分散，重点不突出。中国出口的水产品主要为虾类和软体动物。其中，虾类约占水产品出口总额的 40%～60%，波动较大。2010—2012 年，对虾、墨鱼和扇贝的出口额迅速增长，使得水产品的出口额迅速超过其他农产品，成为中国对澳大利亚出口的核心产品。其他农产品主要包括调味品、烤烟、宠物粮等，占农产品出口总额的比例稳定在 15%～20%，且增长比较平稳。中国出口的粮食制品主要为面食、面包及糕点，2009 年以前这三类传统面食占粮食制品出口总额的 70%～90%；近年来膨化食品等产品的出口额有所增长，传统面食的份额降为 60%～65%。中国出口的蔬菜以鲜冷冻蔬菜和加工保藏蔬菜为主，二者出口额占蔬菜出口总额的 80% 以上，而水果则以加工水果为主。2008 年以前，中国向澳大利亚出口的水果主要为果汁，占总额的 60% 以上，鲜冷冻水果的比例不足 20%；2009 年以来，果汁的出口额在波动中减少，鲜冷冻水果的出口额则有所增长。

2. 中国进口结构

中国从澳大利亚进口的农产品比较集中，畜产品曾长期占有 60% 以上的份额，其次为谷物，约占 10%～20%。2010—2016 年，在进口总量大增的背景下，畜产品进口额从 21.92 亿美元增至 42.03 亿美元，增幅达 91.7%；谷物从 3.51 亿美元增至 17.29 亿美元，增加了 3.9 倍。

棉麻丝在进口中的份额原本不到 5%，2009 年起，受国内棉花收储政策的影响，中国对棉麻丝的进口出现跳跃式增长，从 2010 年的 1.34 亿美元迅速增至 2014 年的 19.1 亿美元，超过谷物的进口份额。2015 年棉花收储政策调整后，国内产业转向消化内部库存，加之纺织行业不景气，中国棉麻丝进口额开始大幅下降，2016 年降至 10.8 亿美元。

此外，其他农产品进口额也有大幅增长，但在总体中的比例仍相对较小（表 7）。

表7　中国从澳大利亚进口的主要农产品

单位：亿美元

2010 年		2012 年		2014 年		2016 年	
畜产品	21.92	畜产品	24.96	畜产品	33.30	畜产品	42.03
谷物	3.51	谷物	5.23	棉麻丝	19.13	谷物	17.29
其他农产品	1.36	棉麻丝	4.16	谷物	13.40	棉麻丝	10.80
棉麻丝	1.34	其他农产品	2.17	其他农产品	2.76	油籽	3.24
饮品类	0.63	饮品类	1.53	饮品类	2.41	其他农产品	2.53

数据来源：中国海关数据库。

　　从具体产品来看，中国进口的重点为各类畜产品、少数谷物和棉花。畜产品方面，中国从澳大利亚进口的重点在于羊毛、动物皮和牛羊肉。羊毛是我国进口最多的产品，1995—2011 年进口额从 3.5 亿美元增至 21.1 亿美元，在畜产品中的份额基本保持在 60% 以上，很多年份达到 70%；2012 年起，我国的羊毛进口量开始下降，2016 年进口 16.3 亿美元，在畜产品中的份额降至 38.8%。中国进口的动物皮主要为羊皮和牛皮，在畜产品中的份额稳定在 15%～20%。受澳大利亚羊群数量减少的影响，动物皮的进口结构已经从以羊皮为主转为以牛皮为主。中国对澳大利亚牛羊肉的需求原本只集中于高端肉类，2012 年起，受国内牛肉价格上涨的影响，中国对中低端肉类的需求迅速扩大，导致从澳大利亚进口的牛羊肉迅速增长。谷物方面，大麦和小麦几乎占中国进口谷物的全部份额。1995—2016 年，中国每年从澳大利亚进口的大麦从 0.31 亿美元增加到 7.0 亿美元，小麦从 0.76 亿美元增加到 3.3 亿美元，已经形成了稳定的进口需求。棉花进口的增长开始于 2012 年，此后一直维持在较高的进口水平。目前澳大利亚已经成为中国棉花进口的第三大来源地，占中国棉花进口总量的 15%；同时，中国也已经成为澳大利亚棉花最大出口市场。

四、中澳自贸区影响分析

（一）中澳自贸协定分析

　　中澳自贸区谈判于 2005 年 4 月正式启动，经过 21 轮的谈判磋商，2015 年 6 月中澳正式签署《中澳自贸区协定》，这是中国首次与经济总量较大的主要发达经济体达成自贸协定。

　　中澳自贸协定在货物领域达到了很高的自由化水平，过渡期过后，中国 96.8% 的税目将实现自由化，且均采用线性降税这一简单直接的降税方式；澳大利亚所有产品均将对中国完全降税，自由化水平达到100%。经中澳双方确认，中澳自贸协定于2015年12月20日正式生效并第一次降税，2016年1月1日第二次降税。

在贸易自由化的问题上，中澳双方均有各自的敏感产品。对澳大利亚而言，由于中国工业品相对具有竞争力，澳大利亚对部分敏感工业品设置了3年或5年的降税期，为相关产业提供了一定的缓冲期。对中国而言，澳大利亚农业竞争力较强，协定实施后将给中国部分农产品带来一定的竞争压力。如上一段所述，中国通过对重点农产品设置较长的降税期，并辅以特别保障措施和国别配额等特殊安排对相关产业给予一定的保护，实施适度开放。此外，中国还对粮食、棉花、植物油、糖等产品做出例外安排，不进行关税减让。中方的具体保护措施如表8所示。

表8 中澳农产品贸易保护措施

保护措施	农产品种类	过渡期措施
国别关税配额	羊毛	初始配额3万吨，9年内配额每年增加5%
特殊保障措施	牛肉	初始触发水平17万吨，第5年起每年提高3%
	奶粉	初始触发水平1.75万吨，每年提高5%
例外安排	粮食、棉花、植物油、糖 其他农产品（烟草等）	不减让

数据来源：《中澳自贸区协定》。

总体来看，降税过渡期结束后，中国农产品的平均关税将由实施前的12.94%下降到0.51%，占农产品税目93.7%的产品关税将降为零。澳大利亚99.4%的农产品关税将在协定生效后立即为零，涉及自中国进口农产品总额的99%，其余产品将在2年内完成全部自由化进程。

中澳自贸协定中，中方的降税安排较为复杂，列于表9。

表9 中澳自贸区中方农产品降税安排

降税安排	税目数	税目占比	主要产品
立即降税为零	21	14.4%	活动物、鱼苗、冻虾、牡蛎、干豆、大麦、燕麦、香料、水产制品、饲料
3年内降税为零	1	0.1%	生马皮
5年内降税为零	1 101	75.1%	活动物、猪肉、鲜冷冻鱼、乳清、乳酱、蔬果及制品、果糖、巧克力、葡萄酒、亚麻
6年内降税为零	2	0.1%	山羊皮

（续）

降税安排	税目数	税目占比	主要产品
8 年内降税为零	18	1.2%	牛杂碎、橙汁、生羊皮、生牛皮
9 年内降税为零	16	1.1%	羊肉、柑橘属水果
10 年内降税为零	15	1.0%	熏牛肉、鲜奶、酸奶、黄油、奶酪
12 年内降税为零	3	0.2%	奶粉
10 年内降税为零 实施特殊保障措施	6	0.4%	牛肉
12 年内降税为零 实施特殊保障措施	2	0.1%	全脂奶粉
设置国别配额	6	0.4%	羊毛
例外安排	86	5.9%	粮食、棉花、植物油、糖、其他农产品（烟草等）
合计	1467	100.0%	

数据来源：《中澳自贸区协定》。

（二）中澳农产品贸易趋势分析

从资源禀赋来看，中澳两国的农产品呈现充分的互补性：澳大利亚农牧资源丰裕，劳动生产率高，在畜产品和谷物等土地密集型产品拥有竞争优势；中国虽然面临用工成本上升的问题，但水产品、蔬菜和粮食制品等劳动密集型产品在国际市场仍有价格优势。近年来，中澳农产品贸易保持着良好的发展势头，中澳自贸区带来的贸易福利必然会促进双边贸易，但双方在不同产品上的需求和供给能力有所差别。下面从各项敏感和重点产品入手，对中澳农产品贸易趋势进行分析，并判断自贸区建立已经和未来可能对双边贸易造成的影响。

1. 羊毛和棉花

羊毛和棉花是中国采取措施重点保护的产业，也是澳大利亚的优势产业。中国进口的羊毛几乎全部来自澳大利亚，棉花自澳大利亚的进口比例较少，2010 年前不足 5%，2011 年最高时也只占 20%。

中国对羊毛的需求增长比较平稳，2000—2013 年，中国羊毛产量和进口量合计从 62.6 万吨增至 81.3 万吨，仅 2002—2003 年出现小幅下降。中国对棉花的需求在 2000—2009 年增长迅速，消费量从 494.8 万吨增至 1 088.6 万吨；同一时期，中国棉花产量由 441.7 万吨增至 696.7 万吨，国内供求缺口逐渐扩大，导致棉花进口大量增加。2008 年以来，受恶劣天气和棉花品种混杂退化等因素的影响，中国棉花产量小幅下降；2009 年棉花收储政策的实施拉高了国内棉花价格，导致棉花进口量居高不下；2014年起，棉花市场供大于求的态势逐渐显现，加之国家政策转向消化国内库存，棉花进口量大幅减少。

中国对羊毛和棉花的需求主要来自纺织业，而纺织行业作为轻工业与国家宏观经济发展密切相关。2014年以来，随着中国经济增长放缓，中国纺织业增长速度放缓。此外，受国际经济不景气影响，世界范围内纺织品出口均出现下滑，但国内纺织品行业还面临劳动力成本上升、人民币升值等因素的影响，短时期内难以实现迅速增长。整体来看，中国的羊毛进口将保持稳中略增的趋势，而棉花进口则主要弥补国内供求缺口，且受国内政策影响大，会有较大的年际波动。

澳大利亚是世界第一大羊毛出口国和第四大棉花出口国，羊毛和棉花供给能力较强。澳大利亚每年向中国出口羊毛近20万吨，约占澳大利亚羊毛出口总量的75%，其出口受中国的影响很大。在化学纤维替代传统毛料的趋势下，澳大利亚的养羊业正在由绵羊向羔羊倾斜，但依然保留着巨大的增产潜力，足以满足中国的需求。随着中国羊毛配额的逐渐放开，中国对澳大利亚优质羊毛的进口量必然会增加。澳大利亚的棉花约有1/3～2/3出口至中国，但澳大利亚棉花产量有限，最高为2011年的119.7万吨，不足以满足中国的进口需求。此外，澳大利亚棉花产量波动较大，不适合作为可靠的进口来源，未来中澳棉花贸易量稳定增长的可能性较小，预计将维持此前的波动态势。

2. 牛肉和奶粉

中国肉类消费以猪肉为主，近年来市场对牛肉需求逐步增加，猪肉和牛肉之间表现出较强的替代性。中国牛肉需求主要由国内供给满足，如表10所示，2000—2016年，中国牛肉产量从513.1万吨增至690.0万吨，消费量从510.0万吨增长至767.3万吨，国内供需缺口在缓慢扩大。近年来，中国猪肉价格不稳定的问题日益凸显，随着国内消费能力的提高，消费者也逐渐培养出了对牛肉的消费习惯，可以预见，中国牛肉的消费量在未来几年仍将保持增长态势，进口量也将继续扩大。

澳大利亚牛肉的产量、出口量和国内消费量都非常稳定，年际间仅有小幅波动。但应该看到，澳大利亚的牛肉具有很强的增产能力，2013年和2014年，在国际市场旺盛需求的推动下，澳大利亚牛肉产量迅速提高了约1/7。

截至2016年年底，中国只允许澳大利亚、新西兰、加拿大、阿根廷、巴西、乌拉圭和哥斯达黎加7个国家向中国出口牛肉及副产品。2013年开始，中国牛肉进口初具规模，从澳大利亚进口的牛肉最高达到21.7万吨，完全在澳大利亚的供给能力之内。可以预见，随着关税的降低，澳大利亚在中国牛肉进口中的地位将更加重要。

表 10 中澳牛肉供求情况

单位：万吨

年份	中 国				澳大利亚	
	产量	消费量	进口量	从澳进口量	产量	出口量
2000	513.1	510.0	1.6	0.5	205.3	131.6
2001	508.6	505.2	1.9	0.4	207.9	137.6
2002	521.9	521.4	3.2	0.2	209.0	134.3
2003	542.5	541.5	2.6	0.2	199.8	124.1
2004	560.4	556.6	1.4	0.7	211.3	136.9
2005	568.1	561.4	0.9	0.3	209.0	138.8
2006	576.7	568.4	0.2	0.1	218.8	143.0
2007	613.4	605.8	0.5	0.2	216.9	140.0
2008	613.2	608.0	0.6	0.4	213.8	140.7
2009	635.5	633.7	2.0	0.9	210.6	136.4
2010	653.1	651.3	3.3	0.9	212.9	136.8
2011	647.5	644.8	2.8	1.2	212.9	141.0
2012	662.3	666.7	8.6	3.8	215.2	140.7
2013	673.0	711.2	41.2	21.5	235.9	159.3
2014	689.0	727.7	41.7	18.7	259.5	185.1
2015	670.0	733.9	66.3	21.7	254.7	185.4
2016	690.0	767.3	82.5	16.1	207.5	138.5

数据来源：USDA PSD Online，UN Comtrade。

　　中国对奶粉的进口需求极大，在国内奶粉因为质量问题饱受诟病的现实情况下，澳大利亚的优质奶粉受到国内的追捧。但实际上，澳大利亚的奶粉产量较低，近 10 年每年出口量不足 15 万吨，2016 年中国进口奶粉中仅有 1.8% 来自澳大利亚。2015 年以来，因为澳大利亚奶粉供应中国导致澳大利亚国内奶粉短缺的报道频频出现，从侧面反映了澳方供给能力的不足。如果澳大利亚不扩大奶粉生产能力，关税减免后，中国对澳大利亚的奶粉进口需求会增长，但实际进口增量不会太大（表 11）。

表 11 中澳奶粉供求情况

单位：万吨

年份	中 国				澳大利亚	
	产量	消费量	进口量	从澳进口量	产量	出口量
2000	52.2	5.1	56.3	0.9	18.7	16.9
2001	61.0	4.1	60.8	1.2	20.5	18.3

（续）

年份	中　　国				澳大利亚	
	产量	消费量	进口量	从澳进口量	产量	出口量
2002	57.7	7.7	62.6	2.5	23.9	21.3
2003	75.0	9.1	82.1	1.7	17.0	14.2
2004	83.2	9.1	89.8	1.7	18.7	17.3
2005	91.8	6.5	95.1	1.4	18.9	16.1
2006	103.0	7.4	107.1	1.0	15.2	15.3
2007	115.0	5.9	113.7	1.3	13.5	13.0
2008	112.0	4.6	98.4	1.2	14.2	11.1
2009	97.7	17.7	115.4	2.6	13.7	13.3
2010	103.0	32.6	138.3	3.0	14.7	11.5
2011	110.0	32.0	144.1	3.5	14.8	11.6
2012	116.0	40.6	154.7	2.9	12.0	10.9
2013	120.0	61.9	174.6	3.5	12.0	9.6
2014	135.0	67.1	184.5	4.6	12.2	8.1
2015	161.7	34.7	191.0	3.4	9.5	6.5
2016	137.5	39.5	193.8	1.6	8.0	6.5

数据来源：USDA PSD Online，产品为全脂奶粉。

3. 小麦和大麦

小麦是中国重点进口的谷物之一，在食品用途之外还担负着饲料的用途。中国的小麦需求主要由国内生产满足，许多年份国内产量高于消费量，而且进口来源广泛。近年来，中国小麦消费量和产量均有上升的趋势，供求基本平衡。中国小麦进口量从数字来看波动较大，但相比国内产量，进口量通常在国内产量的3%以内，除2013年因玉米价格高涨导致的小麦需求激增，进口量达到677.3万吨外，绝大多数年份不足350万吨。

大麦也是中国重点进口的谷物，主要用于饲料和酿造啤酒。就两种用途对大麦的需求来看，中国啤酒酿造对大麦的需求并没有随啤酒产量的增加而同比例增加。近10年中国啤酒的口味趋于清淡，麦汁浓度普遍不高，每1 000升啤酒消耗的麦芽比重不断降低，从2001年的97千克下降到2012年的66千克。因此，中国大麦需求的波动主要来自饲料需求。2013年起，受国内玉米价格高涨的影响，中国进口的大麦从200万吨猛增至500万吨，至2016年仍维持在较高水平。

目前，澳大利亚已经是中国最主要的小麦和大麦进口来源地，在弥补中国国内供需缺口、提供替代产品等方面发挥着重要作用。从历史数据来看，虽然澳大利亚的谷物产量波动较大，但出口量足以满足中国的进口需求。随着自贸区关税的降低，澳大利亚在中国谷物进口中的地位将更加重要（表12）。

表 12　中国大麦和小麦供求情况

单位：万吨

产品	年份	中国消费量	中国产量	进口总量	从澳进口量	澳大利亚产量
小麦	2010	11 050.0	11 518.0	92.7	57.8	2 741.0
	2011	12 250.0	11 740.0	293.3	149.6	2 990.5
	2012	12 500.0	12 102.3	296.0	194.6	2 285.6
	2013	11 650.0	12 193.0	677.3	75.2	2 530.3
	2014	11 650.0	12 620.8	192.6	90.1	2 374.3
	2015	11 200.0	13 019.0	347.6	146.8	2 416.8
	2016	11 800.0	12 885.0	400.0	137.5	3 500.0
大麦	2010	405.0	197.2	165.6	95.3	799.5
	2011	380.0	163.7	254.1	179.6	822.1
	2012	400.0	162.6	218.3	179.5	747.2
	2013	630.0	170.0	489.1	368.5	917.4
	2014	1 160.0	181.0	985.9	706.2	864.6
	2015	790.0	187.0	586.9	238.5	859.3
	2016	750.0	200.0	540.0	325.2	1 300.0

数据来源：USDA PSD Online，UN Comtrade。

4. 中国出口的重点产品

澳大利亚作为发达的农业大国，畜牧产品和种植业产品竞争力很强，国内市场留给中国农产品的空间非常有限。而实际上，中国对澳大利亚出口的农产品也主要是具有比较优势的水产品、蔬菜、水果和粮食制品等加工类农产品。

水产品方面，澳大利亚渔业的主要产品为鱼类和龙虾，中国出口的对虾、贝类和软体动物能够很好地补充澳大利亚国内消费的需求，近年来一直是对澳大利亚出口的主要产品。

蔬菜、水果和粮食制品方面，中国具备充分的供给能力，未来的贸易量取决于澳大利亚的国内需求。据澳洲统计局（ABS）2008 年的数据，澳大利亚的饮食结构以肉类为主，人均摄入新鲜蔬菜和水果量远低于世界平均水平。随着人们饮食观念的转变，澳洲蔬菜协会（AUSVEG）指出，近 10 年澳大利亚人在健康饮食方面的投入不断增多，澳洲蔬菜销售额整体增势明显。澳大利亚农业资源经济科学局（ABARES）发布的数据显示，近年来在国内水果和蔬菜的产量略有增加的情况下，澳大利亚的蔬菜、水果和粮食制品的进口量明显增加。考虑到中澳自贸协定带来的关税削减，在未来一段时期内，澳大利亚的进口需求很可能偏向中国，中国的优势产品出口将在不同程度上增长。

（三）中澳农业领域的双边动态

澳大利亚一直是中国友好的贸易伙伴，早在 2005 年澳大利亚就宣布承认中国的完全市场经济地位，双方在农业领域的贸易更是迅速发展。中澳自贸区建立后，受澳大利亚气候不利、中国部分产品需求疲软、中国国内政策调整等因素的影响，双边农产品贸易出现了波动，自贸区的贸易促进效应并未显现，但双方在农业领域的合作却有了明显进步，体现在以下两方面。

1. 澳大利亚对中国农业投资的态度转向积极

中国在澳大利亚的农业土地投资曾在澳大利亚民众中引起反对，最近这一情况正在改善。2016 年 9 月，澳大利亚政府首次发布了农业用地所有权登记报告，数据显示，在总计 3.846 亿公顷的农田中，有 5 210 万公顷的土地由海外人士持有，占比 13.6%，其中 2/3 在英、美资本手中。尽管媒体集中报道中国在澳大利亚的投资，但中国所持澳大利亚农地面积仅居第五位，共 150 万公顷，在外商持有的农业用地中只占 2.8%。澳大利亚国库部部长莫里森表示，外国投资是澳大利亚经济不可或缺的组成部分，他原则上支持更多的外国投资，对国内目前出现的保护主义情绪保持警惕。

2017 年 3 月，由澳大利亚-中国工商业委员会维多利亚州分会主办的中国对澳大利亚农业投资论坛在墨尔本市举行，来自中澳两国政府、澳大利亚相关研究机构及企业代表等约 200 人出席。对于中国企业投资为澳大利亚农业增添活力这一话题，与会人士基本达成共识。澳大利亚外资审查委员会主席布莱恩·威尔逊表示，澳大利亚欢迎中国投资，不会针对某个特定国家设置额外标准。

除了两国官方积极表态外，两国企业也已经开始了行动。例如，中国最大私人农业公司新希望集团于 2015 年启动了与澳洲最大两家畜牧业家庭企业 Moxeys 与 Perichs 的 1 亿元合作项目，且规模有望在 2020 年前达到 10 亿元；阿里巴巴集团则着手投资建设中澳的冷链物流，目前已经实现了澳洲鲜活牛肉的国内直销。

2. 澳大利亚积极扩大对中国的农产品出口

2013 年起，澳大利亚国家贸易委员会开始在北京等城市设置办事处及分支机构，无偿为中国企业提供澳大利亚产品和服务的最新信息，积极推动扩大农产品出口。2015 年中澳签署自贸协定，几乎撤掉了澳大利亚优势农产品进入中国市场的门槛，以此为契机，澳大利亚把开拓中国市场作为其全球贸易战略的重点，并加强对中国出口的营销力度。

2016 年 10 月，广东出入境检验检疫局与中国（广东）自由贸易试验区工作办公室发布"全球质量溯源体系 2.0 版"，该体系能够实现产品的"溯源可查，去向可追"，保障贸易安全、提高产品质量。澳大利亚全国农民协会主席布伦特·芬利第一时间表示，澳大利亚农产品将率先试点加入这一体系，希望这套体系有助于进一步深化两国经济合作，帮助更多澳大利亚优质农产品走进中国市场。目前，澳大利亚也正在探讨建立一套完整的澳大利亚农产品电商平台，目的是有效连接澳大利亚广大个体农户和中国消费者，促进产品在中国的销售。

五、结论与政策建议

中国和澳大利亚一直是重要的贸易伙伴，双边贸易早有一定的基础。2010 年以来，中澳农产品贸易迅速发展，贸易总量已经达到了较高的水平，自贸区成立后，双边贸易将得到进一步发展，但整体来看，中澳自贸区对双边贸易规模和贸易结构造成的影响将会相对缓和。2016 年是中澳自贸协定实施的第 2 年，为了更好地利用自贸区带来的福利，规避贸易带来的潜在风险，本文对中澳自贸区做出 4 点判断，并提出 3 点建议。

（一）结论

1. 中澳自贸区对农产品贸易的影响尚不显著。自贸区目前正处于稳步推进阶段，两国供求情况波动和中国国内政策的变动是近年来中澳贸易变化的主要原因。但在非贸易层面，两国农业领域的合作有了明显进步，由此营造出的良好贸易环境必将有利于双边贸易的长期增长。

2. 中澳农产品贸易总量将保持增长趋势。中澳自贸区的建成将进一步降低两国自贸区内农产品关税，产生贸易创造效应和转移效应，促进双边农产品发展。具体来看，中国对畜产品、谷物、水产品等的需求有了更通畅的解决渠道，而传统的优势产品也能够以更低的成本进入澳大利亚市场。

3. 中国的贸易逆差将长期保持。中国在与澳大利亚的农产品贸易中一直处于逆差地位，由于两国生产效率和需求总量的差异，中国对澳大利亚进口增长的同时，出口增长空间却相对有限，这种逆差在未来将长期保持，并很可能继续扩大。

4. 部分产业可能受到较大冲击。中国从澳大利亚进口的部分产品总量很大，例如羊毛和大麦，进口量占国内产量的比例较大。自贸区正式运行后，中国在贸易层面的产业保护措施会进一步受限，相关产业必须做好迎接挑战的准备。

（二）政策建议

1. 积极通过进口满足国内需求。 随着中国人民收入的提高和饮食结构改变，中国对高端优质农产品的需求迅速增长，但自然资源有限、经营规模小、农业产业结构调整困难等现实约束使得中国对国际市场有相当大的依赖性。澳大利亚作为农产品出口大国，与中国的需求形成了有效的补充，有助于保障中国农产品供求平衡，稳定国内价格，丰富民众的消费选择，中国对此应加以充分利用。

2. 加强贸易监测，及时采取应对措施。 中澳两国的农业发展水平存在较大差异，中国部分产业在竞争中处于明显的弱势地位。随着中澳自贸区的建立，中国大部分农产品的进口关税显著降低，也将更多地面对澳大利亚产品的竞争压力。为了保障国内产业顺利渡过调整转型期，中国应加强对双边贸易重点产品的监测，动态评估中澳自贸区的影响，及时应对自贸区带来的冲击。

3. 利用澳大利亚农业资源，促进国内产业升级。 相对澳大利亚而言，中国羊毛、牛肉等行业资源禀赋较弱，产业比较初级，缺乏竞争优势。自贸区大大降低了中国对澳大利亚投资的成本，国内企业可以通过收购海外农场、引进优良品种等方式提升产品品质，淘汰劣质产能，加快产业转型升级。同时，中国企业应积极加强与澳大利亚在农业科技、劳务等领域的合作，学习先进的管理技术和经验，提升中国农业产业的综合竞争力。

中新自贸区对中国农业影响监测与
运行效果评价

区域经济一体化是当今世界经济的重要特征，在 WTO 多边谈判进程缓慢、收获甚微的现实背景下，它作为国际多边贸易体制的过渡阶段和补充形式显示出了强劲的发展势头。中国是区域经济一体化进程的积极推动者，建设自由贸易区是中国开展区域合作的重要形式。2008 年 4 月 7 日，中国和新西兰签署自由贸易协定，这是中国首次与发达国家达成自由贸易。

新西兰农业资源丰富，拥有成熟的农业生产技术和农业政策体系，是世界重要的农产品生产和出口国，农产品贸易一直都是中新双边贸易的重要内容。自贸区建立之后，中国从新西兰进口的农产品量快速增长，有效满足了消费者对高端农产品的需求。但与此同时，农业作为中国的弱势产业，也面临着进口产品的激烈竞争，部分敏感产品可能会受到较大的市场冲击，需要密切关注。

中国缺少与发达国家开展自由贸易的经验，对于该过程中弱势产业的处境缺乏认识，中国-新西兰自贸区恰好为我们提供了宝贵的研究机会。本项目将通过对新西兰的农业产业、农产品贸易与相关政策的跟踪和监测，客观评价自贸区给中国农业带来的贸易利益以及所造成的影响，并提出有针对性的应对措施。本项目内容分为三部分：第一部分，考察新西兰农业特征，归纳主要农产品的生产和贸易情况；第二部分，分析中新农产品贸易特征，识别重点产品，判断贸易潜力；第三部分，梳理中新自贸协定，结合协定签署前后双边贸易的变动，分析协定对中新农产品贸易的影响。本项目的分析基于世界银行、FAO、WTO、WTIS、中国海关和新西兰统计局的官方数据，美国农业部发布的预测数据也为我们提供了有力的支撑。

一、新西兰农业概况

新西兰（New Zealand）位于太平洋西南部，介于赤道和南极之间，由南岛、北岛及一些小岛组成，国土总面积 26.9 万平方千米，总人口 380 万人，其中欧洲移民后裔占 74%，70% 的居民信奉基督教新教和天主教。2016 年，新西兰的 GDP 为 1 850.2 亿美元，人均 GDP 为 39 426.6 美元，居世界第

23 位。

作为岛屿国家，新西兰对贸易具有很强的依赖性，商品和服务贸易占GDP的比重一直在 50% 以上。新西兰的对外贸易呈现以出口农产品换取其他产品的格局，农产品出口额占全部商品出口总额的 60% 以上。但从行业分类的角度，新西兰的国民经济以第三产业为主，占 GDP 的 70% 左右，第二产业约占 23%，农业占比不足 7%。

过去 20 年间，新西兰经济成功地从以农业为主，转型为具有国际竞争力的自由市场经济，是世界上少数几个依靠农业立国并进入发达国家行列的国家。凭借优越的自然条件，加上政府对科技创新和制度改革的支持，新西兰形成了规模化、一体化的现代农业体系，在国际市场具有很强的竞争力。

（一）农业产业结构

新西兰的农业部门包括畜牧业、种植业、林业、渔业和农林牧渔服务业 5 个子部门。2000—2016 年，新西兰农业产值从 71.1 亿美元增加到 117.7 亿美元，整体呈增长趋势，但受畜牧业生产和汇率不稳定的影响，近几年出现了较大波动（表 1）。

畜牧业是新西兰国民经济的核心产业，用地面积为 1 208.8 万公顷，约占国土面积的一半，产值占农业总产值的 60%～70%。此外，新西兰的加工业也以农牧产品加工为主，主要产品有奶制品、毛毯、食品、皮革、烟草、纸张和木材等，产品大多用于出口。

新西兰的种植业较为薄弱，耕地总面积为 54.7 万公顷，人均耕地面积仅有 0.13 公顷。新西兰的主要农作物为水果、小麦、大麦、燕麦等，其中水果是重要的出口产品，但谷物不能自给，长期依赖进口。

新西兰四面环海，大陆架面积有 21 万平方千米，接近国土面积的 4/5；海洋专属经济区面积约 220 万平方千米，比新西兰陆地面积大 7 倍。新西兰渔业资源非常丰富，有众多优良的渔港，其中捕鱼量在 500 吨以上的有 23 个。

新西兰拥有 738 万公顷森林，全国森林覆盖率接近 30%。早在 21 世纪初期，新西兰就实现了对天然林的保护，木材生产只有 1% 的锯材来自天然林，是世界林业可持续发展的典范。近年来，新西兰林业发展迅速，已经成为国民经济的支柱产业之一，林产品是仅次于畜产品的第二大出口产品。

表 1　新西兰农业分行业产值

单位：亿美元

年份	农业	种植业	畜牧业	林业	渔业	服务业
2000	71.1	10.0	41.6	8.8	3.3	7.2

（续）

年份	农业	种植业	畜牧业	林业	渔业	服务业
2001	92.9	11.7	59.5	10.1	3.5	8.1
2002	102.7	12.9	67.6	9.7	3.5	9.0
2003	79.1	13.2	44.3	9.9	2.7	9.0
2004	82.8	13.5	49.0	8.1	2.6	9.5
2005	82.9	12.1	50.1	8.0	2.5	10.2
2006	73.6	11.3	42.1	8.1	2.3	9.8
2007	85.7	13.5	48.4	10.0	2.5	11.4
2008	113.3	14.3	75.4	9.0	1.9	12.7
2009	94.9	13.9	57.5	9.0	2.7	12.0
2010	111.7	14.2	72.3	11.3	2.6	11.3
2011	133.9	15.4	91.0	13.4	2.7	11.4
2012	133.9	16.2	90.0	11.3	2.6	13.7
2013	120.0	16.8	74.5	12.2	2.6	13.9
2014	163.7	20.5	110.6	11.4	3.0	15.3
2015	115.0	19.3	62.1	13.1	3.5	17.0
2016	117.7	19.8	63.6	13.4	3.6	17.4

数据来源：Statistics New Zealand，由作者整理。表中"服务业"指"农林牧渔服务业"。

（二）农业生产特征

新西兰农业受到其资源禀赋、地理位置以及科技和管理水平影响，主要体现出以下三点特征。

（1）以农场为主要生产单位。新西兰人少地多，通常一个家庭就是一个农场。2016年新西兰共有农场55 473个，总面积1 399.2万公顷，农场平均规模为252.2公顷。其中，家庭农场面积占农场总面积的一半以上，农场主及其家庭成员占农场劳动力的3/4。过去10年间，新西兰作物类和乳品类农场的面积分别扩大了11.8%和28.2%，其他类农场的面积均有小幅缩小。

（2）农业实现现代化，劳动生产率高。新西兰的农业机械化、电气化发展较早，政府每年都对农业科研进行大量投入，目前已经达到了很高的科技化水平。新西兰90%的农场有电力供应，由于雨量分布较为均匀，一般不需灌溉，但多数牧场、蔬菜基地都有机械化灌溉设施。新西兰航空施肥水平居世界前列，全国施肥面积共 738 万公顷，其中航空施肥面积约占 1/2，居世界领先水平。近年来，新西兰在改良和推广优良品种方面也取得了显著成绩。在这些措施的支持下，新西兰的一个家庭就可以实现对一个农场的有效管理，劳动生产率极高。

（3）农业市场化程度高。新西兰农业生产与工业和商业配合密切，基本实现了按照市场需求调整生产规模和品种规格；同时，新西兰的国内外市场连通性强，生产的农牧产品除少量供应国内市场外，大多数出口到国际市场。目前，新西兰农牧产品出口额占全国出口总额的 60％以上，其中，羊肉出口居世界第一位；羊毛出口居世界第二位；乳制品产量的 90％用于出口，拥有25％的世界市场份额。由于与国际市场联系紧密，国际市场的波动有时会对新西兰农业经济产生较大影响。

（三）农业支持政策

新西兰自身农业竞争力很强，对农业的贸易保护力度不高。关税方面，新西兰的农产品关税保护水平远低于欧美发达国家，2016 年平均最惠国税率只有 1.4％，从最惠国进口的 72.4％的农产品免税。国内支持方面，新西兰对农业也没有过多干预，现行的农业扶持政策是一种在市场自由化程度较高条件下的间接支持和保护政策。

根据新西兰向 WTO 的通报，新西兰在国内支持方面只使用"绿箱"政策，且保护政策集中在政府一般服务，主要投入于科技研发和病虫害防治，二者合计占国内支持总量的 70％左右。近 10 年来，科技研发的投入从 0.86 亿新西兰元（约 0.60 亿美元）增至 1.93 亿新西兰元（约 1.35 亿美元），病虫害防治的投入从 1.13 亿新西兰元（约 0.79 亿美元）增加到 2.43 亿新西兰元（约 1.70 亿美元），均增长了 1 倍以上。除了 2002 年由于地区调整援助计划变动导致国内支持激增外，新西兰的国内支持投入平均占农业产值的 5％，与其他发达国家的支持水平相近。

二、新西兰农产品贸易特征

新西兰是一个出口型国家，长期以来，新西兰主要依赖出口农牧业产品以换取国内所需的燃料、工业产品、原料和粮食等物品，发展对外贸易是新西兰对外政策的主要方面。新西兰的传统贸易伙伴为澳大利亚、日本、美国和欧盟，但近年来中国的市场地位明显提升。

（一）贸易规模

2000—2016 年，新西兰的农产品出口额从 71.2 亿美元增加到 216.1 亿美元，年均增速 7.2%；进口额从 11.6 亿美元增加到 43.4 亿美元，年均增速 8.6%。这一时期，新西兰的农产品贸易整体增长平稳，2009 年和 2015 年两次贸易下滑分别是因为金融危机和恒天然奶粉质量事件（图 1）。

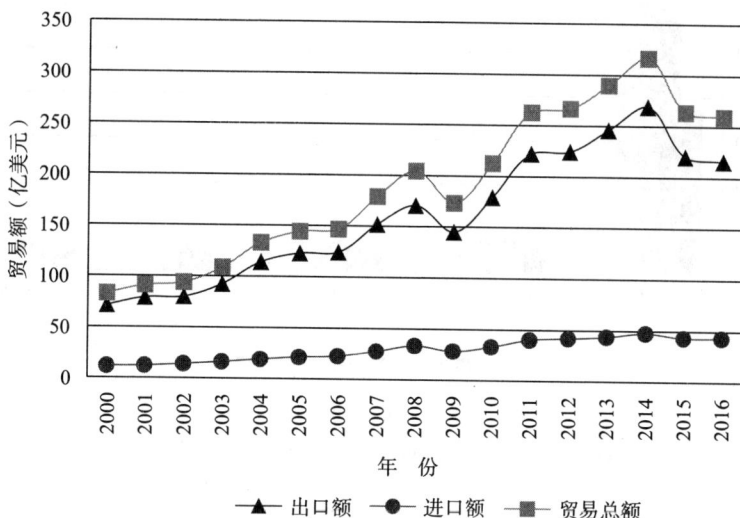

图 1　新西兰农产品贸易规模

数据来源：World Integrated Trade Solution（WITS）。

（二）产品结构

新西兰出口的农产品集中于畜产品、其他农产品、水产品、水果和饮品，这 5 类产品几乎占农产品出口总额的全部。其中，畜产品主要包括乳制品、牛肉、羊肉和羊毛，水产品主要是鱼类，水果主要是猕猴桃和苹果。2000 年以来，各类产品的出口额均呈现出快速增长的趋势，但出口份额基本稳定。2016年，畜产品、其他农产品、水果、饮品和水产品的出口额分别为 135.5 亿美元、25.7 亿美元、20.0 亿美元、13.7 亿美元和 12.6 亿美元，占农产品出口总额的比重分别为 62.7%、11.9%、9.3%、6.3% 和 5.8%（图 2）。

新西兰进口的农产品主要是其他农产品、饮品、畜产品、水果和饼粕，合计占农产品进口总额的 2/3。2016 年，这 5 类产品的进口额分别为 11.3 亿美元、7.4 亿美元、4.2 亿美元、3.3 亿美元和 2.8 亿美元，分别占农产品进口总额的 26.2%、27.0%、9.7%、7.6% 和 6.4%（图 3）。新西兰进口农产品主要是为满足国内供求缺口，随着新西兰国内消费的稳步增长，进口增长的趋势仍会长期保持。

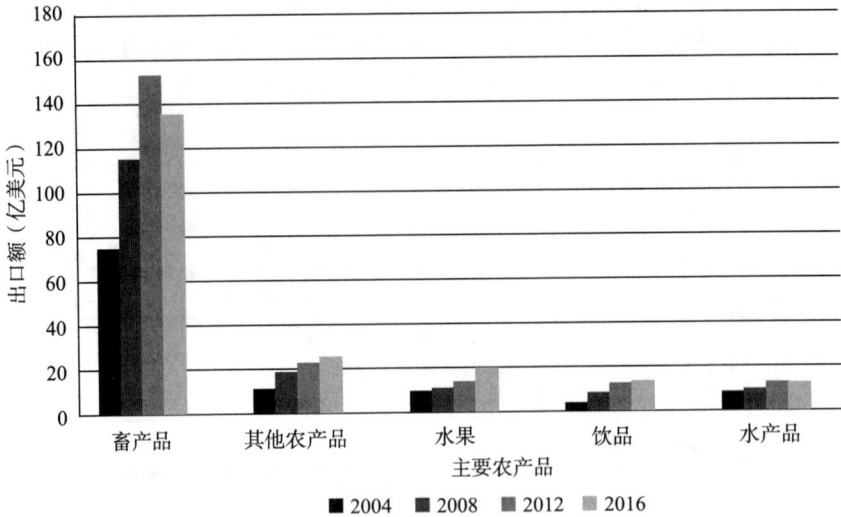

图 2　新西兰出口的主要农产品

数据来源：World Integrated Trade Solution（WITS）。

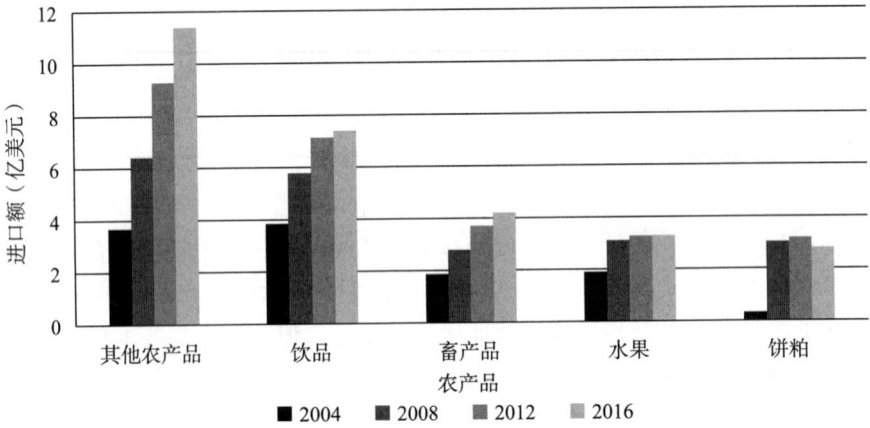

图 3　新西兰进口的主要农产品

数据来源：World Integrated Trade Solution（WITS）。

（三）市场结构

出口方面，新西兰农产品的传统出口市场为欧盟、美国、日本、澳大利亚，这 4 个国家和地区一直占据新西兰农产品出口的前 5 位，且贸易额稳步增长。新西兰对中国的出口原本较少，但中新自贸区开始运行后，中国的贸易地位迅速上升，目前已经成为新西兰最大的农产品出口市场。2016 年，中国所占的份额为 19.7%，远超第二位的美国。

进口方面，新西兰的进口农产品主要来自澳大利亚，其次为欧盟和美国，这 3 个国家和地区一直占据着新西兰农产品进口的前 3 位。近年来，新西兰的进口来源逐渐分散，澳大利亚、欧盟和美国的份额从 70% 下降到不足 60%，周边的亚太国家所占份额逐渐上升。中国与新西兰的地理位置较远，新西兰对中国农产品的进口相对较少，且年际波动较大（表 2）。

表 2 新西兰的主要农产品贸易伙伴

单位：亿美元、%

年份	国家/地区	出口		国家/地区	进口	
		金额	份额		金额	份额
2000	欧盟	15.3	21.5	澳大利亚	5.2	44.9
	美国	12.3	17.2	欧盟	1.4	12.5
	日本	8.1	11.4	美国	1.4	12.3
	澳大利亚	5.4	7.6	加拿大	0.4	3.6
	中国	2.4	3.4	泰国	0.4	3.1
2008	欧盟	29.4	17.2	澳大利亚	13.6	40.6
	美国	20.1	11.8	欧盟	4.2	12.5
	澳大利亚	16.4	9.6	美国	3.0	8.9
	日本	13.2	7.7	马来西亚	2.1	6.3
	中国	11.3	6.6	印度尼西亚	1.4	4.1
2016	中国	42.6	19.7	澳大利亚	13.0	30.1
	美国	26.4	12.2	欧盟	7.1	16.5
	澳大利亚	24.4	11.3	美国	4.6	10.5
	欧盟	24.2	11.2	马来西亚	2.1	4.9
	日本	12.8	5.9	中国	2.1	4.7

数据来源：World Integrated Trade Solution (WITS)。

三、中新农产品贸易分析

中国是新西兰的第一大贸易伙伴，目前也是新西兰农产品的第一大出口对象和第五大进口来源。中新自贸区建立后，中新的农产品贸易平稳发展，贸易规模和贸易结构发生了较大变化。

（一）贸易规模

1995—2016 年，中新农产品贸易总额从 3.1 亿美元增至 44.7 亿美元，增加近 14 倍（图 4）。2013 年和 2014 年，由于畜产品尤其是奶粉进口激增，贸易总额最高达到 62.9 亿美元。整体来看，中新农产品贸易以中国从新西兰进

口为主，中国的贸易逆差呈扩大趋势，按趋势划分，中新农产品贸易可以分为
3 个阶段。第一阶段是 1995—2008 年，中新自贸区建立之前，双边农产品贸
易额增长缓慢，年均增速 11.3%；第二阶段是 2009—2014 年，中新自贸区的
建立极大促进了贸易往来，中新农产品贸易额的年均增速达到 32.2%；第三
阶段是 2015 年至今，由于新西兰乳制品巨头恒天然发生质量事故，加之中国
启动特殊保障措施，导致奶粉贸易额大幅下降。

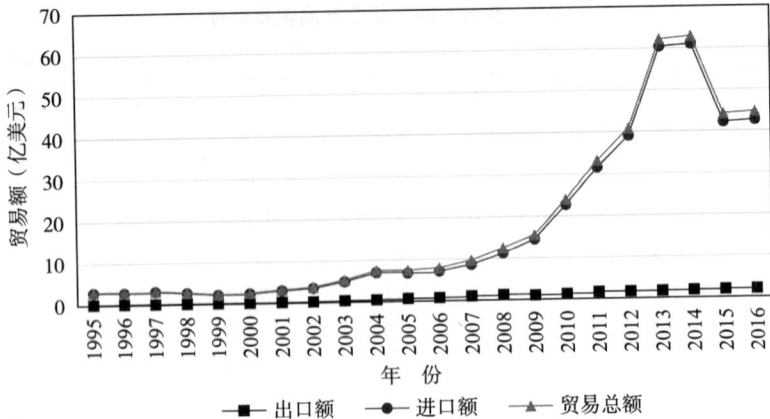

图 4　1995—2016 年中国-新西兰农产品贸易规模

数据来源：World Integrated Trade Solution（WITS）。

出口方面，1995—2016 年，中国对新西兰的农产品出口额从 0.16 亿美元
增加到 2.06 亿美元，年均增速 13.0%。中新自贸区建立后，中国出口额的总
量迅速增加，但增速并未提高，2008 年以前为 17.4%，之后为 9.7%。

进口方面，1995—2016 年，中国对新西兰农产品的进口额从 3.0 亿美元
增至 42.6 亿美元，2014 年最高曾达到 61.0 亿美元。从表 3 可以看出，自贸
区显著提高了中国进口增速，但这很大程度归因于奶粉进口的增加；若不考虑
奶粉，自贸区对中国进口的促进作用明显下降。

表 3　中新自贸区建立前后中国农产品进口增速

单位：%

进口对象	2000—2008	2008—2014
世界	22.8	12.9
新西兰	15.2	37.0
新西兰（不含奶粉）	15.6	25.0

数据来源：中国海关数据库。

从贸易份额来看，中新自贸区显著促进了双边贸易。2011—2018年，新西兰占中国农产品进口的份额不断下降，而中国占新西兰农产品出口的份额也不足7%，详见表4。

表4 中国-新西兰双边贸易对两国农产品贸易的重要性

单位：%

年份	新西兰占中国农产品进口的份额	中国占新西兰农产品出口的份额	新西兰农产品出口增速	中国对新西兰农产品出口的增长贡献率
2001	3.0	4.5	10.8	3.8
2002	3.1	4.8	1.2	29.0
2003	2.8	5.8	15.6	11.9
2004	2.8	6.9	23.4	11.5
2005	2.4	5.7	7.7	−8.9
2006	2.3	5.9	1.0	22.2
2007	2.0	5.5	22.2	3.6
2008	1.7	6.0	12.7	9.8
2009	2.6	9.3	−15.2	—
2010	3.0	12.3	23.8	24.8
2011	3.2	13.4	23.9	18.2
2012	3.4	17.0	1.0	369.9
2013	4.7	22.8	9.5	83.9
2014	5.6	25.1	9.4	50.1
2015	3.0	16.2	−18.1	—
2016		20.9	−1.9	—

数据来源：World Integrated Trade Solution（WITS）。由作者测算。

2008年以来，新西兰占中国农产品进口的份额从1.7%增至5.6%，而中国占新西兰农产品出口的份额从6.0%增至25.1%。值得注意的是，中国极大地拉动了新西兰农产品出口的增长，2008—2016年中国贡献了新西兰农产品出口额增量的77.1%。

（二）产品结构

在中新双边农产品贸易中，中国和新西兰各自的优势明显，贸易结构比较稳定。中国的优势产品为水产品、水果、蔬菜等劳动密集型产品，新西兰的畜产品则是其传统优势产品，其特有的水产品和水果（奇异果）也有较好的销量。

中国对新西兰出口的产品种类繁多，但由于新西兰需求有限，且中新地理上相距较远，因此新西兰对中国各类产品的进口额都不大，前几位的有水产品、水果、蔬菜、糖料及糖和粮食制品（表5）。其中，水产品、蔬菜和粮食制品近几年出口额增量较大，水果出口额相对平稳。

表5　中国对新西兰出口农产品结构

单位：万美元、%

2008 年			2012 年			2016 年		
产品	金额	比例	产品	金额	比例	产品	金额	比例
水产品	2 344	18	水产品	2 642	16	水产品	4 061	20
水果	2 336	18	蔬菜	2 517	15	其他农产品	3 774	18
蔬菜	1 664	13	其他农产品	2 393	14	蔬菜	2 846	14
其他农产品	1 559	12	饮品类	2 023	12	水果	2 273	11
糖料及糖	1 522	12	水果	1 961	12	粮食制品	1 951	9

数据来源：World Integrated Trade Solution（WITS）。

　　中国从新西兰进口的农产品非常集中，畜产品的份额在70%以上，其次为水产品和水果。中新自贸区建立后，中国对畜产品的进口额从8.2亿美元跃升至31.0亿美元。中国是新西兰水产品的第三大出口市场，重点产品为小龙虾和鱼类，新西兰的奇异果在中国也很受欢迎，近年来这些产品的贸易额也增长迅速，在中国旺盛的需求下，未来还会有一定的增长空间（表6）。

表6　中国从新西兰进口农产品结构

单位：万美元、%

2008 年			2012 年			2016 年		
产品	金额	比例	产品	金额	比例	产品	金额	比例
畜产品	81 890	73	畜产品	322 478	82	畜产品	309 644	73
其他农产品	15 292	14	其他农产品	28 677	7	水产品	40 527	10
水产品	11 658	10	水产品	26 415	7	其他农产品	37 414	9
水果	2 904	3	水果	9 854	3	水果	31 673	7
饮品类	472	0	饮品类	2 562	1	蔬菜	3 731	1

数据来源：World Integrated Trade Solution（WITS）。

四、中新自贸区重点产品分析

（一）中新自贸协定中的敏感产品

　　根据中新自贸协定，新西兰已在2016年1月1日前取消全部自中国进口产品的关税，中国将在2019年1月1日前取消97.2%自新西兰进口产品的关税。为了对中国农业进行保护，中国粮棉油糖等产品不参加自贸区降税（表7），包括乳制品在内的没有立即实现零关税的产品将分别在承诺的过渡期内逐步降低关税，直至降为零关税；中国为新西兰增设羊毛、毛条零关税进口国别配额。

表7　中新农产品贸易保护措施

保护措施	农产品种类	过渡期措施
国别关税配额	羊毛	初始配额2.5万吨，配额10年内每年增加5%
	毛条	初始配额450万吨，配额10年内每年增加5%
特殊保障措施	奶粉	初始触发水平9.5万吨，至2023年每年增加5%
	鲜奶	初始触发水平1 300吨，至2021年每年增加5%
	黄油	初始触发水平9 400吨，至2021年每年增加5%
	奶酪	初始触发水平3 600吨，至2021年每年增加5%
中期审议机制	奶类	若造成负面影响，调整降税安排和触发水平
例外安排	粮食、棉花 植物油、糖 其他农产品（烟草）	不减让

资料来源：中新自贸协定文本。

为了避免自贸区带来的乳制品进口增加对国内奶业造成过大冲击，自贸协定还附加了特殊保障措施。自贸协定规定，中国可对四类乳制品即鲜奶、奶粉、黄油和奶酪共11个税号的产品启动特殊保障措施。该措施属数量触发，即进口上述四类产品的量超过触发水平，中国停止按自贸区优惠进口税率征收税款，改为按降税前的最惠国进口税率征收税款。特殊保障措施最晚持续至2023年，而后取消。

除特殊保障机制外，双方同意为奶粉设立中期审议机制。自贸协定规定，到2013年双方对中国奶粉降税进行中期审议，主要是评估实施自贸区关税减让引起的新西兰奶粉进口激增是否对中国奶业造成了负面影响，如果经过评估得出有负面影响的结论，则中国进口奶粉在2014年暂停降税1年。

（二）重点农产品贸易趋势分析

新西兰是世界最大的乳制品出口国，第二大羊毛生产和出口国，也是肉类生产大国和出口大国。中国重点进口的产品为各类畜产品，包括奶粉、羊毛和牛羊肉，其进口额均出现了大幅增长。

在中新双边贸易中，奶粉约占中新双边贸易总额的30%～50%。2000年中国对新西兰奶粉的进口额为7 747.4万美元，2014年已增至36.9亿美元，年均增速31.4%。随着中国独生子女政策的取消，中国人口出生率可能有所上升，国内消费者对奶粉的需求会进一步提升，中国对新西兰奶粉的进口将保持增长趋势。

新西兰是中国第二大羊毛进口来源。2000—2014 年，中国每年从新西兰进口的羊毛总额从 7 693.3 万美元增加到 33 058.2 万美元，进口量占中国羊毛进口总量的 18.7％。

新西兰的肉类生产以羊肉为主、牛肉为辅。2000 年，中国从新西兰进口的牛羊肉仅有 1 278.0 万美元，至 2014 年达到 6 707.3 万美元。近年来，国内对牛羊肉的消费习惯逐渐形成，中国对新西兰牛羊肉的进口额迅速增长；长期来看，中澳自贸区的建立可能会分散中国的肉类进口，但新西兰依然会是重要的进口来源。

自贸区建立以来，中新贸易结构略有调整，但整体变化不大。中国重点出口产品的出口增幅较小，而对新西兰重点产品的进口则出现了大幅增长。在重点产品类别中，较为敏感的产品为奶粉和羊毛。

1. 奶粉

奶粉是中国从新西兰进口的核心产品。中国是奶粉消费大国，随着人们生活水平的提高，奶粉需求增长迅速（图 5）。2008 年以来，国内奶粉频频出现质量问题，有关部门对奶粉质量监管日趋严格，导致国内奶粉产量出现一次大幅下降，国内供需缺口逐渐扩大。与此同时，消费者对海外优质奶粉的需求日趋旺盛。

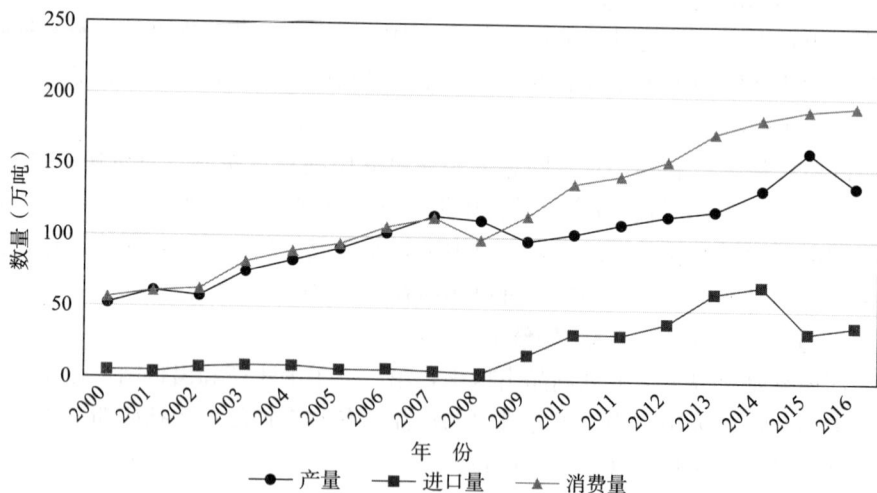

图 5　中国奶粉供求情况

数据来源：USDA PSD Online，口径为 dry whole milk powder。

中国从新西兰进口的奶粉约占中国进口奶粉总量的 70%，根据协定安排，中国对新西兰奶粉的关税将在 2019 年降至 0。中新自贸区建立以来，中国对新西兰奶粉的进口额从 2008 年的 2.17 亿美元迅速增至 2014 年的 36.9 亿美元，在 6 年内增长了 16 倍；2015 年，受恒天然奶粉质量事件的影响，中国奶粉进口额大幅下降，但 2016 年开始迅速回升（表 8）。

表 8　中国对新西兰奶粉进口额及税率

单位：万美元、%

	2007 年	2008 年	2009 年	2010 年	2011 年	2012 年	2013 年	2014 年	2015 年	2016 年
进口额	22 390	21 689	47 885	113 649	135 716	167 005	286 971	369 122	104 139	185 109
税率	10	9.8	8.3	7.5	6.7	5.8	5	4.2	3.3	2.5

数据来源：中国海关数据库，中新自贸协定文本。

根据美国农业部的估计，新西兰的奶粉产量接近 150 万吨，出口量在 140 万吨以上，足以满足中国未来几年的进口需求，中新奶粉贸易还存在很大的增长空间。

2. 羊毛

新西兰是中国重要的羊毛进口来源。如图 7，2008 年以前，中国对新西兰羊毛的年进口量在 35 000 吨左右，贸易量和贸易额都相对稳定。自贸区建立后，中国给予新西兰羊毛和毛条共 25 450 吨的零关税配额，每年增加 5%。2009 年起，中国羊毛进口量迅速增加，至 2012 年便接近 60 000 吨，之后在该

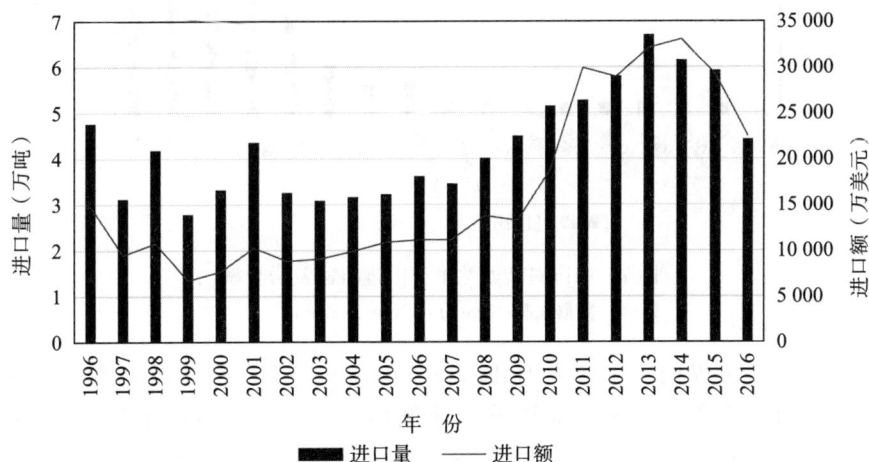

图 6　中国对新西兰羊毛的进口量和进口额

数据来源：中国海关数据库。

水平附近波动，前后的进口量差额大致等于零关税配额。可以看到，国别配额发挥了较好的约束作用。

中国的纺织和服装加工行业对羊毛有着巨大的需求，虽然 2013 年之后因为国内纺织业不景气，中国羊毛进口明显减少，但长期来看羊毛进口仍然会呈增长趋势。未来中国对新西兰羊毛的进口主要受两方面因素影响：一方面，羊毛配额的逐步放开会进一步刺激中国对新西兰羊毛的进口需求；另一方面，中澳自贸区的建立可能会转移中国羊毛的部分进口。总体来看，未来中国对新西兰羊毛的进口仍会有所增长，但增速会放缓。

3. 牛羊肉

牛羊肉并非自贸协定重点关注的产品，但贸易量较大，且自贸区建立前后贸易特征出现较大变化，详见图 7。2000 年，中国从新西兰进口的牛羊肉仅有 0.26 亿美元，至 2008 年达到 0.96 亿美元。2008 年以后，随着国内猪肉价格的波动和中新自贸区建立带来的进口肉类价格降低，中国对新西兰牛羊肉的进口额迅速增长，至 2015 年达到最高 12.0 亿美元，2016 年有所回落。

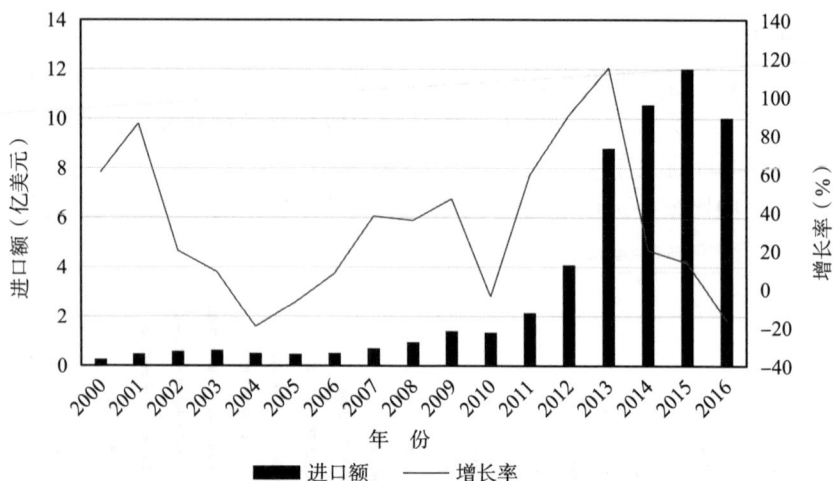

图 7　中国对新西兰牛羊肉进口额及增长率

数据来源：Statistics New Zealand。

新西兰是世界肉类生产大国和出口大国，其肉类产品质量上乘，健康安全，在全球享有很高声誉。2010 年以来新西兰的牛肉产量稳定在 60 万吨以上，羊肉产量在 45 万吨左右，其中绝大部分用于出口。目前中国牛羊肉进口量在 100 万吨左右，随着中国肉类消费逐渐由猪肉转向牛羊肉，中国的牛羊肉进口需求会继续增加，而新西兰也会成为中国重要的进口来源。

（三）中新双边农业动态

中新自贸区建立以来，中新双边农产品贸易额从 11.2 亿美元增至 44.7 亿美元，年均增速 17.2％，各项主要农产品的双边贸易额均有显著提高。作为中国同发达国家建立的第一个自贸区，中新自贸区目前保持着良好的运行状态，为中国发展区域经济合作积累了宝贵的经验，中新双方也都表现出进一步建设自贸区的意愿。

2012 年 2 月，新西兰贸易部长访问中国，意在吸引来自中国的，对于乳业、林业、可再生能源等领域的投资，并解决投资过程中的困难和问题。2014年 3 月，新西兰总理访问中国，提出在农业、食品安全领域加强合作。2014年 11 月，中国国家主席习近平访问新西兰期间，在畜牧业和林业方面签订众多投资合作协议。

2015 年 3 月，中新双方建立了中新自贸协定升级谈判联合评估机制；同年 7 月，中新自贸协定商议修订，乳制品关税再度下调。在联合评估机制下，中新于 2016 年 11 月进一步提出了《联合评估工作组关于中国-新西兰自由贸易协定升级的建议》。根据该建议，升级谈判范围将涵盖服务贸易、竞争政策、电子商务、农业合作、环境、技术性贸易壁垒、海关程序合作和贸易便利化、原产地规则等众多领域，将推动中新自贸协定升级成为更高水平的贸易协定。双方同意，第一轮谈判于 2017 年上半年举行，力争尽早达成协议。

从近年自贸区的运行效果来看，新西兰能够有效弥补中国重要产品的供需缺口、丰富中国的消费选择，而中国能够有效消化新西兰的农业产能、提供大量农业投资。随着自贸协定升级，双方在农业领域还具有广泛的合作空间。

五、结论与政策建议

1. 主要结论

中新自贸区自建立以来已经运行了 8 年，除 2015 年新西兰出现的奶粉质量问题导致贸易量骤减外，中新自贸区运行平稳，重点产品的贸易额都出现显著增长。整体来看，中新自贸区对农产品贸易造成的影响主要有 3 点。

（1）中国进口激增，出口获益有限。中新双边贸易以中国从新西兰进口为主，自贸区放大了中国的进口，从而拉动了新西兰农产品出口的快速增长。WITS 的数据显示，2008—2015 年中国贡献了新西兰农产品出口增量的 70％，产生了非常显著的创造效应。此外，由于新西兰需求空间小、市场成熟，中国农业产业本身通过出口的获益很少，且增长潜力不大。自贸区对中国的贸易利益体现为消费者福利的改进，以及国外农业资源的利用。

（2）双边贸易结构趋稳，重点产品突出。自贸区建立后，中新农产品贸易额迅速放大，贸易结构在短暂调整过后已经趋于稳定。中国出口的产品种类繁多，主要为竞争力较强的水产品、水果和蔬菜等，但出口额较小，只在 1 000 万美元左右。中国进口的产品集中于乳品、牛羊肉和羊毛等畜产品。其中，奶粉占进口总额的 30%～50%，贸易额超过 10 亿美元，对拉动中国进口起到了关键作用。

（3）贸易总量仍将扩大，但增速趋缓。新西兰的优势产品很好地补充了中国国内的供求缺口，随着双边市场的进一步开放，中新贸易总量将继续增长，中国的贸易逆差将继续扩大。中新双边贸易的高速增长建立在此前贸易总量较小的基础上，随着贸易潜力不断被挖掘，未来中新贸易额的增速将趋于缓和。实际上，2012 年起除奶粉以外的产品贸易额增速已经连续降低；当奶粉进口相对饱和后，总体增速亦将放缓。

2. 政策建议

针对本项目的监测和分析结果，在此提出以下建议，为中国发展自由贸易和保护国内产业提供借鉴。

（1）发挥自贸区优势，充分利用国外的优质资源。受国内需求增长和资源短缺的双重压力，中国部分农产品的供给已经出现缺口。新西兰作为畜产品出口大国，与中国的需求形成了有效的补充，有助于保障中国农产品供求平衡，稳定国内价格。与此同时，随着中国人均收入的提高，国内对优质农产品的需求也迅速增长，自贸区的建立为民众提供了更丰富的消费选择，应该得到充分利用。

（2）关注重点产品的贸易状态，防止市场剧烈波动带来的影响。新西兰进口奶粉占中国奶粉消费量的 1/6，自贸区建立以来，中国从新西兰进口的奶粉迅速增加，满足了国内对高端奶粉的消费需求，但在 2015 年新西兰奶粉因发生质量问题而被禁止进口后，进口奶粉出现供不应求的局面，其库存被迅速消化完毕。为了避免进口大幅变化导致的市场波动，中国应该随时关注贸易伙伴对重点产品的生产和贸易情况，及早发现问题并做出应对措施。

（3）转变发展模式，提高重点行业竞争力。由于中国奶源品质较低、成本较高，国内高端市场依赖于进口奶粉。光明乳业等企业采用引进优质奶牛品种的方式改善奶源，但因成本较高而难以普及。中新自贸区为中国乳品企业对外投资设厂、开展跨国合作提供了巨大便利，国内企业也可以采用进口奶源混装生产的方式提升产品品质。从长远角度来看，为了真正实现对国内产业的保护，中国应该积极学习国外先进的技术和管理经验，努力提升中国农业的国际竞争力。

（4）借鉴中新自贸区的经验，积极开展区域经济合作。在近年来 WTO 框架下的多边贸易谈判体系逐渐陷入僵局的情况下，区域性的自贸协定不断升温。中共十七大提出"实施自由贸易区战略"，首次将自贸区上升到国家战略层面。中国作为发展中国家，农业实力较弱，也缺少同发达国家发展自由贸易的经验。中新自贸区为中国提供了宝贵的机会，中国应积极总结自贸区谈判和运行过程中的经验教训，用于指导以后的自贸区建设。

WTO 规则下印度粮食安全
政策跟踪及评价

近年来，印度种植业、畜牧业、水产养殖业等部门取得了较快发展，但同时发展面临着资源约束、环境污染、生态恶化、成本上升和气候变化等诸多挑战。为了摆脱发展困境，印度政府实施了旨在振兴农业、繁荣农村和富裕农民的政策，随着相关政策的出台，印度农业发展迈向新台阶。

作为全球人口最多的两个国家，中印两国有很多相似之处：同属发展中国家；两国经济发展几乎在同一时间起步——印度成立于 1947 年，而中国成立于 1949 年；20 世纪 80 年代前，两国经济发展水平基本处于同一起跑线上；在过去的几十年中，两个国家的经济都获得持续快速发展，先后跨入经济大国行列。经过几十年的发展，印度农业取得了瞩目成就，在农业、农村和农民福利事业的改革中积累了很多宝贵经验，研究印度农业、追踪印度农业政策变化对中国农业发展具有重要意义。

一、印度农产品贸易发展状况

（一）印度总体农产品情况

印度是人口大国，粮食安全和贫困问题成为关系国家安定和经济发展的重大问题，政府极其重视对农业的支持。印度政府分别在 20 世纪 60、70 和 80 年代开展"绿色革命""白色革命"和"蓝色革命"，对提高传统农业生产率起到了极大的推动作用。但由于印度人口众多，经济发展水平的限制导致其农产品参与世界贸易的程度不高，2000 年印度占世界农产品贸易额的 0.9%，2010 年以后该比重在 1%～2%徘徊。

就印度农产品出口情况来看，2004—2011 年印度农产品出口额在所有产品出口额中的比重均在 12%以下，2012 年该比重猛增至 14.64%，但 2013—2016 年，该比重逐年下降至 11.51%，其中，2016 年印度农产品出口总额为 299.72 亿美元，较 2015 年下降约 12.53%。

就印度农产品进口情况而言，2001—2016 年印度农产品进口额占所有产品进口总额比重整体呈现一个"W"型，2001—2008 年整体呈下降趋势，由 6.70%下降至 2.68%，2009 年该比重为 4.21%，随后两年分别下降至 3.83%

和 3.57%,2013—2016 年呈上扬趋势,占比分别为 3.91%、4.54%、5.68% 和 7.73%,WITS 数据显示,2016 年印度农产品进口额为 275.75 亿美元,低 于农产品出口额(表 1)。

上述数据表明,印度政府签署的 WTO《农业协定》在一定程度上对印度 的农产品出口带来了负面影响,而对进口则影响相对温和;此外,金融危机等 国际市场环境变化对农产品进出口贸易亦具有重要影响。

表 1 印度农产品贸易概况

单位:亿美元、%

年份	农产品出口额	农产品进口额	总出口额	总进口额	农产品出口额占比	农产品进口额占比
2001	63.70	33.95	438.78	506.71	14.52	6.70
2002	69.05	38.29	500.98	574.53	13.78	6.66
2003	71.53	47.14	593.61	724.31	12.05	6.51
2004	87.24	50.12	759.04	989.81	11.49	5.06
2005	102.28	55.84	1 003.53	1 408.62	10.19	3.96
2006	123.62	57.33	1 212.01	1 782.12	10.20	3.22
2007	163.08	77.17	1 458.98	2 186.45	11.18	3.53
2008	211.44	84.56	1 818.61	3 157.12	11.63	2.68
2009	161.73	112.16	1 767.65	2 664.02	9.15	4.21
2010	227.45	133.96	2 204.08	3 500.29	10.32	3.83
2011	339.77	165.10	3 014.83	4 624.03	11.27	3.57
2012	423.89	192.68	2 895.65	4 889.76	14.64	3.94
2013	468.27	182.39	3 366.11	4 660.46	13.91	3.91
2014	427.34	208.75	3 175.45	4 593.69	13.46	4.54
2015	342.64	221.82	2 643.81	3 907.45	12.96	5.68
2016	299.72	275.75	2 603.27	3 567.04	11.51	7.73

注:如无特殊说明,以下贸易分析均以印度为报告国。

数据来源:根据 WITS 整理所得。

印度优势农产品:谷物、水产品和肉及食用杂碎。从印度出口前 10 位农 产品分布来看,谷物、水产品和肉及食用杂碎是重要的出口农产品,也是印度 的优势农产品,三类农产品出口额在总出口额中的比重分别为 19.98%、 13.37%和 12.67%,以上 3 种产品再加上咖啡、茶、马黛茶及调味香料 (HS09),此四类产品占据印度农产品出口市场 54.54%的份额,此外原棉与已梳棉、含油子仁及果实与工业或药用植物的出口也占据较高比重。

表2 2015年印度前10位出口农产品

单位：亿美元、%

HS代码	商品名称	金额	占比
10	谷物	68.46	19.98
03	水产品	45.80	13.37
02	肉及食用杂碎	43.42	12.67
09	咖啡、茶、马黛茶及调味香料	29.20	8.52
5201	原棉与已梳棉	18.61	5.43
12	含油子仁及果实与工业或药用植物	17.15	5.00
08	食用水果及坚果	14.84	4.33
17	糖及糖食	14.05	4.10
07	食用蔬菜、根及块茎	11.58	3.38
23	食品工业残渣与配制饲料	10.65	3.11

数据来源：根据WITS数据整理所得。

通过对2015年印度同世界所有国家的农产品进出口额进行计算，并从大到小进行排序，筛选集中度较高的农产品。结果表明，印度农产品贸易集中度总体较低，其中进口集中度略高；从印度与不同国家的贸易总额来看，印度最重要的农产品伙伴国排名依次是美国、印度尼西亚、越南、马来西亚和阿联酋。

表3 印度主要农产品伙伴国贸易概况

单位：亿美元

序列号	进出口总额排名	进出口总额	进口来源地排名	进口额	出口目的地排名	出口额
1	美国	49.90	印度尼西亚	39.97	美国	37.23
2	印度尼西亚	44.73	马来西亚	24.41	越南	36.47
3	越南	39.36	阿根廷	20.47	阿联酋	20.16
4	马来西亚	34.96	加拿大	14.05	沙特阿拉伯	19.38
5	阿联酋	23.11	乌克兰	13.33	孟加拉国	14.56
	前5名合计	192.05	前5名合计	112.23	前5名合计	127.79
	贸易总额	562.92	进口总额	220.29	出口总额	342.64
	占比	34.12%	占比	50.95%	占比	37.29%

数据来源：根据WITS整理所得。

（二）中印农产品情况

近年来，中印两国经贸合作密切，农产品贸易也随之迅速发展。中印两国都是农产品生产和消费大国，且距离近、运输费用低，金融危机后，两国农产品贸易蓬勃发展，但近年来有走低的趋势。

农产品贸易额。整体看，印中农产品贸易额呈波动上涨态势，印中农产品贸易顺差也相应呈扩大趋势。印度向中国出口农产品金额与自中国进口农产品金额均呈现增长态势。印度对中国的农产品出口额和进口额分别由 2001 年的 1.34 亿美元和 1.54 亿美元上涨至 2012 年的 38.37 亿美元和 7.83 亿美元，但 2013—2015 年印中农产品贸易额呈现下降趋势。2015 年印度对中国的农产品出口额和进口额分别为 10.74 亿美元和 4.94 亿美元，农产品贸易总量仅维持在 2008 年金融危机前水平。中国对印度农产品出口额一直都较小，中国对印度进口增长速度快于出口增长速度正是中国对印度农产品贸易逆差持续扩大的直接原因，印中农产品贸易差额由 2000 年的中国顺差 0.20 亿美元转变为 2004 年的印度顺差 0.17 亿美元，到 2013 年中印贸易顺差达到顶峰（印度顺差 34.56 亿美元），但随着印中农产品贸易额的萎缩，两国间的农产品进出口差额呈减小趋势，2015 年农产品进出口差额为印度顺差 5.80 亿美元，而 2016 年已经变为印度逆差 0.61 亿美元（表 4）。

农产品贸易比重。印度自中国进口农产品所占比重逐年降低，而出口农产品所占比重则出现较大波动。印度向中国出口农产品所占比重相对较高，2012 年仍维持在 26.05% 的高位，2015 年降至 11.22%，对印度农产品贸易而言，中国虽然成为印度农产品出口的重要目标国，但近年来持续走低的状况前景堪忧。

表 4　印度与中国农产品贸易概况

单位：亿美元、%

年份	农产品出口额	农产品进口额	总出口额	总进口额	农产品出口额占比	农产品进口额占比
2001	1.34	1.54	9.23	18.28	14.48	8.45
2002	1.47	2.12	15.32	26.20	9.59	8.11
2003	1.84	1.89	25.67	36.15	7.17	5.24
2004	2.14	1.97	40.99	60.51	5.23	3.25
2005	4.97	2.66	71.84	101.67	6.92	2.62
2006	10.27	2.90	78.29	156.39	13.12	1.86
2007	13.80	3.30	94.92	245.76	14.54	1.34

(续)

年份	农产品出口额	农产品进口额	总出口额	总进口额	农产品出口额占比	农产品进口额占比
2008	12.00	3.82	100.94	315.86	11.88	1.21
2009	9.99	4.85	103.70	306.13	9.64	1.58
2010	26.61	4.98	174.40	412.49	15.26	1.21
2011	35.80	8.36	167.18	554.83	21.41	1.51
2012	38.37	7.83	147.29	541.40	26.05	1.45
2013	40.22	5.66	164.17	516.35	24.50	1.10
2014	21.62	5.70	134.34	582.31	16.10	0.98
2015	10.74	4.94	95.77	616.04	11.22	0.80
2016	7.81	8.42	89.16	604.83	8.76	1.65

注：如无特殊说明，以下贸易分析均以印度为报告国。

数据来源：根据 WITS 整理所得。

表5给出了2010年中印两国贸易农产品（HS编码）的显性比较优势指数（RCA）。总体上看来，印度具有显性比较优势的农产品的种类远多于中国，且差异明显，即使是双方都具有优势的产品，印度的比较优势也明显大于中国。

对中国而言，显性比较优势指数最为明显的是生丝和废丝、甘露糖醇、生大麻、其他动物产品、肉鱼甲壳和软体动物等制品，而印度的显性比较优势指数较为明显的产品有山梨醇，原棉与已梳棉，虫胶、树胶、树脂及其他植物液汁，精油，编结用植物材料、其他植物产品，咖啡、茶、马黛茶及调味香料，谷物，水产品，肉及食用杂碎和糖及糖食等。

表5 中印农产品显性比较优势指数

代码	名称	中国 RCA	印度 RCA	代码	名称	中国 RCA	印度 RCA
01	活动物	0.20	0.03	06	活植物，鳞茎、根、插花等	0.11	0.23
02	肉及食用杂碎	0.06	2.22	07	食用蔬菜、根及块茎	0.97	1.07
03	水产品	1.02	3.03	08	食用水果及坚果	0.37	0.92
04	乳品、蛋品、蜂蜜等	0.05	0.27	09	咖啡、茶、马黛茶及调味香料	0.44	4.40
05	其他动物产品	1.36	0.53	10	谷物	0.02	4.00

（续）

代码	名称	中国 RCA	印度 RCA	代码	名称	中国 RCA	印度 RCA
11	制粉工业产品、麦芽、淀粉	0.24	1.02	24	烟草及烟草制品	0.25	1.48
12	含油子仁及果实与工业或药用植物	0.23	1.17	290543	甘露糖醇	2.08	0.89
13	虫胶、树胶、树脂及其他植物液汁	1.31	9.42	290544	山梨醇	1.39	11.66
14	编结用植物材料、其他植物产品	1.15	4.82	3301	精油	1.17	7.25
15	动植物油脂及分解产品与食用油脂	0.07	0.84	3501～3505	蛋白类物质、改性淀粉、胶	0.41	0.86
16	肉鱼甲壳和软体动物等制品	1.33	0.29	380910	整理剂	0.53	0.51
17	糖及糖食	0.28	2.17	4101～4103	生皮	0.01	0.01
18	可可及可可制品	0.07	0.25	4301	生毛皮	0.00	0.00
19	谷物、粮食粉、淀粉或乳的制品	0.17	0.47	5001～5003	生丝和废丝	5.48	1.98
20	蔬菜、水果、坚果制品	0.90	0.51	5101～5103	羊毛和动物毛	0.11	0.17
21	杂项食品	0.33	0.54	5201～5203	原棉与已梳棉	0.03	10.47
22	饮料、酒及醋	0.13	0.19	5301	生亚麻	0.05	0.11
23	食品工业残渣与配制饲料	0.26	0.89	5302	生大麻	1.77	0.13

进口农产品集中在纺织纤维及其废料产品。从贸易农产品细分角度分析（表6），印度自中国进口的农产品长期主要集中在生丝和废丝，食用蔬菜、根及块茎等。然而，生丝和废丝占中国出口到印度农产品总量的比例却一直在下降，且下降幅度较大。这主要是由于印度国内织绸业发展较快，中国国内需求增加以及该产品遭遇印度反倾销调查所致。但是目前印度生产丝的等级和质量都不如中国，在短期内要摆脱对中国丝的进口不太现实，所以丝产品仍然是中国在印度市场最具发展潜力的农产品。

农产品出口结构更显单一。相比之下，随着时间的推移，印度出口到中国的农产品贸易结构更显单一，更缺乏多元化。从2000年的以初级动物产品（如冻鱼、甲壳动物等）为主的模式，逐步向以纺织纤维及其废料（主要为棉花）为主过渡，原棉与已梳棉出口额快速增长。

总体来看，中印农产品贸易的开展建立在本国要素禀赋上，中国主要出口劳动密集型农产品，印度主要出口土地密集型农产品，两国农产品贸易具有较强的互补性，竞争性则不显著。中印农产品双边贸易规模与两国人口、经济总量和巨大的潜在市场需求相比极不相称，两国农产品贸易互补潜力并未得到充分发挥，双边贸易可拓展的空间仍然较大。

表6 2007年、2012年、2015年印度—中国前5位进出口农产品

单位：亿美元

	年份	产品代码	名称	金额
	2007	5201	原棉与已梳棉	8.58
		03	水产品	1.31
		23	食品工业残渣与配制饲料	0.84
		15	动植物油脂及分解产品与食用油脂	0.65
		12	含油子仁及果实与工业或药用植物	0.58
印度出口中国的农产品	2012	5201	原棉与已梳棉	26.05
		15	动植物油脂及分解产品与食用油脂	3.80
		13	虫胶、树胶、树脂及其他植物液汁	2.96
		03	水产品	1.70
		3301	精油	1.36
	2015	5201	原棉与已梳棉	2.93
		15	动植物油脂及分解产品与食用油脂	2.81
		03	水产品	1.48
		13	虫胶、树胶、树脂及其他植物液汁	0.82
		3301	精油	0.56
	2007	5002	生丝和废丝	1.77
		07	食用蔬菜、根及块茎	0.30
		08	食用水果及坚果	0.17
		20	蔬菜、水果、坚果制品	0.11
印度进口中国的农产品		23	食品工业残渣与配制饲料	0.11
	2012	5002	生丝和废丝	2.22
		15	动植物油脂及分解产品与食用油脂	1.07
		07	食用蔬菜、根及块茎	1.04
		08	食用水果及坚果	0.89
		3301	精油	0.36

（续）

	年份	产品代码	名称	金额
印度进口中国的农产品	2015	5002	生丝和废丝	1.38
		07	食用蔬菜、根及块茎	0.71
		3301	精油	0.42
		08	食用水果及坚果	0.42
		23	食品工业残渣与配制饲料	0.36

数据来源：根据 WITS 整理所得。

（三）印度与主要农产品伙伴国贸易情况

1. 印度与美国农产品贸易情况

美国是印度最大的农产品出口去向国。2001 年来印美农产品贸易发展迅速，但对印度而言，贸易结构并未发生明显改善。印度向美国出口农产品金额由 2001 年的 8.58 亿美元增长至 2015 年的 37.23 亿美元，占总出口额的比例则由 2001 年的 10.21％下跌至 2015 年的 9.23％；印度自美国进口农产品金额由 2001 年的 2.71 亿美元增长至 2015 年的 12.68 亿美元，占总进口额的比例则由 8.41％降至 2015 年的 6.19％（表 7）。

表 7 印度与美国农产品贸易概况

单位：亿美元、％

年份	农产品出口额	农产品进口额	总出口额	总进口额	农产品出口额占比	农产品进口额占比
2001	8.58	2.71	84.04	32.27	10.21	8.41
2002	10.15	2.72	103.89	38.26	9.77	7.10
2003	9.97	2.80	111.87	50.65	8.91	5.53
2004	11.07	2.13	131.05	59.44	8.45	3.59
2005	12.41	2.91	165.43	83.07	7.50	3.51
2006	12.24	3.23	187.05	113.21	6.54	2.85
2007	12.85	4.33	201.33	142.06	6.38	3.05
2008	15.36	5.14	214.07	244.87	7.17	2.10
2009	12.22	6.03	191.28	159.98	6.39	3.77
2010	16.53	8.25	235.87	190.96	7.01	4.32
2011	36.77	7.64	329.19	225.74	11.17	3.38
2012	74.87	8.27	371.71	241.05	20.14	3.43

（续）

年份	农产品出口额	农产品进口额	总出口额	总进口额	农产品出口额占比	农产品进口额占比
2013	50.08	10.52	419.57	226.00	11.94	4.65
2014	48.64	11.21	426.85	204.40	11.40	5.48
2015	37.23	12.68	403.13	204.64	9.23	6.19

数据来源：根据 WITS 整理所得。

近年来印度与美国农产品贸易结构基本稳定。

出口方面。近年来，印度向美国出口的农产品主要有水产品，食用水果及坚果，咖啡、茶、马黛茶及调味香料，虫胶、树胶、树脂及其他植物液汁和含油子仁及果实与工业或药用植物，但不同年份分品种产品进口量顺序有所变化。

进口方面。印度从美国进口的农产品主要有食用水果及坚果，食用蔬菜、根及块茎，饮料、酒及醋，原棉与已梳棉和杂项食品（表8）。

表8　2007 年、2012 年和 2015 年印度—美国前五位进出口农产品

单位：亿美元

	年份	产品代码	名称	金额
印度出口美国的农产品	2007	03	水产品	2.41
		08	食用水果及坚果	2.02
		09	咖啡、茶、马黛茶及调味香料	1.53
		13	虫胶、树胶、树脂及其他植物液汁	1.48
		12	含油子仁及果实与工业或药用植物	0.87
	2012	13	虫胶、树胶、树脂及其他植物液汁	52.50
		03	水产品	6.39
		08	食用水果及坚果	2.70
		09	咖啡、茶、马黛茶及调味香料	2.51
		3301	精油	1.72
	2015	03	水产品	12.29
		13	虫胶、树胶、树脂及其他植物液汁	5.70
		09	咖啡、茶、马黛茶及调味香料	3.37
		12	含油子仁及果实与工业或药用植物	2.28
		08	食用水果及坚果	2.21

（续）

	年份	产品代码	名称	金额
印度进口美国的农产品	2007	08	食用水果及坚果	1.91
		07	食用蔬菜、根及块茎	0.78
		5201	原棉与已梳棉	0.72
		15	动植物油脂及分解产品与食用油脂	0.15
		21	杂项食品	0.11
	2012	08	食用水果及坚果	4.03
		5201	原棉与已梳棉	1.06
		07	食用蔬菜、根及块茎	0.91
		21	杂项食品	0.33
		22	饮料、酒及醋	0.32
	2015	08	食用水果及坚果	6.86
		07	食用蔬菜、根及块茎	1.34
		22	饮料、酒及醋	1.20
		5201	原棉与已梳棉	1.09
		21	杂项食品	0.45

数据来源：根据 WITS 整理所得。

2. 印度与印度尼西亚农产品贸易情况

印度尼西亚是印度第二大农产品贸易伙伴。2001—2005 年，印度从印度尼西亚进口的农产品额在总进口额中的占比均在 40%以上，其中，2003 年高达 62.02%，近年来呈现下降态势，2015 年农产品进口额占比仅为 28.75%。从出口情况来看，2001 年印度出口到印度尼西亚的农产品额占总出口额的比重较大，整体呈下降趋势，2015 年印度出口到印度尼西亚的农产品为 4.76 亿美元，占总出口额的 16.6%（表 9）。

表 9　印度与印度尼西亚农产品贸易概况

单位：亿美元、%

年份	农产品出口额	农产品进口额	总出口额	总进口额	农产品出口额占比	农产品进口额占比
2001	2.19	4.08	4.77	9.67	46.03	42.25
2002	2.95	6.24	7.70	12.63	38.33	49.36
2003	2.45	11.66	10.40	18.80	23.61	62.02
2004	2.65	14.58	12.06	24.28	22.02	60.05

（续）

年份	农产品出口额	农产品进口额	总出口额	总进口额	农产品出口额占比	农产品进口额占比
2005	2.25	12.44	13.90	30.19	16.22	41.19
2006	3.70	11.51	18.70	36.10	19.77	31.88
2007	4.78	14.60	18.78	48.40	25.44	30.16
2008	6.27	23.56	26.59	64.31	23.59	36.63
2009	3.50	30.75	30.03	76.00	11.64	40.46
2010	5.79	40.24	45.57	96.95	12.72	41.50
2011	11.57	53.23	64.00	139.65	18.08	38.12
2012	11.71	56.10	60.22	140.68	19.44	39.88
2013	11.80	53.17	55.58	149.84	21.23	35.48
2014	9.51	43.11	44.45	151.85	21.40	28.39
2015	4.76	39.97	28.69	139.02	16.60	28.75

数据来源：根据 WITS 整理所得。

近年来印度与印度尼西亚农产品贸易结构也出现了一些新的变化（表 10）。

出口方面。出口贸易结构格局发生变化。2015 年印度向印度尼西亚出口农产品位居前 3 位的分别为含油子仁及果实与工业或药用植物，原棉与已梳棉，咖啡、茶、马黛茶及调味香料。此外，谷物和制粉工业产品、麦芽、淀粉在印度农产品出口中占据较大比重。

进口方面。贸易结构格局相对稳定。印度自印度尼西亚进口农产品品种主要有动植物油脂及分解产品与食用油脂，咖啡、茶、马黛茶及调味香料，食用水果及坚果，可可及可可制品和精油。

表 10　2007 年、2012 年和 2015 年印度—印度尼西亚前五位进出口农产品

单位：亿美元

	年份	产品代码	名称	金额
印度出口印度尼西亚的农产品	2007	23	食品工业残渣与配制饲料	1.58
		12	含油子仁及果实与工业或药用植物	1.25
		5201	原棉与已梳棉	0.78
		17	糖及糖食	0.65
		09	咖啡、茶、马黛茶及调味香料	0.13

（续）

年份	产品代码	名称	金额
	10	谷物	5.80
	12	含油子仁及果实与工业或药用植物	2.28
2012	23	食品工业残渣与配制饲料	1.36
	5201	原棉与已梳棉	0.43
	24	烟草及烟草制品	0.41
	12	含油子仁及果实与工业或药用植物	2.14
	5201	原棉与已梳棉	0.60
2015	09	咖啡、茶、马黛茶及调味香料	0.37
	10	谷物	0.35
	11	制粉工业产品、麦芽、淀粉	0.31
	15	动植物油脂及分解产品与食用油脂	13.41
	08	食用水果及坚果	0.49
2007	09	咖啡、茶、马黛茶及调味香料	0.39
	13	虫胶、树胶、树脂及其他植物液汁	0.10
	3301	精油	0.07
	15	动植物油脂及分解产品与食用油脂	53.72
	09	咖啡、茶、马黛茶及调味香料	0.82
2012	08	食用水果及坚果	0.59
	18	可可及可可制品	0.35
	3301	精油	0.20
	15	动植物油脂及分解产品与食用油脂	36.97
	09	咖啡、茶、马黛茶及调味香料	0.94
2015	08	食用水果及坚果	0.62
	18	可可及可可制品	0.43
	3301	精油	0.27

印度出口印度尼西亚的农产品（2012、2015）

印度进口印度尼西亚的农产品（2007、2012、2015）

数据来源：根据 WITS 整理所得。

3. 印度与越南农产品贸易情况

对于印度而言，越南是仅次于美国和印度尼西亚的第三大农产品贸易伙伴。印度向越南出口农产品金额由 2001 年的 0.55 亿美元增长至 2014 年的 46.43 亿美元，而在 2015 年下滑至 36.47 亿美元，相应的，农产品出口额占比由 2001 年的 25.39％增至 2014 年的 71.13％（历史最高值），2015 年农产品

出口额占比为 68.07%。就进口情况来看,2001 年印度从越南进口农产品
0.12 亿美元,占从越南进口商品总额的比重为 68.20%,而至 2015 年,尽管
农产品进口额增长至 2.95 亿美元,但其在印度从越南进口的所有商品总额中
仅占 11.01%,且 2010 年以后,印度从越南进口的农产品额在所有商品进口
总额中的比重趋于稳定。此外,印度从越南进口的农产品额虽然在增长,但增
长幅度远远低于农产品出口额增长幅度,印度对越南的农产品贸易存在着巨大
的顺差(表 11)。

表 11　印度与越南农产品贸易概况

单位:亿美元、%

年份	农产品出口额	农产品进口额	总出口额	总进口额	农产品出口额占比	农产品进口额占比
2001	0.55	0.12	2.18	0.17	25.39	68.20
2002	1.07	0.19	3.04	0.28	35.03	67.34
2003	1.13	0.17	3.79	0.34	29.71	49.62
2004	1.78	0.34	5.35	0.73	33.31	46.46
2005	2.26	0.55	6.33	1.27	35.74	42.87
2006	3.60	0.47	8.74	1.60	41.16	29.34
2007	6.43	0.29	12.41	1.53	51.80	18.62
2008	11.12	0.39	18.13	3.72	61.33	10.37
2009	9.91	0.78	18.34	4.43	54.03	17.55
2010	11.78	0.96	24.76	9.94	47.57	9.67
2011	23.19	1.51	34.67	15.54	66.91	9.73
2012	25.88	1.86	36.58	19.45	70.75	9.59
2013	41.48	2.00	59.88	28.27	69.28	7.07
2014	46.43	2.94	65.27	27.82	71.13	10.56
2015	36.47	2.95	53.57	26.80	68.07	11.01

数据来源:根据 WITS 整理所得。

出口方面。2012 年和 2015 年,肉及食用杂碎是印度向越南出口金额最多
的产品,其次是水产品,原棉与已梳棉、谷物、食品工业残渣与配制饲料也是
印度向越南出口的重要农产品。

进口方面。印度自越南进口农产品主要是咖啡、茶、马黛茶及调味香料,
食品工业残渣与配制饲料和食用水果及坚果的进口金额也相对较大(表 12)。

表 12　2007 年、2012 年和 2015 年印度—越南前五位进出口农产品

单位：亿美元

	年份	产品代码	名称	金额
印度出口越南的农产品	2007	23	食品工业残渣与配制饲料	4.36
		02	肉及食用杂碎	0.79
		5201	原棉与已梳棉	0.47
		24	烟草及烟草制品	0.19
		10	谷物	0.15
	2012	02	肉及食用杂碎	8.28
		03	水产品	4.78
		12	含油子仁及果实与工业或药用植物	4.02
		10	谷物	3.27
		23	食品工业残渣与配制饲料	2.55
	2015	02	肉及食用杂碎	19.54
		03	水产品	9.34
		09	咖啡、茶、马黛茶及调味香料	0.03
		5201	原棉与已梳棉	0.02
		23	食品工业残渣与配制饲料	0.00
印度进口越南的农产品	2007	09	咖啡、茶、马黛茶及调味香料	0.25
		13	虫胶、树胶、树脂及其他植物液汁	0.01
		11	制粉工业产品、麦芽、淀粉	0.00
		14	编结用植物材料、其他植物产品	0.00
		12	含油子仁及果实与工业或药用植物	0.00
	2012	09	咖啡、茶、马黛茶及调味香料	1.23
		23	食品工业残渣与配制饲料	0.14
		08	食用水果及坚果	0.12
		03	水产品	0.11
		05	其他动物产品	0.06
	2015	09	咖啡、茶、马黛茶及调味香料	1.80
		23	食品工业残渣与配制饲料	0.29
		08	食用水果及坚果	0.19
		15	动植物油脂及分解产品与食用油脂	0.18
		03	水产品	0.17

数据来源：根据 WITS 整理所得。

4. 印度与马来西亚农产品贸易情况

马来西亚是印度重要农产品贸易伙伴国之一。2001—2015 年，除 2005—2008 年和 2010 年以外，印度对马来西亚农产品贸易呈逆差状态，其中，2012 年、2013 年、2014 年和 2015 年逆差额分别高达 13.94 亿美元、6.35 亿美元、15.45 亿美元和 13.95 亿美元。印度从马来西亚进口的农产品额占比多数年份低于农产品出口额占比，一定程度上说明马来西亚农产品具有较强的市场竞争力。

表 13　印度与马来西亚农产品贸易概况

单位：亿美元、%

年份	农产品出口额	农产品进口额	总出口额	总进口额	农产品出口额占比	农产品进口额占比
2001	2.10	4.30	7.88	11.52	26.59	37.33
2002	3.00	5.49	7.43	13.31	40.45	41.26
2003	3.06	6.41	7.93	18.94	38.58	33.84
2004	3.53	4.45	10.40	22.14	33.90	20.08
2005	3.20	3.17	11.44	24.36	27.97	13.02
2006	3.52	2.30	13.31	46.56	26.46	4.94
2007	5.84	1.88	18.50	57.26	31.55	3.29
2008	9.18	4.07	30.34	74.61	30.26	5.46
2009	6.00	7.72	35.25	49.90	17.01	15.47
2010	8.38	8.11	35.55	59.96	23.57	13.52
2011	12.12	15.65	37.99	91.06	31.90	17.19
2012	12.42	26.36	37.91	104.94	32.75	25.12
2013	13.03	19.38	54.97	93.31	23.71	20.77
2014	10.77	26.22	46.42	109.29	23.20	23.99
2015	10.54	24.49	48.92	95.60	21.55	25.62

数据来源：根据 WITS 整理所得。

近年来印度同马来西亚农产品贸易结构发生了较大变化（表 14）。

出口方面。2015 年印度向马来西亚出口农产品额排名靠前的有肉及食用杂碎，食用蔬菜、根及块茎，咖啡、茶、马黛茶及调味香料，含油子仁及果实与工业或药用植物，动植物油脂及分解产品与食用油脂，与往年贸易情况来看，谷物的出口份额呈下降趋势。

进口方面。近年来印度自马来西亚进口农产品金额激增，动植物油脂及分解产品与食用油脂进口额由 2007 年的 1.70 亿美元增长至 2012 年的 25.62 亿美元，2015 年下跌至 24.03 亿美元，可可及可可制品在印度从马来西亚进口农产品中排名稳定在第二位，原棉与已梳棉，杂项食品和谷物、粮食粉、淀粉或乳的制品进口额不稳定。

表 14　2007 年、2012 年和 2015 年印度—马来西亚前五位进出口农产品

单位：亿美元

	年份	产品代码	名称	金额
印度出口马来西亚的农产品	2007	10	谷物	1.84
		09	咖啡、茶、马黛茶及调味香料	1.07
		02	含油子仁及果实与工业或药用植物	0.88
		07	食用蔬菜、根及块茎	0.54
		12	含油子仁及果实与工业或药用植物	0.43
	2012	02	肉及食用杂碎	3.28
		10	谷物	2.77
		09	咖啡、茶、马黛茶及调味香料	1.35
		12	含油子仁及果实与工业或药用植物	1.20
		17	糖及糖食	0.99
	2015	02	肉及食用杂碎	4.21
		07	食用蔬菜、根及块茎	1.16
		09	咖啡、茶、马黛茶及调味香料	1.15
		12	含油子仁及果实与工业或药用植物	1.13
		15	动植物油脂及分解产品与食用油脂	0.68
印度进口马来西亚的农产品	2007	15	动植物油脂及分解产品与食用油脂	1.70
		18	可可及可可制品	0.06
		23	食品工业残渣与配制饲料	0.04
		21	杂项食品	0.02
		19	谷物、粮食粉、淀粉或乳的制品	0.01
	2012	15	动植物油脂及分解产品与食用油脂	25.62
		18	可可及可可制品	0.24
		23	食品工业残渣与配制饲料	0.13
		24	烟草及烟草制品	0.10
		21	杂项食品	0.05
	2015	15	动植物油脂及分解产品与食用油脂	24.03
		18	可可及可可制品	0.12
		5002	原棉与已梳棉	0.08
		21	杂项食品	0.07
		19	谷物、粮食粉、淀粉或乳的制品	0.05

数据来源：根据 WITS 整理所得。

二、农业支持政策

(一)农产品价格支持政策

为确保农产品（主要是粮食）的有效供给，印度政府实施了多种价格支持政策，主要包括生产者政策和消费者政策。前者主要通过最低支持价格（MSP）、市场干预价格（MIP）和缓冲库存储备（BSO）对农产品生产者施加影响，而后者主要通过定向公共分配系统（TPDS）对农产品消费者发挥作用。两种政策发挥作用的关键在于政府对农产品的价格支持，对不同领域农产品价格的差额部分进行补贴。

在政府实施价格支持过程中，首先，印度农产品成本和价格委员会根据农产品成本，结合工农产品、作物间的比价、供需状况及农民的合理利润等因素，向政府提供农产品订购的价格建议，经政府有关部门确认后被确立为最低支持价格。其次，印度食品公司根据最低支持价格收购农产品，然后经过缓冲库存储备后以中央发行价格向各邦政府销售农产品。值得一提的是，印度食品公司在收购农产品过程中发生的费用，包括各类税费、佣金、运费、储藏费用等一同构成农产品收购的成本价格。而中央发行价格则低于农产品收购成本，两者差额由政府进行补贴。最后，在经由定向公共分配系统向消费者提供农产品阶段，通过政府提供财政补贴并采取差别价格待遇，使高于贫困线的家庭以高价格购买，而低于贫困线的家庭以较低价格购买农产品，以确保不同收入阶层均获得相应的农产品供应。此外，对于最低支持价格未能涵盖的产品，如园艺产品和易腐烂农产品，则实行市场干预价格（MIP）。若农产品市场价格低于特定的价格水平，政府以市场干预价格收购农产品，期间所发生的费用和损失由中央政府和各邦政府共同承担，从而扩大了农产品补贴扶持的范围。

如表1所示，2011/2012—2015/2016年度，印度政府对25种农产品实施了价格支持政策，农产品的最低支持价格水平均有不同程度的增长。从相对量变化情况来看，补贴增长幅度最大的是黄麻，其在2011/2012—2015/2016年度增长了61.19%，其次是高粱、甘蔗和鸭脚稗，增长幅度分别为60.20%（hybrid）/59.00%（Maldandi）、58.62%和57.14%。对印度较为重要出口经济作物棉花的支持力度由2011/2012年度的每100千克的2 800卢比*（中绒棉）/3 300卢比（长绒棉）增长至2015/2016年度的3 800卢比（中绒棉）/4 100卢比（长绒棉），增长幅度为35.71%（中绒棉）/24.24%（长绒棉）。在

---

* 1卢比=0.015美元，2016年12月。

三大粮食作物中，对玉米的支持力度最大，扶持力度由 2011/2012 年度的每
100 千克 980 卢比增长至 2015/2016 年度的 1 325 卢比，对稻谷的支持力度居
中，普通稻谷和 A 级稻谷分别增长 30.56％和 30.63％，2011/2012—2015/
2016 年度对小麦的支持力度增长 18.68％，在所有农产品中最低。

表 15　印度主要农产品每 100 千克最低支持价格

单位：卢比

	农产品	种类	2011/2012 年度	2012/2013 年度	2013/2014 年度	2014/2015 年度	2015/2016 年度
1	稻谷	普通	1 080	1 250	1 310	1 360	1410
		A 级	1 110	1 280	1 345	1 400	1 450
2	玉米		980	1 175	1 310	1 310	1325
3	小麦		1 285	1 350	1 400	1 450	1 525
4	大麦		980	980	1 100	1 150	1 225
5	大豆	黑豆	1 650	2 200	2 500	2 500	
		黄豆	1 690	2 240	2 560	2 560	2600
6	棉花	中绒棉	2 800	3 600	3 700	3 750	3 800
		长绒棉	3 300	3 900	4 000	4 050	4 100
7	高粱（杂交）		980	1 500	1 500	1 530	1570
8	黄麻		1 675	2 200	2 300	2 400	2 700
9	甘蔗		145	170	210	220	230
10	御谷		980	1 175	1 250	1 250	1 275
11	芝麻		3 400	4 200	4 500	4 600	4 700
12	鸭脚稗		1 050	1 500	1 500	1 550	1 650
13	绿豆		3 500	4 400	4 500	4 600	4 650
14	带壳花生		2 700	3 700	4 000	4 000	4 030
15	大红花		2 500	2 800	3 000	3 050	3 300
16	葵花籽		2 800	3 700	3 700	3 750	3 800
17	黑芝麻		2 900	3 500	3 500	3 600	3 650
18	油菜籽		2 500	3 000	3 050	3 100	3 350
19	椰子		1 200	1 400	1 425	1 425	1 500
20	干椰子肉	粉	4 525	5 100	5 250	5 250	5 550
		球	4 775	5 350	5 500	5 500	5 830

数据来源：Agriculture statistics at glance 2016。

从图 1 可以看出，棉花的最低收购价要远高于玉米、稻谷、小麦和大麦，玉米、稻谷、小麦和大麦的最低收购价比较接近。大麦的最低收购价最低。主要农产品的最低收购价都呈现整体上涨的趋势，棉花的最低收购价年际变化幅度较大，这与印度棉花贸易频繁有很大关系。

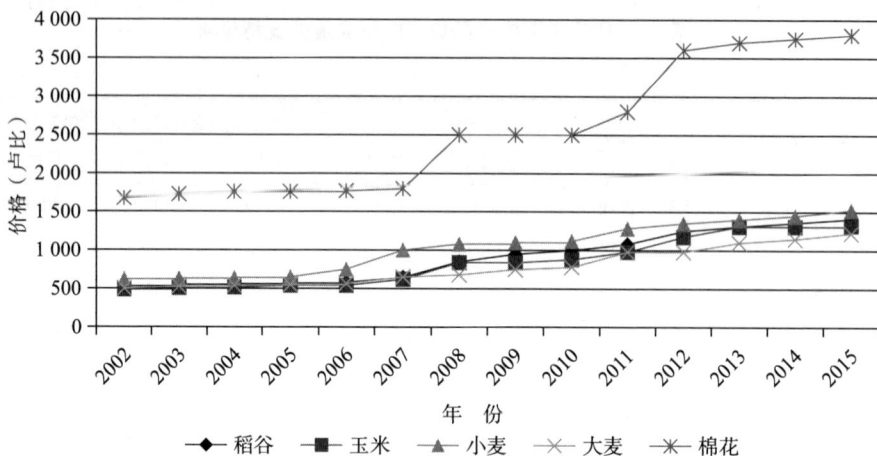

图 1　主要农产品每 100 千克最低收购价的演变趋势（2002—2015 年）

数据来源：http://eands.dacnet.nic.in/。

（二）农业投入品补贴政策

根据 WTO《农业协定》相关规定，农业生产资料补贴属于对生产和贸易具有扭曲作用的"黄箱"中非特定产品支持政策，需要进行削减，但由于印度非特定产品的支持水平低于农业总产值 10% 的微量允许水平，故这部分无须进行削减。因此，自 20 世纪 80 年代开始，印度政府对部分农业生产投入品采取直接补贴政策，并逐步成为印度现行农业补贴架构中的重要组成部分。2015/2016 年度印度农业补贴总额为 8 765 亿卢比。主要包括以下 4 个部分。

（1）化肥补贴。由于政府对化肥生产企业、进口商，以及化肥运输费用、进口价和零售价差价进行补贴，使得农民可以按照化肥实际成本的 25%～40% 购入化肥用于农业生产。根据《印度经济调查》的数据显示，1995 年以来，印度化肥补贴绝对额整体上呈现快速上升趋势，补贴总额由 1995/1996 年度的 623.5 亿卢比增长到 2015/2016 年度的 7 297 亿卢比。可以说，化肥补贴已成为印度农业生产投入品补贴中最重要的补贴方式。

（2）电力补贴。印度的农业电力补贴主要用于弥补供电成本和农户缴纳电费之间的差额。生活在贫困线以下的农民可以免费用电，而其他农民农业用电免费，生活用电则可以享受一定的优惠。1990 年以来，印度农业电力项目补贴额持续上升，2015/2016 年度达到 866 亿卢比。

（3）灌溉补贴。印度政府通过免费或低成本的电力供给为农民挖掘地下水资源、满足农业灌溉需求提供了良好的条件，近年来，印度政府开始注重对水资源的合理有效利用，加大对农业灌溉设施建设与管护的补贴力度。统计显示，2015/2016 年度印度灌溉补贴达到 100 亿卢比。对农业灌溉设施的财政补贴，有效提高了农业灌溉用水的使用效率，一定程度上促进了印度农业生产的可持续发展。

（4）其他补贴。这类补贴主要包括对豆类、棉花、水稻、玉米的种子及农作物保险计划等补贴。这类补贴近年来增长很快。2015/2016 年度上升到 502 亿卢比。

表 16　2011—2016 年度农业投入品补贴政策

单位：亿卢比

	2010/2011 年度	2011/2012 年度	2012/2013 年度	2013/2014 年度	2014/2015 年度	2015/2016 年度
总补贴	7 162	8 494	7 275	8 043	8 427	8 765
化肥	6 230	7 079	6 561	7 093	7 091	7 297
电力	769	1 118	380	672	708	866
灌溉	56	64	65	66	107	100
其他	106	233	269	212	520	502

数据来源：Indian Public Finance Statistics 2015—2016。

（三）一般服务支持政策

广义上讲，政府为提供农业公共产品和服务而对农业领域进行的公共性投入同样属于农业补贴范畴。根据 OECD 国家的分类方法，政府对农业公共产品和服务的补贴支出被归于一般服务支持项目中，称为"一般服务支持"政策，属于 WTO《农业协定》中规定的"绿箱"政策，无须进行削减。对于印度而言，政府一般公共服务投资主要集中在以下两个方面。

（1）农业科研的开发与推广。经过 50 多年的艰苦努力，印度已经建立起世界上庞大的农业研究网，包含了 97 个国家研究所，82 个全国协作研究项目和 40 多所农业大学，主要对农作物、牲畜、渔业和其他农业相关领域进行研究，并进行农业科技转让和农业技术教育等。在印度每一个五年计划中用于农业科研和技术推广的预算均占农业总预算额度的 1/5 以上。早在 1994 年，印度农业研究经费在其 GDP 中所占比重已经接近 1%，基本达到发达国家水平。1995 年印度加入 WTO 后，对农业科研更为重视，在诸如良种培育、遗传工

程、生物多样性技术等方面均取得长足的进步。进入 21 世纪后，印度推行
"第二次绿色革命"，大力推广、应用现代农业科学技术以促进农业发展，在农
村中推广计算机网络技术，通过高科技通信设备为农民提供免费技术咨询和农
产品市场信息。印度用于教育的支出从 1995 年的 3 144.3 亿卢比增长到 2014
年的 39 011.9 亿卢比，增幅达 1 140.72%。而科学研究与服务支出则由 1995
年的 202.8 亿卢比增长到 2014 年的 2 084.8 亿卢比，增幅为 928%。可以说，
印度政府用于教育、科学研究与服务支出的不断增长为农业科学领域人才的培
养以及农业科研的开发与推广奠定了较好的基础，在相当程度上助推了印度农
业生产效率的提升及可持续发展。

（2）农业基础设施建设与维护。灌溉、道路、电力等农业基础设施的建设
对于减轻农民负担、夯实农业发展基础、提高农业竞争力和农产品产量均有着
重要的促进意义。印度政府在 2000 年公布的国家农业政策中指出，要加强农
村水库、灌溉渠、排水设施、农村公路、农村电网、农村通信和农村计算机网
络等农业基础设施的建设。同时，打算通过加强农业基础设施建设，增强印度
农业发展后劲，保证印度农业的稳定增长，从而确保印度粮食安全，以应对加
入 WTO 对印度农业发展带来的严峻挑战。1995 年印度政府用于灌溉支出的
总额为 474.6 亿卢比，到 2014 年增至 959.1 亿卢比。道路和桥梁建设支出
1995 年为 327.1 亿卢比，到 2014 年则增至 5 582.7 亿卢比，增幅高达
1 606.73%。政府对灌溉、道路等基础设施的扶持在相当程度上减轻了农民在
农业生产过程中经济负担，提升了农民从事农业生产的积极性，保障了农业生
产的顺利进行。

三、印度自贸区情况

从印度的关税政策情况来看，2014 年印度农产品平均关税为 33.5%，印
度关税大于 50% 的农产品税目数为 305 个，主要分布在咖啡、茶、马黛茶及
调味香料，动植物油脂及分解产品两章中，中国从印度进口的农产品除棉花关
税税率较低外（平均关税税率为 10.1%），其他均较高，咖啡和茶以及油和油
籽关税税率均大于 45%。

通过分析印度的自贸区建设情况发现，印度目前实行的贸易协定有 16 个，
印度-韩国、印度-东盟、印度-马来西亚、印度-日本贸易协定覆盖面较大，占
全部商品的 80% 以上。发展中国家全球贸易优惠制、印度-阿富汗、印度-智利
贸易协定覆盖面较小，均占全部产品的 2.0% 及以下。发展中国家全球贸易优
惠制及印度-智利贸易协定均没有涉及取消关税的产品。在现有的贸易协定中，
除印度-阿富汗贸易协定主要针对农产品外，除印度-韩国、印度-东盟、印度-

马来西亚、印度-日本贸易协定优惠关税涉及 50％以上的农产品外，其他贸易协定均涉及较少的农产品。另外，有 4 个贸易协定正在谈判中，分别是环孟加拉湾多部门技术和经济合作倡议（BIMSTEC）、印度-欧洲自由贸易联盟、印度-欧盟贸易协定以及印度-南部非洲关税同盟（SACU）。

印度逐步实施向东亚扩张的自贸区战略。截至目前，印度已经与泰国、新加坡、南亚七国中的其余国家、韩国、东南亚国家联盟（以下简称"东盟"）和日本签署了自贸协定，形成以南亚为基础、逐步向东亚扩张的自贸区战略。这将对中国推进区域经济一体化发展以及实施周边战略产生重要影响。值得关注的是，印度积极与欧盟建立自贸区。从印度和欧盟经济发展水平、经济结构以及资源禀赋分析，印欧经济存在很强的互补性，未来经贸发展的空间还很大，这将对中国与欧盟的贸易有消极影响。

根据商务部关于农产品定义的标准，HS2007 章节分类中农产品的范围如下。

表 17　农产品 HS 分类

HS 分章	产品名称
CH01	活动物
CH02	肉及食用杂碎
CH03	水产品
CH04	乳品，蛋品，蜂蜜等
CH05	其他动物产品
CH06	活树等活植物，鳞茎、根、插花等
CH07	食用蔬菜、根及块茎
CH08	食用水果及坚果
CH09	咖啡、茶、马黛茶及调味香料
CH10	谷物
CH11	制粉工业产品；麦芽；淀粉
CH12	含油子仁及果实与工业或药用植物
CH13	虫胶、树胶、树脂及其他植物液汁
CH14	编结用植物材料；其他植物产品
CH15	动植物油脂及分解产品与食用油脂

（续）

HS 分章	产品名称
CH16	肉鱼甲壳和软体动物等制品
CH17	糖及糖食
CH18	可可及可可制品
CH19	谷物、粮食粉、淀粉或乳的制品
CH20	蔬菜水果坚果制品
CH21	杂项食品
CH22	饮料、酒及醋
CH23	食品工业残渣与配制饲料
CH24	烟草及烟草制品
CH29-39	香精、蛋白等
CH41&43	生皮
CH50	丝
CH51	毛
CH52	棉花
CH53	麻

（一）印度关税政策情况

1. 农产品关税水平

按照 HS2007 分类，将农产品分为 30 类农产品，分别对 30 类农产品的关税水平进行平均，定义为该类农产品的关税水平。印度农产品整体平均关税为 32.29%，CH22（饮料、酒及醋）关税水平最高，为 121.15%，CH09（咖啡、茶、马黛茶及调味香料）、CH10（谷物）、CH21（杂项食品）税率也均大于 50%，关税水平较高（表 18）。

中国从印度主要进口棉花，动植物油脂及分解产品与食用油脂，水产品，虫胶、树胶、树脂及其他植物液汁和精油。棉花的平均关税税率为 10.08%，动植物油脂及分解产品与食用油脂为 43.34%，水产品的平均税率为 30.00%，虫胶、树胶、树脂及其他植物液汁的平均税率为 25.61%，中国从印度进口的农产品除棉花和香精关税税率较低外，其他均较高，谷物，咖啡、茶、马黛茶及调味香料，杂项食品和饮料、酒及醋的关税税率均超过 50%。

表 18 农产品关税水平

CH 分章	产品名称	平均税率	CH 分章	产品名称	平均税率
CH01	活动物	24.89%	CH16	肉鱼甲壳和软体动物等制品	33.04%
CH02	肉及食用杂碎	32.03%	CH17	糖及糖食	35.37%
CH03	水产品	30.00%	CH18	可可及可可制品	30.00%
CH04	乳品，蛋品，蜂蜜等	33.62%	CH19	谷物、粮食粉、淀粉或乳的制品	30.00%
CH05	其他动物产品	29.63%	CH20	蔬菜水果坚果制品	30.00%
CH06	活树等活植物，鳞茎、根、插花等	23.13%	CH21	杂项食品	64.29%
CH07	食用蔬菜、根及块茎	31.07%	CH22	饮料、酒及醋	121.15%
CH08	食用水果及坚果	35.82%	CH23	食品工业残渣与配制饲料	18.90%
CH09	咖啡、茶、马黛茶及调味香料	60.94%	CH24	烟草及烟草制品	31.33%
CH10	谷物	59.47%	CH29-39	香精、蛋白等	9.91%
CH11	制粉工业产品；麦芽；淀粉	31.71%	CH41&43	生皮	10.00%
CH12	含油子仁及果实与工业或药用植物	21.74%	CH50	丝	12.14%
CH13	虫胶、树胶、树脂及其他植物液汁	25.61%	CH51	毛	8.78%
CH14	编结用植物材料；其他植物产品	30.00%	CH52	棉花	10.08%
CH15	动植物油脂及分解产品与食用油脂	43.34%	CH53	麻	10.57%

数据来源：WTO 网站。

2. 印度关税配额

印度采用关税配额的税目较少，具体配额数量详见表 19，印度规定对外贸易总局（DGFT）在合格的法人中分配配额，合格的法人包括国家乳制品发展委员会（NDDB）、国营贸易公司（STC）、国家合作乳制品联合会（NC-DF）、印度国家农业合作营销联盟的股份有限公司（NAFED）、矿物质和金属贸易公司（MMTC）、印度项目和设备的有限公司（PEC）和香料贸易有限公司（STCL）。同时，印度规定，每年的 3 月 31 日之前要完成该财政年度的进口配额，即货物在此日期之前必须通过海关当局结清。同时，在配额内进口税率较低，配额外进口税率较高。

表 19　印度关税配额项目、配额数量、实际进口量及税率

单位：吨，%

关税号	产品名称	2005 年				2006 年				2007 年			
		关税配额数量	配额内实际进口量	配额内税率	配额外税率	关税配额数量	配额内实际进口量	配额内税率	配额外税率	关税配额数量	配额内实际进口量	配额内税率	配额外税率
0402.10	浓缩、加糖或其他甜物质的乳及奶油：粉状、粒状或其他固体形状，按重量计脂肪含量不超过 1.5%	10 000	N	15	60	10 000	N	15	60	10 000	N	15	60
0402.21	浓缩、加糖或其他甜物质的乳及奶油：粉状、粒状或其他固体形状，按重量计脂肪含量不超过 1.5%——未加糖或其他甜物质												
1005.90	其他玉米	400 000	1 081	15	60	450 000	1 467	15	60	500 000	1 436	15	60
1512.11	初榨的葵花油、红花油及其分离商品	150 000	40 985	50	300	150 000	69 405	50	300	150 000	95 883	50	300

关税号	产品名称	2008 年				2009 年				2010 年			
		关税配额数量	配额内实际进口量	配额内税率	配额外税率	关税配额数量	配额内实际进口量	配额内税率	配额外税率	关税配额数量	配额内实际进口量	配额内税率	配额外税率
0402.10	浓缩、加糖或其他甜物质的乳及奶油：粉状、粒状或其他固体形状，按重量计脂肪含量不超过 1.5%	10 000	N	15	60	10 000	N	15	60	10 000	3 000	15	60

（续）

关税号	产品名称	2008 年			2009 年			2010 年		
		关税配额数量	配额内实际进口量	配额内税率	配额外税率	关税配额数量	配额内实际进口量	配额内税率	配额外税率	关税配额数量	配额内实际进口量	配额内税率	配额外税率

关税号	产品名称	关税配额数量	配额内实际进口量	配额内税率	配额外税率	关税配额数量	配额内实际进口量	配额内税率	配额外税率	关税配额数量	配额内实际进口量	配额内税率	配额外税率
0402.21	浓缩、加糖或其他甜物质的乳及奶油：粉状、粒状或其他固体形状、按重量计脂肪含量不超过1.5%——未加糖或其他甜物质												
1005.90	其他玉米	500 000	1 021	15	60	500 000	6 087	15	60	500 000	16，972	15	60
1512.11	初榨的葵花油、红花油及其分离商品	—	—	50	300	—	—	50	300	—	—	50	300
1514.90	其他菜子油或芥子油及其分离商品	150 000	N	45	75	150 000	N	45	75	150 000	N	45	75

注：N 表示该年该项目印度没有收到配额申请。

数据来源：WTO 数据库。

根据印度配额内的实际进口数量，印度对这 4 类农产品的进口量都并不多，并未超出配额。

（二）印度签署的自贸协定相关情况

印度目前实行的贸易协定主要有表 20 及表 21 中的 16 个。表 20 根据 10 个贸易协定整理所得，其中印度-韩国、印度-东盟、印度-马来西亚、印度-日本贸易协定覆盖面较大，占全部商品的 80％以上。发展中国家全球贸易优惠制、印度-阿富汗、印度-智利贸易协定覆盖面较小，均占全部产品的 2.0％及以下。印度-阿富汗、印度-新加坡、印度-韩国、印度-东盟、印度-马来西亚贸易协定中涉及的产品平均削减幅度均大于 50％，印度-韩国贸易协定的削减幅度高达95.1％。取消关税的产品有立即零关税以及逐年递减至零关税两种，印度-东盟、印度-马来西亚以及印度-日本贸易协定取消关税的产品数较多，均在 9 000 项以上，且占优惠税目的 80％以上，发展中国家全球贸易优惠制及印度-智利贸易协定均没有涉及取消关税的产品。

表 20　印度贸易协定签订现状

序号	协定名称	签署时间 （年.月.日）	优惠税目 数税目等 级（HS）	优惠税 目数 （项）	优惠税 目比例 （％）	平均削 减幅度 （％）	取消关税 的产品数 （项）	所占比例 （％）
1	亚太经济社会发展 中成员国贸易谈判 第一协定	1975.7.31	六位	570	11.0	20.0	82	14.4
2	发展中国家全球贸 易优惠制（GSTP）	1988.4.13	六位	53	1.0	22.0	0	0.0
3	印度-阿富汗 贸易协定	2003.3.6	六位	38	0.7	64.5	11	28.9
4	印度-南方共同 市场贸易协定	2004.1.25	八位	450	4.0	22.0	21	4.7
5	印度-新加坡 贸易协定	2005.6.29	八位	539	4.8	88.6	404	75.0
6	印度-智利贸易协定	2006.3.8	八位	178	1.6	20.6	0	0.0
7	印度-韩国贸易协定	2009.8.7	八位	9 801	83.7	95.1	460	4.7
8	印度-东盟贸易协定	2009.8.13	八位	10 872	89.3	73.3	9 027	83.0
9	印度-马来西亚 贸易协定	2011.2.18	八位	10 727	85.2	89.9	9 394	87.6
10	印度-日本贸易协定	2011.2.16	八位	9 796	86.7	47.8	9 794	100.0

数据来源：WTO 数据库及各贸易协定整理所得。

表 21　印度已签订的其他贸易协定

序号	协定名称	签署时间（年.月.日）
1	南亚特惠贸易安排协定（SAPTA）	1993.9.22
2	印度-斯里兰卡贸易协定	1998.12.28
3	亚太贸易协定	2001.4.12
4	南亚自由贸易协定（SAFTA）	2004.1.6
5	印度-不丹贸易协定	2006.7.28
6	印度-尼泊尔贸易协定	2009.10.27

数据来源：WTO 数据库。

在现有 16 个贸易协定中，除印度-阿富汗贸易协定主要针对农产品外，印度-韩国、印度-东盟、印度-马来西亚、印度-日本贸易协定覆盖面较广，优惠关税涉及 50％以上的农产品外，其他贸易协定均涉及较少的农产品。

亚太贸易协定中，立即零关税的 HS 六位税目数有 82 个，其中农产品 0 项，其他 488 项均为部分削减，2.2％的农产品实施税率部分削减。亚太贸易协定中涉及农产品较少（表 22）。

表 22　亚太贸易协定中印度的关税减让情况（HS 六位税目）

单位：个、%

降税方式	所有产品		农产品		主要农产品
	税目数	比例	税目数	比例	
立即零关税	82	1.6	0	0.0	
最惠国实施税率部分削减	488	9.4	16	2.2	丁香，肉豆蔻，甘油，甘蔗糖蜜，可可等

数据来源：贸易协定整理所得。

发展中国家全球贸易优惠制中，实施优惠关税的 HS 六位税目数为 47 个，其中农产品为 6 个，涉及农产品较少。印度-阿富汗贸易协定中，立即零关税的 HS 六位税目数为 11 个，其中农产品有 8 个，减半优惠关税的税目数有 27 个，均为农产品（表 23、表 24）。

表 23　发展中国家全球贸易优惠制中印度的关税减让情况（HS 六位税目）

单位：个、%

降税方式	所有产品		农产品		主要农产品
	税目数	比例	税目数	比例	
实施优惠关税	47	0.9	6	0.8	椰子、树胶、甘蔗糖蜜等

数据来源：贸易协定整理所得。

印度-阿富汗贸易协定主要针对农产品。

表 24 印度-阿富汗贸易协定中印度的关税减让情况（HS 六位税目）

单位：个、%

降税方式	所有产品		农产品		主要农产品
	税目数	比例	税目数	比例	
立即零关税	11	0.2	8	1.1	无花果、干果等
实施减半优惠关税	27	0.5	27	3.6	葡萄、杏、亚麻、甘草根等

数据来源：贸易协定整理所得。

印度-南方共同市场贸易协定中立即零关税的税目数有 21 个，其中农产品 12 个，削减 10% 及削减 20% 的税目数分别有 93 个、336 个，其中农产品分别有 13 个、10 个，涉及农产品较少（表 25）。

表 25 印度-南方共同市场贸易协定中印度的关税减让情况（HS 八位税目）

单位：个、%

降税方式	所有产品		农产品		主要农产品
	税目数	比例	税目数	比例	
立即零关税	21	0.2	12	0.8	皮毛等
削减 10%	93	0.8	13	0.9	酒精、羊肉等
削减 20%	336	3.0	10	0.7	丝、棉等

数据来源：贸易协定整理所得。

印度-新加坡贸易协定中没有立即零关税的税目，取消关税的 HS 八位税目数有 404 个，其主要内容分为到 2011 年 12 月零关税及到 2015 年 12 月零关税，取消关税的农产品仅有 28 个，另有 135 个税目到 2015 年 12 月税率降到 5%（表 26）。

表 26 印度-新加坡贸易协定中印度的关税减让情况（HS 八位税目）

单位：个、%

降税方式	所有产品		农产品		主要农产品
	税目数	比例	税目数	比例	
到 2011 年 12 月逐步零关税	307	2.7	14	1.0	谷物片、矿泉水、石墨等
到 2015 年 12 月逐步零关税	97	0.9	14	1.0	动植物油、加糖饮料、面包点心等
到 2015 年 12 月税率减到 5%	135	1.2	2	0.1	改性淀粉

数据来源：贸易协定整理所得。

印度-智利贸易协定中，降税方式分为削减 10%、削减 15%、削减 20%、削减25％以及削减50％，其中削减20％的税目数最多为144个。贸易协定共涉及农产品28个（表27）。

表27　印度-智利贸易协定中印度的关税减让情况（HS八位税目）

单位：个、％

降税方式	所有产品		农产品		主要农产品
	税目数	比例	税目数	比例	
削减10％	1	0.0	0	0.0	
削减15％	23	0.2	23	1.6	杂碎、罐头、狗粮等
削减20％	144	1.3	2	0.1	菠菜、橄榄
削减25％	3	0.0	3	0.2	剪羊毛、羊毛落毛
削减50％	7	0.1	0	0.0	

数据来源：贸易协定整理所得。

印度-韩国贸易协定中，有5种降税方式，分别为立即零关税、5年逐步零关税、8年逐步零关税、在9年内降低50％税率以及在7年内税率降为1％～5％，其中8年逐步零关税涉及税目数最多，占全部优惠税目的74.0％，以及所有产品的61.9％。农产品中，仅有3.7％取消关税，55.6％的农产品实施部分关税优惠，39.8％的农产品不参与降税（表28）。

表28　印度-韩国贸易协定中印度的关税减让情况（HS八位税目）

单位：个、％

降税方式	所有产品		农产品		主要农产品
	税目数	比例	税目数	比例	
立即零关税	460	3.9	31	2.1	动物皮毛以及头、尾等
5年逐步零关税	448	3.8	0	0.0	
8年逐步零关税	7 248	61.9	23	1.6	丝、动物细毛等
在9年内降低50％税率	704	6.0	363	24.5	干豆、部分水果、咖啡、香料、食用油等
特殊产品，在7年内税率降为1％～5％	941	8.0	476	32.1	动物肉、动物油脂、骨粉、香料、果汁、种子等
例外处理，不参与降税	1895	16.2	590	39.8	花卉、坚果茶等
没有谈判	14	0.1	0	0.0	

数据来源：贸易协定整理所得。

印度-东盟贸易协定中，取消关税的产品有9 039个，其中农产品有865个，为农产品总量的52.6％，其中到2013年12月逐步零关税的税目数最多，占取消关税税目的 75％以上。特殊产品以及敏感产品均实施优惠关税。涉及农产品 108 个，占农产品总量的 6.5％。印度-东盟贸易协定中涉及的实施优惠关税的农产品占农产品总数的 59.1％（表 29）。

表 29　印度-东盟贸易协定中印度的关税减让情况（HS 八位税目）

单位：个、％

降税方式	所有产品		农产品		主要农产品
	税目数	比例	税目数	比例	
立即零关税	399	3.3	38	2.3	腰果、种子、羊皮等
到 2013 年 12 月逐步零关税	7 406	60.9	655	39.8	牛、马、禽类、蜜蜂等
到 2016 年 12 月逐步零关税	1 234	10.1	172	10.5	葡萄糖、果汁果肉等
特殊产品（关税大于 50％，到 2019 年 12 月降到 50％及以下）	40	0.3	40	2.4	咖啡、茶、胡椒、棕榈油等
敏感产品（到 2016 年 12 月都小于 5％）	1 793	14.7	68	4.1	胡椒油、蒜油等

数据来源：贸易协定整理所得。

印度-马来西亚贸易协定中，取消关税的税目数有 9 394 个，其中农产品 849 个，占农产品总数的 53.9％，其中到 2013 年 9 月逐步零关税的税目数最多，为 7 531 个，其中农产品 598 个。特殊产品以及两类敏感产品均实施逐年部分税率减免，涉及 1 924 个税目，农产品涉及 124 个，占农产品总数的 7.9％。印度-马来西亚贸易协定中涉及的实施优惠关税的农产品占农产品总数的 61.8％（表 30）。

表 30　印度-马来西亚贸易协定中印度的关税减让情况（HS 八位税目）

单位：个、％

降税方式	所有产品		农产品		主要农产品
	税目数	比例	税目数	比例	
立即零关税	531	4.2	83	5.3	植物、咖啡、种子等
到 2013 年 9 月逐步零关税	7 531	59.8	598	38.0	原油、皮毛等
到 2016 年 6 月逐步零关税	1 332	10.6	168	10.7	植物、咖啡、种子、酒等
特殊产品，2016 年 6 月降到 10％及以下（其中有一个为降到 25％）	1 886	15.0	87	5.5	丁香玫瑰等及萃取物、化学品等
敏感产品，到 2019 年 12 月从 100％ 降到 50％、45％及 37.5％	36	0.3	36	2.3	茶等

（续）

降税方式	所有产品		农产品		主要农产品
	税目数	比例	税目数	比例	
敏感产品，到 2019 年 12 月 从 30%降到 10%	2	0.0	1	0.1	菠萝
不做处理	1 274	10.1	602	38.2	谷物、糖等

数据来源：贸易协定整理所得。

印度-日本贸易协定中，取消关税的税目数有 9 794 个，其中农产品 967个，其中 10 年逐步零关税的税目数最多，分别为 7 106 个，其中农产品 835个。印度-日本贸易协定中涉及的实施优惠关税的农产品占农产品总数的67.5%（表 31）。

表 31　印度-日本贸易协定中印度的关税减让情况（HS 八位税目）

单位：个、%

降税方式	所有产品		农产品		主要农产品
	税目数	比例	税目数	比例	
立即零关税	2 178	19.3	126	8.8	洋葱、种子、原油等
5 年逐步零关税	508	4.5	6	0.4	仙人掌、玫瑰等
7 年逐步零关税	2	0.0	0	0.0	
10 年逐步零关税	7 106	62.9	835	58.3	牛、马等
优惠税率	2	0.0	0	0.0	
不参与降税	1 506	13.3	466	32.5	油脂、蔬菜、水果等

数据来源：贸易协定整理所得。

（三）印度自贸区未来的发展趋势

1. 逐步向东亚扩张的自贸区战略

印度已经与泰国、新加坡、南亚七国中的其余国家、韩国、东盟和日本签署了自贸协定，形成以南亚为基础、逐步向东亚扩张的自贸区战略。

近年来，印度积极与亚洲国家开展自贸区谈判，且成效显著。随着经济实力的增强，且为了配合其自贸区战略，印度签署的自贸协定开放度逐步提高，自由化程度日益增强。例如，印度-东盟贸易协定中，印度从东盟国家进口的零关税产品占进口额的 60.5%，东盟国家从印度进口的零关税产品占进口额的 88.2%；印度-韩国贸易协定分阶段减免印度从韩国进口 71.5%的产品关税以及韩国从印度进口 88.6%的产品关税。而最新签署的印度-日本贸易协定开放程度更高。在货物贸易领域，两国将削减 8 000 多种商品的关税，包括药品、服装、农产品和机械等，涵盖了印度 12 000 多个税目的 87％以及日本 9 000 多个税目的 93％。从贸易额来看，印度-日本贸易协定计划在 10 年内完全取消占双边贸易额 94％的商品关税，涉及印度从日本进口额的 90％以及日本从印度进口额的 97％。同时，印度-日本贸易协定在服务贸易及投资领域也扩大开放。例如，在自然人移动方面，除移民之外，服务部门的专业人员移动将更加自由，IT 专业人员的签证更加容易。同时，印度在日本的仿制药品（非专利药品）开发审批手续也在简化，与日本国内的仿制药品享有同等的审批时限，有利于印度对日本的投资。

印度自贸区的东扩对中国的影响主要表现在增加中印自贸区建设的难度，影响中国自贸区战略的实施以及制约中国地区影响力的发挥。中国与印度都是快速崛起的发展中大国，对能源、资源产品以及高端技术等均具有较大的需求。而作为亚洲邻国，中印自贸区建设也必然存在交叉与重合，且随着双方区域经济一体化的不断推进，竞争也会不断加强。因此，印度不断将自贸区网络向东拓展，积极发展与东亚国家的经贸联系，必然会对中国的区域经济一体化发展产生影响。

2. 印度积极与欧盟建立自贸区

从印度和欧盟的发展水平、经济结构以及资源禀赋分析，印度和欧盟经济存在很强的互补性，未来经贸发展的空间还很大，这将对中国与欧盟的贸易合作有消极影响。

中印两国贸易结构存在竞争性。首先，从中国和印度对欧盟主要出口商品构成看，2012 年中国出口到欧盟的商品中占前五位的分别是机电产品、纺织品、杂项制品、贱金属及制品和化工产品，其中机电产品占出口额的 47.8％。印度出口到欧盟的商品中占前五位的分别是：纺织品、矿产品、化工产品、机电产品以及贱金属及制品。由此可以看出，中国和印度出口到欧盟的商品结构存在很大的相似性，这也说明中国和印度在欧盟市场上存在竞争性。在这种条件下，欧盟-印度自贸区建立后，印度对欧盟出口的增加势必会影响到对中国在欧盟市场的地位。

四、启　　示

（一）充分发挥中国和印度农产品的互补性和比较优势，继续加强中印的农产品贸易

印度棉花、天然橡胶、生皮等原料型农产品以及牛肉、乳品等产量具有一定的竞争优势，且均是出口导向型农产品，中国应该利用印度的资源优势，进一步加大相关互补农产品的进口；印度对中国的优势农产品，如生丝、蔬菜、水果等需求较旺盛，应进一步开拓印度市场。

（二）要充分考虑印度农业消费结构变化对中国农产品贸易的冲击

近几年，印度的蛋、肉消费量剧增，这必然导致未来印度对于饲料的需求增加，也会进一步导致印度国内粮食作物价格的波动，进而影响到与中国开展的农产品贸易品种和格局。

（三）进一步促进中国和印度自贸区的谈判

从 2014 年关税情况看，中国从印度进口的农产品关税仍然很高，且印度与其他国家自贸区的建成，会对中国农产品贸易竞争力产生影响，因此应该进一步促进中印自贸区谈判，提高中国农产品贸易竞争力。

（四）提高中国出口农产品的深加工程度

从近几年中印农产品贸易动态来看，印度正在大力生产国内需求量旺盛的农产品，从而会导致中国相应农产品的优势丧失，通过加大农产品加工程度，提升农产品价值，能够有效保证中国农产品竞争力。